개정증보판

바른 말 사전

여규병 엮음

한울

이 도서의 국립중앙도서관 출판시도서목록(CIP)은 e-CIP홈페이지(http://www.nl.go.kr/ecip)

에서 이용하실 수 있습니다. (CIP제어번호 : CIP2012003876)

추천의 말

　말과 글은 의사소통의 도구입니다. 그래서 말과 글이 의사소통의 구실을 제대로 하자면 쉽고 정확해야 합니다. 그러나 우리가 일상생활에서 사용하는 말과 글에서 어려운 표현, 의미가 불분명한 단어, 규범을 망가뜨린 표기가 쓰인다면 의사소통이 제대로 되지 못할 것입니다. 실제로 그러한 일은 우리가 나누는 대화 가운데, 우리가 쓰는 글 가운데 자주 보입니다. 더욱이 요즘은 날이 갈수록 품격이 떨어진 말하기와 글쓰기가 늘어만 가고 있습니다. 따라서 말과 글이 의사소통의 제구실을 다하기 위해서는 우리가 일상생활의 말과 글을 쉽고 정확하게, 그리고 품격 있게 가꾸어 나가야 할 것입니다. 이를 위해 우리 곁에 두고 늘 참고할 수 있는 지침서가 있다면 훨씬 더 바람직할 것입니다.

　그간 우리말 우리글을 다듬고 펼치는 데에 크게 힘써 온 여규병 기자가 이번에 『긴가민가할 때 펼쳐 보는 바른 말 사전』을 펴냈습니다. 바로 바람직한 말글 생활을 위해 곁에 두고 참고할 수 있는 지침서라는 점에서 매우 반가운 일입니다. 일간신문 어문교열기자로서 동아일보 어문연구팀 팀장을 지낸 여규병 기자는 국립국어원과도 깊은 인연을 맺어 왔습니다. 정부와 언론기관이 함께 외래어를 심의하는 정부언론외래어심의공동위원회 부위원장을 맡아 까다로운 외래어 표기 문제를 쉽게 풀어 왔고, 표준어사정위원회 위원으로 활동하여 경직된 표준어 규정을 현실과 조화시켜 왔으며, 또한 국어문화학교의 강사를 맡아 국민에게 바람직한 언어생활의 방향을 제시했습니다. 지금은 국립국어원이 펴내는 잡지 《새국어생활》의 편집위원으로도 활동하고 있습니다. 이렇듯 저는 늘 가까이에서 그가 우리말 우리글에 쏟는 정성을 지켜보아 왔습니다. 그래서 저는 여규병 기자의 이 책이 지닌 가치를 누구보다도 잘 알고 있기에 추천의 말씀을 드리는 것입니다.

이 책은 엮은이가 지난 20여 년 동안 어문교열기자를 하면서 얻은 우리말 우리글의 지식을 고스란히 담았습니다. 그간 각종 인쇄물에서 발견한 표현과 규범의 잘못을 바탕으로 표제어와 예문을 정하고 다시 인터넷 말뭉치를 통해 용례를 보충하였는데, 표제어가 무려 1만 3000항목에 이르니 참으로 대단한 노력의 결실이라 하겠습니다. 이 정도의 표제어라면 우리가 일상생활에서 부닥치는 말글 생활의 잘못은 거의 다 가려 실은 셈입니다. 가히 우리말 표현과 표기의 큰 사전이라 해도 지나치지 않을 것입니다.

아무쪼록 이 책이 온 국민의 말글 생활에 유용한 나침반이 되길 기대합니다. 그래서 우리 모두가 더욱더 쉽고 정확하게 소통하고 더욱더 품격 있는 말글 생활을 이끌어 나갈 수 있길 기대합니다. 아울러 이 책을 엮은 어규병 기자의 그간의 노고에 감사의 말씀을 드립니다.

2010년 8월

국립국어원 원장 권재일

개정증보판 머리말

초판 원고를 넘기면서 작은 바람이 있었다. '2쇄만 찍을 수 있다면 좋겠다……'는 것이었다. 그 바람은 '꿈'일 뿐이었고, 사실 '이런 책에 누가 눈길이나 주겠어?'라고 생각했다.

그런데 분에 넘치는 사랑을 받았다. 대한출판문화협회의 '올해의 청소년 도서'(2010년), 문화체육관광부의 '우수 교양도서'(2011년)에 연이어 선정됐고, 급기야 여러 서점에서 '품절', '절판'이라는 딱지가 붙게 됐으니 말이다. 우리말을 바로 쓰고자 하는 이가 생각보다 많다는 사실을 알게 됐다. 정말 고맙다. 그러나 한편으론 엄중한 책임감을 느낀다.

고백하건대 초판에 약간의 오류가 있었다. 몇몇 표제어의 순서가 잘못 돼 있었고, 이런저런 오자도 더러 눈에 띄었다. 개정증보판에선 이런 오류를 바로잡는 데 심혈을 기울였다.

또 꼭 들어갔으면 좋았을 오용 사례 800여 개를 보완했다. 2011년 국립국어원에서 발표한 '새 표준어 목록'도 반영했다.

우리말 바로 쓰기에 작으나마 힘을 보탤 수 있게 된 것이 기쁘고 영광스럽다.

2012년 8월

여규병

초판 머리말

"'도찐개찐'은 어떻게 쓰는 거죠?"

한 논설위원이 전화로 묻는다. 처음 듣는 말이다.

"이 말 사전에도 안 나와요. 그럼 쓰면 안 돼요?"

"사전에 나오지 않으면 써선 안 되죠. 그런데 어떤 뜻으로 쓰는 말이죠?"

"'이거나 저거나 마찬가지' 정도……."

여러 해 전의 일이다.

느닷없는 물음에 즉답을 하지 못했다. 어렵사리 확인해서 어떻게 써야 할지를 알려 주었지만 그는 이미 다른 말로 바꿔 원고를 넘긴 뒤였다.

20년 넘게 어문교열기자로 일했지만 아직도 처음 듣는 말이 있다. 그게 맞춤법에 맞고, 표준어이면 별문제가 되지 않는다. '사전'이 해결해 주니까. 그러나 '도찐개찐'처럼 맞춤법에 어긋나거나 표준어의 범주를 벗어나 사전에선 확인할 수 없는 말들을 만나면 당황하게 된다.

그 나름으로 전문가라고 할 만한 사람이야 자료도 있을 테고 요령도 있을 테니 어떻게든 확인할 수 있겠지만 대부분은 그렇지 못하다. 바르지 않은 말을 그대로 쓰게 된다. 설사 전문 '글쟁이'라고 하더라도 바르게 쓰려는 열의가 못 미치거나 게으름이 넘치면 잘못을 저지를 수밖에 없다. 장삼이사야 더 말할 필요도 없다.

'도찐개찐'의 일이 있고 나서 늘 갈증이 일었다. 글을 쓰다 긴가민가할 때 펼쳐 볼 만한 자료집이든 사전이든 하나 있으면 좋겠다는 갈증 말이다.

몇 해 전부터 봇물 터지듯 쏟아져 나온 국어 관련 책들이 이런저런 잘못을 모아 놓고 해설하고 있지만 단편적이거나 수록한 낱말의 양이 너무 적어 갈증을 풀기에는 턱없이 부족했다. 훌륭한 교양서이기는 하지만 글을 쓸 때 곁에 두고 참고할 만한 것은 아니었다. 또 사전도 두엇 나왔다. 엮은이들의 공을 깎아내리려는 뜻은 결코 없지만 바라던

것에서 그야말로 '2%' 모자랐다. 그런가 하면 엮은이들의 국어 사랑과 철학은 넘쳤다.

'그럼 네가 한번 만들어 봐라'라는 주변의 부추김에 만용을 부리게 됐다. 2007년이 저물 녘부터 시작한 작업이 2010년이 밝아 온 뒤에야 일단락됐다. 2년 남짓 원 없이 인터넷 검색을 했다. 수없이 많은 낱말을 검색창에 쳐 넣으면서 확인하고 또 확인했다. 인터넷에 이 나라 모든 문서를 모아 놓은 것은 아니겠지만 '잘못'을 확인하는 데는 모자람이 없다고 생각한다.

'잘못'을 확인하는 과정에서 여러 국어 교양서에 나오는 '잘못'과 국어 문제집에 출제된 '틀리는 것' 가운데 실제 말글살이에서는 쓰이지 않는 '만들어진 잘못'도 제법 있다는 사실을 알게 됐다. 그런 '만들어진 잘못'은 철저히 걸러 냈다. 또 검색 결과가 보잘것없고, 단순한 실수로 보이는 '잘못'에는 자의적으로 사면해 주는 아량(?)을 보였다.

이 책은 잘못 쓰이거나 헷갈리는 낱말 1만 3000개가량을 표제어로 올렸다. 이게 우리가 잘못 쓰는 말들을 모두 모은 것이라고는 생각지 않는다. 앞으로도 끝없이 보완해야 할 것이다.

이 책을 내기까지 여러 분의 도움을 받았다. 국립국어원 정희창 학예연구관의 도움이 특히 컸다. 많은 조언을 해 주고, 성가신 물음에도 늘 기꺼이 답해 주었다. 도서출판 한울의 김경아 팀장도 고맙기 짝이 없다. 100일이 넘도록 거친 원고를 다듬어 책의 체제를 갖춰 주었다. 직장 선후배와 동료들의 격려도 큰 힘이 됐다.

이 책이 한국어로 글을 쓰는 모든 이에게 도움을 주길 바라지만, 그 모든 이가 이젠 필요 없다며 이 책을 버리게 될 날을 학수고대한다.

2010년 8월

여규병

1) **잘못 쓰이는 말**을 앞에, 바른 말을 뒤에 놓았으며 각각 **진한 고딕체**, 가는 고딕체로 나타냈다.

2) 기타 사용한 기호는 아래와 같다.

   ※　뜻풀이 외의 유의할 점을 설명

   ⇨　앞에 나온 말이 틀린 것은 아니나 되도록 고쳐 쓸 것을 권장

   참조　해당 항목을 참조

   ¶　용례

   활용　해당 단어(용언)의 활용

   말터　국립국어원과 동아일보사가 함께 펼치는 외래어 순화 운동인 '모두가 함께하는 우리말 다듬기'(www.malteo.net)에서 다듬은 말

3) 같은 설명(※)이 한 면에서 3회 이상 반복되거나 설명의 분량이 너무 길면 🔍 표시를 하여 각주 형태로 만들었다.

가게집 가겟집. ※ [가: 게찝·가 : 겥찝]으로 소리 나므로 사이시옷을 받쳐 적는다.

가공스런(可恐 −) 가공스러운. 참조 −스런.

가까와 가까워. ※ 'ㅂ불규칙용언'은 '곱다', '돕다'를 제외하고는 모두 '−워'로 활용한다.

가까이 접근하다(−接近−) 접근하다. 가까이 가다. 다가가다. ※ '접근하다'가 '가까이 가다'의 뜻이므로 '가까이 접근하다'는 겹말이다.

가까히 가까이.

가깝디 가깝다 가깝디가깝다. ※ 한 낱말이므로 붙여 쓴다. 참조 −디.

가깝증(−症) 갑갑증.

가께우동(掛け饂飩·かけうどん) 가락국수.

가꾸목(かく−) 각목(角木), 각재(角材).

가나다 순(−順) 가나다순. ※ 한 낱말이므로 붙여 쓴다.

가냘퍼 가냘파.

가녁 가녘. 가장자리. ¶바다 가녘까지 안개가 짙게 끼어 있었다.

가느다랍니다 가느다랗습니다. ※ 어간이 받침으로 끝나는 용언의 종결어미는 '−습니다'이다.

가느랗다 가느다랗다.

가늘다랗다 가느다랗다. 활용 가느다랗고. 가느다라면. 가느다라니. 가느다래.

가늘디 가늘다 가늘디가늘다. ※ 한 낱말이므로 붙여 쓴다. 참조 −디.

가늘으네 가느네. ※ 어간이 'ㄹ' 받침으로 끝나는 용언의 어간에 붙는 어미는 '−네'이다. '−네'가 붙으면 'ㄹ'이 줄어든다.

가늘으니 가느니. ※ 어간이 'ㄹ' 받침으로 끝나는 용언의 어간에 붙는 어미는 '-니'이다. '-니'가 붙으면 'ㄹ'이 줄어든다.

가늘으면 가늘면. ※ 어간이 'ㄹ' 받침으로 끝나는 용언의 어간에 붙는 연결어미는 '-면'이다.

가늘은 가는. ※ 어간이 'ㄹ' 받침으로 끝나는 용언의 어간에 붙는 어미는 '-ㄴ'이다. '-ㄴ'이 붙으면 'ㄹ'이 줄어든다.

가늘음 가늚. ※ 어간이 'ㄹ' 받침으로 끝나는 용언의 명사형 어미는 '-ㅁ'이다. ¶기둥이 너무 <u>가늚</u>.

가늠 가늚. 참조 가늘음.

가능(可能) ※ '할 수 있거나 될 수 있음'을 뜻하며 긍정적인 어감이 있는 낱말이다. 부정적인 표현에는 '우려', '소지' 또는 '개연성', '확률' 같은 말을 쓰는 것이 바람직하다. ¶통화 <u>가능</u> 지역. / 우리도 우승할 <u>가능</u>성이 있다. / 연락이 끊어질 <u>우려</u>가 있다. / 이 군에 대한 역학조사 결과 단 한 차례의 타미플루 투약으로 이상행동이 발생했을 <u>확률</u>은 작다. / 경제가 회복 국면에 들어선 이상 성장속도는 둔화될 <u>소지</u>가 많다.

가능한(可能-) ※ '가능하다'는 '할 수 있거나 될 수 있다'의 뜻이다. '가능한'은 '가능하다'의 관형사형이므로 명사를 꾸며야 한다. 따라서 '가능한 빨리 오겠다' 같은 표현은 '가능한'이 꾸며 줄 명사가 없으므로 잘못이다. 이때는 '가능한'이 꾸며 줄 수 있는 명사 '한(限)'을 넣어 '가능한 한 빨리 오겠다'처럼 써야 한다. '가능한 한' 대신 '가능하면, '될 수 있으면, '될 수 있는 대로, '되도록' 같은 표현으로 바꿔 쓸 수 있다.

가다(かた) 형(型). 틀. 거푸집.

가다랑이 가다랑어(-魚).

가다랭이 가다랑어(-魚).

가다로꾸(← catalog) 카탈로그. ※ '가다로꾸'는 일본어투.

가다마이(← 片前·かたまえ) 양복(洋服).

가동율(稼動率) 가동률. 참조 -률.

가득이 가득히. 가득. ¶대접에 물이 <u>가득히</u> 들어 있다.

가득이나 가뜩이나. ¶<u>가뜩이나</u> 어려운 처지인데 불의의 사고까지 겹쳤다.

가디건(← cardigan) 카디건.

가라[1](空·から) 가짜. 헛-.

가라[2](柄·から) 무늬.

가라사되 가라사대. ¶공자 <u>가라</u>

사대 "배우고 때로 익히면 즐겁지 아니한가."

가랑파 실파.

가래토시 가래톳. 넓적다리 윗부분의 림프샘이 부어 생긴 멍울.

가랭이 가랑이.

–가량 ※ '정도'의 뜻을 더하는 접미사이므로 앞말과 붙여 쓴다. 비슷한 뜻이 있는 '약(約)', '대략(大略)', '정도', '쯤', '–여(餘)' 같은 낱말과는 함께 쓰지 않는다. ¶서른 살가량./ 열두 시간가량./ 넉 달가량./ 5만 원가량.

가려 내다 가려내다. ※ 한 낱말이므로 붙여 쓴다.

가령(假令) 이를테면. 예를 들어. ※ '가령'은 '가정하여 말하여'를 뜻하는 말이다. ¶가령 네가 사고를 당했다고 치자./ 사람은 누구나 소망을 가지고 있는데, 이를테면 난 부자가 되고 싶은 소망이 있어.

가로질르다 가로지르다. 활용 가로지르고. 가로지르며. 가로지르니. 가로질러.¶한강은 서울을 가로지르며 흐른다./ 한 학생이 운동장을 가로질러 뛰어갔다.

가르다 ※ '가르다'는 '쪼개거나 나누어 따로따로 되게 하다', '옳고 그름을 따져서 구분하다', '승부나 등수 따위를 서로 겨루어 정하다'의 뜻을 나타내고, '**가리다**'는 '여럿 가운데서 하나를 구별하여 고르다', '잘잘못이나 좋은 것과 나쁜 것 따위를 따져서 분간하다'의 뜻을 나타낸다. ¶편을 가르다./ 생선의 배를 가르다./ 경기 초반에 터진 골이 승패를 갈랐다.∥결승전에서 8명의 선수가 승패를 가리게 된다./ 시시비비를 가리다.

가르렁거리다 가르랑거리다. ¶목에서 가래가 끓어 가르랑거리는 소리가 난다.

가르치다 ※ '**가르치다**'는 '지식 따위를 깨닫거나 익히게 하다', '버릇 따위를 고쳐 바로잡게 하다', '교육을 받게 하다', '상대가 모르는 일을 알도록 일러주다'의 뜻을 나타내고, '**가리키다**'는 '어떤 방향이나 대상을 집어서 보이거나 알리다'의 뜻을 나타낸다. ¶그는 야학에서 아이들을 가르친다./ 그놈의 버르장머리를 가르쳐 놓아라./ 아무리 어렵게 살아도 아이들은 가르쳐야 하지 않겠

는가./누구 짓인지 <u>가르쳐</u> 주시
오.//손가락으로 달을 <u>가리켰다</u>.
/그를 <u>가리켜</u> 위인이라고 했다.

가르키다 가르치다. / 가리키다.
참조 가르치다.

가륵하다 갸륵하다. ¶효성이 갸
<u>륵하다</u>.

가름길 갈림길.

가름하다 ※ '**가름하다**'는 '나누
고 분별하다'의 뜻을 나타내고,
'**갈음하다**'는 '대신하고 대체함'
을 뜻한다. ¶이번 경기의 승패
는 체력이 <u>가름했다</u>.//이로써 축
사에 <u>갈음하겠습니다</u>.

가리게 가리개. ※ 일부 동사 뒤
에 붙어 '간단한 도구'의 뜻을 더
하고 명사를 만드는 접미사는 '-
개'이다.

가리다 참조 가르다.

가리마 가르마.

가리우다 가리다. 활용 가리고.
가리니. 가리면. 가리니. 가린.
가리어(가려). 참조 가르다.

가리운 가린. 참조 가리우다.

가리워지다 가리어지다. 가려지
다. 참조 가리우다.

가리키다 참조 가르치다.

가마귀 까마귀

가막소 감옥(監獄).

가만 두다 가만두다. ※ 한 낱말
이므로 붙여 쓴다. ¶날 좀 <u>가만</u>
둘 수 없겠니?

가만이 가만히.

가물으니 가무니. ※ 어간이 'ㄹ'
받침으로 끝나는 용언의 어간에
붙는 어미는 '-니'이다. '-니'가
붙으면 'ㄹ'이 줄어든다.

가물으면 가물면. ※ 어간이 'ㄹ'
받침으로 끝나는 용언의 어간에
붙는 연결어미는 '-면'이다.

가물은 가문. ※ 어간이 'ㄹ' 받침
으로 끝나는 용언의 어간에 붙는
어미는 '-ㄴ'이다. '-ㄴ'이 붙으
면 'ㄹ'이 줄어든다.

가물음 가물. 가뭄. ※ 다만, 동
사 '**가물다**'는 어간이 'ㄹ' 받침으
로 끝나는 용언이므로 명사형은
'-ㅁ'을 붙여 '가묾'으로 쓴다. ¶
<u>가뭄</u>이 극심하다./올해는 심히
<u>가묾</u>.

가물치국 가물칫국. ※ [가물치
꾹·가물칟꾹]으로 소리 나므로
사이시옷을 받쳐 적는다.

가미가제(神風·かみかぜ) 가미카
제.

가벼히 가벼이.

가봉(假縫)   시침질.   ※ '가봉'은 일본어투.

가부라(鏑·かぶら)   (바지   따위의) 밭접단. 끝 접기.

가부시키(かぶしき)   주식(株式). / 나눠 내기. 추렴(← 出斂).

가불간(可不間)   가부간(可否間). ※ '否'는 '아닐 부'.

가빠(← 合羽·カッペ·capa)   비옷. 덮개.

가사일(家事-)   가사. ※ '가사'가 '살림살이에 관한 일'을 뜻하므로 '가사일'은 겹말이다.

가상자리   가장자리.

가새   가위. ※ 다만, '**가새표**'는 '가위표'와 함께 복수표준어이다.

가생이   가장자리.

가설라문   가설랑은. 가설랑. 가서.

가성소다(苛性 soda)   양잿물. 수산 화나트륨(水酸化Natrium).   ※ '가 성소다'는 일본어투.

가소로히(可笑-)   가소로이.

가스나   계집아이.

가스라기   가시랭이.

가스렌지(gas range)   가스레인지.

가스켓(gasket)   개스킷.

가슴 속   가슴속. ※ '마음속'을 뜻 하면 한 낱말이므로 붙여 쓴다. 다

만, '가슴의 안쪽'을 뜻하면 한 낱 말이 아니므로 띄어 쓴다. ¶가슴 속 깊이 간직한 추억.∥가슴 속에 울혈이 생겼다.

가슴이 메어지다   가슴이 미어지 다.

가슴 조이다   가슴 졸이다.

가시나   계집아이.

가시내   계집아이.

가시 돋히다   가시 돋치다. ※ '돋 아서 내밀다'의 뜻으로는 '돋치 다'를 쓴다. ¶그 사람은 가시 돋 친 말만 한다. 참조 돋히다.

가시리   가사리. 우뭇가사리.

가십 거리(gossip-)   말터 입방아 거 리.

가십란(gossip欄)   가십난. 참조 난'.

가얏고   가야금(伽倻琴).

가없다   ※ '**가없다**'는 '끝이 없다' 를 나타내고, '**가엽다**' 와 '**가엾다**' 는 복수표준어로서 '불쌍하다. 딱하다'의 뜻을 나타낸다. ¶가 없는 어머니의 사랑.∥그 친구의 처지가 가여워 눈물이 난다. / 저 가엾은 아이를 돌보아 주어라.

가없은   가없는. ※ 형용사는 '- 은'으로 활용하지만 어간에 '- 있다', '-없다'가 붙는 형용사는

‘–는’으로 활용한다. 참조 가없
다.

가엽다 =가없다. ※ 복수표준어.
활용 가엽고. 가여운. 가여워. 참조
가없다.

가없다 =가엽다. ※ 복수표준어.
활용 가없고. 가없은. 가없어. 참조
가없다.

가오(顔·かお) 얼굴/체면.

가오리국 가오릿국. ※ [가오리
꾹·가오릳꾹]으로 소리 나므로
사이시옷을 받쳐 적는다.

가오 마담(顔 madame·かお madame)
얼굴 마담.

가외일(加外–) 가욋일. ※ [가왼
닐·가웬닐]로 ‘ㄴ’ 소리가 덧나므
로 사이시옷을 받쳐 적는다.

가우뚱 갸우뚱.

가운데다리 가운뎃다리. ※ [가운
데따리·가운뎃따리]로 소리 나
므로 사이시옷을 받쳐 적는다.

가운데발가락 가운뎃발가락. ※
[가운데빨까락·가운뎃빨까락]
으로 소리 나므로 사이시옷을 받
쳐 적는다.

가운데손가락 가운뎃손가락. ※
[가운데쏜까락·가운뎃쏜까락]
으로 소리 나므로 사이시옷을 받

쳐 적는다.

가운데줄 가운뎃줄. ※ [가운데
쭐·가운뎃쭐]로 소리 나므로 사
이시옷을 받쳐 적는다.

가을 날 가을날. ※ 한 낱말이므
로 붙여 쓴다.

가을내 가으내. 한가을 내내.

가이없다 가없다. ¶가없는 사랑.

가입율(加入率) 가입률. 참조 –률.

가장 최근(–最近) 최근. ※ ‘최근’
이 ‘가장 가까움’을 뜻하므로 ‘가
장 최근’은 겹말이다.

가재미 가자미.

가재미식혜 가자미식해(–食醢).
참조 식해.

가정난(家庭欄) 가정란. 참조 난¹.

가정부(家政婦) 가사도우미(家事
–). 참조 도움이.

가제 가재. ¶가재는 게 편.

가즈런하다 가지런하다.

가증스런(可憎–) 가증스러운.
참조 –스런.

가지다 ※ ‘지니다’, ‘소유하다’라
는 뜻이다. ‘회의를 가졌다’, ‘기
자회견을 가졌다’, ‘모임을 가졌
다’, ‘출범식을 가졌다’처럼 ‘치르
다’, ‘열다’의 뜻으로 남용하는 것
은 외국어투로서 바람직하지 않

다. ‘회의를 했다’, ‘기자회견을 했다’, ‘모임을 열었다(했다)’, ‘출범식을 열었다(개최했다)’라고 바꾸어 써도 충분하다. ‘훌륭한 부모를 가졌다’, ‘많은 회원을 가진 단체’ 같은 표현도 피해야 한다. 부모는 소유할 대상이 아니며 회원이 있어야 단체가 존립할 수 있기 때문이다. 참조 두다.

가지수(-數)　가짓수. ※ [가지쑤·가짇쑤]로 소리 나므로 사이시옷을 받쳐 적는다.

가진 고생(-苦生)　갖은 고생. 온갖 고생. 참조 갖은.

가처분소득(可處分所得)　실소득(實所得).

가치　개비. ※ 다만, ‘**가치담배**’는 표준어이다.

가치담배　낱담배. 낱개비로 파는 담배. 참조 가치.

가케모치(掛け持ち·かけもち)　겹치기. 겹치기 출연(-出演).

가탈스럽다　까다롭다.

가파라　가팔라. 참조 가팔르다. ¶ 산이 가팔라 오르기 힘들다.

가파로운　가파른. 참조 가파롭다.

가파롭다　가파르다. 참조 가팔르다.

가팔르다　가파르다. 활용 가파르고. 가파르니. 가파르면. 가팔라. ¶ 계단이 가파르니 조심해라. / 산이 가팔라 오르기 힘들다.

각 ○○별(各-別)　각 ○○의. ○○별. ※ ‘각’이 ‘낱낱의’를, ‘-별’이 ‘그것에 따른’을 뜻하므로 ‘각 ○○별’은 겹말이다. ¶ 각 지역의 / 지역별. // 각국의 / 국가별. // 각 학교의 / 학교별.

각별이(各別-)　각별히.

각혈　객혈(喀血).

간(間)　※ ‘공간적인 사이’를 뜻하면 명사이므로 앞말과 띄어 쓰고, 기간을 나타내는 명사 뒤에서 ‘동안’의 뜻을 더하면 접미사이므로 앞말과 붙여 쓴다. 다만, 한 낱말로 굳어졌으면 붙여 쓴다. ¶ 가족 간. / 민족 간. / 사제 간. // 남녀간. / 부부간. / 동기간. / 인척간. / 부자간. / 부녀간. / 모녀간. / 모자간. / 고부간. / 천지간. / 피차간. / 다자간. / 국제간. / 다소간. / 내외간. / 노소간. / 당내간. / 상친간. / 상신간. / 숙질간. / 인정간. / 인척간. / 자매간. / 형제간. / 조손간. / 족형제간. / 종항간. / 지구간. / 친사간. // 이틀간. / 한 달간. / 삼십 년간.

간간이(間間—)　　※ ‘**간간이**’는 ‘시간적인 사이를 두고서 가끔씩’, ‘공간적인 거리를 두고 듬성듬성’을 뜻하며, ‘**간간히**’는 ‘간질간질하고 재미있는 마음으로’, ‘아슬아슬하고 위태롭게’, ‘입맛 당기게 약간 짠듯이’를, ‘**간간히**(侃侃—)’는 ‘꼿꼿하고 굳센 성품이나 마음으로’를, ‘**간간히**(衎衎—)’는 ‘기쁘고 즐거운 마음으로’, ‘강하고 재빠르게’를, ‘**간간히**(懇懇—)’는 ‘매우 간절하게’를 뜻한다.

간간히　　참조 간간이.

간고기　　자반.

간곡이(懇曲—)　　간곡히.

간끼　　간기(—氣). 짠 기운. ※ 기운, 느낌, 성분의 뜻을 더하는 접미사는 ‘—기(氣)’이다.

간난아기　　갓난아기.

간난애　　갓난애.

간단이(簡單—)　　간단히.

간단히 요약하다(簡單—要約—)　　요약하다. 간단히 하다. 간추리다. ※ ‘간단히’는 ‘단순하고 간략히’를, ‘요약하다’는 ‘말이나 글의 요점을 잡아서 간추리다’를 뜻하므로 ‘간단히 요약하다’는 겹말이다.

간데라　　칸델라(candela).

간 데 온 데 없다　　간데온데없다. ※ 한 낱말이므로 붙여 쓴다.

간들어지다　　간드러지다.

간떵이(肝—)　　간덩이. 간땡이. ¶간덩이(간땡이)가 부었군.

간략이(簡略—)　　간략히.

간막이　　칸막이.

간만에　　오래간만에. 오랜만에.

간사스런(奸邪—)　　간사스러운. 참조 —스런.

간사지　　간석지(干潟地). 참조 간석지. ※ ‘潟’은 ‘개펄 석’.

간살　　칸살. ¶창에 우물 정(井)자로 칸살을 넣었다.

간석지(干潟地)　　※ ‘**간석지**’는 ‘밀물 썰물이 드나드는 개펄’을, ‘**간척지**’는 ‘바다, 호수의 일부를 둑으로 막고 물을 뺀 뒤 조성한 땅’을 뜻한다. ¶북한 최대 규모인 대계도 간석지. ∥ 서산 간척지. / 새만금 간척지.

간수(看守)　　교도관(矯導官).

간신이(艱辛—)　　간신히.

간쓰메(罐詰·かんづめ)　　통조림.

간악스런(奸惡—)　　간악스러운. 참조 —스런.

간재미　　간자미. 가오리의 새끼.

간절이(懇切—)　간절히.

간지럽히다　＝간질이다.　※ 복수표준어.

간지르다　간질이다. ¶우리 누나 손등을 <u>간질여</u> 주어라.

간지스(Ganges)　갠지스. 인도 북부의 강.

간질르다　간질이다. 참조 간지르다.

간척지(干拓地)　참조 간석지.

간판쟁이(看板—)　간판장이. 참조 —장이.

간편이(簡便—)　간편히.

간호원(看護員)　간호사(看護師).

갇우고　가두고. 참조 갇우다.

갇우다　가두다. 활용 가두고. 가두니. 가두어(가둬).

갇우어　가두어. 가둬. 참조 갇우다.

갇우워　가두어. 가둬. 참조 갇우다.

갈가마귀　갈까마귀.

갈갈이　갈가리. '가리가리'의 준말.

갈구리　갈고리.

갈대잎　갈댓잎. ※ [갈땐닙]으로 'ㄴ' 소리가 덧나므로 사이시옷을 받쳐 적는다.

갈 때까지　갈 데까지. ※ 옳지 못하거나 바람직하지 못한 행동이

일정 수준을 넘어섰음을 나타내는 표현은 '**갈 데까지**'이다. 다만, 일정 시점을 나타내는 말은 '**갈 때까지**'이다. ¶그 녀석은 <u>갈 데까지</u> 갔다. // 내가 <u>갈 때까지</u> 기다려라.

갈라 서다　갈라서다. ※ 한 낱말이므로 붙여 쓴다.

갈라쇼(gala show)　말터 뒤풀이공연(—公演).

갈락토스(galactose)　갈락토오스.

갈래야　가려야. ¶<u>가려야</u> 갈 수 없는 북녘 내 고향. 참조 —ㄹ래야.

갈랫길　갈림길.

갈려고　가려고. 참조 —ㄹ려고.

갈르다　가르다. 활용 가르고. 가르니. 가르면. 갈라. ¶생선의 배를 <u>가르고</u> 내장을 뺐다. / 편을 <u>갈라</u> 경기를 했다.

갈메기　갈매기.

갈비국　갈빗국. 갈비탕. ※ [갈비꾹·갈빋꾹]으로 소리 나므로 사이시옷을 받쳐 적는다.

갈비대　갈빗대. ※ [갈비때·갈빋때]로 소리 나므로 사이시옷을 받쳐 적는다.

갈비집　갈빗집. ※ [갈비찝·갈빋

찝]으로 소리 나므로 사이시옷을
받쳐 적는다.

갈빗뼈 갈비뼈. ※ 된소리 앞에
서는 사이시옷을 받치지 않는다.

갈숲 갈대숲.

갈아앉다 가라앉다.

갈아 타다 갈아타다. ※ 한 낱말
이므로 붙여 쓴다.

갈으네 가네. ※ 어간이 'ㄹ' 받침
으로 끝나는 용언의 어간에 붙는
어미는 '-네'이다. '-네'가 붙으
면 'ㄹ'이 줄어든다.

갈으니 가니. ※ 어간이 'ㄹ' 받침
으로 끝나는 용언의 어간에 붙는
어미는 '-니'이다. '-니'가 붙으
면 'ㄹ'이 줄어든다.

갈으면 갈면. ※ 어간이 'ㄹ' 받침
으로 끝나는 용언의 어간에 붙는
연결어미는 '-면'이다.

갈은 간. ※ 어간이 'ㄹ' 받침으로
끝나는 용언의 어간에 붙는 어미
는 '-ㄴ'이다. '-ㄴ'이 붙으면 'ㄹ'
이 줄어든다.

갈음 갊. ※ 어간이 'ㄹ' 받침으로
끝나는 용언의 명사형 어미는 '-
ㅁ'이다. ¶밭을 갊.

갈음하다 참조 가름하다.

갈읍니다 갑니다. ※ 어간이 'ㄹ'

받침으로 끝나는 용언의 어간에
붙는 어미는 '-ㅂ니다'이다. '-ㅂ
니다'가 붙으면 'ㄹ'이 줄어든다.

갈짓자(-之字) 갈지자. ※ 한자
어는 두 음절로 된 '곳간(庫間)',
'셋방(貰房)', '숫자(數字)', '찻간
(車間)', '툇간(退間)', '횟수(回數)'
외에는 사이시옷을 받치지 않는
다.

갈코리 갈고리. 갈퀴.

갈쿠리 갈고리. 갈퀴.

감감무소식(-無消息) =감감소식.
※ 복수표준어.

감격스런(感激-) 감격스러운.
참조 -스런.

감빵 감방(監房).

감숙성(甘肅省) 간쑤 성. 중국 서
북부의 성. 성도는 란저우(蘭州).

감원시키다(減員-) 감원하다. ※
사동의 뜻이 없으면 '-시키다'로
쓰지 않는다. 참조 -시키다. ¶
불황이 닥치자 회사는 사원들을
대폭 감원했다.

감자국 감잣국. ※ [감자꾹·감잣
꾹]으로 소리 나므로 사이시옷을
받쳐 적는다.

감자범벅 감자버무리.

감질맛 나다(疳疾-) 감질나다. /

감칠맛 나다. ※ **감질**은 '바라는 정도에 아주 못 미쳐 애타는 마음'을 뜻하며, **감칠맛**은 '음식물이 입에 당기는 맛, 마음을 끌어당기는 힘'을 뜻한다. ¶아이를 감질나게 하지 말고 듬뿍 주어라.∥이 김치는 감칠맛이 난다./그 사람은 같은 이야기도 감칠맛 나게 한다.

감쪽 같다 감쪽같다. ※ 한 낱말이므로 붙여 쓴다. ¶조화가 감쪽같아서 생화로 착각했다./상처가 감쪽같이 아물었다.

감축시키다(減縮−) 감축하다. ※ 사동의 뜻이 없으면 '−시키다'로 쓰지 않는다. 참조 −시키다. ¶정부는 불요불급한 예산을 감축했다.

감칠 맛 감칠맛. ※ 한 낱말이므로 붙여 쓴다. 참조 감질맛 나다.

감탄스런(感歎−) 감탄스러운. 참조 −스런.

갑갑치 갑갑지. ※ '하다'로 끝나는 용언 가운데 '하' 앞의 음절이 'ㄱ, ㅂ, ㅅ' 받침으로 끝나는 낱말의 준말은 '하'가 아주 줄어든다. 즉, '간단하지'의 준말은 '하'의 'ㅏ'만 줄어들어 '간단치'가 되지만 '갑갑하지'의 준말은 '하'가 모두 줄어들어 '갑갑지'가 된다. ¶집에만 있으면 갑갑지 않니?

갑갑타 갑갑다. 참조 갑갑치.

갑부(甲富) 첫째가는 큰 부자. ※ 정해진 범위에서 '가장 부유한 사람'을 일컫는 말이다. '갑부 순위', '최고 갑부', '갑부들' 같은 말은 옳지 않다. '부자 순위', '갑부', '부자들', '부호들'처럼 써야 한다. 범위를 정해 '아시아의 갑부', '한국의 갑부', '영남 갑부'처럼 쓰는 것은 문제가 없다.

갑상선(甲狀腺) ⇨ 갑상샘(甲狀−, 대한의사협회 권장용어).

갑오 가보. 노름에서 아홉 끗을 이르는 말.

갑작스런 갑작스러운. 참조 −스런.

갑작이 갑자기.

갑절 '배(倍)', '곱절'과 같은 뜻의 낱말로 '어떤 수나 양을 두 번 합한 만큼'을 나타낸다. ※ 다만, '(수량을 나타내는 말 뒤에 쓰여) 일정한 수나 양이 그 수만큼 거듭됨'을 나타낼 때는 **배**, **곱절**을 써야 한다. **갑절** 앞에는 '두', '세', '몇'같이 수를 나타내는 말을 쓰지 않는다. 즉, '갑절'은 홀로 쓰이며 오로지 '두 배'만을 나타낸다. '배', '곱절'은 '두 배', '두 곱절', '열 배', '열 곱절', '몇 배', '몇 곱절'처럼 수를 나타내는 말과 함께 쓸 수 있다. ¶10은 5의 <u>갑절</u>이다. / 세상 살기가 <u>갑절</u>은 힘들어졌다. // 소득이 세 <u>곱절</u> 늘었다. 참조 배.

갑짜기 갑자기.

값 나가다 값나가다. ※ 한 낱말이므로 붙여 쓴다.

값낮다 값싸다.

값높다 값비싸다. / 값있다.

값 없다 값없다. ※ 한 낱말이므로 붙여 쓴다.

갓가지 갖가지. '가지가지'의 준말.

갓무우 갓무.

갓바치 갖바치.

갓장이 ※ '**갓장이**'는 '갓을 만드는 기술자'를 뜻하며, '**갓쟁이**'는 갓을 쓴 사람을 낮잡아 이르는 말이다. 참조 −장이.

갓쟁이 참조 갓장이. −장이.

강강수월래(強羌水越來) 강강술래.

강낭콩(江南−) 강낭콩.

강능[1](康陵) 강릉. 서울 노원구 공릉동에 있는 조선 명종과 비 인순왕후의 능. 참조 −능.

강능[2](江陵) 강릉. 강원도 영동 지방의 도시 이름.

강뚝(江−) 강둑.

강서성(江西省) 장시 성. 중국 창장 강 남쪽의 성. 성도는 난창(南昌).

강설량(降雪量) 참조 강수량.

강소성(江蘇省) 장쑤 성. 중국 창장 강 하류에 있는 성. 성도는 난징(南京).

강수량(降水量) ※ '**강수량**'은 비뿐만 아니라 눈, 안개, 우박 따위로 일정 기간 일정 지역에 내린 물의 총량을, '**강우량**(降雨量)'은 일정 기간 일정 지역에 내린 비의 양을 뜻한다. 또 '**강설량**(降雪量)'은 일정 기간 일정 지역에 내린 눈의 양이다. 강수량과 강우량은 'mm'로, '강설량'은 'cm'로 나타낸다. 강설량은 쌓인 눈의 높이로 측정하므로 그 눈이 녹아 생긴 물의 양(강수량)과는 같지 않다.

강어구(江−) 강어귀.

강엿 갱엿. 검은엿.

강우량(降雨量) 참조 강수량.

강추위 ※ 고유어 ‘**강추위**’는 눈도 오지 않고 바람도 불지 않으면서 몹시 매운 추위를 뜻하며, ‘**강추위**(強-)’는 눈이 오고 매운바람이 부는 심한 추위를 뜻한다.

강퍅하다 강퍅하다(剛愎-).

강하느냐(強-) 강하냐. ※ 받침 없는 형용사 어간에 붙는 종결어미는 ‘-냐’이다. ‘-느냐’는 동사의 어간에 붙는다.

강하는가(強-) 강한가. ※ 받침 없는 형용사 어간에 붙는 종결어미는 ‘-ㄴ가’이다. ‘-는가’는 동사의 어간에 붙는다.

강화시키다(強化-) 강화하다. ※ 사동의 뜻이 없으면 ‘-시키다’로 쓰지 않는다. 참조 -시키다. ¶ 선수들은 저마다 근력운동으로 체력을 강화했다. / 북한의 장거리 미사일 발사로 전군이 경계를 강화했다.

갓난아기 갓난아기.

갖다 활용 갖고. 갖지. 갖는. ※ ‘가지다’의 준말인 ‘갖다’에는 모음으로 시작하는 어미가 붙을 수 없다. 일부 낱말의 준말 형태에서 이런 현상이 나타나는데 그런 예로는 ‘건들다’, ‘딛다’, ‘머물다’, ‘서둘다’, ‘서툴다’ 등이 있다.

갖어 가져. 참조 갖다.

갖으면 가지면. 참조 갖다.

갖은 가진. 참조 갖다. ※ 다만, ‘갖은양념’, ‘갖은 고생’처럼 골고루 다 갖춘 것을 뜻하는 관형사 ‘갖은’은 표준어이다.

갖을 가질. 참조 갖다.

갖이다 가지다. 활용 가지고. 가지니. 가진. 가져.

갖인 가진. 갖은. 참조 갖은.

갖히다 갇히다.

같애 같아. ¶ 바람이 불 것 같아. / 내 맘도 너와 같아.

같이 ※ ‘같이’가 부사로 쓰이면 앞뒷말과 띄어 쓰고, 조사로 쓰이면 앞말에 붙여 쓴다. 참조 같이하다. ¶ 친구와 같이 사업을 했다. // 선생님은 우리를 친구같이 대했다.

같이하다 = 함께하다. ※ ‘더불어 하다’, ‘다르지 않게 하다’의 뜻으로 쓰이는 ‘같이하다’와 ‘함께하다’는 붙여 쓴다. ‘같이’, ‘함께’가 부사로 쓰였으면 띄어 쓴다. ‘같이(함께)’를 생략하거나 ‘같이(함께)’와 ‘-하다’ 사이에 다른 말을 넣어 뜻이 통하면 부사이므로 띄어 쓰고, 뜻이 통하지 않으면 붙여 쓴다. ¶친구와 숙제를 <u>같이 했다</u>('친구와 같이 숙제를 했다'라고 해도 문장이 어색하지 않으므로 띄어 쓴다).∥친구와 생사고락을 <u>같이했다</u>('친구와 같이 생사고락을 했다'라고 하면 어색하므로 붙여 쓴다).

같잖다　※'**같잖다**'는 '어이없다', '눈꼴사납다'의 뜻을 나타내고, '**같지 않다**'는 '같다'의 부정형으로 '다르다'의 뜻을 나타낸다. ¶노는 꼴이 <u>같잖다</u>./그런 <u>같잖은</u> 일에 마음 둘 필요 없다.∥그들은 쌍둥이이면서도 성격은 서로 <u>같지 않다</u>.

같지 않다　참조 같잖다.

개값　갯값. ※[개 : 깝·갣 : 깝]으로 소리 나므로 사이시옷을 받쳐 적는다.

개거품　게거품.

개과(－科)　갯과. ※[개꽈·갣꽈]로 소리 나므로 사이시옷을 받쳐 적는다.

개구녁　개구멍.

개구녕　개구멍.

개구락지　개구리.

개구장이　개구쟁이. 참조 －장이.

개구진　짓궂은.

개 국(個國)　개국. ※ 나라를 세는 단위인 '개국'은 한 낱말이므로 붙여 쓴다. ¶10<u>개국</u>.

개굴이　개구리.

개굴창　개골창. 시궁창.

개굳다　짓궂다.

개굿은　짓궂은.

개기다　개개다. ¶어린 녀석이 성가시게 <u>개개는구나</u>.

개꼬리풀　강아지풀. 까치수염. ※ '**강아지풀**'은 볏과의 한해살이풀이며, '**까치수염**'은 앵초과의 여러해살이풀이다.

개나리봇짐　괴나리봇짐.

개다리밥상　개다리소반(－小盤).

개똥지바퀴　개똥지빠귀. 박샛과의 새.

개리멘더링　게리맨더링(gerry-mandering).

개발(開發)　※ '**개발**'은 '토지나 천연자원 따위를 개척하여 유용하게 만듦, 지식이나 재능 따위를 발달하게 함, 산업이나 경제 따위를 발전하게 함, 새로운 물건이나 생각 따위를 만듦'을 뜻하며 물질적인 것과 비물질적인 것에 두루 쓴다. '**계발**'(啓發)'은 '슬기나 재능, 사상 따위를 일깨워 줌'을 뜻하므로 비물질적인 것에만 쓴다. ¶자원 <u>개발</u>./핵무기 <u>개발</u>./우주 <u>개발</u>.//자기 <u>계발</u>./창의성 <u>계발</u>.

개발새발 =괴발개발. ※ 개의 발과 새의 발이라는 뜻으로, 글씨를 되는대로 아무렇게나 써 놓은 모양을 이르는 말. 본디 '고양이의 발과 개의 발'을 뜻하는 '괴발개발'만 표준어였으나, 2011년 8월 31일에 국립국어원에서 '개발새발'도 표준어로 인정했다. ¶그 사람 글씨는 <u>개발새발</u>이라 알아볼 수가 없다.

개발쇠발 괴발개발. 개발새발. 참조 개발새발.

개비담배 가치담배. 참조 가치.

개뻘 갯벌. 개펄. ※ '**갯벌**'은 '바닷물이 드나드는 모래톱 또는 그 주변의 넓은 땅'이며, '**개펄**'은 '갯가의 개흙이 깔린 벌판'이다.

개뼉다귀 개뼈다귀.

개선시키다(改善-) 개선하다. ※ 사동의 뜻이 없으면 '-시키다'로 쓰지 않는다. 참조 -시키다. ¶생활환경을 <u>개선했다</u>./불합리한 관행은 우리 스스로 <u>개선</u>

해 나가야 한다.

개소(個所) 곳. 군데. ※ '개소'는 일본어투.

개이다 개다. 활용 개니. 개고. 개면. 개어. 갠. 갬. ¶날이 <u>개어야</u> 빨래를 널 텐데.

개인 갠. 참조 개이다.

개주검 개죽음.

개키다 =개다. ※ 복수표준어. ¶자고 일어났으면 이불부터 <u>개켜</u>라.

개탄스런(慨歎-) 개탄스러운. 참조 -스런.

개펄 참조 개뻘.

개피 개비. 참조 가치.

객관식 문제(客觀式 問題) ※ 둘 이상의 보기 가운데 답을 고르는 '선택형', 진위를 가리는 'OX형', 빈칸을 채우거나 보기를 나열하지 않고 낱말 또는 짧은 구로써 답하는 '단답형'을 모두 포함한다. '주관식 문제'는 하나 이상의 문장으로써 답하는 것이다.

객적다(客-) 객쩍다. ※ '적다[少]'의 뜻이 남아 있지 않고 발음도 [쩍다]로 나면 '-쩍다'로 적는다.

객주집(客主-) 객줏집. ※ [객쭈찝·객쭏찝]으로 소리 나므로 사이시옷을 받쳐 적는다.

갤갤하다 골골하다.

갤론(gallon) 갤런.

갯벌 참조 개뻘.

갯수(個數) 개수. ※ 한자어는 두 음절로 된 '곳간(庫間)', '셋방(貰房)', '숫자(數字)', '찻간(車間)', '툇간(退間)', '횟수(回數)' 외에는 사이시옷을 받치지 않는다.

갱신(更新) ※ '更'은 '다시'라는 뜻일 때는 '갱'으로 읽고, '고치다'라는 뜻일 때는 '경'으로 읽는다. 면허나 계약 등의 주된 내용은 두고 기간만 연장할 때는 '**갱신**'이라고 하며, 어떤 기록을 깨고 새로운 기록을 세우는 것은 '**경신**'이라고 한다. ¶ 전세계약서 갱신./운전 면허 기간이 끝나 면허증을 갱신해야 하겠다.//박태환은 자신의 종전 기록을 연방 경신해 나가고 있다.

갱연기(更年期) 갱년기.

갱의실(更衣室) 경의실. 탈의실(脫衣室). 옷을 갈아입는 방. ※ '更'은 '고치다'의 뜻일 때는 '경'으로 읽는다. 참조 갱신.

갱정(更正) 경정. ※ '更'은 '고치다'의 뜻일 때는 경으로 읽는다.

참조 갱신.

갸날프다 가냘프다.

갸쿠(逆·ぎゃく) 반대 치기.

거닐으니 거니니. ※ 어간이 'ㄹ' 받침으로 끝나는 용언의 어간에 붙는 어미는 '−니'이다. '−니'가 붙으면 'ㄹ'이 줄어든다.

거닐으며 거닐며. ※ 어간이 'ㄹ' 받침으로 끝나는 용언의 어간에 붙는 연결어미는 '−며'이다.

거닐으면 거닐면. ※ 어간이 'ㄹ' 받침으로 끝나는 용언의 어간에 붙는 연결어미는 '−면'이다.

거닐은 거닌. ※ 어간이 'ㄹ' 받침으로 끝나는 용언의 어간에 붙는 어미는 '−ㄴ'이다. '−ㄴ'이 붙으면 'ㄹ'이 줄어든다.

거닐음 거닒. ※ 어간이 'ㄹ' 받침으로 끝나는 용언의 명사형 어미는 '−ㅁ'이다.

거닐읍니다 거닙니다. ※ 어간이 'ㄹ' 받침으로 끝나는 용언의 어간에 붙는 어미는 '−ㅂ니다'이다. '−ㅂ니다'가 붙으면 'ㄹ'이 줄어든다.

거님 거닒. 참조 거닐음.

거덜나다 거덜 나다. 거덜이 나다. ※ 한 낱말이 아니므로 띄어 쓴

다. ¶노름으로 살림이 <u>거덜 났</u>
<u>다</u>./그 사람은 <u>거덜이 난</u> 작업복
을 입고 있었다.

거덜내다   거덜 내다. 거덜을 내다.
※ 한 낱말이 아니므로 띄어 쓴
다. ¶노름으로 살림을 <u>거덜 냈</u>
<u>다</u>./살림을 <u>거덜을 내고</u> 변두리

로 나앉았다.

거두다   🔍 1)

거두어 들이다   거두어들이다. ※
한 낱말이므로 붙여 쓴다. 준말은
‘거둬들이다’이다. 참조 거두다.

거드럼   거드름.

거드름(을) 피다   거드름(을) 피우

🔍 1) **거두다 / 걷다**   ※ ‘거두다’는 ‘곡식 열매 따위를 수확하다’, ‘흩어진 물건을 한데 모으다’, ‘좋은 결과를 얻다’, ‘시체를 수습하다’, ‘자식, 고아 따위를 보살피거나 기르다’, ‘집안일, 밭일 따위를 돌보다’, ‘벌이거나 차려 놓은 것을 정리하다’, ‘말, 웃음 따위를 그치거나 그만두다’, ‘하던 일을 멈추거나 끝내다’, ‘남을 때리거나 공격하던 일을 멈추다’, ‘여러 사람에게서 돈이나 물건 따위를 받아들이다’의 뜻을 나타내며, ‘걷다’는 ‘곡식 열매 따위를 수확하다’, ‘흩어진 물건을 한데 모으다’, ‘여러 사람에게서 돈이나 물건 따위를 받아들이다’의 뜻을 나타내면 ‘거두다’의 준말로 쓰이고 이 밖에도 ‘늘어진 것을 말아 올리거나 가려진 것을 치우다. 깔려 있는 것을 접거나 개키다. 일이나 일손을 끝내거나 멈추다’의 뜻을 나타낸다. ‘거두다’와 ‘걷다’가 본말과 준말의 관계일 때는 서로 바꿔 쓸 수 있지만 그 밖의 뜻일 때는 바꿔 써서는 안 된다. 다만, ‘거두다’와 ‘들이다’의 합성어인 ‘거두어들이다’의 준말은 ‘거둬들이다’이므로 ‘걷어들이다’로 줄여 쓸 수 없다.

¶곡식을 <u>거두다</u>(<u>걷다</u>)./날씨가 끄물끄물하니 빨래를 <u>거둬라</u>(<u>걷어라</u>). /한국은 한일 월드컵 축구대회에서 4강이라는 좋은 성적을 <u>거뒀다</u>. /사고 현장에서 여러 구의 시신을 <u>거뒀다</u>. /식솔을 <u>거두기도</u> 힘에 겹다. /부엌일을 <u>거두다</u>. /이부자리를 <u>거두다</u>. /웃음을 <u>거둬라</u>. /시선을 <u>거두</u> <u>다</u>. /군사를 <u>거두다</u>. /찬조금을 <u>거두다</u>(<u>걷다</u>). //모기장을 <u>걷다</u>. /멍석을 <u>걷다</u>. /하던 일을 <u>걷고</u> 나와라.

다. 참조 피다.

거들나다 거덜나다.

거들으니 거드니. ※ 어간이 'ㄹ' 받침으로 끝나는 용언의 어간에 붙는 어미는 '-니'이다. '-니'가 붙으면 'ㄹ'이 줄어든다.

거들으면 거들면. ※ 어간이 'ㄹ' 받침으로 끝나는 용언의 어간에 붙는 연결어미는 '-면'이다.

거들은 거든. ※ 어간이 'ㄹ' 받침으로 끝나는 용언의 어간에 붙는 어미는 '-ㄴ'이다. '-ㄴ'이 붙으면 'ㄹ'이 줄어든다.

거들음 거듦. ※ 어간의 끝소리가 'ㄹ'인 용언의 명사형 어미는 '-ㅁ'이다.

거듬 거듦. 참조 거들음.

거뜬이 거뜬히.

거래선(去來先) 거래처(去來處). ※ '거래선'은 일본어투. 참조 -선.

거러지 거지.

거렁뱅이 비렁뱅이.

거만스런(倨慢-) 거만스러운. 참조 -스런.

거무티티하다 거무튀튀하다.

거무틱틱하다 거무튀튀하다.

거미 거미강 거미목의 동물. 다리는 네 쌍이며 더듬이와 날개는 없다. ※ 다리가 세 쌍이며 더듬이와 날개가 있는 곤충과는 다르므로 거미를 곤충의 일종으로 표현해서는 안 된다.

거북살스런 거북살스러운. 참조 -스런.

거북스런 거북스러운. 참조 -스런.

거북치 거북지. ※ '하다'로 끝나는 용언 가운데 '하' 앞의 음절이 'ㄱ, ㅂ, ㅅ' 받침으로 끝나는 낱말의 준말은 '하'가 아주 줄어든다. 즉, '간단하지'의 준말은 '하'의 'ㅏ'만 줄어들어 '간단치'가 되지만 '거북하지'의 준말은 '하'가 모두 줄어들어 '거북지'가 된다.

거사를 일으키다(擧事-) 일을 일으키다. 거사하다. ※ '거사'가 '일을 일으킴'을 뜻하므로 '거사를 일으키다'는 겹말이다.

거쉬인(Gershwin) 거슈윈. ¶ 조지 거슈윈(미국의 작곡가).

거스르다 ※ '거스르다'는 '일이 돌아가는 상황이나 흐름과 반대되거나 어긋나는 태도를 취하다', '남의 말이나 가르침, 명령 따위와 어긋나는 태도를 취하다', '남의 마음을 언짢게 하거나 기분을 상하게 하다’, ‘셈할 돈을 빼고 나머지 돈을 도로 주거나 받다’의 뜻을 나타내며, ‘**거슬리다**’는 ‘순순히 받아들여지지 않고 언짢은 느낌이 들며 기분이 상하다’의 뜻을 나타낸다. ¶강을 <u>거슬러</u> 오르다. / 아버지의 뜻을 <u>거스르다</u>. / 그는 늘 신경을 <u>거스르</u>는 짓만 골라 한다. / 1만 원을 내고 3000원을 <u>거슬러</u> 받았다. // 그 사람 말이 신경에 <u>거슬린다</u>.

거스리다   거스르다. 참조 거스르다.

거슬려오르다   거슬러 오르다. 참조 거스르다. ¶알을 낳으려고 강을 <u>거슬러 오르는</u> 연어 떼.

거슬리다   참조 거스르다.

거슬음(돈)   거스름(돈).

거슴푸레   거슴츠레.

거시키   거시기.

거에요   거예요. 참조 −에요. ¶날 곧 더워질 <u>거예요</u>.

거울 삼다   거울삼다. ※ 한 낱말이므로 붙여 쓴다. ¶이번 일을 <u>거울삼아</u> 다시는 같은 실수를 되풀이하지 않겠다.

거의 대부분(−大部分)   거의. 대부분. ※ ‘거의’가 ‘한도에 매우 가까움’을, ‘대부분’이 ‘전체에 거의 가까움’을 뜻하므로 ‘거의 대부분’은 겹말이다.

거적대기   거적때기.

거진   거의. ¶<u>거의</u> 다 했다.

거짓말시키다   거짓말하다. ※ 사동의 뜻이 없으면 ‘−시키다’로 쓰지 않는다. 다만, 남에게 거짓말을 하도록 하는 것은 한 낱말이 아니므로 띄어 쓴다. ¶너 내게 <u>거짓말하면</u> 안 된다. // 어린 아이에게 <u>거짓말(을) 시켜서야</u> 되겠는가. 참조 −시키다.

거짓말장이   거짓말쟁이. 참조 −장이.

거짓스런   거짓스러운. 참조 −스런.

거창스런(巨創−)   거창스러운. 참조 −스런.

거추장스런   거추장스러운. 참조 −스런.

거출   갹출(醵出). ※ ‘醵’은 ‘추렴할 갹’.

거치른   거친. 참조 거칠다.

거치장스럽다   거추장스럽다.

거치적거리다   = 걸리적거리다. ※ 복수표준어.

거칠다   활용 거칠어. 거치니. 거치

오. 거친. 거치시오.

거칠으네 거치네. ※ 어간이 'ㄹ' 받침으로 끝나는 용언의 어간에 붙는 어미는 '-네'이다. '-네'가 붙으면 'ㄹ'이 줄어든다.

거칠으니 거치니. ※ 어간이 'ㄹ' 받침으로 끝나는 용언의 어간에 붙는 어미는 '-니'이다. '-니'가 붙으면 'ㄹ'이 줄어든다.

거칠으면 거칠면. ※ 어간이 'ㄹ' 받침으로 끝나는 용언의 연결어미는 '-면'이다.

거칠은 거친. ※ 어간이 'ㄹ' 받침으로 끝나는 용언의 어간에 붙는 어미는 '-ㄴ'이다. '-ㄴ'이 붙으면 'ㄹ'이 줄어든다. 참조 거칠다.

거칠음 거칢. ※ 어간이 'ㄹ' 받침으로 끝나는 용언의 명사형 어미는 '-ㅁ'이다.

거하게 차리다 건하게 차리다. 참조 거하다. ¶한 상 건하게 차렸다.

거하다 ※'**거하다**'는 '산 따위가 크고 웅장하다', '나무나 풀 따위가 우거지다', '지형이 깊어 으슥하다'를 뜻하며, '**건하다**'는 '아주 넉넉하다'를 뜻한다.

걱정 거리 걱정거리. ※ 한 낱말이므로 붙여 쓴다.

걱정꺼리 걱정거리.

걱정스런 걱정스러운. 참조 -스런.

건강하세요(健康-) 건강하시기 바랍니다. ※ '건강하다'는 형용사이므로 명령형으로는 쓸 수 없다. ¶할아버지, 건강하시기 바랍니다./할아버지는 잔병치레도 없이 건강하세요./할머니, 건강하세요?

건너다 ※ '**건너다**'는 '무엇을 사이에 두고 한편에서 맞은편으로 가다. 한쪽에서 다른 쪽으로 옮아가다. 끼니, 당번, 차례 따위를 거르다'를 뜻하며, '**건네다**'는 '돈이나 물건 따위를 남에게 옮기다. 남에게 말을 붙이다'를 뜻한다.

건너 다니다 건너다니다. ※ 한 낱말이므로 붙여 쓴다.

건너다 보다 건너다보다. ※ 한 낱말이므로 붙여 쓴다. 다만, '건너다'와 '보다'의 두 동작이 이어짐을 뜻하면 띄어 쓴다. 이때는 '건너다가'로 바꿔 쓸 수 있다. ¶어떤 사람이 강 저쪽에서 건너다보며 손짓을 하고 있다.// 계곡을 건너다(가) 보니 물이 무척 깊더라.

건너마을　건넛마을.　※ [건 : 넌 마을로 'ㅁ' 앞에서 'ㄴ' 소리가 덧나므로 사이시옷을 받쳐 적는다.

건너방(−房)　건넌방. 건넛방. 참조 건넌방.

건너 주다　건네주다. 돈, 물건 따위를 남에게 옮기어 주다. 건너게 하여 주다. 참조 건네다.

건너집　건넛집.　※ [건 : 너찝·건 : 넏찝]으로 소리 나므로 사이시옷을 받쳐 적는다.

건넌마을　건넛마을.

건넌방(−房)　※ '**건넌방**'은 '안방에서 대청을 건너 맞은편에 있는 방'을 뜻하며, '**건넛방**'은 '건너편에 있는 방'이다.

건넛방(−房)　참조 건넌방.

건넛편(−便)　건너편.　※ 거센소리 앞에서는 사이시옷을 받치지 않는다.

건네다　참조 건너다.

건느다　건너다.

건늘목　건널목.

건능(健陵)　건릉. 경기 화성시 안녕동에 있는 조선 정조와 비 효의왕후의 능. 참조 −능.

건달끼　건달기(乾達氣).　※ 기운,

느낌, 성분의 뜻을 더하는 접미사는 '−기(氣)'이다.

−건대　※ '−**건대**'는 말하는 사람이 보거나 듣거나 바라거나 생각하는 따위의 내용임을 미리 밝히는 연결어미이며, '−**관데**'는 원인이나 근거를 나타내는 연결어미이다. ¶바라건대 남을 도우며 살아라.∥누가 왔관데 이렇게 소란스러울까?

건덕지　건더기.

−건데　−건대. 참조 −건대.

건데기　건더기.

건들다　※ '건드리다'의 준말인 '건들다'에는 모음으로 시작하는 어미가 붙을 수 없다. 일부 낱말의 준말 형태에서 이런 현상이 나타나는데 그런 예로는 '갖다', '딛다', '머물다', '서둘다', '서툴다' 등이 있다. 활용 건드리니. 건드리면. 건드려.

건들어　건드려. 참조 건들다.

건들음　건듦.　※ 어간이 'ㄹ' 받침으로 끝나는 용언의 명사형 어미는 '−ㅁ'이다.

건들이다　건드리다. 참조 건들다.

건듬　건듦. 참조 건들음.

건뜻하면　걸핏하면.

건원능(健元陵) 건원릉. 경기 구리시 인창동에 있는 조선 태조의 능. 참조 -능. 동구능.

건조시키다(乾燥-) 건조하다. 말리다. ※ 사동의 뜻이 없으면 '-시키다'로 쓰지 않는다. 참조 -시키다.

건폐률(建蔽率) 건폐율. 참조 -률.

건하다 참조 거하다.

걷다 참조 거두다.

걷어들이다 거두어들이다. 거둬들이다. 참조 거두다.

걷어부치다 걷어붙이다.

걷어 차다 걷어차다. ※ 한 낱말이므로 붙여 쓴다.

걷어채이다 걷어채다. 걷어차이다. ※ '걷어차다'의 피동사.

걷어치다 걷어치우다.

걷음 ※ 규칙적으로 활용하는 용언 '걷다'의 명사형은 '**걷음**'이며, 불규칙 활용하는 용언 '걷다'의 명사형은 '**걸음**'이다. ¶회비를 걷음./사업을 걷음.// 느릿느릿 걸음./성직자의 길을 걸음.

걷잡다 ※ '걷잡다'는 '한 방향으로 치우쳐 흘러가는 형세 따위를 붙들어 잡다'를 뜻하며, '겉잡다'는 '겉으로 보고 대강 짐작하여 헤아리다'를 뜻한다. ¶쏟아지는 눈물을 걷잡기 어렵다./불길이 걷잡을 수 없이 타올랐다.// 예산을 겉잡아서 얘기하지 말고 잘 뽑아 보시오.

걸거치다 거치적거리다.

걸게그림 걸개그림.

걸래 걸레.

걸르다 거르다. 활용 거르고. 거르니. 걸러. ¶가난하던 시절엔 술을 거르고 남은 지게미를 먹기도 했다.// 불순물을 잘 걸러 내야 한다.

걸리적거리다 = 거치적거리다. ※ 복수표준어.

걸맞는 걸맞은. ※ '걸맞다'는 '두 편을 견주어 볼 때 서로 어울릴 만큼 비슷하다'라는 뜻의 '형용사'다. 형용사의 관형사형 어미는 '-은'이므로 '걸맞은'으로 쓴다. 동사의 관형사형 어미 '-는'을 써서 '걸맞는'이라고 해선 안 된다. ¶분위기에 걸맞은 옷차림. 참조 알맞는.

걸머쥐다 거머쥐다.

걸빵 질빵. 짐을 걸어서 메는 데 쓰는 줄.

걸스카웃(girl scout) 걸스카우트.

걸으네　걷네. 거네.　※ 어간이 ‘ㄹ’ 받침으로 끝나는 용언의 어간에 붙는 어미는 ‘–네’이다. ‘–네’가 붙으면 ‘ㄹ’이 줄어든다. 따라서 ‘걷다’는 ‘걷네’로, ‘걸다’는 ‘거네’로 활용한다.

걸으니　거니.　※ 어간이 ‘ㄹ’ 받침으로 끝나는 용언의 어간에 붙는 어미는 ‘–니’이다. ‘–니’가 붙으면 ‘ㄹ’이 줄어든다. 다만, ‘걷다’의 활용형은 ‘걸으니’이다.

걸으면　걸면.　※ 어간이 ‘ㄹ’ 받침으로 끝나는 용언의 어간에 붙는 연결어미는 ‘–면’이다. 다만, ‘걷다’의 활용형은 ‘걸으면’이다.

걸은　건.　※ 어간이 ‘ㄹ’ 받침으로 끝나는 용언의 어간에 붙는 어미는 ‘–ㄴ’이다. ‘–ㄴ’이 붙으면 ‘ㄹ’이 줄어든다. 다만, ‘걷다’의 활용형은 ‘걸은’이다.

걸읍니다　겁니다. 걷습니다. ※ 어간이 ‘ㄹ’ 받침으로 끝나는 용언의 어간에 붙는 어미는 ‘–ㅂ니다’이다. ‘–ㅂ니다’가 붙으면 ‘ㄹ’이 줄어든다. 다만, ‘걷다’의 어간에 붙는 어미는 ‘–습니다’이다.

걸읍시다　겁시다. ※ 어간이 ‘ㄹ’ 받침으로 끝나는 동사의 어간에 붙는 어미는 ‘–ㅂ시다’이다. ‘–ㅂ시다’가 붙으면 ‘ㄹ’이 줄어든다.

걸죽하다　걸쭉하다.

걸찍하다　걸쭉하다.

걸치적거리다　거치적거리다. ¶ 거치적거리는 물건들은 모두 치워라.

걸판지다　거방지다. 매우 푸지다. ¶ 오늘 거방지게 먹어 보자.

검댕이　검댕.

검동오리　검둥오리.

검둥이　※ 사람을 나타낼 때는 인종 차별적인 낱말이므로 ‘흑인’으로 쓰는 것이 바람직하다.

검디 검다　검디검다. ※ 한 낱말이므로 붙여 쓴다. 참조 –디.

검렬　검열(檢閱). ※ ‘閱’은 ‘볼 열’.

검어쥐다　거머쥐다.

검용소(儉龍沼)　검룡소. 강원 태백시 창죽동에 있는 한강의 발원지.

검은 깨　검은깨. 검정깨. ※ 한 낱말이므로 붙여 쓴다.

검은 빛　검은빛. ※ 한 낱말이므로 붙여 쓴다.

검은 색(–色)　검은색. ※ 한 낱말이므로 붙여 쓴다.

검은콩　검은콩. 검정콩. ※ 한 낱

말이므로 붙여 쓴다.

검웃검웃 거뭇거뭇.

검정 깨 검정깨. 검은깨. ※ 한 낱 말이므로 붙여 쓴다.

검정색(-色) 검정. 검은색.

겁장이(怯-) 겁쟁이. 참조 -장이.

-것마는 -건마는. ¶바람이 불 건마는 더위는 여전하다.

겉잡다 참조 걷잡다.

겉저리 겉절이.

겉치례 겉치레.

게 ※ '것이'가 줄어든 말일 때는 앞말과 띄어 쓴다. 자신의 의사를 상대방에게 약속하거나 알리는 뜻을 나타내면 '-ㄹ게', '-을게' 의 형태로 종결어미가 되므로 앞 말에 붙여 쓴다. ¶먹을 게 있나? // 이번 일이 잘되면 한턱낼게. / 내 가 갈게.

게걸스런 게걸스러운. 참조 -스 런.

게걸스럽다 ※ '게걸스럽다'는 '몹시 먹고 싶거나 하고 싶은 욕 심에 사로잡힌 듯하다'를 뜻하 며, '게검스럽다'는 '음식을 욕심 껏 먹어 대는 꼴이 보기에 매우 흉하다'를 뜻한다.

게검스럽다 참조 게걸스럽다.

계국 겟국. 게를 넣고 끓인 국. ※ [게:꾹·겐:꾹]으로 소리 나므로 사이시옷을 받쳐 적는다.

게꼬리 게꽁지. 지식이나 재주 따 위가 아주 짧거나 보잘것없는 것 을 비유적으로 이르는 말. ¶그 사람 지식이라는 것이 게꽁지만 하다.

게드랑이 겨드랑이.

게 섯거라 게 섰거라. '거기 서 있 거라'의 준말. ※ '거기'가 '게'로 줄고, '서 있거라'에서 '있'의 '이' 가 탈락하고 'ㅆ'이 앞말 '서'와 결 합한다.

게슴치레 게슴츠레.

-게시리 -게끔. ¶뒷말이 안 나 오게끔 잘 처리해라.

게으름장이 게으름쟁이. 참조 - 장이.

게으름(을) 피다 게으름(을) 피우 다. 참조 피다.

게을르다 게으르다. 활용 게으르 고. 게으르니. 게으르면. 게을러. ¶그 사람은 게으르고 지저분하 다. / 사람이 게을러서야 되겠는가.

-게이트(-gate) ※ 정치인이나 정부 관리와 관련된, 비리 의혹 에 싸여 있는 사건을 비공식적으

로 가리킬 때 쓰는 말. 말터 의혹
사건(疑惑事件).

게티스버그(Gettysburg) 게티즈
버그. 미국 펜실베이니아 주의
도시. 국립묘지가 있다.

겐뻬이(源平·げんぺい) 편 가르기.

겐세이(牽制·けんせい) 견제.

겨울 날 겨울날. ※ 한 낱말이므
로 붙여 쓴다.

겨울내 겨우내.

겨울살이 겨우살이.

겨웁다 겹다. 활용 겹고. 겨우니.
겨워. ¶힘에 겨운 일./눈물겨워
더 볼 수 없다.

겨자가루 겨잣가루. ※[겨자까
루·겨잗까루]로 소리 나므로 사
이시옷을 받쳐 적는다.

격렬이(激烈-) 격렬히.

격로(激怒) 격노.

격리시키다(隔離-) 격리하다. ※
사동의 뜻이 없으면 '-시키다'
로 쓰지 않는다. 참조 -시키다.

격상시키다(格上-) 격상하다. ※
사동의 뜻이 없으면 '-시키다'
로 쓰지 않는다. 참조 -시키다.

격이 없다 격의 없다(隔意-). ※
'서로 터놓지 않는 속마음'을 뜻
하는 말은 '**격의**(隔意)'이다. '사람

과 사람 사이에 일정한 간격을 두
다'라는 뜻으로 쓰는 관용 표현은
'**격(隔)을 두다**'이다. ¶두 사람
은 격의 없이 서로의 감정을 이
야기했다.//그 사람은 친구에게
도 격을 두고 대한다.

격추시키다(擊墜-) 격추하다. ※
사동의 뜻이 없으면 '-시키다'
로 쓰지 않는다. 참조 -시키다.

견갑골(肩胛骨) ⇨ 어깨뼈(대한
의사협회 권장용어).

견마(牽馬) 경마. 남이 탄 말을 몰
기 위해 잡는 고삐.¶말 타면 경
마 잡히고 싶다.

견본(見本) 본. 본보기. ※ '견본'
은 일본어투.

견습(見習) 수습(修習). ※ '견습'
은 일본어투. ¶수습기자./수습
사원.

견양(見樣) 서식(書式). 보기. 본.
본보기. ※ '견양'은 일본어투.

견적(見積) 어림셈. 추산(推算). ※
'견적'은 일본어투.

견적서(見積書) 추산서(推算書).
※ '견적'은 일본어투.

견출지(見出紙) 찾음표. 찾아보기
표.

결단(決斷) ※ '**결단**'은 '결정. 단

안’을 뜻하며, ‘**결딴**’은 ‘일이나 물
건이 완전히 망가져 아주 쓸모없
이 된 상태’를 뜻한다. ¶결단이
서지 않는다. / 이젠 결단을 내려
야 할 때다. // 번창하던 사업이 결
딴났다. / 노름으로 살림을 결딴
냈다.

결단나다 결딴나다. 참조 결단. ¶
아들이 사업에 실패하면서 집안
이 결딴나 버렸다.

결딴코 결단코(決斷 −).

결론을 맺다(結論 −) 결론을 내다.
※ ‘결론’이 ‘말이나 글의 끝을 맺
음’을 뜻하므로 ‘결론을 맺다’는
겹말이다.

결실을 맺다(結實 −) 결실을 보다.
열매를 맺다. ※ ‘결실’이 ‘식물
이 열매를 맺거나 맺은 열매가 여
묾. 또는 그런 열매’이므로 ‘결실
을 맺다’는 겹말이다.

결재(決裁) ※ ‘**결재**’는 ‘결정할 권
한이 있는 상관이 부하가 제출한
안건을 검토하여 허가하거나 승
인함’이며, ‘**결제**(決濟)’는 ‘증권
또는 대금을 주고받아 매매 당사
자 사이의 거래 관계를 끝내는
일’이다. ¶서류 결재. // 대금 결
제.

결제(決濟) 참조 결재.

겸두겸두 겸사겸사(兼事兼事).

겸연적다(慊然 −) 겸연쩍다. ※
‘적다[少]’의 뜻이 남아 있지 않고
발음도 [쩍다]로 나면 ‘−쩍다’로
적는다.

겹겹히 겹겹이.

겹지르다 겹질리다.

겻불 ※ ‘**겻불**’은 ‘겨를 태우는 불’
을 뜻하며, ‘**곁불**’은 ‘얻어 쬐는
불’을 뜻한다. ¶양반은 얼어 죽
어도 겻불은 쬐지 않는다. // 그는
정류장 옆에서 곁불을 쬐며 차가
오기를 기다렸다.

경감시키다(輕減 −) 경감하다. ※
사동의 뜻이 없으면 ‘−시키다’
로 쓰지 않는다. 참조 −시키다. ¶
정부는 서민의 세 부담을 경감해
주기로 했다.

경계값(境界 −) 경곗값. ※ [경계
깝 · 경곋깝]으로 소리 나므로 사
이시옷을 받쳐 적는다.

경귀(驚句) 경구. ※ ‘句’는 ‘글귀’,
‘귀글’을 제외하고는 모두 ‘구’로
읽는다.

경노(敬老) 경로. ¶경로당. / 경로
석.

경능[1](敬陵) 경릉. 경기 고양시 용

두동에 있는 조선 성종의 아버지 덕종(추존)과 비 소혜왕후의 능. 참조 서오능. -능.

경능²(景陵) 경릉. 경기 구리시 인창동에 있는 조선 헌종과 비 효현왕후, 계비 효정왕후의 능. 참조 -능. 동구능.

경망스런(輕妄-) 경망스러운. 참조 -스런.

경멸스런(輕蔑-) 경멸스러운. 참조 -스런.

경박스런(輕薄-) 경박스러운. 참조 -스런.

경사날(慶事-) 경삿날. ※ [경: 산날]로 'ㄴ' 앞에서 'ㄴ' 소리가 덧나므로 사이시옷을 받쳐 적는다.

경사스런(慶事-) 경사스러운. 참조 -스런.

경시청(警視廳) 경찰청(警察廳). ※ 외국의 관청 이름은 우리나라의 이름에 맞추어 적는다. 다만, 한자문화권 국가의 관청 이름은 해당 한자를 우리 한자음대로 적는다. 예를 들어 '영국 런던 경시청'은 '영국 런던 경찰청'으로 쓰지만, 일본은 '경시청'으로 쓴다.

경신(更新) 참조 갱신.

경악스런(驚愕-) 경악스러운.

참조 -스런.

경우(境遇) ⇨ 경위(涇渭). ※ '경위'는 '사리의 옳고 그름이나 이러하고 저러함에 대한 분별'을 뜻한다. 중국의 징수이(涇水) 강의 강물은 흐리고 웨이수이(渭水) 강의 강물은 맑은데 이 두 강의 물이 시안(西安)에서 합쳐진 뒤에도 뚜렷이 구별되는 데에서 나온 말이다. 다만, 표준국어대사전에서는 '경우'를 '경위'의 뜻으로 인정하고 있다. ¶경위가 바르다./경위가 삼칠장이라./김 부장은 경위가 분명한 사람이다.

경우가 바르다(境遇-) ⇨경위가 바르다(涇渭-). 참조 경우.

경우가 밝다(境遇-) ⇨경위가 밝다(涇渭-). 참조 경우.

경우가 분명하다(境遇-分明-) ⇨ 경위가 분명하다(涇渭-). 참조 경우.

경쟁율(競爭率) 경쟁률. 참조 -률.

경적 소리(警笛) 경적. ※ '경적'이 '주의나 경계를 하도록 울리는 소리'를 뜻하므로 '경적 소리'는 겹말이다.

경합(競合) 경쟁(競爭). ※ '경합'은 일본어투. ¶공석이 된 국장 자리를 놓고 몇 사람이 <u>경쟁</u>을 벌였다.

곁드리다 곁들이다.

곁불 참조 곁불.

계기판 계기반(計器盤).

계날(契-) 곗날. ※[곈: 날·겐: 낼]로 'ㄴ' 앞에서 'ㄴ' 소리가 덧나므로 사이시옷을 받쳐 적는다.

계돈(契-) 곗돈. ※[계: 똔·겐: 뙨]으로 소리 나므로 사이시옷을 받쳐 적는다.

계란마끼(-卷き·-まき) 달걀말이. 계란말이.

계발(啓發) 참조 개발.

계속 이어지다(繼續-) 계속되다. 이어지다. ※'계속'이 '끊이지 않고 이어짐'을 뜻하므로 '계속 이어지다'는 겹말이다.

계송 게송(偈頌). 부처의 공덕이나 가르침을 찬탄하는 노래.

계시판 게시판(揭示板).

계약을 맺다(契約-) 계약하다. ※'계약'이 '약속을 맺음'을 뜻하므로 '계약을 맺다'는 겹말이다.

계피가루(桂皮-) 계핏가루. ※[계: 피까루·게: 핃까루]로 소리 나므로 사이시옷을 받쳐 적는다.

-고(高) -액(額). -금(金). -량(量). ※ 흔히 '잔고(殘高)', '생산고(生産高)', '판매고(販賣高)'처럼 쓰는데 이는 일본어투이다. 예를 들어 '잔고'가 남은 돈을 나타낼 때는 '잔액' 또는 '잔금'으로, 남은 규모나 정도를 나타낼 때는 '잔량'으로 하면 된다. ¶생산량·생산액./수출량·수출액./판매량·판매액.

고간 곳간(庫間). ※ 한자어에는 사이시옷을 받치지 않는 것이 원칙이지만 '곳간', '셋방(貰房)', '숫자(數字)', '찻간(車間)', '툇간(退間)', '횟수(回數)'에는 사이시옷을 받쳐 적는다.

고갈비 고등어구이.

고개길 고갯길. ※[고개낄·고갠낄]로 소리 나므로 사이시옷을 받쳐 적는다.

고개마루 고갯마루. ※[고갠마루]로 'ㅁ' 앞에서 'ㄴ' 소리가 덧나므로 사이시옷을 받쳐 적는다. ¶미시령 <u>고갯마루</u>에 오르니 속초 시내와 동해바다가 한눈에 들어왔다.

고개장단 고갯장단. ※[고개짱단·고갠짱단]으로 소리 나므로 사이시옷을 받쳐 적는다.

고개짓 고갯짓. ※ [고개찓·고갠찓]으로 소리 나므로 사이시옷을 받쳐 적는다.

고거가 ※ ‘고거’는 ‘고것’을 구어적으로 이르는 말이다. ‘고거’는 받침 없는 체언이므로 주격 조사 ‘가’가 붙은 ‘고거가’가 되어야 하지만 실제로는 이런 형태는 잘 쓰이지 않고‘고것’에 주격 조사 ‘이’가 붙은 ‘고것이’에서 줄어든 ‘고게’가 주로 쓰인다. ¶고게 옆에서 자꾸 시비를 걸잖아.

고거이 고게. 참조 고거가.

고고샅샅 고샅고샅.

고관절(股關節) ⇨ 엉덩관절(대한의사협회 권장용어).

고급스런(高級 -) 고급스러운. 참조 -스런.

고기가루 고깃가루. ※ [고기까루·고긴까루]로 소리 나므로 사이시옷을 받쳐 적는다.

고기결 고깃결. ※ [고기껼·고긴껼]로 소리 나므로 사이시옷을 받쳐 적는다.

고기국 고깃국. ※ [고기꾹·고긴꾹]으로 소리 나므로 사이시옷을 받쳐 적는다.

고기덩어리 고깃덩어리. ※ [고기떵어리·고긴떵어리]로 소리 나므로 사이시옷을 받쳐 적는다.

고기덩이 고깃덩이. ※ [고기떵이·고긴떵이]로 소리 나므로 사이시옷을 받쳐 적는다.

고기배 고깃배. ※ [고기빼·고긴빼]로 소리 나므로 사이시옷을 받쳐 적는다.

고기사리 고기 추가분. ※ ‘사리’는 ‘국수, 새끼, 실 따위를 동그랗게 포개어 감은 뭉치’를 뜻하므로 고기는 ‘사리’로 표현할 수 없다.

고기집 고깃집. ※ [고기찝·고긴찝]으로 소리 나므로 사이시옷을 받쳐 적는다.

고까 =꼬까. 때때. ※ 복수표준어. ¶고까신. / 고까옷.

고까와 고까워. ※ ‘ㅂ 불규칙용언’은 ‘곱다’, ‘돕다’를 제외하고는 모두 ‘-워’로 활용한다.

고깐 고깠. 고까짓.

고난스런(苦難 -) 고난스러운. 참조 -스런.

고난이도(高難易度) 고난도(高難度). 참조 난이도.

고 놈 고놈. ※ 한 낱말이므로 붙여 쓴다.

고냉지(高冷地) 고랭지. ※ ‘높고

차가운 곳'이라는 뜻이므로 '고 −냉지'가 아니라 '고랭−지'의 구조이다.

고다 치즈(Gouda cheese) 하우다 치즈. 네덜란드 하우다 지방에서 나는 치즈. ※ 네덜란드 어의 'g'는 'ㅎ'으로, 'ou'는 '아우'로 적는다.

고달퍼 고달파.

고데(鏝·こて) (머리) 인두(질). 흙손. 지짐 머리.

고동 고둥.

고두밥 ※ '**고두밥**'은 '아주 되게 지어져 고들고들한 밥'을 뜻하며, '**지에밥**'은 '약밥이나 인절미를 만들거나 술밑으로 쓰는, 찹쌀이나 멥쌀을 물에 불려서 시루에 찐 밥'을 뜻한다. '지에밥'의 뜻으로 '고두밥'을 써서는 안 된다. ¶물의 양을 못 맞춰서 고두밥이 됐다. // 지에밥에 누룩을 섞어 술을 빚었다.

고들배기 고들빼기.

고래로부터(古來−) 예로부터. 고래로. ※ '래(來)'에 '부터'의 뜻이 있으므로 '고래로부터'는 겹말이다.

고랫적 고릿적. 옛날의 때. ¶고릿적 얘기를 왜 또 꺼내?

고로께 크로켓(croquette). ※ '고로께'는 일본어투.

고루다 고르다. 활용 고르고. 고르니. 고르며. 골라. ¶땅을 평평하게 고르고 텐트를 쳤다. / 숨부터 고르고 얘기해라. / 읽을 책을 골라 봐라.

고률(高率) 고율. 참조 −률.

고리적 고릿적. 참조 고랫적.

고마와 고마워. 'ㅂ불규칙용언'은 '곱다', '돕다'를 제외하고는 모두 '−워'로 활용한다. ¶고마워하다. / 고마워요.

고막 꼬막. 돌조갯과의 하나.

고만때 고맘때.

−고 말고 −고말고. ※ 하나의 어미이므로 붙여 쓴다. ¶예쁘고말고. / 먹고말고.

고민꺼리(苦悶−) 고민거리.

고민스런(苦悶−) 고민스러운. 참조 −스런.

고바이(勾配·こうばい) 물매. 기울기. 오르막. 비탈. 참조 구배.

고불치다 꼬불치다. '몰래 감추다'를 속되게 이르는 말.

고비국 고빗국. ※ [고비꾹·고빈꾹]으로 소리 나므로 사이시옷을 받쳐 적는다.

고비길　고빗길. ※[고비낄·고빈낄]로 소리 나므로 사이시옷을 받쳐 적는다.

고뿌(←コップ·kop)　잔. 컵(cup).

고사리국　고사릿국. ※[고사리꾹·고사릳꾹]으로 소리 나므로 사이시옷을 받쳐 적는다.

고 사이　고사이. ※‘동안’을 이를 때는 한 낱말이므로 붙여 쓴다.¶고사이에 참 많은 일이 일어났다.∥고 사이에 이 책을 끼워 넣어라.

고삿　※‘고삿’은 ‘초가지붕을 일 때 쓰는 새끼’를 뜻하며, ‘고샅’은 ‘마을의 좁은 골목’을 뜻한다.¶겉고삿./속고삿.∥한 표라도 더 얻으려고 고샅고샅 누비고 다녔다.

고삿고삿　고샅고샅. 참조 고삿.

고샅　참조 고삿.

고생스런(苦生-)　고생스러운. 참조 -스런.

고수머리　=곱슬머리. ※ 복수표준어.

고수부지(高水敷地)　둔치. 강턱. ※‘고수부지’는 일본어투. 참조 부지.

고슴도치　고슴도치.

고스라니　고스란히.

고스란이　고스란히.

고스펠(gospel)　가스펠.

고시레　고수레. 산이나 들에서 음식을 먹을 때나 무당이 굿을 할 때, 귀신에게 먼저 바친다는 뜻으로 음식을 조금 떼어 던지는 일, 또는 그때 외치는 소리. ※‘고시(高矢)’는 단군 때에 농사와 가축을 관장하던 신장(神將)의 이름. 고시가 죽은 뒤에도 음식을 먹을 때는 그에게 먼저 음식을 바친 뒤에 먹게 된 데서 유래한다.

고실고실　고슬고슬.¶밥이 고슬고슬하다.

고십(gossip)　가십. 참조 가십거리.

고아원(孤兒院)　보육원(保育院).

고약스런　고약스러운. 참조 -스런.

고양이과(-科)　고양잇과. ※[고양이꽈·고양읻꽈]로 소리 나므로 사이시옷을 받쳐 적는다.

고역스런(苦役-)　고역스러운. 참조 -스런.

고염　고욤.

고요이　고요히.

고유값(固有-)　고윳값. ※[고유깝·고윧깝]으로 소리 나므로 사이시옷을 받쳐 적는다.

고으다 고다. 고기나 뼈 따위를 푹 삶다. 활용 고아(과). 고니. 곤. ¶뼈를 푹 과서 국물이 구수하다./아내가 고기를 고니 불안하다고?/쇠뼈부터 곤 뒤에 다른 음식을 요리하자.

고은 곤. 참조 고으다.

고자질장이(告者-) 고자질쟁이. 고자쟁이.

고장율(故障率) 고장률. 참조 -률.

-고저 -고자. ¶죽고자 하면 살고, 살고자 하면 죽는다.

고전분투 고군분투(孤軍奮鬪).

고정시키다(固定-) 고정하다. ※ 사동의 뜻이 없으면 '-시키다'로 쓰지 않는다. 참조 -시키다. ¶운전할 때는 시선을 전방에 고정해 두지 말고 사방을 두루 살펴야 돌발 사태에 대비할 수 있다.

고주왈미주왈 고주알미주알. 미주알고주알.

고즈너기 고즈넉이.

고즈넉히 고즈넉이.

고지곧대로 곧이곧대로.

고지듣다 곧이듣다.

고집스런(固執-) 고집스러운. 참조 -스런.

고집장이(固執-) 고집쟁이. 참조 -장이.

고집퉁이(固執-) 고집통이.

고착화시키다(固着-) 고착하다. ※ 사동의 뜻이 없으면 '-시키다'로 쓰지 않는다. 참조 -시키다. ¶생각을 특정 방향으로 고착하면 더 넓은 세상을 볼 수 없다.

고참(古參) 선임(先任). 선임자(先任者). 선배(先輩). ※ '고참'은 일본어투.

고초장(-醬) 고추장.

고추가루 고춧가루. ※ [고추까루·고춛까루]로 소리 나므로 사이시옷을 받쳐 적는다.

고추잎 고춧잎. ※ [고춘닙]으로 'ㄴ' 소리가 덧나므로 사이시옷을 받쳐 적는다.

고치장(-醬) 고추장.

고통스런(苦痛-) 고통스러운. 참조 -스런.

고풍스런(古風-) 고풍스러운. 참조 -스런.

고함소리(高喊-) 고함. ※ '고함'이 '크게 외치거나 부르짖는 소리'를 뜻하므로 '고함소리'는 겹말이다.

고해받치다(告-) 고해바치다.

고호 고흐. ¶빈센트 반 고흐 (Vincent van Gogh, 네덜란드의 화가). ※ 네덜란드 어 표기법에 따르면 '호흐'가 되지만 관용을 인정해 '고흐'로 표기한다.

고히 고이.

고히고히 고이고이.

곡간 곳간(庫間). 참조 고간.

곡감 곶감.

곡갱이 곡괭이.

곤난(困難) 곤란. ※ '難'의 본음은 '난'이나 '困難'에서는 속음으로 굳어졌으므로 '란'으로 적는다.

곤대국 곤댓국. '고운댓국'의 준말. 고운대(토란의 줄기)로 끓인 국. ※ [곤 : 대꾹·곤 : 댇꾹]으로 소리 나므로 사이시옷을 받쳐 적는다.

곤도라(gondola) 곤돌라.

곤두박히다 곤두박이다. ※ '곤두박다'의 피동사. ¶관광버스 가 길 아래 논바닥에 곤두박이는 바람에 사상자가 많이 생겼다.

곤두 서다 곤두서다. ※ 한 낱말 이므로 붙여 쓴다.

곤들메기 곤들매기. 연어과의 민 물고기.

곤란스런(困難 −) 곤란스러운.

참조 −스런.

곤로(焜爐) 풍로(風爐). 화로(火爐). ※ '곤로'는 일본어투.

곤색(紺− · こん−) 감색(紺色). 검 남색. 진남색.

곤약(崑蒻) 구약나물. 구약 감자. 우무. ※ '곤약'은 일본어투.

곤욕(困辱) ※ '**곤욕**'은 '심한 모욕. 또는 참기 힘든 일'을 뜻하며, '**곤 혹**(困惑)'은 '곤란한 일을 당하여 어찌할 바를 모름'을 뜻한다. ¶ 곤욕을 치르다.∥곤혹스러운 질 문을 받고 당황했다.

곤이(困−) 곤히. ¶아기가 곤히 잠들었다.

곤조(根性 · こんじょう) 본성(本性). 심지. 근성.

곤포국(昆布−) 곤풋국. 다시맛국. ※ [곤포꾹·곤폰꾹]으로 소리 나 므로 사이시옷을 받쳐 적는다.

곤혹(困惑) 참조 곤욕.

곤혹스런(困惑 −) 곤혹스러운. 참조 −스런.

곤혹을 치르다(困惑 −) 곤욕을 치 르다. 참조 곤욕.

곧 바로 곧바로. ※ 한 낱말이므 로 붙여 쓴다.

곧은 결 곧은결. ※ '나이테와 직

각이 되게 자른 나무의 면에 나타 난 결'을 이를 때는 한 낱말이므 로 붙여 쓴다.

곧이 곧대로 곧이곧대로. ※ 한 낱말이므로 붙여 쓴다.

곧이 듣다 곧이듣다. ※ 한 낱말 이므로 붙여 쓴다.

곧 이어 곧이어. ※ 한 낱말이므 로 붙여 쓴다.

곧 잘 곧잘. ※ 한 낱말이므로 붙 여 쓴다.

곧추 들다 곧추들다. ※ 한 낱말 이므로 붙여 쓴다.

곧추 서다 곧추서다. ※ 한 낱말 이므로 붙여 쓴다.

곧추 세우다 곧추세우다. ※ 한 낱말이므로 붙여 쓴다.

골다 ※ '**골다**'는 '잠잘 때 거친 숨 결이 콧구멍을 울려 드르렁거리 는 소리를 내다'의 뜻이며, '**곯다**' 는 '상하다. 굶다'를 뜻한다. ¶코 고는 소리가 시끄럽다.∥달걀이 곯았다. / 배곯지 말고 잘 챙겨 먹 어라.

골다공증(骨多孔症) ⇨ 뼈엉성증 (－症, 대한의사협회 권장용어).

골덴(← corded velveteen) 코르덴.

골돌히 골똘히.

골드러쉬(gold rush) 골드러시. ※ 영어 표기에서 [ʃ]가 어말에 오면 '시'로 적는다.

골드미스(Gold Miss) 말터 황금독 신여성(黃金獨身女性).

골르다 고르다. 활용 고르고. 고 르니. 골라. 참조 고루다.

골목장이 골목쟁이. 골목에서 좀 더 들어간 좁은 곳. 참조 －장이.

골아떨어지다 곯아떨어지다. ¶ 술에 취해 곯아떨어졌다.

골에리어(goal area) 골에어리어.

골음 곪. ※ 어간이 'ㄹ' 받침으로 끝나는 용언의 명사형 어미는 '－ ㅁ'이다. ¶달걀이 곪.

골짜 골자(骨子).

골짝이 골짜기. ※ 다만, '**골짝**'은 '골짜기'의 준말이다.

골치거리 골칫거리. ※ [골치꺼 리·골칟꺼리]로 소리 나므로 사 이시옷을 받쳐 적는다.

골치꺼리 골칫거리. 참조 골치거 리.

골치덩어리 골칫덩어리. ※ [골 치떵어리·골칟떵어리]로 소리 나므로 사이시옷을 받쳐 적는다.

골치덩이 골칫덩이. ※ [골치떵 이·골칟떵이]로 소리 나므로 사이시옷을 받쳐 적는다.

곯다 참조 골다.

곯리다 골리다. ※ 다만, '곯다'의 사동사는 '곯리다'이다. 참조 골다. ¶그 아이는 늘 친구들을 골리려고 든다./동생을 그만 골려 줘라.

곯아 떨어지다 곯아떨어지다. ※ 한 낱말이므로 붙여 쓴다.

곰 곪. ※ 다만, '고다'의 명사형은 '곰'이다. 참조 골음.

곰곰히 곰곰이. 곰곰.

곰보자국 마맛자국. 참조 마마자국.

곰비곰비 곰비임비. 물건이 계속 쌓이거나 일이 계속 일어남을 나타내는 말. ¶기쁜 일이 곰비임비 생기고 있다.

곰살궂다 곰살궂다. 활용 곰살궂게. 곰살궂은. ¶아이가 하도 곰살궂게 굴어서 온 동네 사람들의 귀여움을 독차지한다.

곰장어 먹장어. 갯장어.

곰팽이 곰팡이.

곱다¹ 활용 곱고. 곱아. 곱으면. 곱으니. 곱니. 곱는. ¶손이 곱으니 글씨를 제대로 쓸 수 없다./할머니 등이 많이 곱았다.

곱다² 활용 곱고. 곱네. 고와. 고우면. 고우니. 고운. ¶꽃이 참 곱네./목소리가 고와 듣기 좋다./마음씨 고운 사람./넌 어쩜 그렇게 살결이 고우니?

곱디 곱다 곱디곱다. ※ 한 낱말이므로 붙여 쓴다. 참조 −디.

곱배기 곱빼기.

곱살하다 =곱상하다. ※ 복수표준어.

곱상스럽다 곱살스럽다. ※ 다만, '**곱상하다**'는 '**곱살하다**'와 함께 복수표준어이다. ¶형은 우락부락한데 동생은 아주 착하고 곱살스럽게 생겼다.

곱수머리 곱슬머리. 고수머리.

곱슬머리 =고수머리. ※ 복수표준어.

곱절 참조 갑절.

곱추 꼽추. 곱사등이. ※ 척추장애인' 또는 '척추후만증 장애인'으로 표현하는 것이 바람직하다.

곶감 곶감.

곳깔 고깔. ¶고깔모자.

곳잘 곧잘. ¶그 아이는 몸이 둔해 보이는데도 운동을 곧잘 했다.

곳장 곧장. ¶다른 데 들르지 말고 곧장 집으로 돌아가라.

곳추 곧추. ¶곧추서다. / 곧추세
우다.

공 것(空-) 공것. ※ 한 낱말이므
로 붙여 쓴다. ¶공것이라면 양
잿물도 먹는다.

공고이(鞏固-) 공고히. ¶그는
정권의 초석을 공고히 다졌다.

공공연이(公公然-) 공공연히.

공교로히(工巧-) 공교로이.

공구리(←concrete) 콘크리트. ※
'공구리'는 일본어투.

공권력(公權力) 국가나 공공 단체
가 우월한 의사의 주체로서 국민
에게 명령하고 강제할 수 있는 권
력. ※ 공권력은 국가나 공공 단
체가 발동하거나 행사하는 것이
지 시위나 농성 현장 등에 '투입
(사람이나 물자, 자본 따위를 필
요한 곳에 넣음)'할 성격의 권력
이 아니다. 따라서 시위, 농성 현
장 등에 대한 '공권력 투입' 등의
표현은 '경찰(력) 투입'이라고 한
다.

공급양(供給量) 공급량. 참조 량.

공기돌 공깃돌. ※ [공: 기똘·공
: 긷똘]로 소리 나므로 사이시옷
을 받쳐 적는다.

공기밥(空器-) 공깃밥. ※ [공기

빱·공긷빱]으로 소리 나므로 사
이시옷을 받쳐 적는다.

공깃돌놀이 공기놀이.

공난(空欄) 공란.

공냉(空冷) 공랭.

공념불(空念佛) 공염불. ※ 접두
어처럼 쓰이는 한자 다음의 첫 음
절은 두음법칙에 따라 적는다.

공능(恭陵) 공릉. 경기 파주시 조
리읍에 있는 조선 예종의 비 장순
왕후의 능. 참조 -능.

공동장소(共同場所) 공공장소(公
共場所). ※ 국가나 사회의 구성
원에게 두루 관계되는 것을 뜻하
는 말은 '**공공**'이다.

공드리다(功-) 공들이다. ¶공
들인 만큼 보람도 있다.

공붓방 공부방(工夫房). ※ 한자
어는 두 음절로 된 '곳간(庫間), 셋
방(貰房), 숫자(數字), 찻간(車間),
툇간(退間), 횟수(回數)' 외에는 사
이시옷을 받치지 않는다.

공사에 착공하다(工事-着工-) 착
공하다. 공사를 시작하다. ※ '착
공'이 '공사를 시작함'을 뜻하므
로 '공사에 착공하다'는 겹말이
다.

공손이(恭遜-) 공손히.

공실율(空室率)　공실률.　참조　-률.

공원부지(公園敷地)　공원용지(公園用地).　※ ‘부지’는　일본어투.　참조　부지.

공임(工賃)　품삯.　※ ‘공임’은 일본어투.

공장부지(工場敷地)　공장용지(工場用地).　※ ‘부지’는　일본어투.　참조　부지.

공정률(工程率)　공정.　※ ‘공정’이 ‘일이 진척되는 과정이나 정도’를 나타내므로 ‘공정률’은 겹말이다.

공한지(空閑地)　노는 땅.　※ ‘공한지’는 일본어투.

곶(串)　※ ‘바다나 강 가운데로 내민 땅’을 나타내는 ‘곶’이 붙은 지명은 ‘곶’으로 쓰지 않도록 주의해야 한다. ¶간절곶. / 갑곶. / 사곶. / 월곶. / 장기곶. / 장산곶.

과감이(果敢-)　과감히.

과녁배기　과녁빼기. 외곬으로 똑바로 건너다보이는 곳.　참조　-박이.

과녁　과녁.

과반수를 넘다(過半數-)　반수를 넘다. 과반수이다.　※ ‘과(過)’에 ‘넘다’의 뜻이 있으므로 ‘과반수를 넘다’는 겹말이다.

과반수 이상(過半數以上)　과반수. 반수 이상.　※ ‘과(過)’에 ‘넘다’의 뜻이 있고, ‘이상(以上)’이 일정한 기준보다 많음을 나타내므로 겹말이다.

과부집(寡婦-)　과붓집.　※ [과ː부찝·과ː붇찝]으로 소리 나므로 사이시옷을 받쳐 적는다.

과부화　과부하(過負荷).

과윗일　가욋일(加外-).

과장스런(誇張-)　과장스러운.　참조　-스런.

과즐　과줄.

과질　과줄.

곽　갑(匣). ¶담배 한 갑.

-관데　참조　-건대.

관상동맥(冠狀動脈)　⇨ 심장동맥(心臟動脈, 대한의사협회 권장용어).

관심 거리(關心-)　관심거리.　※ 한 낱말이므로 붙여 쓴다.

관용귀(慣用句)　관용구.　※ ‘句’는 ‘글귀’, ‘귀글’을 제외하고는 모두 ‘구’로 읽는다.

관자노리　관자놀이(貫子-).

관자뼈　광대뼈.

괄세　괄시(恝視). ¶돈이 없다고

사람을 <u>괄시</u>해서는 안 된다.

광능(光陵)　광릉. 경기 남양주시 진접읍에 있는 조선 세조와 비 정희왕후의 능. 참조 −능.

광동성(廣東省)　광둥 성. 중국 남부, 남중국해에 면한 성. 성도는 광저우(廣州).

광서(廣西)　광시. 중국 서남부의 좡(莊)족 자치구. 구도(區都)는 난닝(南寧).

광우리　광주리.

광폭　광포(狂暴). ※‘暴’는 ‘사나울 포’.

괘니　괜히.

괘발새발　괴발개발. 참조 개발새발.

괜스런　괜스러운. 참조 −스런.

괜스리　괜스레.

괜시리　괜스레.

괜이　괜히.

괴기스런(怪奇−)　괴기스러운. 참조 −스런.

괴로와　괴로워. ※‘ㅂ 불규칙용언’은 ‘곱다’, ‘돕다’를 제외하고는 모두 ‘−워’로 활용한다.

괴로히　괴로이.

괴로히다　괴롭히다.

괴발새발　괴발개발. 개발새발. 참조 개발새발.

괴발쇠발　괴발개발. 개발새발. 참조 개발새발.

괴벽스런(怪癖−)　괴벽스러운. 참조 −스런.

괴상스런(怪狀−)　괴상스러운. 참조 −스런.

괴씸하다　괘씸하다.

괴이다　고이다. 괴다. 활용 고이고(괴고). 고이면(괴면). 고이어(고여·괴어·괘). ¶눈에 눈물이 <u>고이어(고여·괴어·괘)</u> 뿌옇게 보인다. / 나뭇조각을 <u>고이어서(고여서·괴어서·괘서)</u> 책상이 흔들리지 않게 해라.

괴이적다(怪異−)　괴이쩍다. ※‘적다(少)’의 뜻이 남아 있지 않고 발음도 [쩍다]로 나면 ‘−쩍다’로 적는다.

괴임　고임. 굄. ¶<u>고임돌. / 굄돌. / 고임목. / 굄목.</u>

괴짝　궤짝(櫃−).

괴팅엔(Göttingen)　괴팅겐. ※독일 니더작센 주의 도시.

괴팍스런(← 乖愎−)　괴팍스러운. 참조 −스런.

괴팍하다(乖愎−)　괴팍하다.

굉음 소리(轟音−)　굉음. ※‘굉음’

이 '몹시 요란하게 울리는 소리'를 뜻하므로 '굉음 소리'는 겹말이다.

굉장이(宏壯-) 굉장히.

굉장히(宏壯-) ※'아주 크고 훌륭하다', '보통 이상으로 대단하다'의 뜻이므로 '작다', '적다', '미미하다', '하찮다', '보잘것없다', '하잘것없다' 같은 말과 어울려 써서는 안 된다. ¶굉장히 크다./굉장히 길다.//아주 작다./매우 적다./정말 미미하다./전혀 보잘것없다.

교또 교토(京都). 일본의 도시. ※일본어 표기에서 'ㅆ' 외에는 된소리를 쓰지 않는다.

교란시키다(攪亂-) 교란하다. 사동의 뜻이 없으면 '-시키다'로 쓰지 않는다. 참조 -시키다. ¶적 레이더를 교란하다.

교례회(交禮會) 말터 어울모임. 어떤 단체나 조직이 특정한 날이나 일을 계기로 구성원들이 인사를 주고받는 모임이나 행사를 가리키는 말. ※'교례회'는 일본어투.

교류를 가지다(交流-) 교류하다. 참조 가지다.

교만스런(驕慢-) 교만스러운.

참조 -스런.

교묘이(巧妙-) 교묘히.

교육시키다(敎育-) 교육하다. ※사동의 뜻이 없으면 '-시키다'로 쓰지 않는다. 참조 -시키다. ¶아이들을 교육하는 데 돈이 너무 많이 든다.

교잣상(交子床) 교자상. ※한자어는 두 음절로 된 '곳간(庫間)', '셋방(貰房)', '숫자(數字)', '찻간(車間)', '툇간(退間)', '횟수(回數)' 외에는 사이시옷을 받치지 않는다.

교통양(交通量) 교통량. 참조 량.

교환률(交換率) 교환율. 참조 -률.

-구 -고. 참조 -라구. ¶예쁘다고./잤다고./덥다고./사랑한다고./좋고 나쁘고./좋고말고.

구가다(-がた) 낡은 모양. 구형(舊型).

구경 거리 구경거리. ※한 낱말이므로 붙여 쓴다.

구경군 구경꾼.

구구절절히(句句節節-) 구구절절이. 구구절절.

구녁 구멍.

구녕 구멍.

구데기 구더기.

구데타(←coup d'état) 쿠데타.

구뎅이　구덩이.

구독점(句讀點)　구두점.　참조 구두점.　※ '讀'는 '구절 두'.

구두발　구둣발.　※ [구두빨·구둔빨]로 소리 나므로 사이시옷을 받쳐 적는다.

구두방　구둣방.　※ [구두빵·구둔빵]으로 소리 나므로 사이시옷을 받쳐 적는다.

구두솔　구둣솔.　※ [구두쏠·구둔쏠]로 소리 나므로 사이시옷을 받쳐 적는다.

구두쟁이　구두장이(-匠-).　구두를 만들거나 고치는 일을 직업으로 하는 사람.　참조 -장이.

구두주걱　구둣주걱.　※ [구두쭈걱·구둔쭈걱]으로 소리 나므로 사이시옷을 받쳐 적는다.

구두탄　구두선(口頭禪).　실행이 뒤따르지 않는 실속 없는 말.

구둘　구들.　¶구들방./구들장.

구둣점(句讀點)　구두점.　※ 한자어는 두 음절로 된 '곳간(庫間)', '셋방(貰房)', '숫자(數字)', '찻간(車間)', '툇간(退間)', '횟수(回數)' 외에는 사이시옷을 받치지 않는다.　참조 구독점.

구둣칼　구두칼.　※ 거센소리 앞에서는 사이시옷을 받치지 않는다.

구라파(歐羅巴)　⇨ 유럽(Europe).

구락부(俱樂部·← club)　단체(團體).　클럽.　※ '구락부'는 일본어투.

구렁창　구렁텅.　구렁텅이.

구렛나루　구레나룻.

구렝이　구렁이.

-구려　※ '-구려'는 '새삼스러운 감탄, 상대에게 좋도록 시키는 뜻을 나타내는 종결어미'이며, '-그려'는 '감탄이나 강조를 나타내는 보조사'이다.　¶벌써 왔구려./아이가 참 똑똑하구려./편할 대로 하구려.∥어디 봅시다그려./크네그려.

-구료　-구려.　참조 -구려.

구루마(車·くるま)　수레.　달구지.

구름량(-量)　구름양.　참조 량.

구리무(← クリーム)　크림(cream).

구리빛　구릿빛.　[구리삗·구릳삗]으로 소리 나므로 사이시옷을 받쳐 적는다.

구리뿌(← クリップ)　클립(clip).　틀집게.

구리스(グリース·grease)　윤활유(潤滑油).

구마모또　구마모토(熊本).　일본

규슈(九州)의 현 및 현청 소재지. ※ 일본어 표기에서 'ㅆ' 외에는 된소리를 쓰지 않는다.

-구만 -구먼. ※ 종결어미 '-군'의 본말. ¶집이 참 크<u>구먼</u>./일이 많기도 하<u>구먼</u>./패기가 넘치는<u>구먼</u>.

구매선(購買先) 구매처(購買處). ※ '구매선'은 일본어투. 참조 -선.

-구면 -구먼. 참조 -구만.

구배(勾配) 물매. 오르막. 비탈. 기울기. ※ '구배'는 일본어투. 참조 고바이.

구보(驅步) 달리기. ※ '구보'는 일본어투.

구불렁하다 구부렁하다.

구불어지다 구부러지다.

구비구비 굽이굽이.

구비치다 굽이치다.

구빗길 굽잇길.

구사리(腐り・くさり) 면박. 핀잔.

구석때기 구석빼기.

구설수에 오르다(口舌數-) 구설에 오르다. 구설수에 휘말리다. ※ '**구설**'은 '시비하거나 헐뜯는 말'을, '**구설수**'는 '구설을 듣게 될 운수'를 뜻한다.

구세(癖・くせ) 버릇. 습관. 몸새.

구속시키다(拘束-) 구속하다. ※ 사동의 뜻이 없으면 '-시키다'로 쓰지 않는다. 참조 -시키다. ¶검찰은 독직 혐의로 고위 관료를 여럿 <u>구속했다</u>.

구스르다 구슬리다. 활용 구슬리고. 구슬리니. 구슬리면. 구슬려. ¶그 사람을 잘 <u>구슬려서</u> 돌려보내라./그 아이는 아무리 어르고 <u>구슬려도</u> 막무가내였다.

구슬러 구슬려. 참조 구스르다.

구슬르다 구슬리다. 참조 구스르다.

구슬사탕 알사탕.

구실(口實) 핑계. ※ '구실'은 일본어투.

구십월(九十月) 구시월. ※ 속음으로 소리 나는 것은 속음으로 적는다. '十'의 본음은 '십'이나 '十月'에서는 속음으로 굳어졌으므로 '시'로 적는다.

구아바(guava) 구아버. 미르타과의 상록 소교목. 열매는 식용한다.

구안와사 구안괘사(口眼喎斜). ※ '喎'는 '입 비뚤어질 괘'.

구어 구워. ¶고기를 <u>구워</u> 먹자.

-구요 -고요. ¶갔다고요./했다고요./왔다고요./먹었다고요.

구인난(求人欄)　구인란. 신문 따위에서 구인 광고를 싣는 난. 참조 −난'.

구인란　구인난(求人難). 일할 사람을 구하기 어려움. 또는 그런 상태.

구입선(購入先)　구입처(購入處). ※ '구입선'은 일본어투. 참조 −선.

구정(舊正)　설. 설날.

구좌(口座)　계좌(計座). ※ '구좌'는 일본어투.

구지　굳이.

구차스런(苟且−)　구차스러운. 참조 −스런.

구차이(苟且−)　구차히.

구체화시키다(具體化−)　구체화하다. ※ 사동의 뜻이 없으면 '−시키다'로 쓰지 않는다. 참조 −시키다. ¶정부는 4대 강 살리기 사업을 구체화하고 있다.

구치베니(口紅·くちべに)　(입술) 연지. 루주.

구태어　구태여.

구테타(←coup d'état)　쿠데타.

구텐베르그(Gutenberg)　구텐베르크. ※ 독일어의 '−berg'는 '베르크'로 적는다. ¶요하네스 구텐베르크(독일의 인쇄술 창시자).

구피(guppy)　거피. 열대 담수어.

국무성(國務省)　국무부(國務部). 미국의 정부 부처. ※ 외국의 관청 이름은 우리나라의 이름에 맞추어 적는다.

국민들(國民−)　국민. ※ '국민'은 집합명사이므로 복수임을 나타내는 접미사 '−들'을 붙이지 않는다.

국민학교(國民學校)　초등학교(初等學校).

국방성(國防省)　국방부(國防部). 미국의 정부 부처. ※ 외국의 관청 이름은 우리나라의 이름에 맞추어 적는다.

국산화률(國産化率)　국산화율. 참조 −률.

국수집　국숫집. ※ [국쑤찝·국쑫찝]으로 소리 나므로 사이시옷을 받쳐 적는다.

국숫물　국수물. 국수를 삶은 물.

국시　국수.

국한시키다(局限−)　국한하다. ※ 사동의 뜻이 없으면 '−시키다'로 쓰지 않는다. 참조 −시키다. ¶이번 일에만 국한하지 말고 다양한 사례를 살펴야 한다.

군(君)   ※ 의존명사이므로 앞말과 띄어 쓴다. ¶이철수 군/김 군/ 이 군.

군더덕이   군더더기. ¶좋은 글에는 군더더기가 없다.

군둥내   군내. ¶김치에서 군내가 난다.

군률(軍律)   군율. 참조 -률.

군발이(軍-)   군바리.

군시렁거리다   구시렁거리다.

굳은 날씨   궂은 날씨.

굳치다   굳히다.

굴둑   굴뚝.

굴따랗다   굵다랗다. 활용 굵다란. 굵다랗게. 굵다라니. 굵다래.

굴뚝 같다   굴뚝같다. ※ 한 낱말이므로 붙여 쓴다. ¶사고 싶은 마음은 굴뚝같지만 지금은 돈이 없다.

굴러 다니다   굴러다니다. ※ 한 낱말이므로 붙여 쓴다.

굴러 떨어지다   굴러떨어지다. ※ 한 낱말이므로 붙여 쓴다. ¶호박이 넝쿨째 굴러떨어졌다.

굴레바퀴   굴렁쇠.

굴르다   구르다. 활용 구르고. 구르니. 구르면. 굴러. ¶바퀴가 잘 구르지 않는다. / 굴러 온 돌이 박

힌 돌 뺀다.

굴삭기(掘削機)   굴착기(掘鑿機). ※ '굴삭기'는 일본어투. 참고로 '포클레인'은 상표명이다.

굴 속(窟-)   굴속. ※ 한 낱말이므로 붙여 쓴다.

굴왕신 같다(屈枉神-)   굴왕신같다. ※ 한 낱말이므로 붙여 쓴다.

굴으네   구네. ※ 어간이 'ㄹ' 받침으로 끝나는 용언의 어간에 붙는 어미는 '-네'이다. '-네'가 붙으면 'ㄹ'이 줄어든다.

굴으니   구니. ※ 어간이 'ㄹ' 받침으로 끝나는 용언의 어간에 붙는 어미는 '-니'이다. '-니'가 붙으면 'ㄹ'이 줄어든다.

굴으면   굴면. ※ 어간이 'ㄹ' 받침으로 끝나는 용언의 어간에 붙는 연결어미는 '-면'이다.

굴은   군. ※ 어간이 'ㄹ' 받침으로 끝나는 용언의 어간에 붙는 어미는 '-ㄴ'이다. '-ㄴ'이 붙으면 'ㄹ' 이 줄어든다.

굴음   굶. ※ 어간이 'ㄹ' 받침으로 끝나는 용언의 명사형 어미는 '-ㅁ'이다. ¶못되게 굶.

굴절율(屈折率)   굴절률. 참조 -률.

굴찍굴찍   굵직굵직.

굴찍하다 굵직하다.

굶줄이다 굶주리다. ¶<u>굶주린</u> 사자.

굼 굼. 참조 굼음.

굼뱅이 굼벵이. 매미의 애벌레.

굽신거리다 굽실거리다.

굽신굽신 굽실굽실.

굽어 보다 굽어보다. ※ 한 낱말이므로 붙여 쓴다.

굽어 살피다 굽어살피다. ※ 한 낱말이므로 붙여 쓴다.

굽이길 굽잇길. ※ [구비낄·구빈낄]로 소리 나므로 사이시옷을 받쳐 적는다.

궁뎅이 궁둥이.

궁둥이짓 궁둥잇짓. ※ [궁둥이찓·궁둥읻찓]으로 소리 나므로 사이시옷을 받쳐 적는다.

궁상스런(窮狀−) 궁상스러운. 참조 −스런.

궁시렁거리다 구시렁거리다.

궂이 굳이.

권커니 자커니(勸−) 권커니 잣거니. 권커니 잡거니.

궐석재판(闕席裁判) 결석재판(缺席裁判). ※ ‘궐석재판’은 일본어투.

귀가길(歸家−) 귀갓길. ※ [귀가낄·귀간낄]로 소리 나므로 사이시옷을 받쳐 적는다.

귀가 트이다 귀가 뜨이다. ※ ‘처음으로 청각을 느끼다’를 뜻하는 말은 ‘뜨다’이며 그 피동사는 ‘뜨이다’이다.

귀구녕 귓구멍.

귀구멍 귓구멍. [귀꾸멍·귇꾸멍]으로 소리 나므로 사이시옷을 받쳐 적는다.

귀기울이다 귀 기울이다. ※ 한 낱말이 아니므로 띄어 쓴다.

귀너머듣다 귀넘어듣다. 주의하지 않고 흘려듣다.

귀담아 듣다 귀담아듣다. ※ 한 낱말이므로 붙여 쓴다.

귀동이(貴−) 귀둥이. 특별히 귀염을 받는 아이.

귀뜸 귀띔.

귀띰 귀띔.

귀머거리 ※ ‘청각장애인’으로 표현하는 것이 바람직하다.

귀먹어리 귀머거리. 참조 귀머거리.

귀밥 귓밥. 귓불.

귀병(−病) 귓병. [귀뼝·귇뼝]으로 소리 나므로 사이시옷을 받쳐 적는다.

귀속말 귓속말. ※ [귀쏭말·귇쏭말]로 소리 나므로 사이시옷을 받쳐 적는다.

귀쑤시개 귀이개.

귀에지 귀지.

귀엣말 =귓속말. ※ 복수표준어.

귀여와 귀여워. ※ 'ㅂ불규칙용언'은 '곱다', '돕다'를 제외하고는 모두 '-워'로 활용한다.

귀염동이 귀염둥이.

귀이(貴−) 귀히.

귀절(句節) 구절. ※ '句'는 '글귀', '귀글'을 제외하고는 모두 '구'로 읽는다.

귀주성(貴州省) 구이저우 성. 중국 남부의 성. 성도는 구이양(貴陽).

귀중(貴中) ※ '**귀중**'은 '기관이나 단체에 편지나 물품 따위를 보낼 때 그 이름 뒤에 쓰는 높임말'이며, '**귀하**'는 '특정인에게 편지나 물품 따위를 보낼 때 그 이름 뒤에 쓰는 높임말'이다. ¶도서출판 한울 <u>귀중</u>.∥홍길동 <u>귀하</u>.

귀치않다 귀찮다. ※ '귀치 않다'가 본말이지만 준말 '귀찮다'만 표준어로 삼는다.

귀파개 귀이개.

귀하(貴下) 참조 귀중.

귀후비개 귀이개.

귓구녕 귓구멍.

귓대기 귀때기.

귓밥 귀지. ※ 다만, '귓불'의 뜻으로는 '귓밥'을 쓸 수 있다. 참조 귀밥.

귓볼 귓불.

귓청 귀청. ※ 거센소리 앞에서는 사이시옷을 받치지 않는다.

그같은 그 같은. ※ 한 낱말이 아니므로 띄어 쓴다.

그 같이 그같이. ※ '같이'는 조사이므로 앞말에 붙여 쓴다.

그거가 ※ '그거'는 '그것'을 구어적으로 이르는 말이다. '그거'는 받침 없는 체언이므로 주격 조사 '가'가 붙은 '그거가'가 되어야 하지만 실제로는 이런 형태는 잘 쓰이지 않고 '그것'에 주격 조사 '이'가 붙은 '그것이'에서 줄어든 '그게'가 주로 쓰인다. ¶<u>그게</u> 그거지 뭐. / 그게 이거보다 낫다.

그거이 그게. 참조 그거가.

그 것 그것. ※ 한 낱말이므로 붙여 쓴다.

그깐 그깟. 그까짓.

그 날 그날. ※ 한 낱말이므로 붙여 쓴다.

그네줄 그넷줄. ※ [그 : 네쭐·그 : 넫쭐]로 소리 나므로 사이시옷을 받쳐 적는다.

그 놈 그놈. ※ 한 낱말이므로 붙여 쓴다.

그 다음 그다음. ※ 한 낱말이므로 붙여 쓴다. ¶그다음 날./그다음 사람./그다음에 서라./그다음엔 뭘 할까?

그닥 그다지.

그 달 그달. ※ 한 낱말이므로 붙여 쓴다. ¶그는 3월에 왔는데 그달에 떠났다.

그대 있음에 그대 있으매. ※ 원인이나 근거를 나타내는 연결어미는 '-으매'이다. 참조 -음에.

그 동안 그동안. ※ 한 낱말이므로 붙여 쓴다.

그득이 그득히. 그득.

그 따위 그따위. ※ 한 낱말이므로 붙여 쓴다.

그 때 그때. ※ 한 낱말이므로 붙여 쓴다.

그때 당시(-當時) 그때. 당시. ※ '그때'와 '당시'가 모두 '앞에서 말한 그 시점'을 뜻하는 말이므로 '그때 당시'는 겹말이다.

그때서야 그때야. ※ '장소', '근거'를 나타내는 조사 '서'는 시간을 나타내는 명사 '그때'에 붙을 수 없다.

그라스(glass) 글라스. 유리잔.

그라텡(gratin) 그라탱.

그라프(graph) 그래프.

그라피티(graffiti) 말터 길거리그림.

그람(gram) 그램.

그랜드 캐년(Grand Canyon) 그랜드캐니언. 미국 애리조나 주 북부의 대협곡.

그러나 앞의 내용과 뒤의 내용이 상반될 때 쓰는 접속부사. '그리하나', '그러하나'가 줄어든 말. ※ 앞 문장의 내용과 상반되는 내용의 문장에 쓸 때는 뒤 문장 주어 따위의 다음이 아니라 맨 앞에 둬야 한다.

그런 고로 그런고로. 그러한 까닭으로. ※ 한 낱말이므로 붙여 쓴다.

그런 대로 그런대로. 그러한 정도로. ※ 한 낱말이므로 붙여 쓴다.

그런데다 그런 데다. 그런 데에다. ※ 한 낱말이 아니므로 띄어 쓴다. 참조 데.

그런데로 그런대로. ※ 다만, '그

러한 곳으로'라는 뜻으로는 '그런 데로'로 띄어 쓴다. ¶영화가 그런대로 재미있었다.∥너를 그런 데로 보낼 수는 없다.

그럴려고 그러려고. 참조 −ㄹ려고.

그럴사하다 그럴싸하다.

그럼으로 그러므로.

그럽니다 그렇습니다. ※ 어간이 받침으로 끝나는 용언의 종결 어미는 '−습니다'이다. 다만, '그리하다'의 준말 '그러다'의 활용형은'그럽니다'이다.

그렇지만은 그렇지만. 그렇지마는. 참조 만은.

그렇지 않는가 그렇지 않은가. ※ '그렇다'가 형용사이므로 보조용언 '않다'는 '−은가'로 활용한다.

그렇찮다 그렇잖다. '그렇지 않다'의 준말.

그려 ※ 문장의 내용을 강조함을 나타내는 보조사이므로 앞말에 붙여 쓴다. 참조 −구려. ¶부인이 참 아름답습니다그려./같이 가세그려./그 아이 참 딱하데그려.

그로닝겐(Groningen) 흐로닝언. 네덜란드 북부의 도시.

그루지야(Gruziya) 조지아(Georgia). 아시아 서북부에 있으며, 옛 소비에트 연방을 구성하였던 공화국의 하나. 수도는 트빌리시(Tbilisi). ※ 조지아 정부는 공식 국명으로 그동안 써 오던 러시아어 이름 '그루지야' 대신 영어 이름 '조지아'를 쓰기로 했다.

그루턱 그루터기.

그루턱이 그루터기.

그룹 홈(group home) 말터 자활꿈터(自活−).

그릇치다 그르치다. ¶일을 그르치지 않도록 세심하게 준비하기 바란다.

그리고 나서 그러고 나서. 그렇게 하고 나서. ※ '−고 나서'의 앞에는 동사만 올 수 있으므로 접속부사 '그리고'와 함께 쓸 수 없다.

그리고는 그러고는. ※ '그리하고'가 줄면'그러고'가 된다. '는'은 강조의 뜻을 나타내는 보조사.

그리고서 그러고서. ※ '−고서'는 '−고 나서'의 준말이다. '−고 나서'의 앞에는 동사만 올 수 있으므로 접속부사 '그리고'와 함께 쓸 수 없다.

그리웁다 그립다. 활용 그립고.

그리며. 그리워. 그립지만.

그린란드(Greenland) 그린란드. 대서양과 북극해 사이에 있는 섬. 덴마크령.

그린 프리미엄(green premium) 말터 환경덧두리(環境-).

그림장이 그림쟁이. '화가'를 낮잡아 이르는 말. 참조 -장이.

그만 두다 그만두다. ※ 한 낱말이므로 붙여 쓴다.

그만때 그맘때.

그 만치 그만치. ※ 한 낱말이므로 붙여 쓴다.

그 만큼 그만큼. ※ 한 낱말이므로 붙여 쓴다.

그뭄 그믐.

그믐 날 그믐날. ※ 한 낱말이므로 붙여 쓴다.

그 분 그분. ※ 한 낱말이므로 붙여 쓴다.

그 사이 그사이. ※ '동안'을 이를 때는 한 낱말이므로 붙여 쓴다. ¶그사이를 못 참고 가 버렸다./그사이 왜 연락이 없었니?//그 사이에 끼워 두어라.

그 새 그새. '그사이'의 준말. ※ 한 낱말이므로 붙여 쓴다. 참조 그 사이.

그슬다 불에 겉만 약간 타게 하다. ※ '그슬다'에 '-은'이 연결되면 'ㄹ'이 탈락되어 '그슨'이 된다. '그슬은'은 잘못이다. '그슬다'의 피동사 및 사동사는 '그슬리다'이다. 참조 그을다. ¶장작불에 털을 그슬었다./불에 그슨 새우를 먹었다.

그슬은 그슨. 참조 그슬다.

그악스런 그악스러운. 참조 -스런.

그윽히 그윽이.

그을다 햇볕이나 연기 따위를 오래 쬐어 검게 되다. ※ '그을다'에 '-은'이 연결되면 'ㄹ'이 탈락되어 '그은'이 된다. '그을은'은 잘못이다. '그을다'의 피동사 및 사동사는 '그을리다'이다. 참조 그슬다. ¶햇볕에 얼굴이 검게 그을었다./햇볕에 검게 그은 얼굴.

그을은 그은. 참조 그을다.

그저먹기 거저먹기.

그전(-前) ※ '그전'은 '꽤 오래된 어느 시점을 막연하게 이르는 말'이며, '그 전'은 '앞에 나온 특정 시점보다 앞'을 뜻한다. ¶우리 처지는 그전이나 지금이나 다를 게 없다./그 사람을 만나려면,

그 전에 그를 미리 연구해 두는 게 좋을 거다.

그제사 그제야.

그제서야 그제야. ※ '장소', '근 거'를 나타내는 조사 '서'는 시간 을 나타내는 명사 '그제'에 붙을 수 없다.

그 중(-中) 그중. 그 가운데. ※ 한 낱말이므로 붙여 쓴다. 참조 이중.

그지 없다 그지없다. ※ 한 낱말 이므로 붙여 쓴다.

그 쪽 그쪽. ※ 한 낱말이므로 붙 여 쓴다.

그 해 그해. ※ 한 낱말이므로 붙 여 쓴다.

극낙(極樂) 극락.

극대값(極大-) 극댓값. ※ [극때 깝·극땓깝]으로 소리 나므로 사 이시옷을 받쳐 적는다.

극대화시키다(極大化-) 극대화 하다. ※ 사동의 뜻이 없으면 '- 시키다'로 쓰지 않는다. 참조 - 시키다. ¶북한은 늘 위기를 극 대화하는 벼랑 끝 전술을 쓴다.

극성스런(極盛-) 극성스러운. 참조 -스런.

극소값 극솟값(極小-). ※ [극쏘

깝·극쏟깝]으로 소리 나므로 사 이시옷을 받쳐 적는다.

극적극적 긁적긁적.

극진이(極盡-) 극진히.

근근히(僅僅-) 근근이.

근 ○년 가까이(近-) 근 ○년. ○ 년 가까이. ※ '근(近)'에 '가까이' 의 뜻이 있으므로 '근 ○년 가까 이'는 겹말이다. ¶10년 가까이. /근 10년.

근대국 근댓국. ※ [근대꾹·근댇 꾹]으로 소리 나므로 사이시옷을 받쳐 적는다.

근두박질(筋斗撲跌) 곤두박질.

근무년한(勤務年限) 근무연한. ※ 합성어에서 뒷말의 첫 음절은 두 음법칙에 따라 적는다.

근사값(近似-) 근삿값. ※ [근사 깝·근삳깝]으로 소리 나므로 사 이시옷을 받치지 않는다.

근속년수(勤續年數) 근속연수. ※ 합성어에서 뒷말의 첫 음절은 두 음법칙에 따라 적는다.

근심스런 근심스러운. 참조 -스 런.

근친상관 근친상간(近親相姦).

글깜 글감. 글의 내용이 되는 재 료.

글라인더(grinder)   그라인더.

글래스(glass)   글라스. 유리잔.

글래스고우(Glasgow)   글래스고. 영국 스코틀랜드의 도시.   ※ [ou] 는 '오'로 적는다.

글램핑(glamping)   말터 귀족야영 (貴族野營).

글러브   ※ '글러브(glove)'는 '장갑' 을 뜻하며, '글로브(globe)'는 '지 구'를 뜻한다.

글레이시어(Glacier)   글레이셔. 미 국 몬태나 주에 있는 국립공원.

글로발(global)   글로벌.

글로브   참조 글러브.

글르다   그르다. 활용 그르고. 그 르니. 그르면. 그른. 글러. ¶그는 행실이 그른 사람이니 조심하여 라. / 너는 생각부터 글러 먹었어.

글성거리다   글썽거리다.

글성글성   글썽글썽.

글세   글쎄.

글장이   글쟁이. 참조 -장이.

글적글적   긁적긁적.

글짜   글자(-字).

글치장   글치레. 글을 잘 매만져 꾸밈.

글페   글피.

긁어 모으다   긁어모으다.   ※ 한

낱말이므로 붙여 쓴다.

금강산(金剛山)   강원도에 있는 산. ※ 보통은 '금강산'이라고 하지 만 철에 따라 다른 이름으로 부르 기도 한다. 봄에는 금강산, 여름 에는 봉래산(蓬萊山), 가을에는 풍악산(楓嶽山), 겨울에는 개골산 (皆骨山)이라고 한다.

금니빨(金-)   금이빨.   ※ '금'과 '이빨'이 결합한 구조이므로 두 음법칙에 따라 '금이빨'로 적는 다. 참조 금이.

금도   ※ '금도를 지키다'와 같이 흔히 한계, 한도의 뜻으로 쓰는 '금도'는 우리말에 없는 낱말이 다. 다만, '금도(襟度)'는 '다른 사 람을 포용할 만한 도량'의 뜻이 다. ¶병사들은 장군의 장수다 운 배포와 금도에 감격하였다.

금부치(金-)   금붙이.

금새   ※ '금새'는 '물건의 값. 또는 '물건값의 비싸고 싼 정도'를 뜻 하며, '금세'는 '지금 바로'의 뜻으 로 '금시에'가 줄어든 말이다. ¶ 요즘 시장에서 배추 금새가 얼마 나 나가는가? // 금세 도착할 테니 조금만 더 기다려 주시오.

금세   참조 금새.

금슬(琴瑟) 금실. 부부간의 사랑. ※ 다만, 거문고와 비파를 아울러 이를 때는 ‘금슬’이라고 한다. ¶그 집 내외는 금실이 참 좋다.

금싸래기(金−) 금싸라기.

금액난(金額欄) 금액란. 참조 난'.

금이(金−) 금니. ※ 합성어나 이에 준하는 구조의 낱말에서 실질 형태소는 본 모양을 밝혀 적는 것이 원칙이지만 ‘이[齒]’는 ‘젖니’, ‘덧니’, ‘틀니’처럼 예외로 한다. 참조 금니빨.

금잔듸(金−) 금잔디.

금지시키다(禁止−) 금지하다. ※ 사동의 뜻이 없으면 ‘−시키다’로 쓰지 않는다. 참조 −시키다. ¶경찰은 사건 현장의 일반인 출입을 금지했다.

급격이(急激−) 급격히.

급급이(汲汲−) 급급히.

급급하는(汲汲−) 급급한. ※ ‘급급하다’는 형용사이므로 ‘급급한’으로 활용한다.

급급한다면(汲汲−) 급급하다면. ※ ‘급급하다’는 형용사이므로 ‘급급하다면’으로 활용한다.

급냉(急冷) 급랭.

급작스런 급작스러운. 참조 −스런.

긋다 활용 긋고. 긋지. 그으면. 그으니. 그어. ¶금을 똑바로 그어라./비가 그으면 떠나겠다.

기간 동안(其間−) 기간. 동안. ※ ‘기간’이 ‘어느 때부터 다른 어느 때까지의 동안’을 뜻하므로 ‘기간 동안’은 겹말이다.

기것 기껏.

기괴스런(奇怪−) 기괴스러운. 참조 −스런.

기꺼히 기꺼이.

기껀 기껏.

기나 길다 기나길다. ※ 한 낱말이므로 붙여 쓴다.

기다랍니다 기다랗습니다. ※ 어간이 받침으로 끝나는 용언의 종결어미는 ‘−습니다’이다.

기달리다 기다리다. 활용 기다리고. 기다리니. 기다리지. 기다리는. 기다려. ¶떠는 기다리지 마라.

기대값(期待−) 기댓값. ※ [기대깝·기댇깝으로 소리 나므로 사이시옷을 받쳐 적는다.

기대 서다 기대서다. ※ 한 낱말이므로 붙여 쓴다.

기도(木戸·きど) 문지기.

기도들이다(祈禱-) 기도드리다.

기돗발(祈禱-) 기도발. ※ '-발'
은 효과의 뜻을 더하는 접미사.
접미사 앞에는 사이시옷을 받치
지 않는다.

기뚜라미 귀뚜라미.

기라성 같은(綺羅星-) 쟁쟁한. 훌
륭한. 걸출한. 뛰어난. ※ '기라
성'은 일본어투.

기럭지 길이.

기레이(奇麗·きれい) 좋아.

기렛빠시(切れっ端·きれっぱし) 끄
트러기. 자투리.

기름끼 기름기(-氣). ※ 기운,
느낌, 성분의 뜻을 더하는 접미
사는 '-기(氣)'이다.

기리(錐·きり) 송곳.

기리까에(切り替え·きりかえ) 바
꾸기. 교체.

기마에(氣前·きまえ) 선심. 호기.

기막히는(氣-) 기막힌. ※ '기막
히다'는 형용사이므로 관형사형
어미는 '-ㄴ'이다. ¶너무나 <u>기
막힌</u> 일이라서 할 말을 잃었다.

기명물(器皿-) 개숫물.

기반하다(基盤-) 기반을 두다. ※
'기반'은 '기초가 되는 바탕', '사

물의 토대'를 뜻하며 동사를 만
드는 접미사 '-하다'를 붙일 수
없다. ¶전통에 <u>기반을 둔</u> 문화
상품.

기부채납(寄附採納) 기부. 받아들
임. ※ '**기부**'는 주는 행위이며,
'**채납**'은 받아들이는 행위이다.
따라서 '○○건설이 도로를 건설
하여 서울시에 기부채납했다.'처
럼 쓰는 것은 '○○건설'이 기부
도 하고 채납도 하는 형국이 되므
로 옳지 않다. ¶○○건설이 도
로를 건설하여 서울시에 <u>기부했
다.</u> / 서울시는 ○○건설이 건설
한 도로를 <u>기부받았다.</u>

기브스(gips) 깁스.

기사거리(記事-) 기삿거리. ※ [기
사꺼리·기삿꺼리]로 소리 나므
로 사이시옷을 받쳐 적는다.

기스(傷·きず) 흠. 흠집.

기스락물 낙숫물. 참조 낙수물.

기쓰(傷·きず) 흠. 흠집.

기아(gear) 기어.

기어 가다 기어가다. ※ 한 낱말
이므로 붙여 쓴다.

기어 오르다 기어오르다. ※ 한
낱말이므로 붙여 쓴다.

기어히(期於-) 기어이.

기여코 기어코(期於-).

기여히 기어이(期於-).

기와장(-張) 기왓장. ※ [기와짱·기왇짱]으로 소리 나므로 사이시옷을 받쳐 적는다.

기와쟁이 기와장이. 참조 -장이.

기우다 깁다. 활용 깁고. 깁니. 기우면. 기워. 기움.

기우리다 기울이다. 활용 기울이고. 기울이니. 기울여. 기울임.

기울리다 기울이다. 참조 기우리다.

기울음 기욺. ※ 어간이 'ㄹ' 받침으로 끝나는 용언의 명사형 어미는 '-ㅁ'이다. ¶탑이 <u>기욺</u>.

기움 기욺. ※ 다만, '깁다'의 명사형은 '기움'이다. 참조 기우다/기울음.

기윽 기역. ※ 한글 자모 'ㄱ'의 이름은 '기역'이다. ¶낫 놓고 <u>기역</u> 자도 모른다.

기준률(基準率) 기준율. 참조 -률.

기준양(基準量) 기준량. 참조 량.

기지개(를) 키다 기지개(를) 켜다. ※ 팔다리나 네 다리를 쭉 뻗으며 몸을 펴는 것은 '켜다'이다.

기지개(를) 펴다 기지개(를) 켜다. 참조 기지개(를) 키다.

기지게 기지개. 참조 기지개를 키다.

기집애 계집애.

기차길(汽車-) 기찻길. ※ [기차낄·기찯낄]로 소리 나므로 사이시옷을 받쳐 적는다.

기찻간(汽車間) 기차간. ※ 한자어는 두 음절로 된 '곳간(庫間)', '셋방(貰房)', '숫자(數字)', '찻간(車間)', '툇간(退間)', '횟수(回數)' 외에는 사이시옷을 받치지 않는다.

기합(氣合) 열차려. 기 넣기. ※ '기합'은 일본어투.

긴 긴 밤 긴긴밤. ※ 한 낱말이므로 붙여 쓴다.

긴 말 하다 긴말하다. ※ 한 낱말이므로 붙여 쓴다. ¶그 문제로 <u>긴말하고</u> 싶지 않다.

긴밀이(緊密-) 긴밀히.

긷다 활용 긷고. 긷는. 길어. 길으니. 길으러. 길으면. ¶우물가에 물을 <u>긷는</u> 아낙들이 두엇 있다. 물을 <u>길으러</u> 가는 중이다.

길가집 길갓집. ※ [길까찝·길깐찝]으로 소리 나므로 사이시옷을 받쳐 적는다.

길녁 길녘. ¶<u>길녘</u>으로 황금빛

논이 펼쳐져 있다.

길다란 기다란.

길다랗다 기다랗다. 활용 기다래. 기다라니. 기다랗소.

길들다 ※ '길들다'는 '어떤 일에 익숙하게 되다'라는 뜻의 자동사이며, '**길들이다**'는 '어떤 일에 익숙하게 하다'라는 뜻의 타동사이다. ¶이미 이 일에 길들었는지 아무도 힘들다는 말을 하지 않았다./그 나라에 살려면 그 나라 음식에 길들여야 한다.

길 들이다 길들이다. ※ 한 낱말이므로 붙여 쓴다. 참조 길들다.

길디 길다 길디길다. ※ 한 낱말이므로 붙여 쓴다.

-길래 =-기에. ※ 복수표준어. '-길래'는 '-기에'의 구어적 표현.

길러 길으러. ※ 다만, '기르다'의 활용형은 '길러'이다. 참조 긷다. ¶물을 길으러 갔다./그 친구는 아이들을 훌륭하게 길러 냈다.

길로틴(guillotine) 기요틴. 단두대.

길르다 기르다. 활용 기르고. 기르니. 기르면. 길러.

길림성(吉林省) = 지린 성. ※ 중국 지명은 현지음으로 적는 것이 원칙이나 중국 동포들이 주로 사는 동북3성은 우리 한자음으로 적는 것을 허용한다.

길앞잡이과(-科) 길앞잡잇과. ※ [기랍짜비꽈·기랍짜빈꽈]로 소리 나므로 사이시옷을 받쳐 적는다.

길음 긺. ※ 어간이 'ㄹ' 받침으로 끝나는 용언의 명사형 어미는 '-ㅁ'이다. 다만, '긷다'의 명사형은 '길음'이다. ¶여정이 긺./강이 긺.// 물을 길음.

길죽하다 길쭉하다.

길지막하다 길쯔막하다.

길쭉히 길쭉이.

김치국 김칫국. ※ [김치꾹·김친꾹]으로 소리 나므로 사이시옷을 받쳐 적는다.

김치독 김칫독. ※ [김치똑·김친똑]으로 소리 나므로 사이시옷을 받쳐 적는다.

김치를 담다 김치를 담그다. 참조 담구다.

김치소 김칫소. ※ [김치쏘·김친쏘]로 소리 나므로 사이시옷을 받쳐 적는다. 참조 김칫속.

김치찌게 김치찌개.

김칫속　김칫소.　※ 김치를 담글 때 배춧잎 사이사이에 넣는 양념은 '속'이 아니라 '소'이다.　참조 소.

깃들다　※ '깃들다'는 '아늑하게 서려 들다. 감정, 생각, 노력 따위가 어리거나 스며 있다'의 뜻이며, '깃들이다'는 '짐승이 보금자리를 만들어 그 속에 들어 살다. 사람이나 건물 따위가 어디에 살거나 그곳에 자리 잡다'라는 뜻이다.

깃들이다　참조 깃들다.

깃빨(旗−)　깃발.

깊디 깊다　깊디깊다.　※ 한 낱말이므로 붙여 쓴다.　참조 −디.

깊숙히　깊숙이.

깊히　깊이.

까 놓다　까놓다.　※ 한 낱말이므로 붙여 쓴다.　¶ 우리 까놓고 얘기해 보자.

까다로와　까다로워.　※ 'ㅂ 불규칙용언'은 '곱다·돕다'를 제외하고는 모두 '−워'로 활용한다.

까득　가득.

까뜩　가득.

까마구　까마귀.

까마득이　까마득히.

까맙니다　까맣습니다.　※ 어간이 받침으로 끝나는 용언의 종결 어미는 '−습니다'이다.

까망　깜장.

까망베르(camembert)　카망베르. 프랑스 노르망디 지방에서 나는 치즈. 🔍 2)

까메오(cameo)　카메오. 유명 인사나 배우가 극중에서 예기치 않은 순간에 아주 짧은 동안 하는 연기나 역. 🔍 2)

까무라치다　까무러치다.

까뮈(Camus)　카뮈. ¶ 알베르 카뮈 (프랑스의 소설가, 극작가). 🔍 2)

까발기다　까발리다.

까부러지다　까부라지다.

까불다　활용 까불고. 까불면. 까부네. 까붑니다. 까부니. 까부네. 까불어. 까부오.　※ 다만, '까부르다'의 준말 '까불다'의 활용형은 모음으로 시작하는 어미가 오지 못하므로 '까불어', '까부오'는 본말 '까부르다'의 활용형인 '까

🔍 2) 외래어 표기에서, 일본어·중국어·베트남 어·태국어의 일부 표기 외에는 된소리를 쓰지 않는다.

불러’, ‘까부르오’처럼 쓴다. ¶아이가 너무 <u>까불어서</u> 탈이다. / 콩을 <u>까불러서</u> 검불을 골라낸다.

까스 가스(gas). 🔍 2)

까스렌지 가스레인지(gas range). 🔍 2)

까실까실 까슬까슬.

까운 가운(gown). 🔍 2)

까지꺼 까짓것.

까탈스럽다 까다롭다.

까페(café) 카페. 🔍 2)

까페오레(café au lait) 카페오레. 🔍 2)

깍다귀 각다귀.

깍둑이 깍두기.

깍뚜기 깍두기.

깍정이 깍쟁이.

깎두기 깍두기.

깎둑썰기 깍둑썰기.

깎듯이 깍듯이.

깎듯하다 깍듯하다.

깎쟁이 깍쟁이.

깎지 깍지.

깐느(Cannes) 칸. 프랑스 동남부, 지중해 연안의 도시. ‘칸 영화제’로 유명. 🔍 2)

깐보다 깔보다. ※ 다만, ‘어떤 형편이나 기회를 마음속으로 가늠하다. 또는 속을 떠보다’를 뜻하는 말은 ‘깐보다’이다. ¶어리다고 <u>깔보지</u> 마세요. ∥일을 <u>깐보고</u> 시작했다.

깐쏘네(canzone) 칸초네. 🔍 2)

깐에는 딴에는. ¶제 <u>딴에는</u> 열심히 했다.

깔대기 깔때기.

깔으니 까니. ※ 어간이 ‘ㄹ’ 받침으로 끝나는 용언의 어간에 붙는 어미는 ‘-니’이다. ‘-니’가 붙으면 ‘ㄹ’이 줄어든다.

깔으면 깔면. ※ 어간이 ‘ㄹ’ 받침으로 끝나는 용언의 어간에 붙는 연결어미는 ‘-면’이다.

깔은 깐. ※ 어간이 ‘ㄹ’ 받침으로 끝나는 용언의 어간에 붙는 어미는 ‘-ㄴ’이다. ‘-ㄴ’이 붙으면 ‘ㄹ’이 줄어든다.

깔음 깖. ※ 어간이 ‘ㄹ’ 받침으로 끝나는 용언의 명사형 어미는 ‘-ㅁ’이다. ¶보도블록을 새로 깖.

깔읍니다 깝니다. ※ 어간이 ‘ㄹ’ 받침으로 끝나는 용언의 어간에 붙는 어미는 ‘-ㅂ니다’이다. ‘-ㅂ니다’가 붙으면 ‘ㄹ’이 줄어든다.

깔읍시다 깝시다. ※ 어간이 ‘ㄹ’ 받침으로 끝나는 동사의 어간에 붙는 어미는 '-ㅂ시다'이다. '-ㅂ시다'가 붙으면 'ㄹ'이 줄어든다.

깜 깲. 참조 깰음.

깜박이 깜빡이.

깜작 깜짝. ¶그 사람 모습을 보고 깜짝 놀랐다.

깜쪽같다 감쪽같다. 참조 감쪽같다.

깜찍스런 깜찍스러운. 참조 -스런.

깜찍히 깜찍이.

깡기리(←罐切り·カンきり) 깡통 따개. 통조림 따개.

깡보리밥 꽁보리밥.

깡소주(-燒酒) 강소주. ※ **'강-'** 은 '다른 것이 섞이지 않은'의 뜻을 더하는 접두사.

깡술 강술. 안주 없이 마시는 술. 참조 깡소주.

깡총거리다 깡충거리다.

깡총깡총 깡충깡충.

깡충하다 깡총하다. 치마나 바지 따위의 옷이 좀 짧다.

깨가루 깻가루. ※ [깨까루·깯까루]로 소리 나므로 사이시옷을 받쳐 적는다.

깨구리 개구리.

깨국 깻국. 물에 불리거나 삶은 참깨를 맷돌에 물을 치며 갈아 체에 밭친 물. ※ [깨꾹·깯꾹]으로 소리 나므로 사이시옷을 받쳐 적는다.

깨끗치 깨끗지. ※ '하다'로 끝나는 용언 가운데 '하' 앞의 음절이 'ㄱ, ㅂ, ㅅ' 받침으로 끝나는 낱말의 준말은 '하'가 아주 줄어든다. 즉, '간단하지'의 준말은 '하'의 'ㅏ'만 줄어들어 '간단치'가 되지만 '깨끗하지'의 준말은 '하'가 모두 줄어들어 '깨끗지'가 된다.

깨끗타 못해 깨끗다 못해. 참조 깨끗치.

깨끗히 깨끗이.

깨닫으면 깨달으면. 참조 깨닫다.

깨닫다 깨닫다. 활용 깨닫고. 깨닫지. 깨달아. 깨달으면. 깨달으니.

깨묵 깻묵. ※ [깬묵]으로 'ㅁ' 앞에서 'ㄴ' 소리가 덧나므로 사이시옷을 받쳐 적는다.

깨보송이 깨보숭이.

깨부셔 깨부숴. 참조 깨부시다.

깨부시다 깨부수다. 활용 깨부수고. 깨부수면. 깨부수니. 깨부수어(깨부숴).

깨어 나다 깨어나다. ※ 한 낱말

이므로 붙여 쓴다.

깨우치다 ※ '**깨우치다**'는 '깨달아 알게 하다'의 뜻이며, '**깨치다**'는 '일의 이치를 깨달아 알다'의 뜻이다. 따라서 '깨우치다'는 남이 깨닫도록 하는 것이며, '깨치다'는 스스로 깨닫는 것이다. ¶벌을 주는 것보다 잘못을 깨우쳐 주는 것이 먼저다.∥그 아이는 네 살에 한글을 깨쳤다.

깨잎 깻잎. ※ [깬닙]으로 'ㄴ' 소리가 덧나므로 사이시옷을 받쳐 적는다.

깨적거리다 깨작거리다. 께적거리다.

깨치다 참조 깨우치다.

꺼꾸라지다 꺼꾸러지다.

꺼꾸로 거꾸로.

꺼끄럽다 껄끄럽다. 활용 껄끄럽고. 껄끄러우니. 껄끄러우면. 껄끄러워.

꺼려하다 꺼리다. ※ '꺼리다'는 동사이므로 일부 명사 뒤에 붙어 동사로 만드는 접미사 '−하다'를 붙일 수 없다. ¶그 사람하고 얘기하는 것조차 꺼린다./양심에 꺼릴 만한 일은 하지 않는다.

꺼리끼다 거리끼다. ¶양심에 거리끼는 행동은 하지 마라.

꺼림직하다 꺼림칙하다.

꺼림찍하다 꺼림칙하다.

꺽꽂이 꺾꽂이.

꺽달이 꺽다리.

꺽쇠 꺾쇠. 양쪽 끝을 꺾어 꼬부려서 주로 'ㄷ'자 모양으로 만든 쇠토막.

꺾꽂이 꺾꽂이.

꺾지 꺽지. 꺽짓과의 민물고기.

껀덕지 건더기.

껀수 건수(件數).

껄쩍지근하다 꺼림칙하다.

껍데기 ※ '**껍데기**'는 '달걀, 조개 따위의 겉을 싸고 있는 단단한 물질', '알맹이를 빼내고 겉에 남은 물건'을 뜻하며, '**껍질**'은 '딱딱하지 않은 물체의 겉을 싸고 있는 질긴 물질의 켜'를 뜻한다. 화투에서, 끗수가 없는 패짝은 '껍데기'와 '껍질'을 둘 다 쓸 수 있다. ¶달걀 껍데기./굴 껍데기./게 껍데기./이불 껍데기./베개 껍데기.∥귤 껍질./사과 껍질./양파 껍질.∥비 껍데기./홍싸리 껍질.

껍질 참조 껍데기.

껍질채 껍질째.

께나 깨나. 어느 정도 이상의 뜻을 나타내는 보조사. ¶힘깨나 쓴다. / 재산깨나 있다. / 심술깨나 부린다.

께름직하다 꺼림칙하다.

께오서 께옵서. ¶선생님께옵서 돌아가셨다.

께임 게임(game). ※ 외래어 표기에서, 일본어·중국어·베트남어·태국어의 일부 표기 외에는 된소리를 쓰지 않는다.

꼬까 =고까. 때때. ※ 복수표준어. ¶꼬까신. / 꼬까옷.

꼬깔 고깔.

꼬깔모자(-帽子) 고깔모자.

꼬깝다 고깝다. 활용 고깝고. 고깝지. 고까우니. 고까우면. 고까워.

꼬나박다 꼬라박다. 거꾸로 내리박다. 돈 따위를 어떤 일에 헛되이 써 버리다. ¶자전거를 시궁창에 꼬라박았다. / 장사 밑천을 노름에 다 꼬라박고 빈털터리가 되었다.

꼬냑(cognac) 코냑. ※ 다만, 프랑스의 지명은 '코냐크'로 적는다. 외래어 표기에서, 일본어·중국어·베트남 어·태국어의 일부 표기 외에는 된소리를 쓰지 않는다.

꼬두밥 고두밥. 지에밥. ※ '고두밥'은 '아주 되게 지어져 고들고들한 밥'을 뜻하며, '지에밥'은 '찹쌀이나 멥쌀을 물에 불려서 시루에 찐 밥'으로 약밥이나 인절미를 만들거나 술밑으로 쓴다.

꼬득이다 꼬드기다.

꼬라비 꼴찌.

꼬라지 꼬락서니.

꼬락선이 꼬락서니.

꼬랑내 고린내. 코린내.

꼬로록 꼬르륵.

꼬르동 블루(Cordon Bleu) 코르동 블뢰. 프랑스의 요리 학교. ※ 외래어 표기에서, 일본어·중국어·베트남 어·태국어의 일부 표기 외에는 된소리를 쓰지 않는다.

꼬리 ※ '꼬리'는 '동물의 꽁무니에 가늘고 길게 내민 부분'을, '꽁무니'는 '엉덩이를 중심으로 한 몸의 뒷부분. 사물의 맨 뒤나 끝'을, '꽁지'는 '새의 꽁무니에 달린 깃'을 뜻한다. ¶쇠꼬리. / 꼬리가 밟히다. // 꽁무니를 빼다. / 꽁무니에서 따라가다. // 꽁지 빠진 새.

꼬리깃 꽁지깃. ※ 새의 꽁무니에 붙은 깃은 '꽁지'이다.

꼬리연(-鳶) 꼬빡연. 가오리연.

꼬린내 고린내. 코린내.

꼬마동이 꼬마둥이.

꼬붕(子分·こぶん) 부하.

꼬소롬하다 고소하다.

꼬시다[1] 꼬이다. 꾀다.

꼬시다[2] 고소하다.

꼬실꼬실 고슬고슬. ¶밥이 고슬고슬 아주 잘됐다.

꼬잡다 꼬집다. ¶허벅지를 꼬집어 가며 잠을 쫓았다.

꼬지 고지. 꼬치. ※'호박, 박, 가지, 고구마 따위를 납작납작하거나 잘고 길게 썰어 말린 것'은'고지'이며, '꼬챙이에 꿴 음식물'은 '꼬치'이다. ¶박고지. / 호박고지. // 떡꼬치. / 어묵꼬치.

꼬지지하다 꼬질꼬질하다.

꼬질대 꽂을대.

꼬창이 꼬챙이.

꼬추 고추.

꼬타리 꼬투리.

꼭데기 꼭대기.

꼭둑각시 꼭두각시.

꼭지점(-點) 꼭짓점. ※ [꼭찌쩜·꼭찓쩜]으로 소리 나므로 사이시옷을 받쳐 적는다.

꼭히 꼭.

꼰아 꼬나. '꼬느다'의 활용형. ¶

꼬나 잡다. / 꼬나 쥐다.

꼰아물다 꼬나물다. 참조 꼰아.

꼰아보다 꼬나보다. 참조 꼰아.

꼳꼳이 꼿꼿이.

꼴닥서니 꼬락서니.

꼴딱서니 꼬락서니.

꼴라쥬(collage) 콜라주. ※ 외래어 표기에서, 일본어·중국어·베트남 어·태국어의 일부 표기 외에는 된소리를 쓰지 않는다. / 외래어에서 'ㅈ, ㅊ' 다음에는 이중 모음'ㅑ, ㅕ, ㅛ, ㅠ'를 쓰지 않는다.

꼴아박다 꼬라박다. 참조 꼬나박다.

꼴아지 꼬락서니.

꼴악서니 꼬락서니.

꼴지 꼴찌.

꼼꼼이 꼼꼼히.

꼼장어(-長魚) 먹장어. 갯장어.

꼼짝 없다 꼼짝없다. ※ 한 낱말이므로 붙여 쓴다.

꼽다 ※'꼽다'는 '수를 셈하려고 손가락을 하나씩 구부리다', '지목하다', '쳐주다'의 뜻을 나타내며, '꽂다'는 '박아 세우거나 찔러 넣다. 꼭 끼워져 있게 하다'의 뜻을 나타낸다. ¶오늘을 손꼽아 기다렸다. / 그이는 첫 손가락에

꼽히는 수재다.∥백두산에 태극기를 꽂다./화병에 꽃을 꽂다./머리에 비녀를 꽂다.

꼽살이 꼽사리. ¶꼽사리를 끼다./꼽사리를 붙다.

꼽새 곱사등이. 척추장애인.

꼿감 곶감.

꼿깔 고깔.

꼿꼿히 꼿꼿이.

꽁꼼하다 꼼꼼하다.

꽁뜨(conte) 콩트. ※ 외래어 표기에서, 일본어·중국어·베트남 어·태국어의 일부 표기 외에는 된소리를 쓰지 않는다.

꽁무니 참조 꼬리.

꽁수 꼼수.

꽁지 참조 꼬리.

꽁지뼈 꼬리뼈.

꽁짜 공짜(空ㅡ).

꽂감 곶감.

꽂다 참조 꼽다.

꽃가라(ㅡ柄·ㅡから) 꽃무늬.

꽃방울 꽃망울. 꽃봉오리.

꽃봉우리 꽃봉오리. 참조 봉오리.

꽃수염(ㅡ鬚髯) 꽃술.

꽹가리 꽹과리.

꾀꼴이 꾀꼬리.

꾀병장이(ㅡ病ㅡ) 꾀병쟁이. 참조 ㅡ장이.

꾀임 꾐. 꼬임. ※ '꾀다', '꼬이다'의 명사형.

꾀장이 꾀쟁이. 꾀보. 참조 ㅡ장이.

꾀제제하다 꾀죄죄하다.

꾸다 꿔다. ※ 다만, '꿈을 꾸다', '돈을 꾸다'의 뜻일 때는 '꾸다'이다. ¶방귀를 뀌다.

꾸물꾸물 ※ '**꾸물꾸물**'은 '매우 느리게 자꾸 움직이거나, 게으르고 굼뜨게 행동하거나, 몸의 일부를 느리게 자꾸 움직이는 모양'을 뜻하며, '**끄물끄물**'은 '날씨가 활짝 개지 않고 자꾸 흐려지거나, 불빛 따위가 자꾸 흐려지는 모양'을 뜻한다. 이미 비가 내리는 상황이면 '날씨가 끄물끄물하다'처럼 표현해선 안 된다. ¶꾸물꾸물하지 말고 얼른 떠나자.∥아침부터 하늘이 끄물끄물하더니 한바탕 비가 쏟아졌다.

꾸준이 꾸준히.

꾸지럼 꾸지람.

꿇어 앉다 꿇어앉다. ※ 한 낱말이므로 붙여 쓴다.

꿈 같다 꿈같다. ※ 한 낱말이므로 붙여 쓴다. 다만, 강조의 뜻을 나타내는 보조사 '만'을 첨가하

면 ‘꿈만 같다’처럼 띄어 쓴다. ¶
세월이 <u>꿈같이</u> 흘렀다. /<u>꿈같은</u>
애기만 하는구나. /그 시절이 꿈
<u>만 같다</u>.

꿈 속 꿈속. ※ 한 낱말이므로 붙
여 쓴다.

꿋꿋히 꿋꿋이.

꿰메다 꿰매다.

끄나불 끄나풀.

끄내다 꺼내다.

끄덕없다 끄떡없다.

끄름 그을음.

끄물끄물 참조 꾸물꾸물.

끄스러미 거스러미. ¶손<u>거스러</u>
<u>미</u>.

끄스름 거스러미.

끄적거리다 ＝끼적거리다. ※ 복
수표준어.

끄적끄적 ＝끼적끼적. ※ 복수
표준어.

끄집어 내다 끄집어내다. ※ 한
낱말이므로 붙여 쓴다.

끄치다 그치다.

끄트마리 끄트머리.

끊임 없다 끊임없다. ※ 한 낱말
이므로 붙여 쓴다.

끊질기다 끈질기다.

끌르다 끄르다. 활용 끄르고. 끄

르니. 끄르면. 끌러. ¶짐을 <u>끄르</u>
고 물목과 맞춰 보아라. /보따리
부터 <u>끌러</u> 놓아라.

끌어 내리다 끌어내리다. ※ 한
낱말이므로 붙여 쓴다.

끌어다니다 끌어당기다.

끌어 당기다 끌어당기다. ※ 한
낱말이므로 붙여 쓴다.

끌어 들이다 끌어들이다. ※ 한
낱말이므로 붙여 쓴다.

끌어 안다 끌어안다. ※ 한 낱말
이므로 붙여 쓴다.

끌어 올리다 끌어올리다. ※ 한낱
말이므로 붙여 쓴다.

끌으네 끄네. ※ 어간이 ‘ㄹ’ 받침
으로 끝나는 용언의 어간에 붙는
어미는 ‘－네’이다. ‘－네’가 붙으
면 ‘ㄹ’이 줄어든다.

끌으니 끄니. ※ 어간이 ‘ㄹ’ 받침
으로 끝나는 용언의 어간에 붙는
어미는 ‘－니’이다. ‘－니’가 붙으
면 ‘ㄹ’이 줄어든다..

끌으면 끌면. ※ 어간이 ‘ㄹ’ 받침
으로 끝나는 용언의 어간에 붙는
연결어미는 ‘－면’이다.

끌은 끈. ※ 어간이 ‘ㄹ’ 받침으로
끝나는 용언의 어간에 붙는 어미
는 ‘－ㄴ’이다. ‘－ㄴ’이 붙으면 ‘ㄹ’

이 줄어든다.

끌음 끎. ※ 어간이 'ㄹ' 받침으로 끝나는 용언의 명사형 어미는 '—ㅁ'이다. ¶시선을 끎.

끓어 오르다 끓어오르다. ※ 한 낱말이므로 붙여 쓴다.

끓탕 끌탕. 속을 태우는 걱정.

끔 끔. ※ 다만, '끄다'의 명사형은 '끔'이다. 참조 끌음.

끔찍스런 끔찍스러운. 참조 —스런.

끔찍히 끔찍이.

꼿꼿내 끝끝내.

끝 마무리 끝마무리. ※ 한 낱말이므로 붙여 쓴다.

끝 맺다 끝맺다. ※ 한 낱말이므로 붙여 쓴다.

끝발 끗발. ¶끗발이 따라 줘야 돈을 따지. / 김 이사는 이 회사에서 끗발이 센 사람이지.

끝 손질 끝손질. ※ 한 낱말이므로 붙여 쓴다.

끝수 끗수. 노름에서 끗의 수. ※ 다만, '끝자리에 있는 수'는 '끝수'

이다.

끝으머리 끄트머리.

끝임없다 끊임없다. ¶선생님께 끊임없는 격려를 받았다. / 크고 작은 사고가 끊임없이 일어났다.

끝장 나다 끝장나다. ※ 한 낱말이므로 붙여 쓴다.

끼고 돌다 끼고돌다. 한 낱말이므로 붙여 쓴다.

끼니거리 끼닛거리. ※ [끼니꺼리·끼닏꺼리]로 소리 나므로 사이시옷을 받쳐 적는다.

—끼리 접미사이므로 앞말과 붙여 쓴다. ¶우리끼리. / 친구끼리. / 집안끼리.

끼여들다 끼어들다. ¶끼어들기 집중 단속.

낌 낌새.

낑구다 끼우다.

낑기다 끼다. 끼이다. / 째다. ¶끼어들지 마라. // 새 바지가 너무 째서 불편하다.

낑깡(金柑·きんかん) 금귤. 동귤.

ㄴ

-ㄴ다냐   -ㄴ다느냐. 참조 -는 다냐.

-ㄴ댄다   -ㄴ단다. 참조 -댄다.

-ㄴ데   참조 데.

-ㄴ바   참조 바.

ㄴ즉¹   ㄴ즉. 참조 인즉.

-ㄴ즉²   -ㄴ즉. 참조 -은즉.

-ㄴ지   참조 -ㄹ지, 지.

-ㄴ커녕   참조 는 커녕, 은 커녕.

나가리(← 流れ·ながれ)   유찰. 깨짐. 무효.

나가사끼(長崎)   나가사키. 일본 규슈의 현 및 현청 소재지. ※ 일본어 표기에서 'ㅆ' 외에는 된소리를 쓰지 않는다.

나그네길   나그넷길. ※ [나그네낄·나그넨낄]로 소리 나므로 사이시옷을 받쳐 적는다.

나긋히   나긋이.

-나기   -내기. ¶서울내기. / 시골내기. / 신출내기. / 여간내기. / 풋내기.

나까마(仲間·なかま)   한패. / 거간. 중간상. 중개상.

나꿔채다   낚아채다.

나날히   나날이.

나누매기   노느매기.

나누셈   나눗셈.

나누워   나누어. 나눠.

나뉘어지다   나뉘다. 나누어지다. ※ '나뉘다'가 '나누다'의 피동형이므로 피동을 나타내는 보조동사 '지다'를 붙이면 이중 피동 표현이 된다. ¶이 도시는 크게 세 구역으로 나뉜다. / 이 도시는 크게 세 구역으로 나누어진다.

나대지(裸垈地)   빈 집터. ※ '나대지'는 일본어투.

나댕기다   나다니다. 참조 당기다.

나두다   놔두다. 놓아두다.

나드리   나들이.

나들이 가다   나들이하다. 집을 떠나 가까운 곳에 잠시 다녀오다./출입하다. ¶오늘은 <u>나들이하기에</u> 참 좋은 날씨다.

나딩굴다 나뒹굴다. 활용 나뒹굴고. 나뒹굴면. 나뒹구니. 나뒹굴어.

나라돈 나랏돈. ※ [나라똔·나랃똔]으로 소리 나므로 사이시옷을 받쳐 적는다.

나라비(竝び·ならび) 줄 서기.

나라빚 나랏빚. ※ [나라삗·나랃삗]으로 소리 나므로 사이시옷을 받쳐 적는다.

나라일 나랏일. ※ [나란닐]로 'ㄴ' 소리가 덧나므로 사이시옷을 받쳐 적는다.

나락 벼. ※ 다만, 일부 속담이나 관용구에서는 '나락'으로 쓸 수 있다. 참조 씻나락.

나랏님 나라님. ※ '-님'은 높임의 뜻을 나타내는 접사이므로 사이시옷을 받치지 않는다.

나랏말 나라말.

나래 =날개. ※ '날개'의 문학적 표현.

나래비(← 竝び·ならび) 줄 서기.

나레이션(narration) 내레이션. 해설.

나레이터(narrator) 내레이터. 해설가.

나루가 나룻가. ※ [나루까·나룬까]로 소리 나므로 사이시옷을 받쳐 적는다.

나루길 나룻길. ※ [나루낄·나룬낄]로 소리 나므로 사이시옷을 받쳐 적는다.

나루배 나룻배. ※ [나루빼·나룬빼]로 소리 나므로 사이시옷을 받쳐 적는다.

나룻터 나루터. ※ 거센소리 앞에서는 사이시옷을 받치지 않는다.

나르시스트 나르시시스트(narcissist).

나르시즘 나르시시즘(narcissism).

나를 비롯하여 나를 포함하여. 참조 비롯하다.

나름 ※의존명사이므로 독립적으로 쓰일 수 없다. '나름' 앞에 체언이나 관형어가 와야 한다. ¶책도 <u>책 나름이지</u> 그걸 책이라고 읽느냐?/나는 <u>내 나름대로</u> 열심히 공부했다./인정을 받고 못 받고는 다 제 <u>할 나름이다.</u>

나마[1] '아쉬운 대로 인정됨'을 나타내는 보조사. ※ 앞말에 붙여 쓴다. ¶<u>그나마</u> 다행이다./늦게 <u>나마</u> 와 줘서 고맙다.

-나마² ‘아쉬운 대로 접어줌’을 나타내는 어미. ※ 앞말에 붙여 쓴다. ¶도와주지는 못하나마 훼방이야 놓겠는가?

나무가지 나뭇가지. ※ [나무까지·나묻까지]로 소리 나므로 사이시옷을 받쳐 적는다.

나무결 나뭇결. ※ [나무껼·나묻껼]로 소리 나므로 사이시옷을 받쳐 적는다.

나무단 나뭇단. ※ [나무딴·나묻딴]으로 소리 나므로 사이시옷을 받쳐 적는다.

나무더미 나뭇더미. ※ [나무떠미·나묻떠미]로 소리 나므로 사이시옷을 받쳐 적는다.

나무등걸 나뭇등걸. ※ [나무뜽걸·나묻뜽걸]로 소리 나므로 사이시옷을 받쳐 적는다.

나무래다 나무라다. ¶누가 남의 귀한 자식을 나무라?

나무램 나무람.

나무 속 나무속. ※ 한 낱말이므로 붙여 쓴다.

나무잎 나뭇잎. ※ [나문닙]으로 ‘ㄴ’ 소리가 덧나므로 사이시옷을 받쳐 적는다.

나무조각 나뭇조각. ※ [나무쪼각·나묻쪼각]으로 소리 나므로 사이시옷을 받쳐 적는다.

나무진 나뭇진. ※ [나무찐·나묻찐]으로 소리 나므로 사이시옷을 받쳐 적는다.

나무짐 나뭇짐. ※ [나무찜·나묻찜]으로 소리 나므로 사이시옷을 받쳐 적는다.

나물묻힘 나물무침.

나뭇군 나무꾼.

나뭇속 나무속. 참조 나무 속.

나미(←쁠め·なめ) 얇게 치기.

나발거리다 나불거리다.

나발꽃 나팔꽃(喇叭-).

나베우동(鍋饂飩·なべうどん) 냄비국수.

나부라기 나부랭이.

나부랑이 나부랭이.

나부래기 나부랭이.

나붓기다 나부끼다.

나비 ※ ‘**나비**’는 ‘피륙, 종이 따위의 너비’이며, ‘**너비**’는 ‘평면이나 넓은 물체의 가로로 건너지른 거리’를 나타낸다. 또 ‘**넓이**’는 ‘일정한 평면에 걸쳐 있는 공간이나 범위의 크기’이다.

나살 낫살. ‘나잇살’의 준말. ¶낫살이나 먹은 사람이 웬 추태요?

나생이 냉이.

나쇼날(national) 내셔널.

나야가라(Niagara) 나이아가라. 미국과 캐나다 국경에 있는 폭포.

나염 날염(捺染). 무늬찍기.

나와바리(繩張り·なわばり) 구역.

나위 ※ '더 할 수 있는 여유'나 '더 해야 할 필요'의 뜻을 나타내는 의존명사이므로 앞말과 띄어 쓴다. ¶새 집이 더할 나위 없이 좋다. / 두말할 나위도 없다.

나으리 나리.

나이 값 나잇값. ※ 한 낱말이므로 붙여 쓴다. [나이깝·나일깝]으로 소리 나므로 사이시옷을 받쳐 적는다.

나이롱(nylon) 나일론. 참조 나이롱환자.

나이롱환자(nylon患者) 아프지도 않은데 아픈 척하는 환자를 익살스럽게 이르는 말. ※ '나이롱'은 '나일론'의 잘못이지만 '나이롱환자'는 인정한다.

나이바기 나이배기. 참조 -박이.

나이살 나잇살. ※ [나이쌀·나일쌀]로 소리 나므로 사이시옷을 받쳐 적는다. ¶나잇살이나 먹은 사람이 어찌 그 모양인가? / 나잇살인지 자꾸 배가 나온다.

나이 순(-順) 나이순. ※ 한 낱말이므로 붙여 쓴다.

나이애가라(Niagara) 나이아가라. 미국과 캐나다 국경에 있는 폭포.

나자렛(Nazareth) 나사렛. ¶나사렛 예수.

나절 하루 낮의 절반쯤 되는 동안. ※ '**나절**', '**한나절**'은 날이 밝은 뒤 정오까지나, 정오부터 날이 저물 때까지를 나타내는 말이다. '**반나절**'은 그 절반을 나타낸다. 즉 하루의 낮 시간에는 '한나절'이 두 번, '반나절'이 네 번 있는 셈이다. '나절'은 '오전나절', '점심 먹을 나절'처럼 의존명사로 쓰이기도 한다. ¶반나절. / 세나절. / 아침나절. / 열나절. / 저녁나절. / 점심나절. / 한나절.

나즈막하다 나지막하다.

나즉하다 나직하다.

나지막히 나지막이.

나직히 나직이.

나찌(Nazi) 나치. ※ 외래어 표기에서, 일본어·중국어·베트남어

· 태국어의 일부 표기 외에는 된 소리를 쓰지 않는다.

나침판 ⇨ 나침반(羅針盤).

나카마(仲間·なかま) 한패. / 거간. 중간상. 중개상.

나트랑(Nha Trang) 냐짱. 베트남 카인호아 성의 성도.

나프탈린(naphthalene) 나프탈렌.

나호트카(Nakhodka) 나홋카. 러시아 연해주의 도시.

나홀로 나 홀로. ※ 한 낱말이 아니므로 띄어 쓴다.

나흘날 나흘날.

나훗날 나흘날.

낙낙장송(落落長松) 낙락장송.

낙수물(落水 −) 낙숫물. ※ [낙쑨물]로 'ㅁ' 앞에서 'ㄴ' 소리가 덧나므로 사이시옷을 받쳐 적는다.

낙인 찍다(烙印 −) 낙인찍다. ※ 한 낱말이므로 붙여 쓴다.

낚시군 낚시꾼. 참조 낚싯꾼.

낚시대 낚싯대. ※ [낚씨때·낚씬때]로 소리 나므로 사이시옷을 받쳐 적는다.

낚시바늘 낚싯바늘. ※ [낚씨빠늘·낚씬빠늘]로 소리 나므로 사이시옷을 받쳐 적는다.

낚시밥 낚싯밥. ※ [낙씨빱·낙씬빱]으로 소리 나므로 사이시옷을 받쳐 적는다.

낚시배 낚싯배. ※ [낙씨빼·낙씬빼]로 소리 나므로 사이시옷을 받쳐 적는다.

낚시줄 낚싯줄. ※ [낙씨쭐·낙씬쭐]로 소리 나므로 사이시옷을 받쳐 적는다.

낚싯군 낚시꾼. 참조 낚싯꾼.

낚싯꾼 낚시꾼. ※ 된소리 앞에서는 사이시옷을 받치지 않는다.

낚싯터 낚시터. ※ 거센소리 앞에서는 사이시옷을 받치지 않는다.

낚지 낙지. 문어과의 하나.

난[1](欄) ※ 고유어나 외래어 다음에서는 '난'으로, 한자어 다음에서는 '란'으로 적는다. ¶어린이난. / 스포츠난. / 가십난. // 광고란. / 독자란. / 사설란. / 투고란.

난[2](蘭) ※ 고유어 다음에서는 '난'으로, 한자어 다음에서는 '란'으로 적는다. ¶감자난. / 새우난. / 제비난. // 동양란. / 문주란. / 양란. / 풍란. / 한란.

난다긴다 난다 긴다. ※ 한 낱말이 아니므로 띄어 쓴다. ¶제가 아무리 난다 긴다 해도 여기선 맥도 못 출 것이다.

난 데 없다　난데없다. ※ 한 낱말
이므로 붙여 쓴다. ¶난데없는
소문으로 홍역을 치렀다. / 난데
없이 나타나다.

난로가(煖爐－)　난롯가. ※ [날：
로까·날：론까로 소리 나므로
사이시옷을 받쳐 적는다.

난로불(煖爐－)　난롯불. ※ [날：
로뿔·날：론뿔]로 소리 나므로
사이시옷을 받쳐 적는다.

난봉장이　난봉쟁이. 참조 －장
이.

난상토론(爛商討論)　난상. ※ 흔
히 격하거나 열띤 토론을 ‘난상
토론’이라고 하는데 이는 잘못
이다. ‘난상’은 ‘충분히 의논함.
또는 그런 의논’이다. 따라서 ‘난
상토론’은 그 뜻을 잘못 알고 쓰
기도 하는 말일 뿐만 아니라 그
자체로 겹말이다.

난이도(難易度)　쉽고 어려운 정
도. ※ ‘난이도가 높다’, ‘난이도
가 낮다’, ‘고난이도’ 같은 말은
이치에 맞지 않다. ‘난도가 높다’,
‘난도가 낮다’, ‘고난도’처럼 써야
한다. ‘어렵다’, ‘쉽다’라고 쓰는
것이 더욱 바람직하다. ¶난이
도 조절. / 올 수능에서는 수리의

난도가 높았다. / 김연아는 고난
도의 기술을 선보이며 우승했
다.

난잡스런(亂雜－)　난잡스러운.
참조 －스런.

난장이　난쟁이. 참조 쟁이.

낟알　※ ‘낟알’은 ‘껍질을 벗기지
않은 곡식의 알’이며, ‘낱알’은
‘하나하나 따로따로인 알’이다.
¶낟알은 익을수록 고개를 숙인
다. // 의료계는 약을 낱알로 판매
하는 데 반대하고 있다.

날개 돋히다　날개 돋치다. ※ ‘돋
아서 내밀다’의 뜻으로는 ‘돋치
다’를 쓴다. ¶새로 펴낸 책이 날
개 돋친 듯 팔려 나갔다. 참조 돋
히다.

날개죽지　날갯죽지. ※ [날개쭉
지·날갣쭉지]로 소리 나므로 사
이시옷을 받쳐 적는다.

날개짓　날갯짓. ※ [날개찓·날
갣찓]으로 소리 나므로 사이시옷
을 받쳐 적는다.

날개쭉지　날갯죽지. 참조 날개
죽지.

날고 뛰다　날고뛰다. ※ 한 낱말
이므로 붙여 쓴다.

날굴　생굴(生－).

날날이 날라리. 언행이 어설프고 들떠서 미덥지 못한 사람을 낮잡아 이르는 말. / 아무렇게나 날림으로 하는 일. / 태평소(太平簫)를 달리 이르는 말.

날더러 나더러. ※ '더러'는 조사이므로 체언 뒤에 붙는다. '나를'의 준말인 '날' 뒤에 붙을 수 없다. ¶ 나더러 그 어려운 일을 맡으라고 한다. 참조 널더러.

날라가다 날아가다.

날라오다 날아오다.

날래 빨리.

날려쓰다 갈겨쓰다.

날르다¹ 나르다. 활용 나르고, 나르니, 나르면, 날라, ¶ 혼자서 그 많은 짐을 나르고 있다. / 이 물건을 저쪽에다 날라 놓아라.

날르다² 날다. ※ '달아나다'를 속되게 이르는 말. 활용 날고, 날면, 날아, 나니, 나는, ¶ 범인은 벌써 다른 곳으로 날았다. / 지금 날지 않으면 잡힐 것이다.

날세다 날쌔다.

날 수(-數) 날수. ※ 한 낱말이므로 붙여 쓴다.

날쎄다 날쌔다.

날아 다니다 날아다니다. ※ 한

낱말이므로 붙여 쓴다.

날으네 나네. ※ 어간이 'ㄹ' 받침으로 끝나는 용언의 어간에 붙는 어미는 '-네'이다. '-네'가 붙으면 'ㄹ'이 줄어든다.

날으는 나는. ※ 'ㄹ' 받침으로 끝나는 용언의 어간에 어미 '-는'이 붙으면 'ㄹ'이 줄어든다. ¶ 나는 새도 떨어뜨린다.

날으니 나니. ※ 어간이 'ㄹ' 받침으로 끝나는 용언의 어간에 붙는 어미는 '-니'이다. '-니'가 붙으면 'ㄹ'이 줄어든다.

날으면 날면. ※ 어간이 'ㄹ' 받침으로 끝나는 용언의 어간에 붙는 연결어미는 '-면'이다.

날은 난. ※ 어간이 'ㄹ' 받침으로 끝나는 용언의 어간에 붙는 어미는 '-ㄴ'이다. '-ㄴ'이 붙으면 'ㄹ'이 줄어든다.

날음 낢. ※ 어간이 'ㄹ' 받침으로 끝나는 용언의 명사형 어미는 '-ㅁ'이다. ¶ 새가 낢.

날읍니다 납니다. ※ 어간이 'ㄹ' 받침으로 끝나는 용언의 어간에 붙는 어미는 '-ㅂ니다'이다. '-ㅂ니다'가 붙으면 'ㄹ'이 줄어든다.

날읍시다 납시다. ※ 어간이 'ㄹ'

받침으로 끝나는 동사의 어간에 붙는 어미는 '—ㅂ시다'이다. '—ㅂ시다'가 붙으면 'ㄹ'이 줄어든다.

날자　날짜.

날조된 조작극(捏造—造作劇)　조작극. ※ '날조'와 '조작'이 모두 '거짓으로 꾸며 만듦'을 뜻하므로 '날조된 조작극'은 겹말이다.

날카로와　날카로워. ※ 'ㅂ불규칙용언'은 '곱다', '돕다'를 제외하고는 모두 '—워'로 활용한다.

날카로히　날카로이.

남　낢. ※ 다만, '나다'의 명사형은 '남'이다. 참조 날음.

남녁(南—)　남녘.

남 다르다　남다르다. ※ 한 낱말이므로 붙여 쓴다. ¶그 사람에게는 남다른 재주가 있다.

남동(南東)　⇨ 동남(東南). ※ 방위를 나타내는 말은 '동남', '동북', '서남', '서북'처럼 '동서'를 먼저, '남북'을 나중에 쓰는 것이 바람직하다. ¶동남풍. / 동남아시아. 참조 방위.

남바(number)　넘버.

남 부럽지 않다　남부럽지 않다. 남부럽잖다. ※ '남부럽다'는 한 낱말이므로 붙여 쓰며, '남부럽지 않다'의 준말은 '남부럽잖다'이다.

남비　냄비. ¶자선냄비.

남사스럽다　=남우세스럽다. 남세스럽다. ※ 복수표준어.

남서(南西)　⇨ 서남(西南). ※ 방위를 나타내는 말은 '동남', '동북', '서남', '서북'처럼 '동서'를 먼저, '남북'을 나중에 쓰는 것이 바람직하다. ¶서남풍. / 서남아시아. 참조 방위.

남성스런(男性—)　남성스러운. 참조 —스런.

남세스런　남세스러운. 참조 —스런.

남어지　나머지.

남여(男女)　남녀.

남은 여생(餘生)　여생. 남은 생애. ※ '여생'이 '남은 생애'를 뜻하므로 '남은 여생'은 겹말이다.

남의 집 살이　남의집살이. ※ 한 낱말이므로 붙여 쓴다.

남이사　남이야. ¶남이야 먹든 말든.

남정내(男丁—)　남정네.

남존녀비(男尊女卑)　남존여비. ※ 합성어에서 뒷말의 첫 음절은 두음법칙에 따라 적는다.

남지나해(南支那海) 남중국해(南中國海).

납득(納得) 이해(理解). ※ '납득'은 일본어투.

납북(拉北) 북한으로 납치해 감. ※ '납치해 가는 것'이지 '납치되어 가는 것'이 아님에 유의해야 한다. 참조 납북자.

납북자(拉北者) 북한으로 납치해 간 사람. ※ '북한으로 납치당한 사람'을 '납북자'라고 하는 것은 이치에 맞지 않다. '납북당한 사람'은 '납북 피해자' 또는 '피납북자'라고 해야 마땅하다. 참조 납북.

납작히 납작이.

납짝코 납작코.

납짝하다 납작하다.

낫가리 낟가리.

낫다 활용 낫고. 낫지. 나으면. 나으니. 나아. ¶어느 것이 더 <u>나을</u>까?/이게 그것보다 <u>나아요</u>./병이 <u>나으면</u> 놀러오게.

낫우다 고치다.

낭가파르밧(Nanga Parbat) 낭가파르바트. 파키스탄 북부, 히말라야 산맥에 있는 산.

낭낭하다(朗朗-) 낭랑하다.

낭떨어지 낭떠러지.

낮으마하다 나지막하다.

낮으막하다 나지막하다.

낯 가리다 낯가리다. ※ 한 낱말이므로 붙여 쓴다.

낯 간지럽다 낯간지럽다. ※ 한 낱말이므로 붙여 쓴다.

낯색(-色) 낯빛.

낯설은 낯선. ※ 어간이 'ㄹ' 받침으로 끝나는 용언의 어간에 붙는 어미는 '-ㄴ'이다. '-ㄴ'이 붙으면 'ㄹ'이 줄어든다.

낯설음 낯섦. ※ 어간이 모음이나 'ㄹ'로 끝나는 용언의 명사형 어미는 '-ㅁ'이다.

낯판대기 낯바대기.

낱낱히 낱낱이.

낱알 참조 낟알.

내나 나나. ※ 체언이나 부사어 뒤에서 여러 가지 중에서 어느 것을 선택하여도 상관없음을 나타내는 보조사는 앞말에 받침이 있으면 '-이나', 없으면 '-나'이다. ¶너나 <u>나나</u> 힘들기는 마찬가지다./그분이나 <u>나나</u> 외로운 사람이다.

내노라 하다 내로라하다. ※ '나이로라 하다'가 줄어든 말. 한 낱말이므로 붙여 쓴다. ¶**내로라하**는 사람은 모두 모였다. 참조 **-노라**.

내놉니다 내놓습니다. ※ 어간이 받침으로 끝나는 용언의 종결어미는 '-습니다'이다.

내놓치 내놓지.

내다 보다 내다보다. ※ 한 낱말이므로 붙여 쓴다. 다만, '내다'와 '보다'가 각각의 동작으로 나타나면 띄어 쓴다. 이때는 '내다가'로 바꿔 쓸 수 있다. ¶창을 열고 밖을 내다봐라.∥험한 산 중턱에 길을 내다(가) 보니 어려움이 많다.

내동당이치다 내동댕이치다.

내둘르다 내두르다. 활용 내두르고. 내두르니. 내두르면. 내두른. 내둘러. ¶그 노인은 손을 홰홰 내두르며 사양했다./그 사람은 주먹을 내둘러 나를 치려고 했다.

내딛다 ※ '내디디다'의 준말인 '내딛다'에는 모음으로 시작하는 어미가 붙을 수 없으므로 '내딛은', '내디디어라(내디뎌라)', '내디디었다(내디뎠다)'로 활용한다. 일부 낱말의 준말 형태에

서 이런 현상이 나타나는데 그런 예로는 '갖다', '건들다', '딛다', '머물다', '서둘다', '서툴다' 등이 있다.

내딛어 내디뎌. 내디디어. 참조 내딛다.

내딛으니 내디디니. 참조 내딛다.

내딛으면 내디디면. 참조 내딛다.

내딛은 내디딘. 참조 내딛다.

내딛읍니다 내디딥니다. 참조 내딛다.

내딛읍시다 내디딥시다. 참조 내딛다.

내려긋다 내리긋다. 줄 따위를 위에서 아래로 긋다. ※ 다만, 특정한 위치보다 아래로 내려서 줄 따위를 긋는 것은 '내려 긋다'로 띄어 쓴다.

내려깔다 내리깔다. ¶눈을 내리깔다.

내려 놓다 내려놓다. ※ 한 낱말이므로 붙여 쓴다.

내려다 보다 내려다보다. ※ 한 낱말이므로 붙여 쓴다. 다만, '내리다'와 '보다'가 각각의 동작을 나타내면 띄어 쓴다. 이때는 '내려다'를 '내려다가'로 바꿔 쓸 수 있다. ¶산 정상에서 내려다보

면 가슴이 탁 트인다.// 선반에 있는 책을 <u>내려다 보아라</u>.

내리 긋다 내리긋다. ※ 한 낱말이므로 붙여 쓴다. 참조 내려긋다.

내리 누르다 내리누르다. ※ 한 낱말이므로 붙여 쓴다.

내리다지 내리닫이.

내리떠보다 내립떠보다. ※ 반대말은 '칩떠보다'.

내리 비추다 내리비추다. ※ 한 낱말이므로 붙여 쓴다.

내리 비치다 내리비치다. ※ 한 낱말이므로 붙여 쓴다.

내리 읽다 내리읽다. ※ 한 낱말이므로 붙여 쓴다.

내리 훑다 내리훑다. ※ 한 낱말이므로 붙여 쓴다.

내몽고(內蒙古) 네이멍구. 중국 북부의 몽골족 자치구. 구도(區都)는 후허하오터(呼和浩特).

내뱉아 내뱉어.

내비게이션(navigation) 말터 길도우미.

내비추다 내비치다. ¶그는 이번 선거에 출마하겠다는 뜻을 은근히 <u>내비쳤다</u>. / 그는 여간해선 남에게 속내를 <u>내비치지</u> 않는다.

내셔날(national) 내셔널.

내쉬(Nash) 내시. ※ 영어 표기에서 ʃ가 어말에 오면 '시'로 적는다. ¶존 <u>내시</u>(미국의 경제학자).

내역(內譯) 명세(明細). 내용(內容). ※ '내역'은 일본어투. 국어사전에서는 '명세'로 순화하도록 하였으나, 단순히 '명세'로 바꾸면 어색할 때가 있기도 하다. 그런 때는 '내용'으로 바꾸면 무리가 없다. '명세'와 '내용' 가운데 적절한 말로 쓰면 된다. 흔히 나타나는 쓰임새로 '통화내역'이 있는데 이때는 상황에 따라 '명세', '내용' 또는 '기록'이라고 하면 된다.

내용연수(耐用年數) 사용 가능 햇수.

내음 =냄새. ※ 복수표준어. 다만, '내음'은 '봄 내음', '꽃 내음'과 같이 향긋한 냄새나 상징적인 표현을 할 때 쓴다. '거름', '똥' 등과 같은 역한 냄새가 나는 데에는 쓰지 않는다.

내 자신(-自身) 나 자신. ※ '내'는 '나'에 조사 '의'가 붙은 뒤 다시 줄어든 형태이다.

내재해 있다(內在-) 내재하다. ※

‘재(在)’에 ‘있다’의 뜻이 있으므로 ‘내재해 있다’는 겹말이다.

내질르다 내지르다. 활용 내지르고. 내지르니. 내지르며. 내질러. ¶취객이 행인에게 주먹을 내지르며 행패를 부렸다./그는 소리를 빽 내질렀다.

내쳐 내처. 어떤 일 끝에 더 나아가./줄곧 한결같이. ※ 다만, ‘내치다’의 활용형은 ‘내쳐’이다. ¶가는 김에 내처 집에까지 바래다주었다.// 고언을 하는 부하를 내쳐서는 안 된다.

내츄럴(natural) 내추럴. ※ 외래어에서 ‘ㅈ, ㅊ’ 다음에는 이중모음 ‘ㅑ, ㅕ, ㅛ, ㅠ’를 쓰지 않는다.

내팽겨치다 내팽개치다.

내포국(內包－) 내폿국. 짐승 내장으로 끓인 국. ※ [내ː포꾹·내ː폰꾹]으로 소리 나므로 사이시옷을 받쳐 적는다.

내프킨(napkin) 냅킨.

내홍(內訌) 집단이나 조직의 내부에서 자기들끼리 일으킨 분쟁. ※ ‘특정 조직이나 단체의 내부에서 자기편끼리 일으킨 분쟁’인 ‘내분’이나 ‘한 조직이나 단체의 구성원끼리 하는 싸움’인

‘집안싸움’과 같은 뜻이다. ‘내홍’만이 특별히 ‘정당의 내분’을 일컫는 것은 아니다.

내흉(內凶) 내숭. 겉으로는 순해 보이나 속으로는 엉큼함.

낸들 난들. ※ ‘받침 있는 체언이나 부사어’ 뒤에서는 ‘－인들’을, ‘받침 없는 체언이나 부사어’ 뒤에서는 ‘－ㄴ들’을 쓴다. ¶난들 그 일을 어찌 알았겠나?

낼름 날름.

냄새(를) 피다 냄새피우다. 냄새(를) 피우다. ※ ‘어떤 티를 드러내다’를 뜻하면 한 낱말이므로 붙여 쓴다. 다만, ‘냄새를’처럼 조사를 붙여 띄어 쓸 수 있다. 또 ‘냄새’가 ‘코로 맡을 수 있는 온갖 기운’을 뜻하면 ‘냄새(를) 피우다’처럼 쓴다. 참조 피다.

냅다 ※ ‘**냅다**’는 ‘몹시 빨리. 몹시 세차게’의 뜻을 나타내며, ‘**들입다**’는 ‘마구 무리하게’의 뜻을 나타낸다. ¶냅다 팽개치다./냅다 튀어나가다.//들입다 밀고 들어가다.

냇과 내과(內科). ※ 한자어는 두 음절로 된 ‘곳간(庫間)’, ‘셋방(貰房)’, ‘숫자(數字)’, ‘찻간(車間)’, ‘툇

간(退間)’, ‘횟수(回數)’ 외에는 사이시옷을 받치지 않는다.

냉기다 남기다.

냉냉하다(冷冷－) 냉랭하다.

냉이국 냉잇국. ※ [냉이꾹·냉인꾹]으로 소리 나므로 사이시옷을 받쳐 적는다.

너 ‘돈’, ‘말’, ‘발’, ‘푼’, ‘홉’ 따위의 단위를 나타내는 말 앞에서 수량이 넷임을 나타내는 말. 참조 넉. ¶금 너 돈. / 쌀 너 말. / 너 푼. / 좁쌀 너 홉.

너그러히 너그러이.

너까래 넉가래.

너까짓 네까짓. ¶네까짓 놈이 나를 건드려?

너끈이 너끈히.

너댓 네댓. 너더댓. 너덧. 네다섯.

너머 ※ ‘너머’는 ‘높이나 경계로 가로막은 사물의 저쪽. 또는 그 공간’의 뜻으로 공간이나 공간의 위치를, ‘**넘어**’는 동사 ‘넘다’의 활용형으로 동작을 나타낸다. ¶재 너머에 있는 논. / 담 너머. / 창 너머. // 산 넘어 산. / 담을 넘어 집으로 들어갔다.

너머지다 넘어지다.

너무 ※ ‘일정한 정도나 한계에 지나치게’라는 뜻으로서 적정한 수준을 지나쳤다는 부정적인 뜻이 있는 부사. ‘너무 아름답다’는 ‘너무’ 대신 ‘정말’, ‘매우’, ‘아주’, ‘무척’ 같은 말로 바꾸는 것이 바람직하다. 그러나 ‘너무 좋아서 탈이다’처럼 부정적인 뜻이 있는 ‘탈’ 등의 낱말과 함께 쓰면 문제 될 것이 없다. ¶너무 많은 사람이 몰려 위험하다. / 너무 걱정하지 마십시오. // 정말 예쁘다. / 아주 많다. / 무척 아름답다. / 매우 넓다.

너불어지다 너부러지다.

너비 참조 나비.

너희들 너희. ※ ‘너희’가 복수이므로 복수임을 나타내는 접미사 ‘－들’을 붙일 필요가 없다. ¶이번엔 너희가 가야 한다. / 너희는 어디에서 왔느냐?

넉 ‘냥’, ‘달’, ‘섬’, ‘자’, ‘되’, ‘장’ 따위의 단위를 나타내는 말 앞에서 그 수량이 넷임을 나타내는 말. 참조 너. ¶감초 넉 냥. / 넉 달. / 좁쌀 넉 되. / 쌀 넉 섬. / 비단 넉 자. / 종이 넉 장.

넉넉이 넉넉히.

넉넉치 넉넉지. ※ ‘하다’로 끝나

는 용언 가운데 ‘하’ 앞의 음절이 ‘ㄱ, ㅂ, ㅅ’ 받침으로 끝나는 낱말의 준말은 ‘하’가 아주 줄어든다. 즉, ‘간단하지’의 준말은 ‘하’의 ‘ㅏ’만 줄어들어 ‘간단치’가 되지만 ‘넉넉하지’의 준말은 ‘하’가 모두 줄어들어 ‘넉넉지’가 된다. ¶형편은 <u>넉넉지</u> 못해도 마음은 <u>넉넉다</u>.

넉넉타 넉넉다. 참조 넉넉지.

넉다운 녹다운(knockdown).

넉두리 넋두리.

넉쌀 넉살. ¶<u>넉살</u> 좋은 녀석이니 어디 가서도 굶지는 않을 게다.

넉아웃 녹아웃(knockout).

넋살 넉살.

넌덜이 넌더리.

넌센스(nonsense) 난센스. ※ 다만, 연극 제목 ‘넌센스’는 ‘nun sense’이므로 바른 표기임.

넌즈시 넌지시.

넌짓이 넌지시.

넌픽션(nonfiction) 논픽션.

널다랗다 널따랗다. 활용 널따랗고. 널따래. 널따라니. 널따란.

널더러 너더러. ※ ‘더러’는 조사이므로 체언 뒤에 붙는다. ‘너를’의 준말인 ‘널’ 뒤에 붙을 수 없

다. ¶누가 <u>너더러</u> 못났다고 하더냐? 참조 날더러.

널리 보급하다(普及-) 보급하다. ※ ‘보급’이 ‘널리 펴서 골고루 미치게 하여 누리게 함’을 뜻하므로 ‘널리 보급하다’는 겹말이다.

널부러지다 널브러지다. 너부러지다.

널으니 너니. ※ 어간이 ‘ㄹ’ 받침으로 끝나는 용언의 어간에 붙는 어미는 ‘-니’이다. ‘-니’가 붙으면 ‘ㄹ’이 줄어든다.

널으면 널면. ※ 어간이 ‘ㄹ’ 받침으로 끝나는 용언의 어간에 붙는 연결어미는 ‘-면’이다.

널은 넌. ※ 어간이 ‘ㄹ’ 받침으로 끝나는 용언의 어간에 붙는 어미는 ‘-ㄴ’이다. ‘-ㄴ’이 붙으면 ‘ㄹ’이 줄어든다.

널음 넒. ※ 어간이 ‘ㄹ’ 받침으로 끝나는 용언의 명사형 어미는 ‘-ㅁ’이다. ¶빨래를 <u>넒</u>.

널직하다 널찍하다.

널찍히 널찍이.

널판대기(-板-) 널판때기.

널판지 널판자. 널빤지. 널판때기.

넓다랗다 널따랗다. 참조 널다랗다.

넓디 넓다 넓디넓다. ※ 한 낱말이므로 붙여 쓴다. 참조 −디.

넓은 광장(−廣場) 광장. ※ '광장'이 '넓은 터'를 뜻하므로 '넓은 광장'은 겹말이다.

넓이 참조 나비.

넓이뛰기 멀리뛰기. ※ '넓이'는 면적을 뜻하는 말이므로 도움닫기를 하여 얼마나 멀리 갈 수 있는지를 겨루는 것을 나타내기에는 부적절하다.

넓적넓적 넙적넙적.

넓죽 넙죽.

넓직하다 널찍하다.

넓치 넙치.

넑 넓. 참조 널음.

넘겨 보다 넘겨다보다. ※ 한 낱말이므로 붙여 쓴다. ¶남의 집 담 너머를 <u>넘겨다보면</u> 안 된다.

넘어 '넘다'의 활용형. 참조 너머.

넘어다 보다 넘어다보다. ※ 한 낱말이므로 붙여 쓴다. ¶창 밖으로 <u>넘어다보니</u> 저 멀리서 아이들이 뛰놀고 있었다.

넘어 서다 넘어서다. ※ 한 낱말이므로 붙여 쓴다. ¶그건 내 능력을 <u>넘어서는</u> 일이다. / 고개를 <u>넘어설</u> 무렵 날이 저물었다.

넙적다리 넓적다리.

넙적뼈 넓적뼈.

넙치국 넙칫국. ※ [넙치꾹·넙칟꾹]으로 소리 나므로 사이시옷을 받쳐 적는다.

넝쿨 =덩굴. ※ 복수표준어.

네가티브(negative) 네거티브.

네 놈 네놈. ※ 한 낱말이므로 붙여 쓴다.

네다바이(ねたばい) 사기. 야바위.

네 달 넉 달. ※ '달'을 셀 때는 '넉'을 쓴다. 4개월. 참조 넉. 세 달.

네닷새 네댓새.

네델란드(Netherlands) 네덜란드. 유럽 서북부의 국가. 수도는 암스테르담(Amsterdam).

네 말 너 말. 참조 너. ¶쌀 <u>너 말</u>.

네 발 너 발. 참조 너. ¶<u>너 발</u> 장대.

네브라스카(Nebraska) 네브래스카. 미국 중부에 있는 주.

네비게이션(navigation) 내비게이션. 말터 길도우미.

네온싸인(neon sign) 네온사인. ※ 외래어 표기에서, 일본어·중국어·베트남 어·태국어의 일부 표

기 외에는 된소리를 쓰지 않는
다.

네이미스트(namist) 말터 이름설
계사(—設計士).

네 장(—張) 넉 장. 참조 넉. ¶종
이 넉 장.

네째 넷째.

네트웍(network) 네트워크.

네티즌(netizen) 말터 누리꾼.

네 푼 너 푼. 참조 너. ¶너 푼어
치.

네 홉 너 홉. 참조 너. ¶좁쌀 너
홉.

넷북(net-book) 말터 손누리틀.

녁 녘. ※ '쪽', '무렵'의 뜻을 나
타내는 말은 '녘'이다. ¶동녘. /
북녘. / 새벽녘. / 황혼 녘.

년년생(年年生) 연년생.

년년세세(年年歲歲) 연년세세.

년놈 연놈.

년대(年代) 연대. ※ 다만, '10년,
100년, 1000년 단위의 첫해부터
다음 단위로 넘어가기까지의 기
간'을 나타낼 때는 의존명사로
서 두음법칙을 따르지 않고 '년
대'로 적는다. 참조 연대(年代). ¶
연대 미상. / 생몰 연대. // 1920년
대. / 2000년대.

년도(年度) 연도. ※ 다만, '2008
년도, 1988년도 예산안'처럼 쓰
이면 의존명사로서 두음법칙을
따르지 않고 '년도'로 적는다.
'회계 연도, 입학 연도'처럼 쓰이
면 두음법칙에 따라 적는다. 참조
신연도. ¶회계 연도. / 입학 연
도. // 2010년도 예산안.

년세(年歲) 연세.

년이율(年利率) 연이율. 참조 —률.

년평균(年平均) 연평균.

년회비(年會費) 연회비.

노가다(← 土方·どかた) (공사판)
노동자(勞動者).

노견(路肩) 갓길. 길섶. ※ '노견'
은 일본어투.

노다지 언제나. ※ 다만, '광물이
많이 묻혀 있는 광맥' 등을 나타
내는 말은 '노다지'이다.

노동양(勞動量) 노동량. 참조 량.

—노라 ※ '—노라'는 자기의 동
작을 장중하게 선언하거나 감동
의 느낌을 나타내는 종결어미이
며, '—로라'는 '이다', '아니다'의
어간 뒤에 붙어 자신의 행동을
의식적으로 드러내어 나타내는
어미이다. ¶세계만방에 고하
노라. // 내로라하는 사람은 다 모

였다./제 딴에는 사장이로라 뽐
낸다.

-노라고 ※ '**-노라고**'는 자신의
행동에 대한 의도나 목적을 나
타내는 어미이며, '**-느라고**'는
앞의 일이 뒤에 따르는 일의 원
인이 됨을 나타내는 연결어미이
다. ¶하노라고 한 게 이 모양이
다.//불구경을 하느라고 늦었다.

노란 빛 노란빛. ※ 한 낱말이므
로 붙여 쓴다.

노란 색 노란색(-色). ※ 한 낱
말이므로 붙여 쓴다.

노란재(위) 노른재(위).

노랑내 노린내.

노랑색 노란색. 노랑.

노래가락 노랫가락. ※ [노래까
락·노랜까락]으로 소리 나므로
사이시옷을 받쳐 적는다.

노래가사(-歌詞) 노랫말. 가사.
※ '가사'가 '노랫말'을 뜻하므로
'노래가사'는 겹말이다.

노래굿 노랫굿. ※ [노래꾿·노
랜꾿]으로 소리 나므로 사이시옷
을 받쳐 적는다.

노래말 노랫말. ※ [노랜말]로
'ㅁ' 앞에서 'ㄴ' 소리가 덧나므로
사이시옷을 받쳐 적는다.

노래소리 노랫소리. ※ [노래쏘
리·노랜쏘리]로 소리 나므로 사
이시옷을 받쳐 적는다.

노랭이 노랑이.

노레지다 노래지다. 누레지다.

노려 보다 노려보다. ※ 한 낱말
이므로 붙여 쓴다.

노르스럼하다 노르스름하다.

노름 ※ '**노름**'은 돈이나 재물 따
위를 걸고 내기를 하는 일로 '도
박(賭博)'을 뜻하며, '**놀음**'은 여
러 사람이 즐겁게 노는 일로 '놀
음놀이'를 뜻한다. 참조 놀음. ¶
노름으로 가산을 탕진했다.//신
선놀음에 도끼자루 썩는 줄 모
른다.

노리개감 노리갯감. ※ [노리개
깜·노리갣깜]으로 소리 나므로
사이시옷을 받쳐 적는다.

노리게 노리개.

노리까이(← 乗り替え·のりかえ)
갈아타기.

노릿노릿 노릇노릇.

노미네이트(nominate) 말터 후보
지명(候補指名).

노블리스 오블리제(noblesse obli-
ge) 노블레스 오블리주. 말터 지
도층 의무.

노스탤자(nostalgia) 노스탤지어.

노엄(Noam) 놈. ¶놈 촘스키(미국의 언어학자).

노우하우(knowhow) 노하우. ※ [ou]는 '오'로 적는다.

노이즈 마케팅(noise marketing) 말터 구설(수)홍보(口舌(數)弘報).

노임(勞賃-) 품삯. ※ '노임'은 일본어투.

노자돈(路資-) 노자. 노잣돈. ※ '노잣돈'은 겹말이긴 하나 표준어이다. [노자똔·노잗똔]으로 소리 나므로 사이시옷을 받쳐 적는다.

노타치(no touch) 노터치.

노털(← 老頭兒) 노틀. ※ 늙은 남자를 속되게 이르는 말.

노틀담(Notre Dame) 노트르담. ※ 다만, 영어권일 때는 '**노터데임**'으로 적는다.

녹녹하다(碌碌-) 녹록하다.

녹는 점(-點) 녹는점. ※ '고체가 액체 상태로 바뀌는 온도'를 뜻하면 한 낱말이므로 붙여 쓴다.

녹두나물(綠豆-) 숙주나물.

녹두적(綠豆炙) 녹두전. ※ '적 (炙)'은 '생선이나 고기 따위를 양념하여 대꼬챙이에 꿰어 불에 굽거나 지진 음식'을 뜻하는 말이다.

녹록치(碌碌-) 녹록지. ※ '하다'로 끝나는 용언 가운데 '하' 앞의 음절이 'ㄱ, ㅂ, ㅅ' 받침으로 끝나는 낱말의 준말은 '하'가 아주 줄어든다. 즉, '간단하지'의 준말은 '하'의 'ㅏ'만 줄어들어 '간단치'가 되지만 '녹록하지'의 준말은 '하'가 모두 줄어들어 '녹록지'가 된다. ¶녹록지 않은 상대를 만났다.

녹슬은 녹슨. ※ 어간이 'ㄹ' 받침으로 끝나는 용언의 어간에 붙는 어미는 '-ㄴ'이다. '-ㄴ'이 붙으면 'ㄹ'이 줄어든다.

녹슬음 녹슮. ※ 어간이 모음이나 'ㄹ'로 끝나는 용언의 명사형 어미, 또는 그런 용언을 명사로 만드는 접미사는 '-ㅁ'이다.

녹슴 녹슮. 참조 녹슬음.

녹쓸다 녹슬다.

녹크(knock) 노크.

녹피(鹿皮) 녹비. ※ '皮'의 음은 본디 '피'이지만 속음으로 소리 나는 때에는 속음으로 적는다. ¶녹비에 가로 왈.

녹히다 녹이다.

논 놓은. 참조 놓다.

논난(論難) 논란. ※ '難'의 본음은 '난'이나 '論難'에서는 속음으로 굳어졌으므로 '란'으로 적는다.

논뚜렁 논두렁.

논뚝 논둑.

논란꺼리(論難-) 논란거리.

놀라다 ※ '놀라다'는 '뜻밖의 일로 가슴이 두근거리다', '갑자기 강하게 무서움을 느끼다', '뛰어나거나 신기한 것을 보고 매우 감동하다', '어처구니가 없거나 기가 막히다'의 뜻이며, '**놀랍다**'는 '감동을 일으킬 만큼 훌륭하거나 굉장하다', '갑작스러워 두려움이나 흥분에 휩싸이다', '어처구니없을 만큼 괴이하다'의 뜻이다. '**놀래다**'는 '놀라다'의 사동사, 즉 '놀라게 하다'라는 뜻이며 주로 '놀래 주다'처럼 쓰인다. ¶사고 버스에 탄 아들이 무사하단 소식에 <u>놀란</u> 가슴을 쓸어내렸다. / 갑자기 마당에서 불길이 치솟자 아녀자들이 <u>놀라</u> 뛰쳐나갔다. / 네가 우승했다는 소식을 듣고 <u>놀랐다</u>. // 이 마을이 이렇게 변하다니 <u>놀랍다</u>. / <u>놀라운</u> 발전을 이뤘구나. // 모퉁이에 숨어 있다가 와락 튀어나오며 친구들을 <u>놀래</u> 주었다.

놀라와 놀라워. ※ 'ㅂ불규칙용언'은 '곱다', '돕다'를 제외하고는 모두 '-워'로 활용한다.

놀랍다 활용 놀랍고. 놀라우면. 놀라운. 놀라워. 참조 놀라다.

놀래다 참조 놀라다. ¶놀래 주다.

놀래미 노래미.

놀래키다 놀래다. 참조 놀라다.

놀램 놀람. 참조 놀라다.

놀램교향곡(-交響曲) 놀람교향곡. 하이든의 교향곡 제94번 G장조. 참조 놀라다.

놀롤하다 놀놀하다.

놀으네 노네. ※ 어간이 'ㄹ' 받침으로 끝나는 용언의 어간에 붙는 어미는 '-네'이다. '-네'가 붙으면 'ㄹ'이 줄어든다.

놀으니 노니. ※ 어간이 'ㄹ' 받침으로 끝나는 용언의 어간에 붙는 어미는 '-니'이다. '-니'가 붙으면 'ㄹ'이 줄어든다.

놀으면 놀면. ※ 어간이 'ㄹ' 받침으로 끝나는 용언의 어간에 붙는 연결어미는 '-면'이다.

놀은 논. ※ 어간이 'ㄹ' 받침으로 끝나는 용언의 어간에 붙는 어미는 ‘-ㄴ’이다. ‘-ㄴ’이 붙으면 ‘ㄹ’이 줄어든다.

놀음 놂. ※ 어간이 ‘ㄹ’ 받침으로 끝나는 용언의 명사형 어미는 ‘-ㅁ’이다. 다만, ‘놀이’를 뜻하는 명사는 ‘놀음’이다. 참조 노름. ¶마음껏 놂. / 꼭두각시놀음.

놀읍니다 놉니다. ※ 어간이 ‘ㄹ’ 받침으로 끝나는 용언의 어간에 붙는 어미는 ‘-ㅂ니다’이다. ‘-ㅂ니다’가 붙으면 ‘ㄹ’이 줄어든다.

놀읍시다 놉시다. ※ 어간이 ‘ㄹ’ 받침으로 끝나는 동사의 어간에 붙는 어미는 ‘-ㅂ시다’이다. ‘-ㅂ시다’가 붙으면 ‘ㄹ’이 줄어든다.

놀이감 장난감.

놀이개 노리개.

놀이거리 놀잇거리. ※ [노리꺼리·노릳꺼리]로 소리 나므로 사이시옷을 받쳐 적는다.

놀이배 놀잇배. ※ [노리빼·노릳빼]로 소리 나므로 사이시옷을 받쳐 적는다.

놀잇감 장난감.

놈팽이 놈팡이.

놉니다 놓습니다. ※ 어간이 받침으로 끝나는 용언의 종결어미는 ‘-습니다’이다. 다만, ‘놀다’의 활용형은 ‘놉니다’이다.

놋갓쟁이 놋갓장이. 놋그릇을 만드는 일을 직업으로 삼는 사람. 참조 -장이.

놋주발(-周鉢) 주발. ※ ‘주발’이 ‘놋쇠로 만든 밥그릇’이므로 ‘놋주발’은 겹말이다.

농뗑이 농땡이.

농사길(農事-) 농삿길. ※ [농사낄·농삳낄]로 소리 나므로 사이시옷을 받쳐 적는다.

농사집(農事-) 농삿집. ※ [농사찝·농삳찝]으로 소리 나므로 사이시옷을 받쳐 적는다.

농삿일(農事-) 농사일.

농지꺼리(弄-) 농지거리. ※ 함부로 하는 장난이나 농담을 낮잡아 이르는 말.

농짓거리(弄-) 농지거리. 참조 농지꺼리.

농투산이(農-) 농투성이. ※ ‘농부’를 낮잡아 이르는 말.

높디 높다 높디높다. ※ 한 낱말이므로 붙여 쓴다. 참조 -디.

높따랗다 높다랗다. 활용 높다랗고. 높다라니. 높다라면. 높다래.

높읍니다 높습니다. ※ 어간이 받침으로 끝나는 용언의 종결어미는 ‘-습니다’이다.

높여 높여. 참조 높이다.

높히 높이.

높히다 높이다. 활용 높이고. 높이면. 높이어(높여). 높이지.

놓다 ※ 활용형 ‘놓아’, ‘놓아라’, ‘놓았다’는 ‘놔’, ‘놔라’, ‘놨다’로 줄여 쓸 수 있다. 그러나 ‘놓은’, ‘놓음’은 ‘논’, ‘놈’으로 줄일 수 없다.

놓아 두다 놓아두다. ※ 한 낱말이므로 붙여 쓴다.

놓아주다 ※ ‘**놓아주다**’는 ‘억압 상태에서 자유로운 상태가 되게 해 주다’의 뜻이며 ‘**놓아 주다**’는 ‘놓다’와 보조동사 ‘주다’가 결합한 형태이다. ¶제갈량이 맹획을 일곱 번 사로잡았다가 일곱 번 놓아준 것을 칠종칠금(七縱七擒)이라고 한다.∥이제 손 좀 그만 놓아 주게.

놓읍니다 놓습니다. ※ 어간이 받침으로 끝나는 용언의 종결어미는 ‘-습니다’이다.

놓지지 않다 놓치지 않다.

놓치 않다 놓지 않다.

놔 ‘놓아’의 준말. 참조 놓다.

놔 두다 놔두다. ※ 한 낱말이므

로 붙여 쓴다. 참조 놓다.

놔라 ‘놓아라’의 준말. 참조 놓다.

놨다 ‘놓았다’의 준말. 참조 놓다.

뇌깔이다 뇌까리다.

뇌살(惱殺) 뇌쇄. ※ ‘殺’는 ‘빠를 쇄’.

뇌이다 뇌다. 활용 뇌고. 뇌니. 뇌면. 뇌어. 뇌지.

뇌익혈 뇌일혈(腦溢血). ※ ‘溢’은 ‘넘칠 일’.

뇌졸증 뇌졸중(腦卒中). 뇌중풍(腦中風, 대한의사협회 권장용어). 뇌에 혈액 공급이 제대로 되지 않아 손발의 마비, 언어 장애, 호흡 곤란 따위를 일으키는 증상. ※ ‘증상’, ‘증세’에 이끌려 ‘뇌졸증’으로 써서는 안 된다.

누굴누굴하다 누글누글하다.

누누히(屢屢-·累累-) 누누이.

누데기 누더기.

누래지다 누레지다. 노래지다.

누럽니다 누렇습니다. ※ 어간이 받침으로 끝나는 용언의 종결어미는 ‘-습니다’이다.

누룽밥 누룽지.

누룽지 ※ ‘**누룽지**’는 솥바닥에 눌어붙은 밥이며 ‘**눌은밥**’은 솥바닥에 눌어붙은 밥을 물에 붓려 끓은 밥이다. ¶<u>누룽지</u>를 푹 끓여 만든 눌은밥.

누르끼리하다　누리끼리하다.

누르스럼하다　누르스름하다.

누른밥　눌은밥. 참조 누룽지.

-누만　-누먼. ¶벌써 동이 트 <u>누먼</u>.

누에자리　누엣자리. ※ [누에짜 리·누엔짜리]로 소리 나므로 사 이시옷을 받쳐 적는다.

누엇누엇　뉘엇뉘엇.

누와르　누아르(noir). ※ 프랑스 어의 '오'는 '우아'로 적는다.

누으세요　누우세요.

누진률(累進率)　누진율. 참조 -률.

눅히다　눅이다. ¶딱딱해진 떡 을 프라이팬에 넣고 <u>눅였다</u>. / 노 여움을 <u>눅이고</u> 용서했다.

눈갈　눈깔.

눈까풀　= 눈꺼풀. ※ 복수표준 어.

눈꼬리　눈초리. ※ 다만, 눈의 생 긴 모습을 표현할 때는 '눈꼬리' 도 표준어이다. ¶<u>눈초리</u>가 매 섭다. / <u>눈꼬리</u>가 올라갔다.

눈꼴 사납다　눈꼴사납다. ※ 한 낱말이므로 붙여 쓴다. ¶하는 짓이 <u>눈꼴사나워</u> 못 봐 주겠다.

눈꼴 시다　눈꼴시다. ※ 한 낱말 이므로 붙여 쓴다. ¶거들먹거리 는 꼴이 <u>눈꼴시어서</u> 못 보겠다.

눈꼽　눈곱.

눈두덕　눈두덩.

눈두덩이　눈두덩.

눈멀은　눈먼. ※ 어간이 'ㄹ' 받 침으로 끝나는 용언에 관형사형 어미 '-은'이 붙으면 'ㄹ'이 줄어 든다.

눈부시는　눈부신. ※ '눈부시다' 는 형용사이므로 활용형은 '눈 부신'이다.

눈빨　눈발.

눈설미　눈썰미.

눈섭　눈썹.

눈섶　눈썹.

눈시위　눈시울.

눈쌀　눈살. 눈 사이에 생기는 주 름. ¶<u>눈살</u>을 찌푸리다.

눈에가시　눈엣가시.

눈 여겨 보다　눈여겨보다. ※ 한 낱말이므로 붙여 쓴다.

눈요기감(-療飢-)　눈요깃감. ※ [눈뇨기깜·눈뇨긷깜]으로 소리 나므로 사이시옷을 받쳐 적는다.

눈요기거리(-療飢-)　눈요깃거 리. ※ [눈뇨기꺼리·눈뇨긷꺼리]로 소리 나므로 사이시옷을 받쳐 적는다.

눈의 가시 눈엣가시.

눈치것 눈치껏. ※ '그것이 닿는 데까지'의 뜻을 더하고 부사로 만드는 접사는 '−껏'이다.

눈치밥 눈칫밥. ※ [눈치빱·눈 칟빱]으로 소리 나므로 사이시 옷을 받쳐 적는다.

눈코뜰새없다 눈코 뜰 새 없다. ※ 한 낱말이 아니므로 띄어 쓴 다.

눈탱이 눈퉁이.

눌다 눋다. 누런빛이 나도록 조 금 타다. 활용 눋고. 눋기. 눋는. 눌어. 눌으니. 눌은. ※ '눋다'의 활용형을 '눌고', '눌기'처럼 쓰지 않도록 주의해야 한다. ¶밥이 눋기 전에 불을 낮춰야 한다. / 다 리미가 너무 뜨거워 셔츠가 눌 어 버렸다.

눌러붙다 눌어붙다. 참조 눋다.

눌르다 누르다. 활용 누르고. 누 르면. 누르니. 눌러. ¶너무 세 게 누르지 마라. / 힘껏 눌러라.

눌어 붙다 눌어붙다. ※ 한 낱말 이므로 붙여 쓴다. 참조 눋다.

눌은밥 참조 누룽지.

눕어 누워. ¶앉아서 졸지 말고 편히 누워 자라.

눙눅하다 눅눅하다.

뉘른베르그(Nürnberg) 뉘른베르 크. 독일 바이에른 주의 도시. ※ 독일어의 '−berg'는 '베르크'로 적는다.

뉘엇뉘엇 뉘엿뉘엿.

뉘여 누이어. 누여. 뉘어. ※ '뉘 다'는 '누이다'의 준말.

뉴앙스(nuance) 뉘앙스. 어감. 느 낌. 말맛. ※ 프랑스 어의 [y]는 '위'로 적는다.

뉴올리언즈(New Orleans) 뉴올리 언스. 미국 루이지애나 주의 항 구 도시.

뉴타운(new town) 말터 새누리촌 (−村).

뉴튼(Newton) 뉴턴. ¶아이작 뉴 턴(영국의 물리학자).

느닫없이 느닷없이.

−느라고 참조 −노라고.

−느라니 −노라니. ¶혼자 사노 라니 외롭다.

−느라면 −노라면. ¶열심히 사 노라면 좋은 날도 오겠지.

느룹나무 느릅나무.

느즈막하다 느지막하다.

느지막히　느지막이.

늑수그레하다　늙수그레하다.

늑장　=늦장. ※ 복수표준어.

-는구료　-는구려. ¶어린 아이가 참 잘 먹는구려.

-는구만　-는구먼. ¶날씨가 푹푹 찌는구먼.

-는다냐　-는다느냐. ※ ‘-는다고 하느냐’가 줄어든 말. 받침 없는 동사 어간, ‘ㄹ’ 받침인 동사 어간 또는 어미 ‘-으시-’ 뒤에서는 ‘-ㄴ다느냐’가 된다. ¶밥을 먹는다느냐?/언제 온다느냐?

-는댄다　-는단다. 참조 -댄다.

-는 지　-는지. 참조 -ㄹ 지. 지.

는 커녕　는커녕. ※ 하나의 조사이므로 붙여 쓴다. ¶쇠고기는커녕 돼지고기도 못 먹는다.

늘구다　늘리다. 늘이다. 참조 늘리다.

늘리다　※ ‘늘리다’는 ‘늘다’의 사동사로서 크게 하거나 많게 하는 것이며, ‘늘이다’는 본디보다 길게 하는 것, 아래로 길게 처지게 하는 것이다. ¶살림을 늘리다./수를 늘리다./파병 기간을 늘리다.//고무줄을 늘이다./주렴을 늘이다.

늘상　늘.

늘어놉니다　늘어놓습니다. ※ 어간이 받침으로 끝나는 용언의 종결어미는 ‘-습니다’이다.

늘어 놓다　늘어놓다. ※ 한 낱말이므로 붙여 쓴다.

늘어 서다　늘어서다. ※ 한 낱말이므로 붙여 쓴다.

늘으네　느네. ※ 어간이 ‘ㄹ’ 받침으로 끝나는 용언의 어간에 붙는 어미는 ‘-네’이다. ‘-네’가 붙으면 ‘ㄹ’이 줄어든다.

늘으니　느니. ※ 어간이 ‘ㄹ’ 받침으로 끝나는 용언의 어간에 붙는 어미는 ‘-니’이다. ‘-니’가 붙으면 ‘ㄹ’이 줄어든다.

늘으면　늘면. ※ 어간이 ‘ㄹ’ 받침으로 끝나는 용언의 어간에 붙는 연결어미는 ‘-면’이다.

늘은　는. ※ 어간이 ‘ㄹ’ 받침으로 끝나는 용언의 어간에 붙는 어미는 ‘-ㄴ’이다. ‘-ㄴ’이 붙으면 ‘ㄹ’이 줄어든다.

늘음　늚. ※ 어간이 ‘ㄹ’ 받침으로 끝나는 용언의 명사형 어미는 ‘-ㅁ’이다. ¶수입이 늚.

늘읍니다　늡니다. ※ 어간이 ‘ㄹ’

받침으로 끝나는 용언의 어간에 붙는 어미는 '-ㅂ니다'이다. '-ㅂ니다'가 붙으면 'ㄹ'이 줄어든다.

늘이다 참조 늘리다.

늘쿠다 늘리다. 늘이다. 참조 늘리다.

늙그막 늘그막.

늙수구레하다 늙수그레하다.

늙으막 늘그막.

늙은 것 늙은것. ※ '늙은이'를 낮잡아 이르거나, 늙은 사람이 자신을 낮추어 이르는 말일 때는 한 낱말이므로 붙여 쓴다. ¶이 늙은것이 죽지도 않고 이 험한 꼴을 보다니.

능늠하다(凜凜-) 늠름하다.

-능(陵) ※ 고유어 다음에서는 '-능'으로, 한자어 다음에서는 '-릉'으로 적는다. ¶아기능.// 가릉./단군릉./동구릉./서오릉. /정릉./태릉.

능글스런 능글스러운. 참조 -스런.

능력껏(能力-) 능력껏. ※ '그것이 닿는 데까지'의 뜻을 더하고 부사로 만드는 접사는 '-껏'이다.

능율(能率) 능률. 참조 -률.

능이국(能栮-) 능잇국. ※ [능이꾹·능읻꾹]으로 소리 나므로 사이시옷을 받쳐 적는다.

능청스런 능청스러운. 참조 -스런.

능행(陵行) 능행(陵幸). ※ 임금의 나들이를 뜻할 때는 '幸'을 쓴다.

늦깎기 늦깎이. ※ '나이가 많이 들어서 승려가 된 사람'을 이르는 말. 여기에서 '나이가 많이 들어서 어떤 일을 시작한 사람', '남보다 늦게 사리를 깨치는 일, 또는 그런 사람'을 뜻하게 되었다. ¶늦깎이로 시작한 일이라 아직 손에 익지 않았다. /늦깎이 연기인.

늦 더위 늦더위. ※ 한 낱말이므로 붙여 쓴다.

늦동이 늦둥이.

늦으막하다 느지막하다.

늦장 =늑장. ※ 복수표준어.

늦 장가 늦장가. ※ 한 낱말이므로 붙여 쓴다.

늬나노 니나노. ¶니나놋집.

니 너. ※ '니'는 '너'의 잘못이며 '너'에 주격조사 '가'나 보격조사 '가'가 붙으면 '네가'가 된다. 목적격조사 ‘를’이 붙으면 ‘너를’이 된다. ¶네가 날 찾았니?/나를 보자고 한 게 네가 맞느냐?/개는 너를 좋아하더구나.

니가 네가. 참조 니.

–니깐은 –니까는. ※ ‘이다’의 어간, 받침 없는 용언의 어간, ‘ㄹ’ 받침인 용언의 어간 또는 어미 ‘–으시–’, ‘–오–’, ‘–더–’ 뒤에 붙어 ‘–니까’를 강조하는 말이다. ‘–니까’에 보조사 ‘–는’이 붙은 말이다. 받침 있는 용언의 어간 뒤에서는 ‘–으니까는’이 된다. 준말은 ‘–니깐’, ‘–으니깐’이다. ¶까다롭게 구니까는 친구들이 싫어하지. / 그렇게 많이 먹으니까는 살이 찌지. / 잘못을 하니깐 야단을 맞지.

니꾸사꾸(←リックサック·Rücksack) 배낭(背囊).

니끼하다 느끼하다.

니나노집 니나놋집. ※〔니나노찝·니나논찝〕으로 소리 나므로 사이시옷을 받쳐 적는다.

니를 너를. 참조 니.

니카라구아(Nicaragua) 니카라과. 중앙아메리카에 있는 나라. 수도는 마나과(Managua).

니코친(nicotine) 니코틴.

닌진(人蔘·にんじん) 당근.

닐리리 늴리리.

닐리리야 늴리리야.

님[1] ‘임’의 옛말. ※ 현대어에서는 두음법칙에 따라 ‘임’이라고 쓴다. ¶임의 침묵.

님[2] 사람의 이름이나 성 다음에서 ‘씨’보다 높여 부르는 말. ※ 의존명사이므로 띄어 쓴다. 참조 –님[3]. ¶홍길동 님 / 길동 님 / 홍 님.

–님[3] ‘높임’의 뜻을 나타내는 접미사. ※ 접미사이므로 붙여 쓴다. ¶선생님. 사장님. 총장님. 따님. 해님. 참조 님[2].

닛빠 니퍼(nipper).

닝큼 닁큼.

다가 서다 다가서다. ※ 한 낱말 이므로 붙여 쓴다.

다구치다 다그치다.

다까마쓰(高松) 다카마쓰. 일본 가가와(香川) 현의 현청 소재지. ※ 일본어 표기에서 ‘ㅆ’ 외에는 된소리를 쓰지 않는다.

다꾸앙(澤庵·たくあん) 단무지.

다녀 가다 다녀가다. ※ 한 낱말 이므로 붙여 쓴다.

다녀 오다 다녀오다. ※ 한 낱말 이므로 붙여 쓴다.

다다미(疊·たたみ) 왜돗자리.

다닫다 다다르다. 활용 다다르 고. 다다라. 다다른. 다다르니.

다달아 다다라. ※ ‘다달아’의 기 본형인 ‘다닫다’는 ‘다다르다’의 잘못. 참조 다닫다.

다달은 다다른. 참조 다달아.

다달히 다달이. ¶다달이 부은 적 금이 제법 큰돈이 됐다.

다대기(←たたき) 다진 양념. 다짐.

다데(縱·たて) 세로.

다데간판(立て看板) 입간판.

다데기(←たたき) 다진 양념. 다 짐. 참조 다대기.

다되다 ※ ‘**다되다**’는 완전히 그 르친 상태에 있음을, ‘**다 되다**’는 한도에 이르렀음을 나타낸다. ¶ 다된 집안.// 밥이 다 됐다.

다 되다 참조 다되다.

다둑거리다 다독거리다.

다드미 다듬이.

다드미질 다듬이질.

다듬이돌 다듬잇돌. ※ [다드미 똘·다드믿똘]로 소리 나므로 사 이시옷을 받쳐 적는다.

다듬이방망이 다듬잇방망이. ※ [다드미빵망이·다드믿빵망이] 로 소리 나므로 사이시옷을 받 쳐 적는다.

다디 달다 다디달다. ※ 형용사 어간을 반복하여 그 뜻을 강조 하는 연결어미 ‘-디’는 ‘-디-

은’의 구성으로 쓰이므로 붙여 쓴다. 어원에서 멀어진 형태로 굳어져서 널리 쓰이는 것은 그것을 표준어로 삼는다는 규정에 따라 ‘달디달다’는 버리고 ‘다디달다’를 표준어로 삼는다. 활용 다디단. 다디다니. 다디다오. 다디달아.

다라끼 다래끼.

다라이(盥·たらい) (큰) 대야. 함지(박).

다락 같다 다락같다. ※ 한 낱말이므로 붙여 쓴다. ¶며칠 새 물가가 <u>다락같이</u> 뛰었다.

다락논 다랑논. 다랑이.

다람지 다람쥐.

다랑이논 다랑논. 다랑이.

다랭이논 다랑논. 다랑이.

다르다 ※ ‘**다르다**’는 ‘비교가 되는 두 대상이 서로 같지 아니하다, 보통의 것보다 두드러진 데가 있다’의 뜻을 나타내며, ‘**틀리다**’는 ‘셈이나 사실 따위가 그르게 되거나 어긋나다, 바라거나 하려는 일이 순조롭게 되지 못하다’의 뜻을 나타낸다. ¶생김새가 <u>다르다</u>. / 전문가라 역시 <u>다르다</u>. // 계산이 <u>틀렸다</u>. / 행동거지가 <u>틀려먹었다</u>. / 돈 벌기는 다 <u>틀렸다</u>.

다른 대안(–代案) 대안. 다른 방안(–方案). ※ ‘대안’이 ‘어떤 안을 대신하는 안’으로 이미 ‘다름’의 뜻을 포함하므로 ‘다른 대안’은 겹말이다.

다름 아니다 (~와) 다름없다. (~나) 다름없다. (~와) 마찬가지다. ※ 흔히 ‘~에 다름 아니다’처럼 쓰는데 이는 일본어투이다. ¶그들이 이번 사건을 일으킨 것은 우리에게 도전한 <u>것과</u> <u>다름없다</u>. / 우리가 이긴 <u>것이나</u> <u>다름없다</u>.

다름 없다 다름없다. ※ 한 낱말이므로 붙여 쓴다.

다리다 ※ ‘**다리다**’는 옷이나 천을 다리미나 인두로 문지르는 것이며, ‘**달이다**’는 액체를 끓여 진하게 만들거나 약제 따위에 물을 붓고 우러나오도록 끓이는 것이다. ¶옷을 <u>다리다</u>. // 한약을 <u>달이다</u>. / 간장을 <u>달이다</u>.

다리몽댕이 다리몽둥이.

다리짓 다릿짓. 다리를 움직이는 짓. ※ [다리찓·다릳찓]으로 소리 나므로 사이시옷을 받쳐 적는다.

다리힘   다릿심. 다리의 힘.

다림이   다리미.

다마(珠/球/玉·たま)   구슬. / 알. / 전구(電球). / 당구(撞球).

다마네기(玉葱·たまねぎ)   양파(洋 —).

−다 마다   −다마다. ※ 하나의 어미이므로 붙여 쓴다. ¶좋<u>다마다</u>. // 바쁘<u>다마다</u>.

다마스커스(Damascus)   다마스쿠스. 시리아의 수도.

−다만은   −다마는. ¶물건은 좋<u>다마는</u> 너무 비싸다.

다물으니   다무니. ※ 어간이 ‘ㄹ’ 받침으로 끝나는 용언의 어간에 붙는 어미는 ‘−니’이다. ‘−니’가 붙으면 ‘ㄹ’이 줄어든다.

다물으면   다물면. ※ 어간이 ‘ㄹ’ 받침으로 끝나는 용언의 어간에 붙는 연결어미는 ‘−면’이다.

다물은   다문. ※ 어간이 ‘ㄹ’ 받침으로 끝나는 용언의 어간에 붙는 어미는 ‘−ㄴ’이다. ‘−ㄴ’이 붙으면 ‘ㄹ’이 줄어든다.

다물음   다묾. ※ 어간이 ‘ㄹ’ 받침으로 끝나는 용언의 명사형 어미는 ‘−ㅁ’이다. ¶입을 <u>다묾</u>.

다뭄   다묾. 참조 다물음.

다박솔   다복솔. 가지가 탐스럽고 소복하게 많이 퍼진 어린 소나무.

다부룩하다   다보록하다. 더부룩하다.

다분이(多分−)   다분히.

다사로히   다사로이.

다소곤이   다소곳이.

다소곳히   다소곳이.

다스(← dozen)   열두 개. 타(打). ※ ‘다스’는 일본어투.

다시[1](出し·だし)   맛국물.

다시[2](dash)   대시.

다시마국   다시맛국. ※ [다시마꾹·다시만꾹]으로 소리 나므로 사이시옷을 받쳐 적는다.

다시마자반   부각.

다시물(出し−·だし−)   맛국물. 참조 다시.

다시 부활하다(−復活−)   부활하다. ※ ‘부활’이 ‘다시 살아남’을 뜻하므로 ‘다시 부활하다’는 겹말이다.

다시 없다   다시없다. ※ 한 낱말이므로 붙여 쓴다. ¶<u>다시없을</u> 좋은 기회. / <u>다시없는</u> 영광.

−다싶이   −다시피. ¶알<u>다시피</u>. / 그는 회사에서 살<u>다시피</u> 했다.

다알리아(dahlia) 달리아. 국화과의 여러해살이풀.

다운(down) ⇨ 먹통. ※ 전화나 인터넷 등이 제대로 작동하지 않는 것은 '먹통'으로 쓸 수 있다. '다운되다'는 '먹통이 되다'로 표현할 수 있다.

다운로드(download) ⇨ 내려받기. 참조 업로드.

다운받다(down -) ⇨ 내려받다.

다윈이즘(Darwinism) 다위니즘.

다음 가다 다음가다. ※ 한 낱말이므로 붙여 쓴다.

다음날 ※ '정하여지지 아니한 미래의 어떤 날'을 뜻할 때는 '다음날'처럼 붙여 쓰고, '이튿날'을 나타낼 때는 '다음 날'처럼 띄어 쓴다. ¶다음날 만나거든 한잔 하세.∥설 연휴 다음 날이 또 휴일이어서 닷새를 쉬게 되었다.

다음 날 이튿날. 참조 다음날.

다음달 다음 달. ※ 한 낱말이 아니므로 띄어 쓴다.

다음 번 다음번. ※ 한 낱말이므로 붙여 쓴다.

다이[1](だい) 대(臺). 받침(대). ¶당구대. / 탁구대.

다이[2](DIY ← Do It Yourself) 말터 손수짜기.

다이나믹(dynamic) 다이내믹.

다이아그램(diagram) 다이어그램.

다이알(dial) 다이얼.

다정스런(多情 -) 다정스러운. 참조 -스런.

다채로와(多彩 -) 다채로워. ※ 'ㅂ불규칙용언'은 '곱다', '돕다'를 제외하고는 모두 '-워'로 활용한다.

다채로히(多彩 -) 다채로이.

다큐멘타리(documentary) 다큐멘터리.

다크서클(dark circle) 말터 눈그늘.

다크 투어리즘(dark tourism) 말터 역사교훈여행.

다하다 ※ '다하다'는 끝나거나 남아 있지 아니한 것을 나타내며, '다 하다'는 놀람, 감탄, 비꼼을 나타내는 말이다. ¶기력이 다하다. / 정성을 다하다. / 최선을 다하다. ∥별소리를 다 하는군.

다 하다 참조 다하다.

다함께 다 함께. ※ 한 낱말이 아니므로 띄어 쓴다.

다행스런(多幸 -) 다행스러운. 참조 -스런.

다행이(多幸 -) 다행히.

닥다　닦다.

닥달　닦달.

닥상이다(←澤山－·たくさん－)　충분하다. 넉넉하다. 제격이다.

닥쳐 오다　닥쳐오다. ※ 한 낱말이므로 붙여 쓴다.

단간(單間)　단칸. ¶단칸방./단칸살림./단칸살이./단칸집./단칸짜리.

단고(떡)(團子·だんご)　경단(瓊團).

단군능(檀君陵)　단군릉. 참조 －능.

단금질　담금질.

단꺼번에　한꺼번에.

단단이　단단히.

단도리(段取り·だんどり)　채비. 단속.

단도직접　단도직입(單刀直入). ¶긴말할 것 없이 단도직입으로 묻겠다.

단 둘　단둘. ※ 한 낱말이므로 붙여 쓴다. ¶단둘이 오붓하게 산다./단둘이 살기엔 집이 너무 크다.

단디　단단히. ¶단단히 일러 두어라.

단 맛　단맛. ※ 한 낱말이므로 붙여 쓴다.

단발마　단말마(斷末魔). 숨이 끊어질 때의 모진 고통. ¶단말마의 비명을 지르다.

단순이(單純－)　단순히.

단순화시키다(單純－)　단순화하다. ※ 사동의 뜻이 없으면 '－시키다'로 쓰지 않는다. 참조 －시키다. ¶복잡한 허가 과정을 단순화해 능률을 올렸다.

단스(簞笥·たんす)　장롱(欌籠). 옷장(－欌).

단언코　단연코(斷然－).

단오날(端午－)　단옷날. ※ [다논날]로 'ㄴ' 앞에서 'ㄴ' 소리가 덧나므로 사이시옷을 받쳐 적는다.

단위　※ 도량형은 미터법으로 표기한다. 다만, '백척간두', '삼척동자', '오리무중', '세 치 혀'처럼 속담 격언 등 관습적으로 굳어진 때에는 척관법(尺貫法) 등을 쓸 수 있다. 같은 단위계의 단위는 한 가지로만 적는 것이 바람직하다. 예를 들어 하나의 글에서 '10km'와 '500m'가 동시에 나오면 '10km, 0.5km'로 단위를 통일하는 것이 좋다. 물론 강조하고자 하는 바에 따라 '1만 m, 500m'처럼 쓸 수 있다. 이는 '달러－센트', 'kg－g' 같은 모든 단위계에 적용된다.

단임선생님 담임선생님(擔任先生-). ※ '담임'은 [다님]이 아니라 [다밈]으로 소리 난다.

단정이(端正-) 단정히.

단조로와(單調-) 단조로워. ※ 'ㅂ불규칙용언'은 '곱다', '돕다'를 제외하고는 모두 '-워'로 활용한다.

단조로히(單調-) 단조로이.

단청쟁이(丹靑-) 단청장이. 참조 -장이.

단촐하다 단출하다. ¶살림이 <u>단출하다</u>./<u>단출한</u> 차림으로 나섰다.

단추구멍 단춧구멍. ※[단추꾸멍·단춘꾸멍]으로 소리 나므로 사이시옷을 받쳐 적는다.

단호이(斷乎-) 단호히.

달걀마끼(-卷き·-まき) 달걀말이. 계란말이(鷄卵-).

달겨들다 달려들다.

달달이 다달이.

달달하다 달콤하다.

달디달다 다디달다. 참조 다디달다.

달라(dollar) 달러.

달라들다 달려들다.

달라 붙다 달라붙다. ※ 한 낱말이므로 붙여 쓴다.

달러지다 달라지다.

달려 들다 달려들다. ※ 한 낱말이므로 붙여 쓴다.

달려붙다 달라붙다.

달르다 다르다. 활용 다르고. 다르니. 다르오. 달라.

달리다 ※ '달리다'는 '재물이나 기술, 힘 따위가 모자라다'의 뜻을 나타내며, '**딸리다**'는 '어떤 것이 붙어 있거나 매여 있다'의 뜻을 나타낸다. '딸리다'는 '따르다'의 사동사이기도 하다. ¶실력이 <u>달려</u> 도저히 이길 수 없다.// 그 집에는 멋진 정원이 <u>딸려</u> 있다./아이가 셋 <u>딸린</u> 가장./아버지에게 아이를 <u>딸려</u> 보냈다.

달마시안(Dalmatian) 달마티안. 개의 한 품종.

달삭거리다 달싹거리다.

달삭달삭 달싹달싹.

달으네 다네. ※ 어간이 'ㄹ' 받침으로 끝나는 용언의 어간에 붙는 어미는 '-네'이다. '-네'가 붙으면 'ㄹ'이 줄어든다.

달으니 다니. ※ 어간이 'ㄹ' 받침으로 끝나는 용언의 어간에 붙는 어미는 '-니'이다. '-니'가 붙으면 'ㄹ'이 줄어든다.

달으면 달면. ※ 어간이 'ㄹ' 받침으로 끝나는 용언의 어간에 붙는 연결어미는 '-면'이다.

달은 단. ※ 어간이 'ㄹ' 받침으로 끝나는 용언의 어간에 붙는 어미는 '-ㄴ'이다. '-ㄴ'이 붙으면 'ㄹ'이 줄어든다.

달음 닮. ※ 어간이 'ㄹ' 받침으로 끝나는 용언의 명사형 어미는 '-ㅁ'이다. ¶방울을 닮.

달읍니다 답니다. ※ 어간이 'ㄹ' 받침으로 끝나는 용언의 어간에 붙는 어미는 '-ㅂ니다'이다. '-ㅂ니다'가 붙으면 'ㄹ'이 줄어든다.

달읍시다 답시다. ※ 어간이 'ㄹ' 받침으로 끝나는 동사의 어간에 붙는 어미는 '-ㅂ시다'이다. '-ㅂ시다'가 붙으면 'ㄹ'이 줄어든다.

달이다 참조 다리다.

달작지근하다 달짝지근하다.

달큰하다 달큼하다. ¶콩 맛이 구수하고 달큼하다.

닭계장 닭개장. 닭고기로 육개장처럼 끓인 음식.

닭도리탕(-鳥湯-·-とり-) 닭볶음탕.

닭똥집 (닭) 모래주머니.

닭 벼슬 닭 볏.

닭알 달걀.

닭울녘 닭구리. 이른 새벽의 닭이 울 때.

닭의장 =닭장. ※ 복수표준어.

담구다 담그다. ※ 액체 속에 사물을 넣거나 김치, 장, 젓갈, 술 등을 만드는 것은 '**담그다**'이다. 또 '**담다**'는 물건을 그릇 따위에 넣는 것을 뜻한다. 따라서 '김치를 담았다'는 배추와 양념을 버무려서 김치를 만드는 것이 아니라 김치를 그릇에 넣는 것을 뜻하는 말이다. 어간의 끝소리가 'ㅡ'인 낱말은 어미 '-아(어)'가 붙으면 'ㅡ'가 탈락한다. 활용 담그느라. 담그니. 담그면. 담가. 담근. ¶겨우내 먹을 김장을 담갔다./예전에는 마을 여인들이 모여 김장을 담근 뒤 각자 한 그릇 가득 겉절이를 담아 가곤 했다.

담궈 담근. 참조 담구다.

담궈 담가. 참조 담구다.

담뇨 담요(毯-).

담담이(淡淡-) 담담히.

담록색(淡綠色) 담녹색. ※ 접두어처럼 쓰이는 한자 다음의 첫 음절은 두음법칙에 따라 적는다.

담박에　단박에.

담배가게　담뱃가게.　※〔담ː배까게·담ː뺀까게〕로 소리 나므로 사이시옷을 받쳐 적는다.

담배갑(－匣)　담뱃갑.　※〔담ː배깝·담ː뺀깝〕으로 소리 나므로 사이시옷을 받쳐 적는다.

담배값　담뱃값.　※〔담ː배깝·담ː뺀깝〕으로 소리 나므로 사이시옷을 받쳐 적는다.

담배곽　담뱃갑(－匣).

담배꽁추　담배꽁초.

담배불　담뱃불.　※〔담ː배뿔·담ː뺀뿔〕로 소리 나므로 사이시옷을 받쳐 적는다.

담배잎　담뱃잎.　※〔담ː밴닙〕으로 'ㄴ' 소리가 덧나므로 사이시옷을 받쳐 적는다.

담배(를) 피다　담배(를) 피우다.　참조 피다.

담백질　단백질(蛋白質).

담뱃곽　담뱃갑(－匣).

담벽　담벼락.

담북　담뿍.　¶사랑이 담뿍 담긴 선물./겨우 이틀 만에 정이 담뿍 들어 헤어지려니 발걸음이 무겁다.

담장이　담쟁이.

담쟁이덩쿨　담쟁이덩굴. 담쟁이넝쿨.

담합(談合)　짬짜미. 서로 의논하여 합의함.　※'담합'은 일본어투.

답답치　답답지.　※'하다'로 끝나는 용언 가운데 '하' 앞의 음절이 'ㄱ, ㅂ, ㅅ' 받침으로 끝나는 낱말의 준말은 '하'가 아주 줄어든다. 즉, '간단하지'의 준말은 '하'의 'ㅏ'만 줄어들어 '간단치'가 되지만, '답답하지'의 준말은 '하'가 모두 줄어들어 '답답지'가 된다. ¶집에만 박혀 있으면 답답지 않니?

답(을) 맞추다(答－)　※'답을 맞추다'는 정답과, 또는 둘 이상이 서로의 답과 비교하는 것이며, **'답을 맞히다'**는 정답을 고르는 것이다. 참조 맞추다. ¶시험이 끝나자 아이들이 삼삼오오 모여 서로 답을 맞춰 보느라 분주했다.//스물다섯 문제 가운데 스물세 문제의 답을 맞혔다.

답(을) 맞히다(答－)　참조 답(을) 맞추다. 맞추다.

답사길(踏査－)　답삿길.　※〔답싸낄·답쌴낄〕로 소리 나므로 사이시옷을 받쳐 적는다.

답신(答申)　대답(對答).　※'답신'

은 일본어투. 다만, '회답으로 통신이나 서신을 보냄, 또는 그 통신이나 서신'의 뜻으로 쓰이는 '답신(答信)'은 바른 말이다.

닷새　※ '**닷새**'는 '다섯 날, 초닷새의 준말'을 나타내며, '**댓새**'는 '닷새가량'을 나타낸다. ¶5일장은 닷새에 한 번씩 열리는 장을 말한다. / 유월 닷새까지는 오너라. // 이번 출장은 댓새는 걸린다.

닷새날　닷샛날.　※ [닫쌘날]로 'ㄴ' 앞에서 'ㄴ' 소리가 덧나므로 사이시옷을 받쳐 적는다.

닷줄　닻줄.

닷지(dodge)　도지.

닷집　닫집. 궁전의 옥좌나 사찰의 불좌 위에 달아 놓은 집 모형.

-당(-當)　=마다.　※ 수 또는 단위를 나타내는 명사 뒤에 붙어 '하나하나에 대해 얼마'임을 보이는 말이다. 단위를 나타내는 명사의 수효가 하나일 때에는 수관형사 '한'이나 '1' 따위는 생략한다. 앞말과 붙여 쓴다. ¶마리당 5000원. / 세 개당 1만 원. / 시간당 3km. / kg당 300원.

당고(떡)(團子·だんご)　경단(瓊團).

당기다　※ '**당기다**'는 '마음이 끌리다', '입맛이 돌다', '물건을 가까이 오게 하다', '정해진 시한이나 기간을 가까이로 옮기거나 줄이다'의 뜻이다. '**댕기다**'는 '불이 옮아 붙다', '옮겨 붙이다'의 뜻을, '**땅기다**'는 '켕기어지다'의 뜻을 나타낸다. '당기다'나 '댕기다'를 '다니다'의 뜻으로 써서는 안 된다. '**땡기다**'는 비표준어이다. ¶호기심이 당긴다. / 음식 냄새를 맡으니 입맛이 당긴다. / 바싹 당겨 앉아라. / 마감을 당기자. // 담뱃불을 댕겼다. / 도화선에 불을 댕겨라. // 세수를 하고 나니 얼굴이 땅긴다.

당까(擔架·たんか)　들것.

당당이(堂堂-)　당당히.

당료병　당뇨병(糖尿病).

당연이(當然-)　당연히.

당요병(糖尿病)　당뇨병.

당체　당최. 도무지.　※ '당최'는 '당초에(當初-)'가 줄어든 말. ¶무슨 말인지 당최 알 수 없다.

-당하다(當-)　※ '-당하다'는 행위를 나타내는 일부 명사 뒤에 붙어 피동의 뜻을 더하는 접미사이므로 앞말과 붙여 쓴다. ¶거절당하다. / 무시당하다. / 이

용<u>당하다</u>. / 체포<u>당하다</u>. / 혹사<u>당</u>
<u>하다</u>.

당해년도(當該年度)　당해연도. ※
합성어에서　뒷말의　첫　음절은
두음법칙에 따라 적는다.

당혹(當惑)　당황(唐慌·唐惶).　　※
'당혹'은 일본어투.

당황스런(唐慌−·唐惶−)　당황스
러운. 참조 −스런.

닻　🔍 3)

−대　※ '−대'는 남이 경험한 사
실을 간접으로 전하는 '−다고
해'가 줄어든 말, 또는 놀라거나
못마땅한 뜻을 나타내는 의문형
종결어미로 쓰인다. '−데'는 직
접 경험한 사실을 나중에 전할
때 쓰이는 말로 '−더라'와 같은
뜻이다. '일이 어렵데'는 말하는
이가 직접 경험한 사실을 말하
는 것이며, '일이 어렵대'는 다른
사람이 경험한 것을 말하는 이
가 다시 전하는 것이다. 또 '일이
어렵대?'는 제삼자의 경험을 전
한 상대방에게 놀랍다거나, 못
마땅함을 표현하는 것이다. ¶
물건이 아주 튼실하대? / 형이 내

🔍 3) **닻**　어떤 작업을 하기 위해 배를 한곳에 고정하는 구실을 하는 갈고리. 줄로 매어 물밑 바닥에 가라앉혀 배가 물의 흐름에 따라 움직이지 않도록 한다. 배를 고정하기 위해 가라앉힌 닻을 다시 배 위로 끌어올리는 것은 작업이 끝났음을 뜻한다. ※ 표준국어대사전 등 일부 사전에서 **'닻을 올리다'**는 '새로운 일을 시작하다'의 뜻으로, **'닻을 감다'**는 '하던 일을 걷어치우고 단념하다'의 뜻으로 풀이한바, 이는 같은 동작을 서로 다른 뜻이라고 풀이한 셈이다. 닻은 감아서 올리고, 풀거나 주어서 내린다. 닻을 풀거나 주어서, 즉 닻을 내려서 배를 고정하는 것은 어떤 일을 시작한다는 뜻이 된다. 반면 닻을 올리거나 감는 것은 한곳에서 작업을 끝내고 다른 곳으로 이동하기 위한 것이다. 이때 '이동'에만 초점을 맞춰 '시작'을 뜻한다고 풀이하는 것은 문제가 있다. '닻을 올리다'는 '닻을 감다'와 마찬가지로 '하던 일을 끝마치거나 단념하다'의 뜻으로 써야 마땅하다. '시작'을 뜻하는 관용 표현으로는 **'돛을 올리다'**가 있다.

일 돌아온<u>대</u>요. // 그 사람 일을 아주 잘하<u>데</u>.

대가집(大家-) 대갓집. ※ [대: 가찝·대: 갇찝]으로 소리 나므로 사이시옷을 받쳐 적는다.

대견스런 대견스러운. 참조 -스런.

대결(對決) 겨루기. 맞서기. ※ '대결'은 일본어투.

대구국 대굿국(大口-). ※ [대구꾹·대굳꾹]으로 소리 나므로 사이시옷을 받쳐 적는다.

대귀(對句) 대구. ※ '句'는 '글귀', '귀글'을 제외하고는 모두 '구'로 읽는다.

대금(代金) 값. / 돈. ※ '대금'은 일본어투.

대금업(貸金業) 돈놀이. ※ '대금업'은 일본어투.

대노(大怒) 대로. ※ '怒'의 음은 본디 '노'이지만 속음 '로'로 소리 나는 때에는 속음으로 적는다. '대로', '희로애락(喜怒哀樂)'은 각각 속음으로 나는 예이다.

대다수(大多數) 대부분(大部分). ※ '대다수'는 일본어투.

대단스런 대단스러운. 참조 -스런.

대단원의 막을 올리다(大團圓- 幕 -) 막을 올리다. / 대단원의 막을 내리다. ※ '대단원'은 '맨 끝' 또는 '연극, 소설 따위에서 모든 사건을 해결하고 끝을 내는 장면'을 뜻하는 말이다. 따라서 '시작'을 뜻하는 '막을 올리다'라는 표현과 어울릴 수 없다.

대들으니 대드니. ※ 어간이 'ㄹ' 받침으로 끝나는 용언의 어간에 붙는 어미는 '-니'이다. '-니'가 붙으면 'ㄹ'이 줄어든다.

대들으면 대들면. ※ 어간이 'ㄹ' 받침으로 끝나는 용언의 어간에 붙는 연결어미는 '-면'이다.

대들은 대든. ※ 어간이 'ㄹ' 받침으로 끝나는 용언의 어간에 붙는 어미는 '-ㄴ'이다. '-ㄴ'이 붙으면 'ㄹ'이 줄어든다.

대들음 대듦. ※ 어간이 'ㄹ' 받침으로 끝나는 용언의 명사형 어미는 '-ㅁ'이다. ¶동생이 형에게 <u>대듦</u>.

대듬 대듦. 참조 대들음.

대따 딥다. 들입다.

대로 ※ 명사, 대명사 등 체언 뒤에서는 '조사'로 쓰이므로 붙여 쓰며, 그 외에는 '의존명사'로 쓰이므로 띄어 쓴다. ¶너는 너대로 나는 나대로./법대로 하자.//본 대로 느낀 대로./식을 대로 식은 사랑./될 수 있는 대로 빨리 돌아오겠다.

대리다 다리다.

대리미 다리미.

대망 ※'대망(大望)'은 '큰 꿈'을 뜻하며, '대망(待望)'은 '기다리고 바람'을 뜻한다. 두 낱말의 한자를 사용할 때 주의해야 한다. ¶그 사람은 지금의 자리에 만족하지 않고 대망(大望)을 품고 있음이 틀림없다.//대망(待望)의 새 시대가 열렸다.

대문짝 만하다(大門−) 대문짝만 하다. 참조 만³.

대미(大尾) 맨 끝. ※'대미'는 일본어투.

대바라지다 되바라지다.

대바람 댓바람. ¶소식을 듣자마자 댓바람에 달려갔다.

대병(大瓶) 됫병. 한 되들이 병. ¶소주 됫병.

대부(貸付) (돈) 꿔 주기. 빌림. ※'대부'는 일본어투.

대수로히 대수로이.

대쉬(dash) 대시. ※ 영어 표기에서 ʃ가 어말에 오면 '시'로 적는다.

대싸리 댑싸리.

대인배(大人輩) 대인. ※'배'는 '무리를 이룬 사람'의 뜻을 더하는 접미사로서 '불량배', '소인배', '폭력배'처럼 부정적인 뜻이 있는 명사에 붙는다.

대잎 댓잎. ※[댄닙]으로 'ㄴ' 소리가 덧나므로 사이시옷을 받쳐 적는다.

대자(大−) 대짜. 큰 것. 참조 소자. 중자.

대장쟁이 대장장이. 참조 −장이.

대절(貸切) 전세(專貰). ※'대절'은 일본어투.

대중 없다 대중없다. ※ 한 낱말이므로 붙여 쓴다.

대중요법 대증요법(對症療法). ※ 겉으로 드러난 병의 증상에 대응하여 처치하는 치료법. ¶감기 치료법은 알고 보면 대증요법일 뿐이다.

대짜고짜 다짜고짜.

대첩(大捷) ※'크게 이김' 또는 '큰 승리'로 '대승(大勝)'과 같은 뜻이며, '싸움의 결과'를 나타내는 말이다. '싸움의 규모', 즉 '큰 싸움', '대전(大戰)'의 뜻으로 써서는 안 된다. '한산도 대첩'은 임진왜란 당시 이순신 장군이 왜군을 상대로 '크게 이긴 것'을 뜻하므로 맞게 쓴 것이며, '월드컵 축구 국가 대표팀이 우루과이 팀을 상대로 대첩을 이룰 것으로 기대한다' 또한 '크게 이길 것'으로 기대함을 뜻하므로 제대로 쓴 예이다. 그러나 '월드컵 축구 국가 대표팀이 나이지리아 팀과 본선 진출을 결정짓는 대첩을 벌일 예정이다'에서처럼 '큰 경기', '큰 싸움'을 뜻하는 말로 써서는 안 된다.

대체(代替) 바꿈. ※ '대체'는 일본어투.

대추빛 대춧빛. ※ [대 : 추삗 · 대 : 춛삗]으로 소리 나므로 사이시옷을 받쳐 적는다.

대출(貸出) 빌림. ※ '대출'은 일본어투.

대치다 데치다. ¶시금치를 데치다.

대퇴골(大腿骨) ⇨ 넙다리뼈(대한의사협회 권장용어).

대패날 대팻날. ※ [대 : 팬날]로

'ㄴ' 앞에서 'ㄴ' 소리가 덧나므로 사이시옷을 받쳐 적는다.

대패밥 대팻밥. ※ [대 : 패빱 · 대 : 팯빱]으로 소리 나므로 사이시옷을 받쳐 적는다.

대패손 대팻손. ※ [대 : 패쏜 · 대 : 팯쏜]으로 소리 나므로 사이시옷을 받쳐 적는다.

대패자국 대팻자국. ※ [대 : 패짜국 · 대 : 팯짜국]으로 소리 나므로 사이시옷을 받쳐 적는다.

대패집 대팻집. ※ [대 : 패찝 · 대 : 팯찝]으로 소리 나므로 사이시옷을 받쳐 적는다.

대포술 대폿술. ※ [대 : 포쑬 · 대 : 폳쑬]로 소리 나므로 사이시옷을 받쳐 적는다.

대포잔 대폿잔. ※ [대 : 포짠 · 대 : 폳짠]으로 소리 나므로 사이시옷을 받쳐 적는다.

대포집 대폿집. ※ [대 : 포찝 · 대 : 폳찝]으로 소리 나므로 사이시옷을 받쳐 적는다.

대표값(代表-) 대푯값. ※ [대 : 표깝 · 대 : 폳깝]으로 소리 나므로 사이시옷을 받쳐 적는다.

대합실(待合室) 기다림 방. ※ '대합실'은 일본어투.

대화퇴(大和堆)　야마토 해저분지. 독도 동북쪽 공해상의 비교적 수심이 얕은 해저 지형.

–댄다　–단다. ※ 형용사　어간이나 어미 '–으시–', '–었–', '–겠–' 뒤에서 화자가 이미 알고 있는 것을 객관화하여 청자에게 일러 주는 데 쓰는 종결어미, 또는 '–다고 한다'가 줄어든 말이다. 받침 없는 동사 어간, 'ㄹ' 받침인 동사 어간 또는 어미 '–으시–' 뒤에서는 '–ㄴ단다'로, 받침 있는 동사 어간 뒤에서는 '–는단다'로　쓴다. ¶나도 기쁘단다. / 옛날에는 그렇게 살았단다. // 아버지도 함께 가시겠단다. / 이 마을 사람들 말이 버스는 한 시간에 한 대씩 온단다. / 그 친구는 고기를 잘 잡는단다. / 자기는 더운 것을 잘 참는단다.

댈라스(Dallas)　댈러스. 미국 텍사스 주의 도시.

댑다　딥다. 들입다.

댓가(代價)　대가. ※ 한자어는 두 음절로 된 '곳간(庫間)', '셋방(貰房)', '숫자(數字)', '찻간(車間)', '툇간(退間)', '횟수(回數)' 외에는 사이시옷을 받치지 않는다.

댓거리　대거리. ¶누가　시비를 걸더라도 대거리하지 마라.

댓귀(對句)　대구. ※ 한자어는 두 음절로 된 '곳간(庫間)', '셋방(貰房)', '숫자(數字)', '찻간(車間)', '툇간(退間)', '횟수(回數)' 외에는 사이시옷을 받치지 않는다. 참조 대귀.

댓님　대님.

댓번에　대번에.

댓병(大瓶)　됫병. 참조 대병.

댓새　참조 닷새.

댓순(–筍)　대순. 죽순.

댓쪽　대쪽. ※ 된소리　앞에서는 사이시옷을 받치지 않는다.

댕기다　참조 당기다.

댕돌 같다　댕돌같다. ※ 한 낱말이므로 붙여 쓴다. ¶그의 몸은 운동으로 다져져 댕돌같았다.

–더구료　–더구려. 참조 –구료. ¶아이가 예쁘더구려.

–더구만　–더구먼. 참조 –구먼. ¶노래를 참 잘하더구먼.

더 더욱　더더욱. ※ 한 낱말이므로 붙여 쓴다.

더러운 누명(–陋名)　누명. ※ '누명'이 '이름을 더럽히는 억울한 평판'을 뜻하므로 '더러운 누명'

은 겹말이다.

더부러 더불어.

더부룩히 더부룩이.

더블백 더플백(duffle bag).

더 아니 더아니. ※ 한 낱말이므로 붙여 쓴다. ¶<u>더아니</u> 좋은가.

더없다 ※ '더없다'는 '더할 나위가 없다'라는 뜻의 한 낱말이므로 붙여 쓴다. 다만, '앞에서 말한 것 말고는 있지 않다'를 뜻하면 구이므로 띄어 쓴다. ¶<u>더없는</u> 은혜. / <u>더없이</u> 기쁘다. // 이제 얻을 것이라곤 <u>더 없다</u>.

더 없다 참조 더없다.

더우기 더욱이.

더욱 더 더욱더. ※ 한 낱말이므로 붙여 쓴다.

더웁다 덥다.

더 이상 ※ '더 이상'은 부사 '더'가 명사 '이상'을 수식하는 구조여서 문법적으로 맞지 않다. '더는', '이젠', '그(이) 이상' 같은 말로 바꿀 수 있다. ¶<u>더는</u> 참을 수 없다. / <u>이젠</u> 못 참겠다. / <u>그 이상</u>은 줄 수 없다.

더케 더께.

더퍼리 더펄이. 침착하지 못하고 덜렁대는 사람.

더 한층(-層) 더한층. ※ 한 낱말이므로 붙여 쓴다.

덕(德)·**덕분**(德分) ※ '덕'·'덕분'은 '베풀어 준 은혜나 도움'을 뜻하므로 '주로 부정적인 현상이 생겨난 까닭이나 원인'을 뜻하는 '**탓**'과 구분해 써야 한다. ¶네 <u>덕</u>에 이번 일은 아주 잘 끝났다. // 일이 잘못된 것을 남 <u>탓</u>으로 돌려서는 안 된다. 참조 탓.

덕석말이 멍석말이.

덕성스런(德性-) 덕성스러운. 참조 -스런.

덕스런(德-) 덕스러운. 참조 -스런.

덕아웃(dugout) 더그아웃.

-던 ※ '과거'를 회상할 때는 '-던', '-던가', '-던지'를, 선택을 나타낼 때는 '-든', '-든가', '-든지'를 쓴다. ¶내가 즐겨 찾<u>던</u> 곳. / 그때 얼마나 힘들었<u>던</u>가. / 일이 얼마나 많<u>던</u>지 사흘을 꼬박 했다. / 금강산이 얼마나 아름답<u>던</u>지. // 사과<u>든</u> 배<u>든</u> 마음껏 먹어라. / 내가 무얼 하<u>든</u> 참견 마라. / 먹<u>든가</u> 말<u>든가</u> 마음대로 해라. / 누구<u>든지</u> 이 일을 해 놓아라.

-던가 참조 -던.

던져 두다 던져두다. ※ 한 낱말이므로 붙여 쓴다.

−던지 참조 −던.

덛없다 덧없다. 활용 덧없고. 덧없는. 덧없어.

덜떠러지다 덜떨어지다. ¶사람이 덜떨어졌는지 하는 일마다 제대로 되는 게 없다.

덜으니 더니. ※ 어간이 ‘ㄹ’ 받침으로 끝나는 용언의 어간에 붙는 어미는 ‘−니’이다. ‘−니’가 붙으면 ‘ㄹ’이 줄어든다.

덜으면 덜면. ※ 어간이 ‘ㄹ’ 받침으로 끝나는 용언의 어간에 붙는 연결어미는 ‘−면’이다.

덜은 던. ※ 어간이 ‘ㄹ’ 받침으로 끝나는 용언의 어간에 붙는 어미는 ‘−ㄴ’이다. ‘−ㄴ’이 붙으면 ‘ㄹ’이 줄어든다.

덜음 덞. ※ 어간이 ‘ㄹ’ 받침으로 끝나는 용언의 명사형 어미는 ‘−ㅁ’이다. ¶짐을 덞.

덜읍시다 덥시다. ※ 어간이 ‘ㄹ’ 받침으로 끝나는 동사의 어간에 붙는 어미는 ‘−ㅂ시다’이다. ‘−ㅂ시다’가 붙으면 ‘ㄹ’이 줄어든다.

덤 덞. ※ 다만, ‘거저로 조금 더 얹어 주는 것’을 뜻하는 명사는 ‘덤’이다. 참조 덜음. ¶한시름 덞.//덞으로 두 개 더 줬다.

덤블링 텀블링(tumbling).

덤탱이 덤터기.

덤테기 덤터기.

덤풀 덤불.

덥개 덮개.

덥느냐 더우냐. ※ 받침 있는 형용사 어간에 붙는 종결어미는 ‘−으냐’이며, ‘덥다’는 ㅂ불규칙 용언이므로 ‘ㅂ’이 ‘우’로 바뀌어 ‘더우냐’가 된다. ‘−느냐’는 동사의 어간에 붙는다.

덥는가 더운가. ※ 받침 있는 형용사 어간에 붙는 종결어미는 ‘−은가’이며, ‘덥다’로는 ㅂ불규칙 용언이므로 ‘ㅂ’이 ‘우’로 바뀌어 ‘더운가’가 된다. ‘−는가’는 동사의 어간에 붙는다.

덥밥 덮밥. ¶회덮밥./달걀덮밥.

덥수룩히 덥수룩이.

덥썩 덥석.

덥치다 덮치다.

덧보선 덧버선.

덧소매 토시.

덧 없다 덧없다. ※ 한 낱말이므로 붙여 쓴다.

덧치다 더치다. 낫거나 나아가

던 병세가 다시 더하여지다 ¶
어머니가 병이 <u>더쳐서</u> 큰일이
다.

덩굴 =넝쿨. ※ 복수표준어.

덩그라니 덩그러니. 참조 덩그
랗다.

덩그랗다 덩그렇다. 활용 덩그렇
고. 덩그러면. 덩그러니. 덩그레.

덩그런히 덩그러니. 참조 덩그
랗다.

덩다라 덩달아.

덩어리 ※ '크게 뭉쳐서 이루어진
것'이나 그런 것을 세는 단위로
쓰이면 띄어 쓰고, '그러한 성질
을 가지거나 그런 일을 일으키는
사람 또는 사물'을 나타낼 때는
붙여 쓴다. 참조 덩이. ¶진흙 <u>덩
어리</u>. / 세 <u>덩어리</u>. // 심술덩어리.

덩이 ※ '작게 뭉쳐서 이루어진
것'이나 그런 것을 세는 단위로
쓰이면 띄어 쓰고, '그러한 성질
을 가지거나 그런 일을 일으키
는 사람 또는 사물'을 나타낼 때
는 붙여 쓴다. 참조 덩어리.

덩치값 덩칫값. ※ [덩치깝·덩
칟깝]으로 소리 나므로 사이시
옷을 받쳐 적는다.

덩쿨 덩굴. 넝쿨.

덮게 덮개. 덮는 물건. 뚜껑.

덮히다 덮이다.

데 '장소', '일', '경우' 따위를 나타
내면 의존명사이므로 띄어 쓰
고, 말하고자 하는 내용과 관련
되거나 대립되는 상황을 미리
제시할 때 쓰는 어미 '-ㄴ데', '-
는데', '-은데'는 붙여 쓴다. '데'
에 '도', '에', '는', '가' 따위의 조사
를 붙일 수 있으면 의존명사이
므로 띄어 쓴다. ¶올 <u>데</u> 갈 <u>데</u> 없
는 신세. / 그가 사는 <u>데</u>는 여기서
가깝다. / 이 책을 다 읽는 <u>데</u> 나흘
걸렸다. / 배가 아픈 <u>데</u> 먹는 약. /
비가 오는 <u>데</u>다 어두워지기까지
해 고생했다. // 날이 추운<u>데</u> 옷을
따뜻하게 입고 나가거라. / 텔레
비전을 보려는<u>데</u> 어머니가 심부
름을 시켰다. / 먹을 것은 많은<u>데</u>
맛있는 것은 별로 없다.

-데 참조 -대.

데구르르 데구루루. ¶구슬이
<u>데구루루</u> 굴렀다.

데까당스(décadence) 데카당스.
퇴폐주의. ※ 외래어 표기에서,
일본어·중국어·베트남 어·태국
어의 일부 표기 외에는 된소리를
쓰지 않는다.

데꼬보꼬(凹凸·でこぼこ) 울퉁불퉁. 올록볼록. / 요철.

데드롱(←tetoron) 테토론.

데드마스크(death mask) 데스마스크. ※ [θ]는 'ㅅ'으로 적는다.

데땅트(détente) 데탕트. ※ 외래어 표기에서, 일본어·중국어·베트남 어·태국어의 일부 표기 외에는 된소리를 쓰지 않는다.

데리다 다리다. ¶옷을 다리다.

데릴라(Delilah) 델릴라.

데모도(手許·手元·てもと) 곁꾼. 보조공(補助工).

데뷰(debut) 데뷔. ※ 프랑스 어의 [y]는 '위'로 적는다.

데빵(鐵板·てっぱん) 우두머리. 두목(頭目). / 철판.

데빵야끼(鐵板燒き·てっぱんやき) 철판구이.

데스크탑 데스크톱(desktop).

데이다 데다. 활용 데고. 데니. 데면. 데어. 덴. ¶뜨거운 국에 혀를 데었다. / 덴 데 털 안 난다.

데이타 데이터(data).

데자뷰(déjà vu) 데자뷔. 기시감. ※ 프랑스 어의 [y]는 '위'로 적는다.

데카르트 마케팅(techart marketing)
말터 예술감각상품(藝術感覺商品).

데코레이션(decoration) 데커레이션.

데크(deck) 덱.

데킬라 테킬라(tequila). 용설란의 즙으로 만든 멕시코 원산의 술.

덴마배(傳馬-·てんまー) 거룻배.

덴마아크(Denmark) 덴마크.

덴푸라(天婦羅·←テンプラ·tempero) 튀김.

델리셔스(delicious) 딜리셔스.

델리케이트(delicate) 델리킷.

델리키트(delicate) 델리킷.

뎁히다 데우다. 덥히다.

덧빵(鐵板·てっぱん) 우두머리. 두목(頭目). / 철판.

덧빵야끼(鐵板燒き·てっぱんやき) 철판구이.

뎃생(dessin) 데생.

도가집(都家-) 도갓집. ※ [도가찝·도갇찝]으로 소리 나므로 사이시옷을 받쳐 적는다.

도금(鍍金) (금) 입히기. ※ '도금'은 일본어투.

도길 개길 도 긴 개 긴. 도긴 개긴. ※ '긴'은 윷놀이에서 '자기 말로 남의 말을 잡을 수 있는 거리'를 뜻하는 말로서, '도 긴 개 긴'은 무엇을 하든 결과에 큰 차이가 없음을 뜻하는 데 쓰인다. 단음절의 낱말이 연이어 나타날 적에는 붙여 쓸 수 있으므로 ‘도긴 개긴’으로 쓸 수 있다.

도깡(←土管·どかん)　토관.

도깨비국　도깨빗국. ‘술’의 은어. ※ [도깨비꾹·도깨빋꾹]으로 소리 나므로 사이시옷을 받쳐 적는다.

도꼬리(←德利·とっくり)　긴 목 셔츠. / 조막 병.

도꾜(東京)　도쿄. 일본의 수도. ※ 일본어 표기에서 ‘ㅆ’ 외에는 된소리를 쓰지 않는다.

도꾸리(德利·とっくり)　긴목 셔츠. / 조막 병.

도꾸시마(德島)　도쿠시마. 일본 시코쿠(四國)의 현 및 현청 소재지. ※ 일본어 표기에서 ‘ㅆ’ 외에는 된소리를 쓰지 않는다.

도끼다시(研ぎ出し·ときだし)　갈기. 갈아 닦기.

도끼자루　도낏자루. ※ [도: 끼짜루·도: 낃짜루]로 소리 나므로 사이시옷을 받쳐 적는다.

도나쓰(doughnuts)　도넛.

도날드(Donald)　도널드.

도너츠(doughnuts)　도넛.

도달율(到達率)　도달률. 참조 ㅡ률.

도덕율(道德律)　도덕률. 참조 ㅡ률.

도데체　도대체.

도도이(滔滔ㅡ)　도도히.

도둑 맞다　도둑맞다. ※ 한 낱말이므로 붙여 쓴다.

도둑이 제 발 저린다　도둑이 제 발 저리다. 참조 저린다.

도때기시장(ㅡ市場)　도떼기시장. 상품, 중고품, 고물 따위 여러 종류의 물건을 도산매·방매·비밀 거래 하는, 질서가 없고 시끌벅적한 비정상적 시장. ¶세일 기간이면 백화점도 도떼기시장이나 다름없다.

도라꾸(←truck)　트럭. 화물차(貨物車). 화물 자동차. 짐차. ※ ‘도라꾸’는 일본어투.

도라무(←drum)　드럼. / 드럼통. ※ ‘도라무’는 일본어투.

도라이바(←driver)　드라이버. 나사돌리개. ※ ‘도라이바’는 일본어투.

도란스(←transformer)　트랜스. 변압기(變壓器). ※ ‘도란스’는 일본어투.

도량(道場)　※ ‘道場’이 ‘부처나 보

살이 도를 얻은 곳 또는 스님들이 모여 수행하는 곳'을 뜻할 때에는 '**도량**'으로 적고, '무예를 닦는 곳'을 뜻할 때에는 '**도장**'으로 적는다. ¶기도 도량.∥태권도 도장.

도령님 도련님. '도령'의 높임말. 결혼하지 않은 시동생을 높여 이르거나 부르는 말.

도로묵 도루묵.

도롱룡 도롱뇽.

도룡뇽 도롱뇽.

도르레 도르래.

도리(取り·とり) 독차지. / 줄 떼기 (수산 용어).

도리여 도리어. ※ 준말은 '되레'.

도리우찌(鳥打ち·とりうち) 납작 모자. 캡.

도마도(←tomato) 토마토.

도매값(都賣-) 도맷값. ※ [도매깝·도맫깝]으로 소리 나므로 사이시옷을 받쳐 적는다.

도맷금(都賣金) 도매금. ※ 한자어는 두 음절로 된 '곳간(庫間)', '셋방(貰房)', '숫자(數字)', '찻간(車間)', '툇간(退間)', '횟수(回數)' 외에는 사이시옷을 받치지 않는다.

도모지 도무지. ※ '도모지'는 옛

말.

도미국 도밋국. ※ [도:미꾹·도:민꾹]으로 소리 나므로 사이시옷을 받쳐 적는다.

도박군(賭博-) 도박꾼.

도배쟁이(塗褙-) 도배장이. 참조 -장이.

도부장수(到付-) 도붓장수. 이리저리 돌아다니며 물건을 파는 사람. ※ [도:부짱수·도:붇짱수]로 소리 나므로 사이시옷을 받쳐 적는다.

도부장이(到付-) 도부쟁이. '도붓장수'를 낮잡아 이르는 말. 참조 -장이.

도스토예프스키(Dostoevskii) 도스토옙스키. ¶표도르 미하일로비치 도스토옙스키(제정 러시아의 소설가).

도아(door) 도어.

도와 주다 도와주다. ※ 한 낱말이므로 붙여 쓴다.

도우는 돕는. ※ '돕다'에 모음으로 시작하는 어미가 결합할 때에만 어간의 끝소리 'ㅂ'이 'ㅗ, ㅜ'로 바뀐다. ¶하늘은 스스로 돕는 자를 돕는다. / 어려운 이웃을 도와야 한다. / 우리는 서로 도우며 산다.

도우다 돕다.

도우자 돕자. 참조 도우는.

도움이 도우미. ※ 사람, 사물의 뜻을 더하고 명사로 만드는 접사는 '-이'이므로 '도움 + 이'의 구조인 '도움이'가 조어법상으로는 맞지만 1993년 대전세계박람회 당시 행사 진행 요원을 '도우미'라고 부른 것이 굳어져 표준어로까지 인정되었다. 그러나 그 밖의 말은 조어법에 맞춰 '명사형 + 이'의 형태인 '돌봄이', '알림이', '지킴이'처럼 써야 한다.

도이모이(Đổi mới) 도이머이. 베트남의 개혁 개방 정책.

도이칠란드(Deutschland) 도이칠란트. 독일.

도입치(導入-) 도입지. ※ '하다'로 끝나는 용언 가운데 '하' 앞의 음절이 'ㄱ, ㅂ, ㅅ' 받침으로 끝나는 낱말의 준말은 '하'가 아주 줄어든다. 즉, '간단하지'의 준말은 '하'의 'ㅏ'만 줄어들어 '간단치'가 되지만, '도입하지'의 준말은 '하'가 모두 줄어들어 '도입지'가 된다.

도입케(導入-) 도입게. 참조 도

입치.

도입키로(導入-) 도입기로. 참조 도입치.

도저이(到底-) 도저히.

도찐 개찐 도 긴 개 긴. 도긴 개긴. 참조 도길 개길.

도착 순(到着順) 도착순. ※ 한 낱말이므로 붙여 쓴다.

도친 개친 도 긴 개 긴. 도긴 개긴. 참조 도길 개길.

도쿠리(德利·とっくり) 긴목 셔츠. / 조막 병.

도크(dock) 독.

도합(都合) 모두. 합계(合計). ※ '도합'은 일본어투.

도화빛(桃花-) 도홧빛. ※ [도화삗·도홛삗]으로 소리 나므로 사이시옷을 받쳐 적는다.

독살스런(毒煞-) 독살스러운. 참조 -스런.

독자난(讀者欄) 독자란. 참조 난¹.

독채집(獨-) 독챗집. ※ [독채찝·독챋찝]으로 소리 나므로 사이시옷을 받쳐 적는다.

돈 무게의 단위. 귀금속, 한약재 등의 무게를 잴 때 쓴다. 한 돈은 한 냥의 10분의 1, 한 푼의 열 배로 3.75g이다.

돈까스(豚カシ) 돈가스. 포크커틀릿(pork cutlet).

돈나물 돌나물.

돈 맛 돈맛. ※ 한 낱말이므로 붙여 쓴다. ¶어린 녀석이 벌썬 돈맛을 알았구나. / 돈맛을 알아야 돈을 번다.

돈무앙(Don Mueang) 돈므앙. 태국 방콕의 국제공항.

돈부리(丼·どんぶり) 덮밥.

돈장사 돈놀이.

돈 환(Don Juan) 돈 후안. 유럽의 중세 민간 전설에 나오는 바람둥이 귀족.

돋구다 ※ ‘돋구다’는 ‘안경의 도수를 높게 하다’의 뜻이며, ‘돋우다’는 ‘도드라지거나 높아지게 하다’의 뜻이다. ¶안경 도수를 돋구어야겠다. // 심지를 돋워라. 목청을 돋우고 소리 질렀다. / 나물 무침이 입맛을 돋워 준다.

돋다 ※ ‘돋다’는 목적어를 취하지 않는 자동사이다. 목적어가 있을 때에는 타동사인 ‘돋우다’를 써야 한다. 참조 돋구다. ¶수평선 위로 해가 돋았다. / 입맛이 돋아 과식했다. // 목청을 돋웠다. / 심지를 돋웠다.

돋우다 참조 돋구다. 돋다.

돋우보이다 도두보이다. ※ 준말은 ‘돋보이다’.

돋자리 돗자리.

돋히다 돋치다. 돋아서 내밀다. ¶날개가 돋치다. / 가시 돋친 말. / 소름이 돋치다.

돌려놉니다 돌려놓습니다. ※ 어간이 받침으로 끝나는 용언의 종결어미는 ‘-습니다’이다.

돌려 놓다 돌려놓다. ※ 한 낱말이므로 붙여 쓴다.

돌려 보내다 돌려보내다. ※ 한 낱말이므로 붙여 쓴다.

돌려 주다 돌려주다. ※ 한 낱말이므로 붙여 쓴다.

돌맹이 돌멩이.

돌바기 돌배기. 참조 -박이.

돌보미 돌봄이. ※ ‘돌보는 사람 또는 사물’을 뜻할 때는 ‘돌보다’의 명사형 ‘돌봄’에 접사 ‘-이’를 붙인다. 참조 도움이.

돌뿌리 돌부리.

돌아 다니다 돌아다니다. ※ 한 낱말이므로 붙여 쓴다.

돌아다 보다 돌아다보다. ※ 한 낱말이므로 붙여 쓴다. ¶화가 나 돌아다보지도 않고 와 버렸다.

돌아 보다 돌아보다. ※ 한 낱말이므로 붙여 쓴다. ¶어린 시절을 돌아보면 후회할 일도 많다.

돌아 서다 돌아서다. ※ 한 낱말이므로 붙여 쓴다.

돌아 앉다 돌아앉다. ※ 한 낱말이므로 붙여 쓴다.

돌연이(突然—) 돌연히.

돌으네 도네. ※ 어간이 ‘ㄹ’ 받침으로 끝나는 용언의 어간에 붙는 어미는 ‘—네’이다. ‘—네’가 붙으면 ‘ㄹ’이 줄어든다.

돌으니 도니. ※ 어간이 ‘ㄹ’ 받침으로 끝나는 용언의 어간에 붙는 어미는 ‘—니’이다. ‘—니’가 붙으면 ‘ㄹ’이 줄어든다.

돌으면 돌면. ※ 어간이 ‘ㄹ’ 받침으로 끝나는 용언의 어간에 붙는 연결어미는 ‘—면’이다.

돌은 돈. ※ 어간이 ‘ㄹ’ 받침으로 끝나는 용언의 어간에 붙는 어미는 ‘—ㄴ’이다. ‘—ㄴ’이 붙으면 ‘ㄹ’이 줄어든다.

돌음 돎. ※ 어간이 ‘ㄹ’ 받침으로 끝나는 용언의 명사형 어미는 ‘—ㅁ’이다. ¶운동장을 열 바퀴 돎.

돌읍니다 돕니다. ※ 어간이 ‘ㄹ’ 받침으로 끝나는 용언의 어간에 붙는 어미는 ‘—ㅂ니다’이다. ‘—ㅂ니다’가 붙으면 ‘ㄹ’이 줄어든다.

돌읍시다 돕시다. ※ 어간이 ‘ㄹ’ 받침으로 끝나는 동사의 어간에 붙는 어미는 ‘—ㅂ시다’이다. ‘—ㅂ시다’가 붙으면 ‘ㄹ’이 줄어든다.

돌쟁이 돌장이. 석수. ※ 다만, 첫돌이 된 아이를 일컫는 말은 ‘돌쟁이’이다. 참조 —장이.

돌파리 돌팔이.

돌하루방 돌하르방.

돐 돌. / 첫돌.

돔 돎. 참조 돌음.

돔방치마 동강치마. 몽당치마. ※ ‘**동강치마**’는 ‘치맛단이 무릎에 오는 짧은 치마’를 뜻하며, ‘**몽당치마**’는 ‘몹시 해지거나 하여 아주 짧아진 치마’를 뜻한다.

돕바(←topper) 토퍼.

돗데기시장(—市場) 도떼기시장. 참조 도때기시장.

돗보이다 돋보이다.

돗수(度數) 도수. ※ 한자어는 두 음절로 된 ‘곳간(庫間)’, ‘셋방(貰房)’, ‘숫자(數字)’, ‘찻간(車間)’, ‘툇간(退間)’, ‘횟수(回數)’ 외에는 사이시옷을 받치지 않는다.

동갑나기(同甲-) 동갑내기.

동결시키다(凍結-) 동결하다. ※ 사동의 뜻이 없으면 '-시키다'로 쓰지 않는다. 참조 -시키다.

동구(東歐) ⇨동유럽(東Europe).

동구능(東九陵) 동구릉. 경기 구리시 인창동에 있는 조선 시대의 아홉 능. 건원릉(健元陵·태조), 현릉(顯陵·문종 및 현덕왕후), 목릉(穆陵·선조 및 의인왕후, 인목대비), 휘릉(徽陵·인조의 계비인 장렬왕후), 숭릉(崇陵·현종 및 명성왕후), 혜릉(惠陵·경종의 원비인 단의왕후), 원릉(元陵·영조 및 정순왕후), 수릉(綏陵·순조의 세자 문조 및 신정왕후), 경릉(景陵·헌종 및 효현왕후 효정왕후)으로 이뤄졌다. 참조 -능.

동그랍니다 동그랗습니다. ※ 어간이 받침으로 끝나는 용언의 종결어미는 '-습니다'이다.

동그래미 동그라미.

동그렇다 동그랗다. 활용 동그랗고. 동그라니. 동그란. 동그라니. 동그래.

동그레 동그래. 참조 동그렇다.

동그스럼하다 동그스름하다.

동 나다 동나다. ※ 한 낱말이므로 붙여 쓴다. 다만, 명사로서 '동'이 따로 있지 않으나 **'동이 나다'**는 관용으로 인정해 띄어 쓴다.

동냥꾼 동냥아치.

동네집(洞-) 동넷집. ※ [동ː네찝·동ː넫찝]으로 소리 나므로 사이시옷을 받쳐 적는다.

동녁(東-) 동녘.

동당이치다 동댕이치다.

동떨어지는 동떨어진. ※ '동떨어지다'는 형용사이므로 관형사형 어미는 '-ㄴ'이다. ¶현실과 동떨어진 이론.

동병상린 동병상련(同病相憐). ※ '憐'은 '불쌍히 여길 련'.

동아국 동앗국. 동아(박과의 한해살이 식물)를 넣어 끓인 국. ※ [동ː아꾹·동ː안꾹]으로 소리 나므로 사이시옷을 받쳐 적는다.

동앗줄 동아줄.

동양난(東洋蘭) 동양란. 참조 난.²

동연배(同年輩) 동년배.

동율(同率) 동률. 참조 -률.

-동이 -둥이. ¶검둥이. / 귀둥이. / 귀염둥이. / 늦둥이. / 막내둥이. / 막둥이. / 바람둥이. / 쉰둥이. / 쌍둥이. / 업둥이. / 외둥이. / 재

간둥이. / 재롱둥이. / 칠삭둥이. / 해방둥이. / 흰둥이.

동조개 동죽.

동지날(冬至-) 동짓날. ※ [동진 날]로 'ㄴ' 앞에서 'ㄴ' 소리가 덧나 므로 사이시옷을 받쳐 적는다.

동지달(冬至-) 동짓달. ※ [동지 딸·동짇딸]로 소리 나므로 사이 시옷을 받쳐 적는다.

동짇달(冬至-) 동짓달.

동치미국 동치밋국. ※ [동: 치 미꾹·동: 치믿꾹]으로 소리 나 므로 사이시옷을 받쳐 적는다.

동키호테(Don Quixote) 돈키호테.

동태국(凍太-) 동탯국. ※ [동: 태꾹·동: 탣꾹]으로 소리 나므 로 사이시옷을 받쳐 적는다.

동틀녁 동틀 녘.

돗대기시장(-市場) 도떼기시 장. 참조 도때기시장.

돗자리 돗자리.

돼다 되다. 활용 되고. 되면. 되니. 되어(돼).

돼라 참조 되라.

돼라고 되라고. 참조 되라.

돼지고기 수육(←熟肉) 삶은 돼 지고기. ※ '수육'은 삶아 익힌 쇠고기를 뜻하는 말이다. '삶은

돼지고기'는 '수육'이라고 하지 않는다.

돼지국 돼짓국. ※ [돼: 지꾹·돼 : 짇꾹]으로 소리 나므로 사이시 옷을 받쳐 적는다.

되게 =되우. 된통. ※ 복수표준 어.

되나캐나 도나캐나. 하찮은 아 무나, 또는 무엇이나. ¶도나캐 나 마구 지껄인다.

되뇌이다 되뇌다. 활용 되뇌고. 되뇌어. 되뇌니.

되는 대로 되는대로. ※ '아무렇 게나 함부로, 사정이나 형편에 따라, 가능한 한 최대로'의 뜻을 나타내면 한 낱말이므로 붙여 쓴다. ¶되는대로 일을 하다가 는 큰코다친다. / 형편이 어려우 니 되는대로 살 수밖에 없다. / 되 는대로 빨리 돌아오게. // 밥이 되 는 대로 식사를 하도록 하세.

되돌이표(-標) 도돌이표.

되디 되다 되디되다. ※ 한 낱말 이므로 붙여 쓴다. 참조 -디.

되라 ※ '**되라**'는 동사 '되다'의 간 접명령형으로서 정해지지 않은 청자나 독자에게 책 따위의 매 체를 통하여 명령의 뜻을 나타

내며 '**돼라**'는 직접명령형으로서 상대방에게 직접 말을 통하여 명령의 뜻을 나타낸다. 또 '**되라고**'는 '되다'의 어간에 간접 명령의 뜻을 나타내는 어미 '-라'에 인용의 뜻을 나타내는 조사 '고'가 결합한 것이다. '되라고'는 '돼라고'로 쓰지 않도록 주의해야 한다. ¶교장선생님께서 '나라의 동량이 되라'라는 제목의 훈시를 하셨다. / 교장선생님께서 학생들에게 "나라의 동량이 돼라"라고 말씀하셨다. / 교장선생님께서 우리에게 나라의 동량이 되라고 말씀하셨다.

되려 되레. 도리어.

되먹다 돼먹다. ¶돼먹지 않은 짓만 골라서 한다.

되박 됫박. ※ [되빡·됃빡]으로 소리 나므로 사이시옷을 받쳐 적는다.

되요 되어요. 돼요. 참조 돼다.

되지 못하다 되지못하다. ※ 한 낱말이므로 붙여 쓴다. 다만, '이루어지지 못하다'의 뜻으로 쓰이면 한 낱말이 아니므로 띄어 쓴다. ¶되지못하게 구는 녀석이라 만나고 싶지 않다. // 용이 되지 못한 이무기.

되집다 되짚다. ¶지나온 인생을 되짚어 보았다.

된장찌게(-醬-) 된장찌개.

될 성 부르다 될성부르다. ※ 한 낱말이므로 붙여 쓴다. ¶될성부른 나무는 떡잎부터 알아본다.

됩다 딥다. 들입다.

됬다 됐다. ※ '되었다'의 준말은 '됐다'이다.

두껍 두겁. 가늘고 긴 물건의 끝에 씌우는 물건. ※ 다만, 붓의 두겁은 '**붓두껍**'으로 쓴다. ¶쇠두겁. / 연필두겁. / 인두겁.

두껍다 ※ '**두껍다**'는 '두께의 정도, 사물의 높이나 집단의 규모가 보통보다 크다'의 뜻이며, '**두텁다**'는 '신의, 믿음, 인정, 친분 따위가 굳고 깊다'의 뜻이다. 다만, 바둑에서는 세력이 탄탄함을 나타낼 때 '두텁다'를 관용적으로 쓴다. ¶책이 두껍다. / 두꺼운 옷. // 두터운 신뢰. / 친분이 두텁다. / 세력이 두터운 바둑.

두껍이 두꺼비. 두겁. ※ '두껍'은 '두꺼비'의 준말이다. ¶두껍아 두껍아, 헌 집 줄게 새 집 다오.

두껑 뚜껑. ¶밥뚜껑. / 솥뚜껑. /

쇠뚜껑.

두다 ※ 어떤 사람과 가족이나 친인척 관계일 때 '두다'라고 표현하는데 이는 동등하거나 아랫사람과의 관계를 나타낼 때 쓰는 말이다. '훌륭한 부모를 둔 덕분에……'와 같이 윗사람과의 관계를 표현하는 데 써서는 안 된다. '훌륭한 부모를 둔 덕분에……'는 '훌륭한 부모 덕분에'로 쓰면 충분하다. 참조 가지다.

두더쥐 두더지.

두둑히 두둑이.

두드레기 두드러기.

두들어지다 두드러지다.

두레일 두렛일. ※ [두렌닐]로 'ㄴ' 소리가 덧나므로 사이시옷을 받쳐 적는다.

두려와 두려워. ※ 'ㅂ불규칙용언'은 '곱다', '돕다'를 제외하고는 모두 '-워'로 활용한다.

두루막이 두루마기.

두루말이 두루마리.

두루매기 두루마기.

두루뭉수리 ※ '두루뭉수리'는 '말이나 행동이 분명하지 않은 상태, 또는 그런 사람'을 나타내는 명사이며, '**두루뭉술하다**'는 '말이나 행동이 분명하지 않거나 사물이 모나거나 둥글지 않다'의 뜻을 나타내는 형용사이다. ¶툭하면 두루뭉수리로 넘어가려 한다. // 얼굴이 두루뭉술하다. / 말이 두루뭉술하여 뭔 말인지 모르겠다.

두루뭉실하다 두루뭉술하다. 두리뭉실하다. 참조 두루뭉수리.

두리뭉실하다 = 두루뭉술하다. ※ 복수표준어. 참조 두루뭉수리.

두릿두릿 두리번두리번.

두 말 없이 두말없이. ※ 한 낱말이므로 붙여 쓴다.

두 말 하다 두말하다. ※ 한 낱말이므로 붙여 쓴다. ¶두말할 것 없이 네가 가라. / 한 입으로 두말하면 못쓴다.

두 방망이질 두방망이질. ※ 한 낱말이므로 붙여 쓴다.

두 벌 구이 두벌 구이. ※ '두벌'은 한 낱말이므로 붙여 쓴다.

두부국(豆腐-) 두붓국. ※ [두부꾹·두붇꾹]으로 소리 나므로 사이시옷을 받쳐 적는다.

두부졸임(豆腐-) 두부조림. 참조 조리다. 졸임.

두부찌게(豆腐－)　두부찌개.

두엣(duet)　듀엣.

두정엽(頭頂葉)　⇨ 마루엽(－葉, 대한의사협회 권장용어).

두째　둘째. 두 개째. 참조 스물두째. 열두째.

두터히　두터이. 참조 두껍다.

두텁다　참조 두껍다.

두통꺼리(頭痛－)　두통거리.

둑방　둑.

둑방길　둑길.

둘러 대다　둘러대다. ※ 한 낱말이므로 붙여 쓴다.

둘러리　들러리.

둘러 서다　둘러서다. ※ 한 낱말이므로 붙여 쓴다.

둘러쌓다　둘러싸다. ※ 다만, ‘둘레를 빙 둘러서 쌓다’의 뜻을 나타내면 **‘둘러쌓다’**로 쓴다. ¶삼면이 바다로 둘러싸인 반도.∥화단 둘레를 괴석으로 둘러쌓았다.

둘려싸다　둘러싸다.

둘르다　두르다. 활용 두르고. 두르니. 두르면. 두른. 둘러. ¶날이 추워 목도리까지 두르고 나왔다.∥마을을 빙 둘러 산이 에워싸고 있다.

둘째 가다　둘째가다. ※ 한 낱말이므로 붙여 쓴다.

둘쳐메다　둘러메다.

둠벙　웅덩이.

둥　※ 의존명사이므로 앞말과 띄어 쓴다. ¶올 둥 말 둥./하는 둥 마는 둥.

둥그스럼하다　둥그스름하다.

둥글넙적하다　둥글넓적하다.

둥글레　둥굴레. 백합과의 여러해살이풀. ¶둥굴레차.

둥글으니　둥그니. ※ 어간이 ‘ㄹ’ 받침으로 끝나는 용언의 어간에 붙는 어미는 ‘－니’이다. ‘－니’가 붙으면 ‘ㄹ’이 줄어든다.

둥글은　둥근. ※ 어간이 ‘ㄹ’ 받침으로 끝나는 용언의 어간에 붙는 어미는 ‘－ㄴ’이다. ‘－ㄴ’이 붙으면 ‘ㄹ’이 줄어든다.

둥글음　둥긂. ※ 어간이 ‘ㄹ’ 받침으로 끝나는 용언의 명사형 어미는 ‘－ㅁ’이다.

둥금　둥긂. 참조 둥글음.

뒤간(－間)　뒷간. ※ [뒤 : 깐·뒫 : 깐]으로 소리 나므로 사이시옷을 받쳐 적는다.

뒤걸음질　뒷걸음질. ※ [뒤 : 꺼름질·뒫 : 꺼름질]로 소리 나므로 사이시옷을 받쳐 적는다.

뒤골목 뒷골목. ※ [뒤ː꼴목·뒫ː꼴목]으로 소리 나므로 사이시옷을 받쳐 적는다.

뒤굽 뒷굽. ※ [뒤ː꿉·뒫ː꿉]으로 소리 나므로 사이시옷을 받쳐 적는다.

뒤길 뒷길. ※ [뒤ː낄·뒫ː낄]로 소리 나므로 사이시옷을 받쳐 적는다.

뒤꼭지 꼭뒤. 뒤통수. ※ '꼭뒤'는 '뒤통수의 한가운데'를 뜻한다.

뒤꼭지치다 뒤통수치다.

뒤꿈지 뒤꿈치.

뒤 끝 뒤끝. ※ 한 낱말이므로 붙여 쓴다. 참조 뒷끝.

뒤날 뒷날. ※ [뒫ː날]로 'ㄴ' 앞에서 'ㄴ' 소리가 덧나므로 사이시옷을 받쳐 적는다.

뒤덜미 뒷덜미. ※ [뒤ː떨미·뒫ː떨미]로 소리 나므로 사이시옷을 받쳐 적는다.

뒤덮히다 뒤덮이다.

뒤동산 뒷동산. ※ [뒤ː똥산·뒫ː똥산]으로 소리 나므로 사이시옷을 받쳐 적는다.

뒤로 하다 ※ '뒤에 두다', '뒤에 남겨 놓고 떠나다'를 뜻할 때는 한 낱말이므로 붙여 쓴다. '뒤로'가 부사어로 쓰였으면 띄어 쓴다. ¶야트막한 산을 <u>뒤로하고</u> 남향으로 지은 집./고향 산천을 <u>뒤로하고</u> 아쉬운 발걸음을 내디뎠다.∥그 일정은 한 달 <u>뒤로</u> 하는 게 좋겠다.

뒤르껭(Durkheim) 뒤르켐. ¶에밀 <u>뒤르켐</u>(프랑스의 사회학자).

뒤르케임(Durkheim) 뒤르켐. 참조 뒤르껭.

뒤마당 뒷마당. ※ [뒫ː마당]으로 'ㅁ' 앞에서 'ㄴ' 소리가 덧나므로 사이시옷을 받쳐 적는다.

뒤받침 뒷받침. ※ [뒤ː빧침·뒫ː빧침]으로 소리 나므로 사이시옷을 받쳐 적는다.

뒤번벅 뒤범벅.

뒤 부분(-部分) 뒷부분. ※ [뒤ː뿌분·뒫ː뿌분]으로 소리 나므로 사이시옷을 받쳐 적는다.

뒤 서다 뒤서다. ※ 한 낱말이므로 붙여 쓴다. ¶앞서거니 <u>뒤서거니</u>.

뒤설거지 뒷설거지. ※ [뒤ː썰거지·뒫ː썰거지]로 소리 나므로 사이시옷을 받쳐 적는다.

뒤시중(← -侍從) 뒷시중. ※ [뒤

: 씨줄·뒫: 씨쥗]으로 소리 나므로 사이시옷을 받쳐 적는다.

뒤안 뒤꼍. ※ 다만, '**뒤안길**'은 표준어이다.

뒤우뚱거리다 기우뚱거리다.

뒤윷 뒷윷. ※ [뒫: 뉻]으로 'ㄴ' 소리가 덧나므로 사이시옷을 받쳐 적는다.

뒤자락 뒷자락. ※ [뒤: 짜락·뒫: 짜락]으로 소리 나므로 사이시옷을 받쳐 적는다.

뒤자리 뒷자리. ※ [뒤: 짜리·뒫: 짜리]로 소리 나므로 사이시옷을 받쳐 적는다.

뒤자취 뒷자취. ※ [뒤: 짜취·뒫: 짜취]로 소리 나므로 사이시옷을 받쳐 적는다.

뒤정리(−整理) 뒷정리. ※ [뒤: 쩡니·뒫: 쩡니]로 소리 나므로 사이시옷을 받쳐 적는다.

뒤좌석(−座席) 뒷좌석. ※ [뒤: 쫘석·뒫: 쫘석]으로 소리 나므로 사이시옷을 받쳐 적는다.

뒤주머니 뒷주머니. ※ [뒤: 쭈머니·뒫: 쭈머니]로 소리 나므로 사이시옷을 받쳐 적는다.

뒤줄 뒷줄. ※ [뒤: 쭐·뒫: 쭐]로 소리 나므로 사이시옷을 받

처 적는다.

뒤지느러미 뒷지느러미. ※ [뒤: 찌느러미·뒫: 찌느러미]로 소리 나므로 사이시옷을 받쳐 적는다.

뒤지다 뒈지다. ※ 다만, '뒤떨어지다', '샅샅이 살피다'의 뜻을 나타내는 말은 '뒤지다'이다. ¶그런 뒈질 놈이 있나.∥유행에 뒤진 옷차림.∥1980년대까지만 해도 전경들이 툭하면 대학생들의 가방을 뒤지곤 했다.

뒤 차(−車) 뒤차. ※ 한 낱말이므로 붙여 쓴다.

뒤쳐지다 뒤처지다. ※ 다만, '엎어진 것을 젖혀 놓거나 자빠진 것을 엎어놓다'의 뜻인 '뒤치다'의 피동형은 '뒤쳐지다'이다. ¶시대의 변화에 뒤처져서는 안 된다.∥뒤쳐진 이불을 끌어당겨 덮곤 했다.

뒤치닥거리 뒤치다꺼리.

뒤켠 뒤편(−便).

뒷걸음질치다 뒷걸음질 치다. ※ 한 낱말이 아니므로 띄어 쓴다. 다만, '**뒷걸음질하다**'는 붙여 쓴다.

뒷걸음질 하다 뒷걸음질하다. ※

한 낱말이므로 붙여 쓴다. 참조
뒷걸음질치다.

뒷굼치 뒤꿈치. 참조 뒷꿈치.

뒷껼 뒤껼. ※ 된소리 앞에서는
사이시옷을 받치지 않는다.

뒷꿈치 뒤꿈치. ※ 된소리 앞에
서는 사이시옷을 받치지 않는다.

뒷끝 뒤끝. ※ 된소리 앞에서는
사이시옷을 받치지 않는다.

뒷뜰 뒤뜰. 뒷마당. ※ 된소리
앞에서는 사이시옷을 받치지 않
는다.

뒷목 목덜미.

뒷바침 뒷받침.

뒷서다 뒤서다. ¶앞서거니 뒤
서거니.

뒷쪽 뒤쪽. ※ 된소리 앞에서는
사이시옷을 받치지 않는다.

뒷차(-車) 뒤차. ※ 거센소리 앞
에서는 사이시옷을 받치지 않는
다.

뒷차기 뒤차기. ※ 거센소리 앞에
서는 사이시옷을 받치지 않는다.

뒷채 뒤채. ※ 거센소리 앞에서
는 사이시옷을 받치지 않는다.

뒷처리(-處理) 뒤처리. ※ 거센
소리 앞에서는 사이시옷을 받치
지 않는다.

뒷축 뒤축. ※ 거센소리 앞에서
는 사이시옷을 받치지 않는다.

뒷칸 뒤 칸. ※ 한 낱말이 아니므
로 띄어 쓴다.

뒷탈 뒤탈. ※ 거센소리 앞에서
는 사이시옷을 받치지 않는다.

뒷통수 뒤통수. ※ 거센소리 앞에
서는 사이시옷을 받치지 않는다.

뒷편(-便) 뒤편. ※ 거센소리 앞
에서는 사이시옷을 받치지 않는
다.

뒷풀이 뒤풀이. ※ 거센소리 앞에
서는 사이시옷을 받치지 않는다.

뒷힘 뒷심.

딩굴으니 딩구니. ※ 어간이 'ㄹ'
받침으로 끝나는 용언의 어간에
붙는 어미는 '-니'이다. '-니'가
붙으면 'ㄹ'이 줄어든다.

딩굴으면 딩굴면. ※ 어간이 'ㄹ'
받침으로 끝나는 용언의 어간에
붙는 연결어미는 '-면'이다.

딩굴은 딩군. ※ 어간이 'ㄹ' 받침
으로 끝나는 용언의 어간에 붙
는 어미는 '-ㄴ'이다. '-ㄴ'이 붙
으면 'ㄹ'이 줄어든다.

딩굴음 딩굶. ※ 어간이 'ㄹ' 받
침으로 끝나는 용언의 명사형
어미는 '-ㅁ'이다. ¶발을 헛디

여 뒹굶.

뒹굼 뒹굶. 참조 뒹굴음.

듀랄루민(duralumin) 두랄루민. 강하고 가벼운 알루미늄 합금류의 상품명.

-드구나 -더구나. ¶운동을 잘하더구나.

-드구만 -더구먼. 참조 -구만. ¶밥을 잘 먹더구먼.

-드군 -더군. ¶집이 참 크더군./공부를 잘하더군.

-드냐 -더냐. ¶집이 좋더냐?/어디를 가더냐?

드높히 드높이.

드높히다 드높이다. 활용 드높이고. 드높이어(드높여). 드높이니.

-드니 -더니. ¶날이 춥더니 눈이 내리는구나.

-드니마는 -더니마는. ※준말은 '-더니만'이다. ¶찬 바람을 쐬었더니마는 감기에 걸렸다.

-드니만 -더니만. 참조 -드니마는.

드디여 드디어.

-드라 -더라. ¶명숙이는 집으로 가더라.

-드라도 -더라도. ¶외국에 가더라도 연락해라.

드라이브(drive) 말터 몰아가기.

드라이브샷(driver shot) 드라이버샷.

드라이크리닝(dry cleaning) 드라이클리닝.

드라큐라(Dracula) 드라큘라.

-드래도 -더라도. 참조 -드라도.

드럽다 더럽다.

드레스 코드(dress code) 말터 표준옷차림(標準-).

드레싱(dressing) 말터 맛깔장.

드로어즈(drawers) 말터 맵시속바지.

드로우(throw) 스로. ※자음 앞의 [θ]는 '스'로, [ou]는 '오'로 적는다.

드로인(throw-in) 스로인. ※자음 앞의 [θ]는 '스'로 적는다.

드로프스(drops) 드롭스.

드루패스(through-pass) 스루패스. ※자음 앞의 [θ]는 '스'로 적는다.

드릅나무 두릅나무.

드리다 ※명사 뒤에 붙어 공손한 행동임을 나타내면 접사이므로 붙여 쓰고, 동사 뒤에서 '-어

드리다'의 구성으로 쓰이면 '주
다'의 높임말로서 보조동사이
므로 띄어 쓴다. ¶불공드리다. /
문안드리다. / 사과드리다. // 돌
려 드리다. / 알려 드리다. / 적어
드리다.

드리볼(dribble) 드리블.

드립다 들입다.

드물으네 드무네. ※ 어간이 'ㄹ'
받침으로 끝나는 용언의 어간에
붙는 어미는 '-네'이다. '-네'가
붙으면 'ㄹ'이 줄어든다.

드물으니 드무니. ※ 어간이 'ㄹ'
받침으로 끝나는 용언의 어간에
붙는 어미는 '-니'이다. '-니'가
붙으면 'ㄹ'이 줄어든다.

드물은 드문. ※ 어간이 'ㄹ' 받침
으로 끝나는 용언의 어간에 붙
는 어미는 '-ㄴ'이다. '-ㄴ'이 붙
으면 'ㄹ'이 줄어든다.

드물음 드묾. ※ 어간이 'ㄹ' 받
침으로 끝나는 용언의 명사형
어미는 '-ㅁ'이다. ¶오가는 사
람이 드묾.

드물읍니다 드뭅니다. ※ 어간
이 'ㄹ' 받침으로 끝나는 용언의
어간에 붙는 어미는 '-ㅂ니다'
이다. '-ㅂ니다'가 붙으면 'ㄹ'이
줄어든다.

드묾 드묾. 참조 드물음.

드볼작(Dvořák) 드보르자크. ¶
안토닌 드보르자크(체코의 작곡
가).

드잽이 드잡이.

득달 같다 득달같다. ※ 한 낱말
이므로 붙여 쓴다. ¶소식을 듣
고 득달같이 달려왔다.

득보다(得-) 득(을) 보다. ※ 한
낱말이 아니므로 띄어 쓴다. ¶
무슨 득 볼 일이 있다고 이 고생
을 하는지.

득실율(得失率) 득실률. 참조 -률.

득표률(得票率) 득표율. 참조 -률.

-든 참조 -던.

-든가 참조 -던.

-든걸 -던걸. ¶그 아이 참 참
하던걸.

-든고 -던고. ¶어떤 사람들이
왔던고?

-든데 -던데. ¶형이 혼자 집
을 지키고 있던데.

-든들 -던들. ¶조금만 더 조
심했던들 이런 사고는 나지 않
았을 텐데.

-든지 참조 -던.

들 ※ 둘 이상의 사물을 열거할

때 그 사물 전체를 가리키거나 그 밖에 같은 종류가 더 있음을 뜻하면 의존명사이므로 띄어 쓴다. 등(等), 따위. 다만, 복수(複數)의 뜻을 더하면 접미사이므로 앞말에 붙여 쓴다. ¶사과, 배, 밤, 감, 대추 들을 일컬어 과일이라고 한다.∥사람들이 몰려온다.

들깻잎　들깻잎. ※ [들깬닙]으로 ‘ㄴ’ 소리가 덧나므로 사이시옷을 받쳐 적는다.

들녘　들녘.

들누에　산누에.

들떨어지다　덜떨어지다.

들락날락　=들랑날랑. ※ 복수 표준어.

들러 붙다　들러붙다. ※ 한 낱말이므로 붙여 쓴다.

들러　들러. 참조 들리다. ¶돌아오는 길에 시장에 들러 찬거리를 마련했다.

들러보다　둘러보다. 주위를 이리저리 살펴보다. ¶사방을 둘러보다./좌중을 둘러보다./공장을 둘러보다.

들리는 소문(－所聞)　소문. 들리는 말. ※ ‘소문’이 ‘사람들의 입에 오르내려 전하여 들리는 말’을 뜻하므로 ‘들리는 소문’은 겹말이다.

들리다　들르다. 활용 들르니. 들르고. 들러. 들름. ※ 다만, ‘듣다’의 피동사, ‘병이 걸리다’, ‘귀신 따위가 덮치다’의 뜻이거나, ‘손에 가지다’는 뜻인 ‘들다’의 피동사 또는 사동사는 ‘들리다’이다. ¶서점에 들러 책을 샀다./친구 집에 들렀다.∥소리가 희미하게 들린다. / 신이 들린 듯이 솜씨가 좋다. / 아이에게 책을 들려 보냈다.

들석거리다　들썩거리다.

들석들석　들썩들썩.

들쑥날쑥　=들쭉날쭉. ※ 복수 표준어.

들어 가다　들어가다. ※ 한 낱말이므로 붙여 쓴다. 다만, ‘나이가 들어 가다’처럼 ‘들다’에 보조동사 ‘가다’가 붙으면 띄어 쓰는 것이 원칙이다. ¶방으로 들어가다. / 대학에 들어가다. / 회사에 들어가다. / 행사에 돈이 많이 들어갔다. / 협상에 들어가면 해결책을 찾을 수 있을 거다. / 부딪혀서 거죽이 쏙 들어갔다.∥산꼭대기부터 단풍이 들어 간다.

들어나다 드러나다.

들어 내다 들어내다. ※ 한 낱말
이므로 붙여 쓴다.

들어눕다 드러눕다.

들어다보다 들여다보다.

들어닥치다 들이닥치다.

들어마시다 들이마시다. ¶독한
술을 단숨에 <u>들이마셨다</u>.

들어 먹다 들어먹다. ※ 한 낱말
이므로 붙여 쓴다.

들어박다 들이박다.

들어받다 들이받다.

들어 서다 들어서다. ※ 한 낱말
이므로 붙여 쓴다.

들어 올리다 들어올리다. ※ 한
낱말이므로 붙여 쓴다.

들어 주다 들어주다. ※ 한 낱말
이므로 붙여 쓴다. 다만, 다른 사
람을 위하여 대신 듦을 뜻하면
'들어 주다'로 띄어 쓴다. ¶부탁
하나만 <u>들어주게</u>.∥아주머니의
짐을 <u>들어 주었다</u>.

들여 가다 들여가다. ※ 한 낱말
이므로 붙여 쓴다.

들여놓니다 들여놓습니다. ※
어간이 받침으로 끝나는 용언의
종결어미는 '-습니다'이다.

들여 놓다 들여놓다. ※ 한 낱말
이므로 붙여 쓴다.

들여다 보다 들여다보다. ※ 한
낱말이므로 붙여 쓴다. ¶아무리
<u>들여다봐도</u> 답을 찾을 수 없다.

들여마시다 들이마시다. ¶숨을
크게 <u>들이마셨다</u>.

들여 보내다 들여보내다. ※ 한
낱말이므로 붙여 쓴다.

들여 쌓다 들여쌓다. ※ 한 낱말
이므로 붙여 쓴다.

들여 오다 들여오다. ※ 한 낱말
이므로 붙여 쓴다.

들으네 드네. ※ 어간이 'ㄹ' 받침
으로 끝나는 용언의 어간에 붙
는 어미는 '-네'이다. '-네'가 붙
으면 'ㄹ'이 줄어든다.

들으니 드니. ※ 어간이 'ㄹ' 받침
으로 끝나는 용언의 어간에 붙
는 어미는 '-니'이다. '-니'가 붙
으면 'ㄹ'이 줄어든다. 다만, '들
다'의 활용형은 '들으니'이다.

들으면 들면. ※ 어간이 'ㄹ' 받침
으로 끝나는 용언의 어간에 붙
는 연결어미는 '-면'이다. 다만,
'듣다'의 활용형은 '들으면'이다.

들은 든. ※ 어간이 'ㄹ' 받침으로
끝나는 용언의 어간에 붙는 어

미는 '- ㄴ'이다. '- ㄴ'이 붙으면 'ㄹ'이 줄어든다.

들음 듦. ※ 어간이 'ㄹ' 받침으로 끝나는 용언의 명사형 어미는 '- ㅁ'이다. 다만, '듣다'의 명사형은 '들음'이다. ¶칼이 잘 듦. / 무거운 짐을 듦. // 말을 잘 들음.

들읍니다 듭니다. 듣습니다. ※ 어간이 'ㄹ' 받침으로 끝나는 용언의 어간에 붙는 어미는 '- ㅂ니다'이다. '- ㅂ니다'가 붙으면 'ㄹ'이 줄어든다. 다만, '듣다'의 활용형은 '듣습니다'이다.

들읍시다 듭시다. ※ 어간이 'ㄹ' 받침으로 끝나는 동사의 어간에 붙는 어미는 '- ㅂ시다'이다. '- ㅂ시다'가 붙으면 'ㄹ'이 줄어든다.

들이 닥치다 들이닥치다. ※ 한 낱말이므로 붙여 쓴다.

들이 대다 들이대다. ※ 한 낱말이므로 붙여 쓴다.

들이 밀다 들이밀다. ※ 한 낱말이므로 붙여 쓴다.

들이켜다 ※ '들이켜다'는 '물 따위를 마구 마시다'의 뜻이며, '들이키다'는 '안쪽으로 가까이 옮기다'의 뜻이다. ¶갈증이 나는지 물을 벌컥벌컥 들이켠다. // 통

로가 복잡하니 발을 들이키면 좋겠다.

들이키다 참조 들이켜다.

들입다 참조 냅다.

들쭉날쭉 = 들쑥날쑥. ※ 복수 표준어.

들쳐내다 들춰내다.

들쳐메다 둘러메다.

들쳐업다 둘러업다.

들추다 ※ '들추다'는 '뒤지다. 드러나게 하다'의 뜻을 나타내며, '들치다'는 '물건의 한쪽을 쳐들다'의 뜻을 나타낸다. ¶사무실을 샅샅이 들추어 보았다. / 그의 과거 비행을 들추었다. // 이불을 들쳤다. / 커튼을 들치고 밖을 내다보았다.

들치다 참조 들추다.

들큰하다 들큼하다. ¶삶은 호박 맛이 들큼하다.

들통나다 들통 나다. 들통이 나다. ※ 한 낱말이 아니므로 띄어 쓴다.

듬 듦. 참조 들음.

듬북 듬뿍.

듬북장 담북장. 청국장.

듬성듬성히 듬성듬성.

듬직히 듬직이.

듯　※ '듯', '듯이'는 짐작이나 추측을 나타내면 의존명사이므로 띄어 쓰고, 뒤 절의 내용이 앞 절의 내용과 거의 같음을 나타내면 연결어미이므로 앞말에 붙여 쓴다. '**듯하다**'는 보조형용사이므로 띄어 쓰는 것이 원칙이다. ¶갈 듯 말 듯. / 그 일을 알고 있는 듯(이) 말했다. // 구름에 달 가듯(이). / 땀이 비 오듯(이) 쏟아졌다. / 게 눈 감추듯(이). 거짓말을 밥 먹듯(이) 한다. // 양이 모자랄 듯하다.

듯 싶다　듯싶다. ※ 한 낱말이므로 붙여 쓴다. ¶그 사람 표정을 보니 내가 뭘 잘못한 듯싶다.

듯이　참조 듯.

듯하다　참조 듯.

등(等)　※ 둘 이상의 사물을 열거할 때 그 사물 전체를 가리키거나 그 밖에 같은 종류가 더 있음을 뜻하는 의존명사. 들, 따위. ¶고성, 속초, 양양 등 영동지방 시군.

등교길(登校-)　등굣길. ※ [등교낄·등굗낄]로 소리 나므로 사이시옷을 받쳐 적는다.

등대불(燈臺-)　등댓불. ※ [등대뿔·등댄뿔]로 소리 나므로 사이시옷을 받쳐 적는다.

등떠리　등때기.

등떼기　등때기.

등록율(登錄率)　등록률. 참조 -률.

등룡문(登龍門)　등용문. ※ 접두어처럼 쓰이는 한자 다음의 첫음절은 두음법칙에 따라 적는다.

등물　=등목. 목물. ※복수표준어.

등살　※ '**등살**'은 '등에 있는 근육'을, '**등쌀**'은 '몹시 귀찮게 구는 짓'을 뜻한다. ¶등살이 꼿꼿해졌다. // 아이들 등쌀에 편히 쉴 수 없다.

등쌀　참조 등살.

등쳐먹다　등쳐 먹다. ※ '등치다'에 보조동사 '먹다'가 붙으면 구이므로 띄어 쓴다. ¶그 불쌍한 사람을 등쳐 먹다니.

-디　※ 일부 형용사 어간 뒤에서 '-디-은'의 구성으로 형용사 어간을 반복하여 그 뜻을 강조하는 연결어미. ¶가깝디가까운. / 높디높은. / 자디잔. / 차디찬.

디그(dig)　말터 받아막기.

디따　딥다. 들입다.

디렉토리(directory)　디렉터리.

디룩디룩　뒤룩뒤룩.

디립다　들입다. 딥다.

디비다　뒤지다.

디스켙(diskette)　디스켓. ※ 외래어 표기에서, 받침에는 'ㄱ, ㄴ, ㄹ, ㅁ, ㅂ, ㅅ, ㅇ'만 쓴다.

디엠(DM←Direct Mail)　말터 우편 광고(물).

디엠지(DMZ)　디엠제트. ※ 영어 알파벳 'Z'는 '제트'로 읽는다.

디오라마(diorama)　말터 실사모형(實辭模型).

디읃　디귿. ※ 한글 자모 'ㄷ'의 이름은 '디귿'이다.

디지다　뒈지다. 뒤지다. 참조 뒤지다.

디지탈(digital)　디지털.

디지틀(digital)　디지털.

디펜딩 챔피언(defending champion)　말터 우승지킴이(優勝-).

디포우(Defoe)　디포. ¶대니얼 디포(영국의 소설가). ※ [ou]는 '오'로 적는다.

딛다　활용 딛고 디디니 디뎌. 디디면. 디디지. ※ '디디다'의 준말인 '딛다'에는 모음으로 시작하는 어미가 붙을 수 없고 '디딘', '디디어라(디뎌라)', '디디었다(디

뎠다)', '디딤'처럼 활용한다. 일부 낱말의 준말 형태에서 이런 현상이 나타나는데 그런 예로는 '갖다', '건들다', '내딛다', '머물다', '서둘다', '서툴다' 등이 있다.

딛어　디뎌. 참조 딛다.

딛으니　디디니. 참조 딛다.

딛으면　디디면. 참조 딛다.

딛은　디딘. 참조 딛다.

딛음　디딤. 참조 딛다.

딛읍니다　디딥니다. 참조 딛다.

딛읍시다　디딥시다. 참조 딛다.

딜럭스(deluxe)　디럭스.

딜렘마(dilemma)　딜레마.

딥따　딥다. 들입다.

딩굴다　뒹굴다.

딩펫족(Dinkpet族)　말터 맞벌이애완족(-愛玩族).

따가와　따가워. ※ 'ㅂ불규칙용언'은 '곱다', '돕다'를 제외하고는 모두 '-워'로 활용한다.

따거운　따가운. 참조 따겁다.

따겁다　따갑다. 활용 따갑고. 따가운. 따가워. 따가우니.

따끔이　따끔히.

따 논 당상(-堂上)　따 놓은 당상. ※ '놓다'의 활용형 '놓아'는 '놔'로 줄일 수 있지만 '놓은'은 '논'

으로 줄일 수 없다. 참조 놓다.
떼 논 당상.

따뜻한 온정(−溫情)　따뜻한 정.
온정. ※ '온정'이 '따뜻한 인정'
을 뜻하므로 '따뜻한 온정'은 겹
말이다.

따뜻히　따뜻이.

따라　※ '특별한 이유 없이 공교
롭게'라는 뜻의 '따라'는 보조사
이므로 앞말에 붙여 쓴다. 다만,
동사 '따르다'의 활용형 '따라'는
앞말과 띄어 쓴다. ¶오늘<u>따라</u>
몹시 피곤하다. // 친구 <u>따라</u> 강남
간다. / 나만 <u>따라</u> 하면 문제없을
것이다.

따라 가다　따라가다. ※ 한 낱말
이므로 붙여 쓴다.

따라 나서다　따라나서다. ※ 한
낱말이므로 붙여 쓴다.

따라 다니다　따라다니다. ※ 한
낱말이므로 붙여 쓴다.

따라마시다　따라 마시다. ※ 한
낱말이 아니므로 띄어 쓴다. ¶
콜라를 한 잔 <u>따라 마셨다</u>.

따라먹다　따라 먹다. ※ 한 낱말
이 아니므로 띄어 쓴다. ¶약을
한 숟갈 <u>따라 먹었다</u>.

따라 붙다　따라붙다. ※ 한 낱말

이므로 붙여 쓴다.

따라 오다　따라오다. ※ 한 낱말
이므로 붙여 쓴다.

따라 잡다　따라잡다. ※ 한 낱말
이므로 붙여 쓴다.

따라 하다　따라하다. ※ 한 낱말
이므로 붙여 쓴다.

따로이　따로.

따로히　따로.

따름　※ 의존명사이므로 항상 띄
어 쓴다. ¶우리 선수들이 잘 싸
우니 그저 즐거울 <u>따름</u>이다.

따블백　더플백(duffle bag).

따사로히　따사로이.

따시다　따뜻하다.

따옥이　따오기.

따위　※ 의존명사이므로 항상 띄
어 쓴다. 참조 들. 등. ¶나비·벌
·풍뎅이 <u>따위</u>의 곤충. / 너 <u>따위</u>
가 어찌 내 뜻을 알겠느냐.

따은 머리　땋은 머리.

따타부타　따따부따. ¶네가　왜
<u>따따부따</u> 남의 일에 참견이냐?

딱다구리　딱따구리.

딱딱이　딱따기. ¶야경꾼이　딱
<u>따기</u>를 치며 지나간다.

딱이　딱히. ¶<u>딱히</u> 할 말이 없다.

딱정이　딱지. ¶넘어져 다친 자

리에 딱지가 앉았다.

딱지 띠다　딱지 떼다. / 딱지 떼이다. ¶교통경찰관이 신호 위반 운전자에게 딱지를 뗐다. / 불법 유턴을 하다 교통경찰관에게 들켜 딱지를 떼었다.

딲다　닦다.

딴　※ '자기 나름대로의 생각이나 기준'을 뜻하면 의존명사이므로 항상 띄어 쓴다. ¶내 딴에는 열심히 했다.

딴 것　딴것. ※ 한 낱말이므로 붙여 쓴다.

딴 눈　딴눈. ※ 한 낱말이므로 붙여 쓴다.

딴 마음　딴마음. ※ 한 낱말이므로 붙여 쓴다.

딴 말　딴말. ※ 한 낱말이므로 붙여 쓴다. ¶나중에 딴말은 하지 마라.

딴 맛　딴맛. ※ 한 낱말이므로 붙여 쓴다.

딴 머리　딿은 머리.

딴 사람　딴사람. ※ 한 낱말이므로 붙여 쓴다.

딴 생각　딴생각. ※ 한 낱말이므로 붙여 쓴다.

딴 소리　딴소리. ※ '주어진 상황과 아무런 관련이 없는 말', '미리 정해진 것이나 본뜻에 어긋나는 말'을 나타내면 한 낱말이므로 붙여 쓴다. 다만, '다른 소리'를 나타내면 한 낱말이 아니므로 띄어 쓴다. ¶딴소리가 나오지 않도록 단단히 입단속을 하였다. // 바람소리 말고 딴 소리는 전혀 들리지 않았다.

딴전　= 딴청. ※ 복수표준어.

딴지　딴죽. ¶사사건건 딴죽 걸지 마라.

딴짓거리　딴전. ※ 다만, '어떤 일을 할 때 그 일과는 전혀 관계없는 행동을 함'을 뜻하는 말은 '**딴짓**'이다.

딴청　= 딴전. ※ 복수표준어.

딴 판　딴판. ※ 한 낱말이므로 붙여 쓴다.

딸각발이　딸깍발이.

딸꼭질　딸꾹질.

딸님　따님.

딸라(dollar)　달러. ※ 외래어 표기에서, 일본어·중국어·베트남 어·태국어의 일부 표기 외에는 된소리를 쓰지 않는다.

딸래미　딸내미.

딸리다　[참조] 달리다.

딸부자집(-富者-)　딸부잣집. ※ [딸부 : 자찝 · 딸부 : 잗찝]으로 소리 나므로 사이시옷을 받쳐 적는다.

땅기다　참조 당기다.

땅 속　땅속. ※ 한 낱말이므로 붙여 쓴다.

때거리　땟거리. ※ [때꺼리 · 땐꺼리]로 소리 나므로 사이시옷을 받쳐 적는다.

때국　땟국. ※ [때꾹 · 땐꾹]으로 소리 나므로 사이시옷을 받쳐 적는다. ¶땟국물.

때놈　되놈.

때 늦다　때늦다. ※ 한 낱말이므로 붙여 쓴다. ¶때늦은 후회.

때때　=고까. 꼬까. ※ 복수표준어. ¶때때신. / 때때옷.

때문에　※ '때문'은 의존명사이므로 접속사처럼 쓸 수 없다. '때문' 앞에 용언의 관형사형이나 체언이 와야 한다. ¶그 사람은 성실하다. 그 때문에 상사들의 신임이 두텁다.

때자국　땟자국. ※ [때짜국 · 땐짜국]으로 소리 나므로 사이시옷을 받쳐 적는다.

땜빵　땜질. 땜.

땜쟁이　땜장이. ※ 다만, '목 언저리에 생기는 부스럼이 곪아 터져서 목에 큰 흠이 생긴 사람을 놀림조로 이르는 말은 '땜쟁이'이다. 참조 -장이.

땟갈　때깔.

땟깔　때깔. ※ 된소리 앞에서는 사이시옷을 받치지 않는다.

땟마배(←傳馬- · てんま-)　거룻배.

땡기다　당기다. 땅기다. 참조 당기다.

땡땡이 무늬(←點點- · てんてん-)　물방울무늬.

땡삐　땅벌.

땡초　땡추. 땡추중. 파계하여 중답지 못한 중을 낮잡아 이르는 말.

땡큐　생큐(thank you). ※ [뀨는 'ㅅ'으로 적는다.

땡크(tank)　탱크. 전차(戰車). ※ 외래어 표기에서, 일본어 · 중국어 · 베트남 어 · 태국어의 일부 표기 외에는 된소리를 쓰지 않는다.

떠돌아 다니다　떠돌아다니다. ※ 한 낱말이므로 붙여 쓴다.

떠들석하다　떠들썩하다.

떠들으니　떠드니. ※ 어간이 'ㄹ' 받침으로 끝나는 용언의 어간에 붙는 어미는 '-니'이다. '-니'가 붙으면 'ㄹ'이 줄어든다.

떠들으면 떠들면. ※ 어간이 'ㄹ' 받침으로 끝나는 용언의 어간에 붙는 연결어미는 '-면'이다.

떠들은 떠든. ※ 어간이 'ㄹ' 받침으로 끝나는 용언의 어간에 붙는 어미는 '-ㄴ'이다. '-ㄴ'이 붙으면 'ㄹ'이 줄어든다.

떠들음 떠듦. ※ 어간이 'ㄹ' 받침으로 끝나는 용언의 명사형 어미는 '-ㅁ'이다. ¶아이들이 큰 소리로 떠듦.

떠듬 떠듦. 참조 떠들음.

떠러지다 떨어지다.

떠리 떨이.

떠받히다 떠받치다.

떠벌리다 ※ '떠벌리다'는 '이야기를 과장하여 늘어놓다'라는 뜻이며, '**떠벌이다**'는 '굉장한 규모로 차리다'라는 뜻이다. ¶실천도 못하면서 떠벌리고 다니지 마라. // 이것저것 사업을 떠벌여 놓고선 뒷감당을 제대로 못한다.

떠벌이 떠버리. 자주 수다스럽게 떠드는 사람을 낮잡아 이르는 말. ※ '떠버리'는 '떠벌리다'에

서 온 것으로 추측할 수 있으나 '떠벌-'이라는 어간이 따로 있지 않으므로 '떠벌'에 명사화 접미사 '-이'가 붙은 것이라고 단정할 수 없다. 따라서 소리 나는 대로 적는다.

떠벌이다 참조 떠벌리다.

떠앉다 떠안다.

떠올르다 떠오르다. 활용 떠오르고. 떠오르니. 떠오르면. 떠오른. 떠올라. ¶그 선수는 그야말로 떠오르는 별이다. / 마침 좋은 생각이 떠올랐다.

떡깔나무 떡갈나무.

떡꼬지 떡꼬치. 참조 꼬지.

떡대 덩치.

떡볶기 떡볶이. ※ 다만, 떡을 볶는 동작이나 과정은 '떡 볶기'라고 쓸 수 있다.

떡사리 떡 추가분. ※ '사리'는 '국수, 새끼, 실 따위를 동그랗게 포개어 감은 뭉치'를 뜻하므로 떡은 '사리'로 표현할 수 없다.

떨구다 = 떨어뜨리다. 숙이다. ※ 복수표준어. ¶눈물을 떨구다. / 고개를 떨구다.

떨다 ※ '**떨다**'는 '달려 있거나 붙어 있는 것을 쳐서 떼어 내다'의

뜻을 나타내고, '**털다**'는 '달려 있는 것, 붙어 있는 것 따위가 떨어지게 흔들거나 치거나 하다'의 뜻을 나타낸다. ¶옷의 먼지를 <u>떨었다</u>. / 밤나무의 밤을 <u>떨다</u>. / 담뱃재를 떨다. / 그는 현관에서 모자에 쌓인 눈을 <u>떨었다</u>. // 먼지를 <u>떨어내려고</u> 옷을 <u>털었다</u>. / 먼지 묻은 옷은 밖에서 <u>털고</u> 들어와라. / 노인은 곰방대를 <u>털며</u> 이야기를 시작했다.

떨어 뜨리다 떨어뜨리다. ※ 한 낱말이므로 붙여 쓴다.

떨어먹다 털어먹다. ¶도박에 빠져 재산을 몽땅 <u>털어먹었다</u>.

떨으니 떠니. ※ 어간이 'ㄹ' 받침으로 끝나는 용언의 어간에 붙는 어미는 '-니'이다. '-니'가 붙으면 'ㄹ'이 줄어든다.

떨으면 떨면. ※ 어간이 'ㄹ' 받침으로 끝나는 용언의 어간에 붙는 연결어미는 '-면'이다.

떨은 떤. ※ 어간이 'ㄹ' 받침으로 끝나는 용언의 어간에 붙는 어미는 '-ㄴ'이다. '-ㄴ'이 붙으면 'ㄹ'이 줄어든다.

떨음 떪. ※ 어간이 'ㄹ' 받침으로 끝나는 용언의 명사형 어미는 '-ㅁ'이다. ¶덜덜 떪.

떨읍니다 떱니다. ※ 어간이 'ㄹ' 받침으로 끝나는 용언의 어간에 붙는 어미는 '-ㅂ니다'이다. '-ㅂ니다'가 붙으면 'ㄹ'이 줄어든다.

떨읍시다 떱시다. ※ 어간이 'ㄹ' 받침으로 끝나는 동사의 어간에 붙는 어미는 '-ㅂ시다'이다. '-ㅂ시다'가 붙으면 'ㄹ'이 줄어든다.

떫디 떫다 떫디떫다. ※ 한 낱말이므로 붙여 쓴다. 참조 -디.

떫떠름하다 떫떠름하다.

떫은 맛 떫은맛. ※ 한 낱말이므로 붙여 쓴다.

떰 떪. 참조 떨음.

떳떳치 떳떳지. ※ '하다'로 끝나는 용언 가운데 '하' 앞의 음절이 'ㄱ, ㅂ, ㅅ' 받침으로 끝나는 낱말의 준말은 '하'가 아주 줄어든다. 즉, '간단하지'의 준말은 '하'의 'ㅏ'만 줄어들어 '간단치'가 되지만 '떳떳하지'의 준말은 '하'가 모두 줄어들어 '떳떳지'가 된다. ¶<u>떳떳지</u> 못한 일은 한 적이 없다.

떳떳히 떳떳이.

떼걸이 떼거리. ¶아이들이 <u>떼거리</u>로 몰려다니며 아우성을 친다. / 그 아이는 <u>떼거리</u>를 잘 쓴다.

떼구르르 때구루루.

떼기 뙈기. 논밭의 구획을 세는 단위. 참조 밭떼기. ¶밭 한 뙈기.

떼 논 당상 떼 놓은 당상. ※ '놓다'의 활용형 '놓아'는 '놔'로 줄일 수 있지만 '놓은'은 '논'으로 줄일 수 없다. 참조 놓다. 따 논 당상.

떼놈 되놈.

떼다밀다 떠다밀다. 떠밀다. ※ 다만, '떼밀다'는 표준어이다. ¶누군가 뒤에서 떠다미는 바람에 엎어졌다.

뗄래야 뗄 수 없다 떼려야 뗄 수 없다. ※ '-려고 하여야'가 줄어든 말은 '-려야'로 쓴다. 참조 -ㄹ래야.

떼어 논 당상 떼어 놓은 당상. 참조 논. 따 논 당상. 떼 논 당상.

떼우다 때우다.

떼장이 떼쟁이. 참조 -장이.

떼제베(TGV) 테제베. 프랑스 고속철도. ※ 외래어 표기에서, 일본어·중국어·베트남 어·태국어의 일부 표기 외에는 된소리를 쓰지 않는다.

뗀마배(←傳馬-·てんま-) 거룻배.

뗏마배(←傳馬-·てんま-) 거룻배.

뗑깡(癲癇·てんかん) 생떼. ※ '전간(癲癇)'은 '간질(癎疾)', '지랄(병)'을 뜻하는 말이다.

뗑뗑이 무늬(點點-·てんてん-) 물방울무늬.

또다른 또 다른. ※ 한 낱말이 아니므로 띄어 쓴다.

또 다시 또다시. ※ 한 낱말이므로 붙여 쓴다.

또렷치 또렷지. ※ '하다'로 끝나는 용언 가운데 '하' 앞의 음절이 'ㄱ, ㅂ, ㅅ' 받침으로 끝나는 낱말의 준말은 '하'가 아주 줄어든다. 즉, '간단하지'의 준말은 '하'의 'ㅏ'만 줄어들어 '간단치'가 되지만 '또렷하지'의 준말은 '하'가 모두 줄어들어 '또렷지'가 된다. ¶기억이 또렷지 않다.

또렷히 또렷이.

또렷하다 또렷하다.

또아리 똬리.

똑 같다 똑같다. ※ 한 낱말이므로 붙여 쓴다.

똑같애 똑같아. ¶젓가락 두 짝이 똑같아요.

똑닥거리다 똑딱거리다.

똑닥똑닥 똑딱똑딱.

똑딱배 똑딱선(−船). 통통배. 통통선(−船). 발동기로 움직이는 작은 배.

똑딱이 똑딱선. 참조 똑딱배.

똑똑치 똑똑지. ※ '하다'로 끝나는 용언 가운데 '하' 앞의 음절이 'ㄱ, ㅂ, ㅅ' 받침으로 끝나는 낱말의 준말은 '하'가 아주 줄어든다. 즉, '간단하지'의 준말은 '하'의 'ㅏ'만 줄어들어 '간단치'가 되지만 '똑똑하지'의 준말은 '하'가 모두 줄어들어 '똑똑지'가 된다. ¶ 그 사람은 셈이 <u>똑똑지</u> 못하다.

똔똔(とんとん) 본전치기.

똘방똘방 또랑또랑.

뙤기 때기. 참조 떼기. 밭떼기. ¶ 밭<u>떼기</u>.

뚜꺼비 두꺼비.

뚜렷치 뚜렷지. ※ '하다'로 끝나는 용언 가운데 '하' 앞의 음절이 'ㄱ, ㅂ, ㅅ' 받침으로 끝나는 낱말의 준말은 '하'가 아주 줄어든다. 즉, '간단하지'의 준말은 '하'의 'ㅏ'만 줄어들어 '간단치'가 되지만 '뚜렷하지'의 준말은 '하'가 모두 줄어들어 '뚜렷지'가 된다. ¶

기억이 <u>뚜렷지</u> 않다.

뚜렷히 뚜렷이.

뚜렷하다 뚜렷하다.

뚜르 드 프랑스(tour de France) 투르 드 프랑스. ※ 외래어 표기에서, 일본어·중국어·베트남 어·태국어의 일부 표기 외에는 된소리를 쓰지 않는다.

뚜장이 뚜쟁이. 참조 −장이.

뚝 둑.

뚝길 둑길.

뚝막이 둑막이.

뚝방 둑.

뚝방길 둑길.

뚝빼기 뚝배기. ※ '−배기'와 '−빼기'가 혼동될 수 있는 낱말 가운데 'ㄱ, ㅂ' 받침 뒤에서 [빼기]로 소리 나면 '−배기'로 적는다. ¶<u>뚝배기</u>보다 장맛이 좋다.

뚝힘 뚝심.

뚱단지 뚱딴지.

뚱땡이 뚱뚱이.

뚱뗑이 뚱뚱이.

뚧으고 뚫고.

뚧이다 뚫리다. 활용 뚫리고. 뚫리면. 뚫리어(뚫려). 뚫리지.

뛰댕기다 뛰어다니다. 참조 당기다.

뛰어 나가다 뛰어나가다. ※ 한 낱말이므로 붙여 쓴다.

뛰어 나오다 뛰어나오다. ※ 한 낱말이므로 붙여 쓴다.

뛰어 내리다 뛰어내리다. ※ 한 낱말이므로 붙여 쓴다.

뛰어 다니다 뛰어다니다. ※ 한 낱말이므로 붙여 쓴다.

뛰어댕기다 뛰어다니다. 참조 당기다.

뛰어올르다 뛰어오르다. 활용 뛰어오르고. 뛰어오르니. 뛰어오르면. 뛰어오른. 뛰어올라. ¶그는 언덕길을 <u>뛰어오르기</u> 시작했다. / 청년들이 막 출발하는 열차에 <u>뛰어올랐다</u>.

뛰여들다 뛰어들다.

뛰쳐 나가다 뛰쳐나가다. ※ 한 낱말이므로 붙여 쓴다.

뜨거와 뜨거워. ※ 'ㅂ불규칙용언'은 '곱다', '돕다'를 제외하고는 모두 '-워'로 활용한다.

뜨거운 열기(-熱氣) 열기. 뜨거운 기운. ※ '열기'가 '뜨거운 기운'을 뜻하므로 '뜨거운 열기'는 겹말이다.

뜨게질 뜨개질.

뜨네기 뜨내기.

뜨락 =뜰. ※ 복수표준어.

-뜨리다 =-트리다. ※ 복수표준어.

뜨문뜨문 드문드문.

뜬물 뜨물.

뜯어 고치다 뜯어고치다. ※ 한 낱말이므로 붙여 쓴다.

뜯어 말리다 뜯어말리다. ※ 한 낱말이므로 붙여 쓴다.

뜯어먹다 ※ '남의 재물 따위를 졸라서 얻거나 억지로 빼앗아 가지다'의 뜻을 나타내면 한 낱말이므로 붙여 쓰고, '질긴 음식을 입에 물고 떼어서 먹다, 초식동물이 풀 따위를 떼어서 먹다'의 뜻을 나타내면 한 낱말이 아니므로 띄어 쓴다. ¶후배들이 선배를 <u>뜯어먹으려고</u> 든다.∥소가 풀을 <u>뜯어 먹는</u> 모습이 한가롭다. / 갈비를 게걸스럽게 <u>뜯어 먹고</u> 있다.

뜯어 먹다 참조 뜯어먹다.

뜯어 보다 뜯어보다. ※ '붙여놓은 것을 헤치고 살피다', '이모저모로 자세히 살피다'의 뜻이거나 '글에 서툴러서 겨우 이해하다'의 뜻을 나타내면 한 낱말이므로 붙여 쓴다. ¶남의 편지를 <u>뜯어보면</u> 안 된다. / 남자가 여자

의 얼굴을 찬찬히 뜯어보았다. /
한문으로 쓰인 글을 간신히 뜯
어보았다. // 텔레비전이 고장 났
으니 한번 뜯어 보아라.

뜸놓다　뜸뜨다.

뜸단지　부항단지.

뜸물　뜨물.

뜸북이　뜸부기.

뜻뜨미지근하다　뜨뜻미지근하다.

뜻 밖에　뜻밖에. ※ '생각이나 예
상과는 달리'를 뜻하면 한 낱말
이므로 붙여 쓴다. ¶뜻밖에도
횡재를 했다.

뜽금없다　뜬금없다. ¶뜬금없는
소리.

띄다　※ '띄다'는 '뜨이다'의 준말
로서 '눈에 보이다', '다른 것보다
두드러지다', 또는 '띄우다'의 준
말로서 '간격이 벌어지게 하다'
의 뜻이다. '띠다'는 '물건, 직책,
사명 등을 지니다', '빛깔, 색채,
성질 등을 가지다', '감정, 기운
등을 나타내다'의 뜻이다. ¶책
에 오자가 눈에 띈다. / 고생하더
니 행동거지가 눈에 띄게 달라

졌다. // 맞춤법에 맞게 띄어 써
라. // 특수 임무를 띠고 장도에
나섰다. / 붉은색을 띤 장미. / 노
기 띤 얼굴로 꾸짖었다.

띄어 쓰기　띄어쓰기. ※ '띄어쓰
기'는 띄어서 쓰는 것뿐만 아니
라 띄어 써서는 안 될 것을 붙여
서 쓰는 것까지도 포함하는 말
이다. '띄어쓰기를 잘한다'라는
말은 띄어 써야 할 것과 붙여 써
야 할 것을 잘 구별해 정확하게
함을 나타내는 것이다.

띄어쓰다　띄어 쓰다. ※ 한 낱말
이 아니므로 띄어 쓴다.

띄워쓰기　띄어쓰기.

띠다¹　참조 띄다.

띠다²　떼다. 참조 띄다. 딱지 띠
다. ¶날 떼어 놓고 모두 가 버렸
다. / 신호 위반으로 딱지를 떼었
다.

띠엄띠엄　띄엄띄엄.

띠염띠염　띄엄띄엄.

띠우다　띄우다. 활용 띄우고. 띄
우면. 띄우어(띄워).

띠워　띄워. 참조 띄우다.

-ㄹ꺼나 −ㄹ거나. 자기의 어떤 의사에 대해 스스로에게 또는 상대에게 의견을 물을 때 쓰는 종결어미. ※ '르'을 제외한 받침 있는 동사 어간이나 어미 '−었−', '−겠−' 뒤에서는 '−을거나'가 된다. ¶언제까지 이렇게 <u>살거나</u>?∥이제 밥을 <u>먹을거나</u>?

-ㄹ껄 −ㄹ걸. 추측이나 가벼운 뉘우침, 아쉬움을 나타내는 종결어미. ※ '르'을 제외한 받침 있는 용언의 어간이나 어미 '−었−' 뒤에서는 '−을걸'이 된다. ¶그 사람은 이미 <u>잘걸</u>. / 숙제부터 해 <u>둘걸</u>.∥그 집은 벌써 팔렸<u>을걸</u>. / 먹으라고 할 때 <u>먹을걸</u>.

-ㄹ께 −ㄹ게. 어떤 행동을 약속하는 종결어미. ※ '르'을 제외한 받침 있는 동사 어간 뒤에서는 '−을게'가 된다. ¶이따 내가 <u>들를게</u>.∥나중에 <u>먹을게</u>.

-ㄹ라고 −려고. '어떤 행동을 할 의도나 욕망을 가지고 있음', '곧 일어날 움직임이나 상태의 변화'를 나타내는 연결어미, 또는 '어떤 주어진 사태에 대하여 의문이나 반문'을 나타내는 종결어미. ※ '르'을 제외한 받침 있는 동사 어간, 받침 있는 용언의 어간이나 어미 '−었−' 뒤에서는 '−으려고'가 된다. ¶이제 막 쌀을 <u>안치려고</u> 하는 중이다. / 먹구름이 낮게 깔린 것을 보니 비가 곧 <u>쏟아지려고</u> 한다. / 아무러면 일을 망치기야 <u>하려고</u>.∥오늘은 집에서 저녁을 <u>먹으려고</u> 일찍 퇴근했다.

-ㄹ라면 −려면. '어떤 의사를 실현시키려고 한다면', '어떤 가상의 일이 사실로 실현되기 위해서는', '미래의 어떤 일이 이미 실현되기 시작했거나 실현될 것이 확실하다면'의 뜻을 나타내는 연결어미. ※ '르'을 제외한

받침 있는 용언의 어간이나 어미 '-었-' 뒤에서는 '-으려면'이 된다. ¶버스를 타려면 큰길로 나가야 한다. / 그 안건이 통과되려면 참석 대의원 3분의 2 이상의 찬성이 있어야 한다. / 비가 오려면 좍좍 쏟아질 일이지.// 민심을 잡으려면 진실해야 한다.

-ㄹ라믄 -ㄹ랑은. '어떤 대상을 특별히 가리키는 데' 쓰이는 보조사 '-ㄹ랑'에 강조의 뜻을 나타내는 보조사 '-은'이 결합한 것이다. ※ 받침 있는 체언 뒤에서는 '-을랑은'이 된다. ¶큰댁에설랑은 이틀만 지내고 외가엘 가야지. / 널랑은 아무 걱정 말고 살아라. // 그 사람을랑은 부르지 말게.

-ㄹ라오 -려오. '-려고 하오'가 줄어든 말. ※ 'ㄹ'을 제외한 받침 있는 동사의 어간 뒤에서는 '-으려오'가 된다. ¶이제 떠나려오. / 선생은 어떻게 하시려오?// 난 이 기회를 잡으려오.

-ㄹ래도 -려도. '-려고 하여도'가 줄어든 말. ※ 'ㄹ'을 제외한 받침 있는 동사의 어간 뒤에서

는 '-으려도'가 된다. ¶투자를 하려도 대상을 못 찾겠다. // 그 일은 잊으려도 잊을 수 없소.

-ㄹ래야 -려야. '-려고 하여야'가 줄어든 말. ※ 'ㄹ'을 제외한 받침 있는 동사의 어간 뒤에서는 '-으려야'가 된다. ¶가려야 갈 수 없는 북녘 내 고향. / 떼려야 뗄 수 없는. / 자려야. / 오려야. // 먹으려야.

-ㄹ런지 -ㄹ는지. 실현 가능성에 대한 의문을 나타내는 연결어미, 또는 종결어미. ※ 받침 있는 용언의 어간 뒤에서는 '-을는지'가 된다. ¶비가 올는지 구름이 낮게 깔리기 시작했다. / 아버지가 과연 오늘 돌아오실는지. / 어떤 일이 터질는지 어찌 알겠는가. // 일정을 어떻게 잡을는지 전혀 알 수 없네.

-ㄹ려고 -려고. 의도를 나타내는 어미. ※ 'ㄹ'을 제외한 동사 어간, 받침 있는 용언의 어간이나 어미 '-었-' 뒤에서는 '-으려고'가 된다. 참조 -ㄹ라고. ¶나물 맛을 살리려고. / 서울로 가려고. / 좋은 물건을 사려고. // 새를 잡으려고 돌을 던졌다. / 설마

마당이 운동장만큼이나 넓<u>으려</u>고?

-ㄹ려면 -려면. 참조 -ㄹ라면.

-ㄹ려야 -려야. 참조 -ㄹ래야.

-ㄹ른지 -ㄹ는지. 참조 -ㄹ런지.

-ㄹ 망정 -ㄹ망정. 앞의 사실을 인정하고 그와 대립되는 다른 사실을 이어 말할 때 쓰는 연결어미. ※ 하나의 어미이므로 붙여 쓴다. 'ㄹ'을 제외한 받침 있는 용언의 어간이나 어미 '-었-' 뒤에서는 '-을망정'이 된다. ¶일을 <u>그르칠망정</u> 꼼수는 쓰지 않는다. // 이렇게 주저앉<u>을망정</u> 꼼수는 쓰지 않겠다.

-ㄹ 밖에 -ㄹ밖에. ※ 하나의 어미이므로 붙여 쓴다. 'ㄹ'을 제외한 받침 있는 용언의 어간이나 어미 '-었-' 뒤에서는 '-을밖에'가 된다. ¶집주인이 나가라니 <u>나갈밖에</u>. / 네가 내놓으라면 <u>내놓을밖에</u>.

-ㄹ 뿐더러 -ㄹ뿐더러. 어떤 일이 그것만으로 그치지 않고 나아가 다른 일이 더 있음을 나타내는 연결어미. ※ 하나의 어미이므로 붙여 쓴다. 'ㄹ'을 제외한 받침 있는 용언의 어간이나 어미 '-었-' 뒤에서는 '-을뿐더러'가 된다. ¶그 아이는 야무질<u>뿐더러</u> 맘씨도 착하다. // 그 사람은 재산이 <u>많을뿐더러</u> 주변 사람들의 신뢰도 두텁다.

-ㄹ소냐 -ㄹ쏘냐. '어찌 그럴 리가 있겠느냐'라는 뜻의 강한 부정을 나타내는 종결어미. ※ 'ㄹ'을 제외한 받침 있는 용언의 어간이나 어미 '-었-' 뒤에서는 '-을쏘냐'가 된다. 의문을 나타내는 어미는 '-(으)ㄹ쏘냐', '-(으)ㄹ쏜가', '-(으)ㄹ까', '-(으)ㄹ꼬'처럼 된소리로 적는다. ¶내가 너에게 <u>질쏘냐</u>? // 내가 그 사람 동정을 <u>받을쏘냐</u>?

-ㄹ손가 -ㄹ쏜가. '어찌 그럴 리가 있겠느냐'라는 뜻의 강한 부정을 나타내는 종결어미. ※ 'ㄹ'을 제외한 받침 있는 용언의 어간이나 어미 '-었-' 뒤에서는 '-을쏜가'가 된다. 의문을 나타내는 어미는 '-(으)ㄹ쏘냐', '-(으)ㄹ쏜가', '-(으)ㄹ까', '-(으)ㄹ꼬'처럼 된소리로 적는다. ¶누가 그 사람을 <u>이길쏜가</u>? // 태산이 높다 한들 하늘보다 높을

<u>쓴가</u>?

-ㄹ 수록 —ㄹ수록. 앞의 사물의 어떤 정도가 더하여지는 것이 뒤의 사물의 어떤 정도를 더하게 하는 조건이 됨을 나타내는 연결어미. ※ 하나의 어미이므로 붙여 쓴다. ‘ㄹ’을 제외한 받침 있는 용언의 어간이나 어미 ‘-었-’ 뒤에서는 ‘-을수록’이 된다. ¶시간이 <u>지날수록</u> 기억이 더 생생해진다. // 지위가 <u>높을수록</u> 책임은 더 큰 법이다.

-ㄹ 지 —ㄹ지. 추측에 대한 막연한 의문이 있는 채로 그것을 뒤 절의 사실이나 판단과 관련시키는 데 쓰는 연결어미, 또는 간접 인용절에서 추측에 대한 막연한 의문을 나타내는 종결어미. ※ 하나의 어미이므로 붙여 쓴다. ‘ㄹ’을 제외한 받침 있는 용언의 어간이나 어미 ‘-었-’ 뒤에서는 ‘-을지’가 된다. ‘시간의 경과’를 나타내는 의존명사 ‘지’만 띄어 쓰고 다른 때는 모두 붙여 쓴다. 참조 지. ¶무엇부터 해야 <u>할지</u> 몰라 덤벙거리다 시간만 보냈어. // 내일은 날씨가 <u>좋을지</u> 모르겠다.

-ㄹ 지라도 —ㄹ지라도. 앞의 사실을 인정하면서 거기에 구애받지 않는 사실을 이어서 말할 때 쓰는 연결어미. ※ 하나의 어미이므로 붙여 쓴다. ‘ㄹ’을 제외한 받침 있는 용언의 어간이나 어미 ‘-었-’ 뒤에서는 ‘-을지라도’가 된다. ¶생활은 풍족하지 <u>못할지라도</u> 마음은 편하다. // 걱정은 <u>있을지라도</u> 내색은 하지 마라.

-ㄹ 지언정 —ㄹ지언정. 앞의 사실을 인정하면서 거기에 구애받지 않는 사실을 이어서 말할 때 쓰는 연결어미. ※ 하나의 어미이므로 붙여 쓴다. ‘ㄹ’을 제외한 받침 있는 용언의 어간이나 어미 ‘-었-’ 뒤에서는 ‘-을지언정’이 된다. ¶비록 동메달일<u>지언정</u> 내게는 금메달에 못지않은 가치가 있다. // 굶어 죽을<u>지언정</u> 비굴하게 살지는 않겠다.

-라고 —라고. ※ 받침 있는 말 뒤에서는 ‘-이라고’가 된다. ¶“사랑한다.”<u>라고</u> 말했다. / 나<u>라고</u> 생각이 없겠는가? / 그건 내 잘못이 아니<u>라고</u>. / 이 일을 나더러 하<u>라고</u>? / 자기가 한 게 아니

라고 하던데. // 일주일 내내 맑은 날이라고는 하루밖에 없었다. / 이웃사촌이라고 먼 친척보다 가까운 이웃이 더 낫다.

라벤다(lavender) 라벤더.

라스베가스(Las Vegas) 라스베이거스.

라이덴(Leiden) 레이던. 네덜란드의 도시.

라이덴병(Leiden瓶) 레이던병.

라이방(Ray Ban) 레이밴. 색안경(色眼鏡). 보안경(保眼鏡). ※ '라이방'은 일본어투.

라이센스(license) 라이선스.

라이타(lighter) 라이터.

라제통문(羅濟通門) 나제통문. 전라북도 무주군 설천면에 있는 석굴 문. 암벽을 쪼아서 뚫었으며 삼국시대에 신라와 백제의 관문이었다고 함.

라지에타(←radiator) 라디에이터. 방열기(放熱器). ※ '라지에타'는 일본어투.

라카(lacquer) 래커.

라카룸(locker room) 라커룸.

락(rock) 록. ¶록그룹.

락타제(lactase) 락타아제.

락토스(lactose) 락토오스.

락펠러(Rockefeller) 록펠러. ¶존 데이비슨 록펠러(미국의 기업가). / 록펠러 센터.

란 참조 난¹. 난².

람사 협약(Ramsar 協約) 람사르 협약. 물새 서식지로서 국제적으로 중요한 습지에 관한 협약. ※ 이란의 도시 'Ramsar'에서 협약이 체결됐으므로 도시 이름을 따 '람사르 협약'이라고 부른다. '람사'는 '람사르'의 영어식 발음이므로 현지 발음으로 표기하는 외래어 표기법에 따라 '람사르'로 적는다.

랑군(Rangoon) 양곤(Yangon). 미얀마의 도시. ※ 1989년 '랑군'에서 '양곤'으로 이름을 바꿨다.

랑데뷰(rendez-vous) 랑데부.

래디안(radian) 라디안.

−래야 −라야. 앞 절의 일이 뒤 일의 조건임을 나타내는 연결어미. ※ '−라고 해야'가 줄어든 말은 '−래야'이다. ¶맑은 하늘이라야 별을 관측할 수 있지. // 재산이래야 허름한 집 한 채밖에 없다.

랜드마크(landmark) 말터 마루지.

랩퍼(rapper) 래퍼.

랭군(Rangoon) 양곤(Yangon). 참조 랑군.

량(量) 🔍 4)

-러 '-러'는 동작의 목적을 나타내는 연결어미이며, '-려'는 '-려고'의 준말로서 어떤 행동을 할 의도나 욕망이 있음을 나타내는 연결어미이다. ※ 받침 있는 동사의 어간 뒤에서는 '-으러', '-으려'가 된다. ¶뽕 따

🔍 4) **량**(量) 수량이나 분량. ※ 한자어 다음에서는 '**량**'으로, 고유어나 외래어 다음에서는 '**양**'으로 적는다. ¶갈수량/감소량/강설량/강수량/강우량/공급량/교통량/구름양/구형량/규정량/극대량/극미량/극소량/급식량/급여량/기준량/납부량/노동량/높낮이양/다량/대량/매장량/먹이양/무효량/물동량/물리량/물질량/미달량/바닥흐름양/반입량/반출량/발생량/발열량/발주량/방사선량/방열량/배급량/배기량/배수량/벡터양/보급량/보유량/부족량/분자량/분출량/불변량/비례량/사무량/사용량/산미량/산출량/생물량/생산량/생성량/생육량/생체량/성장량/소량/소모량/소비량/소실량/소요량/소출량/수요량/수확량/순금량/시비량/식사량/쓰레기양/알칼리양/어획량/언어량/연습량/염분량/염소량/예상량/예정량/요구량/용수량/용적량/용출량/운동량/운행량/원자량/유동량/유전자량/유지량/유출량/유통량/유효량/음식량/이슬양/일사량/일일량/일정량/일조량/임계량/입고량/입하량/잉여량/잎양/자금량/자기량/작업량/작용량/잔량/재고량/저수량/저장량/저탄량/적당량/적재량/전기량/전력량/전용량/전하량/절대량/정보량/제조량/조사량/증가량/증발량/채굴량/채취량/채탄량/책임량/첨가량/체화량/초과량/최대량/최소량/추가량/추정량/축적량/축전량/출고량/출하량/출혈량/충격량/치사량/침하량/탑재량/판매량/평균량/포함량/포화량/표준량/풍수량/필요량/하수량/하전량/한정량/할당량/함금량/함수량/함유량/허용량/허파숨양/현존량/호흡량/홍수량/화학량/훈련량/흐름양/흡수량/흡입량/힘양.

러 가세. / 토끼 잡으러 간다. // 지금 떠나려 한다. / 막 전화하려던 참이다. / 더 먹으려 든다.

러닝머신 트레드밀(treadmill).

러브 라인(love line) 말터 사랑구도(-構圖).

러브콜(love call) 말터 부름공세(-攻勢).

러쉬(rush) 러시. ※ 영어 표기에서 ʃ가 어말에 오면 '시'로 적는다. ¶러시아워.

럭키(lucky) 러키. ¶럭키세븐.

런너(runner) 러너.

런닝(running) 러닝. ¶러닝 메이트.

런닝머신(treadmill) 트레드밀.

런닝샤쓰(running shirt) 러닝셔츠.

-런지 -는지. 막연한 의문을 나타내는 연결어미, 또는 종결어미. ¶제 시간에 마칠는지 걱정스럽다. / 식사는 잘 하시는지.

레논(Lennon) 레넌. ¶존 레넌(영국의 대중음악가).

레루(←rail) 레일. ※'레루'는 일본어투.

레몬에이드(lemonade) 레모네이드.

레미제러블(Les Misérables) 레미제러블.

레바(lever) 레버.

레스비언(lesbian) 레즈비언.

레시피(recipe) 말터 조리법(調理法).

레알(real) 헤알. 브라질의 화폐 단위. ※포르투갈어 표기에서 어두의 'r'는 'ㅎ'으로 적는다.

레이다(radar) 레이더.

레이싱 걸(racing girl) 말터 행사빛냄이(行事-).

레이져(laser) 레이저. ※ 외래어에서 'ㅈ, ㅊ' 다음에는 이중모음 'ㅑ, ㅕ, ㅛ, ㅠ'를 쓰지 않는다.

레인보우(rainbow) 레인보. 무지개. ※ [ou]는 '오'로 적는다.

레자(←leather) 인조 가죽. ※ '레자'는 일본어투.

레져(leisure) 레저. ※ 외래어에서 'ㅈ, ㅊ' 다음에는 이중모음 'ㅑ, ㅕ, ㅛ, ㅠ'를 쓰지 않는다.

레코딩(recording) 리코딩.

레크레이션(recreation) 레크리에이션.

레파토리(repertory) 레퍼토리.

레포트(report) 리포트.

렉싱톤(Lexington) 렉싱턴. 미국 매사추세츠 주의 도시.

렌지(range)　레인지. ¶가스레인지. / 전자레인지.

렌트겐(Röntgen)　뢴트겐. 엑스선(X-ray).

렌트카(rent-a-car)　렌터카.

렛슨(lesson)　레슨.

-려　참조 -러.

로고송(logo song)　말터 상징노래(象徵-).

-로구료　-로구려. 참조 -구료. ¶그 사람 배짱이 보통이 아니로구려.

-로구만　-로구먼. 참조 -구만. ¶참 착한 아이로구먼.

로긴(login)　로그인.

로뎅(Rodin)　로댕. ¶프랑수아 오귀스트 르네 로댕(프랑스의 조각가).

로드 무비(road movie)　말터 여정영화.

로드웍(roadwork)　로드워크.

로드킬(roadkill)　말터 찻길동물사고(車-動物事故).

로라[1](roller)　롤러. 땅 다지개. 굴밀이. ※'로라'는 일본어투.

-로라[2]　참조 -노라.

로맨티스트(romanticist)　로맨티시스트.

로맨티즘(romanticism)　로맨티시즘.

로밍(roaming)　말터 어울통신(-通信).

로바타야키(爐端燒き·ろばたやき)　화로구이(火爐-).

로보트(robot)　로봇.

로서　※'(으)로서'는 지위나 자격을 나타낼 때, '(으)로써'는 재료, 수단, 방법을 나타낼 때 쓴다. ¶그분은 평생을 교육자로서 후학을 길러 왔다. / 경영자로서 나무랄 데 없는 사람이다. // 콩으로써 메주를 쑨다. / 눈물로써 호소한다. / 올해로써 30년이 됐다.

로숀(lotion)　로션.

로스알라모스(Los Alamos)　로스앨러모스. 미국 뉴멕시코 주에 있는 도시.

로스엔젤레스(Los Angeles)　로스앤젤레스. 미국 캘리포니아 주에 있는 도시.

로얄제리(royal jelly)　로열젤리.

로얄티(royalty)　로열티.

로울러(roller)　롤러. ¶롤러스케이트.

로이로제　노이로제(Neurose).

로케트(rocket) 로켓.

로타리(rotary) 로터리.

록키(Rocky) 로키. 북아메리카 대륙 서부를 종단하는 산맥.

롤라(roller) 롤러.

롤러블레이드(roller blade) 인라인스케이트(in-line skate). ※ '롤러블레이드'는 상표명이다.

롯시니(Rossini) 로시니. ¶조아치노 안토니오 로시니(이탈리아의 작곡가).

료율(料率) 요율.

루미나리아(luminaria) 말터 불빛 축제(-祝祭).

루베(ルベー) 세제곱미터(m^3).

루블라냐(Ljubljana) 류블랴나. 슬로베니아의 수도.

루비족(RUBY族) 말터 새봄여성(-女性).

루빈슈타인[1](Rubinstein) 루빈시테인. ¶안톤 그리고리예비치 루빈시테인(러시아의 작곡가). / 이다 루빈시테인(러시아의 무용가).

루빈슈타인[2](Rubinstein) 루빈스타인. ¶아르투르 루빈스타인(폴란드 태생의 미국 피아니스트).

루즈(rouge) 루주. 입술연지.

루즈벨트(Roosevelt) 루스벨트. ¶시어도어 루스벨트(미국 제26 대 대통령). / 프랭클린 델러노 루스벨트(미국 제32 대 대통령).

루지애나(Louisiana) 루이지애나. 미국 남부 멕시코 만 연안에 있는 주. 주도는 배턴루지(Baton Rouge).

루터(Luther) 루서. ※ [θ]는 'ㅅ'으로 적는다. ¶마틴 루서 킹(미국의 목사).

룩스(lux) 럭스.

류마치스(rheumatism) 류머티즘.

류마티스(rheumatism) 류머티즘.

류머티스(rheumatism) 류머티즘.

-률(-率) 비율의 뜻을 더하는 접미사. ※ 'ㄴ'을 제외한 받침 있는 명사 뒤에 붙어서 쓰인다. 모음 또는 'ㄴ' 받침으로 끝나는 명사 뒤에서는 '율'로 적는다. '律', '栗', '慄'도 같은 원칙에 따라 적는다. ¶가동률/ 건폐율/ 경쟁률/ 고율/ 공실률/ 국산화율/ 굴절률/ 기준율/ 누진율/ 능률/ 득표율/ 문맹률/ 배당률/ 배분율/ 배율/ 백분율/ 번식률/ 보급률/ 불량률/ 비율/ 생산율/ 성공률/ 성장률/ 세율/ 수익률/ 수축률/ 실패율/ 요율/ 용적률/ 유병률/ 유보율/

이율/ 이자율/ 점유율/ 접속률/ 정률/ 지급률/ 지급준비율/ 지준율/ 진학률/ 출산율/ 출생률/ 출석률/ 취업률/ 취학률/ 투과율/ 평균율/폐사율/ 할인율/ 혼인율/ 확률/환율/ 황금률/ 회수율/ 회전율/효율/ 희석률.

르 꼬르동 블루(le Cordon Bleu)　르 코르동 블뢰. 프랑스의 요리 학교. 🔍 2)

르네쌍스(Renaissance)　르네상스. 🔍 2)

르노와르(Renoir)　르누아르. ※ 프랑스 어의 'oi'는 '우아'로 적는다. ¶피에르 오귀스트 르누아르(프랑스의 화가).

르뽀(← reportage)　르포. 🔍 2)

리(里·理)　이. ※ 다만, 의존명사인 리, 리(里·거리의 단위)는 두음법칙에 따르지 않고 본음대로 적는다. ¶의(里) 대항 면민 체육대회./인천 강화군 길상면에는 온수리, 초지리 등 6개의 의(里)가 있다.//그럴 리가 있나?/몇 리나 남았느냐?

리더쉽(leadership)　리더십. ※ 영어 표기에서 모음 앞의 [ʃ]는 뒤따르는 모음에 따라 '샤, 섀, 셔, 셰, 쇼, 슈, 시'로 적는다.

리듬 앤 블루스(rhythm and blues)　리듬 앤드 블루스.

리메이크(remake)　말터 원작재구성(原作再構成).

리모콘(← remote control)　리모컨. 원격 조종기.

리번(ribbon)　리본.

리베리아(Liberia)　라이베리아. 아프리카 서부 대서양 연안에 있는 나라. 수도는 몬로비아(Monrovia).

리베트(rivet)　리벳.

리브레빌(Libreville)　리브르빌. 가봉의 수도.

리비야(Libya)　리비아. 아프리카 북부 지중해 연안의 나라. 수도는 트리폴리(Tripoli).

리빙스톤(Livingstone)　리빙스턴. ¶데이비드 리빙스턴(영국의 탐험가).

리싸이틀(recital)　리사이틀. 🔍 2)

리야카(rear car)　리어카. 손수레.

🔍 2) 외래어 표기에서, 일본어·중국어·베트남 어·태국어의 일부 표기 외에는 된소리를 쓰지 않는다.

※‘리야카’는 일본어투.

리오데자네이로(Rio de Janeiro) 리우데자네이루. ※2005년 국립국어원에서 발표한 포르투갈어 표기법을 따르면 ‘히우지자네이루’지만 관용 표기를 인정한다.

리옹(Lyon) 리옹. 프랑스 동남부의 도시.

리우그란데(Rio Grande) 히우그란지. 브라질 남단에 있는 도시. ※포르투갈어 표기에서 어두의 ‘r’는 ‘ㅎ’으로, 특히 브라질에서는 어말의 ‘de’는 ‘지’로 적는다.

리장(里長) 이장.

리콜(recall) 말터 결함보상. 결함보상제(缺陷報償制).

리쿠(陸·りく) 걸쳐 밀기.

리쿠르트(recruit) 리크루트. 신입 사원. 신입 회원. / 채용. 모집.

리파제(Lipase) 리파아제.

리퍼브(← refurbished) 말터 손질 상품(−商品).

리플(← reply) 말터 댓글.

린네르(← linen) 리넨.

린넨(linen) 리넨.

립싱크(lip sync) 말터 입술연기(−演技).

링게르(Ringer) 링거.

링기트(ringgit) 링깃. 말레이시아의 화폐 단위.

마게 마개.

마구다지 마구잡이.

마구로(鮪·まぐろ) 다랑어. 참치.

마구잽이 마구잡이.

마굿간(馬廄間) 마구간. ※ 한자어는 두 음절로 된 '곳간(庫間)', '셋방(貰房)', '숫자(數字)', '찻간(車間)', '툇간(退間)', '횟수(回數)' 외에는 사이시옷을 받치지 않는다.

마끼(卷き·まき) 두루마리. 말이. / 김말이.

마냥 언제까지나 줄곧 / 부족함이 없이 실컷 / 보통의 정도를 넘어 몹시. ※ '마냥'을 '처럼'의 뜻으로 써서는 안 된다. ¶이렇게 마냥 걷다간 지쳐 쓰러지고 말겠다. // 자네처럼(← 자네마냥) 느긋한 사람은 처음 보겠네.

마늘쫑 마늘종.

마다 ※ 조사이므로 앞말과 붙여 쓴다. ¶사람마다 다른 반응을 보였다. / 나라마다 기후가 다르다.

마당밟기 마당밟이. 지신밟기. 음력 정월 대보름에 영남지방에서 해 온 민속놀이.

마대(麻袋) 포대(包袋). 자루. ※ '마대'는 일본어투.

마드라스(Madras) 첸나이(Chennai). 인도 타밀나두 주의 도시. ※1996년 '마드라스'에서 '첸나이'로 이름을 바꿨다.

마땅이 마땅히.

마뜩치 마뜩지. ※ '하다'로 끝나는 용언 가운데 '하' 앞의 음절이 'ㄱ, ㅂ, ㅅ' 받침으로 끝나는 낱말의 준말은 '하'가 아주 줄어든다. 즉, '간단하지'의 준말은 '하'의 'ㅏ'만 줄어들어 '간단치'가 되지만 '마뜩하지'의 준말은 '하'가 모두 줄어들어 '마뜩지'가 된다. ¶나는 그의 언행이 마뜩지 않다.

마루바닥 마룻바닥. ※ [마루빠

닥·마룬빠닥]으로 소리 나므로 사이시옷을 받쳐 적는다.

마르세이유(Marseille) 마르세유. 프랑스 남부의 항구 도시.

마리나(marina) 말터 해안유원지(海岸遊園地).

마리수(-數) 마릿수. ※[마리쑤·마릳쑤]로 소리 나므로 사이시옷을 받쳐 적는다.

마릴린(Marilyn) 메릴린. ¶메릴린 먼로(미국의 영화배우).

마마자국(媽媽-) 마맛자국. ※[마 : 마짜국·마 : 맏짜국]으로 소리 나므로 사이시옷을 받쳐 적는다.

마블링(marbling) 말터 결지방(-脂肪). 선홍색 살코기 사이에 하얀색 지방이 그물처럼 퍼져서 박혀 있는 것.

마샬 제도(Marshall 諸島) 마셜 제도. 태평양 미크로네시아 동부에 있는 섬나라.

마샬 플랜(Marshall Plan) 마셜 플랜. 유럽 부흥 계획.

마술장이(魔術-) 마술쟁이. 참조 -장이.

마스터클래스(master class) 말터 명인강좌(名人講座).

마스트리히트(Maastricht) 마스트리흐트. 네덜란드 동남부의 도시.

마실 마을. 이웃에 놀러 다니는 일. ¶마을 가다. / 마을 다니다. / 마을 나오다.

마아가린(margarine) 마가린.

마약 투약(麻藥投藥) 마약 복용(麻藥服用). ※'**투약**'은 '약을 지어 주거나 씀'을 뜻하므로 '약을 먹음'을 뜻하는 '**복용**'을 써야 한다.

마에가리(前借り·まえがり) 미리 받기. 당겨 받기.

마와시(廻し·まわし) 돌리기.

마요네스(mayonnaise) 마요네즈.

마우스 포테이토(mouse potato) 말터 골방누리꾼(-房-).

마음것 마음껏. ※'그것이 닿는 데까지'의 뜻을 더하고 부사로 만드는 접사는 '-껏'이다.

마음뽀 마음보.

마음 속 마음속. ※ 한 낱말이므로 붙여 쓴다.

마이더스(Midas) 미다스. 그리스 신화에 나오는 소아시아의 왕. ¶미다스의 손.

마이아미(Miami) 마이애미. 미국 플로리다 주의 도시.

마이크로로네시아 미크로네시아 (Micronesia). 서태평양에 있는 섬나라. 수도는 팔리키르(Palikir). 서태평양 적도 부근에 흩어져 있는 섬들을 통칭하기도 한다.

마이크로 블로그(Micro Blog) 말터 댓글나눔터.

마일리지(mileage) 말터 이용실적 점수(利用實積點數).

마져 마저. ※ 조사이므로 앞말과 붙여 쓴다. ¶ 너마저. / 그것마저.

마조키즘(masochism) 마조히즘.

마주보다 마주 보다. ※ 한 낱말 이 아니므로 띄어 쓴다.

마주서다 마주 서다. ※ 한 낱말 이 아니므로 띄어 쓴다.

마주앉다 마주 앉다. ※ 한 낱말 이 아니므로 띄어 쓴다.

마주 치다 마주치다. ※ 한 낱말 이므로 붙여 쓴다.

마주 하다 마주하다. ※ 한 낱말 이므로 붙여 쓴다.

마지 않다 마지않다. ※ 한 낱말 이므로 붙여 쓴다.

마추다 맞추다. 참조 맞추다.

마추피추(Machu Picchu) 마추픽추. 페루 중남부 안데스 산맥에 있는, 잉카의 성곽 도시가 있던 터.

마춤 맞춤. ¶ 안성맞춤. / 맞춤 양복. 참조 맞추다.

마춤맞다 마침맞다. ¶ 그이가 이 일에 마침맞은 사람이다.

마춤법 맞춤법. ¶ 한글 맞춤법.

마춤옷 맞춤옷. 참조 맞추다.

마켓팅(marketing) 마케팅.

마켙(market) 마켓. ※ 외래어 표기에서, 받침에는 'ㄱ, ㄴ, ㄹ, ㅁ, ㅂ, ㅅ, ㅇ'만 쓴다.

마크로(macro) 매크로.

마키(卷き·まき) 두루마리. 말이. / 김말이.

마호병(魔法-·まほう-) 보온병 (保溫甁).

마후라(マフラ-·←muffler) 머플러. 목도리. / (자동차) 소음기.

막내누이 막냇누이. ※ [망낸누이]로 'ㄴ' 앞에서 'ㄴ' 소리가 덧나므로 사이시옷을 받쳐 적는다.

막내동생 막냇동생. ※ [망내똥생·망낻똥생]으로 소리 나므로 사이시옷을 받쳐 적는다.

막내동이 막내둥이.

막내사위 막냇사위. ※ [망내싸위·망낻싸위]로 소리 나므로 사이시옷을 받쳐 적는다.

막내삼촌(-三寸) 막냇삼촌. ※

[망내쌈촌·망낻쌈촌]으로 소리 나므로 사이시옷을 받쳐 적는다.

막내손자(-孫子) 막냇손자. ※ [망내쏜자·망낻쏜자]로 소리 나므로 사이시옷을 받쳐 적는다.

막내자식(-子息) 막냇자식. ※ [망내짜식·망낻짜식]으로 소리 나므로 사이시옷을 받쳐 적는다.

막달은 막다른. ¶막다른 골목.

막데기 막대기.

막동이 막둥이.

막되먹다 막돼먹다.

막바로 바로. 곧바로.

막받이 막바지.

막역하다(莫逆-) '**막역하다**'는 '허물이 없이 아주 친하다'를 뜻하며, '**막연하다**'는 '아득하다', '어렴풋하다'를 뜻한다. ¶그 사람하고는 한동네에서 막역하게 지내는 사이이다.∥살 길이 막연하다./막연한 생각을 가지고 단정 짓지 마라.

막연이(漠然-) 막연히.

막연하다(漠然-) 참조 막역하다.

막장 끝장. 일의 마지막.

막장갑(-掌匣) 목장갑(木掌匣). 면장갑(綿掌匣).

만¹ '동안이 얼마간 계속되었음을 나타내는 말'이다. ※ 의존명사이므로 앞 낱말과 띄어 쓴다. ¶십 년 만의 귀국. / 친구가 도착한 지 두 시간 만에 떠났다. / 그때 이후 삼 년 만이다. / 도대체 이게 얼마 만인가.

만² '앞말이 뜻하는 동작이나 행동에 타당한 이유가 있음을 나타내는 말. 앞말이 뜻하는 동작이나 행동이 가능함을 나타내는 말'이다. ※ '-하다'가 붙으면 보조형용사가 된다. 앞 낱말과 띄어 쓰는 것이 원칙이다. ¶그 사람이 화를 낼 만하다. / 집을 살 만한 형편이 못 된다.

만³ 다른 것으로부터 제한하여 어느 것을 한정함을 나타내는 보조사, 무엇을 강조하는 뜻을 나타내는 보조사, 화자가 기대하는 마지막 선을 나타내는 보조사, '겨우 그 정도'의 뜻을 나타내는 보조사, 앞말이 나타내는 대상이나 내용 정도에 이름을 나타내는 보조사, 어떤 것이 이루어지거나 어떤 상태가 되기 위한 조건을 나타내는 보조사'이다. ※ 앞 낱말에 붙여 쓴다. ¶자기만 살겠다고 발버둥친다. /

종일 일만 했더니 잠이 쏟아진
다. / 이 많은 것 가운데 하나만
쓸 만해도 좋겠다. / 대문짝만 하
다. / 집채만 한 파도. / 형만 한
아우 없다.

만가(漫畫·まんが) 만화.

만남을 가지다 만나다. 참조 가지
다.

만도린(mandolin) 만돌린. 악기의
일종.

만두국(饅頭-) 만둣국. ※ [만
두꾹·만둔꾹]으로 소리 나므로
사이시옷을 받쳐 적는다.

만두속(饅頭-) 만두소. 참조 소.

만들으네 만드네. ※ 어간이 'ㄹ'
받침으로 끝나는 용언의 어간에
붙는 어미는 '-네'이다. '-네'가
붙으면 'ㄹ'이 줄어든다.

만들으니 만드니. ※ 어간이 'ㄹ'
받침으로 끝나는 용언의 어간에
붙는 어미는 '-니'이다. '-니'가
붙으면 'ㄹ'이 줄어든다.

만들으면 만들면. ※ 어간이 'ㄹ'
받침으로 끝나는 용언의 어간에
붙는 연결어미는 '-면'이다.

만들은 만든. ※ 어간이 'ㄹ' 받침
으로 끝나는 용언의 어간에 붙
는 어미는 '-ㄴ'이다. '-ㄴ'이 붙

으면 'ㄹ'이 줄어든다.

만들음 만듦. ※ 어간이 'ㄹ' 받침
으로 끝나는 용언의 명사형 어미
는 '-ㅁ'이다. ¶금으로 만듦.

만들읍니다 만듭니다. ※ 어간
이 'ㄹ' 받침으로 끝나는 용언의
어간에 붙는 어미는 '-ㅂ니다'
이다. '-ㅂ니다'가 붙으면 'ㄹ'이
줄어든다.

만들읍시다 만듭시다. ※ 어간
이 'ㄹ' 받침으로 끝나는 동사의
어간에 붙는 어미는 '-ㅂ시다'이
다. '-ㅂ시다'가 붙으면 'ㄹ'이 줄
어든다.

만듬 만듦. 참조 만들음.

만땅(← 滿タン·← -tank) 가득.
가득 채움. 가득 참. ※ '만땅'은
일본어투.

만만이 만만히.

만만찮다 만만찮다.

만부득 만부득이(萬不得已).

만석군(萬石-) 만석꾼. ※ '어떤
사물이나 특성을 많이 가진 사
람'의 뜻을 더하는 접미사는 '-
꾼'이다.

만원사례(滿員謝禮) '만원을 이루
게 해 주어서 고맙다는 뜻으로,
극장 같은 흥행장에서 관객이

꽉 차 더 받지 못하겠다는 것을 완곡하게 이르는 말'이다. ※ '만원사례를 이루었다'처럼 써서는 안 된다. 이때는 '만원'으로 쓰면 충분하다. ¶월드 베이스볼 클래식에서 한국팀이 선전한 뒤 시작된 국내 프로야구는 경기장마다 연일 만원을 이루었다.

만은 마는. ※ 앞의 사실을 인정을 하면서도 그에 대한 의문이나 그와 어긋나는 상황 따위를 나타내는 보조사이므로 앞말에 붙여 쓴다. '만'으로 줄여 쓸 수 있다. ¶좋기는 하다마는 너무 비싸다. / 연극을 보고 싶지마는 시간이 없다.

만족스런(滿足-) 만족스러운. 참조 -스런.

만지락거리다 만지작거리다.

만치 =만큼. ※ 복수표준어. 체언 뒤에 쓰이면 조사이므로 앞말에 붙여 쓰고, 용언 뒤에 쓰이면 의존명사이므로 띄어 쓴다. ¶나도 너만치 잘할 수 있다. / 오랫동안 노력한 만치 좋은 결과가 나오겠지.

만화가게(漫畫-) 만홧가게. ※ [만ː화까게·만ː홧까게]로 소리

나므로 사이시옷을 받쳐 적는다.

많치 많지. ¶많지 않다.

많히 많이.

맏머리 맏물. 농산물이나 해산물 가운데 그해에 처음 거두어들인 것. ¶맏물 사과는 선생님 댁에 보내야겠다.

맏상주(-喪主) 상주. 맏상제(-喪制).

맏손주 ※ 맏손자와 맏손녀를 아울러 이를 때 쓴다..

말괄랭이 말괄량이.

말굽쇠 편자.

말꼼히 말끄러미.

말끄럼히 말끄러미.

말끔이 말끔히.

말다 ※ 금지의 뜻을 지닌 '말다'의 명령형은 '말아', '말아라'가 아니라 '마', '마라'가 된다. '말아요'는 '마요'가 된다. 문어적인 명령형 어미 '-(으)라'가 붙을 때는 '말라'가 된다. 인용을 나타내는 '-라고'가 붙을 때는 '말라고'가 된다. 다만, '넓적한 물건을 돌돌 감다', '밥이나 국수 따위를 물이나 국물에 넣어서 풀다'를 나타낼 때는 '말아', '말아라', '말아요'로 활용한다. ¶내 물건

에 손대지 <u>마</u>. / 수업 시간에 떠들지 <u>마라</u>. 제발 내 곁을 떠나지 <u>마요</u>. / 문제를 일으키지 <u>말라고</u> 신신당부했다. // 돗자리를 <u>말아</u> 두어라. / 국수 세 그릇을 <u>말아라</u>.

말 다툼　말다툼. ※ 한 낱말이므로 붙여 쓴다.

말 대꾸　말대꾸. ※ 한 낱말이므로 붙여 쓴다.

말동무　=말벗. ※ 복수표준어.

말디브(Maldives)　몰디브. 인도양에 있는 섬나라. 수도는 말레(Male).

말라　'말다'의 문어적인 명령형. 참조 말다. ¶나의 죽음을 알리지 <u>말라</u>.

말라 붙다　말라붙다. ※ 한 낱말이므로 붙여 쓴다.

말라카(Malacca)　믈라카(Melaka). 말레이시아의　도시. ¶<u>믈라카</u> 해협.

말레이지아(Malaysia)　말레이시아. 동남아시아의 국가. 수도는 쿠알라룸푸르(Kuala Lumpur).

말로 형언할 수 없다(-形言-)　형언할 수 없다. 말로 다 할 수 없다. ※ '형언'이 '형용하여 말함'의 뜻이므로 '말로 형언할'은 겹말이다.

말르다　마르다. 활용 마르고. 마르니. 마르면. 말라. ¶가물에도 이 우물은 <u>마르지</u> 않는다. / 그 아인 몸이 너무 <u>말랐다</u>.

말마감　말막음. ¶소문나지 않도록 <u>말막음을</u> 확실히 해 둬야 한다.

말미아마　말미암아.

말버러(Marlboro)　말보로.

말 본새　말본새. ※ 한 낱말이므로 붙여 쓴다. ¶그 사람은 <u>말본새</u>가 거칠다.

말본세　말본새. 참조 말 본새.

말빨　말발. ※ 효과의 뜻을 더하는 접미사는 '-발'이다.

말뽄새　말본새. 참조 말 본새.

말뽄세　말본새. 참조 말 본새.

말소(抹消)　지움. 지워 없앰. ※ '말소'는 일본어투.

말 수(-數)　말수. ※ 한 낱말이므로 붙여 쓴다. ¶아이가 <u>말수</u>가 적다.

말숙하다　말쑥하다.

말 싸움　말싸움. ※ 한 낱말이므로 붙여 쓴다.

말썽(을) **피다**　말썽(을) 피우다.

참조 피다.

말쑥히 말쑥이.

말씀이 계시다 말씀하시다. 말씀이 있다. ¶사장님께서 말씀하시겠습니다. / 사장님의 말씀이 있겠습니다.

말아 마라. 참조 말다.

말아라 마라. 참조 말다.

말아 먹다 말아먹다. ※ 한 낱말이므로 붙여 쓴다. 다만, '밥이나 국수 따위를 물이나 국물에 넣어서 풀어서 먹다'의 뜻이면 한 낱말이 아니므로 띄어 쓴다. ¶도박에 빠져 기껏 모은 재산을 다 말아먹었다. ∥밥을 국에 말아 먹어라.

말아요 마요. ※ '마세요', '마셔요', '마시오'도 쓸 수 있다. 참조 말다. ¶제 말씀을 잊지 마요. / 그깟 일로 큰일을 그르치지 마세요. / 걱정하지 마셔요. / 서두르지 마시오.

말없음표 줄임표(……).

말 없이 말없이. ※ 한 낱말이므로 붙여 쓴다.

말우리 마구간(馬廐間).

말으네 마네. ※ 어간이 'ㄹ' 받침으로 끝나는 용언의 어간에 붙는 어미는 '-네'이다. '-네'가 붙으면 'ㄹ'이 줄어든다.

말으니 마니. ※ 어간이 'ㄹ' 받침으로 끝나는 용언의 어간에 붙는 어미는 '-니'이다. '-니'가 붙으면 'ㄹ'이 줄어든다.

말으면 말면. ※ 어간이 'ㄹ' 받침으로 끝나는 용언의 어간에 붙는 연결어미는 '-면'이다.

말은 만. ※ 어간이 'ㄹ' 받침으로 끝나는 용언의 어간에 붙는 어미는 '-ㄴ'이다. '-ㄴ'이 붙으면 'ㄹ'이 줄어든다.

말음 맒. ※ 어간이 'ㄹ' 받침으로 끝나는 용언의 명사형 어미는 '-ㅁ'이다. ¶국수를 맒. / 멍석을 맒.

말읍니다 맙니다. ※ 어간이 'ㄹ' 받침으로 끝나는 용언의 어간에 붙는 어미는 '-ㅂ니다'이다. '-ㅂ니다'가 붙으면 'ㄹ'이 줄어든다.

말읍시다 맙시다. ※ 어간이 'ㄹ' 받침으로 끝나는 동사의 어간에 붙는 어미는 '-ㅂ시다'이다. '-ㅂ시다'가 붙으면 'ㄹ'이 줄어든다.

말 장난 말장난. ※ 한 낱말이므로 붙여 쓴다.

말장하다 말짱하다.

말 참견(-參見) 말참견. ※한 낱말이므로 붙여 쓴다.

말치례 말치레.

말타(Malta) 몰타. 지중해의 섬나라. 수도는 발레타(Valleta).

말타제(Maltase) 말타아제.

말토스(maltose) 말토오스.

말허물 말실수.

맑스(Marx) 마르크스. ¶카를 마르크스(독일의 경제학자·정치학자).

맑스그레하다 =말그스름하다. 말그스레하다. ※복수표준어.

맑시즘(Marxism) 마르크시즘.

맘 먹다 맘먹다. '마음먹다'의 준말. ※한 낱말이므로 붙여 쓴다. 다만, 관형어 다음에서는 '맘'이 명사이므로 '맘(을) 먹다'로 띄어 쓴다. ¶여러 번 금연하겠다고 맘먹었지만 잘 안 된다. / 모질게 맘먹고 시작한 일이다. // 모진 맘 먹고 시작한 일이다.

맘모스(mammoth) 매머드.

맘뽀 맘보. '마음보'의 준말.

맛갈나다 맛깔스럽다.

맛갈지다 맛깔스럽다.

맛깔스런 맛깔스러운. 참조 −스런.

맛나니 맛난이. 조미료의 하나.

맛바람¹ 마파람. 남쪽에서 불어오는 바람.

맛바람² 맞바람. 진행 방향과 반대 방향으로 부는 바람. 배우자의 바람에 대하여 마주 피우는 바람.

맛배기 맛보기.

맛벌이 맞벌이.

맛 보다 맛보다. ※한 낱말이므로 붙여 쓴다.

맛뵈기 맛보기.

맛빼기 맛보기.

맛사지(massage) 마사지.

맛세이(massé) 마세. 찍어 치기.

맛스런 맛스러운. 참조 −스런.

맛 없다 맛없다. ※한 낱말이므로 붙여 쓴다.

맛 있다 맛있다. ※한 낱말이므로 붙여 쓴다.

맛지다 맛있다.

맛쩍다 맛적다. ※'적다[少]'의 의미가 남아 있으므로 '맛적다'로 적는다.

망가(漫畫·まんが) 만화.

망그러지다 =망가지다. ※복수표준어.

망난이 망나니.

망년회(忘年會) ⇨ 송년회(送年會). ※ ‘망년회’는 일본어투.

망녕 망령(妄靈).

망돌 맷돌.

망둥어 망둥이. 망둑어.

망서리다 망설이다.

망신스런(亡身−) 망신스러운. 참조 −스런.

망정 괜찮거나 잘된 일이라는 뜻을 나타내는 말. ※ 의존명사이므로 앞말과 띄어 쓴다. ¶동네 사람들이 몰려왔으니 망정이지 하마터면 그 무뢰한에게 변을 당할 뻔했다. 참조 −ㄹ 망정.

망쪼 망조(亡兆). ¶망조가 들다.

망측스런(罔測−) 망측스러운. 참조 −스런.

망칙하다 망측하다(罔測−).

맞아 들이다 맞아들이다. ※ 한 낱말이므로 붙여 쓴다.

맞어 맞아. ※ ‘ㅏ, ㅗ’ 다음에서 서술·물음·명령·청유를 나타내는 종결어미는 ‘아’이다. ¶네 말이 맞아. / 그 일을 네가 한 게 맞아?

맞은짝 맞은편.

맞장 뜨다 맞짱 뜨다.

맞추다 🔍 5)

맞춤맞다 마침맞다. ¶마침맞게 잘 와 주었다.

맞히다 참조 맞추다.

맡은바 소임(−所任) 맡은 일. 소임. ※ ‘소임’이 ‘맡은 바’를 뜻하므로 ‘맡은바 소임’은 겹말이다.

맡은 임무(−任務) 맡은 일. 임무. ※ ‘임무’가 ‘맡은 일’을 뜻하므로 ‘맡은 임무’는 겹말이다. 참조 맡은바 소임.

매[1](每) ※ 관형사이므로 뒷말과 띄어 쓴다. 다만, ‘매끼’, ‘매년’, ‘매달’, ‘매번’, ‘매시간’, ‘매월’, ‘매일’, ‘매해’는 한 낱말이므로 붙여 쓴다. ¶매 회계연도. / 매 경기 온 힘을 다해 싸웠다.

매[2](枚) 장(張). 종이나 널빤지 따위를 세는 단위. ※ ‘매’는 일본어투.

매기 메기. ¶메기 매운탕.

매년마다(每年−) 해마다. 매년. ※ ‘매’에 ‘마다’의 뜻이 있으므로 ‘매년마다’는 겹말이다.

매니아(mania) 마니아.

매달마다(每−) 달마다. 매달. 매월. ※ ‘매’에 ‘마다’의 뜻이 있으므로 ‘매달마다’는 겹말이다.

매도(賣渡) 팔아넘김. ※ ‘매도’

는 일본어투.

매듭을 지다 매듭을 짓다. 매듭 짓다. ※ 다만, '매듭지다'는 '마음이나 감정 따위가 순조롭게 풀리지 아니하고 맺혀 있다'를 뜻한다. '짓다'의 활용형인'지어'는 '져'로 줄일 수 없다.

매련퉁이 ＝미련퉁이. ※ 복수 표준어.

매릴랜드(Maryland) 메릴랜드. 미국 대서양 연안에 있는 주.

매 ○○마다(每 －) 매 ○○. ○○마다. ※ '매(每)'에 '마다'의 뜻이 있으므로 '매 ○○마다'는 겹말이다. ¶매 분기 / 분기마다. ∥ 매 10일 / 10일마다. ∥ 매년 / 해마다. ∥ 매 5년 / 5년마다.

매마르다 메마르다. 활용 메마르고. 메마르니. 메마르면. 메말라.

○ 5) **맞추다 / 맞히다** '맞추다'는 '서로 떨어져 있는 부분을 제자리에 맞게 대어 붙이다', '비교하여 살피다', '조화를 이루다', '어떤 기준, 정도에 어긋나지 않게 하다', '어떤 기준에 틀리거나 어긋남이 없이 조정하다', '일정한 수량이 되게 하다', '열이나 차례 따위에 똑바르게 하다', '다른 사람의 의도나 의향 따위에 맞게 행동하다', '정한 시간 따위를 넘기지 않다', '주문하다', '어떤 대상에 닿게 하다'의 뜻이며, **맞히다**는 '맞다'의 사동사로서 '옳은 답을 하다', '목표에 맞게 하다', '침, 매, 눈, 비 따위를 맞게 하다'의 뜻을 나타낸다.

¶ 문짝을 문틀에 맞추다. / 시험이 끝나면 아이들은 서로 답을 맞추어 보곤 한다. / 우리는 서로 보조를 맞춰야 한다. / 어머니는 아버지 입맛에 맞춰 음식을 하셨다. / 카메라의 초점을 제대로 맞추지 못했다. / 시곗바늘을 6시에 맞췄다. / 화투짝을 맞춰 보았다. / 명단을 가나다순에 맞춰 정리했다. / 상사의 비위를 맞추기가 어렵다. / 약속 시간에 맞춰 나와라. / 그는 늘 옷을 맞춰 입는다. / 거리에서 연인들이 입을 맞추는 모습은 이제 드물지 않다. ∥ 답을 정확히 맞혔다. / 화살을 과녁에 맞혔다. / 화분을 비를 맞혔다. / 예방주사는 제때에 맞혀야 한다. / 모처럼의 데이트 약속인데 급한 일이 생겨 바람을 맞히고 말았다.

매무새 ※ '옷매무새'와 함께 '옷을 입은 맵시'를 뜻하는 말이다. '매무시', '옷매무시'는 '옷을 입을 때 매고 여미는 따위의 뒷단속'을 뜻하는 말이다. ¶ 옷은 허름해도 매무새가 단정하다. // 면접관 앞에 나서기 전에 옷매무시를 다시 하는 게 좋겠다.

매무시 [참조] 매무새.

매미집 매밋집. ※ [매미찝·매믿찝]으로 소리 나므로 사이시옷을 받쳐 적는다.

매상(賣上) 판매(販賣). 팔기. ※ '매상'은 일본어투.

매상고(賣上高) 판매액(販賣額). 판매량(販賣量). ※ '매상고'는 일본어투. [참조] -고.

매수(買受) 사기. 사들이기. ※ '매수'는 일본어투.

매스콤(←mass communication) 매스컴.

매스티지(masstige) [말터] 대중명품(大衆名品).

매시껍다 매스껍다.

매양 =번번이. ※ 복수표준어. ¶ 매양 제 시간을 지키지 못한다.

매운 바람 매운바람. 살을 엘 듯이 몹시 찬 바람. ※ 한 낱말이므로 붙여 쓴다.

매월마다(每月-) 매월. 달마다. ※ '매'에 '마다'의 뜻이 있으므로 '매월마다'는 겹말이다.

매일 같이(每日-) 매일같이. ※ '같이'는 조사이므로 앞말에 붙여 쓴다.

매일마다 매일(每日). 날마다. ※ '매'에 '마다'의 뜻이 있으므로 '매일마다'는 겹말이다.

매입(買入) 사기. 사들이기. ※ '매입'은 일본어투.

매입치(買入-) 매입지. ※ '하다'로 끝나는 용언 가운데 '하' 앞의 음절이 'ㄱ, ㅂ, ㅅ' 받침으로 끝나는 낱말의 준말은 '하'가 아주 줄어든다. 즉, '간단하지'의 준말은 '하'의 'ㅏ'만 줄어들어 '간단치'가 되지만 '매입하지'의 준말은 '하'가 모두 줄어들어 '매입지'가 된다. [참조] 매입.

매장(賣場) 판매장(販賣場). ※ '매장'은 일본어투.

매장양 매장량(埋藏量). [참조] 량.

매저키즘(masochism) 마조히즘.

매점[1](買占) 사재기. ※ '매점'은 일본어투.

매점[2](賣店)　가게. ※ '매점'은 일본어투.

매주마다(每週－)　주마다. 매주. ※ '매'에 '마다'의 뜻이 있으므로 '매주마다'는 겹말이다.

매추리　메추리.

매출(賣出)　판매. 팔기. ※ '매출'은 일본어투.

매출고(賣出高)　판매액(販賣額). 판매량(販賣量). ※ '매출고'는 일본어투. 참조 －고. 매출.

매치업(match-up)　말터 맞대결.

매케하다　매캐하다. 메케하다.

매해마다(每－)　해마다. 매해. 매년(每年). ※ '매'에 '마다'의 뜻이 있으므로 '매해마다'는 겹말이다.

매회마다(每回－)　회마다. 매회. ※ '매'에 '마다'의 뜻이 있으므로 '매회마다'는 겹말이다.

맥고모자(麥藁帽子)　밀짚모자. ※ '맥고'는 일본어투.

맥도날드(MacDonald)　맥도널드.

맥밀란(MacMillan)　맥밀런. ¶모리스 해럴드 맥밀런(영국의 정치가).

맥베드(Macbeth)　맥베스. 영국의 작가 셰익스피어의 4대 비극의 하나. ※ [ㅌ]는 'ㅅ'으로 적는다.

맥아리　매가리.

맥적다　맥쩍다. ※ '적다[少]'의 뜻이 남아 있지 않고 발음도 [쩍다]로 나면 '－쩍다'로 적는다.

맥주집(麥酒－)　맥줏집. ※ [맥쭈찝·맥쭏찝]으로 소리 나므로 사이시옷을 받쳐 적는다.

맥줏병(麥酒瓶)　맥주병. ※ 한자어는 두 음절로 된 '곳간(庫間)', '셋방(貰房)', '숫자(數字)', '찻간(車間)', '툇간(退間)', '횟수(回數)' 외에는 사이시옷을 받치지 않는다.

맥줏잔(麥酒盞)　맥주잔. ※ 한자어는 두 음절로 된 '곳간(庫間), 셋방(貰房), 숫자(數字), 찻간(車間), 툇간(退間), 횟수(回數)' 외에는 사이시옷을 받치지 않는다.

맥카트니(McCartney)　매카트니. ¶폴 매카트니(영국의 대중음악가).

맥켄지(Mackenzie)　매켄지. ¶알렉산더 매켄지(스코틀랜드의 탐험가). / 매켄지 강.

맥킨리(McKinley)　매킨리. ¶윌리엄 매킨리(미국의 제25대 대통령). / 매킨리 산.

맥히다　막히다.

맨날 =만날(萬-). ※ 복수표준어.

맨도리 맨드리. 옷을 입고 매만진 맵시. 물건이 만들어진 모양새. ¶<u>맨드리</u>가 곱다. / <u>맨드리</u>를 보니 손이 많이 간 물건이다.

맨 땅 맨땅. ※ 한 낱말이므로 붙여 쓴다.

맨먼저 맨 먼저. ※ '맨'은 관형사이므로 띄어 쓴다.

맨보리밥 꽁보리밥.

맨숭맨숭 =맨송맨송. 맹숭맹숭. ※ 복수표준어.

맨얼굴 민얼굴. 꾸미지 않은 얼굴.

맨질맨질하다 만질만질하다. 만지거나 주무르기 좋게 연하고 보드랍다.

맨해탄(Manhattan) 맨해튼. 미국 뉴욕 중심부의 섬.

맴돌으니 맴도니. ※ 어간이 'ㄹ' 받침으로 끝나는 용언의 어간에 붙는 어미는 '-니'이다. '-니'가 붙으면 'ㄹ'이 줄어든다.

맴돌으면 맴돌면. ※ 어간이 'ㄹ' 받침으로 끝나는 용언의 어간에 붙는 연결어미는 '-면'이다.

맴돌은 맴돈. ※ 어간이 'ㄹ' 받침으로 끝나는 용언의 어간에 붙는 어미는 '-ㄴ'이다. '-ㄴ'이 붙으면 'ㄹ'이 줄어든다.

맴돌음 맴돎. ※ 어간이 'ㄹ' 받침으로 끝나는 용언의 명사형 어미는 '-ㅁ'이다. ¶생각이 머릿속에서만 맴<u>돎</u>.

맴돔 맴돎. 참조 맴돌음.

맵디 맵다 맵디맵다. ※ 한 낱말이므로 붙여 쓴다. 참조 -디.

맵쌀 멥쌀. ※ 다만, '쪄서 약간 말린 뒤 찧은 메밀'은 '맵쌀'이다.

맵씨 맵시.

맹렬이(猛烈-) 맹렬히.

맹숭맹숭 =맨송맨송. 맨숭맨숭. ※ 복수표준어.

머구리(←潛·もぐり) 잠수부(潛水夫).

머나 멀다 머나멀다. ※ 한 낱말이므로 붙여 쓴다.

머리가락 머리카락.

머리가 벗겨지다 머리가 벗어지다. ※ 머리카락이 빠지는 것을 나타내는 말은 '벗어지다'이다.

머리기름 머릿기름. ※ [머리끼름·머린끼름]으로 소리 나므로 사이시옷을 받쳐 적는다.

머리끄댕이 머리끄덩이.

머리돌　머릿돌. ※[머리똘·머릳똘]로 소리 나므로 사이시옷을 받쳐 적는다.

머리를 따다　머리를 땋다.

머리방　머릿방. 안방 뒤에 달린 작은 방. ※[머리빵·머릳빵으로 소리 나므로 사이시옷을 받쳐 적는다. 다만, 미용실의 뜻으로는 '머리방'이라고 쓰는 추세이다.

머리배기　머리빼기. 참조 −배기.

머리속　머릿속. ※[머리쏙·머릳쏙]으로 소리 나므로 사이시옷을 받쳐 적는다.

머리수　머릿수. ※[머리쑤·머릳쑤]로 소리 나므로 사이시옷을 받쳐 적는다.

머리숫　머리숱.

머리치레　머리치장(−治粧).

머릿가락　머리카락.

머릿글　머리글.

머릿글자(−字)　머리글자.

머릿기사(−記事)　머리기사.

머릿말　머리말.

머릿카락　머리카락. ※거센소리 앞에는 사이시옷을 받치지 않는다.

머무리다　머무르다.

머무리라　머무르리라. 머물리라.

머물다　※'머무르다'의 준말인 '머물다'에는 모음으로 시작하는 어미가 붙을 수 없다. 일부 낱말의 준말 형태에서 이런 현상이 나타나는데 그런 예로는 '갖다', '건들다', '내딛다', '딛다', '서둘다', '서툴다' 따위가 있다. 활용 머물고. 머물지. 머물면. 머무니. 참조 머무르다.

머무르다　머무르다. 활용 머무르고. 머무르지. 머무르면. 머무르니. 머물러. 참조 머물다. ¶고향집에 며칠 <u>머무르면서</u> 쉴 생각이다. / 한동안 이곳에 <u>머물러</u> 있을 생각이네.

머물어　머물러. 참조 머물다.

머물으니　머무니. 머무르니. 참조 머물다.

머물으면　머물면. 머무르면. 참조 머물다.

머물은　머문. 머무른. 참조 머물다.

머물음　머묾. ※어간이 'ㄹ' 받침으로 끝나는 용언의 명사형 어미는 '−ㅁ'이다. ¶고향에서 사흘 <u>머묾</u>.

머뭄　머묾. 참조 머물음.

머쉰(machine)　머신. ※영어 표

기에서 모음 앞의 [ʃ]는 뒤따르는 모음에 따라 '샤, 섀, 셔, 셰, 쇼, 슈, 시'로 적는다.

머스탱(mustang) 무스탕.

머스트 해브(must have) 말터 필수품(必需品).

머슥하다 머쓱하다.

머시기 무엇.

머위잎 머윗잎. ※ [머윈닙]으로 'ㄴ' 소리가 덧나므로 사이시옷을 받쳐 적는다.

머지 않다 머지않다. ※ 한 낱말이므로 붙여 쓴다. '머지않다'는 시간적인 개념이며 '멀지 않다'는 공간적인 개념이다. '멀지 않다'는 한 낱말이 아니므로 띄어 쓴다. ¶<u>머지않아</u> 좋은 일이 생길 것 같다. // 여기에서 <u>멀지 않</u>은 곳에 청계천이 있다.

먹거리 =먹을거리. ※복수표준어.

먹고 살다 먹고살다. ※ '생계를 유지하다'의 뜻을 나타내면 한 낱말이므로 붙여 쓴다. 다만, '먹다'와 '살다'의 뜻이 따로따로 살아 있으면 띄어 쓴다. ¶<u>먹고살</u>기 힘들다. / 앞으론 무엇으로 <u>먹고살꼬?</u> // 사람이 밥만 <u>먹고 살</u> 수 있겠는가?

먹었음직하다 먹었음 직하다. ※ 한 낱말이 아니므로 띄어 쓴다.

먹음다 머금다.

먹음직스런 먹음직스러운. 참조 -스런.

먹음직 하다 먹음직하다. ※ 한 낱말이므로 붙여 쓴다.

먹이감 먹잇감. ※ [머이깜·먹잇깜]으로 소리 나므로 사이시옷을 받쳐 적는다.

먹이량(-量) 먹이양. 참조 량.

먼나라 먼 나라. ※ 한 낱말이 아니므로 띄어 쓴다. ¶<u>먼 나라</u> 이웃 나라.

먼 발치 먼발치. ※ 한 낱말이므로 붙여 쓴다. ¶<u>먼발치</u>에서.

먼 빛 먼빛. ※ 한 낱말이므로 붙여 쓴다. ¶<u>먼빛</u>으로.

먼저번(-番) 먼젓번. ※ [먼저뻔·먼전뻔]으로 소리 나므로 사이시옷을 받쳐 적는다.

먼저 선수를 치다(先手-) 선수를 치다. ※ '선수'가 '남보다 먼저 하는 행동'을 뜻하므로 '먼저 선수를 치다'는 겹말이다.

먼지길 먼짓길. ※ [먼지낄·먼진낄]로 소리 나므로 사이시옷을 받쳐 적는다.

먼지떠리개　먼지떨이.

먼지털이　먼지떨이. 참조 떨다.

멀가니　멀거니.

멀건히　멀거니.

멀국　국물.

멀끄러미　물끄러미.

멀끄럼히　물끄러미.

멀다　※ '멀으니', '멀으오', '멀은' 처럼 써서는 안 된다. 활용 멀고. 멀어. 멀면. 머니. 머오. 먼. ¶거 기까지는 너무 멀어 걸어가기 어렵다. / 돈에 눈이 멀어 범죄를 저질렀다. / 거리가 머니 차를 타 고 가자. / 돈에 눈이 머니 일가 친척도 멀리한다.

멀다랗다　머다랗다.

멀리 뛰기　멀리뛰기. ※ 한 낱말 이므로 붙여 쓴다. 참조 넓이뛰 기.

멀리 하다　멀리하다. ※ 한 낱말 이므로 붙여 쓴다.

멀미기　멀미.

멀은　먼. 참조 멀다.

멀음　멂. ※ 어간이 'ㄹ' 받침으로 끝나는 용언의 명사형 어미는 '-ㅁ'이다. ¶눈이 멂.

멀정하다　멀쩡하다.

멀지않다　멀지 않다. ※ 한 낱말 이 아니므로 띄어 쓴다. 참조 머 지 않다.

멀찌감찌　멀찌감치.

멀찌거니　멀찌가니. 멀찌감치. 멀 찍이.

멀찌기　멀찍이.

멀찍히　멀찍이.

멈　멂. 참조 멀음.

멈춰서다　멈춰 서다. ※ 한 낱말 이 아니므로 띄어 쓴다.

멋드러지다　멋들어지다.

멋스런　멋스러운. 참조 -스런.

멋 없다　멋없다. ※ 한 낱말이므 로 붙여 쓴다.

멋장이　멋쟁이. 참조 -장이.

멋적다　멋쩍다. ※ '적다[少]'의 뜻이 남아 있지 않고 발음도 [쩍 다]로 나면 '-쩍다'로 적는다.

멍들은　멍든. ※ 어간이 'ㄹ' 받침 으로 끝나는 용언의 어간에 붙 는 어미는 '-ㄴ'이다. '-ㄴ'이 붙 으면 'ㄹ'이 줄어든다.

멍들음　멍듦. ※ 어간이 'ㄹ' 받침 으로 끝나는 용언의 명사형 어 미는 '-ㅁ'이다.

멍듬　멍듦. 참조 멍들음.

멍멍하다　먹먹하다.

멍우리 멍울.

멍청스런 멍청스러운. 참조 −스런.

메꾸다 =메우다. ※ 복수표준어.

메끼(鍍金·めっき) 도금. 금 입히기. / 입히기.

메뉴얼(manual) 매뉴얼.

메다(←meter) 미터. / 계량기.

메디슨(Madison) 매디슨. ¶제임스 매디슨(미국 제4 대 대통령). / 매디슨 시(미국 위스콘신 주의 주도). / 매디슨 가(미국 뉴욕 시의 도로 이름).

메디칼(medical) 메디컬.

메론(melon) 멜론.

메루치 멸치.

메말르다 메마르다. 활용 메마르고. 메마르니. 메마르면. 메말라. ¶메마른 땅에 단비가 내렸다. / 실패가 계속되자 이젠 감정까지 메말라졌다.

메모란(memo欄) 메모난. 참조 난¹.

메사추세츠(Massachusetts) 매사추세츠. 미국 동북부의 주. 주도는 보스턴(Boston).

메생이 매생이.

메세나(mécénat) 말터 문예후원(文藝後援). 문화 예술 분야를 지원하는 기업들의 활동.

메세지(message) 메시지.

메시껍다 메스껍다.

메식거리다 메슥거리다.

메신저(messenger) 말터 쪽지창. 인터넷에서 실시간으로 문자와 자료를 주고받을 수 있는 프로그램.

메아리지다 메아리치다.

메어지다 미어지다. ¶가슴이 미어지다.

메여 메어. 참조 메이다.

메이고 메고. 참조 메이다.

메이다 메다. 활용 메고. 메니. 메어. 멘. 멤. ※ '메이고', '메이니', '메여', '메인', '메임'처럼 써서는 안 된다. 다만, '어깨에 메인 핸드백이 걸을 때마다 움직인다'처럼 '어깨에 걸치거나 올려놓다'의 뜻인 '메다'의 피동사는 '메이다'이다. 참조 목메이다. ¶그 광경을 보니 목이 메어 말을 못하겠다.

메주가루 메줏가루. ※ [메주까루·메줃까루]로 소리 나므로 사이시옷을 받쳐 적는다.

메주덩이 메줏덩이. ※ [메주떵

이·메줃떵이]로 소리 나므로 사이시옷을 받쳐 적는다.

메주왈고주왈 미주알고주알.

메칠(methyl) 메틸. ¶<u>메틸</u>알코올. / <u>메틸</u>에테르.

메카니즘(mechanism) 메커니즘.

메카니칼(mechanical) 메커니컬.

메카트로닉스(mechatronics) 메커트로닉스.

메타(meter) 미터. / 계량기.

메토끼 산토끼.

메트로폴리탄(metropolitan) 메트로폴리턴.

메트리스(mattress) 매트리스.

먹끼(←鍍金·めっき) 도금. 금 입히기. / 입히기.

멕시카나 항공(Mexicana 航空) 메히카나 항공. 멕시코의 항공사.

멕이다 먹이다.

멘토(mentor) 멘터. 말터 인생길잡이(人生−).

멤버쉽(membership) 멤버십. ※ 영어 표기에서 모음 앞의 ʃ는 뒤따르는 모음에 따라 '샤, 섀, 셔, 셰, 쇼, 슈, 시'로 적는다.

멧나물 =산나물. ※ 복수표준어.

멧누에 산누에.

멧돌 맷돌.

멧돼지 =산돼지. ※ 복수표준어.

멧발 산줄기.

멧봉우리 멧부리.

멧시지(message) 메시지.

멧쌀 멥쌀.

멧줄기 산줄기.

멧토끼 산토끼.

멧키(鍍金·めっき) 도금. 금 입히기. / 입히기.

며느리감 며느릿감. ※ [며느리깜·며느릳깜]으로 소리 나므로 사이시옷을 받쳐 적는다.

며루 멸구. ※ 다만, '각다귀의 애벌레'를 뜻하면 '며루'이다.

며르치 멸치.

며칠날 며칟날. 며칠.

며칠채 며칠째.

면구스런(面−) 면구스러운. 참조 −스런.

면돗날(面刀−) 면도날.

면면이 ※'면면이(面面−)'는 '저마다 따로따로', '여러 면에 있어서'의 뜻을, '면면히(綿綿−)'는 '끊어지지 않고 죽 잇따라'의 뜻을 나타낸다.

면면히(綿綿−) 참조 면면이.

면밀이(綿密-) 면밀히.

면치레(面-) 면치레.

면학에 힘쓰다(勉學-) 학업에 힘쓰다(學業-). 면학하다. ※ '면학'이 '학문에 힘씀'을 뜻하므로 '면학에 힘쓰다'는 겹말이다.

명귀(名句) 명구. ※ '句'는 '글귀', '귀글'을 제외하고는 모두 '구'로 읽는다.

명능(明陵) 명릉. 경기 고양시 용두동에 있는 조선 숙종과 계비 인현왕후, 인원왕후의 능. 참조 -능. 서오능.

명란젓(明卵-) 명란젓.

명도(明渡) 내줌. 넘겨줌. 비워줌. ※ '명도'는 일본어투.

명실공이(名實共-) 명실공히.

명예로히(名譽-) 명예로이.

명예스런(名譽-) 명예스러운. 참조 -스런.

명중율(命中率) 명중률. 참조 -률.

명태국(明太-) 명탯국. ※ [명태꾹·명탣꾹]으로 소리 나므로 사이시옷을 받쳐 적는다.

명확치(明確-) 명확지. ※ '하다'로 끝나는 용언 가운데 '하' 앞의 음절이 'ㄱ, ㅂ, ㅅ' 받침으로 끝나는 낱말의 준말은 '하'가 아주 줄어든다. 즉, '간단하지'의 준말은 '하'의 'ㅏ'만 줄어들어 '간단치'가 되지만 '명확하지'의 준말은 '하'가 모두 줄어들어 '명확지'가 된다.

몇 요일(-曜日) 어느 요일. 무슨 요일. ※ '몇'은 잘 모르는 수를 물을 때 쓰는 말이고 '요일'은 수를 나타내는 말이 아니므로 '몇 요일'이라고 할 수 없다.

몇 일 며칠. ※ '몇 년, 몇 월'에 이끌려 '몇 일'이라고 잘못 쓰기 쉽다. 항상 '며칠'이라고 쓴다.

몇일날 며칟날. 며칠.

모내기줄 못줄.

모구리(潛·もぐり) 잠수부(潛水夫).

모글(mogul) 모굴. 스키 종목의 하나.

모기불 모깃불. ※ [모: 기뿔·모: 긴뿔]로 소리 나므로 사이시옷을 받쳐 적는다.

모기소리 모깃소리. ※ [모: 기쏘리·모: 긴쏘리]로 소리 나므로 사이시옷을 받쳐 적는다.

모다(←motor) 모터.

모도시(戻し·もどし) 되돌림. 되돌리기.

모두거리 두 다리를 한데 모으고 넘어지는 일. ※ '모두걸이'는 씨름의 기술을 나타낸다.

모두걸이 참조 모두거리.

모두다 모으다. ※ 다만, '모두다'의 명사형인 '모둠'은 표준어이다. 참조 모듬.

모듬 모둠. 참조 모두다. ¶모둠냄비. / 모둠발. / 모둠밥. / 모둠회. / 모둠안주.

모라토리움(moratorium) 모라토리엄. 지급 유예(支給猶豫).

모랄(moral) 모럴.

모래길 모랫길. ※ [모래낄·모랟낄]로 소리 나므로 사이시옷을 받쳐 적는다.

모래둑 모랫둑. ※ [모래뚝·모랟뚝]으로 소리 나므로 사이시옷을 받쳐 적는다.

모래무치 모래무지. ※ 잉엇과의 물고기.

모랫바람 모래바람.

모루방망이 모루채.

모르스부호(Morse符號) 모스부호.

모름직이 모름지기.

모리소바(盛り蕎麥·もりそば) 메밀국수. 메밀 사리.

모멸스런(侮蔑-) 모멸스러운.

참조 -스런.

모밀 메밀. ¶메밀국수.

모비우스(Möbius) 뫼비우스. ¶뫼비우스의 띠. / 아우구스 페르디난트 뫼비우스.

모사(模寫) '모사'는 '무엇을 흉내 내어 그대로 나타냄', '그림을 그대로 본떠서 그림'을 뜻하며, '묘사(描寫)'는 '보거나 느낀 것을 그대로 표현함'을 뜻한다. ¶성대 모사. / 이 그림은 고흐의 '해바라기'를 모사한 것이다. ∥ 심리 묘사. / 묘사 음악.

모사그릇(茅沙-) 모삿그릇. ※ [모사끄릇·모삿끄릇]으로 소리 나므로 사이시옷을 받쳐 적는다.

모스코바(Moskva) 모스크바.

모어리수에 무에리수에. ※ 돌팔이 장님 점쟁이가 거리를 다니며 자기에게 점을 치라고 외치는 소리.

모우다 모으다. 활용 모으고. 모으니. 모으면. 모아.

모이스춰(moisture) 모이스처. ※ 영어 표기에서 모음 앞의 [tʃ]는 뒤따르는 모음에 따라 '차, 처, 초, 추, 치'로 적는다.

모인 무인(拇印). ※ '拇'는 '엄지

손가락 무’.

모임을 가지다　모이다. 모임을 열다. 참조 가지다.

모자르다　모자라다. 활용 모자라고. 모자라는. 모자란.

모자리　못자리. ※ [모짜리·몯짜리]로 소리 나므로 사이시옷을 받쳐 적는다.

모자비 사막(Mojave 沙漠)　모하비 사막. 미국 캘리포니아 주에 있는 사막.

모주집(母酒-)　모줏집. ※ [모: 주찝·모: 준찝]으로 소리 나므로 사이시옷을 받쳐 적는다.

모지다　※ ‘**모지다**’는 ‘모양이 모가 나 있거나 성격이 원만하지 못하다’를 뜻하며, ‘**모질다**’는 ‘마음씨가 몹시 매섭고 독하다’, ‘기세가 몹시 매섭고 사납다’를 뜻한다. ¶둥근 식탁보다는 모진 식탁이 낫겠다. / 모진 성격 탓에 친한 벗이 별로 없다. // 어설픈 동정심을 보여선 안 된다고 마음을 모질게 먹었다. / 모진 놈 옆에 있다가 벼락 맞는다. / 그 혹독한 추위를 모질게 견뎌 냈다.

모질다　참조 모지다.

모질은　모진. 참조 모지다. ※ 어간이 ‘ㄹ’ 받침으로 끝나는 용언의 어간에 붙는 어미는 ‘-ㄴ’이다. ‘-ㄴ’이 붙으면 ‘ㄹ’이 줄어든다.

모짜르트(Mozart)　모차르트. ※ 외래어 표기에서, 일본어·중국어·베트남 어·태국어의 일부 표기 외에는 된소리를 쓰지 않는다. ¶볼프강 아마데우스 모차르트(오스트리아의 작곡가).

모찌(餅·もち)　떡. / 찹쌀떡.

모타(motor)　모터.

모통이　모퉁이.

모티켓(motiquette)　말터 통신예절(通信禮節).

모포(毛布)　담요(毯-). ※ ‘모포’는 일본어투.

목가심　목다심. 물을 조금 마시거나 기침을 하거나 하여 거친 목을 고르는 일.

목거리　※ ‘**목거리**’는 ‘목이 붓고 아픈 병’을 뜻하며, ‘**목걸이**’는 ‘목에 거는 장신구나 물건’을 뜻한다.

목걸이　참조 목거리.

목능(穆陵)　목릉. 경기 구리시 인창동에 있는 조선 선조와 비 의

인왕후, 계비 인목왕후의 능. 참조 −능. 동구능

목로집(木壚−) 목롯집. ※ [몽노찝·몽녿찝]으로 소리 나므로 사이시옷을 받쳐 적는다.

목말르다 목마르다. 활용 목마르고. 목마르니. 목마르면. 목마른. 목말라. ¶목마른 사람이 샘을 판다. / 그 아이는 사랑에 목말라 있다.

목 매다 목매다. 목매달다. ※ '죽으려고 끈 따위로 목을 걸어 매달다', '어떤 일이나 사람에게 전적으로 의지하다'의 뜻을 나타내면 한 낱말이므로 붙여 쓴다.

목 매달다 목매달다. ※ 한 낱말이므로 붙여 쓴다. 참조 목 매다.

목맺히다 목메다. 참조 목 메다.

목 메다 목메다. 기쁨이나 슬픔이 북받쳐 오름. ※ 한 낱말이므로 붙여 쓴다. 활용 목메고. 목메면. 목메어. 목멘. 목멤. 참조 메이다.

목메여 목메어. 참조 목 메다.

목메이다 목메다. 참조 목 메다.

목메임 목멤. 참조 목 메다.

목숨걸다 목숨 걸다. ※ 한 낱말이 아니므로 띄어 쓴다.

목아지 모가지.

목아치 모가치. 몫으로 돌아오는 물건.

목적(目的) ※ '목적'은 '실현하려는 일이나 나아가는 방향'을 뜻하며, '목표(目標)'는 '도달해야 할 곳'을 뜻한다. ¶이번 시험의 목적은 여러분의 실력을 객관적으로 평가하는 데 있다. // 이번 시험에서 우리 반의 목표는 전교 1등이다.

목청것 목청껏. ※ '그것이 닿는 데까지'의 뜻을 더하고 부사로 만드는 접사는 '−껏'이다.

목청을 높이다 ⇨ 목청을 돋우다. 목소리를 높이다. ※ '목청'은 목에 있는 '성대(聲帶)'를 뜻하며 큰 소리를 낼 때 목청이 위로 올라오는 것이 아니라 돋워지므로 '목청을 높이다'보다는 '목청을 돋우다' 또는 '목소리를 높이다'처럼 표현하는 것이 바람직하다.

목표 참조 목적.

몫돈 목돈.

몫어치 모가치. 참조 목아치.

몬로(Monroe) 먼로. ¶제임스 먼로(미국 제5 대 대통령). / 먼로주의.

몬타나(Montana) 몬태나. 미국 서
북부에 있는 주. 주도는 헬레나
(Helena).

몰려 나오다 몰려나오다. ※ 한
낱말이므로 붙여 쓴다.

몰려 다니다 몰려다니다. ※ 한
낱말이므로 붙여 쓴다.

몰렴치(沒廉恥) 몰염치. ※ 접두
어처럼 쓰이는 한자 다음의 첫
음절은 두음법칙에 따라 적는
다.

몰르다 모르다. 활용 모르고. 모
르니. 모르면. 모르는. 몰라. ¶
그는 자신도 <u>모르는</u> 사이에 나
락으로 떨어졌다. / 그것도 <u>몰라</u>
서야 되겠니.

몰리해(沒理解) 몰이해. ※ 접두
어처럼 쓰이는 한자 다음의 첫
음절은 두음법칙에 따라 적는다.

몰몬(Mormon) 모르몬. 기독교의
한 종파.

몰아 넣다 몰아넣다. ※ 한 낱말
이므로 붙여 쓴다.

몰아부치다 몰아붙이다.

몰아 붙이다 몰아붙이다. ※ 한
낱말이므로 붙여 쓴다.

몰아 치다 몰아치다. ※ 한 낱말

이므로 붙여 쓴다.

몰으니 모니. ※ 어간이 'ㄹ' 받침
으로 끝나는 용언의 어간에 붙
는 어미는 '-니'이다. '-니'가 붙
으면 'ㄹ'이 줄어든다.

몰으면 몰면. ※ 어간이 'ㄹ' 받침
으로 끝나는 용언의 어간에 붙
는 연결어미는 '-면'이다.

몰은 몬. ※ 어간이 'ㄹ' 받침으로
끝나는 용언의 어간에 붙는 어
미는 '-ㄴ'이다. '-ㄴ'이 붙으면
'ㄹ'이 줄어든다.

몰음 묾. ※ 어간이 'ㄹ' 받침으로
끝나는 용언의 명사형 어미는
'-ㅁ'이다. ¶ 토끼를 산 아래로
묾.

몰잇꾼 몰이꾼. ※ 된소리 앞에
서는 사이시옷을 받치지 않는다.

몰키다 몰리다.

몰타르(mortar) 모르타르.

몰핀(morphine) 모르핀.

몸 묾. 참조 몰음.

몸둥이 몸뚱이.

몸둥어리 몸뚱어리.

몸뚱아리 몸뚱어리.

몸뻬(←もんぺ) 일 바지. 왜 바지
(倭-).

몸살끼 몸살기(-氣). ※ 기운,

느낌, 성분의 뜻을 더하는 접미
사는 '-기(氣)'이다.

몸서리 나다　몸서리나다. ※ 한
낱말이므로 붙여 쓴다.

몸서리 치다　몸서리치다. ※ 한
낱말이므로 붙여 쓴다.

몸 속　몸속. ※ 한 낱말이므로 붙
여 쓴다.

몸(을) 받치다　몸(을) 바치다. 참조
바치다.

몸치레　몸치레.

몹쓸　※ '**몹쓸**'은 '몹시 못되고 고
약한'을 뜻하는 관형사이며, '**못
쓸**'은 '못 쓰다'의 관형사형이므
로 띄어 쓴다. 참조 못쓰다. ¶
몹쓸 녀석. / 몹쓸 병에 걸렸다. //
그 물건은 어디에도 못 쓸 정도
로 낡았다.

몹쓸놈　몹쓸 놈. ※ 한 낱말이 아
니므로 띄어 쓴다.

몹쓸병(-病)　몹쓸 병. ※ 한 낱
말이 아니므로 띄어 쓴다.

몹씨　몹시. ※ '몹시'는 부정적인
뜻의 말과 함께 쓰는 것이 자연
스럽다. 참조 너무.

못나다　※ '못생기다, 능력이 없
다'의 뜻일 때는 한 낱말이므로
'**못나다**'로 붙여 쓰고, '소문 따위

가 나지 못하게 하다, 사물이 생
기지 못하게 하다'의 뜻일 때는
'**못 나다**'로 띄어 쓴다. ¶ 얼굴은
못났어도 기골은 장대하다. / 못
난 사람. // 헛소문이 못 나도록
입단속을 시켜라.

못 다　못다. ※ 동사 앞에서 '다
하지 못함'을 나타내는 부사로
서 한 낱말이므로 붙여 쓴다. ¶
못다 하다. / 못다 한 사랑. / 못다
한 이야기. / 못다 이룬 꿈. / 못다
읽은 책.

못 다하다　못다 하다. 참조 못 다.

못 되다　※ '**못되다**'가 '성질이나
품행 따위가 좋지 않거나 고약
하다'의 뜻일 때는 한 낱말이므
로 붙여 쓰고, '되지 못하다'의 뜻
일 때는 '**못 되다**'로 띄어 쓴다. ¶
그 사람은 성질이 못돼 먹었다.
// 선본 지 반 년도 못 되어 결혼
했다.

못마땅이　못마땅히.

못 미처　못미처. ※ '**못미처**'는 '일
정한 곳까지 채 이르지 못한 거
리나 지점'의 뜻으로 붙여 쓰고,
'**못 미쳐**'는 '공간적 거리나 수준
따위가 일정한 선에 닿지 않음'
의 뜻으로 '못 미치다'의 활용형

이므로 띄어 쓴다. ¶다리 <u>못미</u><u>쳐</u>에 있는 가게. // 그 선수는 기록이 커트라인에도 <u>못미쳐</u> 초반에 탈락했다.

못빼기 못뽑이.

못 살다 ※ '가난하게 살다', '성가시고 견디기 어렵게 하다'의 뜻이면 '**못살다**'로 붙여 쓰고, '살지 못하다'의 뜻일 때는 '**못 살다**'로 띄어 쓴다. ¶<u>못사는</u> 집일수록 탈도 많다. / 제발 날 <u>못살게</u> 굴지 마라. // 말기 암이라서 1년도 <u>못 살</u> 처지라고 한다.

못 생기다 ※ '생김새가 보통보다 못하다'의 뜻일 때는 '**못생기다**'로 붙여 쓰고, '생기지 못하다'의 뜻일 때는 '**못 생기다**'로 띄어 쓴다. ¶<u>못생긴</u> 며느리 제삿날에 병난다. // 그런 환경에선 인물이 <u>못 생긴다</u>.

못 쓰다 ※ '얼굴이나 몸이 축나다', '옳지 못하다', '바람직한 상태가 아니다'의 뜻일 때는 '**못쓰다**'로 붙여 쓰고, '쓰지 못하다'의 뜻일 때는 '**못 쓰다**'로 띄어 쓴다. ¶그 어른은 병을 앓고 난 뒤에 얼굴이 영 <u>못쓰게</u> 돼 보였다. / 남을 속이면 <u>못써요</u>. // 그 사람은 제 이름조차 <u>못 쓴다</u>.

못쓸 참조 몹쓸. 못 쓰다.

못이 박히다 못이 박이다. 손바닥, 발바닥에 굳은살이 생기다. ※ 다만, 목재 따위를 고정하는 데 쓰는 물건인 못을 뜻하거나 그에 비유하는 표현에서는 '**못(이) 박히다**'를 쓴다. 참조 박이다. ¶손에 <u>못이 박혔다</u>. / 귀에 <u>못이 박이도록</u> 들은 얘기다. // 벽에 <u>못이 박혀</u> 있다. / 자식을 앞세운 부모의 가슴에는 커다란 <u>못이 박혀</u> 있는 법이다. / 그의 시선은 그 여인에게 <u>못 박혀</u> 떠날 줄을 몰랐다.

못지 않는 못지않은. ※ '못지않다'는 형용사이므로 관형사형 어미는 '-은'을 쓴다. 한 낱말이므로 붙여 쓴다.

몽따쥬(montage) 몽타주. ※ 외래어 표기에서, 일본어·중국어·베트남 어·태국어의 일부 표기 외에는 된소리를 쓰지 않는다. 또, 'ㅈ, ㅊ' 다음에는 이중모음 'ㅑ, ㅕ, ㅛ, ㅠ'를 쓰지 않는다.

몽우리 멍울.

몽창 몽땅.

몽키(monkey) 멍키. ¶멍키 댄

스. / <u>멍키</u> 스패너.

몽테스큐(Montesquieu) 몽테스키외.¶샤를 루이 드세콩다 <u>몽테스키외</u>(프랑스의 정치 사상가).

뫼시다 모시다.

뫼터 묏자리.

묏비둘기 멧비둘기.

묘령(妙齡) 스무 살 안팎의 여자 나이. ※신원을 알 수 없는 사람이라는 뜻으로 써서는 안 된다. ¶<u>묘령의 여인</u>.

묘사(描寫) 참조 모사.

묘자리(墓-) 묏자리. 못자리.

무거와 무거워. ※'ㅂ불규칙용언'은'곱다','돕다'를 제외하고는 모두'-워'로 활용한다.

무거웁다 무겁다. 활용 무겁고. 무거우니. 무거운. 무거워. 무겁지.

무경우하다 무경위하다(無涇渭-). 참조 경우.

무국 뭇국. ※[무:꾹·문:꾹]으로 소리 나므로 사이시옷을 받쳐 적는다.

무난이(無難-) 무난히.

무단이(無斷-) 무단히.

무던이 무던히.

무데기 무더기.

무뎃뽀(←無鐵砲·むてっぽう) 무모(無謀). 막무가내. 무턱대고.

무둥 무동(舞童). 농악대 걸립패 따위에서 상쇠의 목말을 타고 춤추고 재주 부리던 아이.

무등 목말.

무랑루즈(Moulin Rouge) 물랭루주. 프랑스 파리에 있는 극장. ※1889년 개장. 건물 입구를 빨간 풍차로 장식한 데서 유래한 이름.

무력화시키다(無力化-) 무력화하다. ※사동의 뜻이 없으면'-시키다'로 쓰지 않는다. 참조 -시키다.

무릅 무릎.

무릎쓰다 무릅쓰다.

무릎팍 무르팍.

무마시키다(撫摩-) 무마하다. ※사동의 뜻이 없으면'-시키다'로 쓰지 않는다. 참조 -시키다.

무말랑이 무말랭이.

무버무리 무시루떡.

무빙 워크(moving walk) 말터 자동길(自動-).

무사이(無事-) 무사히.

무색치(無色-) 무색지. ※'하다'로 끝나는 용언 가운데 '하' 앞의 음절이 ‘ㄱ, ㅂ, ㅅ’ 받침으로 끝나는 낱말의 준말은 ‘하’가 아주 줄어든다. 즉, ‘간단하지’의 준말은 ‘하’의 ‘ㅏ’만 줄어들어 ‘간단치’가 되지만 ‘무색하지’의 준말은 ‘하’가 모두 줄어들어 ‘무색지’가 된다.

무색케(無色 −) 무색게. 참조 무색치.

무색타(無色 −) 무색다. 참조 무색치. ¶무색다 못 해.

무생채무침(− 生菜 −) 무생채. ※ ‘무생채’가 ‘무를 채 쳐서 소금, 고춧가루, 식초, 설탕 따위의 양념으로 무친 나물’이므로 ‘무생채무침’은 겹말이다.

무서와 무서워. ※ ‘ㅂ불규칙용언’은 ‘곱다’, ‘돕다’를 제외하고는 모두 ‘−워’로 활용한다.

무서웁다 무섭다. 활용 무섭고. 무서우니. 무서운. 무서워. 무섭지.

무소르크스키(Musorgskii) 무소륵스키. ¶모데스트 페트로비치 무소륵스키(러시아의 작곡가).

무수이(無數 −) 무수히.

무식스런(無識 −) 무식스러운. 참조 −스런.

무식장이(無識 −) 무식쟁이. 참조 −장이.

무신난(武臣亂) 무신란.

무심이(無心 −) 무심히.

무에 ‘무엇이’의 준말. ¶무에 그리 어렵다고 엄살을 떠는지.

무우 무.

무우말랭이 무말랭이.

무우청 무청.

무지개빛 무지갯빛. ※ [무지개삗·무지갣삗]으로 소리 나므로 사이시옷을 받쳐 적는다.

무지랭이 무지렁이.

무지스런(無知 −) 무지스러운. 참조 −스런.

무찔르다 무찌르다. 활용 무찌르고. 무찌르니. 무찌르면. 무찌른. 무찔러. ¶오랑캐를 무찌르고 개선했다. / 적군을 무찔렀다.

무참이(無慘 −) 무참히.

무치다 ※ ‘무치다’는 ‘양념을 섞어 버무리다’를 뜻하며, ‘**묻히다**’는 ‘들러붙게 하다’, ‘묻음을 당하다’를 뜻한다. ¶나물을 무치다. // 떡에 팥고물을 묻혔다. / 몇 년을 쌓은 공이 그 일로 다 묻히어 버렸다.

무한이(無限 −) 무한히.

묵묵이(默默-) 묵묵히.

묵이다 묵히다. ¶이 간장은 3년을 묵힌 것이다.

묵직히 묵직이.

문귀(文句) 문구. ※ '句'는 '글귀', '귀글'을 제외하고는 모두 '구'로 읽는다.

문맹율(文盲率) 문맹률. 참조 -률.

문방구(文房具) ⇨ 문방구점(文房具店). ※ '**문방구**'는 '학용품과 사무용품을 통틀어 이르는 말'이므로 문방구를 파는 가게는 '**문방구점**'이다. 다만, 표준국어대사전에서는 '문방구'를 '문방구점'의 뜻으로 인정하고 있다.

문서화시키다(文書化-) 문서화하다. ※ 사동의 뜻이 없으면 '-시키다'로 쓰지 않는다. 참조 -시키다.

문전성시를 이루다(門前成市-) 문전성시이다. ※ '성시'가 '시장을 이룸'을 뜻하므로 '문전성시를 이루다'는 겹말이다.

문제거리(問題-) 문젯거리. ※ [문: 제꺼리·문: 젣꺼리]로 소리 나므로 사이시옷을 받쳐 적는다.

문제 없다(問題-) 문제없다. ※ '문제가 될 만하거나 어긋나는 일이 없다'라는 뜻으로 쓰이면 한 낱말이므로 붙여 쓴다.

문제화시키다(問題化-) 문제화하다. ※ 사동의 뜻이 없으면 '-시키다'로 쓰지 않는다. 참조 -시키다.

문직이(門-) 문지기.

문질르다 문지르다. 활용 문지르고. 문지르니. 문지르면. 문질러. ¶아이가 마루를 닦는답시고 헝겊으로 문지르고 다닌다. / 할머니가 배가 아프다는 아이의 배를 문질러 주었다.

문화 유산(文化遺産) 문화유산. ※ 한 낱말이므로 붙여 쓴다.

묻음 ※ 규칙적인 활용을 하는 용언 '묻다'의 명사형은 '**묻음**'이지만, 불규칙 활용을 하는 용언 '묻다'의 명사형은 '**물음**'이다. 참조 물음. ¶김칫독을 땅에 묻음. / 옷에 흙이 묻음. // 행인에게 길을 물음. / 담당자에게 책임을 물음.

묻치다 무치다. 참조 무치다. ¶나물을 무쳐 먹었다.

묻히다 참조 무치다.

물가고(物價高) 물가. 높은 물가. ※ '물가고'는 일본어투.

물고늘어지다　물고 늘어지다. ※ 한 낱말이 아니므로 띄어 쓴다.

물구나무 서다　물구나무서다. ※ 한 낱말이므로 붙여 쓴다.

물구비　물굽이.

물끄럼이　물끄러미.

물끄럼히　물끄러미.

물논　무논.

물동양(物動量)　물동량. 참조 량.

물땡크(－tank)　물탱크. ※ 외래어 표기에서, 일본어·중국어·베트남 어·태국어의 일부 표기 외에는 된소리를 쓰지 않는다.

물러 서다　물러서다. ※ 한 낱말이므로 붙여 쓴다.

물럿거라　물렀거라. ※ ‘물러 있거라’를 줄이면 ‘있’의 ‘이’는 줄고 ‘ㅆ’은 ‘러’의 받침이 된다.

물레가락　물렛가락. ※ 〔물레까락·물렌까락〕으로 소리 나므로 사이시옷을 받쳐 적는다.

물려 주다　물려주다. ※ 한 낱말이므로 붙여 쓴다.

물르다　무르다. 활용 무르고. 무르니. 무르면. 무른. 무르는(동사일 때만). 물러. ¶포장을 뜯으면 무를 수 없으니 잘 생각하고 결정해라. / 이번 결정은 무르는 게 좋겠다. / 반죽이 너무 무르니 밀가루를 더 넣는 것이 좋겠다. / 한 수만 물러 주게. / 그 사람은 너무 물러 터져 남들이 업신여긴다.

물리다　무르다. ※ 다만, ‘몹시 싫증나다’의 뜻이거나, ‘물다’의 피동형일 때는 ‘**물리다**’이다. 참조 물르다. ¶한 수만 물러 주게. // 사흘 동안 떡만 먹었더니 이젠 떡에 물렸다. / 아이가 개에게 물렸다.

물 맛　물맛. ※ 한 낱말이므로 붙여 쓴다.

물매미　물맴이. 무당선두리. 물무당. 물위를 뱅뱅 도는 습성이 있는 곤충.

물받기　물받이. ※ 다만, 물을 받는 동작을 뜻할 때는 ‘물 받기’로 적는다.

물 샐 틈 없다　물샐틈없다. ※ 한 낱말이므로 붙여 쓴다.

물 설다　물설다. ※ 한 낱말이므로 붙여 쓴다. 활용 물설고. 물설면. 물설어. 물서니. 물선. ¶낯설고 물선 곳.

물설은　물선. 참조 물 설다.

물 속　물속. ※ 한 낱말이므로 붙

여 쓴다.

물수제비 뜨다 물수제비뜨다. ※ 한 낱말이므로 붙여 쓴다. '**물수제비**'는 '얄팍한 돌을 던질 때 돌이 튀기는 자리마다 생기는 물결'을 뜻하며 '물수제비뜨다'는 물수제비가 생기도록 돌을 던지는 동작을 뜻한다.

물신 물씬.

물앵도(-櫻桃) 물앵두.

물어 뜯다 물어뜯다. ※ 한 낱말이므로 붙여 쓴다.

물어 보다 물어보다. ※ 한 낱말이므로 붙여 쓴다. 다만, '보다'가 '시험 삼아 함'을 나타내면 보조동사이므로 띄어 쓰는 것이 원칙이다. ¶값이 얼마인지 물어보아라. //1등을 한 선수가 감격에 겨워 금메달을 물어 보았다.

물어주다 물어 주다. ※ 한 낱말이 아니므로 띄어 쓴다. ¶애먼 사람을 때려서 치료비만 물어 주게 생겼다. 활용 물으니. 물으면. 물은.

물으니 무니. ※ 어간이 'ㄹ' 받침으로 끝나는 용언의 어간에 붙는 어미는 '-니'이다. '-니'가 붙으면 'ㄹ'이 줄어든다. 다만, '묻다'의 활용형은 '물으니'이다.

물으면 물면. ※ 어간이 'ㄹ' 받침으로 끝나는 용언의 어간에 붙는 연결어미는 '-면'이다. 다만, '묻다'의 활용형은 '물으면'이다.

물은 문. ※ 어간이 'ㄹ' 받침으로 끝나는 용언의 어간에 붙는 어미는 '-ㄴ'이다. '-ㄴ'이 붙으면 'ㄹ'이 줄어든다. 다만, '묻다'의 활용형은 '물은'이다.

물음 묾. ※ 어간이 'ㄹ' 받침으로 끝나는 용언의 명사형 어미는 '-ㅁ'이다. 다만, ㄷ불규칙용언인 '묻다'의 명사형은 '물음'이다. 참조 묻음. ¶사자가 먹이를 묾. / 이자를 비싸게 묾.

물읍니다 뭅니다. 묻습니다. ※ 어간이 'ㄹ' 받침으로 끝나는 용언의 어간에 붙는 어미는 '-ㅂ니다'이다. '-ㅂ니다'가 붙으면 'ㄹ'이 줄어든다. 다만, '묻다'의 어간에 붙는 어미는 '-습니다'이다.

물읍시다 뭅시다. ※ 어간이 'ㄹ' 받침으로 끝나는 동사의 어간에 붙는 어미는 '-ㅂ시다'이다. '-ㅂ시다'가 붙으면 'ㄹ'이 줄어든다. 다만, '묻다'의 활용형은 '물읍시다'이다.

물제비 물수제비. 참조 물수제비 뜨다.

물질양(物質量) 물질량. 참조 량.

묽디 묽다 묽디묽다. ※ 한 낱말이므로 붙여 쓴다. 참조 −디.

묾 묶. 참조 물음.

뭇매 =몰매. ※ 복수표준어.

뭇 사람 뭇사람. ※ 한 낱말이므로 붙여 쓴다.

뭇 소리 뭇소리. ※ 한 낱말이므로 붙여 쓴다.

뭇솔리니(Mussolini) 무솔리니. ¶ 베니토 무솔리니(이탈리아의 정치가).

뭉개구름 뭉게구름.

뭉개뭉개 뭉게뭉게. 몽개몽개.

뭉기적거리다 뭉그적거리다.

뭉떡뭉떡 뭉떵뭉떵.

뭉뚱거리다 뭉뚱그리다. 활용 뭉뚱그리고. 뭉뚱그리면. 뭉뚱그려.

뭉치돈 뭉칫돈. ※ [뭉치똔·뭉칟똔]으로 소리 나므로 사이시옷을 받쳐 적는다.

뭉클어지다 뭉크러지다.

뭉탱이 뭉텅이.

뭉터기 뭉텅이.

뭉턱뭉턱 뭉텅뭉텅.

뭉테기 뭉텅이.

뭐니뭐니해도 뭐니 뭐니 해도. 무어니 무어니 해도. ※ 한 낱말이 아니므로 띄어 쓴다.

뭐라구 뭐라고. 참조 −라구.

뭐에요 뭐예요. 참조 −에요.

뭐 하다 ※ '언짢은 느낌을 알맞게 형용하기 어렵거나 그것을 표현할 말이 생각나지 않을 때 암시적으로 둘러서 쓰는 말'로 쓰일 때는 한 낱말이므로 '**뭐하다**'로 붙여 쓰고, '무엇을 하다'를 뜻하면 한 낱말이 아니므로 '**뭐 하다**'로 띄어 쓴다. ¶ 분위기가 뭐해서 자리를 피했다. ∥ 이게 대체 뭐 하는 짓이냐?

뭘로 뭐로. 뭣으로. ※ '뭘'은 '무엇을'이 줄어든 말이다. '무어로', '무엇으로'를 줄이면 각각 '뭐로', '뭣으로'로 적어야 한다.

뮤지움(museum) 뮤지엄.

뮤지칼(musical) 뮤지컬.

뮨헨(München) 뮌헨. 독일 바이에른 주의 주도.

미깡(蜜柑·みかん) 감귤. 귤(橘). 밀감.

미꾸라지국 미꾸라짓국. ※ [미꾸라지꾹·미꾸라진꾹]으로 소

리 나므로 사이시옷을 받쳐 적
는다.

미끌거리다 미끈거리다.

미끌어지다 미끄러지다.

미나리깡 미나리꽝.

미네럴(mineral) 미네랄.

미네아폴리스(Minneapolis) 미니
애폴리스. 미국 미네소타 주의
도시.

미뉴엣(minuet) 미뉴에트.

미니스카트(miniskirt) 미니스커
트.

미니어춰(miniature) 미니어처. ※
영어 표기에서 모음 앞의 [tʃ]는
뒤따르는 모음에 따라 '차, 처,
초, 추, 치'로 적는다.

미다시(見出し·みだし) 표. / 제목.
/ 찾음표.

미다지 미닫이.

미더웁다 미덥다. 활용 미덥고.
미더우니. 미더운. 미더워. 미덥
지. 미더움.

미들스브러(Middlesbrough) 미
들즈브러. 영국 잉글랜드의 도
시.

미들필드 미드필드(midfield).

미류나무(美柳-) 미루나무.

미련스런 미련스러운. 참조 -스

런.

미리-(milli-) 밀리-. ¶밀리미
터. / 밀리그램.

미리 예고하다(-豫告-) 예고하
다. 미리 알리다. ※ '예고'가 '미
리 알림'을 뜻하므로 '미리 예고
하다'는 겹말이다.

미리 예매하다(-豫買-·-豫賣-)
예매하다. ※ '예매'가 '미리 삼'
또는 '미리 팖'을 뜻하므로 '미리
예매하다'는 겹말이다.

미리 예방하다(-豫防-) 예방하
다. ※ '예방'이 '미리 대처하여
막음'을 뜻하므로 '미리 예방하
다'는 겹말이다.

미리 예상하다(-豫想-) 예상하
다. ※ '예상'이 '미리 생각하여
둠'을 뜻하므로 '미리 예상하다'
는 겹말이다.

미리 예약하다(-豫約-) 예약하
다. ※ '예약'이 '미리 약속함'을
뜻하므로 '미리 예약하다'는 겹
말이다.

미망인(未亡人) 부인(夫人). ※ '미
망인'은 '아직 따라 죽지 못한 사
람'이란 뜻으로, 남편이 죽고 홀
로 남은 여자가 스스로를 이르
는 말'이다. '춘추좌씨전(春秋左

氏傳) 장공편(莊公篇)'에 나온다.
홀로 된 여자 자신이 아닌 다른
사람이 '미망인'이라고 하는 것
은 바람직하지 않다. '아무개의
미망인'이 아니라 '(죽은·돌아
가신) 아무개의 부인'처럼 표현
하는 것이 바람직하다.

미미적거리다　머무적거리다.

미세스(Mrs.)　미시즈.

미션(mission)　말터 중요임무(重要
任務).

미소시루(味噌汁·みそしる)　된장
국.

미숀(←transmission)　변속기(變速
器). 트랜스미션. ※ '미숀'은 일
본어투.

미수가루　미숫가루. ※ [미수까
루·미순까루]로 소리 나므로 사
이시옷을 받쳐 적는다.

미스테리(mystery)　미스터리.

미식거리다　메슥거리다. ¶신물
이 나고 속이 메슥거려 아무것
도 못 먹겠다.

미심적다(未審-)　미심쩍다. ※
'적다少'의 뜻이 남아 있지 않고
발음도 [쩍다]로 나면 '-쩍다'로
적는다.

미싯가루　미숫가루.

미싱(←machine)　재봉틀(裁縫-).
※ '미싱'은 일본어투.

미안스런(未安-)　미안스러운.
참조 -스런.

미야자끼(宮崎)　미야자키.　일본
규슈의 현 및 현청 소재지. ※ 일
본어 표기에서 '씨' 외에는 된소
리를 쓰지 않는다.

미여지다　미어지다. ¶그　아이
행색을 보니 가슴이 미어질 것
같다.

미여터지다　미어터지다.

미역냉국(-冷-)　미역찬국.

미웁다　밉다.

미이라(mira)　미라. ※ 외래어에
서 장모음은 따로 표기하지 않
는다.

미쟝센(mise-en-scène)　미장센. ※
외래어에서 'ㅈ, ㅊ' 다음에는 'ㅑ,
ㅕ, ㅛ, ㅠ' 같은 이중 모음을 표기
하지 않는다.

미쟁이　미장이. 참조 -장이.

미주왈고주왈　미주알고주알. 고
주알미주알.

미즈나오시(水直し·みずなおし)　물
청소(-淸掃).

미처　※ '**미처**'는 '아직. 채'의 뜻
을 나타내는 부사이며, '**미쳐**'는

동사 '미치다'의 활용형이다. ¶미처 몰랐다. // 그 일의 영향이 그 사람에게까지 미쳐 주위의 걱정이 대단하다. / 저 사람 미쳐도 단단히 미쳤다. / 노름에 미쳐 세월 가는 줄도 모른다.

미쳐 참조 미처.

미친갱이 미치광이.

미캐니즘(mechanism) 메커니즘.

미쿠리 미투리.

미화시키다(美化-) 미화하다. ※ 사동의 뜻이 없으면 '-시키다'로 쓰지 않는다. 참조 -시키다.

민망스런(憫惘-) 민망스러운. 참조 -스런.

민밋하다 밋밋하다.

민어국(民魚-) 민엇국. ※ [미너꾹·미넌꾹]으로 소리 나므로 사이시옷을 받쳐 적는다.

믿겨지다 믿어지다. 믿기다.

믿음직스런 믿음직스러운. 참조 -스런.

밀다 미루다. 정한 시간을 나중으로 넘기다. 일을 남에게 넘기다. ¶오늘 할 일을 내일로 미루지 마라.

밀란(Milano) 밀라노. 이탈리아 롬바르디아 주의 주도. ※ 외국 지명은 현지 발음에 따라 적는다.

밀어부치다 밀어붙이다.

밀어제끼다 밀어젖히다.

밀으네 미네. ※ 어간이 'ㄹ' 받침으로 끝나는 용언의 어간에 붙는 어미는 '-네'이다. '-네'가 붙으면 'ㄹ'이 줄어든다.

밀으니 미니. ※ 어간이 'ㄹ' 받침으로 끝나는 용언의 어간에 붙는 어미는 '-니'이다. '-니'가 붙으면 'ㄹ'이 줄어든다.

밀으면 밀면. ※ 어간이 'ㄹ' 받침으로 끝나는 용언의 어간에 붙는 연결어미는 '-면'이다.

밀은 민. ※ 어간이 'ㄹ' 받침으로 끝나는 용언의 어간에 붙는 어미는 '-ㄴ'이다. '-ㄴ'이 붙으면 'ㄹ'이 줄어든다.

밀음 밂. ※ 어간이 'ㄹ' 받침으로 끝나는 용언의 명사형 어미는 '-ㅁ'이다. ¶문을 밂.

밀읍니다 밉니다. ※ 어간이 'ㄹ' 받침으로 끝나는 용언의 어간에 붙는 어미는 '-ㅂ니다'이다. '-ㅂ니다'가 붙으면 'ㄹ'이 줄어든다.

밀읍시다 밉시다. ※ 어간이 'ㄹ' 받침으로 끝나는 동사의 어간에

붙는 어미는 '-ㅂ시다'이다. '-ㅂ
시다'가 붙으면 'ㄹ'이 줄어든다.

밀주집(密酒-) 밀줏집. ※ [밀쭈
찝·밀쭏찝]으로 소리 나므로 사
이시옷을 받쳐 적는다.

밀크쉐이크(milk shake) 밀크세이
크. ※ 영어 표기에서 모음 앞의
ʃ는 뒤따르는 모음에 따라 '샤,
섀, 셔, 셰, 쇼, 슈, 시'로 적는다.

밀튼(Milton) 밀턴. ¶존 밀턴(영
국의 시인).

밈 밂. 참조 밀음.

밉디 밉다 밉디밉다. ※ 한 낱말
이므로 붙여 쓴다. 참조 -디.

밉살스런 밉살스러운. 참조 -스
런.

밉상스런(-相-) 밉상스러운.
참조 -스런.

밉쌀 밉살.

밋밋히 밋밋이.

밑구녕 밑구멍.

밑닦개 밑씻개.

밑둥 밑동.

밑바침 밑받침.

밑보다 낮추보다. 얕보다. 깔보
다. ※ 다만, '밑보다'가 '밉게 보
다'를 뜻하면 '**밉보다**'로 쓴다. ¶
차림새가 남루한 사람이라고 낮
추보면 안 된다.∥상사에게 밉보
일 짓은 하지 마라.

바　※ ‘바’에 조사가 붙을 수 있으면 의존명사이므로 띄어 쓴다. 다만, 조사가 붙을 수 없는 때는 ‘－ㄴ바’ 형태의 연결어미이므로 붙여 쓴다. ¶네가 느낀 바를 말해 보아라. / 그는 유명한 대회에서 여러 차례 입상한 바 있다. / 기왕 할 바에야 제대로 해 보겠다. / 우리가 나아갈 바를 밝히고자 한다. / 우리의 의지를 밝히는 바이다. // 그의 글을 검토한바 몇 가지 오류가 나왔다. / 네 잘못이 큰바 비난을 피할 수 없을 것이다.

바게뜨(baguette)　바게트. ※ 외래어 표기에서, 일본어·중국어·베트남 어·태국어의 일부 표기 외에는 된소리를 쓰지 않는다.

바깔로레아(baccalauréat)　바칼로레아. 프랑스의 후기 중등 교육 종료를 증명하는 국가시험. ※ 외래어 표기에서, 일본어·중국어·베트남 어·태국어의 일부

표기 외에는 된소리를 쓰지 않는다.

바께쓰(←bucket)　들통. 양동이. ※ ‘바께쓰’는 일본어투.

바껴　바뀌어. ※ ‘뀌어’는 ‘껴’로 줄일 수 없다.

바뀌어지다　바뀌다. 바꾸어지다. 바꿔지다. ※ ‘바뀌다’가 ‘바꾸다’의 피동형이므로 피동을 나타내는 보조동사 ‘지다’를 붙이면 이중 피동 표현이 된다. ¶신호가 파란불로 바뀌었다. / 두 물건의 위치가 바뀌었다.

바나　버너(burner).

바늘질　바느질.

바다가　바닷가. ※ [바다까·바닫깨로 소리 나므로 사이시옷을 받쳐 적는다.

바다가재　바닷가재. ※ [바다까재·바닫까재]로 소리 나므로 사이시옷을 받쳐 적는다.

바다게　바닷게. ※ [바다께·바

달께]로 소리 나므로 사이시옷을 받쳐 적는다.

바다고기 바닷고기. ※ [바다꼬기·바닫꼬기]로 소리 나므로 사이시옷을 받쳐 적는다.

바다길 바닷길. ※ [바다낄·바닫낄]로 소리 나므로 사이시옷을 받쳐 적는다.

바다모래 바닷모래. ※ [바단모래]로 'ㅁ' 앞에서 'ㄴ' 소리가 덧나므로 사이시옷을 받쳐 적는다.

바다물 바닷물. ※ [바단물]로 'ㅁ' 앞에서 'ㄴ' 소리가 덧나므로 사이시옷을 받쳐 적는다.

바다물고기 바닷물고기. ※ [바단물꼬기]로 'ㅁ' 앞에서 'ㄴ' 소리가 덧나므로 사이시옷을 받쳐 적는다.

바다바람 바닷바람. ※ [바다빠람·바닫빠람]으로 소리 나므로 사이시옷을 받쳐 적는다.

바다새 바닷새. ※ [바다쌔·바닫쌔]로 소리 나므로 사이시옷을 받쳐 적는다.

바다소금 바닷소금. ※ [바다쏘금·바닫쏘금]으로 소리 나므로 사이시옷을 받쳐 적는다.

바다소리 바닷소리. ※ [바다쏘리·바닫쏘리]로 소리 나므로 사이시옷을 받쳐 적는다.

바다속 바닷속. ※ [바다쏙·바닫쏙]으로 소리 나므로 사이시옷을 받쳐 적는다.

바다자갈 바닷자갈. ※ [바다짜갈·바닫짜갈]로 소리 나므로 사이시옷을 받쳐 적는다.

바다장어(-長魚) 바닷장어. ※ [바다짱어·바닫짱어]로 소리 나므로 사이시옷을 받쳐 적는다.

바다조개 바닷조개. ※ [바다쪼개·바닫쪼개]로 소리 나므로 사이시옷을 받쳐 적는다.

바둥거리다 =바동거리다. 버둥거리다. ※ 복수표준어.

바둥바둥 =바동바동. 버둥버둥. ※ 복수표준어.

바등거리다 바동거리다.

바등바등 바동바동.

바디(body) 보디. ¶<u>보디빌딩</u> / <u>보디랭귀지</u> / <u>보디로션</u>.

바디샵(body shop) 보디숍.

바라겠다 바라다. ※ 화자(話者)의 의지를 나타낼 때는 어미 '-겠-'을 쓰지 않는다. 참조 바라다. ¶ 내 부탁 하나 들어주기 <u>바란다</u>. / 모두 자리에서 일어나시기 <u>바랍니다</u>.

바라다 ※ '**바라다**'는 '생각이나 바람대로 어떤 일이나 상태가 이루어지거나 그렇게 되었으면 하고 생각하다. 원하는 사물을 얻거나 가졌으면 하고 생각하다. 어떤 것을 향하여 보다'라는 뜻이며, '**바래다**'는 '볕이나 습기를 받아 색이 변하다. 가는 사람을 일정한 곳까지 배웅하거나 바라보다'라는 뜻이다. ¶네가 성공하길 <u>바라</u>. / 어머니는 자식이 성공하기를 <u>바랐다</u>. / 오늘까지 일을 끝내기 <u>바람</u>. / 대가를 <u>바라고</u> 한 일이 아니다. // 이 옷은 양달에서 말리면 색이 <u>바래</u>니 응달에 널어라. / 친구가 집까지 차로 <u>바래다</u> 줬다.

바라다 보다 바라다보다. ※ 한 낱말이므로 붙여 쓴다. ¶그는 내 얼굴을 뚫어져라 <u>바라다보았</u>다.

바라다주다 바래다주다. 참조 바라다.

바라 보다 바라보다. ※ 한 낱말이므로 붙여 쓴다. 다만, '기대하여 보다'의 뜻을 나타내면 한 낱말이 아니므로 띄어 쓴다. ¶먼

산을 <u>바라보았다</u>. // 하릴없이 요행만 <u>바라 보았다</u>.

바란스(balance) 밸런스. 균형.

바람꾼 바람둥이.

바람끼 바람기(-氣). ※ 기운, 느낌, 성분의 뜻을 더하는 접미사는 '-기(氣)'이다.

바람동이 바람둥이.

바람떡 개피떡.

바람 맞다 바람맞다. ※ 한 낱말이므로 붙여 쓴다.

바람장이 바람쟁이. 참조 -장이.

바람잽이 바람잡이.

바람직스런 바람직스러운. 참조 -스런.

바람 피다 바람피우다. 참조 피다.

바래 바라. ※ 'ㅏ, ㅗ' 다음에서 서술·물음·명령·청유를 나타내는 종결어미는 '아'이다. 참조 바라다.

바래다 참조 바라다.

바램 바람. 참조 바라다.

바로서다 바로 서다. ※ 한 낱말이 아니므로 띄어 쓴다.

바로셀로나(Barcelona) 바르셀로나. 스페인 카탈루냐 지방의 도시.

바로 잡다　바로잡다. ※ 한 낱말이므로 붙여 쓴다. 다만, '바로'가 '시간적인 간격을 두지 않고 곧'을 뜻하면 띄어 쓴다. ¶틀린 것을 <u>바로잡았다</u>. / 기강을 <u>바로잡아야</u> 한다. // 앞 사람이 공을 굴리면 다음 사람이 지체 없이 <u>바로 잡아서</u> 그다음 사람에게 굴려 줘야 한다.

바르토크(Bartók)　버르토크. ¶벨러 <u>버르토크</u>(헝가리의 작곡가·피아니스트).

바른말　바른말. 이치에 맞는 말. ※ 한 낱말이므로 붙여 쓴다.

바른손　＝오른손. ※ 복수표준어. 한 낱말이므로 붙여 쓴다.

바른쪽　＝오른쪽. ※ 복수표준어. 한 낱말이므로 붙여 쓴다.

바른편(－便)　＝오른편. ※ 복수표준어. 한 낱말이므로 붙여 쓴다.

바리깡(bariquant)　이발기(理髮器).

바리케이트(barricade)　바리케이드.

바베큐(barbecue)　바비큐.

바보스런　바보스러운. 참조 －스런.

바뻐　바빠.

바스라지다　바스러지다.

바스킷(basket)　바스켓.

바스트(bust)　버스트. 가슴.

바야으로　바야흐로.

바오밥나무(baobab－)　바오바브나무. 판자과의 낙엽 교목.

바우처 제도(voucher 制度)　말터 복지상품권제도(福祉商品券制度).

바운다리(boundary)　바운더리.

바위길　바윗길. ※ [바위낄·바윋낄]로 소리 나므로 사이시옷을 받쳐 적는다.

바위덩어리　바윗덩어리. ※ [바위떵어리·바윋떵어리]로 소리 나므로 사이시옷을 받쳐 적는다.

바위덩이　바윗덩이. ※ [바위떵이·바윋떵이]로 소리 나므로 사이시옷을 받쳐 적는다.

바윗틈　바위틈. ※ 거센소리 앞에서는 사이시옷을 받치지 않는다.

바이애그라(Viagra)　비아그라. 발기부전 치료제. ※ 상표명.

바이올레이션(violation)　바이얼레이션.

바이타민(vitamin)　비타민.

바자회(bazaar會)　바자. 자선장. 자선 장터. 자선 특매장. 특매장. ※ '바자'가 '공공 또는 사회사업의

자금을 모으기 위하여 벌이는 시장'을 뜻하므로 '바자회'는 겹말이다.

바지가랑이 바짓가랑이. ※[바지까랑이·바짇까랑이]로 소리 나므로 사이시옷을 받쳐 적는다.

바치다 ※'**바치다**'는 '신이나 웃어른에게 드리다. '반드시 내거나 물어야 할 돈을 가져다주다. '무엇을 위하여 모든 것을 아낌없이 내놓거나 쓰다'의 뜻을, '**받치다**'는 '어떤 물건의 밑에 다른 물건을 대다', '겉옷의 안에 다른 옷을 입다', '옷의 색깔이나 모양이 조화를 이루도록 하다', '어떤 일을 잘하도록 뒷받침해 주다', '우산이나 양산을 펴 들다'의 뜻을, '**받히다**'는 '받다'의 피동사로서 '떠받음을 당하다'의 뜻을, '**밭치다**'는 '밭다'를 강조하는 말로서 '체 따위로 거르다'의 뜻을 나타낸다. ¶신에게 제물을 <u>바치</u>다. / 관청에 세금을 <u>바치다</u>. / 평생을 학문 연구에 <u>바쳤다</u>. / 나라를 위해 몸과 마음을 <u>바쳤다</u>. // 공책에 책받침을 <u>받쳐라</u>. / 재킷 안에 흰 블라우스를 <u>받쳐</u> 입었다. / 이 셔츠에 <u>받쳐</u> 입을 만한

바지가 없다. / 그 장면에선 템포가 빠른 곡을 <u>받쳐</u> 줘야 분위기가 살 것 같다. / 요즘은 자외선을 피하느라 흐린 날에도 양산을 <u>받치는</u> 사람이 많다. // 소에게 <u>받혀서</u> 허리를 다쳤다. / 차에 <u>받혀</u> 크게 다쳤다. // 술을 밭쳤다.

바케쓰(←bucket) 들통. 양동이. ※'바케쓰'는 일본어투.

바퀴자국 바큇자국. ※[바퀴짜국·바퀸짜국]으로 소리 나므로 사이시옷을 받쳐 적는다.

바클(buckle) 버클. 대구(帶鉤). 띠쇠.

바톤 바통(bâton). 배턴(baton). ※'**바통**'은 '권한, 의무 따위를 주고받음' 또는 '릴레이 경기에서 앞 주자가 다음 주자에게 넘겨주는 막대기(계주봉)'의 뜻으로 두루 쓰지만 '**배턴**'은 '계주봉'의 뜻으로만 쓴다.

바트(baht) 밧. 태국의 화폐 단위.

바하(Bach) 바흐. ¶요한 제바스티안 <u>바흐</u>(독일의 작곡가).

박꼬지 박고지. 참조 꼬지.

박수 갈채(拍手喝采) 박수갈채. ※한 낱말이므로 붙여 쓴다.

박수 치다(拍手-) 손뼉 치다. 박

수하다. ※‘박수’가 ‘두 손뼉을 마주 침’을 뜻하므로 ‘박수 치다’는 겹말이다.

박스 오피스(box office) 말터 흥행 수익(興行收益).

박아지 바가지.

박어 박아. ※‘ㅏ, ㅗ’ 다음에서 서술·물음·명령·청유를 나타내는 종결어미는 ‘아’이다.

−박이 ※‘−**박이**’는 ‘무엇이 박혀 있는 사람이나 동물, 사물’을 나타내거나 ‘무엇이 박혀 있는 곳. 한곳에 일정하게 고정되어 있음’의 뜻을 더하는 접미사이며, ‘−**배기**’는 ‘그 나이를 먹은 아이. 그것이 들어 있거나 차 있음. 그런 물건’의 뜻을 더하는 접미사이다. 또 ‘−**빼기**’는 ‘그런 특성이 있는 사람이나 물건’을 뜻하거나 ‘비하’의 뜻을 나타내는 접미사이다. ¶점박이. / 금니박이. / 덧니박이. / 네눈박이. / 차돌박이. / 장승박이. / 붙박이. // 두 살배기. / 나이배기. / 공짜배기. / 대짜배기. / 진짜배기. // 곱빼기. 밥빼기. / 악착빼기. / 앍둑빼기. / 외줄빼기. / 코빼기.

박이다 ※‘**박이다**’는 ‘버릇, 생각,

태도 따위가 깊이 배다. 손바닥, 발바닥 따위에 굳은살이 생기다’의 뜻이며, ‘**박히다**’는 ‘박다’의 피동형이다. ¶손바닥에 못이 박이도록 일했다. / 그 소린 귀에 못이 박이도록 들었다. / 그 사람은 피해 의식이 뇌리에 박여 있어 늘 소극적으로 행동한다. // 벽에 박힌 못에 옷을 걸었다. / 그 반지엔 3캐럿짜리 다이아몬드가 박혀 있다.

박카스(Bacchus) 바쿠스. 로마 신화에 나오는 술의 신.

박탈시키다(剝奪−) 박탈하다. ※ 사동의 뜻이 없으면 ‘−시키다’로 쓰지 않는다. 참조 −시키다. ¶선거 관련 범죄를 저지르면 피선거권을 박탈한다.

박히다 참조 박이다.

밖에 ※‘그것 말고는’, ‘그것 이외에는’의 뜻을 나타내면 조사이므로 앞말에 붙여 쓰고, ‘바깥’의 뜻을 나타내면 명사이므로 띄어 쓴다. ¶날 도울 사람은 너밖에 없다. / 주머니에 동전 몇 닢밖에 없다. / 그 아인 책밖에 모르는 공부벌레다. // 집 밖에서 떨지 말고 들어오너라. / 그 밖에도 여러 가

ㅂ

지 이유가 있다. / 너 밖에도 여럿이 그 자리를 노리고 있다.

반가와 반가워. ※ 'ㅂ불규칙용언'은 '곱다', '돕다'를 제외하고는 모두 '-워'로 활용한다.

반가워 하다 반가워하다. ※ 한 낱말이므로 붙여 쓴다.

반가집(班家-) 반갓집. ※ [반가찝·반갇찝]으로 소리 나므로 사이시옷을 받쳐 적는다.

반가히 반가이.

반까이(ばんかい) 만회(挽回).

반나(半裸) 반라.

반나절(半-) 참조 나절.

반네루 패널(panel). 널빤지. 판자(板子). ※ '반네루'는 일본어투.

반다르세리베가완(Bandar Seri Bega-wan) 반다르스리브가완. 브루나이의 수도.

반다지(半-) 반닫이.

반댓말(反對-) 반대말.

반도(←band) 밴드. 띠. ※ '반도'는 일본어투.

반드르하다 반드르르하다.

반드시 ※ '반드시'는 '꼭', '틀림없이'의 뜻이며, '**반듯이**'는 '반듯하게', '굽지 않고 바르게'의 뜻이다. ¶약속은 <u>반드시</u> 지켜야 한

다. // 금을 <u>반듯이</u> 그어라. / 책을 <u>반듯이</u> 놓아라.

반듯이 참조 반드시.

반듯히 반듯이. 참조 반드시.

반디불 반딧불. ※ [반디뿔·반딛뿔]로 소리 나므로 사이시옷을 받쳐 적는다.

반디불이 반딧불이. ※ [반디뿔이·반딛뿔이]로 소리 나므로 사이시옷을 받쳐 적는다.

반말지꺼리 반말지거리.

반말짓거리 반말지거리.

반신불구(半身不具) 반신불수(半身不隨). 병이나 사고로 반신이 마비되는 일, 또는 그런 사람. ※ '**불구**(不具)'는 '온전하지 못함'을 뜻하며, '**불수**'는 '불수의(不隨意)'의 준말로서 '자기 마음대로 되지 아니함'을 뜻한다.

반에반(半-半) 반의반.

반영시키다 반영하다(反映-). ※ 사동의 뜻이 없으면 '-시키다'로 쓰지 않는다. 참조 -시키다.

반영율(反影率) 반영률. 참조 -률.

반입(搬入) 실어 들임. 실어 옴. ※ '반입'은 일본어투.

반주검(半-) 반죽음. 참조 초죽음. ¶그 사람은 몰매를 맞아 <u>반</u>

죽음을 당했다.

반죽　※ ‘**반죽**’은 ‘가루에 물을 부어 이겨 갬 또는 그렇게 한 것, 뻔뻔스럽거나 비위가 좋아 주어진 상황에 잘 적응하는 성미, 여러 가지가 뒤섞여 있는 것’을 뜻하며, ‘**변죽**’은 ‘그릇이나 세간, 과녁 따위의 가장자리, 제재목 가운데 나무껍질이 붙어 있는 널빤지’를 뜻한다. ¶밀가루 반죽. / 어린 녀석이 반죽이 좋아 부끄러워하지도 않는다. / 그 회사에 대한 소문과 괴담이 반죽이 되어 뒤숭숭하다. // 변죽만 울리지 말고 본론을 얘기해라. / 그는 상의 변죽을 두드리며 흥을 돋웠다.

반죽옷　튀김옷. 녹말가루나 밀가루 따위로 입히는 튀김의 겉 부분.

반증(反證)　※ ‘어떤 사실이나 주장이 옳지 아니함을 그에 반대되는 근거를 들어 증명함. 또는 그런 증거’이다. ‘증거’, ‘증명’, ‘방증’ 대신 써서는 안 된다. ¶그 사람의 주장에 대한 반증이 없다.

반지락　바지락.

반짓고리　반짇고리.

반찬꺼리(飯饌-)　반찬거리.

반품시키다(返品-)　반품하다. ※ 사동의 뜻이 없으면 ‘-시키다’로 쓰지 않는다. 참조 -시키다.

받아드리다　받아들이다.

받아 들이다　받아들이다. ※ 한 낱말이므로 붙여 쓴다.

받어　받아. ※ ‘ㅏ, ㅗ’ 다음에서 서술·물음·명령·청유를 나타내는 종결어미는 ‘아’이다.

받치다　참조 바치다.

받히다　참조 바치다.

-발(發)　※ ‘그곳에서 떠남 또는 그 시간에 떠남’의 뜻을 더하는 접미사이므로 앞말에 붙여 쓴다. ¶대전발 완행열차. / 뉴욕발 세계 금융 위기. / 11월 15일발 최신 뉴스.

발가송이　발가숭이.

발게지다　발개지다.

발굼치　발꿈치.

발그스럼하다　발그스름하다.

발 끝　발끝. ¶발끝으로 살금살금 걸었다. / 넌 그 사람 발끝도 따라가지 못한다.

발달(發達)　※ ‘**발달**’은 ‘신체, 정서, 지능이 성장하거나 성숙함’, ‘학문, 기술, 문명, 사회의 현상이 더 높은 수준에 이름', '지리상의 지역이나 대상이 크게 형성됨', '기압, 태풍 따위의 규모가 점점 커짐'을 뜻하며, '**발전**(發展)'은 '더 좋은 상태, 또는 더 높은 단계로 나아감', '일이 어떤 방향으로 전개됨'을 뜻한다. ¶그 친구는 운동신경이 매우 발달했다. / 산업 기술의 발달. / 대륙붕의 발달. / 열대성 저기압이 발달하면 태풍이 된다. // 경제 발전. / 이번 사태가 어떤 식으로 발전할지 예측할 수 없다.

발돋음 발돋움.

발뒷꿈치 발뒤꿈치. ※ 된소리 앞에서는 사이시옷을 받치지 않는다.

발뒷축 발뒤축. ※ 거센소리 앞에서는 사이시옷을 받치지 않는다.

발란스(balance) 밸런스.

발렌타인데이(Valentine Day) 밸런타인데이.

발르다 바르다. 활용 바르고. 바르니. 바르면. 바른. 바르는(동사일 때). 발라. ¶그는 예의 바른 청년이다. // 벽지를 새로 바르니 새집 같다. / 상처에 약을 바르는 게 좋겠다. / 식빵에 잼을 발라서 먹어라.

발매(發賣) 팔기. ※ '발매'는 일본 어투.

발목아지 발모가지.

발목장이 발목쟁이.

발 밑 발밑. ※ 한 낱말이므로 붙여 쓴다.

발발이 발바리.

발브[1](valve) 밸브.

발브[2](bulb) 벌브.

발뿌리 발부리. 발끝의 뾰족한 부분.

발생양(發生量) 발생량. 참조 량.

발생율(發生率) 발생률. 참조 −률.

발싸게 발싸개.

발아률(發芽率) 발아율. 참조 −률.

발열양(發熱量) 발열량. 참조 량.

발을 굴리다 발을 구르다. ※ '선 자리에서 발로 바닥을 힘주어 치다'를 뜻하는 말은 '구르다'이다. ¶아이들이 음악에 맞추어 발을 구르며 율동을 시작했다. / 어찌나 춥던지 버스를 기다리며 언 발을 동동 굴렀다.

발자국 ※ '발자국'은 '발로 밟은 자리에 남은 모양'을 뜻하는 낱말이므로 '발자국 소리'처럼 쓰는 것은 잘못이다. 또 '한 발자국,

두 발자국'처럼 '걸음 수'를 나타내는 데 쓰는 것도 바람직하지 않다. '발걸음을 옮길 때 나는 소리'는 **'발소리'**로 표현할 수 있으며, '걸음 수'는 **'발짝'**, **'발'**, **'걸음'**으로 나타낼 수 있다. **'발자취'**는 '지나온 과거의 역정'을 나타내는 데 주로 쓴다. 짐승의 발자국은 **'자귀'**이다. ¶범인의 발자국이 선명하게 남아 있다. // 한 발 한 발 내디뎌 보아라. / 한 발짝, 두 발짝. / 세 걸음, 네 걸음. 발소리를 죽이며 살금살금 다가갔다. // 백범의 발자취를 더듬어 보면 그의 위대함을 알 수 있다.

발자국 소리　발걸음 소리. 발소리. 참조 발자국.

발자귀　발자국. 참조 발자국.

발자욱　발자국. 참조 발자국.

발자취　참조 발자국.

발전(發展)　참조 발달.

발전양(發電量)　발전량. 참조 량.

발짝　참조 발자국.

발칸포(Vulcan砲)　벌컨포.

밤마실　밤마을. 참조 마실. ¶그 사람은 요즘 밤마을 다니는 재미에 사는 것 같다.

밤바　범퍼(bumper). 완충기(緩衝器).

※ '밤바'는 일본어투.

밤 사이　밤사이. ※ 한 낱말이므로 붙여 쓴다.

밤새것　밤새껏. ※ '그것이 닿는 데까지'의 뜻을 더하고 부사로 만드는 접사는 '-껏'이다.

밥데기　부엌데기.

밥때　＝끼니때. 밥시간. ※복수 표준어.

밥 맛　밥맛. ※ 한 낱말이므로 붙여 쓴다.

밥맛 없다　밥맛없다. 아니꼽고 기가 차서 정이 떨어지거나 상대하기가 싫다. ※ 한 낱말이므로 붙여 쓴다. 다만, '식욕이 없음'을 뜻하면 '밥맛 없다'처럼 띄어 쓴다. ¶밥맛없는 놈. // 밥맛 없더라도 많이 먹어 두게.

밥배기　밥빼기. 참조 -박이.

밥슬레이(bobsleigh)　봅슬레이.

밥을 앉히다　밥을 안치다. 참조 안치다.

밥힘　밥심. ※ '심'은 힘의 잘못이나 '밥을 먹고 나서 생긴 힘'은 '밥심'이다. ¶사람은 밥심으로 사는 법이다.

밧다리　밭다리. ¶밭다리걸기.

밧데리(←battery)　배터리. 건전지

(乾電池). 전지(電池). 축전지(蓄電池). ※ '밧데리'는 일본어투.

방가로(bungalow) 방갈로. ※ '방가로'는 일본어투.

방갈로르(Bangalore) 벵갈루루(Bengaluru). ※ 인도 남부 카르나타카 주의 주도. '방갈로르'의 새 이름.

방값(房−) 방세(房貰).

방구 방귀.

방귀 끼다 방귀 뀌다.

방그시 방긋이.

방금 전(方今前) 방금. ※ '방금'이 '말하고 있는 시점보다 바로 조금 전(에)'을 뜻하므로 '방금 전'은 겹말이다. ¶<u>방금</u>까지도 비가 내렸는데 어느 새 그쳤다. / <u>방금</u> 영화가 시작됐다.

방맹이 방망이.

방방곳곳 방방곡곡(坊坊曲曲).

방사(放飼) 방목(放牧). 놓아기르기. ※ '방사'는 일본어투.

방사선양(放射線量) 방사선량. 참조 량.

방아간(−間) 방앗간. ※ [방아깐·방안깐]으로 소리 나므로 사이시옷을 받쳐 적는다.

방아공이 방앗공이. ※ [방아꽁이·방안꽁이]로 소리 나므로 사이시옷을 받쳐 적는다.

방위(方位) ※ 방위를 나타내는 말은 '동남', '동북', '서남', '서북'처럼 '동서'를 먼저, '남북'을 나중에 쓰는 것이 바람직하다. 특정 장소의 위치는 '왼쪽', '오른쪽', '위쪽', '아래쪽' 같은 표현 대신 방위로 나타내는 것이 바람직하다. 부득이 '왼쪽', '오른쪽'을 쓸 때는 바라보는 방향을 명시한다. ¶<u>동북</u>풍. / <u>서북</u>풍. / <u>동남</u>아시아. / <u>서남</u>아시아. / <u>동북</u>아시아. / 우리 동네 <u>서쪽</u>에는 도봉산이 있다. / 아파트 단지 입구에서 단지 쪽을 향해 보면 <u>왼쪽</u>에는 상가가, <u>오른쪽</u>에는 놀이터가 있다.

방자스런(放恣−) 방자스러운. 참조 −스런.

방출시키다(放出−) 방출하다. ※ 사동의 뜻이 없으면 '−시키다'로 쓰지 않는다. 참조 −시키다.

방치시키다(放置−) 방치하다. ※ 사동의 뜻이 없으면 '−시키다'로 쓰지 않는다. 참조 −시키다.

방치해 두다(放置−) 방치하다. 놓아두다. ※ '방치'가 '내버려 둠'을 뜻하므로 '방치해 두다'는 겹말이다.

방카(bunker)   벙커.

방카쉬랑스(bancassurance)   말터
은행연계보험(銀行連繫保險).

방카슈랑스(bancassurance)   방카
쉬랑스.   참조 방카쉬랑스.   ※ 프
랑스 어의 [y]는 ‘위’로 적는다.

방화(邦畵)   국산영화(國産映畵).
※ ‘방화’는 일본어투.

밭두덕   밭둑.

밭두덩   밭두둑.

밭때기   밭뙈기.   참조 밭떼기.

밭떼기   ※ ‘**밭떼기**’는 ‘밭에서 나
는 작물을 밭에 나 있는 채로 몽
땅 사는 일’을 뜻하며, ‘**밭뙈기**’는
‘얼마 되지 않는 조그마한 밭’을
뜻한다. ¶김장철이면   도시의
상인들이 이 지역에서 나는 배
추를 밭떼기로 사들이곤 한다. //
손바닥만 한 밭뙈기지만 소출
이 제법 쏠쏠하다.

밭뙈기   참조 밭떼기.

밭뚜렁   밭두렁.

밭뚝   밭둑.

밭치다   참조 바치다.

배(倍)   ※ 곱절 또는 갑절. 일정한
수나 양이 그 수만큼 거듭됨을
이르는 말. ‘높다’, ‘늘다’, ‘붇다’,
‘빠르다’, ‘오르다’ 같은 말과 어
울려 쓰인다. ‘값이 두 배 내렸다’
처럼 ‘낮다’, ‘줄다’, ‘느리다’, ‘내
리다’ 같은 말과는 어울려 쓰이
지   않는다.   참조 갑절.   ¶몇   년
사이에 안경 도수가 두 배나 높
아졌다. / 그 도시에 공장이 들어
선 뒤로 인구가 두 배로 늘었다. /
재산이 배로 붇기 전에는 사업
을 거둘 생각이 없다. / 컴퓨터의
발달로 계산 속도가 몇십 배 빨
라졌다. / 월급이 배로 오르면 모
를까, 이대론 곤궁함을 면키 어
렵다.

배가죽   뱃가죽.   ※ [배까죽·뱃
까죽]으로 소리 나므로 사이시
옷을 받쳐 적는다.

배게   베개.

배고동   뱃고동.   ※ [배꼬동·뱃
꼬동]으로 소리 나므로 사이시
옷을 받쳐 적는다.

배급양(配給量)   배급량.   참조 량.

–배기   참조 –박이.

배길   뱃길.   ※ [배낄·뱃낄]로 소
리 나므로 사이시옷을 받쳐 적
는다.

배끼다   베끼다.

배내머리   배냇머리.   ※ [배 : 내

머리]로 '口' 앞에서 'ㄴ' 소리가 덧 나므로 사이시옷을 받쳐 적는다.

배내버릇 배냇버릇. ※ [배ː내뻐릇·배ː낻뻐륻]으로 소리 나므로 사이시옷을 받쳐 적는다.

배내병신(－病身) 배냇병신. ※ [배ː내뼝신·배ː낻뼝신]으로 소리 나므로 사이시옷을 받쳐 적는다.

배내웃음 배냇짓.

배내저고리 배냇저고리. ※ [배ː내쩌고리·배ː낻쩌고리]로 소리 나므로 사이시옷을 받쳐 적는다.

배내짓 배냇짓. ※ [배ː내찓·배ː낻찓]으로 소리 나므로 사이시옷을 받쳐 적는다.

배냇똥 배내똥. ※ 된소리 앞에서는 사이시옷을 받치지 않는다.

배냇옷 배내옷. 배냇저고리.

배냇털 배내털. ※ 거센소리 앞에서는 사이시옷을 받치지 않는다.

배노래 뱃노래. ※ [밴노래]로 'ㄴ' 앞에서 'ㄴ' 소리가 덧나므로 사이시옷을 받쳐 적는다.

배놀이 뱃놀이. ※ [밴놀이]로 'ㄴ' 앞에서 'ㄴ' 소리가 덧나므로

사이시옷을 받쳐 적는다.

배당율(配當率) 배당률. 참조 －률.

배때지 배때기.

배률(倍率) 배율. 참조 －률.

배멀미 뱃멀미. ※ [밴멀미]로 '口' 앞에서 'ㄴ' 소리가 덧나므로 사이시옷을 받쳐 적는다.

배뱅이굿 배뱅잇굿. ※ [배뱅이꾿·배뱅읻꾿]으로 소리 나므로 사이시옷을 받쳐 적는다.

배 부르다 배부르다. ※ 한 낱말 이므로 붙여 쓴다. 참조 배불르 다.

배분률(配分率) 배분율. 참조 －률.

배불뚜기 배불뚝이.

배불룩이 배불뚝이.

배불르다 배부르다. 활용 배부 르고. 배부르니. 배부르면. 배부 른. 배불러. ¶배부르고 등 따습 다. / 배불러서 아무 생각이 없다.

배사공(－沙工) 뱃사공. ※ [배싸공·밷싸공]으로 소리 나므로 사이시옷을 받쳐 적는다.

배사람 뱃사람. ※ [배싸람·밷싸람]으로 소리 나므로 사이시옷을 받쳐 적는다.

배삯 뱃삯. ※ [배싹·밷싹]으로 소리 나므로 사이시옷을 받쳐

적는다.

배살 뱃살. ※ [배쌀·밷쌀]로 소리 나므로 사이시옷을 받쳐 적는다.

배상(賠償) ※ '**배상**'은 '남의 권리를 침해한 사람이 그 손해를 물어 주는 일'이며 '**보상**(補償)'은 '국가 또는 단체가 적법한 행위에 의하여 국민이나 주민에게 가한 재산상의 손실을 갚아 주기 위하여 제공하는 대상(代償)'을 뜻한다. ¶손해 <u>배상</u>. // 토지 <u>보상금</u>.

배 속 뱃속. 마음. ※ [배쏙·밷쏙]으로 소리 나므로 사이시옷을 받쳐 적는다. 다만, '배의 안쪽'을 뜻하면 한 낱말이 아니므로 '배 속'으로 띄어 쓴다. ¶그 사람 <u>뱃속</u>은 도무지 알 수 없다. // 마약을 고무 봉지 등에 넣은 뒤 삼커 <u>배 속</u>에 숨겨 들여오던 일당 3명이 검거됐다.

배스킷(basket) 바스켓.

배안엣저고리 배냇저고리.

배안엣짓 배냇짓.

배암 뱀.

배앝다 뱉다.

배양시키다(培養－) 배양하다. ※

사동의 뜻이 없으면 '－시키다'로 쓰지 않는다. 참조 －시키다.

배여 배어. 참조 배이다.

배워 주다 가르쳐 주다. ※ 다만, '여러분이 저를 믿고 열심히 배워 주어서 고맙습니다.'처럼 '지식이나 기술을 얻고 익힘'을 뜻할 때는 문제가 없다. ¶선생님, 우리를 <u>가르쳐 주셔서</u> 고맙습니다.

배이다 배다. 활용 배고. 배면. 배니. 배어. ¶종이에 기름이 <u>배었</u>다. / 담배 냄새가 몸에 <u>배었다</u>. / 못된 습관이 몸에 <u>배었다</u>.

배전판 배전반(配電盤).

배짱이 베짱이.

배추국 배춧국. ※ [배:추꾹·배:춘꾹]으로 소리 나므로 사이시옷을 받쳐 적는다.

배추꼬리 배추꼬랑이. 배추의 뿌리.

배추잎 배춧잎. ※ [배:춘닙]으로 'ㄴ' 소리가 덧나므로 사이시옷을 받쳐 적는다.

배출시키다(輩出－·排出－) 배출하다. ※ 사동의 뜻이 없으면 '－시키다'로 쓰지 않는다. 참조 －시키다.

배춧쌈 배추쌈. ※ 된소리 앞에 서는 사이시옷을 받치지 않는다.

배턴루즈(Baton Rouge) 배턴루지. 미국 루이지애나 주의 주도.

배팅 베팅(betting). ※ 다만, 'batting'은 '배팅'으로 적는다.

배합율(配合率) 배합률. 참조 −률.

백댄서(back dancer) 말터 보조 춤꾼(補助−).

백말(白−) 백마(白馬). 흰말.

백묵(白墨) 분필(粉筆). ※'백묵'은 일본어투.

백발머리(白髮−) 백발. 흰머리. ※ '발(髮)'이 '머리털'을 뜻하므로 '백발머리'는 겹말이다.

백분률(百分率) 백분율. 참조 −률.

백이다 박이다. 참조 박이다. ¶ 인이 박이다.

백주 대낮(白晝−) 백주. 대낮. ※ '백주'가 '대낮'을 뜻하므로 '백주 대낮'은 겹말이다.

백짓장(白紙張) 백지장. ※ 한자어는 두 음절로 된 '곳간(庫間)', '셋방(貰房)', '숫자(數字)', '찻간(車間)', '툇간(退間)', '횟수(回數)' 외에는 사이시옷을 받치지 않는다.

백하젓(白蝦−) 새우젓.

백히다 박히다. 참조 박이다. ¶ 벽에 못이 박혀 있다. / 하루 종일 방에 박혀 있었다.

밴뎅이 밴댕이.

밴밴하다 반반하다.

밸리댄스 벨리댄스(belly dance). 참조 벨리.

밸트 벨트(belt). 띠.

뱃대기 배때기.

뱃보 배포. ¶ 배포가 두둑하다.

뱃장 배짱.

뱃지(badge) 배지.

뱉아 뱉어. ※ 어간의 끝 음절 모음이 'ㅏ, ㅗ'이면 어미를 '−아'로 적고, 그 밖의 모음이면 '−어'로 적는다.

뱉았다 뱉었다. 참조 뱉아.

버금 가다 버금가다. ※ 한 낱말이므로 붙여 쓴다. '버금가다'는 '둘째가다'라는 뜻이다. '버금가다'를 '필적하다', '맞먹다', '능가하다', '비슷하다'의 뜻으로 써서는 안 된다. ¶ 국무총리는 대통령에 버금가는 권한을 가졌다.

버들강아지 =버들개지. ※ 복수표준어.

버들나무 버드나무.

버러지 =벌레. ※ 복수표준어.

버려 두다 버려두다. ※ 한 낱말

이므로 붙여 쓴다.

버르쟁이　버르장이.

버릇 없다　버릇없다. ※ 한 낱말
이므로 붙여 쓴다.

버마(Burma)　미얀마(Myanmar).
동남아시아의 나라. 수도는 네
피도(Naypyidaw).

버무르다　버무리다. 활용 버무
리고. 버무리어(버무려). 버무리
니. ¶채소와 고추장, 오징어를
함께 <u>버무린</u> 회무침 맛이 일품
이다.

버물다　버무리다. 참조 버무르다.

버물리다　버무리다. 참조 버무
르다.

버밍엄(Birmingham)　※ 영국 잉글
랜드의 도시는 '**버밍엄**'으로, 미
국 앨라배마 주의 도시는 '**버밍
햄**'으로 적는다.

버밍햄　참조 버밍엄.

버버리　벙어리. 언어장애인.

버버리코트(Burberry coat)　바바
리코트. ※ 관용을 인정하여 '바
바리'로 적는다.

버벙하다　멍청하다.

버블(bubble)　거품.

버블 붕괴(bubble 崩壞)　거품 꺼
짐. 거품 소멸(-消滅). ※ '**붕괴**'
는 '건축물, 구조물 및 이념, 주의
(主義) 등이 무너지고 깨어짐'을
나타내는 말이다.

버스값(bus-)　버스삯. 버스요금.
※ 다만, 버스를 사고팔 때 주고
받는 돈은 '버스 값'이다.

버젓히　버젓이.

버즘　버짐.

버티칼(vertical)　버티컬.

버팅기다　버티다.

버팔로(Buffalo)　버펄로. 미국 뉴
욕 주의 도시.

번개불　번갯불. ※ [번개뿔·번
갣뿔]로 소리 나므로 사이시옷을
받쳐 적는다.

번거러운　번거로운.

번거러이　번거로이.

번거럽다　번거롭다. 활용 번거
롭고. 번거로운. 번거로워. 번거
로이.

번거로히　번거로이. 참조 번거
럽다.

번대기　번데기.

번듯히　번듯이.

번번히(番番-)　번번이.

번식율(繁殖率)　번식률. 참조 -률.

번잡스런(煩雜-)　번잡스러운.
참조 -스런.

번지르하다　번지레하다. 번지르르하다.

번짓수(番地數)　번지수. ※ 한자어는 두 음절로 된 '곳간(庫間)', '셋방(貰房)', '숫자(數字)', '찻간(車間)', '툇간(退間)', '횟수(回數)' 외에는 사이시옷을 받치지 않는다. ¶번지수를 잘못 찾았다.

벋장다리　벋정다리.

-벌　-뻘. ※ '그런 관계'의 뜻을 더하는 접미사는 '-뻘'이다. ¶삼촌뻘. / 아버지뻘. / 손자뻘. / 조카뻘. / 할아버지뻘. / 자식뻘.

벌개지다　벌게지다. 발개지다.

벌거송이　벌거숭이.

벌거죽죽하다　벌그죽죽하다.

벌거지　버러지. 벌레.

벌러지　버러지. 벌레.

벌럭거리다　벌렁거리다.

벌럭대다　벌렁대다.

벌럭벌럭　벌렁벌렁.

벌리다　※ '**벌리다**'는 '사이를 넓히거나 열다. 돈이 생기게 하다'를 뜻하며, '**벌이다**'는 '(일이나 가게를) 베풀어 놓다. (물건을) 늘어놓다'를 뜻한다. ¶가구 사이를 너무 벌려 놓았다. / 돈이 벌리는 일을 해야지. // 일을 벌이려면 제대로 벌여야지. / 벌여 놓은 굿판.

벌서　벌써.

벌으네　버네. ※ 어간이 'ㄹ' 받침으로 끝나는 용언의 어간에 붙는 어미는 '-네'이다. '-네'가 붙으면 'ㄹ'이 줄어든다.

벌으니　버니. ※ 어간이 'ㄹ' 받침으로 끝나는 용언의 어간에 붙는 어미는 '-니'이다. '-니'가 붙으면 'ㄹ'이 줄어든다.

벌으면　벌면. ※ 어간이 'ㄹ' 받침으로 끝나는 용언의 어간에 붙는 연결어미는 '-면'이다.

벌은　번. ※ 어간이 'ㄹ' 받침으로 끝나는 용언의 어간에 붙는 어미는 '-ㄴ'이다. '-ㄴ'이 붙으면 'ㄹ'이 줄어든다.

벌음　벎. ※ 어간이 'ㄹ' 받침으로 끝나는 용언의 명사형 어미는 '-ㅁ'이다. ¶돈을 많이 벎.

벌읍니다　법니다. ※ 어간이 'ㄹ' 받침으로 끝나는 용언의 어간에 붙는 어미는 '-ㅂ니다'이다. '-ㅂ니다'가 붙으면 'ㄹ'이 줄어든다.

벌읍시다　법시다. ※ 어간이 'ㄹ' 받침으로 끝나는 동사의 어간에 붙는 어미는 '-ㅂ시다'이다. '-ㅂ

시다’가 붙으면 ‘ㄹ’이 줄어든다.

벌이다　참조 벌리다.

벌쭘하다　버름하다. 마음이 서로 맞지 않아 사이가 뜨다. ¶그 친구와는 요즘 사이가 좀 <u>버름하</u>다.

벌칙금　범칙금(犯則金).

범　벎. 참조 벌음.

범아재비　버마재비. 사마귀.

범죄를　저지르다(犯罪-)　죄를 저지르다. ※‘범죄’가‘법규를 어기고 저지른 잘못’을 뜻하므로 ‘범죄를 저지르다’는 겹말이다.

법면(法面)　비탈면. 경사면.

법썩　법석.

법제화시키다(法制化-)　법제화하다. ※ 사동의 뜻이 없으면 ‘-시키다’로 쓰지 않는다. 참조 -시키다.

벗기우다　벗기다. 활용 벗기고. 벗기며. 벗기니.

벗꽃　벚꽃.

벗나무　벚나무.

벗어붙이다　벗어부치다. 참조 부치다.

벗어제끼다　벗어젖히다.

벗어제치다　벗어젖히다.

베개맡　머리맡.

베개머리　베갯머리. ※ [베갠머리로 ‘ㅁ’ 앞에서 ‘ㄴ’ 소리가 덧나므로 사이시옷을 받쳐 적는다.

베개 밑 송사(-訟事)　베갯밑송사. ※ 한 낱말이므로 붙여 쓴다. [베갠믿쏭사로‘ㅁ’ 앞에서 ‘ㄴ’ 소리가 덧나므로 사이시옷을 받쳐 적는다.

베개잇　베갯잇. ※ [베갠닏]으로 ‘ㄴ’ 소리가 덧나므로 사이시옷을 받쳐 적는다.

베개호청　베갯잇.

베갯마구리　베갯모.

베갯머리 송사　베갯머리송사(-訟事). ※ 한 낱말이므로 붙여 쓴다.

베게　베개.

베낭　배낭(背囊).

베네주엘라(Venezuela)　베네수엘라. 남아메리카에 있는 나라. 수도는 카라카스(Caracas).

베니스(Venice)　베네치아(Venezia). ※ 외국 지명은 현지 발음에 따른다. 다만, ‘베니스 비엔날레’처럼 영어식으로 굳어진 표기는 관용으로 인정한다.

베니야(veneer)　베니어. 합판(合板). ※ ‘베니야’는 일본어투.

베르린(Berlin)　베를린. 독일의 수도.

베르사이유(Versailles)　베르사유. 프랑스파리 서남쪽에 있는 도시.

베를리오스(Berlioz)　베를리오즈. ¶헥토르 베를리오즈(프랑스의 작곡가).

베버리 힐즈　베벌리힐스(Beverly Hills) 미국 캘리포니아 주의 도시.

베아링(bearing)　베어링. ※'베아링'은 일본어투.

베에토벤(Beethoven)　베토벤. ¶루트비히 판 베토벤(독일의 작곡가).

베일에 쌓이다(veil-)　베일에 싸이다. ※'베일'이'비밀스럽게 가려져 있는 상태를 비유적으로 이르는 말이므로 '쌓다'의 피동사인 '쌓이다'가 아니라 '싸다'의 피동사인 '싸이다'를 써야 한다.

베지색(beige 色)　베이지 색.

베켄바우어(Beckenbauer)　베켄바워. ¶프란츠 베켄바워(독일의 축구선수·감독).

베트맨(Batman)　배트맨.

베팅　참조 배팅.

베풀으니　베푸니. ※ 어간이 'ㄹ' 받침으로 끝나는 용언의 어간에 붙는 어미는 '-니'이다. '-니'가 붙으면 'ㄹ'이 줄어든다.

베풀으면　베풀면. ※ 어간이 'ㄹ' 받침으로 끝나는 용언의 어간에 붙는 연결어미는 '-면'이다.

베풀은　베푼. ※ 어간이 'ㄹ' 받침으로 끝나는 용언의 어간에 붙는 어미는 '-ㄴ'이다. '-ㄴ'이 붙으면 'ㄹ'이 줄어든다.

베풀음　베풂. ※ 어간이 'ㄹ' 받침으로 끝나는 용언의 명사형 어미는 '-ㅁ'이다.

베풂　베풂. 참조 베풀음.

벡터량(vector量)　벡터양. 참조 량.

벤또(辨當·べんとう)　도시락.

벤자민(Benjamin)　벤저민. ¶벤저민 프랭클린(미국의 정치가·사상가·과학자).

벤쳐(venture)　벤처. ※ 외래어에서 'ㅈ, ㅊ' 다음에는 이중모음 'ㅑ, ㅕ, ㅛ, ㅠ'를 쓰지 않는다. ¶벤처 기업.

벤취(bench)　벤치. ※ 영어 표기에서 [tʃ]가 어말에 오면 '치'로 적는다.

벧엘　베델(Bethel).

벨그라드　베오그라드(Beograd). 세르비아의 수도.

벨로루시 벨라루스(Belarus). 유럽 동부에 있는 나라. 수도는 민스크(Minsk).

벨리(valley) 밸리. ※ 다만, '배', '복부(腹部)'를 뜻하는 'belly'는 '벨리'이다. ¶실리콘밸리(Silicon Valley). // 벨리댄스(belly dance).

벨지움(Belgium) 벨기에(België).

벵갈(Bengal) 벵골. 인도의 서벵골 지역에서 방글라데시까지 이르는 지역. ¶벵골 만.

벵갈로르 벵갈루루(Bengaluru). 참조 방갈로르.

벼개 베개.

벼라별 별의별(別-別).

벼란간 별안간(瞥眼間).

벼루다 벼르다. 활용 벼르고. 벼르면. 벼르니. 벼른.

벼루를 갈다 먹을 갈다. ※ '벼루에 물을 붓고 갈아서 글씨를 쓰거나 그림을 그릴 때 사용하는 검은 물감'은 '먹'이다.

벼루집 벼룻집. ※ [벼루찝·벼룯찝]으로 소리 나므로 사이시옷을 받쳐 적는다.

벼룬 벼른. 참조 벼루다.

벼슬 볏. 닭이나 새 따위의 이마에 세로로 붙은 살 조각. ¶닭 볏.

벼씨 볍씨.

벽지다(僻-) 외지다.

변덕스런(變德-) 변덕스러운. 참조 -스런.

변덕장이(變德-) 변덕쟁이. 참조 -장이.

변변이 변변히.

변죽 참조 반죽.

변죽(이) 좋다 반죽(이) 좋다. 참조 반죽.

변형시키다(變形-) 변형하다. ※ 사동의 뜻이 없으면 '-시키다'로 쓰지 않는다. 참조 -시키다. ¶오랫동안 쓰던 물건도 모습을 조금만 변형하면 새롭게 보일 수 있다.

변형율(變形率) 변형률. 참조 -률.

변화률(變化率) 변화율. 참조 -률.

별 거(別-) 별거. ※ 한 낱말이므로 붙여 쓴다. '별것'을 구어적으로 이르는 말. 참조 별 것.

별 것(別-) 별것. ※ 한 낱말이므로 붙여 쓴다. ¶잔칫상에 듣지도 보지도 못한 별것들이 다 올라왔다. / 이 시장에서는 별것을 다 판다.

별로이(別-) 별로.

별루(別-) 별로.

별르다 벼르다. 활용 벼르고. 벼르니. 벼르면. 벼르는. 별러. ¶앙갚음할 기회를 <u>벼르고 별렀</u>으면서도 막상 닥치니 아무 일도 할 수 없었다.

별 문제(別問題) 별문제. ※ 한 낱말이므로 붙여 쓴다. ¶하고 안 하고는 <u>별문제다</u>. / 먹고사는 데는 <u>별문제가</u> 없다.

별미적다(別味-) 별미쩍다. ※ '적대(少)'의 뜻이 남아 있지 않고 발음도 [쩍대로 나면 '-쩍다'로 적는다.

별별스런(別別-) 별별스러운. 참조 -스런.

별 소리(別-) 별소리. ※ 한 낱말이므로 붙여 쓴다. ¶살다 보니 <u>별소리</u>를 다 듣겠군.

별스런(別-) 별스러운. 참조 -스런.

별에별(別-別) 별의별. 별별.

별채집(別-) 별챗집. ※ [별채찝·별챋찝]으로 소리 나므로 사이시옷을 받쳐 적는다.

벗집 볏짚.

병나팔(瓶喇叭) 병나발.

병들은(病-) 병든. ※ 어간이 'ㄹ' 받침으로 끝나는 용언의 어간에 붙는 어미는 '-ㄴ'이다. '-ㄴ'이 붙으면 'ㄹ'이 줄어든다.

병졸임(瓶-) 병조림. 참조 조리다. 졸임.

병치례(病-) 병치레.

볕발 햇발.

보급양(補給量) 보급량. 참조 량.

보급율(普及率) 보급률. 참조 -률.

보냉(保冷) 보온(保溫). ※ '보온'은 '주변의 온도에 관계없이 일정한 온도를 유지함'의 뜻이므로 따로 '보냉'이라고 쓸 이유가 없다. 예를 들어 보온병은 차면 찬 대로, 따뜻하면 따뜻한 대로 일정한 온도를 유지해 주는 기구다. 따뜻한 것을 넣는 보온병, 찬 것을 넣는 보냉병이 따로 있는 것이 아니다. 참고로 '保冷'이라고 하더라도 '보랭'이라고 하는 것이 옳다.

보다 ⇨ 더. 더욱. 좀 더. ※ '보다'는 본디 조사로만 쓰였으나 요즘 들어 부사로서 쓰이는 예가 많다. 최근 사전들에서는 이를 부사로서 표제어에 올리고 있으나 일본어의 영향을 받은 것이므로 바람직하지 않다. 예를 들어 '보다 좋은'은 '더 좋은, 더욱 좋은,

좀 더 좋은'처럼 바꿀 수 있다. ¶ 더 빨리, 더 높이, 더 힘차게.

보다못해 보다 못해. ※ 한 낱말이 아니므로 띄어 쓴다.

보다싶이 보다시피.

보답치(報答-) 보답지. ※ '하다'로 끝나는 용언 가운데 '하' 앞의 음절이 'ㄱ, ㅂ, ㅅ' 받침으로 끝나는 낱말의 준말은 '하'가 아주 줄어든다. 즉, '간단하지'의 준말은 '하'의 'ㅏ'만 줄어들어 '간단치'가 되지만 '보답하지'의 준말은 '하'가 모두 줄어들어 '보답지'가 된다. '보답게. 보답고자. 보답도록' 따위도 마찬가지다.

보드럽다 보드랍다. 활용 보드랍고. 보드랍지. 보드라운. 보드라우니. 보드라우면. 보드라워.

보뚝(洑-) 봇둑.

보라빛 보랏빛. ※ [보라삗 · 보랃삗]으로 소리 나므로 사이시옷을 받쳐 적는다.

보루네오(Borneo) 보르네오. 말레이 제도의 중앙부에 있는 섬.

보루박스(← cardboard box) 골판지 상자. 종이 상자. ※ '보루박스'는 일본어투.

보루퉁하다 보로통하다. 부루퉁하다.

보리가루 보릿가루. ※ [보리까루 · 보릳까루]로 소리 나므로 사이시옷을 받쳐 적는다.

보리고개 보릿고개. ※ [보리꼬개 · 보릳꼬개]로 소리 나므로 사이시옷을 받쳐 적는다.

보리국 보릿국. ※ [보리꾹 · 보릳꾹]으로 소리 나므로 사이시옷을 받쳐 적는다.

보리자루 보릿자루. ※ [보리짜루 · 보릳짜루]로 소리 나므로 사이시옷을 받쳐 적는다.

보배스런 보배스러운. 참조 -스런.

보봐르(Beauvoir) 보부아르. ※ 프랑스 어의 'oi'는 '우아'로 적는다. ¶ 시몬 드 보부아르(프랑스의 소설가 · 평론가).

보상(補償) 참조 배상.

보세집(保稅-) 보셋집. ※ [보세찝 · 보센찝]으로 소리 나므로 사이시옷을 받쳐 적는다.

보스톤(Boston) 보스턴. 미국 동북부의 항구 도시.

보아 주다 보아주다. 봐주다. ※ '남의 사정을 헤아리거나 잘못을 덮어 주다. 일이 잘되도록 돕거나 힘이 되어 주다'의 뜻을 나타내면 한 낱말이므로 붙여 쓴다. 다만, 그 밖에는 '보아 주다'로 띄어 쓴다. ¶한번만 <u>보아주세요</u>. // 외출해야 하는데 아이를 좀 <u>보아 주세요</u>.

보아 하니　보아하니. ※ 한 낱말이므로 붙여 쓴다.

보여지다　보이다. ※ '보이다'가 '보다'의 피동형이므로 '보이다'에 피동의 뜻을 더하는 보조동사 '지다'를 덧붙일 필요가 없다. ¶그 사람은 참 믿음직스러워 <u>보인다</u>.

보울(bowl)　볼. ※ [ou]는 '오'로 적는다. ¶슈퍼볼.

보유양(保有量)　보유량. 참조 량.

보이라(boiler)　보일러.

보이스카웃(Boy Scout)　보이스카우트.

보이스피싱(voice phishing)　말터 음성사기전화(音聲詐欺電話).

보이코트(boycott)　보이콧.

보일라(boiler)　보일러.

보잘 것 없다　보잘것없다. ※ 한 낱말이므로 붙여 쓴다.

보재기　보자기.

보전(保全)　※ '**보전**'은 '온전하게 보호하여 유지함'이며, '**보존**(保存)'은 '잘 보호하고 간수하여 남김'이다. 환경 생태계처럼 그 내부에서는 끊임없이 변화가 일어나지만 전체로는 유지되어야 하는 대상에는 '보전'을, 유물 영토처럼 외형이 변화하거나 손상되지 않도록 간수해야 하는 대상에는 '보존'을 쓴다. ¶환경 <u>보전</u>. // 유적지 <u>보존</u>.

보존(保存)　참조 보전.

보칼(vocal)　보컬.

보케베케(← vocation-vacation)　말터 꿈나래휴가(－休暇).

보턴(button)　버튼.

보통이　보퉁이.

보험금(保險金)　※ '**보험금**'은 보험 사고가 발생하였을 때 계약에 따라 보험회사에서 지급하는 돈을 뜻하며, '**보험료**(保險料)'는 보험에 가입한 사람이 보험회사에 내는 돈을 뜻한다.

보험료(保險料)　참조 보험금.

보험요율(保險料率)　보험료율.

복건성(福建省)　푸젠 성. 중국 동남부의 성. 성도는 푸저우.

복걸복　복불복(福不福). ※ '복분

(福分)의 좋고 좋지 않음'이라는 뜻으로, '사람의 운수'를 이르는 말.

복골복 복불복(福不福). 참조 복걸복.

복구시키다(復舊-) 복구하다. ※ 사동의 뜻이 없으면 '-시키다'로 쓰지 않는다. 참조 -시키다.

복궐복 복불복(福不福). 참조 복걸복.

복다기다 복대기다.

복다림(伏-) 복달임. ¶<u>복달임</u>에 죽을 개 끌듯.

복닥이다 복대기다.

복락원 복낙원(復樂園). ※ 접두어처럼 쓰이는 한자 다음의 첫 음절은 두음법칙에 따라 적는다. 참조 실락원.

복바치다 복받치다.

복받히다 복받치다.

복병이 숨어 있다(伏兵-) 복병이 있다. ※ '복병'이 '적을 기습하기 위해 길목에 숨겨 놓은 병사'를 뜻하므로 '복병이 숨어 있다'는 겹말이다.

복사꽃 =복숭아꽃. ※ 복수표준어.

복상뼈 복사뼈. 참조 복숭아뼈.

복숭아빛 복숭앗빛. ※ [복쑹아삗·복쑹안삗]으로 소리 나므로 사이시옷을 받쳐 적는다.

복숭아뼈 =복사뼈. ※복수표준어.

복스런(福-) 복스러운. 참조 -스런.

복실강아지 복슬강아지.

복실복실 복슬복슬.

복원시키다(復元-) 복원하다. ※ 사동의 뜻이 없으면 '-시키다'로 쓰지 않는다. 참조 -시키다. ¶남대문을 <u>복원하기</u> 위해 첨단 기술을 사용하고 있다.

복잡스런 복잡스러운(複雜-). 참조 -스런.

복지리(←鰒じる) 복국. 복맑은 탕. 복싱건탕. 참조 지리.

복창 복장. ¶누구 <u>복장</u> 터져서 죽는 꼴 보려는 거냐?

볶닥거리다 복닥거리다.

볶닥볶닥 복닥복닥.

볶은밥 볶음밥.

본네트(bonnet) 보닛.

본디말(本-) 본딧말. ※ [본딘말]로 'ㅁ' 앞에서 'ㄴ' 소리가 덧나므로 사이시옷을 받쳐 적는다.

본따(本-) 본떠. 참조 본따다.

본따다(本-) 본뜨다. 활용 본뜨고. 본뜨니. 본떠.

본떼(本-) 본때. ¶그 사람은 본때 있는 집안에서 자랐다. / 그 녀석이 다시는 까불지 못하게 본때를 보여 줬다.

본보기감(本-) 본보깃감. ※[본보기깜·본보긷깜]으로 소리 나므로 사이시옷을 받쳐 적는다.

본이 아니게 본의 아니게(本意-). ¶본의 아니게 폐를 끼쳤습니다.

본척 만척 본척만척. ※한 낱말이므로 붙여 쓴다. '척'은 '체'로 바꿔 '본체만체'로도 쓴다.

본체 만체 본체만체. ※한 낱말이므로 붙여 쓴다. 참조 본척 만척.

본토 배기(本土-) 본토박이. 참조 -박이.

볼 거리 볼거리. ※한 낱말이므로 붙여 쓴다. ¶오랜만에 시내에 나오니 여기저기 볼거리가 많구나.

볼꺼리 볼거리.

볼대기 볼때기.

볼떼기 볼때기. ※다만, '통나무의 양면을 평평하게 깎아 만든 목재'를 뜻하는 말은 '볼떼기'이다.

볼룸 댄스 볼룸댄스(ballroom dance).

볼멘 소리 볼멘소리. ※한 낱말이므로 붙여 쓴다.

볼뼈 광대뼈.

볼상 사납다 볼썽사납다. 참조 볼썽 사납다.

볼성 사납다 볼썽사납다. 참조 볼썽 사납다.

볼쉐비키(Bol'sheviki) 볼세비키. ※러시아 어 표기에서 모음 앞의 [l]는 뒤따르는 모음에 따라 '샤, 섀, 셔, 셰, 쇼, 슈, 시'로 적는다.

볼썽 사납다 볼썽사납다. ※한 낱말이므로 붙여 쓴다.

볼짱 볼 장. ¶볼 장 다 보다.

볼테기 볼때기.

볼튼(Bolton) 볼턴. 영국 그레이터맨체스터 주의 도시.

볼티모아(Baltimore) 볼티모어. 미국 메릴랜드 주의 도시.

볼품 없다 볼품없다. ※한 낱말이므로 붙여 쓴다.

봄베이(Bombay) 뭄바이(Mumbai). 인도 마하라슈트라 주의 주도. 1995년 '봄베이'에서 '뭄바이'로 이름을 바꿨다.

봇물(洑-) 보(洑)에 괸 물, 또는 거기서 흘러내리는 물. ※ '봇물'은 괴어 있는 잔잔한 상태의 물이나, 농작물을 경작하는 데 필요한 적정량만 흘려보내는 물이다. 따라서 '봇물'만으로는 어떤 사물이 갑작스럽게 또는 역동적으로 불어나는 현상을 표현하는 데는 적절하지 않다. 이런 상황에는 **'봇물 터지다'**, **'밀물'**, **'홍수'** 같은 말이 어울린다. ¶경기가 끝나자 관객들이 봇물 터지듯 경기장에서 밀려 나왔다.

봉급장이(俸給-) 봉급쟁이. 참조 -장이.

봉다리 봉지. ¶비닐봉지.

봉선화 =봉숭아. ※ 복수표준어.

봉숭화 봉선화. 봉숭아.

봉오리 ※ '**봉오리**'는 '망울만 맺히고 아직 피지 않은 꽃'을 뜻하며, '**봉우리**'는 '산에서 높이 뽀족하게 솟은 부분'을 뜻한다. ¶꽃봉오리. 산봉오리.

봉우리 참조 봉오리.

봉화불(烽火-) 봉홧불.

뵈야 뵈어야. 봬야.

뵈요 뵈어요. 봬요.

뵈이다 보이다. 뵈다.

부(分) 푼. ※ '8부 능선, 칠부바지' 같은 말에 쓰이는 '부'는 '분(分)'의 일본어투이다. '8푼 능선, 칠푼바지'처럼 '푼'으로 쓴다. '푼' 대신 '분'으로 쓰기도 한다.

부각시키다(浮刻-) 부각하다. ※ 사동의 뜻이 없으면 '-시키다'로 쓰지 않는다. 참조 -시키다. ¶정책의 단점이나 장점만을 부각해 홍보하는 것은 결국 여론을 왜곡하는 것이다.

부결시키다(否決-) 부결하다. ※ 사동의 뜻이 없으면 '-시키다'로 쓰지 않는다. 참조 -시키다. ¶국회에서 이 법안을 부결하면 경제 회복 정책이 난관에 부닥치게 된다.

부끄러워 하다 부끄러워하다. ※ 한 낱말이므로 붙여 쓴다.

부끄럼장이 부끄럼쟁이. 참조 -장이.

부나방 =불나방. ※ 복수표준어.

부닥치다 ※ '**부닥치다**'는 '어려운 문제나 반대에 직면하다'의 뜻이며, '**부딪치다**'는 '부딪다'의 강세어, '**부딪히다**'는 '부딪다'의 피동사이다. 표준국어대사전에서는 이 세 낱말의 쓰임새를 유사한 것으로 풀이하고 있다. ¶ 광역 화장장을 유치하려던 계획이 주민들의 반대에 <u>부닥쳐</u> 무산됐다. // 빗길에 미끄러지며 앞차에 <u>부딪쳤다</u> // 빗길에 미끄러진 뒤차에 <u>부딪혔다</u>.

부단이(不斷-)　부단히.

부담스런(負擔-)　부담스러운. 참조 -스런.

부두가(埠頭-)　부둣가. ※ [부두까·부둗깨로 소리 나므로 사이시옷을 받쳐 적는다.

부둥켜 안다　부둥켜안다. ※ 한 낱말이므로 붙여 쓴다.

부둥켜앉다　부둥켜안다.

부둥켜않다　부둥켜안다.

부드기　부득이(不得已).

부드드　부르르.

부드러히　부드러이.

부드런　부드러운. ※ 'ㅂ불규칙용언'은 'ㅂ'이 '오'나 '우'로 바뀌므로 '부드러운'이 된다.

부득기　부득이(不得已). ※ 'ㄹ'는 '이미 이'.

부득이하게(不得已-)　부득이. ※ 부사 '부득이'에 '-하다'가 붙어 형용사 '부득이하다'가 파생된

것이므로 부사로서는 '부득이'만으로도 충분하다. ¶ 사정이 생겨 <u>부득이</u> 여행하려던 계획을 취소했다.

부득히　부득이(不得已).

부딪치다　참조 부닥치다.

부딪히다　참조 부닥치다.

부띠끄　부티크(boutique). ※ 외래어 표기에서, 일본어·중국어·베트남 어·태국어의 일부 표기 외에는 된소리를 쓰지 않는다.

부라보(bravo)　브라보.

부러쉬(brush)　브러시. ※ 영어 표기에서 [ʃ]가 어말에 오면 '시'로 적는다.

부러와　부러워. ※ 'ㅂ불규칙용언'은 '곱다', '돕다'를 제외하고는 모두 '-워'로 활용한다.

부럼　부스럼. ※ 다만, '음력 정월 대보름에' 깨물어 먹는 딱딱한 열매류'는 '부럼'이라고 한다.

부레끼(←brake)　브레이크. ※ '부레끼'는 일본어투.

부련듯　불현듯. 불현듯이.

부로커(broker)　브로커. 거간. 중개인(仲介人).

부르도자(bulldozer)　불도저. ※ '부르도자'는 일본어투.

부르뜨다　부릅뜨다.

부르스(blues)　블루스.

부르조아(bourgeois)　부르주아.

부리나게　부리나케.

부리낳게　부리나케.

부머랭(boomerang)　부메랑.

부문(部門)　※ **'부문'**은 '일정한 기준에 따라 분류하거나 나누어 놓은 범위'로 '갈래'의 뜻이며, **'부분**(部分)'은 '전체를 이루는 작은 범위'로 '토막'의 뜻이다. ¶중공업 부문의 발달이 경제 발전을 이끌었다. / 사회과학 부문. // 네 말은 부분적으로는 옳다. / 이 책에는 이해하기 어려운 부분이 많다.

부분(部分)　참조 부문.

부비다　비비다.

부비대다　비비대다.

부비적거리다　비비적거리다.

부산스런　부산스러운. 참조 −스런.

부상당하다(負傷當−)　부상하다. 다치다. 상처를 입다. 참조 부상을 입다.

부상을 입다(負傷−)　부상하다. 다치다. 상처를 입다. ※ '부상'이 '상처를 입음'을 뜻하므로 '부상을 입다'는 겹말이다.

부셀(bushel)　부셸. 야드파운드법의 무게·부피의 단위. ※ 영어 표기에서 모음 앞의 ʃ는 뒤따르는 모음에 따라 '샤, 섀, 셔, 셰, 쇼, 슈, 시'로 적는다.

부셔지다　부서지다.

부수다　※ **'부수다'**는 '두드려 깨뜨리다. 망가뜨려 못 쓰게 만들다'의 뜻을, **'부시다'**는 '그릇 따위를 씻다'의 뜻을 나타낸다. ¶화가 난 군중이 현관문을 부수고 들어와 로비를 점거했다. // 어머니는 밥 먹은 뒤 그릇을 깨끗이 부셔 놓으라고 당부하고 외출하셨다.

부숴뜨리다　부서뜨리다.

부숴지다　부서지다.

부스럭이　부스러기.

부스럭지　부스러기.

부스레기　부스러기.

부시다　참조 부수다.

부시럭　부스럭.

부시럭거리다　부스럭거리다.

부시럭대다　부스럭대다.

부시레기　부스러기.

부시맨(Bushman)　부시먼. 남아프리카 흑인종의 하나.

부시시　부스스.

부얘지다　부예지다.

부억　부엌.

부억대기　부엌데기.

부억띠기　부엌데기.

부인(夫人)　※ ‘부인’은 남의 아내를 높여 이르는 말이므로 자신의 아내를 이를 때는 ‘부인’ 대신 ‘아내’, ‘안사람’, ‘집사람’ 같은 말을 쓴다. ¶저분이 부장님 부인이시다. / 부인께서는 안녕하십니까?∥그는 “아내가 사랑스럽다.”라고 말했다. / 집사람은 외출 중입니다. / 이쪽이 제 안사람입니다.

부자(buzzer)　버저. ¶버저 비터(buzzer beater).

부자연스런(不自然－)　부자연스러운. 참조 －스런.

부자유스런(不自由－)　부자유스러운. 참조 －스런.

부자집(富者－)　부잣집. ※ [부:자찝·부:잗찝]으로 소리 나므로 사이시옷을 받쳐 적는다.

부절없다　부질없다.

부정(不逞)　불령. ※ ‘逞’은 ‘굳셀 령’.

부조돈(扶助－)　부줏돈. ※ [부조

똔·부줃똔]으로 소리 나므로 사이시옷을 받쳐 적는다.

부조술(扶助－)　부줏술. ※ [부조쑬·부줃쑬]로 소리 나므로 사이시옷을 받쳐 적는다.

부주　부조(扶助).

부주금　부조금(扶助金).

부줏돈　부줏돈(扶助－)

부줏술　부줏술(扶助－).

부지(敷地)　대지(垈地). 땅. 용지(用地). 터. 토지(土地). ※ ‘부지’는 일본어투.

부지괭이　부지깽이.

부지런이　부지런히.

부지르다　분지르다.

부지른하다　부지런하다.

부착시키다(附着－)　부착하다. ※ 사동의 뜻이 없으면 ‘－시키다’로 쓰지 않는다. 참조 －시키다.

부채를 지다(負債－)　부채를 안다. 빚을 지다. ※ ‘부채’가 ‘남에게 진 빚’을 뜻하므로 ‘부채를 지다’는 겹말이다.

부채살　부챗살. ※[부채쌀·부챗쌀]로 소리 나므로 사이시옷을 받쳐 적는다.

부추키다　부추기다.

부치개질　부침개질.

부치다 🔍 6)

부치미 부침개.

부침이 부침개.

부틱(boutique) 부티크.

부페(buffet) 뷔페. ※ 프랑스 어의 [y]는 '위'로 적는다.

부풀으니 부푸니. ※ 어간이 'ㄹ' 받침으로 끝나는 용언의 어간에 붙는 어미는 '−니'이다. '−니'가 붙으면 'ㄹ'이 줄어든다.

부풀으면 부풀면. ※ 어간이 'ㄹ' 받침으로 끝나는 용언의 어간에 붙는 연결어미는 '−면'이다.

부풀은 부푼. ※ 어간이 'ㄹ' 받침으로 끝나는 용언의 어간에 붙는 어미는 '−ㄴ'이다. '−ㄴ'이 붙

🔍 6) **부치다 / 붙이다** ※ '**부치다**'는 '힘이 미치지 못하다', '부채 따위를 흔들어 바람을 일으키다', '편지 또는 물건을 보내다', '논밭을 다루어서 농사를 짓다', '번철에 기름을 바르고 저냐 따위를 익혀 만들다', '어떤 문제를 의논 대상으로 내놓다', '원고를 인쇄에 넘기다', '몸이나 식사 따위를 의탁하다'의 뜻이며, '**붙이다**'는 '붙게 하다', '서로 맞닿게 하다', '두 편의 관계를 맺게 하다', '암컷과 수컷을 교합시키다', '불이 옮아서 타게 하다', '노름이나 싸움 따위를 어울리게 만들다', '딸려 붙게 하다', '습관이나 취미 등이 익어지게 하다', '이름을 가지게 하다', '뺨이나 볼기를 손으로 때리다'의 뜻을 나타낸다.
¶이것은 그에게는 힘에 부치는 일이다. / 나무 그늘에서 부채를 부치며 신선놀음을 한다. / 책을 소포로 부쳤다. / 논밭을 부쳐 겨우 먹고산다. / 빈대떡이나 부쳐 먹지. / 그 안건을 이사회에 부쳤다. / 그 집이 경매에 부쳐졌다. / 원고를 인쇄에 부쳤으니 곧 책이 나온다. / 삼촌댁에 몸을 부치고 있다. // 편지를 부치려면 우표를 붙여야 한다. / 책상을 벽에 바짝 붙여 놓아라. / 싸움은 말리고 흥정은 붙여라. / 접을 붙였다. / 구령을 붙이다. / 불을 붙이려고 라이터를 찾았다. / 싸움을 붙였다. / 그 사람에게 경호원을 붙여 주었다. / 인터넷에 취미를 붙이면 날 새는 줄 모른다. / 그 사람 별명을 독종으로 붙인 데는 다 유래가 있다. / 그 녀석 뺨을 한 대 올려붙였다.

으면 'ㄹ'이 줄어든다.

부풀음 부풂. ※ 어간이 'ㄹ' 받침으로 끝나는 용언의 명사형 어미는 '-ㅁ'이다. ¶가슴이 한껏 부풂.

부품 부풂. 참조 부풀음.

부항항아리(附缸-) 부항단지.

부화 부아. ¶부아가 치밀다. / 부아가 돋는 날 의붓아비 온다.

북경(北京) 베이징. 중국의 수도.

북구(北歐) ⇨ 북유럽(北Europe).

북나무 붉나무.

북녘(北-) 북녘.

북닫개 북바늘.

북더기 북데기.

북동(北東) ⇨ 동북(東北). ※ 방위를 나타내는 말은 '동남', '동북', '서남', '서북'처럼 '동서'를 먼저, '남북'을 나중에 쓰는 것이 바람직하다. ¶동북풍. / 동북아시아. / 중국 동북3성. 참조 방위.

북딱지 북바늘.

북바치다 북받치다.

북받히다 북받치다.

북방망이 북채.

북서(北西) ⇨ 서북(西北). ※ 방위를 나타내는 말은 '동남', '동북', '서남', '서북'처럼 '동서'를 먼저, '남북'을 나중에 쓰는 것이 바람직하다. ¶서북풍. / 서북 청년회. / 서북학회. 참조 방위.

북술북술 북슬북슬.

북실북실 북슬북슬.

북어국(北魚-) 북엇국. ※ [부거꾹·부걷꾹]으로 소리 나므로 사이시옷을 받쳐 적는다.

북잡이 북재비.

분곽 분갑(粉匣).

분기점(分岐點) ⇨ 갈림목.

분렬 분열(分裂·分列).

분리수거(分離收去) 분류배출(分類排出). 따로따로 내놓기. ※ '분리'는 '서로 나뉘어 떨어지게 함'을, '수거'는 '거두어 감'을 뜻한다. 따라서 일반 가정에 쓰레기를 '분리수거'하라는 것은 쓰레기를 분리해서 거둬 가라고 하는 셈이므로 사리에 맞지 않는다. 재활용할 수 있는 쓰레기를 재질에 따라 나눠서 내놓는 것은 '분류배출'이라고 하거나 '따로따로 내놓기'라고 표현하는 것이 옳다.

분리시키다(分離-) 분리하다. ※ 사동의 뜻이 없으면 '-시키다'로 쓰지 않는다. 참조 -시키다.

¶주식회사는 자본과 경영을 분리한 대표적인 회사 형태이다.

분명이(分明-) 분명히.

분명히 명시하다(分明-明示-) 뚜렷이 밝히다. 명시하다. 분명히 하다. ※ ‘명시’가 ‘분명하게 드러내 보임’을 뜻하므로 ‘분명히 명시하다’는 겹말이다.

분비다 붐비다.

분빠이(分配·ぶんぱい) 분배. 노느매기. 노늠. 배분(配分).

분사시키다(噴射-) 분사하다. ※ 사동의 뜻이 없으면 ‘-시키다’로 쓰지 않는다. 참조 -시키다.

분쇄시키다(粉碎-) 분쇄하다. ※ 사동의 뜻이 없으면 ‘-시키다’로 쓰지 않는다. 참조 -시키다.

분양율(分讓率) 분양률. 참조 -률.

분주이(奔走-) 분주히.

분질르다 분지르다. 활용 분지르고. 분지르니. 분지르며. 분질러. ¶축구를 하다가 다리를 분지르는 바람에 깁스를 하고 다닌다. / 놀부는 제비 다리를 분질러 놓았다.

분출양(噴出量) 분출량. 참조 량.

분향소(焚香所) ※ ‘**분향소**’는 ‘시신을 안치하지 않고 고인을 애도하며 분향할 수 있도록 차려 놓은 곳’이며, ‘**빈소**(殯所)’는 ‘상여가 나갈 때까지 관을 놓아두는 방’이다. ‘분향소’는 여러 군데에 있을 수 있지만 ‘빈소’는 한 군데뿐이다. ¶노무현 전 대통령이 서거하자 유족 측은 노 전 대통령의 고향인 경남 김해시 봉하마을에 빈소를 차리고, 추모객들을 위한 분향소를 전국 각지에 설치했다.

분홍 빛(粉紅-) 분홍빛. ※ 한 낱말이므로 붙여 쓴다.

분활 분할(分割). ※ ‘割’은 ‘나눌 할’.

붇다 🔍 7)

불가사이 불가사의(不可思議). ※ [불가사의] 또는 [불가사이]로 발음할 수 있다.

불가살이(不可殺伊) 불가사리. 전설에서, 쇠를 먹고 악몽(惡夢)과 사기(邪氣)를 쫓는다는 상상의 동물. / 아무리 해도 죽거나 없어지지 않는 사람이나 사물을 비유적으로 이르는 말. / 불가사리강(綱)의 극피동물을 통틀어 이르는 말.

불경스런(不敬-) 불경스러운.

참조 −스런.

불공들이다(佛供−) 불공드리다.

불구(不拘) 불고(不顧). ※ '돌아보지 아니함'을 뜻하는 낱말은 '불구'가 아니라 '불고'이다. ¶체면 불고. / 염치 불고.

불그댕댕하다 불그뎅뎅하다.

불그락푸르락 붉으락푸르락.

불그러지다 불거지다.

불그스럼하다 불그스름하다.

불깃불깃하다 불긋불긋하다.

불꽃 같다 불꽃같다. ※ 한 낱말이므로 붙여 쓴다. ¶그는 불꽃같은 삶을 살았다.

불나비 부나비. 불나방.

불넘기 부넘기. 방고래가 시작되는 어귀에 조금 높게 쌓아 불길이 아궁이로부터 골고루 방고래로 넘어가게 만든 언덕. / 진도 씻김굿에서, 죽은 사람의 옷을 말아 둔 것을 씻기어 불을 넘어가게 하는 일.

7) **붇다 / 붓다** ※ '**붇다**'는 '물에 젖어서 부피가 커지다', '분량이나 수효가 많아지다'의 뜻이고, '**붓다**'는 '살가죽이나 어떤 기관이 부풀어 오르다', '성이 나서 뾰로통해지다', '액체나 가루 따위를 다른 곳에 담다', '납부금, 이자, 곗돈 따위를 일정한 기간마다 내다'의 뜻을 나타낸다. 또 '**불다**'는 '바람이 일어나서 어느 방향으로 움직이다', '유행 풍조 변화 따위가 일어나 휩쓸다', '입을 오므리고 바람을 일으키다', '입을 오므리고 숨을 내쉬어 소리를 내다', '관악기를 입에 대고 숨을 내쉬어 소리를 내다', '풀무, 풍구 따위로 바람을 일으키다', '숨겼던 죄나 비밀을 털어놓다'의 뜻을 나타낸다. 활용 붇다 : 붇기. 붇고. 불으니. 불으면. 불어. 붇지.('불기, 불고, 불면, 불지'처럼 활용해서는 안 된다.) // 붓다 : 붓고. 부으니. 부으면. 부어. 붓지. // 불다 : 불고. 부니. 불면. 불어. 불지. ¶국수가 붇기 전에 드세요. / 상류에 비가 많이 오는 바람에 강물이 빠르게 붇고 있다. / 물이 불으면 징검다리로 건널 수 없다. / 라면이 붇지 않았는지 모르겠다. // 손도 붓고, 발도 부었다. // 바람이 불기 시작한다. / 입김을 불었다. / 휘파람을 부니 개가 뛰어나왔다. / 네 죄를 숨김 없이 불어라.

불다 참조 붇다.

불당(不當) 부당. ※ '不'은 'ㄷ, ㅈ' 앞에서는 [부]로 소리 난다.

불도자(bulldozer) 불도저.

불독(bulldog) 불도그.

불동(不凍·不同·不動) 부동. ※ '不'은 'ㄷ, ㅈ' 앞에서는 [부]로 소리 난다.

불등(不等) 부등. ※ '不'은 'ㄷ, ㅈ' 앞에서는 [부]로 소리 난다.

불량스런(不良 -) 불량스러운. 참조 -스런.

불량율(不良率) 불량률. 참조 -률.

불러 내다 불러내다. ※ 한 낱말이므로 붙여 쓴다.

불러 들이다 불러들이다. ※ 한 낱말이므로 붙여 쓴다.

불러 일으키다 불러일으키다. ※ 한 낱말이므로 붙여 쓴다.

불려지다 불리다. ※ '부르다'의 피동형이 '불리다'이므로 '불리다'에 피동의 뜻을 더하는 보조동사 '-지다'를 덧붙일 필요가 없다.

불룩히 불룩이.

불르다 부르다. 활용 부르고. 부르니. 부르면. 부른. 부르는(동사일 때). 불러. ¶날 <u>부르지</u> 마라. / <u>부르는</u> 게 값이다. / <u>부른</u> 배고픈 건 더 답답하다. / <u>불러도</u> 불러도 대답 없는 이름이여.

불리우는 불리는. 참조 불리우다.

불리우다 불리다. 활용 불리고. 불리는. 불리면. 불려.

불리워 불려. 참조 불리우다.

불만스런(不滿 -) 불만스러운. 참조 -스런.

불만족스런(不滿足 -) 불만족스러운. 참조 -스런.

불명예스런(不名譽 -) 불명예스러운. 참조 -스런.

불문률(不文律) 불문율. 참조 -률.

불미스런(不美 -) 불미스러운. 참조 -스런.

불 바다 불바다. ※ 한 낱말이므로 붙여 쓴다.

불복신립(不服申立) 불복신청(不服申請). ※ '불복신립'은 일본어투.

불 붙다 불붙다. ※ 한 낱말이므로 붙여 쓴다.

불 빛 불빛. ※ 한 낱말이므로 붙여 쓴다.

불살르다 불사르다. 활용 불사르고. 불사르니. 불사르면. 불살라.

불삽 부삽.

불 속 불속. ※ '매우 고통스러운 지경, 총포탄이 터지고 날아드는 속'을 비유할 때는 한 낱말이므로 붙여 쓴다.

불식시키다(拂拭−) 불식하다. ※ 사동의 뜻이 없으면 '−시키다'로 쓰지 않는다. 참조 −시키다.

불실(不實) 부실. ※ '不'은 다음에 'ㄷ, ㅈ'이 올 때만 [부]로 읽지만 '不實'에서는 예외적으로 [부]로 읽는다.

불쌍이 불쌍히.

불쏘시게 불쏘시개.

불아귀 부라퀴.

불악퀴 부라퀴.

불안스런(不安−) 불안스러운. 참조 −스런.

불야불야 부랴부랴.

불야살야 부랴사랴.

불어 넣다 불어넣다. ※ 한 낱말이므로 붙여 쓴다.

불연듯이 불현듯이.

불으네 부네. ※ 어간이 'ㄹ' 받침으로 끝나는 용언의 어간에 붙는 어미는 '−네'이다. '−네'가 붙으면 'ㄹ'이 줄어든다.

불으니 부니. ※ 어간이 'ㄹ' 받침으로 끝나는 용언의 어간에 붙는 어미는 '−니'이다. '−니'가 붙으면 'ㄹ'이 줄어든다. 다만, '붇다'의 활용형은 '불으니'이다. 참조 붇다.

불으면 불면. ※ 어간이 'ㄹ' 받침으로 끝나는 용언의 어간에 붙는 연결어미는 '−면'이다. 다만, '붇다'의 활용형은 '불으면'이다. 참조 붇다.

불은 분. ※ 어간이 'ㄹ' 받침으로 끝나는 용언의 어간에 붙는 어미는 '−ㄴ'이다. '−ㄴ'이 붙으면 'ㄹ'이 줄어든다. 다만, '붇다'의 활용형은 '불은'이다. 참조 붇다.

불음 붊. ※ 어간이 'ㄹ' 받침으로 끝나는 용언의 명사형 어미는 '−ㅁ'이다. 다만, ㄷ불규칙용언인 '붇다'의 명사형은 '불음'이다. ¶바람이 붊. // 라면이 불음. 참조 붇다.

불읍니다 붑니다. 붇습니다. ※ 어간이 'ㄹ' 받침으로 끝나는 용언의 어간에 붙는 어미는 '−ㅂ니다'이다. '−ㅂ니다'가 붙으면 'ㄹ'이 줄어든다. 다만, '붇다'의 활용형은 '붇습니다'이다. 참조 붇다.

불읍시다 붑시다. ※ 어간이 'ㄹ' 받침으로 끝나는 동사의 어간에 붙는 어미는 '-ㅂ시다'이다. '-ㅂ시다'가 붙으면 'ㄹ'이 줄어든다.

불이나게 부리나케.

불이나케 부리나케.

불이 낳게 부리나케.

불입(拂入) 납부(納付). 냄. 치름. ※ '불입'은 일본어투.

불조리(不條理) 부조리. ※ '不'은 'ㄷ, ㅈ' 앞에서는 [부]로 소리 난다.

불주의(不注意) 부주의. ※ '不'은 'ㄷ, ㅈ' 앞에서는 [부]로 소리 난다.

불집게 = 부집게. ※ 복수표준어.

불카하다 불과하다.

불티 같다 불티같다 ※ 한 낱말이므로 붙여 쓴다. ¶여름이 오니 아이스크림이 불티같이 팔린다.

불티 나다 불티나다. ※ 한 낱말이므로 붙여 쓴다. ¶기름 값이 오르니 연탄이 불티나게 팔린다.

불편스런(不便-) 불편스러운. 참조 -스런.

불평스런(不平-) 불평스러운. 참조 -스런.

불하(拂下) 매각(賣却). 팔아버림. ※ '불하'는 일본어투.

불행이(不幸-) 불행히.

붉디 붉다 붉디붉다. ※ 한 낱말이므로 붙여 쓴다. 참조 -디.

붉으스레하다 불그스레하다.

붉으스름하다 불그스름하다.

붉으죽죽하다 불그죽죽하다.

붉은 빛 붉은빛. ※ 한 낱말이므로 붙여 쓴다.

붉은 색 붉은색(-色). ※ 한 낱말이므로 붙여 쓴다.

붉웃붉웃 불긋불긋.

붐 붊. 참조 불음.

붓기 부기(浮氣). ¶얼굴에 <u>부기</u>가 있다. / <u>부기</u>가 빠지지 않는다.

붓다 참조 붇다.

붓두겁 붓두껍. 참조 두껍.

붓두막 부뚜막.

붓들다 붙들다.

붓뚜껍 붓두껍. 참조 두껍.

붓뚜껑 붓두껍. 참조 두껍.

붓박이 붙박이.

붓자루 붓대.

붓잡다 붙잡다.

붕타우(Vung Tau) 붕따우. 베트남 남부의 도시.

붙박히다 붙박이다.

붙어있다 붙어 있다. ※ 한 낱말이 아니므로 띄어 쓴다.

붙여 쓰기 붙여쓰기. ※ 한 낱말이므로 붙여 쓴다.

붙여쓰다 붙여 쓰다. ※ 한 낱말

이 아니므로 띄어 쓴다.

붙여잡다　붙잡다.

붙여지내다　부쳐지내다.

붙임새　붙임성.

붙히다　붙이다.

붜　부어. ※ '부어'는 '붜'로 줄이지 못한다. ¶ 모기에게 물린 곳이 퉁퉁 <u>부었다</u>.

뷰파인더(viewfinder)　말터 보기창(—窓).

브라우스(blouse)　블라우스.

브라자(brassiere)　브래지어. ¶ <u>브래지어</u>를 하다. / <u>브래지어</u> 차림.

브라키오사우르스(brachiosaurus)　브라키오사우루스.

브랜드 파워(brand power)　말터 상표경쟁력(商標競爭力).

브러쉬(brush)　브러시. ※ 영어 표기에서 [ʃ]가 어말에 오면 '시'로 적는다.

브런치(brunch)　말터 어울참.

브레튼우즈(Bretton Woods)　브레턴우즈. 미국 뉴햄프셔 주에 있는 휴양지.

브로마이드(bromide)　말터 벽붙이사진(壁—寫眞).

브로찌　브로치(brooch). ※ 외래어 표기에서, 일본어·중국어·

베트남 어·태국어의 일부 표기 외에는 된소리를 쓰지 않는다.

브로커리(broccoli)　브로콜리.

브로컬리(broccoli)　브로콜리.

브루네이(Brunei)　브루나이. 동남아시아에 있는 나라. 수도는 반다르스리브가완(Bandar Seri Begawan).

브루노(Brno)　브르노. 체코 중부의 도시.

브루스(blues)　블루스.

브루조아(bourgeois)　부르주아. ※ 프랑스 어의 'oi'는 '우아'로 적는다.

브룩크너(Bruckner)　브루크너. ¶ 요제프 안톤 <u>브루크너</u>(오스트리아의 작곡가).

브룬디(Burundi)　부룬디. 아프리카 중동부에 있는 나라. 수도는 부줌부라(Bujumbura).

브리스베인(Brisbane)　브리즈번. 호주 퀸즐랜드 주의 도시.

브릿지(bridge)　브리지.

브이오디 서비스(VOD service)　말터 다시보기.

블라디보스톡(Vladivostok)　블라디보스토크. 러시아 시베리아 동남부, 동해 연안의 도시.

블라인드(blind)　말터　(정보)가림
(情報-).

블랑켓(blanket)　블랭킷.

블럭(block)　블록.

블로그(blog)　말터 누리사랑방(-
房).

블로우(blow)　블로.　※ [ou]는 '오'
로 적는다.

블루오션(blue ocean)　말터 대안시
장(代案市場).

블루투스(blue tooth)　말터 쌈지무
선망(-無線網).

블룩(blook)　말터 누리글보따리.

비게　비계.

비계덩어리　비겟덩어리.　※ [비
계떵어리·비겓떵어리]로　소리
나므로 사이시옷을 받쳐 적는다.

비계덩이　비겟덩이.　※ [비계떵
이·비겓떵이]로 소리 나므로 사
이시옷을 받쳐 적는다.

비계살　비겟살.　※ [비계쌀·비
겓쌀]로 소리 나므로 사이시옷을
받쳐 적는다.

비고난(備考欄)　비고란.　참조 -난.

비길　빗길.　※ [비낄·빋낄]로 소
리 나므로 사이시옷을 받쳐 적
는다.

비김하다　비기다.

비까번쩍하다(←ぴか-)　번쩍번
쩍하다.

비까비까하다(←ぴかぴか-)　번
쩍번쩍하다.

비껴가다　참조 비끼다.

비끝　빗밑.

비끼다　※ '**비끼다**'는 '비스듬히
놓이거나 늘어지다', '비스듬히
비치다', '얼굴에 어떤 표정이 잠
깐 드러나다', '비스듬히 놓거나
차거나 하다'의 뜻을, '**비껴가다**'
는 '비스듬히 스쳐 지나다', '어떤
감정, 표정, 모습 따위가 얼굴에
잠깐 스쳐 지나가다'의 뜻을 나
타내고, '**비키다**'는 '무엇을 피하
여 있던 곳에서 한쪽으로 자리
를 조금 옮기다', '방해가 되는 것
을 한쪽으로 조금 옮겨 놓다', '무
엇을 피하여 방향을 조금 바꾸
다', '다른 사람을 위하여 있던 자
리를 피하여 다른 곳으로 옮기
다'의 뜻을 나타낸다. ¶남북으
로 비낀 은하수. / 서산에 저녁노
을이 비껴 있다. / 그의 눈가에
수심이 잠깐 비꼈다. / 장군은 칼
을 비껴 차고 있었다. // 태풍이
한반도를 비껴갔다. / 그의 얼굴
에 후회하는 빛이 비껴갔다. //

차를 피하려고 길가로 <u>비켰다</u>. / 통행에 방해가 되니 화분을 <u>비켜</u> 놓아라. / 흙탕물은 <u>비켜</u> 가거라. / 버스에서 할아버지에게 자리를 <u>비켜</u> 드렸다.

비누물 비눗물. ※ [비눈물]로 'ㅁ' 앞에서 'ㄴ' 소리가 덧나므로 사이시옷을 받쳐 적는다.

비누방울 비눗방울. ※ [비누빵울·비눈빵울]로 소리 나므로 사이시옷을 받쳐 적는다.

비니루(vinyl) 비닐. ※ '비니루'는 일본어투.

비니루 봉다리(vinyl-) 비닐봉지. ※ '비니루'는 일본어투.

비들기 비둘기.

비듬나무 느릅나무.

비듬나물 비름나물.

비뚜러지다 비뚤어지다.

비뚜루 비뚜로.

비러먹다 빌어먹다. ¶이런 <u>빌어먹을</u>! / <u>빌어먹는</u> 놈이 콩밥을 마다할까?

비러먹을 빌어먹을. 참조 비러먹다.

비렁뱅이질 비럭질. ※ 다만, '**비렁뱅이**'는 표준어이다.

비렬(卑劣) 비열.

비로서 비로소.

비롯하다 ※ '처음 시작하다, 여럿 가운데서 처음으로 삼다'의 뜻이다. 따라서 '나를 비롯하여' 같은 표현은 스스로를 낮추는 우리말 예법에는 어울리지 않는다. '나를 비롯하여'는 '나를 포함하여'라고 하는 것이 바람직하다.

비루스(virus) 바이러스.

비률(比率) 비율. 참조 -률.

비명 소리(悲鳴-) 비명. ※ '비명'은 '위급하거나 두려움을 느낄 때 내는 외마디 소리'를 뜻하므로 '비명 소리'는 겹말이다.

비몽사몽하다(非夢似夢-) 비몽사몽 중에 (~하다). 비몽사몽간에 (~하다). ※ '비몽사몽'은 '완전히 잠이 들지도 잠에서 깨어나지도 않은 어렴풋한 상태'를 나타내는 말로서 동사를 만드는 접미사 '-하다'를 붙일 수 없다. ¶<u>비몽사몽 중에</u> 사고 소식을 들었다.

비물 빗물.

비밀스런(祕密-) 비밀스러운. 참조 -스런.

비밀에 붙이다(祕密-) 비밀에 부

치다. 참조 부치다.

비박(Biwak) 비바크. 등산에서, 텐트를 사용하지 않고 지형지물을 이용해 하룻밤을 지새우는 일.

비방울 빗방울. ※ [비빵울·빈빵울]로 소리 나므로 사이시옷을 받쳐 적는다.

비사차기 비사치기.

비상 시(非常時) 비상시. ※ 한 낱말이므로 붙여 쓴다.

비상식(非常識) 몰상식(沒常識). ※ '비상식'은 일본어투.

비석차기(碑石-) 비사치기.

비석치기(碑石-) 비사치기.

비설겆이 비설거지. 비가 내리려고 하거나 내릴 때 물건을 치우거나 덮는 일.

비소리 빗소리. ※ [비쏘리·빈쏘리]로 소리 나므로 사이시옷을 받쳐 적는다.

비스무레하다 비슷하다. 엇비슷하다.

비스켓(biscuit) 비스킷.

비슥하다 비슷하다.

비시케크(Bishkek) 비슈케크. 키르기스스탄의 수도.

비아냥스런 비아냥스러운. 참조 -스런.

비엔나(Vienna) 빈(Wien). 오스트리아의 수도. ※ 외국 지명은 현지 발음을 따라 적는다.

비양거리다 비아냥거리다.

비양스럽다 비아냥스럽다.

비우 비위(脾胃). ¶비위가 좋다. / 비위가 상하다. / 그 사람 비위를 맞추기란 쉽지 않다.

비자루1 빗자루. ※ [비짜루·빈짜루]로 소리 나므로 사이시옷을 받쳐 적는다.

비자루2 비짜루. ※ 백합과의 여러해살이풀. ¶닭의비짜루. / 방울비짜루.

비젼(vision) 비전. ※ 외래어에서 'ㅈ, ㅊ' 다음에는 'ㅑ, ㅕ, ㅛ, ㅠ' 같은 이중 모음을 표기하지 않는다.

비쥬얼(visual) 비주얼. ※ 외래어에서 'ㅈ, ㅊ' 다음에는 'ㅑ, ㅕ, ㅛ, ㅠ' 같은 이중 모음을 표기하지 않는다.

비지국 비짓국. ※ [비지꾹·비진꾹]으로 소리 나므로 사이시옷을 받쳐 적는다.

비지니스(business) 비즈니스.

비참이(悲慘-) 비참히.

비쳐지다 비치다. 참조 비추다.

비추다 🔍 8)

비취빛(翡翠－) 비췻빛. ※ [비:
취삗·비: 췬삗]으로 소리 나므
로 사이시옷을 받쳐 적는다.

비치다 참조 비추다.

비켜 서다 비켜서다. ※ 한 낱말
이므로 붙여 쓴다.

비키다 참조 비끼다.

비트박스(beat box) 말터 입소리손
장단.

비틀즈(Beatles) 비틀스.

비프가스(beef cutlet) 비프커틀릿.

비하시키다(卑下－) 비하하다. ※
사동의 뜻이 없으면 ‘－시키다’
로 쓰지 않는다. 참조 －시키다.

비행기값(飛行機－) 비행기 삯. 비
행기 요금. 항공료. ※ 다만, 비
행기를 사고팔 때 주고받는 돈
은 ‘비행기 값’이다.

빅 리그(big league) 말터 최상위연

🔍 8) **비추다 / 비치다** ‘**비추다**’는 ‘빛을 보내 밝게 하다’, ‘빛을 받게 하거
나 빛이 통하게 하다’, ‘거울 따위에 빛을 나타내다’, ‘견주어 보다’의 뜻
이며, ‘**비치다**’는 ‘빛이 나서 환하게 되다’, ‘빛을 받아 모양이 나타나 보
이다’, ‘물체의 그림자나 영상이 나타나 보이다’, ‘뜻이나 마음이 밖으
로 드러나 보이다’, ‘투명하거나 얇은 것을 통하여 드러나 보이다’, ‘사
람 몸속의 피가 몸 밖으로 나오는 상태가 되다’, ‘무엇으로 보이거나 인
식되다’, ‘얼굴이나 눈치 따위를 잠시 또는 약간 나타내다’, ‘의향을 떠
보려고 슬쩍 말을 꺼내거나 의사를 넌지시 깨우쳐 주다’의 뜻을 나타
낸다.

¶손전등을 비추며 산길을 걸었다. / 엑스선에 가슴을 비췄다. / 거울
에 몸을 비추어 보곤 했다. / 양심에 비추어 한 점 부끄러움도 없다. //
구름 사이로 언뜻언뜻 달빛이 비쳤다. / 암흑 속에 불꽃이 일자 그의 모
습이 선명하게 비쳤다. / 호수에 비친 달그림자. / 그의 얼굴에 서운한
눈치가 비쳤다. / 속이 비치는 옷. / 그가 뱉어 낸 가래엔 피가 비쳐 있었
다. / 그 사람을 무시하는 것처럼 비칠까 봐 조심스러웠다. / 부장에게
얼굴만 비치고 바로 사무실을 나섰다. / 그는 이번 선거에도 출마하겠
다는 뜻을 비쳤다.

맹(最上位聯盟).

빈간 빈칸.

빈곳 빈 곳. ※ 한 낱말이 아니므로 띄어 쓴다.

빈대과(−科) 빈댓과. ※ [빈대꽈·빈댇꽈]로 소리 나므로 사이시옷을 받쳐 적는다.

빈댓떡 빈대떡. ※ 된소리 앞에서는 사이시옷을 받치지 않는다.

빈돗수(頻度數) 빈도수. 빈도.

빈번이(頻繁−) 빈번히.

빈소(殯所) 참조 분향소.

빈 속 빈속. ※ 한 낱말이므로 붙여 쓴다. ¶빈속에 마신 술이라 빨리 취한다.

빈자떡(貧者−) 빈대떡.

빈 자리 빈자리. ※ 한 낱말이므로 붙여 쓴다. ¶아무데나 빈자리에 가서 앉으세요. / 연구소에 빈자리가 나서 한 사람 채용하려고 한다.

빈자병(貧者餅) 빈대떡.

빈털털이 빈털터리.

빌니우스(Vilnius) 빌뉴스. 리투아니아의 수도.

빌다 ※ '**빌다**'는 '신이나 사람, 사물 따위에 간청하다. 잘못을 용서하여 달라고 호소하다. 생각

한 대로 이루어지기를 바라다'의 뜻을 나타내며, '**빌리다**'는 '나중에 돌려주기로 하고 남의 물건을 얻어다 쓰다. 남의 도움을 받거나 사람이나 물건 따위를 믿고 기대다. 일정한 형식이나 이론, 또는 남의 말이나 글 따위를 취하여 따르다'의 뜻을 나타낸다. ¶소녀는 대보름날 달님에게 소원을 빌었다. / 범인은 피해자 가족에게 용서를 빌었다. / 비는 놈한텐 져야 한다. / 제자들은 스승의 명복을 빌었다. / 네 앞날에 영광이 있기를 빌어 마지않는다. // 도서관에서 책을 빌려 왔다. / 요즘은 농촌에 젊은이들이 없어 일손을 빌리기가 어렵다. / 머리는 빌릴 수 있어도 건강은 빌릴 수 없다. / 선생님은 성인의 말씀을 빌려 훈계했다. / 그는 수필의 형식을 빌려 자신의 이야기를 써 내려갔다. / 이 자리를 빌려 고맙다는 말씀을 올립니다.

빌리다 참조 빌다.

빌어 빌려. 참조 빌다. ¶이 자리를 빌려 감사의 말씀을 드립니다.

빌으니 비니. ※ 어간이 'ㄹ' 받침으로 끝나는 용언의 어간에 붙

는 어미는 '-니'이다. '-니'가 붙으면 'ㄹ'이 줄어든다.

빌으면 빌면. ※ 어간이 'ㄹ' 받침으로 끝나는 용언의 어간에 붙는 연결어미는 '-면'이다.

빌은 빈. ※ 어간이 'ㄹ' 받침으로 끝나는 용언의 어간에 붙는 어미는 '-ㄴ'이다. '-ㄴ'이 붙으면 'ㄹ'이 줄어든다.

빌음 빎. ※ 어간이 'ㄹ' 받침으로 끝나는 용언의 명사형 어미는 '-ㅁ'이다. ¶천지신명에게 빎.

빌읍니다 빕니다. ※ 어간이 'ㄹ' 받침으로 끝나는 용언의 어간에 붙는 어미는 '-ㅂ니다'이다. '-ㅂ니다'가 붙으면 'ㄹ'이 줄어든다.

빌읍시다 빕시다. ※ 어간이 'ㄹ' 받침으로 끝나는 동사의 어간에 붙는 어미는 '-ㅂ시다'이다. '-ㅂ시다'가 붙으면 'ㄹ'이 줄어든다.

빔 빎. ※ 다만, '비다'의 명사형은 '빔'이다. 참조 빌음.

빗겨가다 비껴가다. 참조 비끼다.

빗바람 비바람.

빗장 닫다 빗장 지르다. 빗장 걸다. ※ '빗장'은 '문을 닫고 가로질러 잠그는 막대기'이므로 닫거나 열 수 없다.

빗장 열다 빗장 뽑다. 빗장 따다. 빗장 풀다. 참조 빗장 닫다.

빙고(bingo) 말터 맞았어.

빙사과(氷砂菓) 빈사과(-果). 유밀과(油蜜菓)의 한 종류.

빙충맞이 빙충이. 똑똑지 못하고 어리석게 수줍어하기만 하는 사람.

빙충바리 빙충이. 참조 빙충맞이.

빛나가다 빗나가다.

빚놀이 돈놀이.

빛맞다 빗맞다.

빚장이 빚쟁이. 참조 -장이.

빛갈 빛깔.

빠 바(bar).

빠가사리 동자개. 민물고기의 한 가지.

빠꼼 빠끔.

빠꼼빠꼼 빠끔빠끔.

빠꾸(←back) 뒤로. 퇴짜. 후진(後進). ※ '빠꾸'는 일본어투.

빠다(←butter) 버터. ※ '빠다'는 일본어투.

빠듯히 빠듯이.

빠레트(pallette) 팔레트.

빠루(←bar) 배척. 노루발못뽑이. ※ '노루발못뽑이'가 '빠루'의 순화어이나, 예부터 고유어로 '배척’이 있었다. ‘빠루’는 일본어투.

빠르다 ※‘**빠르다**’는 움직이는 속도가 보통 정도보다 큰 것을 뜻하며 그 반대말은 ‘느리다’이고, ‘**이르다**’는 정해진 시각보다 앞선 상태임을 뜻하며 그 반대말은 ‘늦다’이다. ¶그 사람 걸음이 참 <u>빠르다</u>./네가 벌써 이렇게 컸다니 세월이 참 <u>빠르구나</u>.// <u>이른</u> 아침부터 어딜 가는가?/아직 포기하기엔 <u>이르다</u>.

빠리(Paris) 파리. 프랑스의 수도. ※ 외래어 표기에서, 일본어·중국어·베트남 어·태국어의 일부 표기 외에는 된소리를 쓰지 않는다.

빠져 나오다 빠져나오다. ※ 한 낱말이므로 붙여 쓴다.

빠져 들다 빠져들다. ※ 한 낱말이므로 붙여 쓴다.

빠치다 빠뜨리다. ※ 다만, ‘주접스러울 정도로 즐기다’를 뜻하는 말은 ‘빠치다’이다.

빠클(buckle) 버클. ※ 외래어 표기에서, 일본어·중국어·베트남 어·태국어의 일부 표기 외에는 된소리를 쓰지 않는다.

빠킹(packing) 패킹. ※ 외래어 표기에서, 일본어·중국어·베트남 어·태국어의 일부 표기 외에는 된소리를 쓰지 않는다.

빡세다 힘들다. 되다. ¶일이 너무 <u>힘들다</u>./일이 <u>되면</u> 쉬어 가면서 해라.

빤이 빤히.

빨가송이 빨가숭이.

빨간 색(−色) 빨간색. ※ 한 낱말이므로 붙여 쓴다.

빨갑니다 빨갛습니다. ※ 어간이 ㅎ받침으로 끝나는 용언의 종결어미는 ‘−습니다’이다.

빨강색 빨간색. 빨강.

빨강이 ※‘**빨강이**’는 ‘빨간빛의 물건’을, ‘**빨갱이**’는 ‘공산주의자’를 뜻한다.

빨갱이 참조 빨강이.

빨랑 빨리.

빨래감 빨랫감. ※ [빨래깜·빨랟깜]으로 소리 나므로 사이시옷을 받쳐 적는다.

빨래돌 빨랫돌. ※ [빨래똘·빨랟똘]로 소리 나므로 사이시옷을 받쳐 적는다.

빨래방망이 빨랫방망이. ※ [빨래빵망이·빨랟빵망이]로 소리 나므로 사이시옷을 받쳐 적는다.

빨래비누 빨랫비누. ※ [빨래삐누·빨랟삐뉘로 소리 나므로 사이시옷을 받쳐 적는다.

빨래줄 빨랫줄. ※ [빨래쭐·빨랟쭐]로 소리 나므로 사이시옷을 받쳐 적는다.

빨랫터 빨래터. ※ 거센소리 앞에서는 사이시옷을 받치지 않는다.

빨르다 빠르다. 활용 빠르고. 빠르니. 빠르지. 빨라. ¶그 아이가 걸음이 제일 빠르다. / 회복이 빨라서 곧 퇴원할 거다.

빨뿌리 빨부리.

빨아 들이다 빨아들이다. ※ 한 낱말이므로 붙여 쓴다.

빨아 먹다 빨아먹다. ※ 한 낱말이므로 붙여 쓴다.

빨어 빨아. ※ 'ㅏ, ㅗ' 다음에서 서술·물음·명령·청유를 나타내는 종결어미는 '아'이다.

빵꾸(←puncture) 펑크. 구멍. ※ '빵꾸'는 일본어투.

빵빠레(←fanfare) 팡파르.

빼갈(← 白干儿) 배갈. 고량주.

빼곡이 빼곡히.

−빼기 참조 −박이.

빼놉니다 빼놓습니다. ※ 어간이 받침으로 끝나는 용언의 종

결어미는 '−습니다'이다.

빼 놓다 빼놓다. ※ 한 낱말이므로 붙여 쓴다.

빼다박다 빼닮다. 빼쏘다.

빼드득 빠드득.

빼뚜러지다 빼뚤어지다.

빼랍 서랍.

빼박다 빼닮다. 빼쏘다. 성격이나 모습이 꼭 닮다.

빼앗어 빼앗아. ※ 어간의 끝 음절 모음이 'ㅏ, ㅗ'이면 어미를 '−아'로 적고, 그 밖의 모음이면 '−어'로 적는다.

빼주 고량주. 배갈. 참조 빼갈.

백(←back) 백. 배경.

빽빽히 빽빽이.

뺀죽거리다 빤죽거리다.

뺀죽뺀죽 빤죽빤죽.

뺨따귀 뺨따귀.

뺏아 뺏어. ※ 어간의 끝 음절 모음이 'ㅏ, ㅗ'이면 어미를 '−아'로 적고, 그 밖의 모음이면 '−어'로 적는다.

뺏지(badge) 배지. ※ 외래어 표기에서, 일본어·중국어·베트남어·태국어의 일부 표기 외에는 된소리를 쓰지 않는다.

뺏기다 뺏기다. 활용 뺏기고. 뺏

기어(뺏겨).

뺨따구니 뺨따귀.

뺨때기 뺨따귀.

뻐개다 뻐기다. ※ 다만, '크고 단단한 물건을 두 쪽으로 가르다. 거의 다 된 일을 완전히 어긋나게 하다'를 뜻하는 말은 '뻐개다'이다. ¶그는 상을 받았다고 엄청나게 뻐기고 다닌다. //장작을 뻐개다.

뻐꾹이 뻐꾸기.

뻐드렁이 뻐드렁니. ※ 다만, '뻐드렁니가 난 사람'을 뜻하는 말은 '뻐드렁이'이다.

뻐스(←bus) 버스. ※ 외래어 표기에서, 일본어·중국어·베트남어·태국어의 일부 표기 외에는 된소리를 쓰지 않는다.

뻐치다 뻗치다.

뻔데기 번데기.

뻔뻔스런 뻔뻔스러운. 참조 −스런.

뻔이 뻔히.

뻣뻣하다 뻣뻣하다.

뻗장다리 뻗정다리.

뻗히다 뻗치다.

뻘 벌. ※ 다만, '삼촌뻘', '아저씨뻘'에서처럼 '그런 관계'의 뜻을 더하는 접미사는 '뻘'이다. ¶추수가 끝난 벌은 황량하기 그지없었다.

뻘쭘하다 버름하다. 참조 벌쭘하다.

뻥과자(−菓子) 뻥튀기.

뻬빠(←ペーパー) 샌드페이퍼(sand-paper). 사포(砂布). ※ '뻬빠'는 일본어투.

뻬이찡 베이징(北京). ※ 외래어 표기에서, 일본어·중국어·베트남 어·태국어의 일부 표기 외에는 된소리를 쓰지 않는다.

뻰 찌(←pincers) 펜치. 집게. ※ '뻰찌'는 일본어투.

뼁끼(←ペンキ·pek) 페인트. ※ '뼁끼'는 일본어투.

뼈가루 뼛가루. ※ [뼈까루·뻔까루]로 소리 나므로 사이시옷을 받쳐 적는다.

뼈골(−骨) 뼛골. ※ [뼈꼴·뻔꼴]로 소리 나므로 사이시옷을 받쳐 적는다.

뼈국 뼛국. ※ [뼈꾹·뻔꾹]으로 소리 나므로 사이시옷을 받쳐 적는다.

뼈다구 뼈다귀.

뼈다귀국 뼈다귓국. ※ [뼈다귀

꾹·뼈다귀[꾹]으로 소리 나므로 사이시옷을 받쳐 적는다.

뼈속 뼛속. ※ [뼈쏙·뼏쏙]으로 소리 나므로 사이시옷을 받쳐 적는다. 다만, '뼈의 속'을 뜻하면 '뼈 속'으로 띄어 쓴다. ¶뼛속 깊이 후회할 일이다.∥뼈 속의 조직이 엉성해지면 골절상을 입기 쉽다.

뼈절이다 뼈저리다.

뼈조각 뼛조각. ※ [뼈쪼각·뼏쪼각]으로 소리 나므로 사이시옷을 받쳐 적는다.

뼉다귀 뼈다귀.

뽀개다 뻐개다. 참조 뻐개다.

뽀나스 보너스(bonus). ※ 외래어 표기에서, 일본어·중국어·베트남 어·태국어의 일부 표기 외에는 된소리를 쓰지 않는다.

뽀록나다(←襤褸--·ぼろ-) 드러나다. 들통 나다.

뽀뿌라(←poplar) 포플라. ※ '뽀뿌라'는 일본어투.

뽀얍니다 뽀얗습니다. ※ 어간이 받침으로 끝나는 용언의 종결어미는 '-습니다'이다.

뽂다 볶다.

뽄때 본때(本-). 참조 본때.

뽄새 본새(本-). ¶그 사람은 말하는 본새가 영 맘에 들지 않는다.

뽑내다 뽐내다.

뽕열매 오디.

뽀도독 뽀드득.

뾰두락지 뾰두라지. 뾰루지.

뾰드라지 뾰두라지. 뾰루지.

뾰로지 뾰두라지. 뾰루지.

뾰루퉁하다 뾰로통하다.

뾰족히 뾰족이.

뾰죽하다 뾰족하다. 뿨죽하다.

뾰쭉 뾰쪽. 뿨쭉.

뾰쭉이 뾰쪽이. 뿨쭉이.

뾰쭉히 뾰쪽이. 뿨쭉이.

뿌득하다 뿌듯하다.

뿌라이야(←pliers) 플라이어. 틀집게. 작업용 공구의 하나. ※ '뿌라이야'는 일본어투.

뿌리밖다 뿌리박다.

뿌리채 뿌리째.

뿌엽니다 뿌옇습니다. ※ 어간이 받침으로 끝나는 용언의 종결어미는 '-습니다'이다.

뿐 ※ 어미 '-ㄹ(을)' 뒤에 쓰이거나 '-다 뿐이지'의 구성으로 쓰이면 의존명사이므로 앞말과 띄어 쓰고, 체언이나 부사어 뒤에

오면 보조사이므로 붙여 쓴다. ¶
그 사람은 몇 번 만났을 뿐이지
잘 알지는 못하는 사이이다. / 사
람들은 구경만 할 뿐 어느 누구
도 싸움을 말리려고 하지 않았
다. / 이름이 나지 않았다 뿐이지
실력이 있는 사람이다. // 믿고 기
댈 데는 형제뿐이다. / 그는 집에
서뿐만 아니라 학교에서도 말썽
꾸러기였다.

뿐만 아니라　※‘뿐’은 의존명사
또는 보조사이므로 접속사처럼
쓸 수 없다. ‘뿐’ 앞에 용언의 관
형사형이나 체언, 부사어가 와
야 한다. 참조 뿐. ¶그 여인은
아름답다. 아름다울 <u>뿐만 아니</u>
<u>라</u> 마음씨도 곱다. // 그 여인은
아름답다. <u>그뿐만 아니라</u> 마음
씨도 곱다.

뿔따귀　뿔따구.

뿔뿔히　뿔뿔이.

쁘띠(petit)　프티.　※ 외래어 표기
에서, 일본어·중국어·베트남
어·태국어의 일부 표기 외에는
된소리를 쓰지 않는다.

쁘락치(←fraktsiya)　프락치. 끄나

풀. 첩자.　※ 외래어 표기에서,
일본어·중국어·베트남 어·태
국어의 일부 표기 외에는 된소
리를 쓰지 않는다.

삐그덕　삐거덕.

삐까번쩍하다(←ぴか-)　번쩍번
쩍하다.

삐까삐까하다(←ぴかぴか-)　번
쩍번쩍하다.

삐끼(←뤼き·ひき)　여리꾼.

삐딱히　삐딱이.

삐라(←bill)　전단(傳單).　※‘삐
라’는 일본어투.

삐에로(pierrot)　피에로.　※ 외래
어 표기에서, 일본어·중국어·
베트남 어·태국어의 일부 표기
외에는 된소리를 쓰지 않는다.

삐지다　삐치다.　※ 다만, ‘칼 따
위로 물건을 얇고 비스듬하게
잘라 내다’를 뜻하는 말은 ‘삐지
다’이다. ¶애들이 금방 잘 놀다
가도 <u>삐쳐서</u> 서로 말도 하지 않
는다. // 국에 무를 <u>삐져</u> 넣었다.

삔침(←pin-)　핀.

삘딩　빌딩(building).

사갓집(査家-) 사돈집.

사겨 사귀어. ※ '귀어'는 '겨'로 줄일 수 없다.

사고다발지역(事故多發地域) ⇨ 사고 잦은 곳. 사고 많은 곳.

사고률(事故率) 사고율. 참조 -률.

사고 팔다 사고팔다. ※ 한 낱말 이므로 붙여 쓴다.

사그라들다 사그라지다.

사그러지다 사그라지다.

사글세방(-貰房) 사글셋방. / 월 세방. ※ [사글쎄빵·사글쎈빵] 으로 소리 나므로 사이시옷을 받쳐 적는다.

사기군(詐欺-) 사기꾼.

사기충전 사기충천(士氣衝天).

사깃군(詐欺-) 사기꾼.

사꾸라(櫻·さくら) 벚꽃. / 벚나무.

사내값 사냇값. ※ [사내깝·사 냇깝]으로 소리 나므로 사이시옷 을 받쳐 적는다.

사냥군 사냥꾼.

사노동(四老洞) 사로동. 경기 구 리시의 동 이름.

사능(思陵) 사릉. 경기 남양주시 진건읍에 있는 조선 단종의 비 정순왕후의 능. 참조 -능.

사단(事端) 사달. ※ 사고나 탈. 다만, '사건의 단서 또는 일의 실 마리'를 뜻하는 말은 '사단'이다. ¶ 일이 꺼림칙하게 돌아가더니 마침내 사달이 났다.

사대색신(四大色身) 사대육신(四 大六身). 두 팔, 두 다리, 머리, 몸 뚱이라는 뜻으로 온몸을 이르는 말.

사되다 삿되다. ※ '삿되다(邪 -)'는 '보기에 하는 행동이 바르 지 못하고 나쁘다'를 뜻하고, '삿 되다(私-)'는 '보기에 하는 행동 이 개인적인 성질을 띠고 있다' 를 뜻한다.

사둔 사돈(査頓). ※ '頓'은 '조아 릴 돈'.

사둔어른　사돈어른(查頓-).

사둔집　사돈집(查頓-).

사 들이다　사들이다. ※ 한 낱말이므로 붙여 쓴다.

사등이뼈　등골뼈.

사라[1](皿·さら)　접시.

사라[2](Sarah)　새라.

사라다　샐러드(salad). ※ '사라다'는 일본어투.

사랑스런　사랑스러운. 참조 -스런.

사랑이　사랑니.

사래답(-畓)　사래논. 묘지기나 마름이 부쳐 먹는 논.

사래들다　사레들다. 사레들리다.

사래전(-田)　사래밭. 묘지기나 마름이 부쳐 먹는 밭.

사루다　사르다. 활용 사르고. 사르니. 사르면. 살라. ¶반찬 냄새를 없애려고 향을 살라 놓았다.

사루비아　샐비어(salvia). ※ '사루비아'는 일본어투.

사뤄　살라. 참조 사루다.

사륙신(死六臣)　사육신. ※ 접두어처럼 쓰이는 한자 다음의 첫 음절은 두음법칙에 따라 적는다.

사리　※ '사리'는 '국수, 새끼, 실 따위를 둥글게 감은 뭉치. 또는

그런 것을 세는 단위'를 뜻하는 고유어. 일본어가 아니다. ¶그는 냉면집에만 가면 사리를 추가로 시킨다. / 국수 한 사리.

사망율(死亡率)　사망률. 참조 -률.

사모치다　사무치다.

사뭇　사뭇.

사뭇치다　사무치다.

사뭇　※ '사뭇'은 '거리낌 없이 마구', '마음대로 마냥', '아주 딴판으로', '줄곧'을 뜻하며, '자못'은 '생각보다 훨씬', '꽤', '퍽'을 뜻한다. ¶흥에 겨워 사뭇 떠들어 댔다. 소문과는 사뭇 달랐다. / 사뭇 혼자 떠들어 댔다. // 새 대통령에 대한 국민의 기대가 자못 컸다.

사뭇치다　사무치다.

사보타쥬(sabotage)　사보타주. 태업(怠業). ※ 외래어에서 'ㅈ, ㅊ' 다음에는 이중모음 'ㅑ, ㅕ, ㅛ, ㅠ'를 쓰지 않는다.

사보타지(sabotage)　사보타주. 태업(怠業).

사분오렬(四分五裂)　사분오열.

사브레(sablé)　사블레.

사쁜사쁜　사뿐사뿐.

사사껀껀(事事件件)　사사건건.

사사로히(私私-)　사사로이.

사사받다(師事－) 사사하다. ※ ‘사사’가 ‘스승으로 삼고 가르침을 받음’을 뜻하므로 ‘사사받다’는 겹말이다.

사사일(私私－) 사삿일. ※ [사산닐]로 ‘ㄴ’ 소리가 덧나므로 사이시옷을 받쳐 적는다.

사상루각(沙上樓閣) 사상누각. ※ 합성어에서 뒷말의 첫 음절은 두음법칙에 따라 적는다.

사생결딴 사생결단(死生決斷).

사슬시조 사설시조(辭說時調).

사시꼬미(差し込み·さしこみ) 꽂개 집. 콘센트.

사시미(刺身·さしみ) 생선회(生鮮膾).

사십구제(四十九祭) 사십구재(四十九齋). ※ 성대한 불공이나 죽은 이를 천도하는 법회는 ‘재(齋)’이다.

사양(仕樣) 품목(品目). / 설명(說明). ※ ‘사양’은 일본어투. ¶선택 품목.

사양서(仕樣書) 설명서(說明書). / 시방서(示方書).

사업년도(事業年度) 사업연도. ※ 합성어에서 뒷말의 첫 음절은 두음법칙에 따라 적는다.

사열(査閱) 부대의 훈련 정도, 사기 따위를 열병과 분열 등을 통하여 살피는 일. ※ 임석 상관이나 외국 국가 원수 등이 특정 부대를 살피는 것은 ‘사열하다’라고 해야 한다. ‘사열받다’로 써서는 안 된다.

사열받다(査閱－) 사열하다. 참조 사열.

사요리(針魚·さより) 학꽁치.

사용(使用) ※ ‘**사용**’은 ‘정해진 기능이나 목적에 맞게 씀’을, ‘**이용**(利用)’은 ‘대상을 필요에 따라 이롭게 씀’, ‘다른 사람이나 사물을 이익을 얻기 위한 도구로 씀’을 뜻한다. ¶문명의 이기도 잘못 사용하면 흉기가 된다. // 대중교통을 이용하면 환경 보호에 도움이 된다. / 권력을 이용해 부를 쌓은 것이 백일하에 드러났다.

사용양(使用量) 사용량. 참조 량.

사우스햄프톤(Southampton) 사우샘프턴. 영국 잉글랜드 남부의 항구도시.

사위감 사윗감. ※ [사위깜·사윋깜]으로 소리 나므로 사이시옷을 받쳐 적는다.

사이버 대학(cyber 大學) 말터 두

루누리대학(-大學).

사이프러스(Cyprus) 키프로스 (Kypros). 지중해의 섬나라.

사잇강(-江) 샛강.

사잇길 샛길.

사잇밥 곁두리. 새참. 농사꾼이나 일꾼들이 끼니 외에 참참이 먹는 음식.

사잇벽(-壁) 샛벽. 방과 방 사이를 막는 벽.

사잇서방(-書房) 샛서방.

사자밥(使者-) 사잣밥. ※ [사자빱·사잗빱]으로 소리 나므로 사이시옷을 받쳐 적는다.

사정거리(射程距離) 사거리(射距離). 사정(射程). ※ '사정'이 '탄알, 포탄, 미사일 따위가 발사되어 도달할 수 있는 곳까지의 거리'를 뜻하므로 '사정거리'는 겹말이다. ¶이 총의 유효 사거리는 300m가 채 안 된다. / 북한은 2009년 사정 3000km가 넘는 미사일을 발사하였다.

사주단지 사주단자(四柱單子).

사죽을 못 쓰다 사족을 못 쓰다(四足-). 무엇에 반하거나 혹하여 꼼짝을 못하다. ¶그 아이는 영화라면 사족을 못 쓴다.

사진빨(寫眞-) 사진발. ※ 효과의 뜻을 더하는 접미사는 '-발'이다. ¶사진발을 잘 받는다. / 사진발이 좋다.

사천성(四川省) 쓰촨 성. 중국 창장 강 상류에 있는 성. 성도는 청두(成都).

사체(死體) ※ '사체'는 동물의 죽은 몸뚱이를 뜻한다. 사람의 주검은 '**시체**(屍體)', '**시신**(屍身)', '**송장**' 등으로 표현한다. '변사체'와 '변시체'도 마찬가지다.

사추리 샅. 사타구니.

사춘(四寸) 사촌.

사치스런(奢侈-) 사치스러운. 참조 -스런.

사쿠라(櫻·さくら) 벚꽃. / 벚나무.

사탕무우(←砂糖-) 사탕무.

사팔띠기 사팔뜨기.

사팔이 사팔뜨기.

사흔날 사흗날.

사흘날 사흗날.

사훗날 사흗날.

사흩날 사흗날.

삭도(索道) 밧줄. ※ '삭도'는 일본어투.

삭독 삭둑.

삭독삭독 삭둑삭둑.

삭월세(朔月貰) 사글세. / 월세.

삭월세방(朔月貰房) 사글셋방. / 월세방.

삭이다 ※ ‘삭이다’는 ‘삭다’의 사동사로서 ‘소화시키다’, ‘분한 마음을 가라앉히다’, ‘기침이나 가래 따위를 가라앉히다’의 뜻을 나타내고, ‘**삭히다**’는 ‘김치나 젓갈 등의 음식물이 발효되어 맛이 들게 하다’의 뜻을 나타낸다. ¶돌도 <u>삭일</u> 나이라 무엇을 줘도 잘 먹는다. / 분을 <u>삭이지</u> 못하고 붉으락푸르락한다. / 도라지는 가래를 <u>삭이는</u> 데 좋다고 한다.// 이 식해는 가자미와 좁쌀을 양념해 <u>삭힌</u> 것이다.

삭히다 참조 삭이다.

삯월세(-貰) 사글세.

산고대 상고대. 나무나 풀에 내려 눈처럼 된 서리.

산골짝이(山-) 산골짜기. 산골짝.

산구비(山-) 산굽이.

산 너머 산(山-山) 산 넘어 산. 참조 너머.

산닭(山-) ※ ‘**산닭**’은 대만 특산종으로 해발 1000m 이상의 고산지대에 사는 꿩과의 동물을 뜻하며 ‘**생닭**(生-)’은 ‘살아 있는 닭’, ‘잡아서 익히지 않은 닭’을 뜻한다.

산동성(山東省) 산둥 성. 중국 동부의 성. 성도는 지난(濟南).

산두메(山-) 두메.

산듯하다 산뜻하다.

산뜻히 산뜻이.

산림욕(山林浴) ⇨ 삼림욕(森林浴). ※ ‘**산림**’은 ‘산지(山地)와 임지(林地)’를 가리키는 말로 울창하고 않고는 나타내지 않는다. ‘**삼림**(森林)’은 ‘나무가 우거진 넓은 숲’을 뜻한다. 수목에서 뿜어내는 피톤치드의 살균 효과 등 숲의 기운을 제대로 쐬려면 산림보다는 삼림을 거니는 것이 이치에 맞다.

산봉오리(山-) 산봉우리. 참조 봉오리.

산뿌리(山-) 산기슭.

산산히(散散-) 산산이.

산삼꾼(山蔘-) 심마니.

산서성(山西省) 산시 성. 중국 타이항(太行) 산맥 서쪽의 성. 성도는 타이위안(太原).

산 속(山-) 산속. ※ 한 낱말이므로 붙여 쓴다.

산수갑산 삼수갑산(三水甲山). 함

경남도의 삼수군과 갑산군을 아울러 이르는 말. 험한 두메로 조선시대의 이름난 귀양지였다. ¶내일 <u>삼수갑산</u>에 가는 한이 있어도 오늘은 일을 더 못 하겠다.

산수기 살수기(撒水機). ※ '撒'은 '뿌릴 살'.

산자락(山-) ※ '자락'은 '아랫부분'을 뜻한다. '소맷자락', '옷자락', '치맛자락'이 각각 소매, 옷, 치마의 아랫부분임을 나타내는 것처럼 '산자락'은 산의 아랫부분을 나타낸다. '산자락을 오르다' 같은 표현은 잘못이다.

산재해 있다(散在-) 산재하다. 흩어져 있다. ※ '산재'가 '여기저기 흩어져 있음'을 뜻하므로 '산재해 있다'는 겹말이다.

산직이(山-) 산지기.

산채국(山菜-) 산챗국. ※ [산채꾹·산챈꾹]으로 소리 나므로 사이시옷을 받쳐 적는다.

산초가루 조핏가루.

산출양(産出量) 산출량. 참조 량.

산타크로스(Santa Claus) 산타클로스.

산포 살포(撒布). ※ '撒'은 '뿌릴 살'.

산호빛(珊瑚-) 산홋빛. ※ [산호삗·산혿삗]으로 소리 나므로 사이시옷을 받쳐 적는다.

산호세(San Jose) 새너제이. 미국 캘리포니아 주의 도시. ※ 다만, 코스타리카의 수도 '산호세' 등 스페인어 계통의 지명 따위는 '산호세'로 적는다.

삳대 삿대.

살갗 살갗.

살거죽 살가죽.

살고기 살코기.

살곰살곰 살금살금.

살괭이 살쾡이. 삵.

살그먼히 살그머니.

살금이 살그미. '살그머니'의 준말.

살금히 살그미. '살그머니'의 준말.

살기 등등하다(殺氣騰騰-) 살기등등하다. ※ 한 낱말이므로 붙여 쓴다.

살너울 살여울.

살다 활용 살고. 살면. 살지. 살려. 사니. 사오. ¶즐겁게 <u>살련다</u>. / 서울에서 <u>살렵니다</u>.

살더미 살덩어리. 살덩이.

살도(殺到) 쇄도. 세차게 몰려듦.

※‘殺’은‘빠를 쇄’.

살레살레   살래살래. 설레설레.

살륙(殺戮)   살육.

살르다   사르다. 활용사르고. 사르면. 사르니. 살라. ¶향을 <u>사르고</u> 삼배를 올렸다. / 성냥불을 붙여 편지를 <u>살랐다</u>.

살림 미천   살림 밑천.

살림사리   살림살이.

살막이(煞-)   살풀이.

살 맛   살맛. ※ 한 낱말이므로 붙여 쓴다.

살맛나다   살맛 나다. ※ 한 낱말이 아니므로 떼어 쓴다.

살몃이   살며시.

살바도르(Salvador)   사우바도르. 브라질 바이아 주의 주도.

살부치   살붙이.

살사리   살살이.

살아 생전(-生前)   살아생전. ※ 한 낱말이므로 붙여 쓴다.

살아지다   사라지다.

살어   살아. ※ ‘ㅏ, ㅗ’ 다음에서 서술·물음·명령·청유를 나타내는 종결어미는‘아’이다.

살으네   사네. ※ 어간이‘ㄹ’받침으로 끝나는 용언의 어간에 붙는 어미는‘-네’이다. ‘-네’가 붙으면‘ㄹ’이 줄어든다.

살으니   사니. ※ 어간이‘ㄹ’받침으로 끝나는 용언의 어간에 붙는 어미는‘-니’이다. ‘-니’가 붙으면‘ㄹ’이 줄어든다.

살으렵니다   살렵니다. 참조살다. ※ 어간이 ‘ㄹ’ 받침으로 끝나는 동사의 어간에 붙는 종결어미는‘-렵니다’이다.

살으면   살면. ※ 어간이‘ㄹ’받침으로 끝나는 용언의 어간에 붙는 연결어미는‘-면’이다.

살은   산. ※ 어간이‘ㄹ’받침으로 끝나는 용언의 어간에 붙는 어미는 ‘-ㄴ’이다. ‘-ㄴ’이 붙으면‘ㄹ’이 줄어든다.

살음   삶. ※ 어간이‘ㄹ’받침으로 끝나는 용언의 명사형 어미는 ‘-ㅁ’이다. ¶서울에서 삶. / 행복하게 삶.

살읍니다   삽니다. ※ 어간이 ‘ㄹ’ 받침으로 끝나는 용언의 어간에 붙는어미는‘-ㅂ니다’이다. ‘-ㅂ니다’가 붙으면‘ㄹ’이 줄어든다.

살읍시다   삽시다. ※ 어간이 ‘ㄹ’ 받침으로 끝나는 동사의 어간에 붙는어미는‘-ㅂ시다’이다. ‘-ㅂ시다’가 붙으면‘ㄹ’이 줄어든다.

살작　살짝.

살지다　※ '살지다'는 '살이 많고 튼실하다', '땅이 기름지다', '과실이나 식물의 뿌리 따위에 살이 많다'의 뜻으로 형용사이며, '살찌다'는'몸에 살이 많아지다', '힘이 강해지거나 풍요해지다'의 뜻으로 동사이다. ¶살진 돼지. / 살진 논밭. / 살진 고구마. // 몇 달 사이에 너무 살쪄서 옷이 맞지 않을 지경이다. / 자신의 삶을 살찌게 하려면 긍정적으로 생각하는 버릇을 길러야 한다.

살짜기　살짝.

살짜꿍　살짝궁.

살짝이　살짝.

살찌다　참조 살지다.

살찌이다　살찌우다.

살판(－板)　살얼음판.

살푸리(煞－)　살풀이.

살폿이　살포시.

살풋이　살포시.

살풍(－風)　삭풍(朔風).

삵괭이　살쾡이. 삵.

삼　삶. ※ 다만, '사다'의 명사형은 '삼'이다. 참조 살음.

삼가하다　삼가다. ※ '삼가다'는 동사이므로 일부 명사 뒤에 붙

어 동사로 만드는 접미사 '－하다'를 붙일 수 없다. ¶흡연을 삼가시오. / 그런 행동은 삼가라.

삼바리　삼발이.

삼배　삼베.

삼오제　삼우제(三虞祭). ※ '虞'는 '헤아릴 우'.

삼옷　깃저고리.

삼지사방　산지사방(散之四方).

삼질날　삼짇날.

삼짓날　삼짇날.

삼촌벌(三寸－)　삼촌뻘. ※ '그런 관계'의 뜻을 더하는 접미사는 '－뻘'이다. 참조 －벌.

삼춘　삼촌(三寸).

삼태국(三太－)　삼탯국. 콩나물, 두부, 명태를 넣고 고추장을 풀어서 끓인 국. ※ [삼태꾹·삼탣꾹]으로 소리 나므로 사이시옷을 받쳐 적는다.

삼테기　삼태기.

삽바　샅바.

삽살이　삽사리.

삿대짓　삿대질.

삿바　샅바.

삿뽀로(札幌)　삿포로. 일본 홋카이도(北海道)의 도시. ※ 일본어 표기에서 'ㅆ' 외에는 된소리를

쓰지 않는다.

삿사치 샅샅이.

상(上) ※ '상'이 물체의 위나 위쪽을 가리킬 때는 의존명사이므로 띄어 쓰고, '그것에 관계됨', '그것에 따름', 또는 '추상적인 공간에서의 한 위치'를 뜻하면 접미사이므로 붙여 쓴다. ¶지구상. / 도로 상. // 관계상. / 미관상. / 사실상. / 외관상. / 절차상. / 인터넷상. / 전설상. / 통신상.

상가집(喪家-) 상갓집. ※ [상가찝·상갇찝]으로 소리 나므로 사이시옷을 받쳐 적는다.

상그럽다 향기롭다.

상당이(相當-) 상당히.

상도꾼(喪徒-) 상두꾼.

상량대(上樑-) 마룻대.

상량도리(上樑-) 마룻대.

상량보(上樑-) 마룻대.

상로인(上老人) 상노인. ※ 접두어처럼 쓰이는 한자어 다음의 첫 음절은 두음법칙에 따라 적는다.

상부꾼 상여꾼(喪輿-).

상사밀이 쌍사밀이(雙絲-). 쌍골밀이. 쌍사대패. 두 줄의 골이 지게 밀어 깎는 대패.

상세이(詳細-) 상세히.

상스런(常-) 상스러운. 참조 -스런.

상승율(上昇率) 상승률. 참조 -률.

상아빛(象牙-) 상앗빛. ※ [상아삗·상앋삗]으로 소리 나므로 사이시옷을 받쳐 적는다.

상여집(喪輿-) 상엿집. ※ [상여찝·상엳찝]으로 소리 나므로 사이시옷을 받쳐 적는다.

상종가(上終價) 상한가(上限價).

상채기 생채기.

상치 상추.

상치쌈 상추쌈.

상투장이 상투쟁이. 참조 -장이.

상트페테르스부르크 상트페테르부르크(Sankt Peterburg). 러시아 제2의 도시.

상파울로(São Paulo) 상파울루. 브라질 남부의 도시.

상판데기(相-) 상판대기.

상판때기(相-) 상판대기.

상판떼기(相-) 상판대기.

상한발 생인발.

상한손 생인손.

상해(上海) 상하이. 중국 동부, 창장 강 하류에 있는 중앙 직할시.

상행선(上行線) ※ 상행선은 '지방에서 서울로 올라가는 도로나 선로, 교통편’을 이르는 말이다. 서울과 직접 연결되지 않은 도로에는 상행선 하행선의 개념이 있을 수 없다. 봉건적인 느낌이 다소 있는 말이므로 ‘서울 방향(방면)’처럼 표현하는 것이 바람직하다. 참조 하행선.

상호명(商號名)　상호. ※ ‘상호’가 ‘상점이나 기업 따위의 이름’을 뜻하므로 ‘상호명’은 겹말이다.

샅샅히　샅샅이.

새 것　새것. ※ 한 낱말이므로 붙여 쓴다. ¶냉장고를 새것으로 바꿨다.

새겨 듣다　새겨듣다. ※ 한 낱말이므로 붙여 쓴다.

새끈새끈　새큰새큰.

새노랗다　샛노랗다.

새다　※ ‘새다’는 ‘날이 밝아 오다’의 뜻을 나타내는 자동사이며, ‘새우다’는 ‘한숨도 자지 아니하고 밤을 지내다’의 뜻을 나타내는 타동사이다. ¶어느새 날이 새는 모양이다. // 밤을 새워 공부했다.

새 달　새달. ※ 한 낱말이므로 붙여 쓴다.

새디스트(Sadist)　사디스트.

새디즘(Sadism)　사디즘.

새로와　새로워. ※ ‘ㅂ불규칙용언’은 ‘곱다’, ‘돕다’를 제외하고는 모두 ‘-워’로 활용한다.

새로히　새로이.

새말갛다　샛말갛다.

새발에 피　새 발의 피.

새벽 같이　새벽같이. ※ 한 낱말이므로 붙여 쓴다. ¶새벽같이 길을 떠났다.

새벽녁　새벽녘.

새벽별　샛별.

새벽　새벽.

새 봄　새봄. ※ 한 낱말이므로 붙여 쓴다.

새빨갑니다　새빨갛습니다. ※ 어간이 받침으로 끝나는 용언의 종결어미는 ‘-습니다’이다.

새 사람　새사람. ※ 한 낱말이므로 붙여 쓴다. ¶그는 잘못을 뉘우치고 새사람이 됐다.

새 살림　새살림. ※ 한 낱말이므로 붙여 쓴다.

새삼스런　새삼스러운. 참조 -스런.

새 색시　새색시. ※ 한 낱말이므로 붙여 쓴다.

새 서방(-書房)　새서방. 신랑을

속되게 이르는 말. ※ 한 낱말이

므로 붙여 쓴다.

새소식(-消息)　새 소식. ※ 한 낱

말이 아니므로 띄어 쓴다.

새시(sash)　※ '**새시**'는 '창틀'이며,

'**새시**(chassis)'는 자동차의 '차대

(車臺)'이다.

새 아기　새아기. ※ 한 낱말이므

로 붙여 쓴다.

새 아씨　새아씨. ※ 한 낱말이므

로 붙여 쓴다.

새악시　새색시.

새암　샘.

새앙쥐　생쥐.

새 어머니　새어머니. ※ 한 낱말

이므로 붙여 쓴다.

새 엄마　새엄마. ※ 한 낱말이므

로 붙여 쓴다.

새우다　참조 새다.

새우란(-蘭)　새우난. 참조 난².

새우젖　새우젓.

새초름하다　새치름하다. 새초롬

하다. 쌀쌀맞게 시치미를 떼는

태도가 있다.

새촘하다　새침하다.

새침대기　새침데기.

새침떼기　새침데기.

새침스런　새침스러운. 참조 -스

런.

새털 같이 많다　쇠털같이 많다.

※ '수효가 셀 수 없이 많음'을 이

를 때는 '소의 털'을 나타내는 '쇠

털'을 쓴다. '같이'는 조사이므로

앞말에 붙여 쓴다. ¶쇠털같이

많은 날.

새하얍니다　새하얗습니다. ※

어간이 받침으로 끝나는 용언의

종결어미는 '-습니다'이다.

색갈(色-)　색깔.

색도(索道)　삭도. ※ '索'은 '동아

줄 삭'.

색스폰(saxophone)　색소폰.

색시감　색싯감. ※ [색: 씨깜·색

: 씯깜]으로 소리 나므로 사이시

옷을 받쳐 적는다.

색시집　색싯집. ※ [색: 씨찝·색

: 씯찝]으로 소리 나므로 사이시

옷을 받쳐 적는다.

색씨　색시.

색임질　새김질.

색주집(色酒-)　색줏집. ※ [색쭈

찝·색쭌찝]으로 소리 나므로 사

이시옷을 받쳐 적는다.

샌달(sandal)　샌들.

샐러던트(saladent)　말터 계발형

직장인(啓發形 職場人).

샘통 쌤통. ¶그것 정말 쌤통이다.

샘플러(sampler) 말터 맛보기묶음.

샛까맣다 새까맣다.

샛되다 새되다. 목소리가 높고 날카롭다. ¶<u>새된</u> 목소리.

샛밥 곁두리. 새참. 참조 사잇밥.

샛빨갛다 새빨갛다.

샛파랗다 새파랗다.

샛하얗다 새하얗다.

생각치 생각지. ※ '하다'로 끝나는 용언 가운데 '하' 앞의 음절이 'ㄱ, ㅂ, ㅅ'받침으로 끝나는 낱말의 준말은 '하'가 아주 줄어든다. 즉, '간단하지'의 준말은 '하'의 'ㅏ'만 줄어들어 '간단치'가 되지만 '생각하지'의 준말은 '하'가 모두 줄어들어 '생각지'가 된다. ¶미처 <u>생각지</u>도 못한 일이 일어났다.

생각컨대 생각건대. 참조 생각치.

생각키 생각기. 참조 생각지.

생각타 못 해 생각다 못 해. 참조 생각치.

생그시 생긋이.

생긋히 생긋이.

생노병사(生老病死) 생로병사.

생닭(生-) 참조 산닭.

생동찹쌀 생동쌀.

생떼 같다 생때같다. ※ 한 낱말이므로 붙여 쓴다. ¶<u>생때같은</u> 사람이 하루아침에 몰골이 흉해졌다.

생뚱스런 생뚱스러운. 참조 −스런.

생략시키다(省略−) 생략하다. ※ 사동의 뜻이 없으면 '−시키다'로 쓰지 않는다. 참조 −시키다.

생륙신(生六臣) 생육신. ※ 접두어처럼 쓰이는 한자 다음의 첫 음절은 두음법칙에 따라 적는다.

생맥주집(生麥酒−) 생맥줏집. ※ [생맥쭈찝·생맥쭌찝]으로 소리나므로 사이시옷을 받쳐 적는다.

생명이 위독하다(生命−危篤−) 위독하다. ※ '위독하다'가 '병으로 생명이 위태롭다'를 뜻하므로 '생명이 위독하다'는 겹말이다.

생사 여부(生死與否) 생사. 생존 여부(生存與否). 사망 여부(死亡與否). 참조 여부.

생사여탈권(生死與奪權) 생살여탈권(生殺與奪權). ※ '살리고 죽일 수 있는 권리와 주고 빼앗을 수 있는 권리'이다. '살리고 죽임'은 '생살(生殺)'이므로 '삶과 죽음'을 뜻하는 '생사(生死)'를 써서 '생사여탈권'이라고 해서는 안 된다.

생산고(生産高)　생산량(生産量). / 생산액(生産額). ※ '생산고'는 일본어투. 참조 −고.

생산률(生産率)　생산율. 참조 −률.

생산양(生産量)　생산량. 참조 량.

생상(Saint-Saëns)　생상스. ¶카미유 생상스(프랑스의 작곡가).

생생이　생생히.

생선묵(生鮮−)　어묵(魚−).

생선졸임(生鮮−)　생선조림. 참조 조리다. 졸임.

생성양(生成量)　생성량. 참조 량.

생손　생인손.

생식건강(生殖健康)　말터 생명샘건강(生命−健康).

생신날(生辰−)　생신. ※ '辰'이 '날[日]'을 뜻하므로 '생신날'은 겹말이다.

생신일(生辰日)　생신. 참조 생신날.

생안발　생인발.

생안손　생인손.

생연월일(生年月日)　생년월일.

생일날(生日−)　생일. ※ '日'이 '날'을 뜻하므로 '생일날'은 겹말이다.

생존률(生存率)　생존율. 참조 −률.

샤기(shaggy)　섀기. ¶섀기카펫. / 섀기 커트.

샤도우(shadow)　섀도. ※ [ou]는 '오'로 적는다. ¶섀도 캐비닛. / 아이섀도.

샤베트(sherbet)　셔벗.

샤브샤브(← しゃぶしゃぶ)　샤부샤부.

샤시(chassis·sash)　섀시 / 새시. 참조 새시.

샤쓰　셔츠(shirt).

샤콘느(chaconne)　샤콘.

샤타(shutter)　셔터.

샨데리야　샹들리에(chandelier).

샵　숍(shop).

샷다　셔터(shutter). ※ '샷다'는 일본어투.

샷시　새시(sash) / 섀시(chassis) 참조 새시.

샹그릴라(Shangri-La)　말터 꿈의 낙원(−樂園).

샹하이(上海)　상하이.

섀도우(shadow)　섀도. ※ [ou]는 '오'로 적는다. ¶섀도 캐비닛.

섀시(chassis)　참조 새시.

서　※ '돈', '말', '발', '푼', '홉' 따위의 단위를 나타내는 말 앞에서

수량이 셋임을 나타내는 말. 참조 석. ¶금 <u>서</u> 돈. / 쌀 <u>서</u> 말. / <u>서</u> 푼. / 좁쌀 <u>서</u> 홉.

서겆다 서글프다.

서계부 서혜부(鼠蹊部). ※ '蹊'는 '지름길 혜'.

서구(西歐) ⇨ 서유럽(西Europe). ※ 다만, 유럽과 아메리카 대륙을 통틀어 이를 때는 '서구'로 쓸 수 있다.

서까래감 서까랫감. ※ [서까래깜·서까랟깜]으로 소리 나므로 사이시옷을 받쳐 적는다.

서녁(西-) 서녘.

서더리 서덜. 물고기의 살을 발라내고 남은 대가리, 뼈, 껍질 따위를 통틀어 이르는 말.

서더리탕 서덜탕. 참조 서더리.

서둘다 활용 서둘고. 서두르니. 서둘러. 서두르면. 서둘지. ※ '서두르다'의 준말인 '서둘다'에는 모음으로 시작하는 어미가 붙을 수 없다. 일부 낱말의 준말 형태에서 이런 현상이 나타나는데 그런 예로는 '갖다', '건들다', '내딛다', '딛다', '머물다', '서툴다' 등이 있다.

서둘르다 서두르다. 활용 서두르고. 서두르니. 서두르면. 서둘러.

서둘어 서둘러. 참조 서둘다.

서둘으니 서두니. 서두르니. 참조 서둘다.

서둘으면 서둘면. 서두르면. 참조 서둘다.

서둘은 서둔. 서두른. 참조 서둘다.

서둘음 서둚. 어간이 'ㄹ' 받침으로 끝나는 용언의 명사형 어미는 '-ㅁ'이다. ¶기차 시간에 대기 위해 <u>서둚</u>. 참조 서둘다.

서둠 서둚. 참조 서둘음.

서러워 하다 서러워하다. ※ 한 낱말이므로 붙여 쓴다.

서러히 서러이.

서렬(序列) 서열.

서룸 설움. 서러움.

서름 설움. 서러움.

서리발 서릿발. ※ [서리빨·서릳빨]로 소리 나므로 사이시옷을 받쳐 적는다.

서리얼리즘(surréalisme) 쉬르레알리슴. 초현실주의.

서분하다 서운하다.

서뿌르다 섣부르다. 활용 섣부르고. 섣부르니. 섣불러. 섣불리.

서뿔리 섣불리. 참조 서뿌르다.

서삼능 서삼릉(西三陵). 경기 고

양시 원당동에 있는 조선시대의 세 능. 인종과 비 인성왕후의 효릉(孝陵), 철종과 비 철인왕후의 예릉(睿陵), 중종의 계비 장경왕후의 희릉(禧陵). 참조 –능.

서슴치 서슴지. ※ '서슴치'는 '서슴하지'를 줄여 쓴 꼴인데 기본형은 '서슴하다'가 아닌 '서슴다'로, 그 자체가 동사이다. 따라서 일부 명사 뒤에 붙어 동사로 만드는 접미사 '–하다'를 붙여 '서슴하다'로 쓸 수 없으므로 그 활용형도 '서슴하지', '서슴치'가 아닌 '서슴지'가 된다.

서슴하다 서슴다. 참조 서슴치.

서식지(棲息地) ※ '서식지'는 '동물이 깃들여 사는 곳'이므로 '같은 종류의 식물이 무리지어 사는 곳'이라는 뜻으로는 쓸 수 없다. 식물이 무리지어 있는 것은 '**군락**(群落)'이라고 한다. ¶황새 서식지. // 모감주나무 군락.

서양금(西洋琴) 양금(洋琴).

서양난(西洋蘭) 서양란. 참조 난².

서오능(西五陵) 서오릉. 경기 고양시 용두동에 있는 조선시대의 다섯 능. 예종과 계비 안순왕후의 창릉(昌陵), 숙종과 계비 인현왕후와 인원왕후의 명릉(明陵), 숙종 비 인경왕후의 익릉(翼陵), 영조 비 정성왕후의 홍릉(弘陵), 덕종과 비 소혜왕후의 경릉(敬陵). 참조 –능.

서울깍정이 서울깍쟁이.

서울나기 서울내기.

서울띠기 서울뜨기.

서장(西藏) 시짱. '티베트(Tibet)'의 중국어 이름. 자치구. 구도(區都)는 라싸(拉薩).

서켠(西–) 서쪽.

서키트(circuit) 서킷.

서툴다 활용 서투르니. 서툴러서. 서투르면. ※ '서투르다'의 준말인 '서툴다'에는 모음으로 시작하는 어미가 붙을 수 없다. 일부 낱말의 준말 형태에서 이런 현상이 나타나는데 그런 예로는 '갖다', '건들다', '내딛다', '딛다', '머물다', '서툴다' 등이 있다.

서툴르다 서투르다. 참조 서툴다.

서툴리 섣불리.

서툴어 서툴러. 참조 서툴다.

서툴으니 서투르니. 참조 서툴다.

서툴음 서툶. ※ 어간이 'ㄹ' 받침으로 끝나는 용언의 명사형 어미는 '–ㅁ'이다. ¶신입사원이라

일처리가 <u>서툶</u>. 참조 서툴다.

서툶　서툶. 참조 서툴음.

서포터즈(supporters)　서포터스.

석　※ '냥', '달', '되', '섬', '자', '장' 따위의 단위를 나타내는 말 앞에서 그 수량이 셋임을 나타내는 말. 참조 서. ¶감초 <u>석</u> 냥./<u>석</u> 달./좁쌀 <u>석</u> 되./쌀 <u>석</u> 섬./비단 <u>석</u> 자./종이 <u>석</u> 장.

석가래　서까래.

석가탄신일　석가탄신(釋迦誕辰). 부처님 오신 날. 초파일. 참조 탄신일.

석다　섞다.

석룡자(石龍子)　도롱뇽.

석방시키다(釋放-)　석방하다. ※ 사동의 뜻이 없으면 '-시키다'로 쓰지 않는다. 참조 -시키다.

석수쟁이(石手-)　석수장이. 참조 -장이.

석양녁(夕陽-)　석양녘.

-선(-先)　※ 흔히 '거래선(去來先)', '수입선(輸入先)'처럼 쓰는데 이는 일본어투이다. '처(處)'로 순화. ¶거래<u>처</u>./수입<u>처</u>.

선글래스　선글라스(sunglasses). 색안경(色眼鏡).

선길장수　봇짐장수.

선능(宣陵)　선릉. 서울 강남구 삼성동에 있는 조선 성종과 계비 정현왕후의 능. 참조 -능.

선동이(先童-)　선둥이. 쌍둥이 중에서 먼저 태어난 아이.

선렬(先烈)　선열. ¶순국<u>선열</u>(殉國先烈).

선록색　선녹색(鮮綠色). ※ 접두어처럼 쓰이는 한자어 다음의 첫 음절은 두음법칙에 따라 적는다.

선률(旋律)　선율. 참조 -률.

선리자(先利子)　선이자.

선린(善隣)　선린(善鄰). ※ 2007년 '린'의 한문 교육용 한자를 '隣'에서 '鄰'으로 변경하였다.

선 무당　선무당. ※ 한 낱말이므로 붙여 쓴다.

선봬다　선뵈다. '선보이다'의 준말. 활용 선뵈고. 선뵈면. 선뵈니. 선뵈어(선봬).

선뵈　선봬. ※ '선보이어'를 줄이면 '선뵈어'가 되고 이를 다시 줄이면 '선봬'가 된다.

선불(先拂)　선지급(先支給). ※ '선불'은 일본어투.

선영(先塋)　※ **선영**은 '조상의 무덤'이므로 '장지는 선영'처럼 써서는 안 된다. 이때는 '선영' 대신 '**선영 하**(下)' 또는 '**선산**(先山)'이라고 해야 한다. '선산'은 '선영'과 같은 뜻이면서 '조상의 무덤이 있는 산'이다. ¶오랜만에 <u>선영</u>을 찾아 조상님께 절을 올렸다. // 부모님을 <u>선산</u>에 모시기로 했다.

선왕굿　서낭굿.

선 잠　선잠. ※ 한 낱말이므로 붙여 쓴다.

선지국　선짓국. ※〔선지꾹·선짇꾹〕으로 소리 나므로 사이시옷을 받쳐 적는다.

선지덩이　선짓덩이. ※〔선지떵이·선짇떵이〕로 소리 나므로 사이시옷을 받쳐 적는다.

선착장(船着場)　나루. 나루터. ※ '선착장'은 일본어투.

선친(先親)　※ '돌아가신 자기 아버지를 남에게 이르는 말'이므로 '~의 선친'처럼 써서는 안 된다. 남의 돌아가신 아버지를 이를 때는 '선고장(先考丈)', '선대인(先大人)' 따위의 말이 있으며 '~의 (돌아가신) 아버지(부친)'처럼 쓸 수 있다.

선팅(sunting)　틴팅(tinting). 말터

빛가림.

섣불르다　섣부르다. 활용 섣부르고. 섣부르니. 섣부르면. 섣부른. 섣불러. ¶<u>섣부른</u> 생각은 하지 마라. / 사람이 <u>섣불러도</u> 안 되지만 너무 신중해도 안 된다.

섣불은　섣부른. 참조 섣불르다.

설겆이　설거지.

설기떡　백설기.

설농탕　설렁탕.

설당(雪糖)　설탕.

설때리다　설치다.

설라믄　설랑은. ※ 조사이므로 앞말에 붙여 쓴다. ¶기껏 힘들게 오고<u>설랑은</u> 바로 가 버렸다.

설레여　설레어. 참조 설레이다.

설레이다　설레다. 활용 설레고. 설레니. 설레어. 설렌. 설렘. ¶난생 처음 외국 여행을 하게 되니 <u>설레어서</u> 잠을 다 설쳤다. / 나의 젊은 시절은 <u>설렘</u>과 호기심으로 가득 찬 나날이었다.

설레임　설렘. 참조 설레이다.

설마 하니　설마하니. ※ 한 낱말이므로 붙여 쓴다. 참조 설마하다.

설마하다　설마 하다. ※ 한 낱말이 아니므로 띄어 쓴다. ¶안 온다고 말은 했어도 <u>설마 했다</u>.

설마 한들 설마한들. ※ 한 낱말이므로 붙여 쓴다. 참조 설마하다.

설부르다 섣부르다. 참조 섣불르다.

설불리 섣불리. 참조 섣불르다.

설비슴 설빔.

설비음 설빔.

설은 밥 선밥. ※ 어간이 'ㄹ' 받침으로 끝나는 낱말의 어간에 어미 '-은'이 붙으면 'ㄹ'이 줄어든다. 한 낱말이므로 붙여 쓴다. ¶선밥을 먹었더니 소화가 잘 안 된다.

설은 잠 선잠. ※ 한 낱말이므로 붙여 쓴다. 참조 설은 밥. ¶선잠을 잤더니 몸이 찌뿌드드하다.

설음[1] 설움.

설음[2] 섦. ※ 어간이 'ㄹ' 받침으로 끝나는 용언의 명사형 어미는 '-ㅁ'이다. ¶밥이 섦. / 소리가 귀에 섦.

설 익다 설익다. ※ 한 낱말이므로 붙여 쓴다.

설잠 선잠.

설치레 설빔.

설합(舌盒) 서랍.

설흔 서른.

섬득하다 섬뜩하다.

섬뜻하다 섬뜩하다.

섬망(譫妄) ⇨ 헛소리(대한의사협회 권장용어).

섬머(summer) 서머.

섬머리(summary) 서머리.

섬머타임(summer time) 서머타임. 일광절약시간(日光節約時間). 여름 시간(−時間). 여름 알뜰 시간.

섬서성(陝西省) 산시 성. 중국 중서부의 성. 성도는 시안(西安).

섬씽(something) 섬싱. ※ [비]는 'ㅅ'으로 적는다.

섬직 섬뜩.

섬짓 섬뜩.

섬찍 섬뜩.

섬찟 섬뜩.

섭섭이 섭섭히.

섭섭치 섭섭지. ※ '하다'로 끝나는 용언 가운데 '하' 앞의 음절이 'ㄱ, ㅂ, ㅅ' 받침으로 끝나는 낱말의 준말은 '하'가 아주 줄어든다. 즉, '간단하지'의 준말은 '하'의 'ㅏ'만 줄어들어 '간단치'가 되지만 '섭섭하지'의 준말은 '하'가 모두 줄어들어 '섭섭지'가 된다. ¶귀한 손님이니 섭섭지 않게 대접해라.

섭섭코 섭섭고. 참조 섭섭치.

ㅅ

섭쓸리다　섭슬리다.

섭하다　섭섭하다.

섯거라　섰거라. ‘서 있거라’의 준말. ※ ‘있’의 ‘이’가 생략되고 ‘ㅆ’이 앞말 ‘서’의 받침이 된다. ¶게 <u>섰거라</u>.

섯녁　서녘(西－).

섯다　섰다. 화투 노름의 하나.

섯달　섣달.

섯부르다　섣부르다. 참조 섣불르다.

섯불리　섣불리. 참조 섣불르다.

성가스럽다　성가시다.

성갈(性－)　성깔.

성공율(成功率)　성공률. 참조 －률.

성귀(成句)　성구. ※ ‘句’는 ‘글귀’, ‘귀글’을 제외하고는 모두 ‘구’로 읽는다.

성급이(性急－)　성급히.

성냥가치　성냥개비.

성냥개피　성냥개비.

성냥곽　성냥갑(－匣).

성냥깨비　성냥개비.

성대묘사(聲帶描寫)　성대모사(聲帶模寫). ※ 흉내 내는 것은 ‘묘사(描寫)’가 아니라 ‘모사(模寫)’라고 한다. 참조 모사.

성스런(聖－)　성스러운. 참조 －스런.

성실이(誠實－)　성실히.

성심것(誠心－)　성심껏. ※ ‘그것이 닿는 데까지’의 뜻을 더하고 부사로 만드는 접사는 ‘－껏’이다.

성 싶다　성싶다. ※ 한 낱말이므로 붙여 쓴다. ¶이제 그만 헤어지는 게 좋을 <u>성싶다</u>.

성의것(誠意－)　성의껏. ※ ‘그것이 닿는 데까지’의 뜻을 더하고 부사로 만드는 접사는 ‘－껏’이다.

성장율(成長率)　성장률. 참조 －률.

성큰가든(sunken garden)　말터 뜨락정원(－庭園).

성패 여부(成敗與否)　성패. 성공 여부(成功與否). 실패 여부(失敗與否). 참조 여부.

세간살이　＝세간. ※ 복수표준어.

세간청지기　세간차지.

세간치레　세간치장.

세경　새경. 사경(私耕). 머슴이 주인에게서 한 해 동안 일한 대가로 받는 돈이나 물건.

세꼬시(せこし)　뼈째 썰기.

세네　서너. ¶<u>서너</u> 사람. / <u>서너</u> 장.

세넷　서넛.

세 놈(貰－)　세놓음. 참조 놓다.

세뇌시키다(洗腦-) 세뇌하다. ※ 사동의 뜻이 없으면 '-시키다'로 쓰지 않는다. 참조 -시키다.

세느 강(Seine 江) 센 강. 프랑스의 강.

세 달 석 달. ※ 달을 셀 때는 '석'을 쓴다. 참조 석, 네 달.

세대(世帶) 가구(家口). 호(戶). 채. ※ '세대'는 일본어투. '세대'와 '가구'는 인적 구성을 나타내므로 집의 수효를 나타낼 때는 '아파트 2000가구(세대)'가 아니라 '아파트 2000채'처럼 '채'를 쓰는 것이 바람직하다. ¶이 마을에는 30가구가 산다. // 이 마을에는 집이 20채도 안 된다.

세대주(世帶主) 가구주(家口主). ※ '세대주'는 일본어투. 참조 세대.

세돈(貰-) 셋돈. ※ [세똔·섿똔]으로 소리 나므로 사이시옷을 받쳐 적는다.

세 돈 서 돈. ※ '돈, 말, 발, 푼' 앞에서 '셋'을 나타내는 말은 '서'로 쓴다. 참조 서.

세라복(sailor服) 세일러복. 해군복(海軍服). ※ '세라복'은 일본어투.

세레모니(ceremony) 세리머니. 의식(儀式).

세률(稅率) 세율. 참조 -률.

세르파 셰르파(Sherpa). 참조 셀파.

세 말 서 말. 참조 서. ¶쌀 서 말.

세멘(cement) 시멘트.

세멘트(cement) 시멘트.

세무 섀미(chamois). 섀미가죽.

세 발 서 발. 참조 서. ¶서 발 장대.

세발다리 삼발이.

세방(貰房) 셋방. ※ 한자어에는 사이시옷을 받치지 않는 것이 원칙이지만 '곳간(庫間)', '셋방', '숫자(數字)', '찻간(車間)', '툇간(退間)', '횟수(回數)'에는 사이시옷을 받쳐 적는다.

세배값(歲拜-) 세뱃값. ※ [세:배깝·세:밷깝]으로 소리 나므로 사이시옷을 받쳐 적는다.

세배돈(歲拜-) 세뱃돈. ※ [세:배똔·세:밷똔]으로 소리 나므로 사이시옷을 받쳐 적는다.

세분화하다(細分-) 세분하다. ※ '-화'는 일부 명사 뒤에서 '그렇게 되거나 만듦'의 뜻을 더하는 접미사이므로 '-하다'로써 그런 뜻을 나타낼 수 있는 말에는 붙일 필요가 없다.

세빌랴(Sevilla) 세비야. 스페인 안달루시아 지방의 도시. ¶<u>세비야</u>의 이발사.

세세년년(世世年年) 세세연년. ※ 합성어에서 뒷말의 첫 음절은 두음법칙에 따라 적는다.

세세이(細細−) 세세히.

세수대야(洗手−) 세숫대야. ※ [세:수때야·세:순때야]로 소리 나므로 사이시옷을 받쳐 적는다.

세수물(洗手−) 세숫물. ※ [세:순물]로 'ㅁ' 앞에서 'ㄴ' 소리가 덧나므로 사이시옷을 받쳐 적는다.

세수비누(洗手−) 세숫비누. ※ [세:수삐누·세:순삐누]로 소리 나므로 사이시옷을 받쳐 적는다.

세숫수건(洗手手巾) 세수수건. ※ 한자어는 두 음절로 된 '곳간(庫間)', '셋방(貰房)', '숫자(數字)', '찻간(車間)', '툇간(退間)', '횟수(回數)' 외에는 사이시옷을 받치지 않는다.

세심이(細心−) 세심히.

세이셸(Seychelles) 세이셸. 아프리카 동부 인도양에 있는 섬나라. 수도는 빅토리아(Victoria).

세익스피어(Shakespeare) 셰익스피어. ※ 영어 표기에서 모음 앞의 [ʃ]는 뒤따르는 모음에 따라 '샤, 섀, 셔, 셰, 쇼, 슈, 시'로 적는다. ¶윌리엄 <u>셰익스피어</u>(영국의 극작가).

세인트피터스버그(Saint Petersburg) 세인트피터즈버그. 미국 플로리다 주의 도시.

세입[1](歲入) 한 회계연도 중 정부 또는 지방자치단체의 모든 수입. ※ '조세의 수입'을 뜻하는 '稅入'으로 적지 않도록 주의해야 한다.

세입[2](safe) 세이프.

세잔느(Cézanne) 세잔. ¶폴 <u>세잔</u>(프랑스의 화가).

세 장(−張) 석 장. 참조 석. ¶종이 <u>석 장</u>.

세집(貰−) 셋집. ※ [세:찝·섿:찝]으로 소리 나므로 사이시옷을 받쳐 적는다.

세째 셋째.

세컨(second) 세컨드. ¶<u>세컨드</u> 샷.

세콰이어(sequoia) 세쿼이아.

세트 피스(set piece) 말터 맞춤전술(−戰術).

세파트(shepherd) 셰퍼드. ※ 영어 표기에서 모음 앞의 [ʃ]는 뒤따르는 모음에 따라 '샤, 섀, 셔, 셰, 쇼, 슈, 시'로 적는다.

세 푼　서 푼. 참조 서. ¶<u>서 푼어치</u>.

세행(世行)　세항. ※ '行'이 항렬을 나타낼 때는 '항'으로 읽는다.

세 홉　서 홉. 참조 서. ¶<u>좁쌀 서 홉</u>.

섹소폰(saxophone)　색소폰.

센베(煎餅·せんべい)　전병과자.

센찌　센티미터(centimeter).

센치멘탈(sentimental)　센티멘털.

센치미터(centimeter)　센티미터.

센타(center)　센터.

센타우루스(Centaurus)　켄타우루스. ¶<u>켄타우루스자리</u>.

센터 포드(center forward)　센터 포워드.

센티멘탈(sentimental)　센티멘털.

셀러리맨(salaried man)　샐러리맨. 봉급생활자.

셀룰로스(cellulose)　셀룰로오스.

셀슈머(sellsumer)　말터 누리장터꾼(−場−).

셀파(Sherpa)　셰르파. 네팔 동부 히말라야 산속에 사는 티베트계의 한 종족. ※ 일반적인 외래어 표기법에서 모음 앞의 ∫는 뒤따

르는 모음에 따라 '샤, 섀, 셔, 셰, 쇼, 슈, 시'로 적는다.

셀프 카메라(self camera)　말터 자가촬영(自家撮影).

셈놓다　셈하다.

셋트(set)　세트.

셋팅(setting)　세팅.

션하다　시원하다. ※ 다만, '시원찮다'는 '션찮다'로 줄일 수 있다.

셰난도아(Shenandoah)　셰넌도어. 미국 버지니아 주 북부의 국립 공원.

셸파(Sherpa)　셰르파. 참조 셀파.

소　송편이나 만두 따위의 속에 넣는 여러 가지 재료, 또는 통김치나 오이소박이 따위의 속에 넣는 여러 가지 고명. ※ '속'으로 쓰지 않도록 주의해야 한다. ¶<u>만두소</u>. / <u>팥소</u>. / <u>김칫소</u>.

소개시키다(紹介−)　소개하다. ※ 사동의 뜻이 없으면 '−시키다'로 쓰지 않는다. 참조 −시키다. ¶좋은 사람 있으면 <u>소개해 줘</u>.

소갯말(紹介−)　소개말.

소곳히　소곳이.

소구루마(−くるま)　소달구지.

소근거리다　소곤거리다.

소근소근　소곤소곤.

소금끼 소금기(-氣). ※ 기운, 느낌, 성분의 뜻을 더하는 접미사는 '-기(氣)'이다.

소금장이 소금쟁이.

소금적 소금쩍. 물건의 거죽에 소금기가 배거나 내솟아서 허옇게 엉긴 조각.

소꼽 소꿉.

소꼽놀이 소꿉놀이.

소꼽동무 소꿉동무.

소꼽장난 소꿉장난.

소꾸다 솟다.

소꾸리 소쿠리.

소내기 소나기. 소낙비.

소담스런 소담스러운. 참조 -스런.

소데(袖·そで) 소매.

소데나시(袖無し·そでなし) 민소매.

소독시키다 소독하다(消毒-). ※ 사동의 뜻이 없으면 '-시키다'로 쓰지 않는다. 참조 -시키다.

소득을 얻다(所得-) 이익을 얻다(利益-). 소득이 생기다. ※ '소득'이 '일한 결과로 얻은 이익'을 뜻하므로 '소득을 얻다'는 겹말이다.

소라색(空-·そら-) 하늘색.

소란스런(騷亂-) 소란스러운. 참조 -스런.

소련방(蘇聯邦) 소연방. 소련. 소비에트 사회주의 공화국 연방.

소로길(小路-) 소로. ※ '로'가 길을 뜻하므로 '소로길'은 겹말이다.

소롯길(小路-) 소로. 참조 소로길.

소리값 소릿값. ※ [소리깝·소릳깝]으로 소리 나므로 사이시옷을 받쳐 적는다.

소리개 솔개.

소리군 소리꾼.

소리장이 소리쟁이. 참조 -장이.

소망스런(所望-) 소망스러운. 참조 -스런.

소매값(小賣-) 소맷값. ※ [소:매깝·소:맫깝]으로 소리 나므로 사이시옷을 받쳐 적는다.

소매귀 소맷귀. ※ [소매뀌·소맫뀌]로 소리 나므로 사이시옷을 받쳐 적는다.

소매깃 소맷귀.

소매자락 소맷자락. ※ [소매짜락·소맫짜락]으로 소리 나므로 사이시옷을 받쳐 적는다.

소맷깃 소맷귀.

소문 내다(所聞-)　소문내다.　※
　한 낱말이므로 붙여 쓴다.

소바(蕎麥·そば)　메밀. / 메밀국수.

소박대기(疎薄-)　소박데기.

소박댁(疎薄-)　소박데기.

소박때기(疎薄-)　소박데기.

소박떼기(疎薄-)　소박데기.

소방소　소방서(消防署).

소배기　소박이.

소버짐　쇠버짐. 피부가 몹시 가
　렵고 쇠가죽처럼 두껍고 단단하
　게 번지는 버짐.

소보로빵(そぼろパン)　곰보빵.

소복히　소복이.

소북하다　소복하다.

소비름　쇠비름. 쇠비름과의 한해
　살이풀.

소비양(消費量)　소비량. 참조 량.

소뺌　집게뺌.

소사(小使)　사환(使喚). ※ '소사'
　는 일본어투.

소상이(昭詳-)　소상히.

소세지(sausage)　소시지.

소숫점(小數點)　소수점. ※ 한자
　어는 두 음절로 된 '곳간(庫間)',
　'셋방(貰房)', '숫자(數字)', '찻간
　(車間)', '툇간(退間)', '횟수(回數)'
　외에는 사이시옷을 받치지 않는

다.

소스랑　쇠스랑.

소스랑바람　회오리바람.

소슬대문(-大門)　솟을대문.　행
　랑채의 지붕보다 높이 솟게 지
　은 대문.

소시적(少時-)　소싯적. ※ [소:
　시쩍·소: 싯쩍]으로 소리 나므
　로 사이시옷을 받쳐 적는다.

소실양(消失量)　소실량. 참조 량.

소심스런(小心-)　소심스러운.
　참조 -스런.

소심줄　쇠심줄. ※ 접두사 '소-'
　와 '쇠-'는 둘 다 표준어로 인정
　하지만 '소의 힘줄'을 뜻할 때는
　'쇠심줄'만 표준어로 삼는다.

소앗과(小兒科)　소아과. ※ 한자
　어는 두 음절로 된 '곳간(庫間)',
　'셋방(貰房)', '숫자(數字)', '찻간(車
　間)', '툇간(退間)', '횟수(回數)' 외
　에는 사이시옷을 받치지 않는다.

소양감(搔癢感)　⇨ 가려움(대한
　의사협회 권장용어).

소요양(所要量)　소요량. 참조 량.

소울(soul)　솔. ※ [ou]는 '오'로 적
　는다.

소유즈(Soyuz)　소유스.

소일꺼리(消日-)　소일거리.

소입자(素粒子)　소립자.

소자(小一)　소짜. 작은 것. 참조 대자. 중자.

소주고리(燒酒一)　소줏고리.

소주 대병(燒酒 大瓶)　소주 됫병. 참조 대병.

소주집(燒酒一)　소줏집. ※ [소주 찝·소준찝]으로 소리 나므로 사 이시옷을 받쳐 적는다.

소줏잔(燒酒盞)　소주잔. ※ 한자어 는 두 음절로 된 ‘곳간(庫間)’, ‘셋 방(貰房)’, ‘숫자(數字)’, ‘찻간(車 間)’, ‘툇간(退間)’, ‘횟수(回數)’ 외 에는 사이시옷을 받치지 않는다.

소중이(所重一)　소중히.

소출양(所出量)　소출량. 참조 량.

소케트(socket)　소켓.

소코리　소쿠리.

소파리　쇠파리.

소호(SOHO)　말터 무점포사업(無 店鋪事業).

소홀이(疏忽一)　소홀히.

소화률(消化率)　소화율. 참조 -률.

소화시키다(消化一)　소화하다. ※ 사동의 뜻이 없으면 ‘-시키다’ 로 쓰지 않는다. 참조 -시키다.

속겉장(-張)　속표지(-表紙).

속고샅　속고샃.

속꺼플　속꺼풀.

속 눈썹　속눈썹. ※ 한 낱말이므 로 붙여 쓴다.

속대국　속댓국. ※ [속: 때꾹·속 : 땓꾹]으로 소리 나므로 사이시 옷을 받쳐 적는다. ¶배추속댓 국.

속등거리　등거리. 등만 덮을 만 하게 걸쳐 입는 홑옷.

속등겨　쌀겨.

속딱속딱　속닥속닥.

속 뜻　속뜻. ※ 한 낱말이므로 붙 여 쓴다. ¶그 글의 속뜻을 정확 히 이해했다.

속 마음　속마음. ※ 한 낱말이므 로 붙여 쓴다.

속 말　속말. ※ 한 낱말이므로 붙 여 쓴다.

속사겨　속삭여.

속사기다　속삭이다.

속소리　속말.

속속것　속속곳.

속속드리　속속들이.

속속이　속속들이.

속시원히　속 시원히. ※ 한 낱말 이 아니므로 띄어 쓴다.

속심(-心)　속마음.

속아지　소가지.

속알머리 소갈머리.

속앓이 속병(−病).

속절 없다 속절없다. ※ 한 낱말이므로 붙여 쓴다.

속풀이 분풀이. ※ 다만, ‘술로 거북해진 속을 가라앉히는 일, 또는 그런 음식’을 뜻하는 말은 ‘속풀이’이다.

손구루마(−くるま) 손수레.

손 끝 손끝. ※ 한 낱말이므로 붙여 쓴다. ¶손끝이 저리다. / 손끝이 야무지다.

손나팔(−喇叭) 손나발.

손녀벌 손녀뻘. ※ ‘그런 관계’의 뜻을 더하는 접미사는 ‘−뻘’이다. 참조 −벌.

손님치례 손님치레.

손모으다 손 모으다. ※ 한 낱말이 아니므로 띄어 쓴다. ¶두 손 모아 빌다.

손목아지 손모가지.

손목쟁이 손모가지.

손방아 디딜방아.

손벽 손뼉.

손부끄러히 손부끄러이.

손사래짓 손사랫짓. ※ [손사래찓·손사랟찓]으로 소리 나므로 사이시옷을 받쳐 적는다.

손사레 손사래. ¶그 사람은 친구가 돈을 주자 손사래를 치다가 마지못해 받았다.

손살피 손샅. 손가락과 손가락 사이.

손상시키다(損傷−) 손상하다. ※ 사동의 뜻이 없으면 ‘−시키다’로 쓰지 않는다. 참조 −시키다. ¶이 물건을 함부로 다뤄 손상하기라도 하면 큰일 난다. / 스스로 품위를 손상하지 마라.

손아구 손아귀.

손아래사람 손아랫사람. ※ [손아래싸람·손아랟싸람]으로 소리 나므로 사이시옷을 받쳐 적는다.

손아랫동서(−同壻) 손아래 동서. ※ 한 낱말이 아니므로 띄어 쓴다.

손아랫처남(−妻男) 손아래 처남. ※ 한 낱말이 아니므로 띄어 쓴다.

손위사람 손윗사람. ※ [손위싸람·손윋싸람]으로 소리 나므로 사이시옷을 받쳐 적는다.

손윗동서(−同壻) 손위 동서. ※ 한 낱말이 아니므로 띄어 쓴다.

손윗처남(−妻男) 손위 처남. ※ 한 낱말이 아니므로 띄어 쓴다.

손자딸(孫子−) 손녀딸(孫女−).

손자벌(孫子－)　손자뻘. ※ ‘그런 관계’의 뜻을 더하는 접미사는 ‘－뻘’이다. 참조 －벌.

손잽이　손잡이.

손주　※ 손자와 손녀를 아울러 이를 때 쓴다.

손지검　손찌검.

손칼　주머니칼. 손날. ※ ‘주머니에 넣고 다니며 쓰는 작은 칼’을 뜻하면 ‘주머니칼’로, ‘손바닥을 폈을 때, 새끼손가락에서 손목에 이르는 부분’을 뜻하면 ‘손날’로 쓴다. 다만, ‘옛날에 몸에 지니거나 달고 다니던 작은 칼’을 뜻하는 말은 ‘손칼’이다.

손톱깎개　손톱깎이.

손톱깎기　손톱깎이. ※ 다만, 손톱을 깎는 일이나 동작을 뜻할 때는 ‘**손톱 깎기**’로 쓴다.

손구치다　솟구치다.

솔갈비　솔가리. 말라서 땅에 떨어져 쌓인 솔잎. 소나무의 가지를 땔감으로 쓰려고 묶어 놓은 것.

솔개미　솔개.

솔갱이　솔개.

솔곳하다　솔깃하다.

솔나무　소나무.

솔랑솔랑　솔래솔래. 조금씩 가만히 빠져나가는 모양.

솔 메이트(soul mate)　말터 교감지기(交感知己).

솔직이(率直－)　솔직히.

솔찌기(率直－)　솔직히.

솔찬하다　꽤 많다. 제법 많다.

솔찮다　꽤 많다. 제법 많다.

솟가(訴價)　소가. ※ 한자어는 두 음절로 된 ‘곳간(庫間)’, ‘셋방(貰房)’, ‘숫자(數字)’, ‘찻간(車間)’, ‘툇간(退間)’, ‘횟수(回數)’ 외에는 사이시옷을 받치지 않는다.

솟아올르다　솟아오르다. 활용 솟아오르고. 솟아오르니. 솟아오르면. 솟아오르는. 솟아올라. ¶ 힘이 불끈 솟아오르는 게 느껴진다. / 땅을 파니 뜨거운 온천수가 솟아올랐다.

솟적새　소쩍새.

솟증(素症)　소증. 푸성귀만 너무 먹어서 고기가 먹고 싶은 증세. ※ 한자어는 두 음절로 된 ‘곳간(庫間)’, ‘셋방(貰房)’, ‘숫자(數字)’, ‘찻간(車間)’, ‘툇간(退間)’, ‘횟수(回數)’ 외에는 사이시옷을 받치지 않는다.

송곳이　송곳니.

송구스런(悚懼－)　송구스러운.

참조 –스런.

송글송글　송골송골.

송굿송굿　송골송골.

송달(送達)　보냄. 띄움. ※ ‘송달’
　은 일본어투.

송두리채　송두리째.

송류관　송유관(送油管).

송산 공항(松山空港)　쑹산 공항.
　대만 타이베이의 국제공항.

송실송실　송알송알.

송이국(松耳－·松栮－)　송잇국.
　※ [송이꾹·송읻꾹]으로 소리 나
　므로 사이시옷을 받쳐 적는다.

송판대기(松板－)　송판때기.

송화가루　송홧가루(松花－). ※
　[송화까루·송활까루]로 소리 나
　므로 사이시옷을 받쳐 적는다.

쇄다　쇠다. 활용 쇠고. 쇠니. 쇠
　어(쇄). ¶명절 잘 쇠세요. / 추석
　잘 쇠었니(쇘니)?

쇠가루　쇳가루. ※ [쇠까루·쉗
　까루]로 소리 나므로 사이시옷
　을 받쳐 적는다.

쇠고기국　쇠고깃국. ※ [쇠ː고
　기꾹·쉐ː고긷꾹]으로 소리 나
　므로 사이시옷을 받쳐 적는다.

쇠꼬창이　쇠꼬챙이.

쇠달구지　소달구지. ※ 소의 부

위이거나 소의 특성이 있음을
나타내는 접두사는 ‘쇠–’와 ‘소
–’를 모두 쓸 수 있으나 소와 직
접 관련이 없는 말에는 ‘쇠–’를
붙일 수 없다.

쇠덩어리　쇳덩어리. ※ [쇠떵어
　리·쉗떵어리]로 소리 나므로 사
　이시옷을 받쳐 적는다.

쇠덩이　쇳덩이. ※ [쇠떵이·쉗
　떵이]로 소리 나므로 사이시옷
　을 받쳐 적는다.

쇠도둑　소도둑. 참조 쇠달구지.

쇠되다　새되다. 참조 샛되다.

쇠바리　소바리. 참조 쇠달구지. ¶
　소바리, 마바리로 실어 나르다.

쇠버즘　쇠버짐. 피부가 몹시 가
　렵고 쇠가죽처럼 두껍고 단단하
　게 번지는 버짐.

쇠부치　쇠붙이.

쇠빛　쇳빛. ※ [쇠삗·쉗삗]으로
　소리 나므로 사이시옷을 받쳐
　적는다. ¶쇳빛부전나비.

쇠소리　쇳소리. ※ [쇠쏘리·쉗
　쏘리]로 소리 나므로 사이시옷
　을 받쳐 적는다.

쇠조각　쇳조각. ※ [쇠쪼각·쉗
　쪼각]으로 소리 나므로 사이시
　옷을 받쳐 적는다.

쇠주 소주(燒酒).

쇠코짚신 세코짚신. 앞의 양편에 약간씩 총을 터서 코를 낸 짚신.

쇠파라치(−parazzi) 말터 쇠고기 신고바치(−申告−).

쇠힘줄 쇠심줄. 쇠심.

쇳대 열쇠.

쇼바 쇼크업소버(shock absorber). 완충기. ※ '쇼바'는 일본어투.

쇼부(勝負·しょうぶ) 흥정. 결판(決判).

쇼윈도우(show window) 쇼윈도. ※ [ou]는 '오'로 적는다.

쇼케이스(showcase) 말터 선보임 공연(−公演).

쇼트(shot) 숏.

쇼파(sofa) 소파.

쇼펜하워(Schopenhauer) 쇼펜하 우어. ¶아르투어 쇼펜하우어 (독일의 철학자).

쇼플러(shoppler) 말터 원정구매 족(遠征購買族).

쇽(shock) 쇼크.

쇽압쇼바(shock absorber) 쇼크업 소버.

숀베르크(Schönberg) 쇤베르크. ¶ 아널드 쇤베르크(오스트리아 태 생의 미국 작곡가).

숏(short) 쇼트.

숏트랙(short track) 쇼트트랙.

수(數) ※ '수'는 '셀 수 있는 사물 의 크기를 나타내는 값'이며, '숫 자(數字)'는 '아라비아 숫자'처럼 '수를 나타내는 글자'이다. '수' 대신 '숫자'를 쓰는 경향이 있는 바 이는 구별해 써야 한다. ¶수 가 많다. ∥아라비아 숫자. / 숫자 만 나열해선 안 된다.

수강아지 수캉아지. ※ '수캉아 지', '수캐', '수컷', '수키와', '수 탉', '수탕나귀', '수톨쩌귀', '수퇘 지', '수평아리'에서는 수컷을 나 타내는 접두사 '수−' 다음의 거 센소리를 인정한다.

수개 수캐. 참조 수강아지.

수것 수컷.

수고스런 수고스러운. 참조 −스런

수구리다 수그리다.

수근거리다 수군거리다.

수근대다 수군대다.

수근수근 수군수군.

수기와 수키와. 두 암키와 사이를 엎어 잇는 기와. 참조 수강아지.

수냉 수랭(水冷).

수능 수릉(綏陵). 경기 구리시 인 창동에 있는 조선 순조의 세자

문조(추존)와 비 신정왕후의 능. 참조 -능. 동구능.

수다스런 수다스러운. 참조 -스런.

수다장이 수다쟁이. 참조 -장이.

수닭 수탉. 참조 수강아지.

수당나귀 수탕나귀. 참조 수강아지.

수도권(首都圈) ※ '수도권'은 '서울과 그 둘레의 지역'을 뜻하는 말이므로 '서울을 뺀 서울 둘레의 지역'의 뜻으로 써서는 안 된다.

수도물 수돗물(水道-). ※ [수돈물]로 'ㅁ' 앞에서 'ㄴ' 소리가 덧나므로 사이시옷을 받쳐 적는다.

수도세(水道稅) 수도요금(水道料金). 수도료(水道料). ※ 수돗물을 사용하고 그 대가로 내는 돈은 세금이 아니라 요금이다.

수돌쩌귀 수톨쩌귀. 참조 수강아지.

수돼지 수퇘지. 참조 수강아지.

수두룩히 수두룩이.

수둑하다 수두룩하다.

수랏간(← 水剌間) 수라간. ※ 한 자어는 두 음절로 된 '곳간(庫間)', '셋방(貰房)', '숫자(數字)', '찻간(車間)', '툇간(退間)', '횟수(回數)' 외에는 사이시옷을 받치지 않는다.

數)' 외에는 사이시옷을 받치지 않는다.

수랏상(← 水剌床) 수라상. ※ 한 자어는 두 음절로 된 '곳간(庫間)', '셋방(貰房)', '숫자(數字)', '찻간(車間)', '툇간(退間)', '횟수(回數)' 외에는 사이시옷을 받치지 않는다.

수레길 수렛길. ※ [수레낄·수렌낄]로 소리 나므로 사이시옷을 받쳐 적는다.

수렛바퀴 수레바퀴.

수루취 수리취. 국화과의 여러해살이풀로, 개취, 떡취, 산우방(山牛蒡)으로도 불린다.

수뤼취 수리취.

수 많다(數-) 수많다. ※ 한 낱말이므로 붙여 쓴다. ¶수많은 관중. / 수많이 모인 지지자들.

수많히(數-) 수많이.

수 밖에 수밖에. ※ '밖에'는 조사이므로 앞말에 붙여 쓴다. 참조 밖에.

수병아리 수평아리. 참조 수강아지.

수부룩하다 수북하다.

수북히 수북이.

수빅(Subic) 수비크. 필리핀 루손

섬에 있는 자치시.

수상(首相) 총리(總理). ※ 내각 제를 채택한 나라의 정부 우두머리도 우리나라의 직제에 맞춰 '총리'로 쓴다.

수상스런(殊常 −) 수상스러운. 참조 −스런.

수상쩍다(殊常 −) 수상쩍다. ※ '적대(少)'의 뜻이 남아 있지 않고 발음도 [쩍다]로 나면 '−쩍다'로 적는다.

수선스런 수선스러운. 참조 −스런.

수속(手續) 절차(節次). 순서(順序). ※ '수속'은 일본어투. ¶출국 절차.

수수깽이 수수깡.

수수단 수숫단. ※ [수수딴·수숟딴]으로 소리 나므로 사이시옷을 받쳐 적는다.

수수대 수숫대. ※ [수수때·수숟때]로 소리 나므로 사이시옷을 받쳐 적는다.

수순(手順) 순서(順序). 차례. 절차(節次). ※ '수순'은 일본어투.

수알치 수할치. 매를 부리면서 매사냥을 지휘하는 사람.

수양(−羊) 숫양. ※ 수컷을 이르는 접두사는 '수−'로 통일하지만 '양', '염소', '쥐'는 '숫−'으로 적는다.

수 없다(數−) 수없다. ※ 한 낱말이므로 붙여 쓴다. ¶<u>수없는</u> 사람이 몰려들었다. / 입사 시험을 <u>수없이</u> 치고도 취직을 못 한 젊은이들이 <u>수없이</u> 많다.

수염소 숫염소. ※ 수컷을 이르는 접두사는 '수−'로 통일하지만 '양', '염소', '쥐'는 '숫−'으로 적는다.

수왕제석 시왕제석(十王帝釋). 시왕과 제석을 아울러 이르는 말.

수유탄(手榴彈) 수류탄. ※ 접두어처럼 쓰이는 한자 다음의 첫 음절은 두음법칙에 따라 적는 것이 원칙이지만 본음으로 굳어진 것은 본음대로 적는다.

수육(← 熟肉) ※ '수육'은 삶아 익힌 쇠고기를 뜻하는 말이다. '삶은 돼지고기'는 '수육'이라고 하지 않는다.

수이 쉬이. 쉬.

수이여기다 쉬이여기다.

수익율(收益率) 수익률. 참조 −률.

수입(手入) 손질. ※ '수입'은 일본어투. ¶총기 <u>손질</u>.

수입고(輸入高) 수입량(輸入量). 수입액(輸入額). ※ '수입고'는 일본어투. 참조 –고.

수입산(輸入産) 수입품(輸入品). 외국산(外國産). ※ '–산(産)'은 '(지역을 나타내는 말 뒤에 붙어) 거기에서 산출된 물건의 뜻을 더하는 접미사'이므로 '한국산', '제주산', '멕시코산'처럼 써야 한다. '수입'은 지명이 아니므로 접미사 '–산'을 붙일 수 없다.

수입선(輸入先) 수입국(輸入國). ※ '수입선'은 일본어투. 참조 –선.

수자(數字) 숫자. ※ 한자어에는 사이시옷을 받치지 않는 것이 원칙이지만 '곳간(庫間)', '셋방(貰房)', '숫자(數字)', '찻간(車間)', '툇간(退間)', '횟수(回數)'에는 사이시옷을 받쳐 적는다. 참조 수(數).

수저집 수젓집. ※ [수저찝·수젇찝]으로 소리 나므로 사이시옷을 받쳐 적는다.

수쥐 숫쥐. ※ 수컷을 이르는 접두사는 '수–'로 통일하지만 '양', '염소', '쥐'는 '숫–'으로 적는다.

수집다 수줍다.

수집은 수줍은.

수 차례(數次例) 수차례. ※ 한 낱말이므로 붙여 쓴다.

수채구멍 수챗구멍. ※ [수채꾸멍·수챋꾸멍]으로 소리 나므로 사이시옷을 받쳐 적는다.

수처녀(–處女) 숫처녀. ※ '더럽혀지지 않아 깨끗한'을 나타내는 접두사는 '숫–'이다.

수총각(–總角) 숫총각. ※ '더럽혀지지 않아 깨끗한'을 나타내는 접두사는 '숫–'이다.

수축율(收縮率) 수축률. 참조 –률.

수출고(輸出高) 수출량(輸出量). 수출액(輸出額). ※ '수출고'는 일본어투. 참조 고.

수취인(受取人) 받는 이. ※ '수취인'은 일본어투.

수치스런(羞恥–) 수치스러운. 참조 –스런.

수캐미 수개미. ※ 수컷을 나타내는 접두사 '수–' 다음의 거센소리는 '수캉아지', '수캐', '수컷', '수키와', '수탉', '수탕나귀', '수톨쩌귀', '수퇘지', '수평아리'에서만 인정한다.

수커미 수거미. 참조 수캐미.

수케 수게. 참조 수개미.

수코양이 수고양이. 참조 수캐미.

수콤 수곰. 참조 수캐미.

수쿠렁이 수구렁이. 참조 수캐미.

수퀑 수꿩. 참조 수캐미.

수트(suite) 슈트.

수퍼(super) 슈퍼.

수퍼마켓(supermarket) 슈퍼마켓.

수퍼볼(super bowl) 슈퍼볼. 미국 프로미식축구 챔피언 결정전.

수펄 수벌. 참조 수캐미.

수펌 수범. 참조 수캐미.

수학려행(修學旅行) 수학여행. ※ 합성어에서 뒷말의 첫 음절은 두음법칙에 따라 적는다.

수확고(收穫高) 수확량(收穫量). 소출(所出). ※ '수확고'는 일본어투. 참조 –고.

수확양(收穫量) 수확량. 참조 량.

수확을 거두다(收穫–) 수확하다. 농작물을 거두다. ※ '수확'이 '익은 농작물을 거두어들임'을 뜻하므로 '수확을 거두다'는 겹말이다.

숙떡숙떡 숙덕숙덕.

숙청시키다(肅清–) 숙청하다. ※ 사동의 뜻이 없으면 '–시키다'로 쓰지 않는다. 참조 –시키다.

순능(順陵) 순릉. 경기 파주시 조리읍에 있는 조선 성종의 비 공혜왕후의 능. 참조 –능.

순대국 순댓국. [순대꾹·순댇꾹]으로 소리 나므로 사이시옷을 받쳐 적는다.

순라잡기(巡邏–) 술래잡기.

순번(順番) 차례. ※ '순번'은 일본어투.

순 손실(純損失) 순손실. ※ 한 낱말이므로 붙여 쓴다.

순순이(順順–) 순순히.

순 이익(純利益) 순이익. ※ 한 낱말이므로 붙여 쓴다.

순조로와(順調–) 순조로워. ※ 'ㅂ불규칙용언'은 '곱다', '돕다'를 제외하고는 모두 '–워'로 활용한다.

순조로히(順調–) 순조로이.

순진스런(純眞–) 순진스러운. 참조 –스런.

순찰을 돌다(巡察–) 순찰하다. ※ '순찰'이 '이곳저곳 돌아다니며 살핌'을 뜻하므로 '순찰을 돌다'는 겹말이다.

순채국(蓴菜–) 순챗국. ※ [순채꾹·순챋꾹]으로 소리 나므로 사이시옷을 받쳐 적는다.

술군 술꾼.

술레 술래. ¶술래잡기.

술보 술고래.

술부대 술고래.

술지에 술밥.

숨박꼭질 숨바꼭질.

숫- 수-. ※ 수컷임을 나타내는 접두사는 '수-'로 통일해 적는다. 다만, '양', '염소', '쥐'는 '숫양', '숫염소', '숫쥐'로 적는다.

숫가락 숟가락. 숟갈.

숫가지(數-) 산가지(算-).

숫갈 숟갈. 숟가락.

숫강아지 수캉아지. 참조 수강아지. 숫-.

숫개 수캐. 참조 수강아지. 숫-.

숫것 수컷. 참조 수강아지. 숫-.

숫기와 수키와. 참조 수강아지. 숫-.

숫꿩 수꿩. 참조 숫-.

숫끼 숫기(-氣). ※ 기운, 느낌, 성분의 뜻을 더하는 접미사는 '-기(氣)'이다. ¶어린 아이가 <u>숫기</u>가 좋아 부끄럼을 타지 않는다.

숫나무 수나무. 참조 숫-.

숫나비 수나비. 참조 숫-.

숫나사(-螺絲) 수나사. 참조 숫-.

숫놈 수놈. 참조 숫-.

숫단추 수단추. 참조 숫-.

숫닭 수탉. 참조 수강아지. 숫-.

숫당나귀 수탕나귀. 참조 수강아지. 숫-.

숫대(數-) 산가지(算-).

숫돌쩌귀 수톨쩌귀. 참조 수강아지. 숫-.

숫돼지 수퇘지. 참조 수강아지. 숫-.

숫말 수말. 참조 숫-.

숫무지개 수무지개. 참조 숫-.

숫배기 숫보기. 순진하고 어수룩한 사람. 숫총각이나 숫처녀.

숫범 수범. 참조 숫-.

숫병아리 수평아리. 참조 수강아지. 숫-.

숫비둘기 수비둘기. 참조 숫-.

숫사돈(-査頓) 수사돈. 참조 숫-.

숫새 수새. 참조 숫-.

숫소 수소. 참조 숫-.

숫송아지 수송아지. 참조 숫-.

숫쇠 수쇠. 수톨쩌귀. 자물쇠 안에 있는 뾰족한 쇠. 참조 숫-.

숫술 수술.

숫은행나무(-銀杏-) 수은행나무. 참조 숫-.

숫자(數字) 참조 수. 수자.

숫적(數的) 수적. ※ 한자어는 두 음절로 된 '곳간(庫間)', '셋방(貰

房)’, ‘숫자(數字)’, ‘찻간(車間)’, ‘툇간(退間)’, ‘횟수(回數)’ 외에는 사이시옷을 받치지 않는다.

숫줄　수줄. 줄다리기에서 수컷을 상징하는 줄. 참조 숫-.

숫쩨　숫제.

숫치질(-痔疾)　수치질. 참조 숫-.

숫토끼　수토끼. 참조 숫-.

숫하다　숱하다. ※ 다만, ‘순박하고 어수룩하다’를 뜻하는 형용사는 ‘숫하다’이다. ¶숱한 사연. / 숱한 고난.

숭능(崇陵)　숭릉. 경기 구리시 인창동에 있는 조선 현종과 비 명성왕후의 능. 참조 -능. 동구능.

숭물스럽다　흉물스럽다.

숭보다　흉보다.

숭터　흉터.

숭허물　흉허물.

숯쟁이　숯장이. 참조 -장이.

숯짙다　숱지다. 숱이 많다. ¶눈썹이 숱져 인상이 강하게 보인다.

숲속　숲 속. ※ 한 낱말이 아니므로 띄어 쓴다.

쉐다곤 파고다(Shwedagon pagoda)　슈웨다곤 파고다. 미얀마 양곤에 있는 거대한 불탑.

쉐라톤(Sheraton)　셰러턴. ¶토머스 셰러턴(영국의 가구 제작자). 🔍 9)

쉐이크(shake)　셰이크. 🔍 9)

쉐익스피어(Shakespeare)　셰익스피어. ¶윌리엄 셰익스피어(영국의 극작가). 🔍 9)

쉐타(sweater)　스웨터.

쉐프(chef)　셰프. 🔍 9)

쉘 위 댄스(Shall We Dance)　섈 위 댄스. 🔍 9)

쉬다　※ ‘쉬다’는 음식이 상하여 맛이 변하는 것이며 ‘시다’는 식초 같은 맛이 나는 것이다. 김치 같은 음식은 오래되면 쉬는 것이 아니고 시어지는 것이다. ¶김치가 찌개 끓이기에 마침맞게 시어졌다. //쉰 음식을 먹으면 탈이 난다.

쉬염쉬염　쉬엄쉬엄.

쉬웁고　쉽고.

쉬웁사리　쉽사리.

쉬임 없이 쉼 없이.

쉬트(sheet) 시트. 🔍 9)

쉬흔 쉰.

쉴러(Schiller) 실러. ¶요한 크리스토프 프리드리히 폰 실러(독일의 시인·극작가)

쉴새 쉴 새. ※ 한 낱말이 아니므로 띄어 쓴다. ¶쉴 새 없이.

쉴틈 쉴 틈. ※ 한 낱말이 아니므로 띄어 쓴다. ¶쉴 틈 없이.

쉽살이 쉽사리.

쉽상 십상(十常). 십상팔구(十常八九). ¶자기 좋은 대로만 행동하다간 따돌림 당하기 십상이다.

쉽싸리 쉽사리. ※ 다만, 꿀풀과의 여러해살이풀은 '쉽싸리'이다. ¶일이 쉽사리 끝날 것 같지 않다.

슈가(sugar) 슈거.

슈밋(Schmidt) 슈미트. ¶빌헬름 슈미트(독일의 인류학자).

슈벨트(Schubert) 슈베르트. ¶프란츠 페터 슈베르트(오스트리아의 작곡가).

슈터링(shootering) 말터 골문어림 차기(goal門－).

슈퍼마킷(supermarket) 슈퍼마켓.

슈피보을(super bowl) 슈퍼볼. 미국 프로미식축구 챔피언 결정전. ※ [ou]는 '오'로 적는다.

슛팅(shooting) 슈팅.

스넥(snack) 스낵.

스노우(snow) 스노. ※ [ou]는 '오'로 적는다. ¶스노보드. 스노타이어.

스도쿠(數獨·すどく) 말터 숫자넣기.

스돕(stop) 스톱.

－스런 －스러운. ※ '－스럽다'는 일부 명사에 붙어 그런 성질이 있음을 나타내는 형용사를 만드는 접사다. '－스럽다'가 붙은 형용사는 'ㅂ불규칙용언'이 된다. 'ㅂ'이 '오'나 '우'로 바뀌므로 '－스런'이 아니라 '－스러운'으로 활용한다. ¶맛깔스러운. / 사랑스러운. / 쑥스러운. / 예스러운. / 을씨년스러운. / 자랑스러운. / 자연스러운. / 자유스러운. / 좀스러운. / 짜증스러운. / 천연덕스러운. / 탐스러운. / 태연스러운. / 허접스러운. / 혼란스러운.

스리(掏摸·すり) 소매치기.

스매쉬(smash) 스매시. ※ 영어 표기에서 [ʃ]가 어말에 오면 '시'

로 적는다.

스무나흘날 스무나흘날.

스무사흘날 스무사흘날.

스물두째 ※ '**스물두째**'는 서수
사로 '스물두 번째'를, '**스물둘째**'
는 '스물두 개째'를 뜻한다. 다
만, '열두째', '열둘째', '스물두
째', '스물둘째' 외에는 '두째'와
'둘째'를 구분하지 않고 '둘째'만
표준어로 삼는다. 참조 두째, 열
두째.

스물둘째 참조 스물두째.

스물스물 스멀스멀.

스미소니언(Smithsonian) 스미스
소니언. ¶스미스소니언 협회. /
스미스소니언 박물관.

스산스런 스산스러운. 참조 -스
런.

스스로 자각하다(-自覺-) 자각
하다. 스스로 깨닫다. ※ '자각'
이 '스스로 깨달음'을 뜻하므로
'스스로 자각하다'는 겹말이다.

스시(鮨·壽司·すし) 초밥.

스와질랜드(Swaziland) 스와질
랜드. 아프리카 남부에 있는 나
라. 수도는 음바바네(Mbabane).

스왑(swap) 스와프. 맞교환.

스적스적 시적시적.

스카를랏티(Scarlatti) 스카를라
티. ¶알레산드로 스카를라티.
(이탈리아의 작곡가, 나폴리악
파의 창시자).

스카우터 스카우트(scout). ※ 인
재를 물색하고 발탁하는 일과
그런 일을 하는 사람은 모두 '스
카우트'라고 한다.

스카웃(scout) 스카우트.

스카이라운지(sky lounge) 말터 하
늘쉼터.

스케쥴(schedule) 스케줄. ※ 외
래어에서 'ㅈ, ㅊ' 다음에는 'ㅑ,
ㅕ, ㅛ, ㅠ' 같은 이중 모음을 표기
하지 않는다.

스켈링(scaling) 스케일링.

스켓치(sketch) 스케치.

스코아(score) 스코어.

스코트(Scott) 스콧.

스코페(Skopje) 스코페. 마케도니
아의 수도.

스크랫치(scratch) 스크래치.

스크류(screw) 스크루.

스크린 도어(screen door) 말터 안
전문(安全門).

스키다시(←突き出し·つきだし)
곁들이. / 곁들이 안주.

스키야키(鋤燒き·すきやき) 일본

전골. 일본 찌개.

스키폴 공항(Schiphol 空港)　스히폴 공항. 네덜란드의 국제공항.

스킨십(skinship)　말터 피부교감(皮膚交感).

스타워스(Star Wars)　스타워즈. ※ 영어 표기법에 따르면 '스타워스'가 맞지만 관용을 인정하여 '스타워즈'로 적는다.

스타일리스트(stylist)　말터 맵시가꿈이.

스탑(stop)　스톱.

스태디엄(stadium)　스타디움. 주경기장(主競技場).

스태미너(stamina)　스태미나. 원기. 정력. 힘.

스탠다드(standard)　스탠더드.

스탠더드 넘버(stadard number)　말터 대중명곡(大衆名曲).

스탭(staff)　스태프. 제작진.

스테고사우르스(stegosaurus)　스테고사우루스.

스테디셀러(steady seller)　말터 늘사랑상품(－商品).

스텐　스테인리스강(stainless鋼).

스텐드바(stand bar)　스탠드바.

스텐레스(stainless)　스테인리스. ¶스테인리스강(－鋼).

스텐슬(stencil)　스텐실.

스토리보드(storyboard)　말터 그림줄거리.

스튜디어스　스튜어디스(stewardess).

스트라우스(Strauss)　슈트라우스. ¶요한 슈트라우스(오스트리아의 작곡가, 왈츠의 왕으로 불린다). 요제프 슈트라우스(오스트리아의 작곡가). 리하르트 게오르크 슈트라우스(독일의 작곡가·지휘자).

스트라익(strike)　스트라이크.

스트레오(stereo)　스테레오.

스트로우(straw)　스트로. 빨대. ※ [ou]는 '오'로 적는다.

스트린드버그(Strindberg)　스트린드베리. ¶요한 아우구스트 스트린드베리(스웨덴의 극작가·소설가)

스티로폴(Styropor)　스티로폼(styrofoam). ※ '스티로폴'은 상표명.

스티카(sticker)　스티커.

스파겟티(spaghetti)　스파게티.

스파이웨어(spyware)　말터 정보빼내기프로그램(情報－program).

스파트[1](spurt)　스퍼트. ¶라스트 스퍼트.

스파트²(spot)　스폿.

스팟(spot)　스폿.

스팟뉴스(spot news)　스폿뉴스. 초점 뉴스.

스팸 메일(spam mail)　[말터] 쓰레기 편지(−便紙).

스페샬(special)　스페셜.

스페아(spare)　스페어. ¶<u>스페어</u> 타이어.

스펙업(spec-up)　[말터] 깜냥쌓기.

스펙타클(spectacle)　스펙터클.

스포일러(spoiler)　[말터] 영화헤살꾼(映畵−).

스포테인먼트(spotainment)　[말터] 흥끌이운동(−運動).

스폰지(sponge)　스펀지.

스폰하다　후원하다. ※ 영어 ‘sponsor’는 명사로서는 ‘후원자’를, 동사로서는 ‘후원하다’를 뜻한다. 영어에 ‘spon’이라는 낱말은 없다.

스폿 광고(spot 廣告)　[말터] 반짝광고(−廣告).

스폿라이트(spotlight)　스포트라이트.

스프(soup)　수프. ¶라면 <u>수프</u>.

스프레드쉬트(spreadsheet)　스프레드시트. ※ 영어 표기에서 모음 앞의 [ʃ]는 뒤따르는 모음에 따라 ‘샤, 새, 셔, 세, 쇼, 슈, 시’로 적는다.

스프링쿨러(sprinkler)　스프링클러. 살수기(撒水器).

스피드마크　스키드마크(skid mark). 바큇자국. 타이어 자국

스피카(speaker)　스피커.

슬갑다　슬겁다. 마음씨가 너그럽고 미덥다.

슬개골(膝蓋骨)　⇨ 무릎뼈(대한의사협회 권장용어).

슬그마니　슬그머니.

슬그먼히　슬그머니.

슬근히　슬그니. ‘슬그머니’의 준말.

슬라브(slab)　슬래브. 콘크리트 바닥이나 양옥의 지붕처럼 콘크리트를 부어서 한 장의 판처럼 만든 구조물.

슬레트(slate)　슬레이트.

슬로우(slow)　슬로. ※ [ou]는 ‘오’로 적는다.

슬로푸드(slow food)　[말터] 여유식(餘裕食).

슬롯머신(slot machine)　[말터] 성인오락기(成人娛樂機).

슬멋이　슬며시.

슬밋슬밋　슬몃슬몃. 잇따라 슬며시 행동하는 모양.

슬어지다　스러지다.

승락(承諾)　승낙. ※ ‘諾’의 본음은 ‘락’이나 ‘承諾’에서는 속음으로 굳어졌으므로 ‘낙’으로 적는다.

승부욕(勝負慾)　승리욕(勝利慾). ※ ‘승부’는 ‘이기고 짐’의 뜻이므로 ‘이기고자 하는 욕망’은 ‘승리욕’이라고 해야 한다.

승율(勝率)　승률. 참조 －률.

승전보를 울리다(勝戰譜－)　승전고를 울리다(勝戰鼓－). ※ ‘승전보’는 ‘싸움에서 이긴 과정의 기록’이다. ‘싸움에서 이겼을 때 울리는 북’은 ‘승전고’이다.

시거(cigar)　시가.

시계바늘(時計－)　시곗바늘. ※ [시계빠늘·시곋빠늘]로 소리 나므로 사이시옷을 받쳐 적는다.

시계줄(時計－)　시곗줄. ※ [시계쭐·시곋쭐]로 소리 나므로 사이시옷을 받쳐 적는다.

시골나기　시골내기.

시골스런　시골스러운. 참조 －스런.

시굴창　시궁창.

시귀(詩句)　시구. ※ ‘句’는 ‘글귀’,

‘귀글’을 제외하고는 모두 ‘구’로 읽는다.

시그날(signal)　시그널.

시그럽다　시다.

시글버글　시글시글. 사람이나 짐승 따위가 많이 모여 우글우글 시끄러운 모양.

시금자　검은깨.

시금치국　시금칫국. ※ [시금치꾹·시금친꾹]으로 소리 나므로 사이시옷을 받쳐 적는다.

시까끼(←引掛け·ひっかけ)　걸어 치기.

시꺼매지다　시꺼메지다.

시껍하다(食怯－)　식겁하다.

시끄러운 소음(－騷音)　소음. 시끄러운 소리. ※ ‘소음’이 ‘불쾌하고 시끄러운 소리’를 뜻하므로 ‘시끄러운 소음’은 겹말이다.

시끈거리다　시큰거리다.

시끌덤벙하다　시끌시끌하다.

시끌버끌　시끌시끌.

시끌벅쩍　시끌벅적.

시끌법석　시끌벅적.

시끌법적　시끌벅적.

시내물　시냇물. ※ [시ː낸물]로 ‘ㅁ’ 앞에서 ‘ㄴ’ 소리가 덧나므로 사이시옷을 받쳐 적는다.

시네루(←捻り·ひねり)　틀어 치기.　참조 히네리.

시누렇다　싯누렇다.

시늠시늠　시름시름.

시늠없다　시름없다.

시다[1]　참조 쉬다.

시다[2](下·した)　밑일꾼. 곁꾼. 보조원.

시다바리(下張り·したばり)　밑일꾼. 곁꾼. 보조원.

시덥잖다　시답잖다.

시들으니　시드니. ※ 어간이 ‘ㄹ’ 받침으로 끝나는 용언의 어간에 붙는 어미는 ‘-니’이다. ‘-니’가 붙으면 ‘ㄹ’이 줄어든다.

시들으면　시들면. ※ 어간이 ‘ㄹ’ 받침으로 끝나는 용언의 어간에 붙는 연결어미는 ‘-면’이다.

시들은　시든. ※ 어간이 ‘ㄹ’ 받침으로 끝나는 용언의 어간에 붙는 어미는 ‘-ㄴ’이다. ‘-ㄴ’이 붙으면 ‘ㄹ’이 줄어든다.

시들음　시듦. ※ 어간이 ‘ㄹ’ 받침으로 끝나는 용언의 명사형 어미는 ‘-ㅁ’이다. ¶꽃이 시듦.

시들음병(-病)　시듦병.

시듬　시듦. 참조 시들음.

시디 시다　시디시다. ※ 한 낱말이므로 붙여 쓴다. 참조 -디.

시뚱스럽다　시퉁스럽다. 주제넘고 건방진 데가 있다.

시뚱하다　시퉁하다. 주제넘고 건방지다.

시라소니　스라소니.

시래기국　시래깃국. ※ [시래기꾹·시래긷꾹]으로 소리 나므로 사이시옷을 받쳐 적는다.

시럽난송이　실없쟁이(實-). 실없는 사람을 농담조로 이르는 말.

시럽숭이　실없쟁이(實-). 참조 시럽난송이.

시렁거리다　시부렁거리다.

시레기　시래기.

시레기국　시래깃국. 참조 시래기국.

시루편　시루떡.

시룽장이　실없쟁이(實-). 참조 시럽난송이.

시름 없다　시름없다. ※ 한 낱말이므로 붙여 쓴다. ¶그는 시름없는 얼굴로 힘겹게 터벅터벅 걸었다. / 병석에 누워 계신 어머니를 생각하며 시름없이 허공만 바라보고 있었다.

시마이(仕舞·終い·しまい)　끝냄. 끝남. 마감. 끝. 끝마침.

시멀겋다 싯멀겋다. 활용 싯멀겋고. 싯멀겋게. 싯멀거니. 싯멀게.

시멘스(Siemens) 지멘스. ¶ 에른스트 베르너 폰 지멘스(독일의 물리학자).

시무룩히 시무룩이.

시범을 보이다(示範-) 시범하다. 모범을 보이다(模範-). ※ '시범'이 '모범을 보임'을 뜻하므로 '시범을 보이다'는 겹말이다.

시부룩하다 시무룩하다.

시비거리(是非-) 시빗거리. ※ [시:비꺼리·시:빋꺼리]로 소리 나므로 사이시옷을 받쳐 적는다.

시빗조(是非調) 시비조. ※ 한자어는 두 음절로 된 '곳간(庫間)', '셋방(貰房)', '숫자(數字)', '찻간(車間)', '툇간(退間)', '횟수(回數)' 외에는 사이시옷을 받치지 않는다.

시뻘개지다 시뻘게지다.

시뻘겋다 활용 시뻘겋고. 시뻘겋게. 시뻘거니. 시뻘게.

시뿌얘지다 시뿌예지다.

시뿌옇다 활용 시뿌옇고. 시뿌옇게. 시뿌여니. 시뿌예.

시삼춘(媤三寸) 시삼촌.

시세값(時勢-) 시셋값. ※ [시세깝·시섿깝]으로 소리 나므로 사이시옷을 받쳐 적는다.

시세말(時世-) 시쳇말(時體-).

시세 조정(時勢調整) 시세 조종(時勢操縱). 증권거래소에서 거래되는 유가증권의 시세를 인위적으로 올리고 내리는 행위. 참조 조정.

시셋말(時世-) 시쳇말(時體-).

시체말(時體-) 시쳇말. ※ [시첸말]로 'ㅁ' 앞에서 'ㄴ' 소리가 덧나므로 사이시옷을 받쳐 적는다.

시시껍절하다 시시껄렁하다.

시시껍질하다 시시껄렁하다.

시시콜콜이 시시콜콜히.

시시티브이(CCTV) 말터 상황관찰기(狀況觀察機).

시실리(Sicily) 시칠리아(Sicilia). 이탈리아 서남쪽 끝, 지중해에 있는 섬. ※ 지명은 현지 발음에 따른다.

시엠리업(Siem Reap) 시엠레아프. 캄보디아 서북부의 도시.

시엠립(Siem Reap) 시엠레아프. 캄보디아 서북부의 도시.

-시요 -시오. ¶ 어서 오십시오.

/안녕히 가십<u>시오</u>. / 말씀하십<u>시오</u>.

시원스런　시원스러운.　참조 −스런.

시원스리　시원스레.

시원이　시원히.

시읏　시옷.　※ 한글 자모 'ㅅ'의 이름은 '시옷'이다.

시장끼　시장기(−氣).　※ 기운, 느낌, 성분의 뜻을 더하는 접미사는 '−기(氣)'이다.

시장스럽다　시들하다.

시정거리(視程−)　시정.　※ '시정'이 '목표물을 명확하게 식별할 수 있는 최대 거리'를 뜻하므로 '시정거리'는 겹말이다. ¶ 안개로 <u>시정</u>이 짧아 비행기가 뜨지 못했다.

시조(時調)　※ 시조는 고려 말부터 발달해 온 우리나라 고유의 정형시(定型詩)의 하나이다. '시조'를 한자로 적을 때는 '때 시(時)'를 쓴다. 시(詩)의 한 가지라는 점에 이끌려 '詩調'로 적지 않도록 유의해야 한다.

시조류취(時調類聚)　시조유취.　※ 합성어에서 뒷말의 첫 음절은 두음법칙에 따라 적는다.

시죽시죽[1]　시적시적. 힘들이지 않고 느릿느릿 행동하거나 말하는 모양.

시죽시죽[2]　히죽히죽. 만족스러운 듯이 슬쩍 자꾸 웃는 모양.

시즈오까(靜岡)　시즈오카. 일본 혼슈(本州)의 현 및 현청 소재지. ※ 일본어 표기에서 'ㅆ' 외에는 된소리를 쓰지 않는다.

시즌(season)　말터 ~번째 이야기.

시쭉시쭉　히쭉히쭉. '히죽히죽'의 센말.　참조 시죽시죽[2].

시청율(視聽率)　시청률.　참조 −률.

시초잡다(始初−)　시작하다(始作−).

시츄에이션(situation)　시추에이션.　※ 외래어에서 'ㅈ, ㅊ' 다음에는 이중모음 'ㅑ, ㅕ, ㅛ, ㅠ'를 쓰지 않는다.

시커매지다　시커메지다.

시커멓다　활용 시커멓고. 시커멓게. 시커머니. 시커머면. 시커메.

−시키다　※ 서술성이 있는 일부 명사 뒤에 붙어 사동의 뜻을 더하고 동사로 만드는 접미사이다. '−하게 하다'의 뜻을 나타낼 때만 쓴다.

시택(媤宅)　시댁.　※ 속음으로 소

리 나는 것은 속음으로 적는다. ‘宅’의 본음은 ‘택’이나 ‘媤宅’에서는 속음으로 굳어졌으므로 ‘댁’으로 적는다.

시트로엥(Citroën) 시트로앵. 프랑스 자동차 회사.

시퍼래지다 시퍼레지다.

시퍼렇다 활용 시퍼렇고. 시퍼렇게. 시퍼러니. 시퍼러면. 시퍼레.

시합(試合) 경기(競技). 겨루기. ※ ‘시합’은 일본어투.

시허얘지다 시허예지다.

시허옇다 활용 시허옇고. 시허옇게. 시허여니. 시허여면. 시허예.

식사양(食事量) 식사량. 참조 량.

식상(食傷) 싫증 남.

식소라(食-) 밥소라. 밥, 떡국, 국수 따위를 담는 큰 놋그릇.

식은 땀 식은땀. ※ 한 낱말이므로 붙여 쓴다.

식해(食醢) ※ ‘**식해**’는 생선을 소금, 쌀, 좁쌀 등과 함께 섞어 숙성시킨 식품이며, ‘**식혜**(食醯)’는 밥을 엿기름으로 삭힌 음료다.

식혜(食醯) 참조 식해(食醢).

신강(新疆) 신장. 중국 서북부의 위구르족 자치구. 구도(區都)는 우루무치(烏魯木齊).

신기로히(神奇-) 신기로이.

신기스럽다(神奇-) 신기롭다.

신나(thinner) 시너. 희석제(稀釋劑).

신녀성(新女性) 신여성. ※ 접두어처럼 쓰이는 한자 다음의 첫 음절은 두음법칙에 따라 적는다.

신들메 들메끈. 신을 발에다 동여매는 끈.

신디사이저(synthesizer) 신시사이저.

신령스런(神靈-) 신령스러운. 참조 -스런.

신 맛 신맛. ※ 한 낱말이므로 붙여 쓴다.

신명나다 신명 나다. ※ 한 낱말이 아니므로 띄어 쓴다.

신문(訊問) ※ ‘**신문**’은 ‘검찰, 변호인이 증인이나 피의자에게 사실 관계를 확인하기 위해 묻는 일’이며, ‘**심문**(審問)’은 ‘법원이 당사자나 이해관계인에게 진술할 기회를 주는 일’이다. ¶검찰 신문 조서. // 법정 심문.

신물나다 신물 나다. ※ 한 낱말이 아니므로 띄어 쓴다.

신발코 신코. 신발 앞쪽 끝의 뾰족한 곳.

신부감(新婦－)　신붓감. [신부깜·신붇깸으로 소리 나므로 사이시옷을 받쳐 적는다.

신비로히(神祕－)　신비로이.

신비스런(神祕－)　신비스러운. 참조 －스런.

신삥(しんぴん)　신품(新品). 새것.

신새벽　첫새벽.

신연도(新年度)　신년도. ※ '신년'에 '도'가 결합한 구조이므로 '신년도'로 적는다.

신음소리(呻吟－)　신음. 앓는 소리. ※ '신음'이 '앓는 소리'이므로 '신음소리'는 겹말이다.

신장율(伸張率)　신장률. 참조 －률.

신주단지(神主－)　신줏단지. [신주딴지·신줃딴지]로 소리 나므로 사이시옷을 받쳐 적는다.

신중이(愼重－)　신중히.

신쭈(眞鍮·しんちゅう)　놋쇠.

신출나기(新出－)　신출내기.

신통스런(神通－)　신통스러운. 참조 －스런.

신푸녕스럽다　신청부같다. 근심 걱정이 많아 사소한 일을 돌아볼 여유가 없다.

싣다　※ '**싣다**'는 '물체를 운반하기 위하여 탈것에 올리다'라는 뜻이므로 사람에 대해서는 '**태우다**'를 쓴다. 다만, 사람이 스스로 탈것에 오를 때는 '싣다'를 쓸 수 있다. ¶차에 짐을 <u>실어</u> 날랐다.∥나도 좀 <u>태워</u> 주시오.∥오늘도 만원 버스에 몸을 <u>싣는다</u>.

실강이　실랑이. 승강이.

실갱이　실랑이. 승강이.

실경　시렁. 살강.

실고　싣고. ※ '물체를 운반하기 위하여 차, 배, 수레, 비행기, 짐승의 등 따위에 올리다'의 뜻을 나타내는 말은 '싣다'이다.

실근실근　슬근슬근.

실낙　실낱.

실날　실낱.

실낫　실낱.

실낮 같다　실낱같다. ※ 한 낱말이므로 붙여 쓴다. ¶<u>실낱같은</u> 희망을 붙잡고 오랜 세월을 견뎌 냈다.

실내체육관(室內體育館)　체육관. ※ '관(館)'에 건물이라는 뜻이 있으므로 '실내체육관'은 겹말이다.

실락원(失樂園)　실낙원. ※ 접두어처럼 쓰이는 한자 다음의 첫 음절은 두음법칙에 따라 적는다.

실래악　실내악(室內樂).

실루에트(silhouette)　실루엣.

실리콘벨리(Silicon Valley)　실리콘밸리.　참조 벨리.

실망스런(失望-)　실망스러운.　참조 -스런.

실뭉치　실몽당이.

실버시터(silver sitter)　말터 경로도우미(敬老-).

실업난(失業難)　구직난(求職難). 취업난(就業難). 실업 사태(失業事態). ※ '난'은 '급수난(給水難)', '자재난(資材難)'처럼 무언가가 모자라서 겪는 어려움을 표현할 때 쓰는 말이다. '실업난'은 '실업'이 모자라 어려움을 겪는다는 뜻이 되므로 잘못이다.

실업율(失業率)　실업률.　참조 -률.

실없은　실없는. ※ 형용사의 관형사형 어미는 '-은'이지만 '있다', '없다'로 끝나는 형용사의 관형사형 어미는 '-는'이다.

실예(實例)　실례.

실오래기　실오라기. 실오리.

실읍니다　싫습니다.　참조 실고.

실증나다　싫증나다.

실쯩나다　싫증나다.

실컨　실컷.

실콤하다　실큼하다. 싫은 생각이 있다.

실패률(失敗率)　실패율.　참조 -률.

실피줄　실핏줄. ※ [실 : 피쭐·실 : 핃쭐]로 소리 나므로 사이시옷을 받쳐 적는다.

실현시키다(實現-)　실현하다. ※ 사동의 뜻이 없으면 '-시키다'로 쓰지 않는다.　참조 -시키다. ¶네 꿈을 <u>실현하려면</u> 끊임없이 노력해야 한다.

싫것　실컷.

싫느냐　싫으냐. ※ 받침 있는 형용사 어간에 붙는 종결어미는 '-으냐'이다. '-느냐'는 동사의 어간에 붙는다.

심　힘. ¶<u>힘</u>이 세다.

심각이(深刻-)　심각히.

심껏　힘껏.

심난하다　심란하다(心亂-). 마음이 어수선하다. ※ 다만, '매우 어렵다'의 뜻을 나타내는 말은 '심난하다(甚難-)'이다. ¶<u>심란</u>하여 일이 손에 잡히지 않는다. // 젊은 시절에는 <u>심난하게</u> 살았다.

심도 있다(深度-)　심도 깊다. 깊이 있다. ※ '심도'는 '깊은 정도'를 나타내는 말이다. '심도 있다'

는 '심도 깊다', '심도 얕다'라고 표현하는 것이 바람직하다. 따뜻함의 정도를 나타낼 때 '온도 있다'라고 하지 않고 '온도가 높다', '온도가 낮다'라고 하는 것과 마찬가지이다.

심들다 힘들다.

심문(審問) 참조 신문.

심볼(symbol) 심벌. 상징(象徵).

심부름군 심부름꾼.

심뽀(心-) 심보. ¶심보가 고약하다. / 놀부 심보.

심술꾼(心術-) 심술꾸러기.

심술스런(心術-) 심술스러운. 참조 -스런.

심술장이(心術-) 심술쟁이. 참조 -장이.

심이(甚-) 심히.

심지뽑기(心-) 제비뽑기.

심지여 심지어(甚至於).

심통스런(心痛-) 심통스러운. 참조 -스런.

심포지움(symposium) 심포지엄.

심화시키다(深化-) 심화하다. ※ 사동의 뜻이 없으면 '-시키다'로 쓰지 않는다. 참조 -시키다.

십방정토(十方淨土) 시방정토. ※ 속음으로 소리 나는 것은 속음으로 적는다. '十'의 본음은 '십'이나 '十方淨土'에서는 속음으로 굳어졌으므로 '시'로 적는다.

십사리 쉽사리.

십왕(十王) 시왕. ※ 속음으로 소리 나는 것은 속음으로 적는다. '十'의 본음은 '십'이나 '十王'에서는 속음으로 굳어졌으므로 '시'로 적는다.

십왕봉(十王峰) 시왕봉. 금강산의 봉우리. 높이 1147m. ※ 속음으로 소리 나는 것은 속음으로 적는다. '十'의 본음은 '십'이나 '十王峰'에서는 속음으로 굳어졌으므로 '시'로 적는다.

십월(十月) 시월. ※ 속음으로 소리 나는 것은 속음으로 적는다. '十'의 본음은 '십'이나 '十月'에서는 속음으로 굳어졌으므로 '시'로 적는다.

십이률(十二律) 십이율. 동양 음악에서 열두 음의 이름. 참조 -률.

십장거리(十帳-) 십장걸이. 지붕 귀에 선자(扇子) 서까래 열 개를 건 모양.

십팔번(十八番) 단골 장기. / 단골 노래. ※ '십팔번'은 일본어투.

싯가(時價) 시가. ※ 한자어는 두 음절로 된 '곳간(庫間)', '셋방(貰房)', '숫자(數字)', '찻간(車間)', '툇간(退間)', '횟수(回數)' 외에는 사이시옷을 받치지 않는다.

싯귀(詩句) 시구. ※ 한자어는 두 음절로 된 '곳간(庫間)', '셋방(貰房)', '숫자(數字)', '찻간(車間)', '툇간(退間)', '횟수(回數)' 외에는 사이시옷을 받치지 않는다. 또 '句'는 '글귀', '귀글'을 제외하고는 모두 '구'로 읽는다.

싯꺼멓다 시꺼멓다.

싯노랗다 싯누렇다.

싯누래지다 싯누레지다. 참조 싯누렇다.

싯누렇다 활용 싯누렇고. 싯누렇게. 싯누러면. 싯누러니. 싯누레. 싯누런.

싯멀개지다 싯멀게지다. 참조 싯멀겋다.

싯멀겋다 활용 싯멀겋고. 싯멀겋게. 싯멀거면. 싯멀거니. 싯멀게. 싯멀건.

싯뻘겋다 시뻘겋다.

싯점(時點) 시점. ※ 한자어는 두 음절로 된 '곳간(庫間), 셋방(貰房), 숫자(數字), 찻간(車間), 툇간

(退間), 횟수(回數)' 외에는 사이시옷을 받치지 않는다.

싯퍼렇다 시퍼렇다.

싯허옇다 시허옇다.

싱가폴(Singapore) 싱가포르.

싱갱이 승강이. 실랑이.

싱거웁다 싱겁다. 활용 싱겁고. 싱거우니. 싱거워. 싱겁지.

싱거웁지만 싱겁지만. 참조 싱거웁다.

싱그시 싱긋이.

싱글맘(single mom) 말터 홀보듬엄마.

싱긋히 싱긋이.

싱둥겅둥 건성건성.

싸가지 싹수.

싸고 돌다 싸고돌다. ※ 한 낱말이므로 붙여 쓴다.

싸그리 깡그리.

싸느랗다 활용 싸느랗고. 싸느랗게. 싸느라면. 싸느라니. 싸느래.

싸느렇다 싸느랗다. 써느렇다.

싸느레지다 싸느래지다. 써느레지다. 참조 싸느랗다. 써느렇다.

싸돌아 다니다 싸돌아다니다. ※ 한 낱말이므로 붙여 쓴다.

싸래기 싸라기.

싸래기눈 싸라기눈. 싸락눈.

싸롱(salon)　살롱. 🔍 2)

싸리대　싸릿대. ※ [싸리때·싸릳때]로 소리 나므로 사이시옷을 받쳐 적는다.

싸리문　사립문(－門). ※ 다만, '싸리를 묶어 만든 문'은 '싸리문'이다.

싸이다　※ '싸이다'는 '싸다'의 피동사 또는 사동사이며, '쌓이다'는 '쌓다'의 피동사이다. ¶강보에 싸인 아기. / 안개에 싸인 마을. // 아이에게 오줌을 싸였다. // 돌이 산더미처럼 쌓여 있다.

싸이렌(siren)　사이렌. 🔍 2)

싸이버(cyber)　사이버. 🔍 2)

싸이즈　사이즈(size). 🔍 2)

싸이코　사이코(psycho). 🔍 2)

싸이클　사이클(cycle). 🔍 2)

싸인　사인(sign). 🔍 2)

싸질르다　싸지르다. 활용 싸지르고. 싸지르니. 싸지르면. 싸지르지. 싸지르는. 싸질러. ¶무슨 일이 있는지 그 녀석이 온 동네를 싸지르고 다닌다. / 화가 머리끝까지 난 노인이 집에 불을 싸질러 놓겠다고 막말을 해 댔다.

싹독　싹둑.

싹독싹독　싹둑싹둑.

싹뚝　싹둑.

싹삭하다　싹싹하다. ¶그 사람은 싹싹해서 인기가 좋다.

싹슬이　싹쓸이.

싹쓰리　싹쓸이.

싹아지　싹수.

쌌　싹.

싼타크로스(Santa Claus)　산타클로스. 🔍 2)

쌀궤(－櫃)　뒤주.

쌀뜬물　쌀뜨물.

쌀뜸물　쌀뜨물.

쌀롱(salon)　살롱. 🔍 2)

쌀전(－廛)　싸전.

쌈박질　싸움질. 쌈질.

쌈지돈　쌈짓돈. ※ [쌈지똔·쌈짇똔]으로 소리 나므로 사이시옷을 받쳐 적는다.

쌉살하다　쌉쌀하다.

쌉싸레하다　쌉싸래하다.

쌉쓰름하다　쌉싸래하다. 쌉싸름하다.

쌍갈래길(雙－)　쌍갈랫길.　※[쌍갈래낄·쌍갈랟낄]로 소리 나므로 사이시옷을 받쳐 적는다.

쌍거풀(雙－)　쌍까풀. 쌍꺼풀.

쌍동이(雙－)　쌍둥이.

쌍둥밤　쌍동밤(雙童－).

쌍둥아들　쌍동아들(雙童－).

쌍스런　쌍스러운.　참조 －스런.

쌍용(雙龍)　쌍룡.　※충남 천안시 쌍용동, 강원 영월군 한반도면 쌍용리 등지의 주소도 모두 '쌍룡'으로 써야 옳다. 다만, 기업 이름은 '쌍용'으로 등록돼 있다.

쌍지팽이(雙－)　쌍지팡이.

쌍판대기　상판대기.

쌍판데기　상판대기.

쌍판때기　상판대기.

쌍판떼기　상판대기.

쌓이다　참조 싸이다.

쌔고쌔다　쌔고 쌔다.　※한 낱말이 아니므로 띄어 쓴다. '쌔다'는 '쌓이다'의 준말. ¶그런 놈은 쌔고 쌨다.

쌔끼　새끼.

쌔이다　싸이다.

쌕(sack)　색. 배낭.　🔍 2)

쌕쌕　색색. 쌔쌕. ¶아기가 색색거리며 곤히 잔다.

쌕쌔기　쌕쌕이.

써느렇다　활용 써느렇고. 써느렇지. 써느러면. 써느러니. 써느레. 써느런.

써든데스(sudden death)　서든데스.　🔍 2)

써머(summer)　서머.　🔍 2)

써머리(summary)　서머리.　🔍 2)

써머타임(summer time)　서머타임. 일광절약시간(日光節約時間). 여름 시간. 여름 알뜰 시간.　🔍 2)

써모스타트(thermostat)　서모스탓.　※[θ]는 'ㅅ'으로 적는다.

써바이벌 게임(survival game)　서바이벌 게임.　🔍 2)

써브(serve)　서브.　🔍 2)

써비스(service)　서비스.　🔍 2)

써클(circle)　서클. 동아리.　🔍 2)

써킷(circuit)　서킷.　🔍 2)

써포터즈(supporters)　서포터스.　🔍 2)

써핑(surfing)　서핑. 파도타기.　🔍 2)

썩이다　※'썩이다'는 '썩다'의 사동사로서 '걱정이나 근심 따위로 마음이 몹시 괴로운 상태가 되도록 하다'의 뜻을 나타내며, **'썩히다'**는 역시 '썩다'의 사동사로서 '유기물이 분해됨으로써 원래의 성질을 잃고 나쁜 냄새가 나며 형체가 뭉개지는 상태가 되도록 하다’, ‘물건이나 사람 또는 사람의 재능 따위가 쓰여야 할 곳에 제대로 쓰이지 못하고 내버려진 상태가 되도록 하다’, ‘본인의 의사와 관계없이 어떤 곳에 얽매여 있도록 하다’의 뜻을 나타낸다. ¶이제 아비 어미 속 좀 작작 썩여라. // 먹고 남은 음식을 <u>썩혀서</u> 거름을 만들었다. / 기술자가 부족해 아까운 장비를 <u>썩히고</u> 있다. / 불경기로 취직하지 못해 재능을 <u>썩히는</u> 젊은이들이 널렸다. / 군대에 가는 게 젊음을 <u>썩히는</u> 일이라고만 볼 수는 없다.

썩히다 참조 썩이다.

썬글라스(sunglasses) 선글라스. 색안경. 🔍 2)

썬탠(suntan) 선탠. 🔍 2)

썰다 ※ ‘썰다’는 ‘어떤 물체에 칼이나 톱을 대고 아래로 누르면서 날을 앞뒤로 움직여서 잘라 내거나 토막이 나게 하다’의 뜻을 나타내며, ‘**자르다**’는 ‘동강을 내거나 끊어 내다’의 뜻을 나타낸다. ‘썰다’가 ‘자르다’보다 제한적으로 쓰인다. ¶가래떡을 <u>썰다</u>. / 오이를 <u>썰다</u>. / 목수가 톱으로 나무를 <u>썰었다</u>. / 어머니가 무로 채를 <u>썰었다</u>. / 찌개에 파를 숭숭 <u>썰어</u> 집어넣었다. // 생선을 <u>자르다</u>. / 머리를 짧게 <u>잘랐다</u>. / 그는 무를 <u>자르듯이</u> 나와의 인연을 끊었다.

썰레발 설레발.

썰으니 써니. ※ 어간이 ‘ㄹ’ 받침으로 끝나는 용언의 어간에 붙는 어미는 ‘-니’이다. ‘-니’가 붙으면 ‘ㄹ’이 줄어든다.

썰으면 썰면. ※ 어간이 ‘ㄹ’ 받침으로 끝나는 용언의 어간에 붙는 연결어미는 ‘-면’이다.

썰은 썬. ※ 어간이 ‘ㄹ’ 받침으로 끝나는 용언의 어간에 붙는 어미는 ‘-ㄴ’이다. ‘-ㄴ’이 붙으면 ‘ㄹ’이 줄어든다.

썰음 썲. ※ 어간이 ‘ㄹ’ 받침으로 끝나는 용언의 명사형 어미는 ‘-

🔍 2) 외래어 표기에서, 일본어·중국어·베트남 어·태국어의 일부 표기 외에는 된소리를 쓰지 않는다.

ㅁ'이다.

썰읍니다 썹니다. ※ 어간이 'ㄹ' 받침으로 끝나는 용언의 어간에 붙는 어미는 '-ㅂ니다'이다. '-ㅂ니다'가 붙으면 'ㄹ'이 줄어든다.

썰읍시다 썹시다. ※ 어간이 'ㄹ' 받침으로 끝나는 동사의 어간에 붙는 어미는 '-ㅂ시다'이다. '-ㅂ시다'가 붙으면 'ㄹ'이 줄어든다.

썸머(summer) 서머. 🔍 2)

썸머타임(summer time) 서머타임. 일광절약시간. 여름 시간. 여름 알뜰 시간. 🔍 2)

썸벅 씀벅.

썸씽(something) 섬싱. 🔍 2)

쎄고 쎄다 쌔고 쌔다. 참조 째고 쌔다.

쎄일(sale) 세일. 🔍 2)

쎄일스(sales) 세일즈. 🔍 2)

쎅스(sex) 섹스. 🔍 2)

쎈서(sensor) 센서. 감지기(感知機). 🔍 2)

쎈스(sense) 센스. 🔍 2)

쏘나타(sonata) 소나타. 🔍 2)

쏘돌아다니다 싸돌아다니다.

쏘세지(sausage) 소시지. 🔍 2)

쏘스¹(sauce) 소스. 🔍 2)

쏘스²(source) 소스. 🔍 2)

쏘아부치다 쏘아붙이다. 참조 부치다.

쏘주 소주(燒酒).

쏘프트(soft) 소프트. 🔍 2)

쏙딱쏙딱 쏙닥쏙닥.

쏜살 같다 쏜살같다. ※ 한 낱말이므로 붙여 쓴다. ¶ 쏜살같이 달려라.

쏜살로 쏜살같이.

쏜지르다 쏟뜨리다.

쏜치다 쏟뜨리다.

쐬다 '쏘이다'의 준말. 활용 쐬고. 쐬면. 쐬어(쐐). 쐬니. ¶ 알레르기가 있어 벌에 쐬면(쏘이면) 위험하다. / 벌에 쐬어(쐐) 얼굴이 퉁퉁 부었다.

쐬여 쏘여. 쐬어. 쐐. 참조 쐬다.

쐬이다 쏘이다. 쐬다. 참조 쐬다.

쐬주 소주(燒酒).

쑈(show) 쇼. 🔍 2)

쑤꾹새 뻐꾹새. 뻐꾸기.

쑤세미 수세미.

쑥갖 쑥갓.

쑥떡거리다 쑥덕거리다.

쑥떡공론(-公論) 쑥덕공론.

쑥떡쑥떡 쑥덕쑥덕.

쑥맥 숙맥(菽麥). ※ '숙맥'은 '숙맥불변(菽麥不辨. 콩인지 보리인지 구분하지 못함)'에서 나온 말이다.

쑥스런 쑥스러운. 참조 −스런.

쑥쓰럽다 쑥스럽다.

쓰겁다 쓰다. ¶쓰면 뱉고 달면 삼킨다.

쓰디 쓰다 쓰디쓰다. ※ 한 낱말이므로 붙여 쓴다. 참조 −디.

쓰래기 쓰레기.

쓰레기량(−量) 쓰레기양. 참조 량.

쓰레받이 쓰레받기.

쓰레빠(←slipper) 슬리퍼. 실내화(室內靴). ※ '쓰레빠'는 일본어투.

쓰리(three) 스리. ※ [θ]는 'ㅅ'으로 적는다.

쓰리꾼(←すり·掏摸) 소매치기.

쓰메끼리(爪切り·つめきり) 손톱깎이.

쓰봉(←jupon) 양복바지. ※ '쓰봉'은 일본어투.

쓰잘데기없다 쓰잘머리 없다. 쓸모없다. 쓸데없다. 소용없다.

쓰잘데없다 쓰잘머리 없다. 쓸모없다. 쓸데없다. 소용없다.

쓰키다시(突き出し·つきだし) 곁들이. / 곁들이 안주(−按酒).

쓱삭쓱삭 쓱싹쓱싹.

쓴나물 씀바귀. ※ 다만, '쓴맛이 나는 나물'이라는 뜻으로는 '쓴 나물'로 띄어 쓴다.

쓴 맛 쓴맛. ※ 한 낱말이므로 붙여 쓴다.

쓴 소리 쓴소리. ※ 한 낱말이므로 붙여 쓴다.

쓸 데 없다 쓸데없다. ※ 한 낱말이므로 붙여 쓴다.

쓸 모 없다 쓸모없다. ※ 한 낱말이므로 붙여 쓴다.

쓸쓸이 쓸쓸히.

쓸어 버리다 쓸어버리다. ※ '부정적인 것을 모조리 없애다'의 뜻을 나타내면 한 낱말이므로 붙여 쓴다. ¶잡념을 쓸어버리고 공부에만 전념하기로 했다.

쓸어지다 쓰러지다.

쓸으니 쓰니. ※ 어간이 'ㄹ' 받침으로 끝나는 용언의 어간에 붙는 어미는 '−니'이다. '−니'가 붙으면 'ㄹ'이 줄어든다.

쓸으면 면. ※ 어간이 'ㄹ' 받침으로 끝나는 용언의 어간에 붙는 연결어미는 '−면'이다.

쓸은 쓴. ※ 어간이 'ㄹ' 받침으로 끝나는 용언의 어간에 붙는 어미는 '−ㄴ'이다. '−ㄴ'이 붙으면

‘ㄹ’이 줄어든다.

쓸음 쓺. ※ 어간이 ‘ㄹ’ 받침으로 끝나는 용언의 명사형 어미는 ‘–ㅁ’이다. ¶마당을 쓺.

쓸읍니다 씁니다. ※ 어간이 ‘ㄹ’ 받침으로 끝나는 용언의 어간에 붙는 어미는‘–ㅂ니다’이다. ‘–ㅂ니다’가 붙으면‘ㄹ’이 줄어든다.

쓸읍시다 씁시다. ※ 어간이 ‘ㄹ’ 받침으로 끝나는 동사의 어간에 붙는 어미는‘–ㅂ시다’이다. ‘–ㅂ시다’가 붙으면 ‘ㄹ’이 줄어든다.

쓸치마 쓰개치마.

씀 쓺. ※ 다만, ‘쓰다’의 명사형은 ‘씀’이다. 참조 쓸음.

씁스레하다 씁쓰레하다.

씁슬하다 씁쓸하다.

씌여지다 씌다. 쓰이다. 써지다. ※ ‘쓰다’의 피동형이 ‘쓰이다(씌다)’이므로 ‘씌여지다’는 이중 피동형이다. 활용 쓰이고(씌고). 쓰이어(씌어).

씌여진 쓰인. 써진. 참조 씌여지다.

씨(氏) ※ 의존명사로 쓰일 때는 띄어 쓰고, 성씨 자체나 문중, 가문을 나타내는 접사로 쓰일 때는 붙여 쓴다. ¶김 씨./홍길동 씨.// 그 사람은 김씨 성을 가졌다./최씨 문중./전주 이씨./박씨 부인.

씨겁다 쓰다. ¶쓰면 뱉고 달면 삼킨다.

씨껍하다 식겁하다(食怯–). ¶아들이 다쳤다는 말을 듣고 식겁해 병원으로 달려갔다.

씨끄럽다 시끄럽다.

씨끌씨끌 시끌시끌.

씨나락 씻나락. 참조 씻나락.

씨나리오(scenario) 시나리오. 🔍 2)

씨너지(synergy) 시너지. 🔍 2)

씨네라마(cinerama) 시네라마. 🔍 2)

씨네마(cinema) 시네마. 🔍 2)

씨니어(senior) 시니어. 🔍 2)

씨니컬(cynical) 시니컬. 🔍 2)

씨래기 시래기.

씨래기국 시래깃국. 참조 시래기국.

씨리즈(series) 시리즈. 🔍 2)

씨부리다 씨불이다. 씨부렁거리다.

🔍 2) 외래어 표기에서, 일본어·중국어·베트남 어·태국어의 일부 표기 외에는 된소리를 쓰지 않는다.

씨암닭 씨암탉. 참조 암닭.

씨앗 시앗. 남편의 첩. ¶<u>시앗</u> 싸움. / <u>시앗</u>을 보면 길가의 돌부처도 돌아앉는다.

씨엠리업(Siem Reap) 시엠레아프. 캄보디아 서북부의 도시. 🔍 2)

씨엠립(Siem Reap) 시엠레아프. 캄보디아 서북부의 도시. 🔍 2)

씩둑깍둑 씩둑꺽둑. 이런 말 저런 말로 쓸데없이 자꾸 지껄이는 모양.

씬(scene) 신. 🔍 2)

씸플(simple) 심플. / 간단한(簡單 —) / 단순한(單純 —). 🔍 2)

씻기우다 씻기다. 활용 씻기고. 씻겨. 씻기고.

씻나락 볍씨. ※ 다만, 일부 관용구나 속담 따위에서는 '씻나락'을 인정한다. ¶귀신 <u>씻나락</u> 까먹는 소리. / 가난한 양반 <u>씻나락</u> 주무르듯. / 도둑놈이 <u>씻나락</u> 헤아리랴?

씽크대(sink臺) 싱크대. 개수대. 🔍 2)

씽크탱크(think tank) 싱크탱크. 두뇌집단. ※ [θ]는 'ㅅ'으로 적는다.

🔍 2) 외래어 표기에서, 일본어·중국어·베트남 어·태국어의 일부 표기 외에는 된소리를 쓰지 않는다.

○

아가냐(Agaña)　하갓냐(Hagåtña). 미국령 괌의 행정 중심 도시.

아갸　애개.

아구　아귀. ¶<u>아귀찜</u>. / <u>아귀</u>탕.

아궁지　아궁이.

아기릉(-陵)　아기능. 참조 -능.

아깃아깃　아깆아깆. '아기작아기작'의 준말. ¶아기가 <u>아깆아깆</u> 걸어온다. / 오징어를 <u>아깆아깆</u> 씹어 먹는다.

아까와　아까워. ※ 'ㅂ불규칙용언'은 '곱다', '돕다'를 제외하고는 모두 '-워'로 활용한다.

아까 전에(-前-)　아까. ※ '아까'가 '조금 전', '조금 전에'를 뜻하므로 '아까 전에'는 겹말이다.

아끼따(秋田)　아키타. 일본 혼슈(本州)의 현 및 현청 소재지. ※ 일본어 표기에서 'ㅆ' 외에는 된소리를 쓰지 않는다.

아낌 없다　아낌없다. ※ 한 낱말이므로 붙여 쓴다. ¶<u>아낌없는</u> 찬사를 보내다. / <u>아낌없이</u> 주다.

아나고(穴子·あなご)　붕장어.

아나로그(analogue·analog)　아날로그.

아낙내　아낙네.

아는척하다　아는 척하다. 아는 체하다. 지식 따위가 없으면서 있는 것처럼 거짓으로 꾸미다. ※ 한 낱말이 아니므로 띄어 쓰는 것이 원칙이다. 참조 알은척하다.

아는체하다　아는 체하다. ※ 한 낱말이 아니므로 띄어 쓰는 것이 원칙이다. 참조 아는척하다. 알은척하다.

아니꼬와　아니꼬워. ※ 'ㅂ불규칙용언'은 '곱다', '돕다'를 제외하고는 모두 '-워'로 활용한다.

아니여요　아니어요. 참조 -에요.

아니였다　아니었다.

아니예요　아니에요. 참조 -에요.

아니오　※ '아니오'는 형용사 '아

니다'의 어간에 하오체의 종결 어미 '‒오'가 결합한 것이며, '**아니요**'는 부정하는 뜻을 나타내는 감탄사 '아니'에 높임의 뜻을 나타내는 보조사 '요'가 결합한 것이다. '아니'는 '응'에, '아니요'는 '예'에 대응하는 말이다. ¶이건 내 도끼가 <u>아니오</u>. / 당신이 한 짓 <u>아니오</u>? ∥ 네, <u>아니요</u>로 답하시오. / <u>아니요</u>, 제가 한 게 아니에요.

아니요　참조 아니오.

아다라시(新し·あたらし)　새것. / 처녀.

아다리(當たり·あたり)　단수(單手). / 적중.

아다마(頭·あたま)　머리.

아다마다　알다마다.

아다시피　알다시피.

아담스런(雅淡 ‒)　아담스러운. 참조 ‒스런.

아답타(adapter)　어댑터.

아더(Arthur)　아서. ¶<u>아서</u> 왕(5세기에서 6세기에 걸친 영국의 전설적 영웅). ※ [θ]는 'ㅅ'으로 적는다.

아둔하다　※ '**아둔하다**'는 '슬기롭지 못하고 머리가 둔하다'의 뜻을 나타내며, '**어둔하다**(語鈍 ‒)'는 '말이 둔하다'의 뜻을 나타낸다. ¶그 아이는 좀 <u>아둔한</u> 데가 있어서 자기 잇속을 챙길 줄 모른다. ∥ 말투가 <u>어둔하다고</u> 낮잡아 보면 안 된다.

아둥바둥　아등바등.

아득이　아득히.

아득하다　※ '**아득하다**'는 '보이거나 들리는 것이 희미하고 매우 멀다', '까마득히 오래되다', '정신이 흐려진 상태이다', '어떻게 하면 좋을지 몰라 막막하다'의 뜻을 나타내고, '**아뜩하다**'는 '갑자기 어지러워 까무러칠 듯하다'의 뜻을 나타낸다. ¶<u>아득</u>한 수평선. / <u>아득하게</u> 들리는 엄마의 자장가. / 고향의 정경이 <u>아득한</u> 추억으로만 남았다. / 사흘을 굶었더니 정신이 <u>아득해졌다</u>. / 실직하고 나니 살길이 <u>아득하다</u>. ∥ 사고 소식을 들으니 정신이 <u>아뜩하였다</u>.

아들님　아드님.

아들래미　아들내미.

아들벌　아들뻘. ※ '그런 관계'의 뜻을 더하는 접미사는 '‒뻘'이다. ¶<u>아들뻘</u> 되는 젊은이.

아뜩하다 참조 아득하다.

아뜰리에(atelier) 아틀리에. ※ 외래어 표기에서, 일본어·중국어·베트남 어·태국어의 일부 표기 외에는 된소리를 쓰지 않는다.

아라비야(Arabia) 아라비아.

아람들이 아름드리.

아랍에미레이트(Arab Emirates) 아랍에미리트. 아라비아 반도에 있는 나라. 수도는 아부다비(Abu Dhabi).

아래것 아랫것. ※ [아래껃·아랟껃]으로 소리 나므로 사이시옷을 받쳐 적는다.

아래글 아랫글. ※ [아래끌·아랟끌]로 소리 나므로 사이시옷을 받쳐 적는다.

아래길 아랫길. ※ [아래낄·아랟낄]로 소리 나므로 사이시옷을 받쳐 적는다.

아래녘 아랫녘. ※ [아랜녁]으로 ‘ㄴ’ 앞에서 ‘ㄴ’ 소리가 덧나므로 사이시옷을 받쳐 적는다.

아래놈 아랫놈. ※ [아랜놈]으로 ‘ㄴ’ 앞에서 ‘ㄴ’ 소리가 덧나므로 사이시옷을 받쳐 적는다.

아래눈썹 아랫눈썹. ※ [아랜눈썹]으로 ‘ㄴ’ 앞에서 ‘ㄴ’ 소리가 덧나므로 사이시옷을 받쳐 적는다.

아래단 아랫단. ※ [아래딴·아랟딴]으로 소리 나므로 사이시옷을 받쳐 적는다.

아래도리 아랫도리. ※ [아래또리·아랟또리]로 소리 나므로 사이시옷을 받쳐 적는다.

아래를 쳐다보다 아래를 내려다보다. ※ ‘쳐다보다’는 ‘위를 향하여 보다’를 뜻하므로 ‘아래’나 ‘밑’을 뜻하는 낱말과는 어울릴 수 없다. 참조 쳐다보다.

아래마을 아랫마을. ※ [아랜마을]로 ‘ㅁ’ 앞에서 ‘ㄴ’ 소리가 덧나므로 사이시옷을 받쳐 적는다.

아래목 아랫목. ※ [아랜목]으로 ‘ㅁ’ 앞에서 ‘ㄴ’ 소리가 덧나므로 사이시옷을 받쳐 적는다.

아래방(-房) 아랫방. ※ [아래빵·아랟빵]으로 소리 나므로 사이시옷을 받쳐 적는다.

아래배 아랫배. ※ [아래빼·아랟빼]로 소리 나므로 사이시옷을 받쳐 적는다.

아래변(-邊) 아랫변. ※ [아래뼌·아랟뼌]으로 소리 나므로 사이시옷을 받쳐 적는다.

아래부분(-部分) 아랫부분. ※ [아래뿌분·아랟뿌분]으로 소리 나므로 사이시옷을 받쳐 적는다.

아래 뻘 아래뻘. ※ '-뻘'은 '그런 관계'의 뜻을 더하는 접미사이므로 붙여 쓴다. ¶그의 상사는 그보다 아래뻘이다.

아래사람 아랫사람. ※ [아래싸람·아랟싸람]으로 소리 나므로 사이시옷을 받쳐 적는다.

아래우 아래위.

아래위집 아래윗집. ※ [아래위찝·아래윋찝]으로 소리 나므로 사이시옷을 받쳐 적는다.

아래이 아랫니. ※ [아랜니]로 'ㄴ' 소리가 덧나므로 사이시옷을 받쳐 적는다.

아래입술 아랫입술. ※ [아랜닙쑬]로 'ㄴ' 소리가 덧나므로 사이시옷을 받쳐 적는다.

아래잇몸 아랫잇몸. ※ [아랜닌몸]으로 'ㄴ' 소리가 덧나므로 사이시옷을 받쳐 적는다.

아래자리 아랫자리. ※ [아래짜리·아랟짜리]로 소리 나므로 사이시옷을 받쳐 적는다.

아래집 아랫집. ※ [아래찝·아랟찝]으로 소리 나므로 사이시옷을 받쳐 적는다.

아랫누이 누이동생.

아랫뻘 아래뻘. 손아래뻘. ※ '-뻘'은 접미사이므로 사이시옷을 받치지 않는다.

아랫알 아래알. 수판의 가름대 아래쪽의 알.

아랫이 아랫니. 참조 아래이.

아랫짝 아래짝. ※ 된소리 앞에서는 사이시옷을 받치지 않는다.

아랫쪽 아래쪽. ※ 된소리 앞에서는 사이시옷을 받치지 않는다.

아랫층(-層) 아래층. ※ 거센소리 앞에서는 사이시옷을 받치지 않는다.

아랫편(-便) 아래편. ※ 거센소리 앞에서는 사이시옷을 받치지 않는다.

아련이 아련히.

아론(Aaron) 에런. ¶행크 에런 (전 미국 프로 야구 밀워키 브레이브스의 선수).

아롱범 표범.

아뤼다 아뢰다.

아르키다 가르치다. / 가리키다. 참조 가르치다.

아름다와 아름다워. ※ 'ㅂ불규칙용언'은 '곱다', '돕다'를 제외하고는 모두 '-워'로 활용한다.

아름답냐　아름다우냐.

아름답느냐　아름다우냐.　※받침 있는 형용사 어간에 붙는 종결어미는 '-으냐'이며, '아름답다'는 ㅂ불규칙용언이므로 'ㅂ'이 '우'로 바뀌어 '아름다우냐'가 된다. '-느냐'는 동사의 어간에 붙는다.

아름들이　아름드리.

아리까리하다　아리송하다. 알쏭달쏭하다.　※ '아리까리하다'는 일본어투.

아리숭하다　아리송하다.

아리조나(Arizona)　애리조나. 미국 서남부의 주(州).

아릿다운　아리따운.

아마츄어(amateur)　아마추어. ※ 외래어에서 'ㅈ, ㅊ' 다음에는 이중모음 'ㅑ, ㅕ, ㅛ, ㅠ'를 쓰지 않는다.

아먼드(almond)　아몬드.

아무 거나　아무거나. ※ 한 낱말이므로 붙여 쓴다.

아무 것　아무것. ※ 한 낱말이므로 붙여 쓴다.

아무러나　아무려나.

아무러면　※ '**아무러면**'은 '있기 어려운 일이나 상태를 가정하는 뜻을 나타내는 부사'이며, '**아무려면**'은 '말할 나위 없이 그렇다는 뜻으로 상대의 말에 강한 긍정을 나타내는 감탄사'로서 '아무렴'의 본말이다. ¶<u>아무러면</u> 내가 널 업신여기겠니. // <u>아무려면</u>, 네 부탁인데 들어줘야지.

아무려면　참조 아무러면.

아무리나　아무려나.

아무 짝　아무짝. ※ 한 낱말이므로 붙여 쓴다. ¶<u>아무짝</u>에도 쓸모없다.

아무쪽　아무짝.

아문젠(Amundsen)　아문센. ¶로알 <u>아문센</u>(노르웨이 극지탐험가).

아물으면　아물면. ※ 어간이 'ㄹ' 받침으로 끝나는 용언의 어간에 붙는 연결어미는 '-면'이다.

아물은　아문. ※ 어간이 'ㄹ' 받침으로 끝나는 용언의 어간에 붙는 어미는 '-ㄴ'이다. '-ㄴ'이 붙으면 'ㄹ'이 줄어든다.

아물음　아묾. ※ 어간이 'ㄹ' 받침으로 끝나는 용언의 명사형 어미는 '-ㅁ'이다. ¶상처가 덜 아묾.

아뭄 아묾. 참조 아물음.

아뭇소리 아무 소리. ※ 한 낱말이 아니므로 띄어 쓴다.

아뭏든 아무튼.

아뭏소리 아무 소리. 참조 아뭇소리.

아믈아믈 아물아물.

아밀라제(Amylase) 아밀라아제.

아버님 🔍 10)

아버지벌 아버지뻘. ※ '그런 관계'의 뜻을 더하는 접미사는 '-뻘'이다. 참조 -벌.

아벡크족(avec族) 아베크족.

아뿔사 아뿔싸.

아숩다 아쉽다. 활용 아쉽고. 아쉬워. 아쉬우면. 아쉬우니.

아쉬웁고 아쉽고. 참조 아숩다.

아스라히 아스라이.

아스름하다 아슴푸레하다.

아슴푸릇하다 아슴푸레하다.

아슴프레하다 아슴푸레하다.

아싸리(あっさり) 깨끗이. 산뜻이. 깔끔히.

아에로플로트(Aeroflot) 아예로플로트. 러시아 항공사.

아연즙(亞鉛葺) 함석지붕.

아연질색 아연실색(啞然失色).

-아오- -사오-. ※ 자신의

🔍 10) **아버님 / 어머님** ※ '아버지', '어머니'의 높임말이지만 자식이 자신의 친부모를 직접 이르거나 부를 때는 쓰지 않는다. 며느리가 시부모를 이르거나 부를 때, 사위가 장인, 장모를 이르거나 친근하게 부를 때, 다른 사람의 부모를 부르거나 직접 가리킬 때 쓴다. 다만, 돌아가신 부모는 '아버님', '어머님'이라고 할 수 있다. 부모에게 올리는 편지글에서도 쓸 수 있다. 사위가 처부모를 부르는 호칭은 기본적으로 '장인', '장모', '장인어른', '장모님'이다.

¶ (며느리가 시부모에게, 사위가 처부모에게) 아버님, 안녕히 주무세요. / 어머님, 진지 드세요. / (며느리가 시부모를, 사위가 처부모를 직접 가리키며) 아버님 어머님 차례입니다. / (며느리가 시부모를, 사위가 처부모를 다른 이에게 지칭하며) 아버님 어머님은 지금 여행 중이십니다. // (편지글에서) 아버님 전 상서. // (친구 등 다른 이에게) 자네 아버님은 평안하신가?

진술을 겸양하여 나타내는 어미. ¶제가 가겠사오니 걱정 마십시오.

아우구스부르크(Augsburg) 아우크스부르크. 독일 바이에른 주의 도시. ※ 독일어의 '-burg'는 '부르크'로 적는다.

아우라(aura) 오라. 말터 기품(氣品).

아우성 소리(-聲-) 아우성. ※ '아우성'이 '떠들썩하게 지르는 소리'를 뜻하므로 '아우성 소리'는 겹말이다.

아우어(hour·our) 아워.

아우터(outer) 말터 겉차림옷.

아울렛(outlet) 아웃렛.

아울르다 아우르다. 활용 아우르고. 아우르니. 아우르면. 아우르는. 아우르지. 아울러. ¶우리 모두가 힘을 아우르면 못 할 게 있겠는가. / 여럿이 돈을 아울러서 선물을 마련했다.

아울어 아울러. 참조 아우르다.

아웃쏘싱(outsourcing) 아웃소싱. 외주(外注). ※ 외래어 표기에서, 일본어·중국어·베트남어·태국어의 일부 표기 외에는 된소리를 쓰지 않는다.

아웅거리다 아옹거리다.

아웅다웅 =아옹다옹. ※ 복수 표준어.

아이구 아이고. 어이구.

아이구머니 아이고머니. 어이구머니.

아이러니컬하다(ironical-) 아이로니컬하다. ※ 다만, 명사 'irony'는 '아이러니'이다.

아이로니(irony) 아이러니. 모순. 역설. 이율배반.

아이롱(iron) 아이론. 다리미. ※ 다만, '철제'임을 나타낼 때는 '아이언'으로 적는다.

아이보리코스트(Ivory Coast) 코트디부아르(Côte d'Ivoire). 아프리카 서부의 국가. 수도는 야무수크로(Yamoussoukro).

아이섀도우(eye shadow) 아이섀도. ※ [ou]는 '오'로 적는다.

아이쇼핑(eye shopping) 말터 눈길 장보기(-場-).

아이슬랜드(Iceland) 아이슬란드. 수도는 레이캬비크(Reykjavik).

아이엠에프 위기(IMF 危機) 외환 위기(外換危機). 환란(換亂). 국제 통화기금 관리 체제(國際通貨基金管理體制). ※ 'IMF'는 '국제통

화기금'을 나타내는 약어이다. 1997년 IMF에 구제금융을 신청하고 이어 한국 경제가 IMF의 관리를 받게 되는 일련의 사태는 'IMF 위기'가 아니라 '외환위기'이다. IMF라는 국제기구가 위기를 겪은 것이 아니기 때문이다.

아이젠(Eisen) 말터 눈길덧신.

아이찌(愛知) 아이치. 일본 혼슈(本州)의 현. 현청 소재지는 나고야(名古屋). ※ 일본어 표기에서 'ㅆ' 외에는 된소리를 쓰지 않는다.

아이콘(Icon) 말터 상징(물)(象徵物).

아이쿠 아이코. 어이쿠.

아이피티브이(IPTV: Internet Protocol Television) 말터 맞춤형누리방송(-形-放送).

아인시타인(Einstein) 아인슈타인. ¶알베르트 아인슈타인(독일 태생의 이론물리학자).

아인트호벤(Eindhoven) 에인트호번. 네덜란드 남부의 도시.

아일라인(eye line) 아이라인.

아작나다 작살나다. ※ '**아작**'이 '조금 단단한 물건을 깨물어 바스러뜨릴 때 나는 소리'이기는

하지만 '아작나다'라는 말은 없다. '완전히 깨어지거나 부서지다', '아주 결딴이 나다'를 뜻하는 말은 '작살나다'이다. ¶돌에 맞은 항아리가 작살났다. / 아버지의 사업 실패로 온 집안이 작살났다.

아저씨벌 아저씨뻘. ※ '그런 관계'의 뜻을 더하는 접미사는 '-뻘'이다. 참조 -벌.

아젠다(agenda) 어젠다.

아즈테카 왕국(Azteca王國) 아스테카 왕국.

아즈텍 족(Aztec族) 아스텍 족.

아지랭이 아지랑이.

아직것 아직껏. ※ '그것이 닿는 데까지'의 뜻을 더하고 부사로 만드는 접사는 '-껏'이다.

아직 미해결인(-未解決-) 미해결인. 아직 해결되지 못한. ※ '미해결'이 '아직 해결되지 못함'을 뜻하므로 '아직 미해결인'은 겹말이다.

아직이다 아직 ~이 아니다. 아직 ~하지 않다. 아직 ~하다. ※ '아직'은 부사이므로 일부 어근 뒤에 붙어 동사를 만드는 접미사 '-이다'를 붙일 수 없다. ¶<u>아</u>

직 때가 아니다. 식사는 <u>아직 하</u>
<u>지</u> 않았다. 그 사람은 <u>아직 모른</u>
<u>다</u>.

아취(arch)　아치. 홍예(虹霓).　※ 영
어 표기에서 [tʃ]가 어말에 오면
‘치’로 적는다.

아카이브(archive)　말터 자료전산
화(資料電算化).

아케이트　아케이드(arcade).

아크몰라(Akmola)　아스타나
(Astana). 카자흐스탄의 수도.　※
1998년 ‘아크몰라’에서 ‘아스타
나’로 이름을 바꿨다.

아키바레(秋晴れ·あきばれ)　추청
벼(秋晴−).

아킬레스건(Achilles腱)　⇨ 아킬레
스힘줄(대한의사협회 권장용어).
말터 치명적 약점(致命的 弱點).
치명약점.

아틀란타(Atlanta)　애틀랜타.　미
국 조지아 주의 도시.

아티젠(Artygen)　말터 감각세대(感
覺世代).

아편꽃(阿片−)　양귀비(楊貴妃).

아편장이(阿片−)　아편쟁이.　참조
−장이.

아프칸　아프간.　아프가니스탄
(Afghanistan).

아프터서비스(after service)　애프
터서비스.

아해　아이.

아흐래　아흐레.

아흐레날　아흐렛날.　※ [아흐렌
날]로 ‘ㄴ’ 앞에서 ‘ㄴ’ 소리가 덧
나므로 사이시옷을 받쳐 적는다.

악다귀　악다구니.

악따구　악다구니.

악따구니　악다구니.

악발이　악바리.

악세레다　액셀러레이터(acceler-
ator).

악세사리(accessory)　액세서리.

악수를 나누다(握手−)　악수하다.

악착 같다(齷齪−)　악착같다.　※
한 낱말이므로 붙여 쓴다. ¶<u>악</u>
<u>착같이</u> 일해서 돈을 모았다.

악착배기(齷齪−)　악착빼기.

악착스런(齷齪−)　악착스러운.
참조 −스런.

안가슴　앙가슴.

안개 속　안갯속.　※ [안ː개쏙·
안ː갣쏙]으로 소리 나므로 사이
시옷을 받쳐 적는다.

안겉장(−張)　속표지(−表紙).

안경잽이(眼鏡−)　안경잡이.

안구건조증(眼球乾燥症)　눈마름

증(대한의사협회 권장용어).

안깐힘 안간힘.

안녕히 가십시요(安寧-) 안녕히 가십시오. ※ 명령의 뜻을 나타내는 종결어미는 '-ㅂ시오'이다.

안달볶달 안달복달.

안되다 ※ '일·현상·물건 따위가 좋게 이루어지지 않다', '사람이 훌륭하게 되지 못하다', '일정한 수준이나 정도에 이르지 못하다'를 뜻하면 동사, 또는 '섭섭하거나 가엾어 마음이 언짢다', '근심이나 병 따위로 얼굴이 많이 상하다'를 뜻하면 형용사로서 한 낱말이므로 '**안되다**'로 붙여 쓰지만, '되지 아니하다'를 뜻하면 한 낱말이 아니므로 '**안 되다**'로 띄어 쓴다. ¶그 가게는 장사가 <u>안돼서</u> 휴업 중이다. / 자식 <u>안되기</u>를 바라는 부모가 있겠는가? / 아무리 <u>안돼도</u> 우리 가운데 세 명은 완주해야 한다. / 그 사람 너무 <u>안됐다</u>. / 그동안 고생이 많았는지 얼굴이 참 <u>안돼</u> 보였다. // 그곳에 가면 <u>안 된다</u>.

안령(安寧) 안녕.

안면치레(顔面-) 안면치레.

안밖 안팎.

안사둔 안사돈(-査頓). 참조 사둔.

안서럽다 안쓰럽다.

안성마춤(安城-) 안성맞춤. 참조 맞추다.

안스럽다 안쓰럽다.

안악네 아낙네.

안어 안아. ※ 'ㅏ, ㅗ' 다음에서 서술·물음·명령·청유를 나타내는 종결어미는 '아'이다. ¶아기를 <u>안아</u> 주다.

안전변 안전판(安全瓣). ※ '瓣'은 '외씨 판'.

안절부절 못하다 안절부절못하다. ※ 한 낱말이므로 붙여 쓴다.

안절부절이다 안절부절못하다.

안절부절하다 안절부절못하다.

안주감(按酒-) 안줏감. ※ [안주깜·안줃깜]으로 소리 나므로 사이시옷을 받쳐 적는다.

안주거리(按酒-) 안줏거리. ※ [안주꺼리·안줃꺼리]로 소리 나므로 사이시옷을 받쳐 적는다.

안주일절(按酒一切) 안주일체. ※ '一切'가 명사로서 '모든 것'을 뜻하면 '일체'로 읽는다. 참조 일절.

안진뱅이 앉은뱅이.

안질뱅이 앉은뱅이.

안쫑다리 안짱다리.

안치다 ※ ‘안치다’는 ‘어려운 일이 앞에 밀리다. 앞으로 와 닥치다. 떡, 밥, 찌개 따위를 만들려고 재료를 솥 따위에 넣고 불에 올리다’를 뜻하며, ‘**앉히다**’는 ‘앉다’의 사동사로서 ‘앉게 하다’를 뜻한다. ¶당장 눈앞에 <u>안친</u> 일이 많아 어찌할 바를 모르겠다. / 언덕에 오르니 전경이 눈에 <u>안쳐</u> 왔다. / 솥에 쌀을 <u>안쳤으니</u> 곧 밥이 될 거다. // 그는 아들을 <u>앉혀</u> 놓고 잘못을 타일렀다.

안타까와 안타까워. ※ ‘ㅂ불규칙용언’은 ‘곱다’, ‘돕다’를 제외하고는 모두 ‘-워’로 활용한다.

안타까히 안타까이.

안하니만 못하다 안 하느니만 못하다. ※ 앞 절을 선택하기보다는 뒤 절의 사태를 선택함을 나타내는 연결어미는 ‘-느니’이다.

안하다 안 하다. ※ 한 낱말이 아니므로 띄어 쓴다.

안행(雁行) 안항. 기러기의 행렬이란 뜻으로, 남의 형제를 높여 이르는 말. ※ ‘行’이 항렬을 나타낼 때는 ‘항’으로 읽는다. ¶안항이 모두 몇 분입니까?

안홍색 은홍색(殷紅色).

안휘성(安徽省) 안후이 성. 중국 동부 창장 강 하류에 있는 성. 성도는 허페이(合肥).

앉은뱅이꽃 제비꽃. / 민들레. / 채송화. ※ ‘앉은뱅이꽃’은 방언으로 지방에 따라 서로 다른 꽃을 나타낸다.

앉은저울 앉은뱅이저울.

앉히다 [참조] 안치다.

않다 ※ 동사 뒤에서는 보조동사로서, 형용사 뒤에서는 보조형용사로 쓰인다. 보조동사이면 ‘않는다’, ‘않느냐’, ‘않는가’처럼 활용하고, 보조형용사이면 ‘않다’, ‘않으냐’, ‘않은가’처럼 활용한다. ¶내일은 출근하지 <u>않는</u>다. / 왜 여태 떠나지 <u>않느냐</u>? / 무슨 일이 일어날지 기대되지 <u>않는가</u>? // 너는 절대 나쁘지 <u>않</u>다. / 그 친구 참 멋지지 <u>않으냐</u>? / 참 아름답지 <u>않은가</u>?

않느냐 [참조] 않다.

않는가 [참조] 않다.

않는다 [참조] 않다.

않으냐 [참조] 않다.

않은가 [참조] 않다.

알(R) 아르. ¶브이티아르(VTR).

알견(謁見)　알현. 지체가 높고 귀한 사람을 찾아가 뵘. ※ ‘見’은 ‘나타날 현’.

알고리슴　알고리즘(algorism). 알고리듬(algorithm).

알곤(argon)　아르곤. ※ 원자기호는 Ar.

알구다　알리다.

알들하다　알뜰하다.

알뜰이　알뜰히.

알라바마(Alabama)　앨라배마. 미국 동남부의 주(州).

알람미　안남미(安南米). 안남 지방(베트남)에서 생산되는 쌀.

알랑방구　알랑방귀.

알랑하다　알량하다.

알러지(allergy)　알레르기(Allergie).

알로　아래로.

알록딸록　알록달록.

알록이　알로기.

알루미늄(aluminium)　알루미늄.

알리미　알림이. ※ ‘알리는 사람 또는 사물’을 뜻할 때는 ‘알리다’의 명사형 ‘알림’에 접사 ‘-이’를 붙인다. 참조 도움이.

알맞는　알맞은. ※ ‘알맞다’는 ‘일정한 기준, 조건 정도 따위에 넘치거나 모자라지 아니하다’라는 뜻의 ‘형용사’다. 형용사의 관형사형 어미는 ‘-은’이므로 ‘알맞은’으로 쓴다. 동사의 관형사형 어미 ‘-는’을 써서 ‘알맞는’이라고 해선 안 된다. 참조 걸맞는. ¶걷기에 알맞은 거리다. / 빈칸에 알맞은 말을 넣으시오.

알멩이　알맹이.

알몸둥이　알몸뚱이.

알무　총각무(總角-).

알미늄(aluminium)　알루미늄.

알바　아르바이트(Arbeit).

알바트로스(albatross)　앨버트로스.

알박이　알배기. 참조 -박이.

알밖기　알박기.

알사스(Alsace)　알자스. 프랑스 동북부 지역.

알송달송　알쏭달쏭.

알아 내다　알아내다. ※ 한 낱말이므로 붙여 쓴다.

알아맞추다　알아맞히다. 참조 맞추다.

알아 맞히다　알아맞히다. ※ 한 낱말이므로 붙여 쓴다.

알아 보다　알아보다. ※ 한 낱말이므로 붙여 쓴다.

알아 주다　알아주다. ※ 한 낱말

이므로 붙여 쓴다.

알아채리다　알아차리다. 알아채다.

알안곳하다　아랑곳하다.

알어　알아. ※ '　ㅏ, ㅗ' 다음에서 서술·물음·명령·청유를 나타내는 종결어미는 '아'이다.

알으켜 주다　가르쳐 주다. 알려 주다.

알은척하다　※ '알은척하다'는 '어떤 일에 관심이 있는 듯한 태도를 보이다', '사람을 보고 인사하는 표정을 짓다'의 뜻으로 한 낱말이므로 붙여 쓴다. '**아는 척하다**'는 '지식 따위가 없으면서 있는 듯이 거짓으로 꾸미다'의 뜻으로 한 낱말이 아니므로 띄어 쓰는 것이 원칙이다. '알은척하다'와 '아는 척하다'는 '알은체하다', '아는 체하다'처럼 '척'을 '체'로 바꿔 쓸 수 있다. ¶그 사람이 뭐래도 <u>알은척하지</u> 마라. / 길에서 마주쳤는데도 그 친구가 나를 <u>알은척하지</u> 않더라. // 저이는 뭣이든 <u>아는 척하고</u> 나서길 좋아한다.

알은체하다　참조 알은척하다.

알음　앎. ※ 어간이 'ㄹ' 받침으로 끝나는 용언의 명사형 어미는 '-ㅁ'이다.

알자배기　알짜배기. 참조 -박이.

알쪼　알조. 알괘. 알 만한 일. ¶그만하면 <u>알조</u>다. / 더 말 안 해도 <u>알괘</u>다.

알카리(alkali)　알칼리.

알칼리량(alkali量)　알칼리양. 참조 량.

알콜(alcohol)　알코올.

알콜중독증(alcohol中毒症)　알코올의존증(-依存症).

알쿵달쿵　알콩달콩.

알타리김치　총각김치(總角-).

알타리무　총각무(總角-).

알탕갈탕　애면글면.

알토랑　알토란(-土卵). ¶이곳은 <u>알토란</u> 같은 땅이다.

알튀세(Althusser)　알튀세르. ¶루이 <u>알튀세르</u>(프랑스의 철학자).

알파걸(alpha girl)　말터 으뜸녀(-女).

알파베트(alphabet)　알파벳.

알함브라(Alhambra)　알람브라. 스페인 그라나다에 있는, 이슬람 왕국의 궁전.

암강아지　암캉아지. ※ '암캉아지', '암캐', '암컷', '암키와', '암닭’, ‘암탕나귀’, ‘암톨쩌귀’, ‘암돼지’, ‘암평아리’에서는 ‘암–’ 다음의 거센소리를 인정한다.

암개 암캐. 참조 암강아지.

암거(暗渠) 속도랑. 지하도랑. 물을 대거나 빼기 위하여 땅속이나 구조물 밑으로 낸 도랑.

암것 암컷. 참조 암강아지.

암기와 암키와. 참조 암강아지.

암닭 암탉. 참조 암강아지.

암당나귀 암탕나귀. 참조 암강아지.

암돌쩌귀 암톨쩌귀. 참조 암강아지.

암돼지 암퇘지. 참조 암강아지.

암록색(暗綠色) 암녹색. ※ 접두어처럼 쓰이는 한자 다음의 첫 음절은 두음법칙에 따라 적는다.

암병아리 암평아리. 참조 암강아지.

암스텔담(Amsterdam) 암스테르담. 네덜란드의 수도.

암울스런(暗鬱–) 암울스러운. 참조 –스런.

암취 참취. 국화과의 여러해살이풀. 어린 순은 취나물이라 하여 식용한다.

암캐미 암개미. ※ ‘암캉아지’,

‘암캐’, ‘암컷’, ‘암키와’, ‘암탉’, ‘암탕나귀’, ‘암톨쩌귀’, ‘암퇘지’, ‘암평아리’에서만 ‘암–’ 다음의 거센소리를 인정한다.

암케 암게. 참조 암캐미.

암코양이 암고양이. 참조 암캐미.

암콤 암곰. 참조 암캐미.

암쿠렁이 암구렁이. 참조 암캐미.

암퀑 암꿩. 참조 암캐미.

암클 암글. 예전에, 여자들의 글이라는 뜻으로 한글을 낮잡아 이르던 말. 참조 암캐미.

암펄 암벌. 참조 암캐미.

암펌 암범. 참조 암캐미.

암피둘기 암비둘기. 참조 암캐미.

압력하다(壓力–) 압력을 가하다. 압력을 넣다. ※ ‘압력’에는 동사를 만드는 접미사 ‘–하다’를 붙일 수 없다.

앗불사 아뿔싸.

앗사리(あっさり) 깨끗이. 산뜻이. 깔끔히.

앗시리야(Assyria) 아시리아.

앗아라 아서라.

앗어 앗아. ※ ‘ㅏ, ㅗ’ 다음에서 서술·물음·명령·청유를 나타내는 어미는 ‘아’이다. ¶전염병이 돌아 수많은 목숨을 <u>앗아</u> 갔다.

앗어라 아서라.

앗쭈 아쭈. 아주. ¶<u>아쭈</u>, 제법인데. / <u>아주</u>, 네가 나한테 대들어?

앗차 아차. ¶<u>아차</u>, 문을 안 잠그고 왔구나.

앙가풀이 앙갚음.

앙꼬(餡子·あんこ) 팥소.

앙꼬모찌(餡子餅·あんこもち) 찹쌀떡.

앙꼬빵(餡子-·あんこ-) 팥빵.

앙증스런 앙증스러운. 참조 -스런.

앙징맞다 앙증맞다.

앙징스럽다 앙증스럽다.

앙징하다 앙증하다.

앙케이트(enquête) 앙케트.

앙코르 왓(Angkor Wat) 앙코르와트.

앙콜(encore) 앙코르.

앙큼스런 앙큼스러운. 참조 -스런.

앙투완(Antoine) 앙투안. ※ 프랑스 어의 ‘oi’는 ‘우아’로 적는다. ¶앙드레 <u>앙투안</u>(프랑스의 연출가 겸 배우).

앙팡지다 암팡지다.

앞뒤면(-面) 앞뒷면. ※ [압뛴면]으로 ‘ㅁ’ 앞에서 ‘ㄴ’ 소리가 덧나

므로 사이시옷을 받쳐 적는다.

앞뒤문(-門) 앞뒷문. ※ [압뛴문]으로 ‘ㅁ’ 앞에서 ‘ㄴ’ 소리가 덧나므로 사이시옷을 받쳐 적는다.

앞뒤집 앞뒷집. ※ [압뛰찝·압뛴찝]으로 소리 나므로 사이시옷을 받쳐 적는다.

앞받이 턱받이.

앞 부분(-部分) 앞부분. ※ 한 낱말이므로 붙여 쓴다.

앞 서다 앞서다. ※ 한 낱말이므로 붙여 쓴다.

앞서거니 뒷서거니 앞서거니 뒤서거니.

앞이 앞니.

앞장이 앞잡이.

앞재비 앞잡이.

앞잽이 앞잡이.

앞쟁이 앞잡이.

앞질르다 앞지르다. 활용 앞지르고. 앞지르니. 앞질러. ¶경쟁자를 <u>앞지르려고</u> 안간힘을 썼다. / 그는 어떤 일이든지 나보다 한발 <u>앞질러</u> 나갔다.

앞 차 앞차(-車). ※ 한 낱말이므로 붙여 쓴다.

앞통수 이마. 이맛전. ※ 머리의 뒷부분은 ‘뒤통수’이며, 앞부분

은 ‘이마’, ‘이맛전’이다.

애개 애걔.

애개개 애걔걔.

애교스런(愛嬌-) 애교스러운. 참조 -스런.

애구 애고. 에구.

애구머니 애고머니. 에구머니.

애기 아기.

애기능(-陵) 아기능. 참조 -능. 아기릉.

애꾸쟁이 애꾸눈이.

애꿋은 애꿎은.

애끊다 ※ ‘**애끊다**’는 ‘몹시 슬퍼서 창자가 끊어지는 듯하다’의 뜻을 나타내며, ‘**애끓다**’는 ‘몹시 답답하거나 안타까워 속이 끓는 듯하다’의 뜻을 나타낸다. ¶그 노부부는 자식을 앞세우고 <u>애끊</u><u>는</u> 슬픔에 잠겨 있다. ∥ 자식의 소식을 몰라 <u>애끊는</u> 하소연을 하였다.

애끓다 참조 애끊다.

애끼다 아끼다.

애끼손가락 새끼손가락.

애닲다 애달프다.

애닳다 애달프다.

애닯다 애달프다.

애동호박 애호박.

애돼다 앳되다.

애드립(ad lib) 애드리브.

애들아 얘들아.

애띠다 앳되다.

애띤 앳된.

애로우(arrow) 애로. ※ [ou]는 ‘오’로 적는다.

애매모호하다(曖昧模糊-) 모호하다. 참조 애매하다.

애매하다(曖昧-) 모호하다(模糊-). ※ ‘애매하다’는 일본어투. 다만, ‘억울하다’의 뜻으로 쓰이는 ‘애매하다’는 고유어이다. ¶ <u>모호한</u> 말투. / 시험 문제에 <u>모호</u><u>한</u> 대목이 있다. ∥ 그 사람은 <u>애</u><u>매한</u> 옥살이를 했다. / <u>애매하게</u> 꾸중을 들었다.

애명글명 애면글면.

애물딴지(-物-) 애물단지.

애비 아비.

애숭이 애송이.

애시 애초(-初).

애시당초(-當初) 애당초.

애욱살이 애옥살이.

애자(碍子) 뚱딴지. 전선을 지탱하고 절연하기 위하여 전봇대에 다는 기구. ※ ‘애자’는 일본어투.

애저녁[1] 애초(-初).

애저녁² 초저녁(初-).

애적 애초(-初).

애절구려 애절쿠려. '애절하구려'의 준말. ¶궂은 비 내리는 이 밤도 애절쿠려.

애처럽다 애처롭다. 활용 애처롭고. 애처로운. 애처로워.

애처로와 애처로워. ※ 'ㅂ불규칙용언'은 '곱다', '돕다'를 제외하고는 모두 '-워'로 활용한다.

애처로히 애처로이.

애쿠 에쿠. 몹시 아프거나 놀랄 때 나오는 소리.

애탄지탄 애면글면.

애틋히 애틋이.

애팔라치아(Appalachia) 애팔래치아. 미국 동부의 산맥.

애환(哀歡) ※ '슬픔과 기쁨'을 아울러 이르는, '희비(喜悲)'와 비슷한 뜻의 말이다. '슬픔'만을 뜻할 때는 '애환'이라고 해서는 안 된다.

애환을 달래다(哀歡-) 슬픔을 달래다. 참조 애환.

액궂다 애꿎다.

액맥이(厄-) 액막이.

액센트(accent) 악센트.

액셀레이터(accelerator) 액셀러레이터.

앤(and) 앤드.

앤드류(Andrew) 앤드루. ¶앤드루 랭(영국의 민속학자 겸 문학자)

앨러지(allergy) 알레르기(Allergie).

앨링턴(Arlington) 알링턴. ¶미국 버지니아주 알링턴 국립묘지.

앨토(alto) 알토.

앰뷰란스(ambulance) 앰뷸런스.

앰블런스(ambulance) 앰뷸런스.

앰플(ampoule) 앰풀.

앱솔루트(absolute) 앱설루트.

앳띠다 앳되다. ¶앳된 목소리.

앳티 애티. 어린 태도나 모양. ※ 거센소리 앞에서는 사이시옷을 받치지 않는다. ¶대학생인데도 아직 애티를 벗지 못했다.

앵글부츠 앵클부츠(ankle boots).

앵금질 앙감질.

앵도(櫻桃) 앵두.

앵콜(encore) 앙코르.

야곰야곰 야금야금.

야구르트 요구르트(yogurt).

야기시키다(惹起-) 야기하다. ※ 사동의 뜻이 없으면 '-시키다'로 쓰지 않는다. 참조 -시키다. ¶그 정치인은 쓸데없는 발언을 해

사회에 혼란을 <u>야기하곤</u> 한다.

야끼만두(燒き饅頭·やき饅頭)　군만두.

야단법썩(惹端−)　야단법석.

야단스런(惹端−)　야단스러운.
　참조　−스런.

야리쿠리(遣り繰り·やりくり)　둘러대기. 꾸며 대기.

야마(やま)　산(山). / 두둑. / 무더기.

야마가따(山形)　야마가타.　일본 도호쿠(東北) 지방의 현 및 현청 소재지.　※ 일본어 표기에서 'ㅆ' 외에는 된소리를 쓰지 않는다.

야마구찌(山口)　야마구치.　일본 혼슈(本州)의 현 및 현청 소재지.　※ 일본어 표기에서 'ㅆ' 외에는 된소리를 쓰지 않는다.

야마시(山師·やまし)　속임수.　사기(詐欺).

야마시꾼(山師−·やまし−)　사기꾼(詐欺−).

야만스런(野蠻−)　야만스러운.
　참조　−스런.

야매(←闇·やみ)　뒷거래(−去來)

야멸차다　=야멸치다.　※ 복수 표준어.

야미(闇·やみ)　뒷거래(−去來).

야박스런(野薄−)　야박스러운.
　참조　−스런.

야밤도주　야반도주(夜半逃走).

야비스럽다(野卑−)　야비하다.

야스리(鑢·やすり)　줄.

야슬이(←鑢·やすり)　줄.

야사시하다　야하다(冶−). ¶옷차림이 <u>야하다</u>. / 화장이 <u>야하다</u>.

야시시하다　야하다(冶−).

야실야실　야슬야슬. 입담 좋게 말을 잇달아 늘어놓는 모양. '야스락야스락'의 준말.

야지(野次·彌次·やじ)　야유.

야채사리　야채 추가분.　※ '사리'는 '국수, 새끼, 실 따위를 동그랗게 포개어 감은 뭉치'를 뜻하므로 야채는 '사리'로 표현할 수 없다.

야쿠르트　요구르트(yogurt).　※ 다만, 상표 이름으로는 인정.

야키만두(燒き−·やき−)　군만두(−饅頭).

야트마하다　야트막하다.

야트막히　야트막이.

약농(藥籠)　약롱.

약동이　약둥이. 똑똑하고 약은 아이.

약바르다　약빠르다.

약보자기(藥−)　약수건.

약빨(藥-) 약발. ※ 효과의 뜻을 더하는 접미사는 '-발'이다.

약삭바르다 약삭빠르다.

약싹빠르다 약삭빠르다.

약은꾀 얕은꾀.

약은수 얕은수.

약장사(藥-) ※ '약장사'는 '약을 파는 행위'를 뜻하며, '약장수'는 '약을 파는 사람'을 뜻한다. ¶그 사람은 한때 시골 장으로 돌아다니며 <u>약장사</u>를 했다. // 요즘은 <u>약장수</u>들이 시골 노인들을 꾀어 싸구려 건강 용품을 바가지 씌우고 다니는 일이 비일비재하다.

약장수(藥-) 참조 약장사.

약코죽다 야코죽다. ※ '야코'는 '콧대'의 속어.

얄다랗다 얄따랗다. 활용 얄따랗고. 얄따랗게. 얄따란. 얄따라니. 얄따래.

얄쌍스럽다 예쁘장스럽다.

얄쌍하다 얄팍하다.

얄팍이 얄팍히.

얇다랗다 얄따랗다. 참조 얇다랗다.

얇디 얇다 얇디얇다. ※ 한 낱말이므로 붙여 쓴다. 참조 -디.

얇따랗다 얄따랗다. 참조 얇다랗다.

다.

얍삽하다 얍삽하다.

얇어 얇아. ※ 'ㅏ, ㅗ' 다음에서 서술·물음·명령·청유를 나타내는 종결어미는 '아'이다.

얇직하다 얄찍하다. 얇은 듯하다.

얌냠거리다 냠냠거리다.

얌냠이 냠냠이.

얌냠하다 냠냠하다.

얌얌 냠냠.

얌전이 얌전히.

얏보다 얕보다.

얏잡다 얕잡다.

양(孃) ※ 의존명사이므로 앞말과 띄어 쓴다. ¶김지영_양. / 정희_양. / 이_양. / 김_양.

양가집(良家-) 양갓집. ※ [양가찝·양갇찝]으로 소리 나므로 사이시옷을 받쳐 적는다.

양골뼈(陽骨-) 양지머리뼈.

양난(洋蘭) 양란. 참조 난².

양념꺼리 양념거리.

양노원(養老院) 양로원.

양도(讓渡) 넘겨주기. ※ '양도'는 일본어투.

양동작전(陽動作戰) ※ '양동작전'은 '적의 경계를 분산하기 위하여, 실제 전투는 하지 아니하지만 병력이나 장비를 기동함으로써 마치 공격할 것처럼 보여 적을 속이는 작전'을, '**양면작전**(兩面作戰)'은 '두 방면에서 동시에 하는 작전'을 뜻한다.

양면작전(兩面作戰)　참조 양동작전.

양반다리(兩班-)　책상다리(冊床-).

양상치(洋-)　양상추.

양수겹장　양수겸장(兩手兼將).

양식(樣式)　서식(書式). ※ '양식'은 일본어투.

양심것(良心-)　양심껏. ※ '그것이 닿는 데까지'의 뜻을 더하고 부사로 만드는 접사는 '-껏'이다.

양 옆(兩-)　양옆. ※ 한 낱말이므로 붙여 쓴다.

양요리집(洋料理-)　양요릿집. ※ [양요리찝·양요릳찝]으로 소리 나므로 사이시옷을 받쳐 적는다.

양유가(楊柳歌)　양류가. 경기 민요의 하나.

양자강(揚子江)　양쯔 강.

양재물(洋-)　양잿물. ※ [양잰물]로 'ㅁ' 앞에서 'ㄴ' 소리가 덧나므로 사이시옷을 받쳐 적는다.

양지말(陽地-)　양짓말. ※ [양진말]로 'ㅁ' 앞에서 'ㄴ' 소리가 덧나므로 사이시옷을 받쳐 적는다.

양지짝(陽地-)　양지쪽.

양짓머리　양지머리.

양짓쪽(陽地-)　양지쪽. ※ 된소리 앞에서는 사이시옷을 받치지 않는다.

양치물(養齒-)　양칫물. ※ [양친물]로 'ㅁ' 앞에서 'ㄴ' 소리가 덧나므로 사이시옷을 받쳐 적는다.

양켠(兩-)　양편(兩便). 양쪽(兩-).

양코쟁이(洋-)　양코배기.

양해 말씀(諒解-)　사과 말씀(謝過-). ※ '양해'는 '남의 처지를 헤아려 너그러이 받아들임'을 뜻하는 말이므로 양해를 구하거나 사과하여야 하는 쪽이 '양해 말씀을 드리다'처럼 쓸 수는 없다. '양해를 구하다', '사과 말씀을 드리다'처럼 써야 한다.

얄디 얄다　얄디얄다. ※ 한 낱말이므로 붙여 쓴다. 참조 -디.

얄잡어　얄잡아. ※ 'ㅏ, ㅗ' 다음에서 서술·물음·명령·청유를 나타내는 종결어미는 '아'이다.

얕으막하다　야트막하다.

얕은 꾀　얕은꾀. ※ 한 낱말이므로 붙여 쓴다.

얕은 수　얕은수.　※ 한 낱말이므로 붙여 쓴다.

얘기거리　얘깃거리.　※ [얘: 기꺼리·얘: 긷꺼리]로 소리 나므로 사이시옷을 받쳐 적는다.　참조 얘기꺼리.

얘기꺼리　얘깃거리. 이야깃거리. 화제(話題).　참조 얘기거리.

어거지　억지.

어구　어귀.　¶마을 어귀. / 강어귀.

어귀(語句)　어구.　※ '句'는 '글귀', '귀글'을 제외하고는 모두 '구'로 읽는다.

어금이　어금니.

어긋맞추다　어긋매끼다.

어기짱　어깃장.

어깃어깃　어깃어깃.　'어기적어기적'의 준말.

어깨넘어　어깨너머.　¶어깨너머로 배우다.

어깨를 걸다　어깨를 겯다.　※ '풀어지거나 자빠지지 않도록 서로 어긋매끼게 끼거나 걸치다'를 뜻하는 말은 '겯다'이다.　¶시위대는 서로서로 어깨를 겯고 행진했다.

어깨바람　어깻바람.　※ [어깨빠람·어깬빠람]으로 소리 나므로 사이시옷을 받쳐 적는다.

어깨 뼈　어깨뼈.　※ 한 낱말이므로 붙여 쓴다.

어깨점(一點)　어깻점.　※ [어깨쩜·어깬쩜]으로 소리 나므로 사이시옷을 받쳐 적는다.

어깨죽지　어깻죽지.　※ [어깨쭉찌·어깬쭉찌]로 소리 나므로 사이시옷을 받쳐 적는다.

어깨짓　어깻짓.　※ [어깨찓·어깬찓]으로 소리 나므로 사이시옷을 받쳐 적는다.

어깨쭉지　어깻죽지.　참조 어깨죽지.

어깻쭉지　어깻죽지.　참조 어깨죽지.

어께　어깨.

어끄제　엊그제.

어나운서(announcer)　아나운서.

어느　※ '어느'는 '여럿 가운데 대상이 되는 것이 무엇인지 물을 때', '여럿 가운데 똑똑히 모르거나 꼭 집어 말할 필요가 없는 막연한 사람이나 사물을 이를 때', '정도나 수량을 묻거나 또는 어떤 정도나 얼마만큼의 수량을 막연하게 이를 때', '관련되는 대상이 특별히 제한되지 않음을 이를 때' 쓰이며, **'여느'**는 '그 밖의 예사로운', 또는 '다른 보통의'의 뜻을 나타낸다. ¶<u>어느</u> 것이 맞느냐? / 옛날 <u>어느</u> 마을에 가난한 형제가 살았는데……. / 화학약품을 수출하는 <u>어느</u> 회사에 다녔다. / 길이 <u>어느</u> 만큼 가파르더냐? / <u>어느</u> 것이든 마음대로 가져라. // 이 가게는 <u>여느</u> 가게보다 물건이 좋다. / 오늘은 <u>여느</u> 날과 달리 일찍 깼다.

어느 덧　어느덧. ※ 한 낱말이므로 붙여 쓴다.

어느듯　어느덧.

어는　어느. 참조 어느.

어둑밤　땅거미.

어둑시근하다　어스레하다.

어둑침침하다　어두침침하다. 어둠침침하다.

어둑컴컴하다　어두컴컴하다.

어둔하다　참조 아둔하다.

어드메　어디.

어드벤쳐(adventure)　어드벤처. ※ 외래어에서 'ㅈ, ㅊ' 다음에는 'ㅑ, ㅕ, ㅛ, ㅠ' 같은 이중 모음을 표기하지 않는다.

어디메　어디.

어떠튼　어떻든.

어떠냐　어떠냐. ※ '어떻-'에 어미 '-으냐'가 붙으면 'ㅎ'이 탈락한다. ¶요즘 건강이 <u>어떠냐</u>?

어떻느냐　어떠냐. ※ 받침 있는 형용사 어간에 붙는 종결어미는 '-으냐'이며, '어떻-'에 '-으냐'가 붙으면 'ㅎ'이 탈락한다. 참조 어떠냐.

어떠니　어떠니. ※ '어떻-'에 어미 '-으니'가 붙으면 'ㅎ'이 탈락한다. ¶요즘 건강이 <u>어떠니</u>?

어떻하다　어떡하다. / 어떠하다. 어떻다. ※ **'어떡하다'**는 '어떠하게 하다'가 줄어든 말이다. **'어떠하다'**와 그 준말 **'어떻다'**는 의견·성질·형편 따위가 어찌되어 있음을 나타내는 형용사로서 표준어이다. ¶<u>어떡하면</u> 좋을까? / 오늘도 비가 오면 <u>어떡해</u>. // 책의 내용은 <u>어떠한가</u>? / 요즘 <u>어떻게</u> 지내니? / 몸은 좀 <u>어때</u>? / 네 의견은 <u>어떠니</u>?

어떻해　어떡해. 참조 어떻하다.

어뜩새벽　어둑새벽.

어라　어. 감탄사. 놀라거나, 당황하거나, 초조하거나, 다급할 때 나오는 소리, 기쁘거나, 슬프거나, 뉘우치거나, 칭찬할 때 내는 소리. ¶어! 서류를 택시에 두고 내렸네. / 어, 이러다가 차 놓치겠다. / 어, 정말 잘했군.

어랍쇼 어럽쇼.

어랑 타령 신고산 타령. 함경도 민요의 하나.

어려와 어려워. ※ 'ㅂ불규칙용언'은 '곱다', '돕다'를 제외하고는 모두 '-워'로 활용한다.

어려운 난관(—難關) 어려운 고비. 난관. ※ '난관'이 '어려운 고비'를 뜻하므로 '어려운 난관'은 겹말이다.

어련이 어련히.

어렴푸시 어렴풋이.

어렴풋히 어렴풋이.

어렵살이 어렵사리.

어렵쇼 어럽쇼.

어렵싸리 어렵사리.

어루다 어르다. 참조 어르다.

어르다 ※ '**어르다**'는 '몸을 움직여 주거나 무엇을 보여 주거나 들려주어서, 어린아이를 달래거나 기쁘게 하여 주다', '사람이나 짐승을 놀리며 장난하다', '어떤 일을 하도록 사람을 구슬리다'의 뜻을 나타내며, '**으르다**'는 '상

대편이 겁을 먹도록 무서운 말이나 행동으로 위협하다'의 뜻을 나타낸다. 활용 어르고. 어르니. 어르면. 어르지. 얼러./으르고. 으르니. 으르면. 으르지. 을러. ¶엄마가 우는 아이를 얼러 보았다. / 고양이가 앞발로 쥐를 어르고 있다. / 어르고 뺨 치기. // 강도가 칼을 들고 행인을 을러 대고 있었다.

어른스런 어른스러운. 참조 —스런.

어름 얼음. ※ 다만, '두 물건의 끝이 닿은 데'를 뜻하는 말은 '어름'이다. ¶얼음을 얼리다. // 지리산은 전라도와 경상도 어름에 있다.

어름장 으름장.

어리광대 어릿광대.

어리광스런 어리광스러운. 참조 —스런.

어리광(을) 피다 어리광(을) 피우다. 참조 피다.

어리굴젖 어리굴젓.

어리무던하다 어련무던하다.

어리배기 어리보기.

어리버리 어리바리. 어리어리. ※ '**어리바리**'는 '정신이 또렷하지

못하거나 기운이 없어 몸을 제대로 놀리지 못하고 있는 모양'을 뜻하며, '**어리어리**'는 '정신이 어리벙벙하여 명백하지 않은 모양'을 뜻한다. ¶술에 취해 <u>어리바리</u> 겨우 발걸음을 떼었다.∥저 사람은 <u>어리어리</u>해 보여서 이 일을 맡기기 어렵다.

어리수굿하다　어수룩하다.

어린 것　어린것. ※ 어린아이나 어린 자식을 귀엽게 이르거나, 나이가 적은 사람을 낮잡아 이를 때는 한 낱말이므로 붙여 쓴다. ¶아무리 어려운 시절이라도 <u>어린것</u>들이야 잘 키워야 하지 않겠는가. / <u>어린것</u>이 뭘 안다고 참견하느냐.

어린 놈　어린놈. ※ 한 낱말이므로 붙여 쓴다.

어린벌레　애벌레.

어린 아이　어린아이. ※ 한 낱말이므로 붙여 쓴다.

어린이란(-欄)　어린이난. 참조 난¹.

어릿광　어리광.

어머님　참조 아버님.

어묵꼬지　어묵꼬치. 참조 꼬지.

어물쩡　어물쩍.

어붓아비　의붓아비.

어붓어미　의붓어미.

어붓자식(-子息)　의붓자식.

어뿔사　어뿔싸.

어서 오십시요　어서 오십시오. ※ 명령의 뜻을 나타내는 종결 어미는 '-ㅂ시오'이다.

어설푸다　어설프다. 활용 어설픈. 어설프게. 어설프니. 어설퍼.

어수룩히　어수룩이.

어숭화　접시꽃.

어스러기　어스럭송아지. 큰 송아지. ※ 다만, '옷 따위의 솔이 어스러진 곳'을 뜻하는 말은 '**어스러기**'이다.

어스럼　어스름. 참조 어스름.

어스렁어스렁　어슬렁어슬렁.

어스름　※ '**어스름**'은 '조금 어둑한 상태 또는 그런 때'를 뜻하며, '<u>으스름</u>'은 '빛 따위가 침침하고 흐릿한 상태'를 뜻한다. ¶해가 서산으로 넘어가고 <u>어스름</u>이 깔리기 시작했다. ∥<u>으스름</u>한 달밤.

어스름달　으스름달. 침침하고 흐릿한 빛이 나는 달.

어스름이　어스름히.

어스름푸레하다　어슴푸레하다.

어스무레하다　어슴푸레하다.

어속비속 어슷비슷.

어속어속 어슬어슬. ¶날이 어슬어슬 저물었다.

어속하다 으슥하다.

어슬녁 어슬녘.

어슴프레하다 어슴푸레하다.

어승화 접시꽃.

−어 싸다 −어 쌓다. ¶아이가 꽤나 울어 쌓는다. / 그렇게 먹어 쌓다간 자귀 나기 십상이다.

어야 어여차.

어언(於焉) 어느덧. 어느새.

어여 어서.

어여쁘장하다 예쁘장하다.

어연간 어언간(於焉間). ¶이곳 으로 이사 온 지도 어언간 1년이 지났다.

어연드시 어느덧.

어연듯 어느덧.

−어요 참조 −에요.

어울러지다 어우러지다.

어울어지다 어우러지다.

어의없다 어이없다.

어이고 어이구. 아이고.

어이 없다 어이없다. ※ 한 낱말 이므로 붙여 쓴다.

어정정 어정쩡.

어제밤 어젯밤. ※ [어제빰·어

젣빰]으로 소리 나므로 사이시옷 을 받쳐 적는다.

어제서야 어제야. ※ '장소', '근 거'를 나타내는 조사 '서'는 시간 을 나타내는 명사 '어제'에 붙을 수 없다.

어젠더(agenda) 어젠다.

어줍잖다 어쭙잖다.

어중띠다(於中−) 어중되다. ¶ 거리가 어중되어서 차를 타기도, 걷기도 뭣하다.

어지간이 어지간히.

어지러지다 어질러지다. 활용 어 질러지고. 어질러지니. 어질러 진.

어지러진 어질러진. 참조 어지러 지다.

어지러히 어지러이.

어지중간 어중간(於中間).

어질르다 어지르다. 활용 어지르 고. 어지르면. 어지르니. 어질러. ¶장난감을 어지르지 말고 잘 정 돈하여라. / 어머니는 아들이 어 질러 놓은 책상을 정리했다.

어질머리 어질병(−病).

어쨋든 어쨌든.

어쩔려고 어쩌려고. 참조 −ㄹ려 고.

어처구니 없다 어처구니없다. ※ 한 낱말이므로 붙여 쓴다.

−어치 ※ '그 값에 해당하는 분량'의 뜻을 더하는 접미사이므로 항싱 앞말에 붙어 쓴다. ¶한 푼<u>어치</u>. / 천 원<u>어치</u>. / 얼마<u>어치</u>.

어코디언(accordian) 아코디언.

어트케 어떻게.

어퍼지다 엎어지다.

어획고(漁獲高) 어획량(漁獲量). ※ '어획고'는 일본어투. 참조 −고.

어획양(漁獲量) 어획량. 참조 량.

억눌르다 억누르다. 활용 억누르고. 억누르니. 억누르면. 억누르지. 억눌러. ¶아무리 부하라고 해도 무조건 <u>억누르면</u> 안 된다. / 아이들의 호기심을 <u>억눌러서는</u> 안 된다.

억류시키다(抑留−) 억류하다. ※ 사동의 뜻이 없으면 '−시키다'로 쓰지 않는다. 참조 −시키다.

억만진창 엉망진창.

억매다 얽매다. 활용 얽매고. 얽매니. 얽매면. 얽매어. 얽매이어 (얽매여).

억쎄다 억세다.

억제시키다(抑制−) 억제하다. ※

사동의 뜻이 없으면 '−시키다'로 쓰지 않는다. 참조 −시키다.

억지스런 억지스러운. 참조 −스런.

억척배기 억척빼기. 참조 −박이.

억척스런 억척스러운. 참조 −스런.

언간하다 어연간하다. 엔간하다.

언나 어린아이.

언능 얼른.

언더패스(underpass) 말터 아래차로(−車路).

언덕받이 언덕바지. 언덕배기.

언덕빼기 언덕배기. 언덕바지. 참조 −박이.

언도(言渡) 선고(宣告). ※ '언도'는 일본어투.

언듯 언뜻.

언론 플레이(言論 play) 말터 여론몰이(輿論−).

언발란스(unbalance) 언밸런스.

언젯적 언제 적. ※ 한 낱말이 아니므로 띄어 쓴다. '적'은 '그 동작이 진행되거나 그 상태가 나타나 있는 때, 또는 지나간 어떤 때'를 뜻하는 의존명사.

언짠다 언짢다. ¶내 말을 <u>언짢게</u> 듣지 마라.

언짢해 하다 언짢아하다. ¶너무 언짢아하지 마라.

언챙이 언청이. 입술입천장갈림. 구순구개열(口脣口蓋裂).

언치다 얹히다. ¶허겁지겁 밥을 먹다가 <u>얹혀서</u> 병원 신세를 졌다. / 언니 집에 <u>얹혀살고</u> 있다.

얹잖다 언짢다.

얹혀지다 얹히다. ※ '얹다'의 피동형이 '얹히다'이므로 '얹혀지다'는 이중 피동형이다.

얻어 맞다 얻어맞다. ※ 한 낱말이므로 붙여 쓴다.

얻어 먹다 얻어먹다. ※ 한 낱말이므로 붙여 쓴다.

얻은 소득(−所得) 소득. '소득'이 '일한 결과로 얻은 이익'을 뜻하므로 '얻은 소득'은 겹말이다.

얼가리 얼갈이.

얼구다 얼리다.

얼굴 빛 얼굴빛. ※ 한 낱말이므로 붙여 쓴다.

얼궈 얼려.

얼금체 어레미. 구멍이 굵은 체.

얼기설키 얼기설기. 얼키설키.

얼기얼기 얼기설기.

얼껼에 얼결에. ¶<u>얼결에</u> 속마음을 털어놓았다.

얼낌에 얼김에. ¶<u>얼김에</u> 쓸데없는 소리를 해 버렸다.

얼떨길에 얼떨결에.

얼떨김에 얼떨결에.

얼띠기 얼뜨기.

얼라¹ 어. 감탄사. 놀라거나 당황할 때 내는 소리. 참조 어라.

얼라² 어린아이.

얼래 어. 감탄사. 놀라거나 당황할 때 내는 소리. 참조 어라.

얼러방망이 을러방망이. 겁을 주려고 자세를 때릴 것처럼 하고 으르는 짓.

얼레 어. 감탄사. 놀라거나 당황할 때 내는 소리. 참조 어라.

얼레리꼴레리 알나리깔나리.

얼루기 ※ '**얼루기**'는 '얼룩얼룩한 점이나 무늬', 또는 '그런 점이나 무늬가 있는 짐승이나 물건'을 뜻하며, '**얼룩**'은 '본바탕에 다른 빛깔의 점이나 줄 따위가 뚜렷하게 섞인 자국', '액체 따위가 묻거나 스며들어서 더러워진 자국'을 뜻한다. ¶우리 집 강아지 중에 <u>얼루기</u>가 제일 귀엽다. // 얼룩무늬. / 옷에 얼룩이 생겼다.

얼룩 참조 얼루기.

얼룩배기 얼룩빼기. 참조 −박이.

얼룩백이　얼룩빼기. 참조 −박이.

얼룩이　얼루기. 참조 얼루기.

얼르다　어르다. / 으르다. 참조 어르다.

얼른　얼른.

얼마던지　얼마든지. 참조 −던.

얼맛동안　얼마 동안. ※ 한 낱말이 아니므로 띄어 쓴다.

얼뱅이　얼뜨기.

얼빤이　어렴풋이.

얼빤하다　어리벙벙하다.

얼빵하다　어리벙벙하다.

얼사안다　얼싸안다.

얼시구　얼씨구.

얼신거리다　얼씬거리다.

얼싸하다　그럴싸하다.

얼씬하면　걸핏하면.

얼어 붙다　얼어붙다. ※ 한 낱말이므로 붙여 쓴다.

얼으니　어니. ※ 어간이 'ㄹ' 받침으로 끝나는 용언의 어간에 붙는 어미는 '−니'이다. '−니'가 붙으면 'ㄹ'이 줄어든다.

얼으면　얼면. ※ 어간이 'ㄹ' 받침으로 끝나는 용언의 어간에 붙는 연결어미는 '−면'이다.

얼은　언. ※ 어간이 'ㄹ' 받침으로 끝나는 용언의 어간에 붙는 어미는 '−ㄴ'이다. '−ㄴ'이 붙으면 'ㄹ'이 줄어든다.

얼음　엶. ※ 어간이 'ㄹ' 받침으로 끝나는 용언의 명사형 어미는 '−ㅁ'이다. 다만, 물이 얼어서 된 고체를 나타내는 명사는 '얼음'이다. ¶한강이 엶.

얼음짱　얼음장(−張).

얼음타기　얼음지치기.

얼읍니다　업니다. ※ 어간이 'ㄹ' 받침으로 끝나는 용언의 어간에 붙는 어미는 '−ㅂ니다'이다. '−ㅂ니다'가 붙으면 'ㄹ'이 줄어든다.

얼죽음　반죽음.

얼쿠다　얼리다. 활용 얼리고. 얼리니. 얼려.

얼쿼　얼려. 참조 얼쿠다.

얼키고 설키다　얽히고설키다. ※ 한 낱말이므로 붙여 쓴다. 활용 얽히고설켜. 얽히고설키고. 얽히고설키면. 얽히고설켜서.

얼토당토 않다　얼토당토않다. '얼토당토아니하다'의 준말. ※ 한 낱말이므로 붙여 쓴다. '얼토당토아니하다'는 '옳도 당(當)하도 아니하다'가 변한 말로서 '전혀 합당하지 아니함', '전혀 관계가 없음'을 뜻하는 말이다. ¶그렇게 <u>얼토당토않은</u> 말에 속을 사람이 있겠는가. / <u>얼토당토않은</u> 사람이 상을 받았다.

얼토당토하다　얼토당토않다. 참조 얼토당토 않다.

얼핏하면　걸핏하면.

얽둑배기　얽둑빼기. 참조 −박이.

얽적배기　얽적빼기. 참조 −박이.

얽히고섥히다　얽히고설키다. 참조 얼키고설키다.

얽히설키　얼기설기. 얼키설키.

엄격이(嚴格−)　엄격히.

엄니　크고 날카롭게 발달한 포유류의 이. ※ 호랑이·사자·멧돼지 따위의 엄니는 송곳니가 발달한 것이며, 코끼리의 엄니는 앞니가 발달한 것이다. 특히 '상아(象牙)'를 '코끼리의 어금니'라고 표현하면 안 된다.

엄밀이(嚴密−)　엄밀히.

엄살스런　엄살스러운. 참조 −스런.

엄살(을) 피다　엄살(을) 피우다. 참조 피다.

엄숙이(嚴肅−)　엄숙히.

엄연이(儼然−)　엄연히.

엄이(嚴−)　엄히.

엄중이(嚴重−)　엄중히.

엄청스런　엄청스러운. 참조 −스런.

엄한　애먼. / 애매한. ※ '**애먼**'은 '일의 결과가 다른 데로 돌아가 억울하게 느껴지는'을 뜻하는 관형사이며, '**애매하다**'는 '아무 잘못 없이 꾸중을 듣거나 벌을 받아 억울함'을 뜻하는 형용사이다. 다만, '엄하다(嚴−)'의 활용형 '**엄한**'은 바른 말이다. ¶<u>애먼</u> 사람 잡지 마라. // 이번에 처벌된 사람 가운데는 <u>애매한</u> 사람도 있다. // 그는 <u>엄한</u> 스승이었다.

업동이　업둥이.

업드리다　엎드리다.

업로드(upload)　올리기. 참조 다운로드.

업로드하다(upload−)　올리다.

업사이드(offside)　오프사이드.

업새다　없애다.

업수이여기다　업신여기다.

업저버(observer)　옵서버.

업치다　엎치다.

업치락뒤치락　엎치락뒤치락.

업치락뒷치락　엎치락뒤치락.

업친 데 덥치다　엎친 데 덮치다.

없슴　없음. ※ 명사형 어미는 '−음'이므로 '없음'으로 쓴다.

없신여기다 업신여기다.

엇갈이 얼갈이. ¶얼갈이배추. 얼갈이김치.

엇그저께 엊그저께. ※ '어제-'가 줄어들면 '엊-'이 된다.

엇그제 엊그제. ※ '어제-'가 줄어들면 '엊-'이 된다.

엇다 어따. '어디에다'의 준말. ¶어따 대고 반말이냐?

엇돌려 에둘러.

엇맞다 빗맞다.

엇몰이장단 엇모리장단.

엇저녁 엊저녁. ※ '어제-'가 줄어들면 '엊-'이 된다.

엇쭈 어쭈. 어주. ¶어쭈, 네가 감히 나한테 대들어? / 어주, 제법인데.

엉간하다 어연간하다.

엉겹결 엉겁결.

엉기다 ※ '엉기다'와 '엉키다'는 동의어이지만 '엉클어지다'의 뜻으로는 '엉키다'만을 쓴다. ¶피가 엉기지(엉키지) 않고 계속 나온다. / 풀이 손에 엉겨(엉켜) 붙어 끈적끈적하다. / 아이들이 골목에서 서로 엉겨(엉켜) 싸우고 있었다. / 시원함과 섭섭함이 엉긴(엉킨) 묘한 감정이 들었다.

// 엉킨 실타래를 풀다. / 손을 쓰기 어려울 정도로 일이 엉켜 버렸다. / 연줄이 다른 연줄과 엉켜 끊어졌다.

엉덩이짓 엉덩잇짓. ※ [엉ː덩이찓·엉ː덩읻찓]으로 소리 나므로 사이시옷을 받쳐 적는다.

엉뎅이 엉덩이.

엉둥하다 엉뚱하다.

엉석 응석.

엉석바지 응석받이.

엉청스레 엄청나게.

엉치 엉덩이. ※ 다만, '**엉치뼈**'는 표준어이다.

엉컹퀴 엉겅퀴.

엉크러뜨리다 엉클어뜨리다.

엉크러지다 엉클어지다.

엉키다 참조 엉기다.

엎대다 엎드리다.

엎들이다 엎드리다.

엎지러진 엎질러진. 참조 엎질르다. ¶엎질러진 물.

엎질르다 엎지르다. 활용 엎지르고. 엎지르니. 엎지르면. 엎질러. ¶물을 엎지르지 않도록 조심해라. / 엎질러진 물.

엎치락뒷치락 엎치락뒤치락.

에 ※ '에'와 '에게'는 체언에 붙어

부사어를 만드는 조사이다. 사람과 동물처럼 감정이 있으면 '에게'를, 그 밖의 모든 사물에는 '에'를 쓴다. 그러나 사람이나 동물이라도 특정 부분을 이를 때는 '에게'가 아닌 '에'를 쓴다. ¶이 글의 저작권은 나<u>에게</u> 있다. / 온 국민<u>에게</u> 기쁜 소식을 전했다. / 그가 관리<u>에게</u> 뇌물을 주었다. / 어느 쥐가 고양이<u>에게</u> 방울을 달아 주겠는가. / 나<u>에게</u> 손대지 마라. // 이 글의 저작권은 도서출판 한울<u>에</u> 있다. / 어느 쥐가 고양이 목<u>에</u> 방울을 달겠는가. / 그가 관리의 손<u>에</u> 뇌물을 쥐여 주었다. / 온 나라<u>에</u> 기쁜 소식을 전했다. / 내 몸<u>에</u> 손대지 마라.

에게[1]　참조 에.

에게[2]　에게. ¶에게, 겨우 요것뿐이야?

에게게　에게게.

에그머니　에구머니.

에꼴 드 빠리(École de Paris)　에콜 드 파리. ※ 외래어 표기에서, 일본어·중국어·베트남 어·태국어의 일부 표기 외에는 된소리를 쓰지 않는다.

에끼스(←extract)　진액(津液). ※ '에끼스'는 일본어투.

에너지량(energy量)　에너지양. 참조 량.

에니메이션(animation)　애니메이션.

에다　※ '**에다**'는 '칼 따위로 도려내다', '마음을 몹시 아프게 하다'를 나타내며, '**에이다**'는 '에다'의 피동사이다. ¶살을 <u>에는</u> 듯한 바람. // 바람에 살이 <u>에이는</u> 듯하다. / 가슴이 <u>에이는</u> 듯한 슬픔이 닥쳤다.

-에 다름 아니다　-나 다름없다. -와 다름없다. -와 마찬가지다. ※ '-에 다름 아니다'는 일본어투. 참조 다름 아니다.

에둘르다　에두르다. 활용 에두르고. 에두르니. 에두르면. 에두르는. 에두르지. 에둘러. ¶야트막한 돌담이 집을 <u>에두르고</u> 있다. / <u>에둘러</u> 말하지 마라.

에듀테인먼트(edutainment)　말터 놀이학습(-學習).

에디오피아(Ethiopia)　에티오피아. 아프리카 동북부에 있는 나라. 수도는 아디스아바바(Addis Ababa).

에딘버러(Edinburgh)　에든버러.

영국 북부 스코틀랜드의 도시.

에라(error) 에러. 잘못. 실수(失手). 실책(失策).

에레베스트 에베레스트(Everest). 네팔과 티베트 사이에 있는, 세계에서 가장 높은 산.

에레베타(elevator) 엘리베이터.

에로티즘 에로티시즘(eroticism).

에루살렘 예루살렘(Jerusalem). 이스라엘의 수도.

에르미타슈 미술관(Ermitazh美術館) 예르미타시 미술관. 러시아 상트페테르부르크에 있는 국립 미술관.

에르미타시 미술관(Ermitazh美術館) 예르미타시 미술관. 참조 에르미타슈 미술관.

에르미타주 미술관(Ermitazh美術館) 예르미타시 미술관. 참조 에르미타슈 미술관.

에리어(area) 에어리어. 영역(領域). ¶골에어리어.

에리트리아(Eritrea) 에리트레아. 아프리카 동북부에 있는 나라. 수도는 아스마라(Asmara).

에머랄드(emerald) 에메랄드.

에멘털 치즈(emmental cheese) 에멘탈 치즈.

에미 어미.

에뻬(épée) 에페. 펜싱 종목의 하나. ※ 외래어 표기에서, 일본어·중국어·베트남 어·태국어의 일부 표기 외에는 된소리를 쓰지 않는다.

에서 부터 에서부터. ※ 조사는 앞말에 붙여 쓴다. 조사가 둘 이상 겹쳐도 띄어 쓰지 않는다.

에섹스(Essex) 에식스. 영국 잉글랜드 동부의 주. 주도는 첼름스퍼드(Chelmsford).

에셋(asset) 애셋.

에스라인(S-line) 말터 호리병 몸매(-瓶-).

에스오에스(SOS) 말터 구원요청(救援要請).

에스칼레이타(escalator) 에스컬레이터.

에스콰이아(esquire) 에스콰이어.

에스트로젠(estrogen) 에스트로겐.

에스파니아(España) 에스파냐. 스페인(Spain).

에어로솔(aerosol) 에어로졸.

에어콘(←air conditioner) 에어컨. 에어컨디셔너.

-에요 ※ '이다', '아니다'의 어간에 붙어 설명·의문의 뜻을 나타

내는 종결어미이다. ‘이다’의 어간에 ‘-에요(-어요)’가 붙은 ‘-이에요(-이어요)’는 받침 없는 체언 뒤에서는 ‘-예요(-여요)’로 줄어든다. 사람 이름에 받침이 있으면 보조사 ‘이’가 붙으므로 받침 없는 체언과 마찬가지로 ‘-예요(-여요)’를 붙이게 된다. 다시 말해 ‘영철’은 받침 있는 이름이지만 보조사 ‘이’를 붙인 ‘영철이’에다 ‘-예요(-여요)’를 붙여 ‘영철이예요(영철이여요)’로 쓴다. ‘아니다’는 체언이 아닌 용언이므로 조사 ‘이다’가 붙을 수 없다. 따라서 바로 ‘-에요’를 붙이므로 ‘아니예요(아니여요)’가 아니라 ‘아니에요(아니어요)’가 된다. ‘아니에요(아니어요)’는 ‘아녜요(아녀요)’로 줄일 수 있다. ¶이것은 책이에요(책이어요). / 막 돌아가려는 참이에요(참이어요). / 제 이름은 영숙이예요(영숙이여요). / 제 이름은 영희예요(영희여요). / 이건 옳은 일이 아니에요(아니어요·아녜요·아녀요).

에이다 참조 에다.

에이전시(agency) 에이전시.

에이전트(agent) 에이전트.

에인트호벤(Eindhoven) 에인트호번. 네덜란드 남부의 도시.

에잇(eight) 에이트.

에지간하다 어지간하다.

에집트(Egypt) 이집트.

에치켓(etiquette) 에티켓.

에칠(ethyl) 에틸. ¶에틸알코올. / 에틸 화합물.

에칠렌(ethylene) 에틸렌.

에코맘(EcoMom) 말터 환경친화주부(環境親和主婦).

엑기스(←extract) 진액(津液). ※ ‘엑기스’는 일본어투.

엑셀레이터(accelerator) 액셀러레이터.

엑소도스(exodus) 엑소더스.

엑스타시(ecstasy) 엑스터시.

엑스파일(X file) 말터 안개문서.

엔돌핀(endorphin) 엔도르핀.

엔딩크레디트(ending credit) 말터 끝맺음자막(-字幕).

엔젤(angel) 에인절. ¶에인절피시.

엔지족(NG族: No Graduation族) 말터 늑장졸업족(-卒業族).

엘레베이터(elevator) 엘리베이터.

엘리뇨(el Niño) 엘니뇨.

엘리어트(Eliot)　엘리엇. ¶토머스 스턴스 엘리엇(영국의 시인 겸 평론가·극작가).

엘보우(elbow)　엘보. ※ [ou]는 '오'로 적는다.

엘파소(El Paso)　엘패소. 미국 텍사스 주의 도시.

엠니스족(M-ness族)　[말터] 주부남(主婦男).

엠뷰란스(ambulance)　앰뷸런스.

엠블렘(emblem)　엠블럼. 상징(象徵). 표상(表象).

엣세이(essay)　에세이. 수필(隨筆). 논문(論文).

엣센스(essence)　에센스.

엣지(edge)　에지. 날.

엥간하다　엔간하다.

엥꼬(えんこ)　떨어짐. 동남. 바닥. 바닥남.

엥포르멜(informel)　앵포르멜. 비정형(非定形) 미술.

–여(餘)　수량을 뜻하는 말 뒤에 붙어 '그 수를 넘음'을 뜻하는 접미사. ※ '이상', '남짓' 따위의 말을 덧붙일 필요가 없다. 또 '수십, 수백, 수천' 같은 불특정수를 나타내는 말과도 함께 쓰지 않는다.

여가 시간(餘暇 時間)　여가. ※ '여가'가 '일이 없어 남는 시간'을 뜻하므로 '여가 시간'은 겹말이다.

여간나기　여간내기.

여나문　여남은.

여나믄　여남은.

여느　[참조] 어느.

여늬　여느. [참조] 어느.

여닐곱　예닐곱.

여다지　여닫이.

여닫기다　여닫히다.

여덜　여덟.

여드래　여드레.

여드레날　여드렛날. ※ [여드렌날]로 'ㄴ' 앞에서 'ㄴ' 소리가 덧나므로 사이시옷을 받쳐 적는다. ¶초여드렛날.

여들음　여드름.

여라문　여남은.

여러 모로　여러모로. ※ 한 낱말이므로 붙여 쓴다.

여러분들　여러분. ※ '여러분'이 둘 이상의 사람임을 뜻하므로 '여러분들'은 겹말이다.

여름 내　여름내. ※ 한 낱말이므로 붙여 쓴다.

여름지기　농부(農夫).

여름지이　농사(農事).

여마리꾼 염알이꾼. 염탐꾼.

여물으면 여물면. ※ 어간이 ‘ㄹ’ 받침으로 끝나는 용언의 연결어미는 ‘−면’이다.

여물은 여문. 어간이 ‘ㄹ’ 받침으로 끝나는 용언의 어간에 붙는 어미는 ‘−ㄴ’이다. ‘−ㄴ’이 붙으면 ‘ㄹ’이 줄어든다.

여물음 여묾. ※ 어간이 ‘ㄹ’ 받침으로 끝나는 용언의 명사형 어미는 ‘−ㅁ’이다. ¶벼가 잘 <u>여묾</u>.

여뭄 여묾. 참조 여물음.

여보셔요 여보시오. 여보세요.

여보시요 여보시오.

여부(與否) ※ ‘그러함과 그러하지 아니함’을 나타내는 말이다. 이미 한 낱말이 ‘그러함과 그러하지 아니함’을 모두 포함하고 있으면 ‘여부’를 덧붙여서는 안 된다. ‘진위 여부’, ‘생사 여부’, ‘존폐 여부’, ‘성패 여부’ 같은 말은 ‘진위’, ‘생사’, ‘존폐’, ‘성패’만으로 충분하다. ‘여부’를 꼭 쓰고자 하면 ‘진실 여부/허위 여부’, ‘생존 여부/사망 여부’, ‘존속 여부/폐지 여부’, ‘성공 여부/실패 여부’처럼 쓰면 된다. 이뿐만 아니라 상황에 따라서는 ‘여부’가 아니라 ‘가부(可否)’, ‘유무(有無)’를 써야 한다. 예를 들어 아직 시작하지 않은 행사에 참석할 수 있는지를 따질 때는 ‘참석 가부를 알려 주시오’처럼 써야 한다. 또 ‘잘못의 유무는 법정에서 따지자’처럼 있고 없고를 나타낼 때는 ‘유무’를 써야 한다.

여불없다 위불없다(爲不−). 위불위없다(爲不爲−). 틀림이나 의심이 없다. ¶이것은 <u>위불(위)없이</u> 그 사람 소행일세.

여붓여붓 여짓여짓. 말을 할 듯 말 듯 자꾸 머뭇거리는 모습. ¶겁먹은 아이가 <u>여짓여짓</u>하다가 입을 열었다.

여비(旅費) 노자(路資). ※ ‘여비’는 일본어투.

여성스런(女性−) 여성스러운. 참조 −스런.

여순 예순.

여실이(如實−) 여실히.

−여요 참조 −에요.

여우불 도깨비불.

여위다 ※ **여위다**는 ‘몸의 살이 빠져 파리하게 되다’, ‘살림살이가 매우 가난하고 구차하게 되다’, ‘빛이나 소리 따위가 점점 작아지거나 어렴풋해지다', '(비유적으로) 땅이나 강 따위가 부피가 줄어들고 메말라지다'의 뜻을 나타내고, '**여의다**'는 '부모나 사랑하는 사람이 죽어서 이별하다', '딸을 시집보내다', ' 멀리 떠나보내다'의 뜻을 나타낸다. ¶병을 앓더니 얼굴이 무척 <u>여위</u>었다. / <u>여윈</u> 강아지 똥 탐한다. // 그는 일찍이 부모를 <u>여의고</u> 고아로 자랐다. / 내달이면 막내딸까지 <u>여읜다</u>. / 일체의 번뇌를 <u>여의었다</u>.

여위살이　시집살이.

여유돈(餘裕−)　여윗돈. ※[여유똔·여윧똔]으로 소리 나므로 사이시옷을 받쳐 적는다.

여유로와(餘裕−)　여유로워. ※ 'ㅂ불규칙용언'은 '곱다', '돕다'를 제외하고는 모두 '−워'로 활용한다.

여의다　참조 여위다.

여적지　여태껏.

여전이(如前−)　여전히.

여즈러지다　이지러지다.

여지껏　여태껏.

여지러지다　이지러지다.

여직　여태.

여직껏　여태껏.

여쭈다　※ '여쭈다'와 '여쭙다'는 '웃어른에게 말씀을 올리다'의 뜻이므로 아랫사람에게 말하는 데에 써서는 안 된다. 아랫사람에게는 '말하다', '묻다' 따위의 말을 써야 한다. ¶선생님께 <u>여쭤</u> 보아라. / 부장님께 한 말씀 <u>여쭙겠습니다</u>. / 나중에 따님에게 <u>물어보십시오</u>.

여쭈옵다　여쭈다. 여쭙다. 참조 여쭈다.

여쭙다　참조 여쭈다.

여차직하면　여차하면(如此−).

여축없다　깔축없다. 조금도 축나거나 버릴 것이 없다.

여태것　여태껏. ※ '그것이 닿는 데까지'의 뜻을 더하고 부사로 만드는 접사는 '−껏'이다.

역력이(歷歷−)　역력히.

역바르다　역빠르다. 눈치나 행동 따위가 재빠르다.

역부러　일부러.

역스럽다　역겹다.

역씨　역시(亦是).

역역하다(歷歷−)　역력하다.

역임(歷任)　여러 직위를 두루 거쳐 지냄. ※ 하나의 직위만을 지낸 것은 '역임'이라고 할 수 없다. ¶그는 국회의원, 장관, 국무총리를 <u>역임</u>했다.

역전시키다(逆轉-) 역전하다. ※ 사동의 뜻이 없으면 '-시키다'로 쓰지 않는다. 참조 -시키다.

역전앞(驛前-) 역전. 역 앞. ※ '전(前)'이 '앞'을 뜻하므로 '역전앞'은 겹말이다.

역할(役割) 소임(所任). 구실. 할 일. ※ '역할'은 일본어투.

역활 역할(役割). ※ '割'은 '나눌 할'. 참조 역할.

연거퍼 연거푸.

연검다(軟-) 가무스름하다.

연결시키다(連結-) 연결하다. ※ 사동의 뜻이 없으면 '-시키다'로 쓰지 않는다. 참조 -시키다. ¶이 전화를 사장님께 <u>연결</u>해 주세요.

연귀(聯句) 연구. ※ '句'는 '글귀', '귀글'을 제외하고는 모두 '구'로 읽는다.

연근뿌리(蓮根-) 연근. 연뿌리.

연기통(煙氣筒) 연통(煙筒).

연노(年老) 연로. ¶<u>연로</u>한 부모.

연대(年代) 년대. ※ 다만, '지나간 시간을 일정한 햇수로 나눈 것'을 뜻할 때는 두음법칙에 따라 '연대'로 적는다. 참조 년대. ¶1950<u>년대</u>. / 2000<u>년대</u>. // <u>연대</u> 미상. / 생존 <u>연대</u>.

연두빛(軟툐-) 연둣빛. ※ [연: 두삗·연: 둗삗]으로 소리 나므로 사이시옷을 받쳐 적는다.

연록색(軟綠色) 연녹색. ※ 접두어처럼 쓰이는 한자 다음의 첫 음절은 두음법칙에 따라 적는다.

연보라빛(軟-) 연보랏빛. ※ [연: 보라삗·연: 보랃삗]으로 소리 나므로 사이시옷을 받쳐 적는다.

연비 ※ '연비'는 한자로는 '燃比'와 '燃費'로 적는바, 그 뜻이 서로 다르다. '燃比'는 '자동차의 단위 연료당 주행거리의 비율'을 뜻하며, '燃費'는 '자동차가 단위 주행거리 또는 단위 시간당 소비하는 연료의 양'을 뜻한다. 예컨대 '燃比'는 '연료 1L로 얼마나 멀리 갈 수 있는지'를 나타내며, '燃費'는 '1km를 가는 데 얼마나 많은 연료를 소비하는지'를 나타낸다. 두 낱말이 서로 반대되는 개념을 뜻하므로 '연비가 높다', '연비가 낮다' 식의 표현은 그 의미가 막연해진다. '燃比'가 높으면 같은 양의 연료로 더 멀리 갈 수 있지만 '燃費'가 높으면 같은 거리를 가는 데 더 많은 연료가 필요하게 된다. '연비' 대신 '연료 소비 효율'로 표현하는 것이 바람직하다.

연산홍 영산홍(映山紅).

연습양(練習量) 연습량. 참조 량.

연신 ＝연방(連方) ※ 복수표준어. 다만, '연신'은 반복성을. '연방'은 연속성을 강조한다.

연연생(年年生) 연년생.

연예난(演藝欄) 연예란. 참조 난¹.

연원하다(淵源－) 연원을 두다. 연원이 있다. 연원으로 하다. ※ '연원'은 '사물의 근원'을 뜻하며 동사를 만드는 접미사 '－하다'를 붙일 수 없다. 다만, '깊고 멀다'를 뜻하는 낱말은 '연원하다 (淵遠－)'이다. ¶호남 화단의 큰 맥은 소치를 <u>연원으로 하고</u> 있다.

연육교(連陸橋) 연륙교.

연이여(連－) 연이어.

연자주빛(軟紫朱－) 연자줏빛. ※ [연: 자주삗·연: 자준삗]으로 소리 나므로 사이시옷을 받쳐 적는다.

연쭐(緣－). 연줄

연포국(軟泡－) 연폿국. ※ [연: 포꾹·연: 폰꾹]으로 소리 나므로 사이시옷을 받쳐 적는다.

연필깎기(鉛筆－) 연필깎이. 연필을 깎는 기구. ※ 다만, '연필을 깎는 동작이나 일'을 뜻할 때는 '연필 깎기'라고 적는다.

열갱이 볼락.

열기 볼락.

열나흘날 열나흘날.

열두째 ※ '**열두째**'는 서수사로서 '열두 번째'를, '**열둘째**'는 '열두 개째'를 뜻한다. 다만, '열두째'와 '열둘째', '스물두째'와 '스물둘째' 외에는 '두째'와 '둘째'를 구분하지 않고 '둘째'만 표준어로 삼는다. 참조 둘째. 스물두째

열둘째 참조 열두째.

열렬이(熱烈－·烈烈－) 열렬히.

열료 연료(燃料). ¶고체 <u>연료</u>. / <u>연료소비효율</u>. / <u>연료</u> 절약.

열립군(列立軍) 여리꾼.

열변하다(熱辯－) 열변을 토하다. 열변을 늘어놓다. 열변을 쏟다. ※ '열변'은 '열렬하게 사리를 밝혀 옳고 그름을 따지는 말'을 뜻하며, 동사를 만드는 접미사 '－

하다'를 붙일 수 없다.

열불나다(熱-)　열불 나다. ※ 한 낱말이 아니므로 띄어 쓴다.

열사흘날　열사흘날.

열성껏(熱誠-)　열성껏. ※ '그것 이 닿는 데까지'의 뜻을 더하고 부 사로 만드는 접사는 '-껏'이다.

열쇄　열쇠.

열심으로(熱心-)　열심히.

열심이(熱心-)　열심히.

열싸다　열쌔다. 행동이나 눈치가 매우 재빠르고 날쌔다.

열씸　열심(熱心).

열아문　여남은.

열어재끼다　열어젖히다.

열어재치다　열어젖히다.

열어저치다　열어젖히다.

열어제끼다　열어젖히다.

열어제치다　열어젖히다.

열으니　여니. ※ 어간이 'ㄹ' 받침 으로 끝나는 용언의 어간에 붙 는 어미는 '-니'이다. '-니'가 붙 으면 'ㄹ'이 줄어든다.

열으면　열면. ※ 어간의 끝소리 가 'ㄹ'인 용언의 연결어미는 '- 면'이다.

열은　연. ※ 어간이 'ㄹ' 받침으로 끝나는 용언의 어간에 붙는 어

미는 '-ㄴ'이다. '-ㄴ'이 붙으면 'ㄹ'이 줄어든다.

열음　엶. ※ 어간이 'ㄹ' 받침으로 끝나는 용언의 명사형 어미는 '-ㅁ'이다. ¶문을 엶.

열읍니다　엽니다. ※ 어간이 'ㄹ' 받침으로 끝나는 용언의 어간에 붙는 어미는 '-ㅂ니다'이다. '-ㅂ 니다'가 붙으면 'ㄹ'이 줄어든다.

열읍시다　엽시다. ※ 어간이 'ㄹ' 받침으로 끝나는 동사의 어간에 붙는 어미는 '-ㅂ시다'이다. '-ㅂ 시다'가 붙으면 'ㄹ'이 줄어든다.

열적다　열없다. 좀 겸연쩍고 부 끄럽다. ¶<u>열없는</u> 색시 달밤에 삿갓 쓴다.

열중이　열쭝이. 겨우 날기 시작 한 어린 새. 흔히 잘 자라지 못하 는 병아리를 이른다. ¶병아리 를 많이 키우다 보면 그중에 열 <u>쭝이</u> 한 마리쯤은 끼어 있는 법 이다.

열쩍다　열없다. 참조 열적다.

염고등어(鹽-)　자반고등어. 간 고등어.

염나대왕(閻羅大王)　염라대왕.

염두하다(念頭-)　염두에 두다. ※ '염두'는 '마음속'을 뜻하며, 동사

를 만드는 접미사 '-하다'를 붙일 수 없다. ¶ 그 사람은 출판을 <u>염두에 두고</u> 누리사랑방에 글을 쓰고 있다.

염두해 두다(念頭-)   염두에 두다. 참조 염두하다.

염려스런(念慮-)   염려스러운. 참조 -스런.

염료(染料)   물감. ※ '염료'는 일본어투.

염분양(鹽分量)   염분량. 참조 량.

염소띠   양띠.

염염불망(念念不忘)   염념불망.

염장고등어(鹽藏-)   자반고등어. 간고등어.

염쟁이(殮-)   염장이. 참조 -장이.

염좌(捻挫)   삠(대한의사협회 권장 용어).

염체   염치(廉恥).

염치 불구(廉恥不拘)   염치 불고 (廉恥不顧). 참조 불구.

엽기(獵奇)   괴기(怪奇). ※ '엽기' 는 일본어투.

엽때껏   입때껏.

엿새날   엿샛날. ※ [엳쌘날]로 'ㄴ' 앞에서 'ㄴ' 소리가 덧나므로 사이시옷을 받쳐 적는다.

엿장사   엿장수. ※ 다만, 엿을 파는 상행위는 '엿 장사'로 쓴다. ¶ <u>엿장수</u> 마음대로.

엿줍다   여쭙다. 여쭈다. 참조 여 쭈다.

엿질금   엿길금. 엿기름.

영건(young gun)   말터 기대주(期待 株).

영광스런(榮光-)   영광스러운. 참조 -스런.

영구이(永久-)   영구히.

영그럽다   영겁스럽다.

영낙없다(零落-)   영락없다.

영능[1](英陵)   영릉. 경기 여주군 능 서면에 있는 조선 세종과 비 소 헌왕후의 능. 참조 -능.

영능[2](寧陵)   영릉. 경기 여주군 능 서면에 있는 조선 효종과 비 인 선왕후의 능. 참조 -능.

영능[3](永陵)   영릉. 경기 파주시 조 리읍에 있는 조선 영조의 아들 진종(추존)과 비 효순왕후의 능. 참조 -능.

영물스런(靈物-)   영물스러운. 참조 -스런.

영부인(令夫人)   남의 아내를 높이 는 말. ※ '대통령의 부인'만이 '영부인'이라고 오해하는 일이 많은데 '영(令)'은 남을 높이는 데 쓰는 말이다. 이때의 '令'은 대통령(大統領)의 '領'과는 관련 없는 말이다. 다른 사람의 아들을 '영식(令息)'이라 하고, 딸을 '영애(令愛)'라고 하는 것과 마찬가지다. 초청장 따위에서 '同 令夫人'이라고 하면 부인과 함께 오라는 뜻이 된다. 다시 말해 대통령의 아내도, 필부의 아내도 남이 높여 부를 때는 모두 '영부인'이 된다.

영악스런(靈惡-) 영악스러운. 참조 -스런.

영양갱 양갱(羊羹). 단팥묵.

영원이(永遠-) 영원히.

영판 아주.

영하(寧夏) 닝샤. 중국 북부의 후이(回)족 자치구. 구도(區都)는 인촨(銀川).

영화스런(榮華-) 영화스러운. 참조 -스런.

옅디 옅다 옅디옅다. ※ 한 낱말이므로 붙여 쓴다. 참조 -디.

옅보다 엿보다.

옅우다 옅게 하다.

옆눈 곁눈. ※ 다만, 동물의 가운데 눈에 상대하여 옆쪽에 있는

눈은 '옆눈'이라고 한다.

옆눈질 곁눈질.

옆옆히 옆옆이.

예 ※ '예'는 '아주 먼 과거'를 뜻하는 명사이며, '옛'은 '지나간 때의'를 뜻하는 관형사이다. ¶예나 제나. / 예로부터. // 옛 자취. / 옛 기억. / 옛 친구.

예능(睿陵) 예릉. 경기 고양시 원당동에 있는 조선 철종과 비 철인왕후의 능. 참조 -능. 서삼능.

예두르다 에두르다. 참조 에둘르다.

예따 옜다. '여기 있다'의 준말. 참조 옜다.

예사날(例事-) 예삿날. ※ [예: 산닐]로 'ㄴ' 앞에서 'ㄴ' 소리가 덧나므로 사이시옷을 받쳐 적는다.

예사로히(例事-) 예사로이.

예사스런(例事-) 예사스러운. 참조 -스런.

예사일(例事-) 예삿일. ※ [예: 산닐]로 'ㄴ' 소리가 덧나므로 사이시옷을 받쳐 적는다.

예삿말(例事-) 예사말.

예삿소리(例事-) 예사소리.

예상양(豫想量) 예상량. 참조 량.

예스런 예스러운. 참조 -스런

–예요　참조 –에요.

예이레　예니레. 엿새나 이레. ¶ 이번 출장은 <u>예니레</u> 걸릴 것 같다.

예일곱　예닐곱.

예처롭다　애처롭다.

예컨데(例–)　예컨대.

예티족(Yettie族)　말터 자기가치개발족(自己價値開發族).

예펜네　여편네.

예편네　여편네.

옌병할　염병할(染病–).

옐로우(yellow)　옐로. ¶ <u>옐로</u>스톤. ※ [ou]는 '오'로 적는다.

욈병할　염병할(染病–).

옘집　여염집(閭閻–).

옜다　옜다. ※ '여기 있다'가 줄어들면 '예 있다'가 되고, '예 있다'에서 '있'의 '이'가 탈락하고 'ㅆ'이 앞말 '예'와 결합하여 '옜다'가 된다.

옛　참조 예.

옛부터　예부터. ※ '옛'은 관형사이므로 조사 '부터'가 붙을 수 없다. 참조 예.

옛 사랑　옛사랑. ※ 한 낱말이므로 붙여 쓴다.

옜소　옜소. ※ '여기 있소'가 줄어들면 '예 있소'가 되고, '예 있소'에서 '있'의 '이'가 탈락하고 'ㅆ'이 앞말 '예'와 결합하여 '옜소'가 된다.

옜수다　옜습니다. ※ '여기 있습니다'가 줄어들면 '예 있습니다'가 되고, '예 있습니다'에서 '있'의 '이'가 탈락하고 'ㅆ'이 앞말 '예'와 결합하여 '옜습니다'가 된다.

옛스럽다　예스럽다. ※ '옛'은 관형사이므로 '–스럽다'가 붙을 수 없다. 참조 예.

옛처럼　예처럼. ※ '옛'은 관형사이므로 조사 '처럼'이 붙을 수 없다. 참조 예.

–오　※ '–오'는 '이다', '아니다'의 어간, 받침 없는 용언의 어간, 'ㄹ' 받침인 용언의 어간 또는 어미 '–으시–' 뒤에 붙어 하오할 자리에 쓰여, 설명·의문·명령의 뜻을 나타내는 종결어미이다. '–요'는 주로 해할 자리에 쓰이는 종결어미나 일부 하게할 자리에 쓰이는 종결어미 뒤 또는 체언이나 부사어, 연결어미 따위의 뒤에 붙어 듣는 이에게 존대의 뜻을 나타내는 보조사이

다. 또 '-**요**'는 '이다', '아니다'의 어간 뒤에 붙어 어떤 사물이나 사실 따위를 열거할 때 쓰이는 연결어미이다. 참조 아니오. ¶이것은 책이<u>오</u>. / 당신을 사랑하<u>오</u>. / 돌아가시<u>오</u>. / 이것은 내 것이<u>오</u>. / 이 책은 내 것이 아니<u>오</u>. / 이것은 무엇이<u>오</u>? ∥눈이 와<u>요</u>. / 바람이 불어<u>요</u>. / 좋지<u>요</u>. / 예, 아니<u>요</u>로 답하시오. / 잠이 안 오는 걸<u>요</u>. / 그 사람은<u>요</u> 더없이 좋아<u>요</u>. ∥이것은 책이<u>요</u>, 저것은 붓이<u>요</u>, 그것은 먹이다.

오강 요강.

오거라 오너라. ※ '-**거라**'는 '가다'나 '가다'로 끝나는 동사 어간 뒤에서 명령을 나타내는 종결어미이다. '오다'나 '오다'로 끝나는 동사의 명령형 종결어미는 '-**너라**'이다. ¶이리 <u>오너라</u>. / 심부름 좀 다녀<u>오너라</u>.

오곡백화 오곡백과(五穀百果). 온갖 곡식과 과실.

오골거리다 오글거리다.

오골대다 오글대다.

오골오골 오글오글.

오골쪼골 오글쪼글.

오구라지다 오그라지다.

오굴거리다 오글거리다.

오귀굿 오구굿. 죽은 자의 넋을 위로하고 극락왕생을 비는 굿.

오금탱이 오금팽이.

오금팡이 오금팽이.

오까야마(岡山) 오카야마. 일본 주고쿠(中國)의 현 및 현청 소재지. ※ 일본어 표기에서 'ㅆ' 외에는 된소리를 쓰지 않는다.

오꼬시(粔籹·おこし) 밥풀과자.

오끼나와(沖繩) 오키나와. 일본 남쪽 태평양 상의 제도(諸島)로 이루어진 현. 현청 소재지는 나하(那覇). ※ 일본어 표기에서 'ㅆ' 외에는 된소리를 쓰지 않는다.

오늘낼 오늘내일. ※ 다만, '내일'의 준말로서는 '낼'을 쓸 수 있다. ¶그 사람 병세가 위중해서 <u>오늘내일</u>한다.

오늘에서야 오늘에야. ※ '서'는 장소, 근거를 나타내는 조사이므로 시간을 나타내는 명사 '오늘'에 붙을 수 없다.

오닥지다 오달지다. 야무지고 알차다. ¶<u>오달지기</u>는 사돈네 가을 닭이다.

오델로(Othello) 오셀로. ※ [θ]는 'ㅅ'으로 적는다.

오뎅(おでん) 꼬치. 꼬치안주.

오뎅꼬지(おでん-) 어묵꼬치. 참조 오뎅, 꼬지.

오도가도 못하다 오도 가도 못 하다.

오도리(踊リ·おどり) 산 새우.

오도마니 오도카니.

오도바이(←auto bicycle) 오토바이.

오도발광(-發狂) 오두발광.

오도방정 오두방정.

오도커니 오도카니. 우두커니.

오돌똑이 오돌또기. 제주 민요의 하나.

오돌뼈 오도독뼈.

오돌오돌 오들오들.

오두마니 오도카니.

오두머니 오도카니. 우두커니.

오딧세이(Odyssey) 오디세이.

오똑이 오뚝이.

오똑하다 오뚝하다.

오똑히 오뚝이.

오뚜기 오뚝이.

오뚝히 오뚝이.

오라줄 오랏줄. 오라. ※ 〔오 : 라 쭐·오 : 란쭐]로 소리 나므로 사이시옷을 받쳐 적는다.

오랑우탕(orangutan) 오랑우탄.

오래기 오라기. ¶실오라기.

오래 동안 오랫동안. ※ 한 낱말이므로 붙여 쓴다. 〔오래똥안·오랟똥안]으로 소리 나므로 사이시옷을 받쳐 적는다.

오래비 오라비.

오래 전(-前) 오래전. ※ 한 낱말이므로 붙여 쓴다.

오랜 동안 오랫동안. 참조 오래 동안.

오랜 숙원(-宿願) 숙원. ※ '숙원'이 '오래전부터 품어 온 염원'을 뜻하므로 '오랜 숙원'은 겹말이다.

오랫만 오랜만. ※ '오랜만'은 '오래간만'의 준말이다.

오레곤주(Oregon州) 오리건 주. 미국 서북부의 주.

오륙월(五六月) 오뉴월.

오르가즘(orgasme) 오르가슴.

오른 손 오른손. ※ 한 낱말이므로 붙여 쓴다.

오른손잽이 오른손잡이.

오른 쪽 오른쪽. ※ 한 낱말이므로 붙여 쓴다.

오른 편(-便) 오른편. ※ 한 낱말이므로 붙여 쓴다.

오리엔털리즘(Orientalism) 오리엔탈리즘.

오리지날(original)　오리지널.

오마와시(大廻し·おおまわし)　크게 돌리기.

오마주(hommage)　말터 감동되살이(感動-).

오막사리　오막살이.

오만스런(傲慢-)　오만스러운. 참조 -스런.

오명가명　오면가면. 오면서 가면서. ¶그 친구는 <u>오면가면</u> 우리 집에 들르곤 했다.

오무라들다　오므라들다.

오무라이스(←omelet rice)　오므라이스.

오무라지다　오므라지다.

오무러지다　오므라지다.

오무리다　오므리다.

오믈거리다　오물거리다.

오미자국(五味子-)　오미잣국. ※ [오ː미자꾹·오ː미잗꾹]으로 소리 나므로 사이시옷을 받쳐 적는다.

오바(over)　오버.

오바이트　게우다. 토하다(吐-). ※ '오바이트'는 영어 'overeat(과식하다)'에서 온 말이나 '토하다'의 뜻으로 잘못 사용되고 있다.

오바코트(overcoat)　오버코트.

오방떡(大判-·おおばん-)　왕풀빵.

오복전조르듯　오복조르듯. 심하게 조르는 모양.

오봉(御盆·おぼん)　쟁반(錚盤).

오붓히　오붓이.

오사까(大阪)　오사카. 일본 긴키(近畿) 지방의 부(府) 및 부청 소재지. ※ 일본어 표기에서 'ㅆ' 외에는 된소리를 쓰지 않는다.

오삭오삭　오싹오싹.

오살잡놈　오사리잡놈. 온갖 못된 짓을 거침없이 하는 사람. ¶<u>오사리잡놈</u> 같던 그 친구가 개과천선을 했구먼.

오삽(大-·おお-)　큰 삽.

오소리열　오소리 쓸개.

오손도손　= 오순도순. ※ 복수 표준어. '오순도순'이 더 큰 느낌을 준다.

오스만투르크(Osman Türk)　오스만튀르크.

오시(押し·おし)　밀어 치기.

오실오실　오슬오슬.

오야(親·おや)　우두머리. 두목(頭目). 계주(契主).

오야붕(親分·おやぶん)　우두머리. 두목(頭目). 책임자(責任者).

오야지(親父·おやじ)　우두머리. 책임자(責任者). 공두(工頭).

오얏　자두. ※ '오얏'이 자두의 잘못이기는 하나 '오얏나무 아래서는 갓을 고쳐 쓰지 않는다(李下不整冠)' 같은 속담은 '자두나무……'라고 쓰는 예를 보기 어렵다. 한자 '李'의 훈과 음을 말할 때도 '오얏 리'라고 하는 것이 일반적이다.

오양간(-間)　외양간.

오양장육　오향장육(五香醬肉).

오오사까　오사카(大阪). 참조 오사까. ※ 일본어 표기에서 'ㅆ' 외에는 된소리를 쓰지 않으며, 외래어 표기에서 장모음은 따로 표기하지 않는다.

오오츠크　오호츠크(Okhotsk). 러시아 시베리아 동부의 도시. ¶오호츠크 해.

오유월(五六月)　오뉴월.

오육월(五六月)　오뉴월.

오이꼬시(追い越し·おいこし)　앞지르기.

오이따(大分)　오이타. 일본 규슈(九州)의 현 및 현청 소재지. ※ 일본어 표기에서 'ㅆ' 외에는 된소리를 쓰지 않는다.

오이려　오히려. 외려.

오일볼(oil ball)　말터 기름뭉치.

오입장이(誤入-)　오입쟁이. 참조 -장이.

오재미　오자미. 콩주머니.

오좀　오줌.

오지(奧地)　두메. 산골(山-). 두메산골. ※ '오지'는 일본어투.

오지랍　오지랖. ¶오지랖이 넓다.

오차(お茶·おちゃ)　차.

오차률(誤差率)　오차율. 참조 -률.

오츠크　오호츠크(Okhotsk). 러시아 시베리아 동부의 도시. ¶오호츠크 해.

오프라인(off-line)　말터 현실공간(現實空間).

오픈 하우스(open house)　말터 열린집. 집열기.

오합잡놈(烏合雜-)　오사리잡놈.

옥구구　옥셈. 잘못 생각하여 자신에게 손해가 되는 셈.

옥니배기　옥니박이. 참조 -박이.

옥도정기(沃度丁幾)　요오드팅크. ※ '옥도정기'는 일본어투.

옥물다　악물다.

옥수수가루　옥수숫가루. ※ [옥쑤수까루·옥쑤숟까루]로 소리

옥수수대 옥수숫대. ※ [옥수수때·옥수숫때]로 소리 나므로 사이시옷을 받쳐 적는다.

옥스포드(Oxford) 옥스퍼드. 영국 잉글랜드의 도시.

옥시덴트(oxidant) 옥시던트.

옥파 양파.

온가지 온갖. ※ ‘온가지’가 ‘온갖’의 본딧말이기는 하지만 준말 ‘온갖’만을 표준어로 삼는다.

온갇 온갖.

온갓 온갖.

온냉(溫冷) 온랭.

온누리 온 누리. ※ 한 낱말이 아니므로 띄어 쓴다.

온능(溫陵) 온릉. 경기 양주시 장흥면에 있는 조선 중종의 비 단경왕후의 능. 참조 -능.

온 데 간 데 없다 온데간데없다. ※ 한 낱말이므로 붙여 쓴다.

온전이(穩全-) 온전히.

올개미 올가미.

올갠(organ) 오르간.

올갱이 다슬기.

올곳다 올곧다.

올나잇 올나이트(all night). 밤샘. 철야.

올드미스(old miss) 노처녀(老處女). ※ ‘올드미스’는 일본식 영어.

올라 서다 올라서다. ※ 한 낱말이므로 붙여 쓴다.

올려놉니다 올려놓습니다. ※ 어간이 받침으로 끝나는 용언의 종결어미는 ‘-습니다’이다.

올려 놓다 올려놓다. ※ 한 낱말이므로 붙여 쓴다.

올려다 보다 올려다보다. ※ 한 낱말이므로 붙여 쓴다. 다만, ‘올리다’와 ‘보다’가 각각의 동작을 나타내면 띄어 쓴다. 이때는 ‘올려다’를 ‘올려다가’로 바꿔 쓸 수 있다. ¶올려다보기만 하고 살면 삶이 팍팍해진다. // 아래층에 둔 책을 올려다(가) 보아라.

올려부치다 올려붙이다. 참조 부치다.

올르다 오르다. 활용 오르고. 오르니. 오르면. 오르는. 오르지. 올라. ¶오르지 못할 나무는 쳐다보지도 마라. / 물가가 올라도 너무 올랐다.

올르막 오르막. ¶오르막길.

올바라 올발라. ¶아이가 참 올발라서 나중에 크게 될 것 같다. / 교사라면 생각이 올발라야 하지 않겠는가.

ㅡ올습니다 ㅡ올시다. 참조 ㅡ올씨다.

올실 외겹실. 외올실.

ㅡ올씨다 ㅡ올시다. ※ [올씨다]로 소리 나지만 예사소리로 적는다. ¶아니올시다. / 그 아이의 아비올시다.

올아버니 오라버니.

올아비 오라비.

올애비 오라비.

올인(all-in) 말터 다걸기.

올창이 올챙이.

올챙잇적 올챙이 적. ※ 한 낱말이 아니므로 띄어 쓴다. '적'은 '그 동작이 진행되거나 그 상태가 나타나 있는 때, 또는 지나간 어떤 때'를 뜻하는 의존명사.

올커니 옳거니.

올타글타 옳다 그르다.

옭무 올무.

옭죄다 옥죄다. 활용 옥죄고. 옥죄니. 옥죄어(옥쫴).

옮다 ※ '옮다'는 자동사이며, '옮기다'는 '옮다'의 사동사이거나 타동사이므로 목적어가 필요하다. ¶불이 옮아 붙었다. / 그 아이에게서 피부병이 옮았다. / 그

동네에 시청이 옮아오기로 결정됐다. ∥ 불을 옮겨 붙였다. / 그 아이가 피부병을 옮겼다. / 그 동네로 시청을 옮기기로 결정했다. / 직장을 옮겼다. / 이삿짐을 옮겼다.

옮기다 참조 옮다.

옳바로 올바로.

옳바르다 올바르다.

옳은쪽 오른쪽.

옳치 옳지.

옳커니 옳거니.

옴기다 옮기다.

옴다 옮다.

옴부스맨(ombudsman) 옴부즈맨. 말터 민원도우미(民願ㅡ).

옴부즈만(ombudsman) 옴부즈맨. 말터 민원도우미(民願ㅡ).

옴싹달싹 옴짝달싹. 꼼짝달싹.

옴쭉달싹 옴짝달싹. 꼼짝달싹.

옴치러지다 옴츠러지다.

옴콤 옴큼.

옵셋(offset) 오프셋. ¶오프셋 인쇄.

옷나무 옻나무.

옷매무새 참조 매무새.

옷매무시 참조 매무새.

옷맵씨 옷맵시.

옷삔 옷핀(—pin).

옷치례 옷치레.

옷칠(—漆) 옻칠.

옹개옹개 옹기옹기.

옹기쟁이(甕器—) 옹기장이. 참조 —장이.

옹니 옥니. ¶옹니박이.

옹시래미 새알심.

옹아리 옹알이.

옹총망총하다 옹송망송하다.

옹치다 동이다.

옹크라지다 움츠러지다.

옹큼 옴큼.

옹해야 옹헤야. 영남지방 일노래 의 하나.

옷나무 옻나무.

옷칠(—漆) 옻칠.

와까야마(和歌山) 와카야마. 일 본 긴키(近畿) 지방의 현 및 현청 소재지. ※ 일본어 표기에서 'ㅆ' 외에는 된소리를 쓰지 않는다.

와꾸(枠·わく) 틀.

와니스 바니시(varnish). 광칠(光 漆).

와리깡(割り勘·わりかん) 나눠 내 기. 추렴(← 出斂).

와리바시(割り箸·わりばし) 나무 젓가락.

와리쓰케(割り付け, わりつけ) 판 매김. 레이아웃(lay-out).

와사비(山葵·わさび) 고추냉이.

와사풍 구안괘사(口眼喎斜). 참조 구안와사.

와셀린(vaseline) 바셀린.

와수수 와스스. ¶바람이 한번 휘몰아치자 나뭇잎이 와스스 떨 어졌다.

와이로(賄賂·わいろ) 뇌물(賂物).

와이브로(WiBro) 말터 휴대누리 망(携帶—網).

와이샤쓰(←white shirts) 와이셔츠.

와중(渦中) ※ '와중'은 '흐르는 물 이 소용돌이치는 가운데'의 뜻 으로 여기에서 '일이나 사건 따 위가 시끄럽고 복잡하게 벌어지 는 가운데'라는 뜻이 생겼다. 따 라서 '조용한 와중에', '일이 순조 롭게 진행되는 와중에' 같은 표 현은 옳지 않다.

왁자그르 왁자그르르. ¶그 골 목길로 아이들이 왁자그르르 떠 들며 지나가곤 했다.

왁자지걸 왁자지껄.

왁짜지껄 왁자지껄.

왁찐(vaccine) 백신.

왁친(vaccine) 백신.

완강이(頑強-) 완강히.

완성시키다 완성하다(完成-). ※ 사동의 뜻이 없으면 '-시키다'로 쓰지 않는다. 참조 -시키다.

완스탑(one stop) 원스톱.

완연이(宛然-) 완연히.

완전이(完全-) 완전히.

완피스(one piece) 원피스.

완화시키다(緩和-) 완화하다. ※ 사동의 뜻이 없으면 '-시키다'로 쓰지 않는다. 참조 -시키다.

왈자 왈짜. 왈패.

왔다갔다하다 왔다 갔다 하다. ※ 한 낱말이 아니므로 띄어 쓴다.

왔다리 갔다리 하다(←いったりきたり) 왔다 갔다 하다. ※ '왔다리 갔다리 하다'는 일본어투.

왕내(往來) 왕래.

왕능(王陵) 왕릉. 참조 -릉.

왜곡시키다(歪曲-) 왜곡하다. ※ 사동의 뜻이 없으면 '-시키다'로 쓰지 않는다. 참조 -시키다. ¶견강부회로 사실을 <u>왜곡해선</u> 안 된다.

왜곤(wagon) 왜건.

왜무우(倭-) 왜무.

왝 더 독(wag the dog) 왜그 더 도그. ※ 꼬리가 개의 몸통을 흔든

다는 뜻으로 증권시장에서 선물 거래가 현물 시장에 직접으로 영향을 미치는 현상을 나타낸다.

왠걸 웬걸.

왠떡 웬 떡.

왠만큼 웬만큼.

왠만하면 웬만하면.

왠셈 웬셈.

왠일 웬일.

외가닥길 외길.

외가리 왜가리.

외가집(外家-) 외갓집. ※ [외: 가찝·웨: 갇찝]으로 소리 나므로 사이시옷을 받쳐 적는다.

외갓댁(外家宅) 외가댁. ※ 한자어는 두 음절로 된 '곳간(庫間), 셋방(貰房), 숫자(數字), 찻간(車間), 툇간(退間), 횟수(回數)' 외에는 사이시옷을 받치지 않는다.

외곡 왜곡(歪曲). ※ '歪'는 '비뚤 왜'.

외골수(-骨髓) ※ '외골수'는 '단 한 곳으로만 파고드는 사람'을 뜻하며, '외곬'은 '단 한곳으로만 통하는 길'을 뜻한다. '외곬'은 '외곬으로'의 꼴로 쓰여 '단 하나의 방법이나 방향'을 나타낸다. ¶그 사람은 공부밖에 모르

는 <u>외골수</u> 학자일세. / 사람이 외
곬으로만 생각해선 안 되네.

외골수로　외곬으로. 참조 외골수.

외골쑤　외곬. 참조 외골수.

외곬　참조 외골수.

외곬쑤로　외곬으로. 참조 외골수.

외누리　에누리.

외눈배기　외눈박이. 참조 －박이.

외눈퉁이　외눈박이.

외동이　외둥이.

외디푸스(Oedipus)　오이디푸스.
¶<u>오이디푸스</u> 콤플렉스.

외따른　외딴. ※ '외딸다'의 관형
사형은 '외딴'이다. ¶<u>외딴</u>집.
<u>외딴</u> 마을.

외딴 곳　외딴곳. ※ 한 낱말이므
로 붙여 쓴다.

외딴 길　외딴길. ※ 한 낱말이므
로 붙여 쓴다.

외딴 섬　외딴섬. ※ 한 낱말이므
로 붙여 쓴다.

외딴 집　외딴집. ※ 한 낱말이므
로 붙여 쓴다.

외레　외려. 오히려.

외로와　외로워. ※ 'ㅂ불규칙용
언'은 '곱다', '돕다'를 제외하고는
모두 '－워'로 활용한다.

외로히　외로이.

외사춘　외사촌(外四寸).

외삼춘　외삼촌(外三寸).

외설스런(猥藝－)　외설스러운.
참조 －스런.

외손주(外－)　※ 외손자와 외손
녀를 아울러 이를 때 쓴다.

외양깐　외양간(－間).

외입장이(外入－)　외입쟁이. 참조
－장이.

외테보리(Göteborg)　예테보리.
스웨덴 서남부의 도시.

외토리　외톨이. 외톨박이. 외돌
토리.

외톨배기　외톨박이. 외돌토리.
외톨이. 참조 －박이.

외톨백이　외톨박이. 외돌토리.
외톨이. 참조 －박이.

외투감(外套－)　외툿감. ※ [외:
투깜·웨:툳깜으로 소리 나므
로 사이시옷을 받쳐 적는다.

외형율(外形律)　외형률. 참조 －률.

외환보유고(外換保有高)　외환보
유액(外換保有額). 참조 －고.

왼갓　온갖.

왼갖　온갖.

왼손잽이　왼손잡이.

왼종일(－終日)　온종일.

왼켠　왼편(－便). 외쪽

왼통 온통.

욋과(外科) 외과. ※ 한자어는 두 음절로 된 '곳간(庫間)', '셋방(貰房)', '숫자(數字)', '찻간(車間)', '툇간(退間)', '횟수(回數)' 외에는 사이시옷을 받치지 않는다.

요[1] 참조 –오.

–요[2] 참조 –오.

요거가 ※ '요거'는 '요것'을 구어적으로 이르는 말이다. '요거'는 받침 없는 체언이므로 주격 조사 '가'가 붙은 '요거가'가 되어야 하지만 실제로는 이런 형태는 잘 쓰이지 않고 '요것'에 주격 조사 '이'가 붙은 '요것이'에서 줄어든 '요게'가 주로 쓰인다. ¶요게 뭘까?

요거이 요게. 참조 요거가.

요 것 요것. ※ 한 낱말이므로 붙여 쓴다.

요괴스런(妖怪–) 요괴스러운. 참조 –스런.

요구양(要求量) 요구량. 참조 량.

요기거리(療飢–) 요깃거리. ※ [요기꺼리·요긷꺼리]로 소리 나므로 사이시옷을 받쳐 적는다.

요꼬(橫·よこ) 가로. 옆. ¶가로 간판, 가로짜기.

요 놈 요놈. ※ 한 낱말이므로 붙여 쓴다.

요녕성(遼寧省) 요령성. 랴오닝 성. 참조 요령성.

요 다음 요다음. ※ 한 낱말이므로 붙여 쓴다. 준말은 '요담'이다. ¶요다음 차례는 누구냐?

요드(Jod) 요오드. ※ 원자기호는 'I'.

요따만큼 요만큼.

요 따위 요따위. ※ 한 낱말이므로 붙여 쓴다.

요란스런(搖亂–) 요란스러운. 참조 –스런.

요령것(要領–) 요령껏. ※ '그것이 닿는 데까지'의 뜻을 더하고 부사로 만드는 접사는 '–껏'이다.

요령성(遼寧省) =랴오닝 성. ※ 중국 지명은 현지음으로 적는 것이 원칙이나 중국 동포들이 주로 사는 동북3성은 우리 한자음으로 적는 것을 허용한다.

요료법(尿療法) 요요법. ※ 합성어에서 뒷말의 첫 음절은 두음법칙에 따라 적는다.

요률(料率) 요율. 참조 –률.

요리집(料理–) 요릿집. ※ [요리

찝·요린찝]으로 소리 나므로 사이시옷을 받쳐 적는다.

요만때 요맘때.

요망스런(妖妄－) 요망스러운. 참조 －스런.

요사스런(妖邪－) 요사스러운. 참조 －스런.

요 사이 요사이. ※ '동안'을 이를 때는 한 낱말이므로 붙여 쓴다. ¶요사이 통 소식이 없다. // 그 책을 요 사이에 끼워 두어라.

요상스럽다(－常－) 이상스럽다(異常－).

요상하다(－常－) 이상하다(異常－).

요술장이(妖術－) 요술쟁이. 참조 －장이.

요이(用意·ようい) 준비(準備).

요잇 욧잇. 요의 몸에 닿는 쪽에 시치는 흰 헝겊. ※ [욘닏]으로 'ㄴ' 소리가 덧나므로 사이시옷을 받쳐 적는다.

요전 번(－前番) 요전번. ※ 한 낱말이므로 붙여 쓴다.

요지(楊枝·ようじ) 이쑤시개.

요지음 요즈음.

요컨데(要－) 요컨대.

요쿠르트(yoghurt) 요구르트.

요한네스버그(Johannesburg) 요하네스버그. 남아프리카공화국의 도시.

요행이(僥倖－) 요행히.

욕삼태기(辱－) 욕감태기. 늘 남에게서 욕을 먹는 사람.

욕심장이(慾心－) 욕심쟁이. 참조 －장이.

욕지꺼리(辱－) 욕지거리.

욕찌거리(辱－) 욕지거리.

욧법(療法) 요법. ※ 한자어는 두 음절로 된 '곳간(庫間)', '셋방(貰房)', '숫자(數字)', '찻간(車間)', '툇간(退間)', '횟수(回數)' 외에는 사이시옷을 받치지 않는다.

욧점(要點) 요점. ※ 한자어는 두 음절로 된 '곳간(庫間)', '셋방(貰房)', '숫자(數字)', '찻간(車間)', '툇간(退間)', '횟수(回數)' 외에는 사이시옷을 받치지 않는다.

용감이(勇敢－) 용감히.

용납치(容納－) 용납지. ※ '하다'로 끝나는 용언 가운데 '하' 앞의 음절이 'ㄱ, ㅂ, ㅅ' 받침으로 끝나는 낱말의 준말은 '하'가 아주 줄어든다. 즉, '간단하지'의 준말은 '하'의 'ㅏ'만 줄어들어 '간단치'가 되지만 '용납하지'의 준말은 '하'가 모두 줄어들어 '용납지'가 된다.

용납키(容納−) 용납기. 참조 용납치.

용달(用達) 심부름. ※ '용달'은 일본어투. 다만, '용달차(用達車)'는 표준어이다.

용못(龍−) 용소(龍沼).

용설난(龍舌蘭) 용설란. 참조 난².

용소슴(湧−) 용솟음.

용적율(容積率) 용적률. 참조 −률.

용출양(湧出量) 용출량. 참조 량.

용트림(龍−) ※ '**용트림**'은 '거드름을 피우느라고 일부러 하는 트림'을 뜻하며 '**용틀임**'은 '용의 모양을 틀어 새긴 장식', '이리저리 비틀거나 꼬면서 움직임'을 뜻하며, 흔히 '기세 따위가 왕성하게 뻗쳐오름'을 비유하여 쓰인다. ¶미꾸라짓국을 먹고 용트림한다. // 민족의 용틀임.

용틀임(龍−) 참조 용트림.

우거지국 우거짓국. ※ [우거지꾹·우거짇꾹]으로 소리 나므로 사이시옷을 받쳐 적는다.

우거넣다 욱여넣다.

우구러지다 우그러지다.

우굴쭈굴 우글쭈글.

우끼(浮き·うき) 찌. 띄우개. 튜브.

우끼떡 웃기떡.

우나기(鰻·うなぎ) 장어. 뱀장어.

우는 소리 우는소리. ※ '엄살을 부리며 사정을 늘어놓는 말'을 뜻하면 한 낱말이므로 붙여 쓴다. 다만, '우는'이 '울다'의 관형사형으로 쓰이면 한 낱말이 아니므로 띄어 쓴다. ¶이제 형편도 좋아졌으니 우는소리 좀 작작 해라. // 아이 우는 소리에 화들짝 놀라 잠이 깼다.

우동(饂飩·うどん) ⇨ 가락국수. ※ '우동'이 일본어이고 그 순화어가 '가락국수'이기는 하나 언중은 우동과 가락국수를 다른 음식으로 인식한다. 우동은 우동대로 남아 있고 그 순화어인 가락국수라는 말에 맞춘 새로운 음식이 생겼다고 하겠다.

우두머니 우두커니.

우둠지 우듬지. 나무의 꼭대기 줄기.

우드득 우두둑.

우등불 모닥불.

우라(裏·うら) 안. 안감.

우라마와시(裏廻し·うらまわし) 뒤돌리기.

우럴어보다 우러러보다.

우렁 우렁이.

우렁이속 우렁잇속. ※ [우렁이쏙·우렁읻쏙]으로 소리 나므로 사이시옷을 받쳐 적는다.

우레소리 우렛소리. ※ [우레쏘리·우렏쏘리]로 소리 나므로 사이시옷을 받쳐 적는다.

우려스런(憂慮-) 우려스러운. 참조 -스런.

우렷하다 우련하다. 형태가 약간 보일 정도로 희미하다.

우뢰 우레. ¶우레와 같은 박수.

우뢰소리 우렛소리. 참조 우레소리.

우루루 우르르.

우리 글 우리글. ※ 한 낱말이므로 붙여 쓴다.

우리 나라 우리나라. ※ 한 낱말이므로 붙여 쓴다.

우리들 우리. ※ '우리'가 복수이므로 복수임을 나타내는 접미사 '-들'을 붙일 필요가 없다. ¶우리가 할 일이 없다. / 우리는 한다면 한다.

우리 말 우리말. ※ 한 낱말이므로 붙여 쓴다.

우리부리하다 우락부락하다.

우멍스럽다 의뭉스럽다.

우메보시(梅于し·うめぼし) 매실(梅實). 매실절이.

우무국 우뭇국. ※ [우무꾹·우묻꾹]으로 소리 나므로 사이시옷을 받쳐 적는다.

우무러들다 우므러들다.

우묵눈 움펑눈.

우물라우트(Umlaut) 움라우트. 변모음. 전모음화.

우방국(友邦國) 우방. ※ '방(邦)'이 '나라'를 나타내므로 '우방국'은 겹말이다.

우방국가(友邦國家) 우방. ※ '방(邦)'이 '나라'를 나타내므로 '우방국가'는 겹말이다.

우숩다 우습다. 활용 우습고. 우스우니. 우스운. 우스워.

우스개말 우스갯말. ※ [우스갠말]로 'ㅁ' 앞에서 'ㄴ' 소리가 덧나므로 사이시옷을 받쳐 적는다.

우스개소리 우스갯소리. ※ [우스개쏘리·우스갣쏘리]로 소리 나므로 사이시옷을 받쳐 적는다.

우스개짓 우스갯짓. ※ [우스개찓·우스갣찓]으로 소리 나므로 사이시옷을 받쳐 적는다.

우스갯거리 우스개.

우스꽝스런 우스꽝스러운. 참조 −스런.

우스웁지만 우습지만.

우습광스럽다 우스꽝스럽다.

우아래 위아래.

우악스런(愚惡−) 우악스러운. 참조 −스런.

우야무야 유야무야(有耶無耶).

우에 위에.

우연스런(偶然−) 우연스러운. 참조 −스런.

우연이(偶然−) 우연히.

우와기(上衣·うわぎ) 윗도리. 상의. (양복) 저고리.

우유값(牛乳−) 우윳값. ※ [우유깝·우율깝]으로 소리 나므로 사이시옷을 받쳐 적는다.

우유곽(牛乳−) 우유갑(牛乳匣). 참조 우윳갑.

우유빛(牛乳−) 우윳빛. ※ [우유삗·우율삗]으로 소리 나므로 사이시옷을 받쳐 적는다.

우윳갑(牛乳匣) 우유갑. ※ 한자어는 두 음절로 된 '곳간(庫間)', '셋방(貰房)', '숫자(數字)', '찻간(車間)', '툇간(退間)', '횟수(回數)' 외에는 사이시옷을 받치지 않는다.

우윳병(牛乳瓶) 우유병. ※ 한자어는 두 음절로 된 '곳간(庫間)', '셋방(貰房)', '숫자(數字)', '찻간(車間)', '툇간(退間)', '횟수(回數)' 외에는 사이시옷을 받치지 않는다.

우즈벡(Uzbek) 우즈베크. 우즈베키스탄의 약칭.

우지 마라 울지 마라.

우직근 우지끈.

우직스런(愚直−) 우직스러운. 참조 −스런.

우짓다 우짖다.

우쭐렁거리다 우쭐거리다.

우쭐렁하다 우쭐하다.

우츠노미야(宇都宮) 우쓰노미야. 일본 도치기(栃木) 현의 현청 소재지.

우큼 움큼.

우통 웃통. 참조 웃−.

우편배달부(郵便配達夫) 집배원(集配員).

우풍 외풍(外風).

우회곡절 우여곡절(迂餘曲折).

욱박다 윽박다.

욱박지르다 윽박지르다.

욱씬거리다 욱신거리다.

욱씬욱씬 욱신욱신.

욱어지다 우거지다. 활용 우거지고. 우거지니. 우거진.

욱으러지다 우그러지다.

운남성(雲南省) 윈난 성. 중국 남부의 성. 성도는 쿤밍(昆明).

운동양(運動量) 운동량. 참조 량.

운률(韻律) 운율. 참조 −률.

운명을 달리하다(殞命−) 운명하다. 유명을 달리하다(幽明−). ※ '**운명**'은 '사람의 목숨이 끊어짐'을 뜻하며, '**유명**'은 저승과 이승을 아울러 이르는 말이다. ¶선생님께서는 젊은 나이에 운명하셨다. // 희망의 전도사로 불리던 장영희 교수가 유명을 달리했다.

운영(運營) ※ '**운영**'은 '조직, 기구, 사업체 따위를 운용하고 경영함', '어떤 대상을 관리하고 운용하여 나감'을 뜻하며, '**운용**(運用)'은 '무엇을 움직이거나 부리어 씀'을 뜻한다. ¶기업체 운영. / 대학의 학사 운영. // 자본의 운용. / 법의 운용.

운임(運賃) 찻삯. 짐삯. ※ '운임'은 일본어투.

운전수(運轉手) 운전사. 운전기사(運轉技士).

운짱(運−·うんちゃん) 운전사. 운전기사(運轉技士).

울거먹다 우려먹다.

울구다 우리다.

울궈내다 우려내다.

울궈먹다 우려먹다.

울그다 우리다.

울그락불그락 붉으락푸르락.

울끈불끈 울근불근.

울러내다 우려내다.

울며울며 울며불며.

울부르짖다 울부짖다.

울부짓다 울부짖다.

울쌍 울상.

울어나다 우러나다.

울어러보다 우러러보다.

울으네 우네. ※ 어간이 'ㄹ' 받침으로 끝나는 용언의 어간에 붙는 어미는 '−네'이다. '−네'가 붙으면 'ㄹ'이 줄어든다.

울으니 우니. ※ 어간이 'ㄹ' 받침으로 끝나는 용언의 어간에 붙는 어미는 '−니'이다. '−니'가 붙으면 'ㄹ'이 줄어든다.

울으면 울면. ※ 어간이 'ㄹ' 받침으로 끝나는 용언의 어간에 붙는 연결어미는 '−면'이다.

울은 운. ※ 어간이 'ㄹ' 받침으로 끝나는 용언의 어간에 붙는 어미는 '−ㄴ'이다. '−ㄴ'이 붙으면

‘ㄹ’이 줄어든다.

울음 욺. ※ 어간이 ‘ㄹ’ 받침으로 끝나는 용언의 명사형 어미는 ‘-ㅁ’이다. 다만, 우는 일, 또는 그런 소리를 나타내는 명사는 ‘울음’이다. ¶구슬프게 욺. // 아기의 울음.

울읍니다 웁니다. ※ 어간이 ‘ㄹ’ 받침으로 끝나는 용언의 어간에 붙는 어미는 ‘-ㅂ니다’이다. ‘-ㅂ니다’가 붙으면 ‘ㄹ’이 줄어든다.

울읍시다 웁시다. ※ 어간이 ‘ㄹ’ 받침으로 끝나는 동사의 어간에 붙는 어미는 ‘-ㅂ시다’이다. ‘-ㅂ시다’가 붙으면 ‘ㄹ’이 줄어든다.

울짖다 우짖다. [활용] 우짖고. 우짖으니. 우짖는. 우짖으면. 우짖어.

울쩍하다 울적하다(鬱寂-).

움 욺. [참조] 울음.

움질 움찔.

움추러지다 움츠러지다.

움추리다 움츠리다.

움츠라들다 움츠러들다.

움치러지다 움츠러지다.

움쿰 움큼.

웃- ※ ‘위의’ 뜻을 더하는 접사는 ‘웃-’으로 아래위의 대립

이 없는 명사 앞에서 쓴다. 아래위의 대립이 있으면서 거센소리나 된소리 앞이면 ‘위-’를, 예사소리 앞에서는 ‘윗-’을 쓴다.

웃간(-間) 윗간. [참조] 웃-.

웃기다 ※ ‘웃기다’는 동사이므로 ‘그 사람은 웃기다’처럼 기본형을 술어로 쓸 수 없다. ‘그 사람은 (사람들을 잘) 웃긴다’처럼 써야 한다.

웃긴 얘기 웃기는 얘기. 우스운 얘기. ※ ‘웃기다’는 동사이므로 관형사형 어미는 ‘-는’이다. 다만, 과거의 사실을 표현할 때는 ‘그때 우리를 웃긴 얘기가 있지’처럼 쓸 수 있다.

웃끼다 웃기다.

웃넓이 윗넓이. [참조] 웃-.

웃녘 윗녘. [참조] 웃-.

웃눈썹 윗눈썹. [참조] 웃-.

웃니 윗니. [참조] 웃-.

웃닛몸 윗잇몸. [참조] 웃-.

웃대님 중대님.

웃도리 윗도리. [참조] 웃-.

웃마을 윗마을. [참조] 웃-.

웃말 윗말. [참조] 웃-.

웃머리 윗머리. [참조] 웃-.

웃목 윗목. [참조] 웃-.

웃몸 윗몸. 참조 웃-.

웃몸운동(-運動) 윗몸운동.

웃물 윗물. 참조 웃-.

웃바람 윗바람. 참조 웃-.

웃배 윗배. 참조 웃-.

웃벌 윗벌. 참조 웃-.

웃변(-邊) 윗변. 참조 웃-.

웃사람 윗사람. 참조 웃-.

웃수염(-鬚髥) 윗수염. 참조 웃-.

웃알 윗알. 참조 웃-.

웃옷 맨 겉에 입는 옷. ※ '윗옷'은 '몸의 위쪽에 입는 옷'을 뜻한다. 참조 웃-. ¶날이 쌀쌀하니 웃옷을 입어라. // 바지는 많은데 윗옷은 별로 없다.

웃음감 웃음거리.

웃음끼 웃음기(-氣). ※ 기운, 느낌, 성분의 뜻을 더하는 접미사는 '-기(氣)'이다.

웃음바탕 웃음판.

웃이 윗니. 참조 웃-.

웃입술 윗입술. 참조 웃-.

웃잇몸 윗잇몸. 참조 웃-.

웃자리 윗자리. 참조 웃-.

웃저고리 겉저고리. 참조 웃-.

웃적삼 겉적삼.

웃집 윗집. 참조 웃-.

웃짝 위짝. 참조 웃-.

웃쪽 위쪽. 참조 웃-.

웃채 위채. 참조 웃-.

웃층(-層) 위층. 참조 웃-.

웃치마 겉치마. 치마를 껴입을 때 맨 겉에 입는 치마. 전통 혼례 때에, 신부가 치마 위에 덧입는 다홍치마.

웃턱 위턱. 참조 웃-.

웃팔 위팔. 참조 웃-.

웅게중게 웅기중기.

웅뎅이 웅덩이.

웅성깊다 웅숭깊다.

웅켜잡다 움켜잡다.

웅켜쥐다 움켜쥐다.

웅쿰 움큼.

웅큼 움쿰.

워낙에 워낙.

워낙이 워낙.

워라말 얼룩말.

워싱톤(Washington) 워싱턴. 미국의 수도. 서부의 주 이름으로도 쓰인다.

워카(walker) 워커. 군화.

워크샵(workshop) 워크숍.

워킹맘(working mom) 말터 직장인엄마(職場人-).

워터파크(waterpark) 말터 물놀이공원(-公園).

워플(waffle) 와플.

원격조정 원격조종(遠隔操縱). 리모트컨트롤(리모컨). 참조 조정.

원구단(圜丘壇) 환구단. ※ 원구단과 환구단이 함께 쓰였으나 2005년 문화재청에서 '환구단'으로 통일해 쓰기로 결정했다.

원능(元陵) 원릉. 경기 구리시 인창동에 있는 조선 영조와 계비 정순왕후의 능. 참조 -능. 동구능.

원달고(圓-) 원달구. 둥글고 큰 돌에 끈을 맨 달구. 땅을 따지는 데 쓴다.

원두장이(園頭-) 원두한이(←園頭干-). 원두를 부치거나 놓는 사람. ※ '원두'는 밭에서 기르는 호박, 오이, 참외 따위를 통틀어 이르는 말.

원만이(圓滿-) 원만히.

원망스런(怨望-) 원망스러운. 참조 -스런.

원삭동물 원색동물(原索動物). ※ '索'은 '색'으로 읽는다.

원상 복귀(原狀復歸) 원상 복구(原狀復舊). ※ '이전의 상태를 회복함'을 뜻하는 말은 '복구'이다.

원샷(one-shot) 말터 한입털이.

원족(遠足) 소풍. ※ '원족'은 일본어투.

원컨데(願-) 원컨대.

원톱(one top) 말터 홀로주연.(-主演).

원할하다 원활하다(圓滑-). ¶ 자재 공급이 원활하다. / 교통 소통이 원활하다.

원활이(圓滑-) 원활히.

월급 날(月給-) 월급날. ※ 한 낱말이므로 붙여 쓴다.

월급장이(月給-) 월급쟁이. 참조 -장이.

월등이(越等-) 월등히.

월등히 나쁘다(越等-) 매우 나쁘다. 훨씬 나쁘다. ※ '월등'은 '수준이 정도 이상으로 뛰어남'을 뜻하므로 수준이 낮거나 모자람을 나타낼 때는 써서는 안 된다. ¶ 그는 나보다 실력이 월등하다. / 미국의 금융위기 때문에 전 세계 경기가 지난해보다 훨씬 나빠졌다.

월등히 좋다(越等-) 월등하다. 훨씬 좋다. ※ '월등'은 '수준이 정도 이상으로 뛰어남'을 뜻하므로 '월등히 좋다'는 겹말이다. ¶ 김연아의 연기가 다른 선수보다 월등했다.

월셋방　월세방(月貰房).　※ 한자어는 두 음절로 된 '곳간(庫間), 셋방(貰房), 숫자(數字), 찻간(車間), 툇간(退間), 횟수(回數)' 외에는 사이시옷을 받치지 않는다.

월츠(waltz)　왈츠.

월풀(whirlpool)　말터 공깃방울목욕(−沐浴).

웨건(wagon)　왜건.

웨딩플래너(wedding planner)　말터 결혼도우미(結婚−).

웨려　외려. 오히려.

웨일즈(Wales)　웨일스. 영국 남서부에 있는 반도(半島).

웨치다　외치다.

웨침　외침.

웨하스　웨이퍼(wafer).

웬간하다　웬만하다. 엔간하다.

웬지　왠지.　※ '왜인지'의 준말.

웰본(well-born)　말터 배냇바라지.

웰빙(well-being)　말터 참살이.

웹버족(Webver族)　말터 은빛누리꾼.

웹서핑(web surfing)　말터 누리검색(−檢索).

웹툰(Webtoon)　말터 누리터쪽그림.

위−　참조 웃−.

위괴양　위궤양(胃潰瘍).

위글　윗글.　참조 웃−.

위기즉발　위기일발(危機一髮). 일촉즉발(一觸卽發).

위길　윗길.　참조 웃−.

위도리　윗도리.　참조 웃−.

위동네(−洞−)　참조 웃−.

위력성당(威力成黨)　울력성당.

위마을　윗마을.　참조 웃−.

위말　윗말.　참조 웃−.

위물　윗물.　참조 웃−.

위부분(−部分)　윗부분.　참조 웃−.

위사람　윗사람.　참조 웃−.

위스컨신(Wisconsin)　위스콘신. 미국 동북부의 주. 주도는 매디슨(Madison).

위앤(元)　위안. 중국의 화폐 단위.

위엄스런(威嚴−)　위엄스러운.　참조 −스런.

위엔(元)　위안. 중국의 화폐 단위.

위옷　윗옷.　참조 웃−.

위용스런(威容−)　위용스러운.　참조 −스런.

위입술　윗입술.　참조 웃−.

위잇몸　윗잇몸.　참조 웃−.

위자리　윗자리.　참조 웃−.

위줄　윗줄.　참조 웃−.

위집　윗집.　참조 웃−.

위체(爲替) 환(換).

위험스런(危險 -) 위험스러운. 참조 -스런.

위험 천만(危險千萬) 위험천만. ※ 한 낱말이므로 붙여 쓴다.

윈도우(window) 윈도. ※ [ou]는 '오'로 적는다.

윈도우즈(windows) 윈도. ※ 외래어는 단수로 표기하는 것이 원칙이다. [ou]는 '오'로 적는다.

윗- 참조 웃-.

윗거름 웃거름. 참조 웃-.

윗국 웃국. 간장이나 술 따위를 담가 익힌 뒤 맨 처음 떠낸 진한 국. 솥이나 그릇에 담긴 국의 웃물. 참조 웃-.

윗돈 웃돈. 참조 웃-.

윗돌다 웃돌다. 참조 웃-.

윗어른 웃어른. 참조 웃-.

윗옷 참조 웃옷, 웃-.

윗저고리 겉저고리.

윗적삼 겉적삼.

윗전(-殿) 웃전. 참조 웃-.

윗쪽 위쪽. 참조 웃-.

윗층(-層) 위층. 참조 웃-.

윗치마 위치마. 참조 웃-.

윗켠 위편(-便). 위쪽. 참조 웃-.

윗통 웃통. 위통. ※ '웃통'은 '몸

에서 허리 위의 부분', '윗옷'을 뜻하며, '위통'은 '물건의 위가 되는 부분'을 뜻한다. 참조 웃-.

유감스런(遺憾 -) 유감스러운. 참조 -스런.

유귀(類句) 유구. ※ '句'는 '글귀', '귀글'을 제외하고는 모두 '구'로 읽는다.

유기쟁이(柳器 -) 유기장이. 참조 -장이.

유난스런 유난스러운. 참조 -스런.

유난이 유난히.

유능(裕陵) 유릉. 경기 남양주시 금곡동에 있는 조선 순종과 비 순명효황후, 순정효황후의 능. 참조 -능.

유니버셜(universal) 유니버설.

유니온 잭(Union Jack) 유니언 잭. 영국 국기.

유니트(unit) 유닛.

유도리(ゆとり) 융통성. 여유.

유독히(惟獨 -) 유독.

유래없다(由來 -) 유례없다(類例 -). ¶사상 유례없는 불경기가 닥쳤다.

유류상종(類類相從) 유유상종.

유명세를 타다(有名稅 -) 유명해

지다. ※ '유명세'는 '세상에 널리 알려져 당하는 불편이나 곤욕을 속되게 이르는 말'이므로 유명해진다는 뜻으로는 '유명세'를 쓸 수 없다. 불편을 당하거나 곤욕스러운 처지가 될 때 '유명세를 치르다', '유명세가 따르다'처럼 표현한다.

유명한 일화(有名-逸話) 유명한 이야기 / 일화. ※ '일화'는 세상에 널리 알려지지 않은 '숨겨진' 이야기이다. 따라서 '일화'는 유명할 수 없고, '유명하면' 일화일 수 없다. '逸'은 '숨을 일'.

유모아(humor) 유머.

유모어(humor) 유머.

유발시키다(誘發-) 유발하다. ※ 사동의 뜻이 없으면 '-시키다'로 쓰지 않는다. 참조 -시키다. ¶ 어떤 회사들은 소비자의 호기심을 유발하려고 회사 이름도 밝히지 않은 채 광고를 하기도 한다.

유별스런(有別-) 유별스러운. 참조 -스런.

유병율(有病率) 유병률. 참조 -률.

유보률(留保率) 유보율. 참조 -률.

유비쿼터스(ubiquitous) 유비쿼터스. 말터 두루누리.

유사 시(有事時) 유사시. ※ 한 낱말이므로 붙여 쓴다.

유설(遊說) 유세. ※ '說'은 '달랠 세'.

유시시(UCC·User Created Contents) 말터 손수제작물(-製作物).

유심이(有心-) 유심히.

유에스비 메모리(USB memory) 말터 정보막대(情報-).

유연이(油然-·柔軟-·悠然-) 유연히.

유유이(幽幽-·悠悠-) 유유히.

유전자양(遺傳子量) 유전자량. 참조 량.

유정의 미 유종의 미(有終-美). ¶ 유종의 미를 거두려면 끝까지 최선을 다해야 한다.

유주노사할린스크(Yuzhno-Sakhalinsk) 유즈노사할린스크. 러시아 사할린에 있는 도시.

유지시키다(維持-) 유지하다. ※ 사동의 뜻이 없으면 '-시키다'로 쓰지 않는다. 참조 -시키다. ¶ 대규모 시위가 벌어지면 질서를 유지하기 어렵다.

유출시키다(流出-) 유출하다. ※ 사동의 뜻이 없으면 '-시키다'

로 쓰지 않는다. 참조 –시키다.

유출양(流出量) 유출량. 참조 량.

유통양(流通量) 유통량. 참조 량.

유휴지(遊休地) 노는 땅.

육계장(肉–醬) 육개장.

육계장(肉–醬) 육개장.

육냥전(六兩箭) 육량전. 무게가 엿 냥쭝인 화살.

육모초(益母草) 익모초. 꿀풀과의 두해살이풀.

육성시키다(育成–) 육성하다. ※ 사동의 뜻이 없으면 '–시키 다'로 쓰지 않는다. 참조 –시키 다. ¶그 회사의 분위기에서는 인재를 육성하기 어렵다.

육쌈(肉–) 고기쌈.

육월(六月) 유월.

육자백이(六字–) 육자배기.

윤끼 윤기(潤氣). ※ 기운, 느낌, 성분의 뜻을 더하는 접미사는 '–기(氣)'이다.

윤중제(輪中堤) 둘레둑. 섬둑. 강 섬의 둘레를 둘러서 쌓은 둑. ※ '윤중제'는 일본어투.

윤활류 윤활유(潤滑油).

–율(–率) 참조 –률.

윷가락 윷가락.

윷놀이 윷놀이.

윷판 윷판.

융능(隆陵) 융릉. 경기 화성시 안 녕동에 있는 조선 장조(추존·사 도세자)와 비 헌경왕후의 능. 참조 –능.

으뜸 가다 으뜸가다. ※ 한 낱말 이므로 붙여 쓴다.

으레껏 으레.

으레히 으레.

으례 으레.

으르다 참조 어르다.

으름짱 으름장.

으물으물 우물우물.

으뭉스럽다 의뭉스럽다.

으스름밤 어스름밤. 참조 어스름.

으슬렁거리다 어슬렁거리다.

으시대다 으스대다.

으시시 으스스.

으실으실 으슬으슬.

으젓하다 의젓하다.

윽박질르다 윽박지르다. 활용 윽 박지르고. 윽박지르니. 윽박지 르면. 윽박질러.

은근이(慇懃–) 은근히.

은닉(隱匿) ※'은닉'은 '남의 물건 이나 재산, 범인 등을 감춤'을 뜻 하며, '**은폐**(隱蔽)'는 '사건, 비리, 잘못, 몸 따위가 드러나지 않도록 감추거나 숨김', '인원, 장비, 시설 등을 적이 알아채지 못하도록 숨김'을 뜻한다. ¶범인을 은닉해 주는 행위도 범죄가 된다. / 양도성예금증서가 재산을 은닉하는 수단이 되기도 한다. // 사람들은 흔히 자신의 잘못을 은폐하려다 더 큰 잘못을 저지르기도 한다.

은닉시키다(隱匿－) 은닉하다. ※ 사동의 뜻이 없으면 '－시키다'로 쓰지 않는다. 참조 －시키다.

은밀스런(隱密－) 은밀스러운. 참조 '－스런.

은밀이(隱密－) 은밀히.

은부치(銀－) 은붙이.

은은이(隱隱－·殷殷－) 은은히. .

은익(隱匿) 은닉.

－은즉 －은즉 ※ 'ㄹ'을 제외한 받침 있는 용언의 어간이나 어미 '－었－' 뒤에 붙어 근거나 이유를 나타내는 연결어미이므로 앞말과 붙여 쓴다. '이다'의 어간, 받침 없는 용언의 어간, 'ㄹ' 받침인 용언의 어간 또는 어미 '－으시－' 뒤에서는 '－ㄴ즉'을 쓴다. ¶약을 먹은즉 곧 효과가 날 것이다. // 쉽게 풀어 쓴 책인즉 이

해하기가 어렵지 않다. / 비가 내린즉 곧 강물이 불어날 것이다.

－은 지 －은지. 참조 －ㄹ 지, 지.

은 커녕 은커녕. ※ 하나의 조사이므로 붙여 쓴다. ¶밥은커녕 죽도 못 먹었다.

은폐(隱蔽) 참조 은닉.

은폐시키다(隱蔽－) 은폐하다. ※ 사동의 뜻이 없으면 '－시키다'로 쓰지 않는다. 참조 －시키다.

은혜로히(恩惠－) 은혜로이.

－을꺼나 －을거나. 참조 －ㄹ꺼나.

－을껄 －을걸. 참조 －ㄹ껄.

－을께 －을게. 참조 －ㄹ께.

－을라고 －으려고. 참조 －ㄹ라고.

－을라면 －으려면. 참조 －ㄹ라면.

－을라믄 －을랑은. 참조 －ㄹ라믄.

－을라오 －으려오. 참조 －ㄹ라오.

－을래도 －으려도. 참조 －ㄹ래도.

－을래야 －으려야. 참조 －ㄹ래야.

－을런지 －을는지. 참조 －ㄹ런지.

－을려고 －으려고. 참조 －ㄹ려고.

－을려면 －으려면. 참조 －ㄹ라면.

－을려야 －으려야. 참조 －ㄹ래야.

을르다 으르다. 참조 어르다.

－을른지 －을는지. 참조 －ㄹ런지.

－을 망정 －을망정. 참조 －ㄹ 망

정.

-을 밖에 -을밖에. 참조 -ㄹ 밖
에.

-을 뿐더러 -을뿐더러. 참조 -
ㄹ 뿐더러.

-을소냐 -을쏘냐. 참조 -ㄹ소냐.

-을손가 -을쏜가. 참조 -ㄹ손가.

-을 수록 -을수록. 참조 -ㄹ 수
록.

을시년스럽다 을씨년스럽다.

을씨년스런 을씨년스러운. 참조
-스런.

을씨년하다 을씨년스럽다.

-을 지 -을지. 참조 -ㄹ 지, 지.

-을 지라도 -을지라도. 참조 -
ㄹ 지라도.

-을 지언정 -을지언정. 참조 -
ㄹ지언정.

을프다 읊다. 활용 읊고. 읊어. 읊
으니. 읊지.

음란스런(淫亂-) 음란스러운.
참조 -스런.

음모를 꾸미다(陰謀-) 음모하다.
※ '음모'가 '나쁜 목적으로 일을
꾸밈'을 뜻하므로 '음모를 꾸미
다'는 겹말이다.

음식양(飮食量) 음식량. 참조 량.

-음에 -으매. ※ 용언의 어간

에 붙어 원인이나 근거를 나타
내는 연결어미는 '-으매'이다.
모음이나 'ㄹ' 받침으로 끝나는
말 뒤에서는 '-매'를 쓴다. ¶그
대 있으매. / 강이 깊으매 큰 고기
가 살고, 덕이 넓으매 인물이 모
여든다. ∥부친의 병환이 깊어 가
매 그의 시름도 깊어졌다.

음용수(飮用水) 먹는 물. 마시는
물. 식수(食水). ※ '음용수'는 일
본어투.

음지짝(陰地-) 음지쪽.

음큼하다 엉큼하다.

음흉스런(陰凶-) 음흉스러운.
참조 -스런.

-읍니까 -습니까. ¶그동안 안
녕하셨습니까.

-읍니다 -습니다. ¶잘 먹었습
니다.

-읍디까 -습디까. ¶그 아이,
어디 다친 데는 없습디까?

-읍디다 -습디다. ¶밥만 잘
먹습디다.

-읍죠 -습죠. ¶물론, 잘 자라
고 있습죠.

-읍지요 -습지요. ¶물론, 잘
자라고 있습지요.

응락(應諾) 응낙. ※ '諾'의 본음은

‘락’이나 ‘應諾’에서는 속음으로 굳어졌으므로 ‘낙’으로 적는다.

응큼하다 엉큼하다.

응헤야 옹헤야.

의기 소침(意氣銷沈) 의기소침. ※ 한 낱말이므로 붙여 쓴다.

의기 양양(意氣揚揚) 의기양양. ※ 한 낱말이므로 붙여 쓴다.

의녕(宜寧) 의령. 경상남도의 군, 읍.

의능(懿陵) 의릉. 서울 성북구 석관동에 있는 조선 경종과 계비 선의왕후의 능. 참조 -능.

의례 으레.

의로와(義-) 의로워. ※ ‘ㅂ불규칙용언’은 ‘곱다’, ‘돕다’를 제외하고는 모두 ‘-워’로 활용한다.

의론(議論) 의논.

의문스런(疑問-) 의문스러운. 참조 -스런.

의뭉스런 의뭉스러운. 참조 -스런.

의붓형제 이복형제(異腹兄弟). 이부형제(異父兄弟). ※ 어머니가 다르면 **이복형제**, 아버지가 다르면 **이부형제**이다. ‘의붓-’은 ‘의붓아버지’, ‘의붓어머니’, ‘의붓아들’, ‘의붓딸’, ‘의붓자식’처럼 부모 자식의 관계에만 쓴다.

의심스런(疑心-) 의심스러운. 참조 -스런.

의심적다(疑心-) 의심쩍다. ※ ‘적다[少]’의 뜻이 남아 있지 않고 발음도 [쩍다]로 나면 ‘-쩍다’로 적는다.

의아스런(疑訝-) 의아스러운. 참조 -스런.

의연이(毅然-·依然-) 의연히.

의젓히 의젓이.

이같은 이 같은. ※ ‘같은’은 형용사 ‘같다’의 활용형이므로 띄어 쓴다.

이 같이 이같이. ※ ‘같이’는 조사이므로 앞말에 붙여 쓴다.

이개(耳介) ⇨ 귓바퀴(대한의사협회 권장용어).

이거가 ※ ‘이거’는 ‘이것’을 구어적으로 이르는 말이다. ‘이거’는 받침 없는 체언이므로 주격 조사 ‘가’가 붙은 ‘이거가’가 되어야 하지만 실제로는 이런 형태는 잘 쓰이지 않고 ‘이것’에 주격 조사 ‘이’가 붙은 ‘이것이’에서 줄어든 ‘이게’가 주로 쓰인다. ¶이게 가장 기억에 남네요.

이거이 이게. 참조 이거가.

이 것　이것.　※ 한 낱말이므로 붙여 쓴다.

이것 저것　이것저것.　※ 한 낱말이므로 붙여 쓴다.

이견을 좁히다(異見−)　의견 차를 좁히다. 견해차를 좁히다.　※ ‘이견’은 서로 다른 의견을 뜻하므로 좁힐 수 없다. ¶여당과 야당이 좀처럼 <u>견해차</u>를 좁히지 못하고 사사건건 충돌했다.

이고이스트(egoist)　에고이스트.

이곳 저곳　이곳저곳.　※ 한 낱말이므로 붙여 쓴다.

이과수 폭포(Iguaçú 瀑布)　이구아수 폭포. 브라질과 아르헨티나 국경에 있는 폭포.

이그러지다　일그러지다.

이기죽부리다　이기죽거리다.

이까(烏賊·いか)　오징어.

이깐　이깟. 이까짓.

이나따나　이나마.

이나마　※ ‘좋지 않거나 모자라기는 하지만 이것이라도’, ‘좋지 않거나 모자라는데도 이것마저도’의 뜻을 나타내면 부사이므로 띄어 쓰고, ‘어떤 상황이 이루어지거나 어떻다고 말해지기에는 부족한 조건이지만 아쉬운

대로 인정됨’의 뜻을 나타내면 조사이므로 앞말에 붙여 쓴다. ¶죽지 않고 <u>이나마</u> 살고 있으니 다행일세. / 쌀이 한 줌밖에 없는데 <u>이나마</u> 한 끼만 해 먹으면 없어질 판이다. // 조금<u>이나마</u> 도움이 됐으면 좋겠다. / 가진 게 없으면 몸<u>이나마</u> 건강해야지.

이 날　이날.　※ 한 낱말이므로 붙여 쓴다.

이 놈　이놈.　※ 한 낱말이므로 붙여 쓴다.

이니샬(initial)　이니셜.

이 다음　이다음.　※ 한 낱말이므로 붙여 쓴다. 준말은 ‘이담’이다. ¶<u>이다음</u> 차례. / <u>이다음</u>에 만나자.

이 달　이달.　※ 한 낱말이므로 붙여 쓴다. ¶<u>이달</u> 말에 한번 만나자.

이대도록　이토록. 이다지.

이디오피아(Ethiopia)　에티오피아.　참조 에디오피아.

이따가　※ ‘**이따가**’는 ‘조금 지난 뒤에’를 뜻하는 부사이며, ‘**있다가**’는 동사 ‘있다’의 활용형으로서 ‘머물다가’를 뜻한다. ¶<u>이따가</u> 오너라 // 거기에 조금 더 <u>있다</u>

가 오너라.

이따구 이따위.

이따마큼 이따금.

이따만큼 이만큼.

이 따위 이따위. ※ 한 낱말이므로 붙여 쓴다.

이 때 이때. ※ 한 낱말이므로 붙여 쓴다.

이때것 이때껏. ※ '그것이 닿는 데까지'의 뜻을 더하고 부사로 만드는 접사는 '-껏'이다.

이래라 저래라 이래라저래라. ※ 한 낱말이므로 붙여 쓴다.

이래 뵈도 이래 봬도. 이래 뵈어도. 이래 보여도.

이러고 저러고 이러고저러고. ※ 한 낱말이므로 붙여 쓴다.

이러구저러구 이러고저러고.

이러하는 이러한. 이런. 이리하는. ※ '이러하다'는 '이렇다'의 본말로 형용사이므로 관형형 어미는 '-ㄴ'이 붙는다. '이런'은 '이러한'의 준말. '이렇게 하다'를 뜻하는 동사는 '이리하다'이며 그 활용형은 '이리하는'이다. ¶ <u>이러한</u> 상황에서는 무엇을 해야 할지 모르겠다.∥<u>이리하는</u> 것이 좋겠소?

이럭쿵저럭쿵 이러쿵저러쿵.

이럴려고 이러려고. 참조 -ㄹ려고.

이렇쿵저렇쿵 이러쿵저러쿵.

이레날 이렛날. ※ [이렌날]로 'ㄴ' 앞에서 'ㄴ' 소리가 덧나므로 사이시옷을 받쳐 적는다.

이루워지다 이뤄지다. 이루어지다.

이룩거리다 실룩거리다.

이률(利率) 이율. 참조 -률.

이르다 참조 빠르다.

이르키다 일으키다.

이를 테면 이를테면. ※ 한 낱말이므로 붙여 쓴다.

이름 순(-順) 이름순. ※ 한 낱말이므로 붙여 쓴다.

이마배기 이마빼기. 참조 -박이.

이마살 이맛살. ※ [이마쌀·이만쌀]로 소리 나므로 사이시옷을 받쳐 적는다.

이마팍 이마빡.

이만때 이맘때.

이말무지로 에멜무지로. 단단히 묶지 않은 모양. 결과를 바라지 않고 시험 삼아 하는 모양. ¶ 멀리 보낼 짐이니 <u>에멜무지로</u> 대충 묶으면 안 된다. / <u>에멜무지로</u>

해 보는 것이니 큰 기대는 하지
마라.

이맛배기 이마빼기. 참조 −박이.

이메지(image) 이미지.

이면수 임연수어(林延壽魚). 쥐노
래밋과의 바닷물고기.

이모티콘(emoticon) 말터 그림말.

이몽가몽 비몽사몽(非夢似夢).

이무롭다 임의롭다(任意−).

이바라끼(茨城) 이바라키. 일본
간토(關東) 지방의 현. 현청 소재
지는 미토(水戶). ※ 일본어 표
기에서 'ㅆ' 외에는 된소리를 쓰
지 않는다.

이받이 이바지.

이 번(−番) 이번. ※ 한 낱말이
므로 붙여 쓴다.

이복아버지(異腹−) 의붓아버지.
※ '이복'은 형제간에만 쓸 수 있
는 말이다. 참조 의붓형제.

이복어머니(異腹−) 의붓어머니.
※ '이복'은 형제간에만 쓸 수 있
는 말이다. 참조 의붓형제.

이복자식(異腹−) 의붓자식. ※
'이복'은 형제간에만 쓸 수 있는
말이다. 참조 의붓형제.

이 분 이분. ※ 한 낱말이므로 붙
여 쓴다.

이불 호청 이불 홑청.

이붓딸 의붓딸.

이붓아들 의붓아들.

이붓아버지 의붓아버지.

이붓어머니 의붓어머니.

이붓자식(−子息) 의붓자식.

이빠이(←一杯·いっぱい) 가득.
한껏. 많이.

이쁘다 예쁘다.

이쁘장하다 예쁘장하다.

이 사이 이사이. ※ '동안'을 이
를 때는 한 낱말이므로 붙여 쓴
다. ¶이사이 안녕하신지요? //
책을 이 사이에 끼워 두었다.

이사짐(移徙−) 이삿짐. ※ [이사
찜·이삳찜]으로 소리 나므로 사
이시옷을 받쳐 적는다.

이상스런(異常−) 이상스러운.
참조 −스런.

이상이(異常−) 이상히.

이속(利−) 잇속. ※ [이쏙·읻쏙]
으로 소리 나므로 사이시옷을
받쳐 적는다.

이송(移送) ※ '**이송**'은 '다른 데로
옮겨 보냄'을 뜻하며, '**후송**(後
送)'은 '적군과 맞대고 있는 지역
에서 부상자, 전리품, 포로 따위
를 후방으로 보냄'을 뜻한다. '후

송'은 '이송'에 비해 뜻이 한정적으로 쓰인다. ¶환자 이송. / 사건 이송. / 부상병 후송. / 포로 후송.

이스러지다 으스러지다.

이슥이 이슥히.

이슥토록 이슥도록. ※ '이슥하도록'의 준말. '하다'로 끝나는 용언 가운데 '하' 앞의 음절이 'ㄱ, ㅂ, ㅅ' 받침으로 끝나는 낱말의 준말은 '하'가 아주 줄어든다. 즉, '배려하도록'의 준말은 '하'의 'ㅏ'만 줄어들어 '배려토록'이 되지만 '이슥하도록'의 준말은 '하'가 모두 줄어들어 '이슥도록'이 된다.

이슬량(－量) 이슬양. 참조 량.

이승(二乘) 제곱. ※ 다만, '삼승', '사승' 따위는 '세제곱', '네제곱'과 함께 인정한다.

이시까와(石川) 이시카와. 일본 주부(中部) 지방의 현. 현청 소재지는 가나자와(金澤). ※ 일본어 표기에서 'ㅆ' 외에는 된소리를 쓰지 않는다.

이쌀 입쌀.

이쏘시개 이쑤시개.

이씨 조선(李氏朝鮮) 조선. 조선 왕조(朝鮮王朝).

이야기거리 이야깃거리. ※ [이야기꺼리·이야긴꺼리로 소리 나므로 사이시옷을 받쳐 적는다.

이야기꺼리 이야깃거리. 얘깃거리. 화제.

이야기장이 이야기쟁이. 참조 －장이.

－이어요 참조 －에요.

이엇줄 마룻줄. 돛을 올리거나 내리는 데 쓰는 줄. 돛대에 매어 놓는다.

－이에요 참조 －에요.

－이여요 －이어요. －여요. 참조 －에요.

－이예요 －이에요. －예요. 참조 －에요.

이와떼(巖手) 이와테. 일본 혼슈(本州)의 현. 현청 소재지는 모리오카(盛岡). ※ 일본어 표기에서 'ㅆ' 외에는 된소리를 쓰지 않는다.

이 왕가(李 王家) 조선 왕가(朝鮮王家).

이 왕조(李 王朝) 조선. 조선왕조(朝鮮王朝).

이외 ※ '일정한 범위나 한도의 밖'을 뜻하면 한 낱말이므로 붙여 쓰고, '이것 외에'를 뜻하면 한 낱말이 아니므로 띄어 쓴다. ¶ 자기 일 <u>의외</u>에는 신경도 쓰지 않는 사람이다. // 연필과 공책이 있다. <u>의 외</u>에 무엇이 더 필요한 가?

이용(利用)　참조 사용.

이용율(利用率)　이용률. 참조 －률.

이웃 집　이웃집. ※ 한 낱말이므 로 붙여 쓴다.

이윤률(利潤率)　이윤율. 참조 －률.

이윽이　이슥히.

이윽토록　이슥도록. 참조 이슥 토록.

이윽하다　이슥하다. 참조 이슥 토록.

이음매　두 물체를 이은 자리. 참조 이음새. ¶<u>이음매</u>가 벌어졌다.

이음새　두 물체를 이은 모양새. 참조 이음매. ¶<u>이음새</u>가 감쪽같 다.

이자국　잇자국. ※ [이짜국·잇 짜국]으로 소리 나므로 사이시 옷을 받쳐 적는다.

이자률(利子率)　이자율. 참조 －률.

이적지　이제껏.

이제것　이제껏. ※ ‘그것이 닿는 데까지’의 뜻을 더하고 부사로 만드는 접사는 ‘－껏’이다.

이제나　저제나　이제나저제나. ※ 한 낱말이므로 붙여 쓴다.

이제사　이제야.

이제서야　이제야. ※ 장소, 근거 를 나타내는 조사 ‘서’는 시간을 나타내는 명사 ‘이제’에 붙을 수 없다.

이조(李朝)　조선왕조(朝鮮王朝). ※ ‘이조’는 일본인들이 ‘조선 왕 조’를 얕잡아 부르던 말이다. ¶ <u>조선왕조실록</u>.

이주걱부리다　이기죽거리다.

이주걱이주걱　이기죽이기죽.

이중(－中)　이 중. 이 가운데. ※ 한 낱말이 아니므로 띄어 쓴다. 다만, ‘이중(二重)’은 붙여 쓴다. 참조 그 중.

이즈러지다　이지러지다.

이지막　이즈음.

이지메(苛め·いじめ)　집단 괴롭힘.

이지음　이즈음.

이짝　이쪽.

이 쪽　이쪽. ※ 한 낱말이므로 붙 여 쓴다.

이찹쌀　찹쌀.

이크　이키.

이태리(伊太利)　이탈리아(Italia). 수도는 로마(Roma). ※ ‘이태리’

는 '이탈리아'의 음역어이다.

이튿날 이튿날.

이틀날 이튿날.

이판새판 이판사판. ¶<u>이판사판</u> <u>으</u>로 대드니 어찌할 수가 없다.

이해타산을 따지다(利害打算—) 이해타산하다. 이해를 따지다. ※ '타산'이 '자신에게 도움이 되는 지를 따져 헤아림'을 뜻하므로 '이해타산을 따지다'는 겹말이다.

이혼률(離婚率) 이혼율. 참조 —률.

이후부터(以後) 이후. —부터. ※ '이후'가 '이제부터 뒤'를 뜻하므 로 '이후부터'는 겹말이다.

익년(翌年) 이듬해. 다음 해. ※ '익년'은 일본어투.

익능(翼陵) 익릉. 경기 고양시 용 두동에 있는 조선 숙종의 비 인 경왕후의 능. 참조 —능. 서오릉.

익살군 익살꾼.

익살스런 익살스러운. 참조 —스 런.

익숙이 익숙히.

익숙치 익숙지. ※ '하다'로 끝나 는 용언 가운데 '하' 앞의 음절이 'ㄱ, ㅂ, ㅅ' 받침으로 끝나는 낱말 의 준말은 '하'가 아주 줄어든다. 즉, '간단하지'의 준말은 '하'의

'ㅏ'만 줄어들어 '간단치'가 되지 만 '익숙하지'의 준말은 '하'가 모 두 줄어들어 '익숙지'가 된다. ¶ 아직 이 동네 지리에 <u>익숙지</u> 않다.

익숙케 익숙게. 참조 익숙치.

익스트라(extra) 엑스트라.

익스트랙트(extract) 엑스트랙트. 진액(津液).

익월(翌月) 다음 달. ※ '익월'은 일본어투.

익일(翌日) 이튿날. 다음 날. ※ '익일'은 일본어투.

인기척 소리(人—) 인기척. ※ '인 기척'은 '사람이 있음을 알 수 있 게 하는 소리나 기색'을 뜻하므로 '인기척 소리'는 겹말이다. ¶<u>인</u> <u>기척</u>을 느끼다. / <u>인기척</u>을 내다.

인능(仁陵) 인릉. 서울 서초구 내 곡동에 있는 조선 순조와 비 순 원왕후의 능. 참조 —능.

인단(仁丹) 은단(銀丹).

인도소리(印度—) 범패(梵唄). 석 가여래의 공덕을 찬미하는 노래.

인도지나(印度支那) 인도차이나 (Indochina). 베트남, 라오스, 캄 보디아 3개국을 함께 이르는 말.

인두껍(人—) 인두겁. 참조 두껍.

인디아나(Indiana) 인디애나. 미

국 중부에 있는 주. 주도는 인디애나폴리스(Indianapolis).

인디안(Indian) 인디언.

인력거군(人力車-) 인력거꾼.

인사들이다(人事-) 인사드리다.

인사치례(人事-) 인사치레.

인삿말(人事-) 인사말.

인상율(引上率) 인상률. 참조 -률.

인상착의(人相着衣) ※ '인상'은 '사람의 얼굴 생김새'를, '착의'는 '옷을 입음'을 뜻하므로 '인상착의'는 '얼굴 생김새와 옷차림'을 나타내는 말이다. '얼굴 생김새'나 '옷차림' 가운데 하나만을 밝히고 '인상착의'라고 해서는 안 된다. '경찰은 범인이 모자를 눌러 쓰고 마스크를 했으며 검은 잠바와 청바지를 입었다고 인상착의를 밝혔다'와 같은 문장에서는 얼굴 생김새가 전혀 나타나지 않으므로 '인상착의'라고 할 수 없다.

인수받다(引受-) 인수하다. 건네받다. ※ '인수'가 '물건이나 권리를 건네받음'을 뜻하므로 '인수받다'는 겹말이다.

인스부르크(Innsbruck) 인스브루크. 오스트리아 티롤(Tirol) 주

의 도시.

인스탄트(Instant) 인스턴트. ¶ 인스턴트식품.

인용귀(引用句) 인용구. ※ '句'는 '글귀', '귀글'을 제외하고는 모두 '구'로 읽는다.

인자스런(仁慈-) 인자스러운. 참조 -스런.

인정스런(人情-) 인정스러운. 참조 '-스런.

인 즉 인즉. ※ 받침 있는 체언 뒤에서 '……으로 말하면', '……을 보자면', '……을 듣자면' 따위의 뜻을 나타내는 보조사이므로 붙여 쓴다. 받침 없는 체언 뒤에서는 'ㄴ즉'을 쓴다. ¶ 사실인즉 말이 안 된다. / 말씀인즉 지당하지만 그대로 하기는 어렵습니다. // 이야긴즉 지당하다. / 취진즉 분명하다.

인차 이내.

인출(引出) (돈을) 찾음. ※ '인출'은 일본어투.

인터내쇼날(international) 인터내셔널.

인터렉티브(interactive) 인터랙티브.

인터발(interval) 인터벌.

인터액티브(interactive) 인터랙티브

인터체인지(interchange · IC) ⇨ 나들목.

인테리(← intelligentsia) 인텔리. 지식층(知識層).

인텔리젠트(intelligent) 인텔리전트.

인텔셋(INTELSAT · International Telecommunication Satellite Organization) 인텔샛. 국제상업통신위성기구.

인화물질(引火物質) 인화물(引火物). 인화지물(引火之物). 인화질물(引火質物).

일가집 일갓집(一家−). ※ [일가찝·일간찝]으로 소리 나므로 사이시옷을 받쳐 적는다.

일공단 일광단(日光緞). 해나 햇빛 무늬를 놓은 비단.

일구다 ※ '논밭을 만들기 위하여 땅을 파서 일으키다'라는 뜻이다. '어떤 대상이 일정한 상태나 결과를 생기게 하거나 일으키거나 만들다'라는 뜻의 낱말은 '**이루다**', '**이룩하다**'이다. '한강의 기적을 일궜다' 같은 표현은 '한강의 기적을 이뤄 냈다'처럼 써야 한다. ¶농토를 <u>일구다</u>./ 화전을 <u>일구다</u>.

일군 일꾼.

일깨다 일깨우다. ※ 다만, '잠을 일찍 깨다'를 뜻하는 말은 '일깨다'이다. ¶청소년에게 애국심을 <u>일깨워</u> 주는 것은 매우 중요하다. // 아침에 <u>일깨서</u> 약수터에 다녀왔다.

일꺼리 일거리.

일껀 일껏. ¶<u>일껏</u> 잘하던 일을 한순간에 망쳐 놓았다.

일 내다 일내다. 말썽을 일으키다. ※ 한 낱말이므로 붙여 쓴다. ¶<u>일내지</u> 않도록 조심해야 한다.

일라라 일어나라. ¶어서 <u>일어나라</u>고 재촉한다.

일러 [참조] 일르다.

일러 바치다 일러바치다. ※ 한 낱말이므로 붙여 쓴다.

일러받치다 일러바치다.

일르다 이르다. [활용] 이르고. 이르면. 이르지. 일러. ※ 다만, '어떤 장소나 시간에 닿다. 어떤 범위나 정도에 미치다'의 의미일 때는 '이르고', '이르면', '이르지', '이르러'처럼 활용한다. ¶너, 엄마에게 <u>일러</u> 준다. // 동네 어귀에 <u>이르렀을</u> 때에야 비로소 마음이 놓였다.

일르지 이르지. 참조 일르다.

일리야드(Iliad) 일리아드.

일보다 일 보다. ※ 한 낱말이 아니므로 띄어 쓴다. ¶하루면 아침에 부산으로 가 <u>일 보고</u> 서울로 돌아올 수 있다. / 화장실에 <u>일 보러</u> 간 사람 때문에 떠나지 못하고 있다.

일부로 일부러. ¶<u>일부러</u> 그 아이를 못 본 척했다.

일사분란 일사불란(一絲不亂).

일삵 품삯.

일 삼다 일삼다. ※ 한 낱말이므로 붙여 쓴다. ¶부정부패를 <u>일삼아</u> 오던 공무원을 적발했다.

일생도록(一生-) 일생토록.

일수 일쑤. ¶밥을 먹기는커녕 굶기가 <u>일쑤다</u>.

일수돈(日收-) 일숫돈. ※ [일수똔·일순똔]으로 소리 나므로 사이시옷을 받쳐 적는다.

일어 서다 일어서다. ※ 한 낱말이므로 붙여 쓴다.

일열(一列) 일렬.

일예로(一例-) 일례로.

일으네 이네. ※ 어간이 'ㄹ' 받침으로 끝나는 용언의 어간에 붙는 어미는 '-네'이다. '-네'가 붙으면 'ㄹ'이 줄어든다.

일으니 이니. ※ 어간이 'ㄹ' 받침으로 끝나는 용언의 어간에 붙는 어미는 '-니'이다. '-니'가 붙으면 'ㄹ'이 줄어든다.

일으면 일면. ※ 어간이 'ㄹ' 받침으로 끝나는 용언의 어간에 붙는 연결어미는 '-면'이다.

일은 인. ※ 어간이 'ㄹ' 받침으로 끝나는 용언의 어간에 붙는 어미는 '-ㄴ'이다. '-ㄴ'이 붙으면 'ㄹ'이 줄어든다.

일일히(———) 일일이.

일절(一切) ※ '일절'과 '일체'는 한자로는 똑같이 '一切'라고 적지만 '**일절**'은 '아주, 전혀'의 뜻으로 부인하거나 금지할 때 쓰는 부사이며, '**일체**'는 '전부'를 뜻하는 명사 또는 '모든 것을 다'를 뜻하는 부사이다. ¶오늘부터 이 방은 <u>일절</u> 출입을 금지한다. / <u>일절</u> 참견하지 마라. // 그는 재산 <u>일체</u>를 사회에 기부하였다. / 오늘은 공부 걱정은 <u>일체</u> 털어 버리고 즐겁게 놀아라.

일정양(一定量) 일정량. 참조 량.

일제시대(日帝時代) 일제강점기

(日帝强占期).

일제이(一齊-) 일제히.

일지감치 일찌감치.

일짜(日字) 일자. ¶확정일자. / 발행일자. / 수술 일자.

일찌가니 일찌거니.

일찌감찌 일찌감치.

일찌기 일찍이.

일찍암치 일찌감치.

일체(一切) 참조 일절.

일커르고 일컫고. 참조 일커르다.

일커르다 일컫다. 활용 일컫고. 일컫는. 일컬어. 일컬으니. 일컬으며.

일커르며 일컬으며. 참조 일커르다.

일컬으고 일컫고. 참조 일커르다.

일품 품삯.

일화(逸話) ※ '일화'는 세상에 널리 알려지지 않은 '숨겨진' 이야기이므로 '유명한 일화', '잘 알려진 일화', '일화가 유명하다' 처럼 표현해서는 안 된다. '일화'는 유명할 수 없고, '유명하면' 일화일 수 없기 때문이다. '逸'은 '숨을 일'.

읽을 거리 읽을거리. ※ 한 낱말이므로 붙여 쓴다.

읽을꺼리 읽을거리. 참조 읽을 거리.

잃다 🔍 11)

잃어 버리다 잃어버리다. ※ 한 낱말이므로 붙여 쓴다.

임금왕변(-王邊) 구슬옥변(-玉邊).

임기웅변 임기응변(臨機應變).

임대(賃貸) ※ '임대'는 '돈을 받고 자기 물건을 남에게 빌려 주는 것'을 뜻하며, '임차(賃借)'는 '돈을 내고 남의 물건을 빌려 쓰는 것'을 뜻한다. ¶그 사람은 부동산 임대 수입으로 생활한다. // 상가를 임차해서 장사하고 있다.

임대료(賃貸料) ※ '임대료'는 '자기 물건을 남에게 빌려 주고 그 대가로 받는 돈'을 뜻하며, '임차료(賃借料)'는 '남의 물건을 빌려 쓰고 그 대가로 주는 돈'을 뜻한다. 참조 임대. ¶임대료 수입이 제법 짤짤하다. // 임차료가 비싸 생활비 벌기도 빠듯하다.

임마 인마. '이놈아'의 준말.

임산부(姙産婦) ※ '임산부'는 아이를 밴 임부(姙婦)와 아이를 갓 낳은 산부(産婦)를 아울러 이르는 말이며, '임신부(姙娠婦)'는 '아이를 밴 여자'를 이르는 말이다.

임신부(姙娠婦) 참조 임산부.

임차(賃借) 참조 임대.

임차료(賃借料) 참조 임대료.

임파선(淋巴腺) ⇨ 림프샘(대한
  의사협회 권장용어).

입금시키다(入金-) 입금하다.
  ※ 사동의 뜻이 없으면 '-시키
다'로 쓰지 않는다. 참조 -시키
다. ¶오늘 중으로 물건 값을 입
금해야 한다.

입니다 ※ 조사 '이다'의 어간에
높임을 나타내는 어미 '-ㅂ니
다'가 붙은 것이다. 조사는 하나
의 낱말이지만 앞말에 붙여 써

🔍 11) 잃다 / 잊다 ※ '잃다'는 '가졌던 물건이 자신도 모르게 없어지다',
'땅이나 자리가 없어지다', '가까운 사람이 죽다', '어떤 사람과의 관계
가 끊어지다', '기회나 때가 사라지다', '몸의 일부분이 잘려 나가거나
본래의 기능을 발휘하지 못하게 되다', '의식이나 감정 따위가 사라지
다', '본디의 모습이나 상태를 유지하지 못하게 되다', '길을 못 찾거나
방향을 분간하지 못하게 되다', '같이 있던 사람을 놓쳐 헤어지게 되다',
'의미나 의의가 없어지다', '경기나 도박에서 져 돈 따위를 빼앗기다',
'신용이나 점수가 깎이다'를 뜻하며, '잊다'는 '기억이 없어지다', '해야
할 일을 미처 생각해 내지 못하다', '단념하고 생각하지 않다', '본분이
나 은혜 따위를 저버리다', '일에 골몰하여 잠이나 끼니 따위를 제대로
취하지 않다'를 뜻한다.

¶버스에서 지갑을 잃었다. / 구조조정 때문에 직장을 잃었다. / 조국을
잃다. / 병으로 조강지처를 잃었다. / 그 사건 때문에 친구도 후원자도
잃었다. / 어려운 형편이어서 공부할 기회를 잃었다. / 교통사고로 다리
를 잃었다. / 시력을 잃다. / 입맛을 잃다. / 용기를 잃다. / 이성을 잃다. /
균형을 잃다. / 그 집안은 옛 명성을 잃었다. / 산속에서 길을 잃었다. / 복
잡한 지하도에서 방향을 잃었다. / 놀이공원에서 아이를 잃었다. / 존재
의 의의를 잃었다. / 노름판에서 돈을 잃었다. / 제때 돈을 갚지 못해 신
용을 잃었다. // 그 책의 제목을 잊었다. / 깜빡 약속을 잊었다. / 시름을
잊다. / 은혜를 잊어서는 안 된다. / 인터넷에 빠져 침식도 잊고 지낸다.

야 하므로 띄어 쓰지 않도록 주의해야 한다. ¶여기부터 서울시입니다.

입다심 입매.

입다툼 말다툼.

입때것 입때껏. ※ '그것이 닿는 데까지'의 뜻을 더하고 부사로 만드는 접사는 '-껏'이다.

입력시키다(入力-) 입력하다. ※ 사동의 뜻이 없으면 '-시키다'로 쓰지 않는다. 참조 -시키다. ¶입력할 자료가 많다.

입마춤 입맞춤. 참조 입맞추다.

입 맛 입맛. ※ 한 낱말이므로 붙여 쓴다.

입맞추다 입 맞추다. ※ 한 낱말이 아니므로 띄어 쓴다. 다만, '입맞춤'은 한 낱말이므로 붙여 쓴다.

입 맞춤 입맞춤. 참조 입맞추다.

입매무시 입매. 입맵시. 입모습. ※ '매무시'는 '옷을 입을 때 매고 여미는 따위의 뒷단속'을 뜻하므로 입이 생긴 모양을 '매무시'로 나타낼 수 없다. 참조 매무시.

입방(立方) 세제곱. ¶세제곱센티미터(cm³) / 세제곱미터(m³).

입속 입속. ※ 한 낱말이므로 붙여 쓴다. ¶술을 마시면 입속에서 냄새가 많이 난다.

입안 입안. ※ 한 낱말이므로 붙여 쓴다. ¶술을 마시면 입안에서 냄새가 많이 난다.

입장(立場) 🔍 12)

입장 난처하다(立場 難處-) 난처하다. 참조 입장.

입천정 입천장.

입치례 입치레.

입하(入荷) 들어옴. 들여옴. ※ '입하'는 일본어투.

입회(立會) 참여. 참관. ※ '입회'는 일본어투.

잇다가 이따가. 있다가. 참조 이따가.

잇달다 ※ '뒤를 이어 따르다', '어떤 사건이나 행동 따위가 연이어 발생하다'의 뜻일 때는 자동사로서 동의어인 '잇달다'와 '잇따르다'를 모두 쓸 수 있으나, '일정한 모양의 사물을 잇대어 달다'라는 뜻의 타동사로 쓰일 때는 '잇달다'만을 쓴다. '잇달다'는 '잇달아', '잇단', '잇다니', '잇다오'처럼, '잇따르다'는 '잇따라', '잇따른', '잇따르니', '잇따르오'처럼 활용한다. ¶김수환 추기경이 선종하자 추모 행렬이

🔍 12) **입장**　일본어로서 수많은 우리말을 무용지물로 만드는 낱말이다. 일본어 '立場(たちば)'은 우리말에 침투하여 그 뜻이 엄청나게 확대됐다. 이 말은 '**처지**(處地)'로 순화하도록 되어 있는데 실상은 그 뜻이 '처지'에만 머물러 있지 않다. '입장'이 쓰인 문장을 살펴보면 '입장'은 그 쓰임새에 따라 '처지', '위치', '형편', '상황', '자리', '직책', '방침', '태도', '자세', '견해', '의견', '주장', '판단', '해명', '생각', '체면', '시각', '관점', '인식', '원칙', '뜻', '심정', '동향', '노선', '의지', '결심' 같은 말로 바꿔 주거나 아예 '입장'을 없애 버려야 뜻이 더 분명해지기도 한다. 심지어 '입장 난처하다'라고 말하기도 하는데 '난처하다'라는 말이 '처지가 곤란하다'라는 뜻이니 우리말과 일본어가 합쳐진 겹말이 되고 만다.

¶ 강경 입장을(→ 방침을, 태도를) 고수하다. / 신문사는 양측의 입장(→ 주장)을 대변하는 두 전문가의 기고를 모두 실었다(또는 삭제하여 '양측을 대변하는'). / 익삼 씨의 입장(→ 처지)에서는 참으로 복통 터질 노릇이 아닐 수 없었다(또는 삭제하여 '익삼 씨로서는'). / 그 일을 잘 처리하지 못하고 얼넘기게 되면 내 입장이 난처해진다(삭제하여 '내가 난처해진다'). / 비록 그들에게 밥을 구걸하는 입장(→ 형편, 처지)이지만, 그들이 자기를 걸인이 아닌 당당한 신사로 대해 주기를 희망했다. / 난 문학을 할 작정이오. 어느 정도 객관성을 지탱할 수 있을지 모르지만 불편부당한 입장을(→ 자세를) 견지하는 문학을 할 작정이오(또는 삭제하여 '불편부당한 문학을 견지할 작정이오'). / 저희들은 대원위 합하께오서 왜국의 유혹에 동요하시고 그동안 견지해 오시던 자주적인 입장을(→ 생각을, 태도를, 정책을) 버리시는 줄만 알았습니다. / 역사를 자주적인 입장(→ 관점, 시각)에서 재정리하려는 노력이 꾸준히 있었다(또는 삭제하여 '자주적으로 재정리하려는'). / 다만, 지금의 이 결론이, 단지 수양 자기의 억측이라든가 한명회의 보고가 허보라든가 하여야 안평의 입장(→ 체면)이 서게 될 터인데……. / 임금에 대한 충성심과 정적에 대한 적개심, 자신의 결백함과 친척에 대한 그리움을 조부의 입장(→ 처지, 심정)에서 읊었다.

잇달았다(잇따랐다). / 아녀자의 실종 사건이 **잇달아**(잇따라) 사회 문제가 된다. // 화물차를 객차 뒤에 **잇달았다**.

잇달으니　잇다니. 참조 잇달다.

잇달은　잇단. 잇따른. 참조 잇달다.

잇달음　잇닮. ※ 어간이 'ㄹ' 받침으로 끝나는 용언의 명사형 어미는 '-ㅁ'이다. ¶폭력 사건이 잇닮.

잇따르다　참조 잇달다.

잇딴　잇단. 잇따른. 참조 잇달다.

잇딸다　잇달다. 잇따르다. 참조 잇달다.

잇빠이(一杯·いっぱい)　가득. 한껏. 많이. 가득들이.

잇샅　잇새. 이와 이의 사이.

잇솔　칫솔(齒-).

잇점(利點)　이점. ※ 한자어는 두 음절로 된 '곳간(庫間)', '셋방(貰房)', '숫자(數字)', '찻간(車間)', '툇간(退間)', '횟수(回數)' 외에는 사이시옷을 받치지 않는다.

있다　이따. 참조 이따가.

있다가　참조 이따가.

있슴　있음. ※ 명사형 어미는 '-음'이므로 '있음'으로 쓴다.

있아오니　있사오니.

있오　있소. ※ 설명·의문·명령의 뜻을 나타내는 종결어미는 '-소'이다. ¶여기 있소.

있으리요만　있으리오만.

잉글리쉬(English)　잉글리시. ※ 영어 표기에서 [ʃ]가 어말에 오면 '시'로 적는다.

잉꼬(鸚哥·いんこ)　앵무새.

잉꼬부부(鸚哥夫婦·いんこ-)　원앙 부부. ※ '잉꼬'는 앵무새를 뜻하는 일본어이다.

잉어국　잉엇국. ※ [잉ː어꾹·잉ː얻꾹]으로 소리 나므로 사이시옷을 받쳐 적는다.

잉여(剩餘)　나머지. 남음. ※ '잉여'는 일본어투.

잊다　참조 잃다.

잊어 버리다　잊어버리다. ※ 한 낱말이므로 붙여 쓴다.

잎사구　잎사귀.

잎새　잎사귀.

잎초(-草)　잎담배.

잎파리　이파리.

자 쟤. '저 아이'의 준말.

자갈을 물리다 재갈을 물리다. ※ '말을 부리기 위하여 아가리에 물리는 막대' 또는 '소리를 내지 못하도록 사람의 입에 물리는 물건'은 '재갈'이다. ¶범인은 납치한 여인의 입에 재갈을 물려 놓았다.

자견마(自牽馬) 자경마. 말 탄 사람이 스스로 고삐를 잡고 몲.

-자구 −자고. ¶가자고. / 먹자고. / 살자고. / 하자고.

-자구나 −자꾸나. ¶가자꾸나. / 먹자꾸나. / 살자꾸나. / 하자꾸나.

자귀(字句) 자구. '句'는 '글귀', '귀글'을 제외하고는 모두 '구'로 읽는다.

자그만치 자그마치.

자그만하다 자그마하다.

자기 주장(自己主張) 자기주장. ※ 한 낱말이므로 붙여 쓴다.

자기 편(自己便) 자기편. ※ 한 낱말이므로 붙여 쓴다.

자꾸(← チャック) 지퍼(zipper).

자다랗다 잗다랗다. 꽤 잘다. 자질구레하다. 하찮다. 활용 잗다랗고. 잗다라니. 잗다라면. 잗다래. ¶눈가에 생긴 잗다란 주름이 그동안의 고생을 말해 주고 있다. / 잗다란 근심이 끊이질 않는다.

자도(紫桃) 자두.

자디 잘다 자디잘다. ※ 형용사 어간을 반복하여 그 뜻을 강조하는 연결어미 '−디'는 '−디−은'의 구성으로 쓰이므로 붙여 쓴다. 어원에서 멀어진 형태로 굳어져서 널리 쓰이는 것은 그것을 표준어로 삼는다는 규정에 따라 '잘디잘다'는 버리고 '자디잘다'를 표준어로 삼는다. 활용 자디잔. 자디자니. 자디자오. 자디잘아.

자랑꺼리 자랑거리.

자랑 삼다 자랑삼다. ※ 한 낱말 이므로 붙여 쓴다. ¶선생님은 자신의 학창시절 얘기를 <u>자랑삼아</u> 들려주곤 했다.

자랑스런 자랑스러운. 참조 −스런.

자르다 참조 썰다.

자리 다툼 자리다툼. ※ 한 낱말 이므로 붙여 쓴다.

자리 바꿈 자리바꿈. ※ 한 낱말 이므로 붙여 쓴다.

자리세(−貰) 자릿세. ※ [자리쎄 ·자릳쎄]로 소리 나므로 사이시 옷을 받쳐 적는다.

자리수(−數) 자릿수. ※ [자리쑤 ·자릳쑤]로 소리 나므로 사이시 옷을 받쳐 적는다. ¶한 <u>자릿수</u>. / 두 <u>자릿수</u>.

자마이카(Jamaica) 자메이카. 카 리브 해 북부의 나라.

−자 마자 −자마자. ※하나의 어 미이므로 붙여 쓴다. ¶먹<u>자마자</u>. / 가<u>자마자</u>. / 하<u>자마자</u>. / 보<u>자마 자</u>.

−자말자 −자마자. 참조 −자 마 자.

자매결연을 맺다(姉妹結緣−) 자 매결연을 하다. ※ ‘결연’이 ‘인

연을 맺음’을 뜻하므로 ‘자매결 연을 맺다’는 겹말이다.

자멱질 자맥질. 무자맥질.

자못 참조 사뭇.

자몽(← ザボン·zamboa) 그레이 프프루트.

자무락질 자맥질. 무자맥질.

자문(諮問) ※ ‘자문’은 ‘어떤 일을 좀 더 효율적이고 바르게 처리 하려고 그 방면의 전문가나 전 문가들로 이루어진 기구에 의견 을 물음’이라는 뜻이다. ‘조언, 설명’의 뜻으로 써서는 안 된다. 특히 ‘자(諮)’에는 ‘높은 이가 낮 은 이에게 문의함’이라는 뜻이 있기 때문에 더욱 조심해 써야 한다. ‘자문’은 묻는다는 뜻으로 만 쓰되 ‘자문을 구하다’는 ‘자문 하다, 묻다, 도움을 구하다’와 같 이, 아랫사람이 윗사람의 물음 에 대응하거나 전문적인 설명을 할 때는 ‘자문에 응하다’, ‘물음에 답하다’, ‘조언하다’, ‘설명하다’ 와 같이 쓰면 된다. ‘자문위원’, ‘자문역’, ‘자문변호사’ 등은 그가 속해 있는 기관 단체의 자문에 응하기 위한 사람이다. ¶그 회 사는 매사를 전문가에게 <u>자문한</u>

뒤 결정한다. / 그 위원회는 대통령의 <u>자문</u>에 응했다. // 교수님의 <u>조언</u>을 구했다.

자물쇄　자물쇠.

자미　재미.

자미있다　재미있다.

자바라(蛇腹 · じゃばら)　주름. 주름상자. 주름 대롱.

자발쩍　자발적(自發的).

자봉침(−縫針)　재봉틀(裁縫−).

자봉틀(−縫−)　재봉틀(裁縫−).

자부동(座布團 · ざぶとん)　방석.

자부럼　졸음.

자부럽다　졸리다.

자불다　졸다.

자블라니(Jabulani)　자불라니. 2010년 남아프리카공화국 월드컵 공인구.

자비스런(慈悲−)　자비스러운. 참조 −스런.

자살궂다　데설궂다. 성질이 털털하고 걸걸하여 꼼꼼하지 못하다. ¶아이가 <u>데설궂어</u> 바느질도 시키지 못하겠다.

자상스런(仔詳−)　자상스러운. 참조 −스런.

자선남비(慈善−)　자선냄비.

자세이(仔細−)　자세히.

자스민(jasmine)　재스민.

자승(自乘)　제곱.

자식벌(子息−)　자식뻘. ※ '그런 관계'의 뜻을 더하는 접미사는 '−뻘'이다. 참조 −뻘.

자연스런(自然−)　자연스러운. 참조 −스런.

자연이(自然−)　자연히.

자옥히　자옥이.

자욱　자국.

자욱히　자욱이.

자유로와(自由−)　자유로워. ※ 'ㅂ불규칙용언'은 '곱다', '돕다'를 제외하고는 모두 '−워'로 활용한다.

자유로히(自由−)　자유로이.

자유스런(自由−)　자유스러운. 참조 −스런.

자유케 하다(自由−)　자유롭게 하다. ※ '자유케'는 '자유하게'의 준말이지만 '자유하다'라는 말이 없으므로 '자유롭다'의 활용형을 써야 한다.

자이르(Zaïre)　콩고민주공화국(Congo民主共和國). 아프리카 중부의 국가. 수도는 킨샤사(Kinshasa). ※ 통상의 약칭은 '콩고민주공'이다. '자이르'는 옛 이름.

‘콩고인민공화국(약칭 콩고)’과는 다른 나라이다.

자이안트(giant)   자이언트.

자일러폰(xylophone)   실로폰.

자일로폰(xylophone)   실로폰.

자자분하다   자질구레하다.

자잘구레하다   자질구레하다.

자잘못   잘잘못.

자전차(自轉車)   자전거.

자정(子正)   ※ ‘자정’은 하루가 시작되는 ‘0시’의 뜻으로 쓰는 것이 옳다. 예를 들어 ‘25일 자정’은 하루가 끝나는 ‘25일 밤 12시’가 아니라 하루가 시작되는 ‘25일 0시’를 나타낸다. 읽는 이가 자정을 어떻게 이해하느냐에 따라 ‘24시간’의 차가 생길 수 있으므로 ‘자정’보다는 ‘0시’로 쓰는 것이 바람직하다. 다만, 어떤 일이 계속되는 상황을 표현할 때는 ‘자정을 넘기다’라고 할 수 있겠다. ‘자정’은 ‘자시(子時·23시부터 이튿날 01시까지)’의 한가운데임을 나타내며 12간지의 시작이 ‘자(子)’이므로 자정을 ‘마침’이 아닌 ‘시작’의 뜻으로 쓰는 것이 마땅하다.

자주빛(紫朱-)   자줏빛.   ※ [자:주삔·자:준삗]으로 소리 나므로 사이시옷을 받쳐 적는다.

자죽   자국.

자중지난(自中之亂)   자중지란.

자즌모리   자진모리.

자지라지다   자지러지다.

자진몰이   자진모리.

자질어지다   자지러지다.

자쳐지다   잦혀지다.

자취눈   자국눈.

자칟   자칫.

자켓(jacket)   재킷.

자크(←チャック)   지퍼(zipper).

자키(←jack)   잭. ¶유압잭.

자피다   잡히다.

작난(作亂)   장난.

작냐   작으냐.

작다   ※ ‘**작다**’는 ‘길이, 넓이, 부피, 규모, 범위, 치수 따위가 보통 또는 어떤 정도에 미치지 못하다. 소리가 약하다. 어리다’의 뜻을 나타내며, ‘**적다**’는 ‘양이나 수가 많지 않다’의 뜻을 나타낸다. ‘작다’의 반대말은 ‘크다’이며, ‘적다’의 반대말은 ‘많다’이다. ¶옷이 작다. / 키가 작다. / 규모가 작다. / 작은 목소리. / 작은 아이. ∥ 수입이 적다. / 적이 적다. / 관심이 <u>적다</u>.

작달만하다 작달막하다.

작달이 작다리. 키가 작은 사람을 놀림조로 이르는 말.

작동시키다(作動-) 작동하다. ※ 사동의 뜻이 없으면 '-시키다'로 쓰지 않는다. 참조 '-시키다.

작디 작다 작디작다. ※ 한 낱말이므로 붙여 쓴다. 참조 -디.

작때기 작대기.

작란(作亂) 장난.

작란감(作亂-) 장난감.

작렬(炸裂) ※ '**작렬**(炸裂)'은 '포탄 따위가 터져서 사방으로 흩어짐'을 뜻하며, '**작열**(灼熱)'은 '불 따위가 이글이글 타오름'을 뜻한다. '작렬'은 운동 경기에서 공격 따위가 포탄 터지듯 하거나 박수 소리가 한꺼번에 터져 나오는 것을 비유적으로 나타낼 때 많이 쓰인다. 이때 '작열'이라고 해서는 안 된다. ¶그는 <u>작렬</u>하는 수류탄을 몸으로 덮쳐 전우들의 생명을 구했다. //7월의 작열하는 태양 아래 벌어진 경기에서 그렇게 많은 홈런이 작렬한 것은 드문 일이다.

작만(作滿) 장만.

작업양(作業量) 작업량. 참조 량.

작업요(作業謠) 일노래.

작열(灼熱) 참조 작렬.

작으마치 자그마치.

작으마하다 자그마하다.

작으만치 자그마치.

작으만하다 자그마하다.

작은 놈 작은놈. ※ 한 낱말이므로 붙여 쓴다.

작은 누나 작은누나. ※ 한 낱말이므로 붙여 쓴다.

작은 누이 작은누이. ※ 한 낱말이므로 붙여 쓴다.

작은 달 작은달. ※ 31일이 못 되는 달을 뜻하면 한 낱말이므로 붙여 쓴다.

작은 댁(-宅) 작은댁. ※ 한 낱말이므로 붙여 쓴다.

작은 동서(-同壻) 작은동서. ※ 한 낱말이므로 붙여 쓴다.

작은 따님 작은따님. ※ 한 낱말이므로 붙여 쓴다.

작은 따옴표(-標) 작은따옴표. ※ 한 낱말이므로 붙여 쓴다.

작은 딸 작은딸. ※ 한 낱말이므로 붙여 쓴다.

작은 마누라 작은마누라. ※ 한 낱말이므로 붙여 쓴다.

작은 매부(-妹夫) 작은매부. 한 낱말이므로 붙여 쓴다.

작은 며느리 작은며느리. ※ 한 낱말이므로 붙여 쓴다.

작은 바늘 작은바늘. ※ 한 낱말이므로 붙여 쓴다.

작은 방(-房) 작은방. ※ 한 낱말이므로 붙여 쓴다.

작은 북 작은북. ※ 한 낱말이므로 붙여 쓴다.

작은 사랑(-舍廊) 작은사랑. ※ 한 낱말이므로 붙여 쓴다.

작은 사위 작은사위. ※ 한 낱말이므로 붙여 쓴다.

작은 삼촌(-三寸) 작은삼촌. ※ 한 낱말이므로 붙여 쓴다.

작은 설 작은설. ※ 한 낱말이므로 붙여 쓴다.

작은 손녀(-孫女) 작은손녀. ※ 한 낱말이므로 붙여 쓴다.

작은 손자(-孫子) 작은손자. ※ 한 낱말이므로 붙여 쓴다.

작은 시누 작은시누. ※ 한 낱말이므로 붙여 쓴다.

작은 아가씨 작은아가씨. ※ 한 낱말이므로 붙여 쓴다.

작은 아기 작은아기. ※ 한 낱말이므로 붙여 쓴다.

작은 아기씨 작은아기씨. ※ 한 낱말이므로 붙여 쓴다.

작은 아들 작은아들. ※ 한 낱말이므로 붙여 쓴다.

작은 아버지 작은아버지. ※ 한 낱말이므로 붙여 쓴다.

작은 아씨 작은아씨. ※ 한 낱말이므로 붙여 쓴다.

작은 아이 작은아이. ※ 한 낱말이므로 붙여 쓴다.

작은안심 제비추리.

작은 어머니 작은어머니. ※ 한 낱말이므로 붙여 쓴다.

작은 오빠 작은오빠. ※ 한 낱말이므로 붙여 쓴다.

작은 올케 작은올케. ※ 한 낱말이므로 붙여 쓴다.

작은 조카 작은조카. ※ 한 낱말이므로 붙여 쓴다.

작은 집 작은집. ※ 한 낱말이므로 붙여 쓴다.

작은 창자 작은창자. ※ 한 낱말이므로 붙여 쓴다.

작은 처남(-妻男) 작은처남. ※ 한 낱말이므로 붙여 쓴다.

작은 할머니 작은할머니. ※ 한 낱말이므로 붙여 쓴다.

작은 할아버지 작은할아버지. ※

한 낱말이므로 붙여 쓴다.

작은 형(-兄) 작은형. ※ 한 낱말이므로 붙여 쓴다.

작은 형수(-兄嫂) 작은형수. ※ 한 낱말이므로 붙여 쓴다.

작자꿍 짝짜꿍.

잔고(殘高) 잔량. 잔액. 나머지. 참조 -고. ※ '잔고'는 일본어투.

잔득 잔뜩.

잔등 잔등이.

잔등어리 잔등이.

잔등패기 잔등이.

잔듸 잔디.

잔망스런(屛妄-) 잔망스러운. 참조 -스런.

잔바침(盞-) 잔 받침. 잔대(盞臺). 참조 잔받침.

잔반(殘飯) 남은 밥. 음식 찌꺼기. ※ '잔반'은 일본어투.

잔받침(盞-) 잔 받침. 잔대(盞臺). ※ '잔 받침'은 한 낱말이 아니므로 띄어 쓴다.

잔병치례(-病-) 잔병치레.

잔비 가랑비.

잔뼈가 굵다 잔뼈가 굵어지다. ※ '굵다'는 형용사이므로 보조동사 '지다'를 써서 '굵어지다'라고 해야 한다. 형용사인 '굵다'는

현재의 상태를 나타내므로 '잔뼈'의 상태가 '굵다'는 것은 이치에 맞지 않는다. 따라서 '굵은 상태로 됨'을 나타내도록 보조동사 '지다'를 쓴다. ¶그 사람은 인사팀에서 잔뼈가 굵어진 사람이다.

잔소리군 잔소리꾼.

잔인스런(殘忍-) 잔인스러운. 참조 -스런.

잔잔이 잔잔히.

잔전(-錢) 잔돈.

잔전푼(-錢-) 잔돈푼.

잔창이 잔챙이.

잔치날 잔칫날. ※ [잔친날]로 'ㄴ' 앞에서 'ㄴ' 소리가 덧나므로 사이시옷을 받쳐 적는다.

잔치상(-床) 잔칫상. ※ [잔치쌍·잔친쌍]으로 소리 나므로 사이시옷을 받쳐 적는다.

잔치집 잔칫집. ※ [잔치찝·잔친찝]으로 소리 나므로 사이시옷을 받쳐 적는다.

잔푼돈 잔돈푼. 잔돈.

잘꾸사니 잘코사니. 고소하게 여겨지는 일.

잘 나가다 잘나가다. ※ '사회적으로 계속 성공하다'의 뜻을 나

타내면 한 낱말이므로 붙여 쓴다. 다만, '차 따위가 잘 달리다. 물건 따위가 잘 팔리다'의 뜻을 나타내면 띄어 쓴다. ¶김 부장은 요즘 회사에서 <u>잘나가고</u> 있다. // 이 차는 힘이 좋아 <u>잘 나간다</u>. / 새로 개발한 제품이 <u>잘 나간다</u>.

잘 나다 잘나다. ※ 한 낱말이므로 붙여 쓴다. ¶<u>잘난</u> 사람이 있어야 못난 사람이 있다. / <u>잘났어</u>, 정말.

잘다랗다 잗다랗다. 참조 자다랗다.

잘 되다 잘되다. ※ 한 낱말이므로 붙여 쓴다. ¶요즘은 공부가 <u>잘된다</u>. / 부모는 자식 <u>잘되기</u>만 바란다.

잘디 잘다 자디잘다. 참조 자디 잘다.

잘량하다 알량하다.

잘룩이 잘록이.

잘룩잘룩 잘록잘록.

잘룩하다 잘록하다.

잘르고 자르고.

잘르다 자르다. 활용 자르고. 자르니. 자르면. 자르는. 자르지. 잘라. ¶그는 무 <u>자르듯이</u> 인연

을 끊었다. / 머리나 좀 짧게 <u>잘라야겠다</u>.

잘리우다 잘리다. 활용 잘리어. 잘려. 잘리니.

잘막하다 짤막하다.

잘못하다 ※ '잘못하다'는 '틀리거나 그릇되게 하다'의 뜻이면 한 낱말이므로 붙여 쓰고, '능숙하거나 익숙하게 하지 못하다'의 뜻이면 한 낱말이 아니므로 띄어 쓴다. ¶<u>잘못하면</u> 차를 놓치게 생겼다. / 셈을 <u>잘못해서</u> 돈을 덜 받았다. // 그 사람은 노래를 <u>잘 못한다</u>.

잘 빠지다 ※ '미끈하게 잘 생겨 빼어나다'의 뜻을 나타내면 한 낱말이므로 붙여 쓰고, '잘'이 부사로 쓰이면 띄어 쓴다. ¶새 차가 <u>잘빠져서</u> 잘 나간다. / 그 여자는 몸매가 참 <u>잘빠졌다</u>. // 그 친구는 어려운 일엔 요리조리 <u>잘 빠진다</u>.

잘살다 ※ '부유하게 살다'의 뜻을 나타내면 한 낱말이므로 붙여 쓰고, '잘'이 부사로 쓰이면 띄어 쓴다. ¶그 집은 이 동네에서 제일 <u>잘산다</u>. // 그 집은 돈은 없어도 알콩달콩 <u>잘 산다</u>.

잘생기다 ※ ‘사람의 얼굴이나 풍채가 훤하여 훌륭하다’, ‘물건의 모양이 미끈하여 보기에 좋다’의 뜻을 나타내면 한 낱말이므로 붙여 쓰고, ‘잘’이 부사로 쓰이면 띄어 쓴다. ¶그 사람은 코가 잘생겼다. / 인삼도 잘생겨야 값이 좋다. ∥ 이 옷은 보푸라기가 잘 생긴다.

잘 알려진 일화(逸話) 잘 알려진 이야기. 유명한 이야기. / 일화. ※ ‘일화’는 세상에 널리 알려지지 않은 ‘숨겨진’ 이야기이다. 따라서 ‘일화’는 잘 알려졌을 수 없고, ‘잘 알려졌으면’ 일화일 수 없다. ‘逸’은 ‘숨을 일’. 참조 일화.

잘은 잔. ¶굵은 것과 잔 것을 나눠 놓아라. / 잔꾀. / 잔돌. / 잔머리. / 잔뼈.

잘 잘못 잘잘못. ※ 한 낱말이므로 붙여 쓴다.

잘주름 잔주름.

잘 하다 잘하다. ※ 한 낱말이므로 붙여 쓴다. ¶처신을 잘한다. / 살림을 잘한다. / 노래를 잘한다. / 오해를 잘한다. / 술을 잘한다. / 잘하는 짓이다. / 잘하면 사람 치겠다. / 잘해야 500원 정도 깎을

수 있을 거다.

잠간(暫間) 잠깐.

잠구다 잠그다. 활용 잠가. 잠그니. 잠그면. 어간의 끝소리가 ‘ㅡ’인 낱말은 어미 ‘-아(어)’가 붙으면 ‘ㅡ’가 탈락한다.

잠궈 잠가. 참조 잠구다.

잠끼 잠기(-氣). 잠이 오거나 미처 잠에서 깨어나지 못한 기운이나 기색. ※ 기운, 느낌, 성분의 뜻을 더하는 접미사는 ‘-기(氣)’이다.

잠들은 잠든. ※ 어간이 ‘ㄹ’ 받침으로 끝나는 용언의 어간에 붙는 어미는 ‘-ㄴ’이다. ‘-ㄴ’이 붙으면 ‘ㄹ’이 줄어든다.

장때(長-) 장대.

잠떳 잠꼬대.

잠뱅이 잠방이.

잠자리옷 잠옷. 자리옷.

잠주정(-酒酊) 잠투정.

잠투세 잠투정.

잡동산이 잡동사니. ※ 다만, 조선시대 안정복(安鼎福)이 엮은 잡기의 이름은 ‘잡동산이(雜同散異)’이다.

잡성스럽다(雜-) 잡상스럽다. 난잡하여 상되다.

잡스런(雜-)　잡스러운. 참조 -스런.

잡아 넣다　잡아넣다. ※ 한 낱말이므로 붙여 쓴다.

잡아다니다　잡아당기다.

잡아 당기다　잡아당기다. ※ 한 낱말이므로 붙여 쓴다.

잡아 들이다　잡아들이다. ※ 한 낱말이므로 붙여 쓴다.

잡아 먹다　잡아먹다. ※ 한 낱말이므로 붙여 쓴다.

-잡이　-재비. ¶ 가야금재비. / 춤재비. / 노래재비.

잡치기　잡채기. 씨름 기술의 하나.

잣소금　잣가루.

잣수(字數)　자수. ※ 한자어는 두 음절로 된 '곳간(庫間)', '셋방(貰房)', '숫자(數字)', '찻간(車間)', '툇간(退間)', '횟수(回數)' 외에는 사이시옷을 받치지 않는다.

장고(長鼓)　장구.

장고잡이(長鼓-)　장구재비. 참조 -잡이.

장구애비　장구벌레.

장군　장꾼. 장에서 물건을 사고 파는 사람(들).

장귀(章句)　장구. ※ '句'는 '글귀',

'귀글'을 제외하고는 모두 '구'로 읽는다.

장글장글　쟁글쟁글. 보거나 만지기에 매우 흉하거나 끔찍한 모양. 미운 이의 실수를 보아 아주 고소한 느낌.

장기말(將棋-)　장기짝.

장기쪽(將棋-)　장기짝.

장끼자랑(長技-)　장기 자랑.

장난끼　장난기(-氣). ※ 기운, 느낌, 성분의 뜻을 더하는 접미사는 '-기(氣)'이다.

장난 삼다　장난삼다. ※ 한 낱말이므로 붙여 쓴다. ¶ 장난삼아 한 말이니 화내지 마라.

장난스런　장난스러운. 참조 -스런.

장농(欌籠)　장롱.

장능[1](莊陵)　장릉. 강원 영월군 영월읍에 있는 조선 단종의 능. 참조 -능.

장능[2](長陵)　장릉. 경기 파주시 탄현면에 있는 조선 인조와 비 인열왕후의 능. 참조 -능.

장능[3](章陵)　장릉. 경기 김포시 풍무동에 있는 조선 인조의 아버지 원종(추존)과 비 인헌왕후의 능. 참조 -능.

장다리무우　장다리무.

장단지　장딴지.

장달음　줄달음질.

장딴지뼈　종아리뼈.

장땅　장땡. ¶오늘은 <u>장땡</u>을 두 번이나 잡았다. / 나서 봐야 길만 막히니 집에서 쉬는 것이 <u>장땡</u>이다.

장똘뱅이(場-)　장돌뱅이.

장렬이(壯烈-)　장렬히.

장마날　장맛날. ※ [장만날]로 'ㄴ' 앞에서 'ㄴ' 소리가 덧나므로 사이시옷을 받쳐 적는다.

장마비　장맛비. ※ [장마삐·장맏삐]로 소리 나므로 사이시옷을 받쳐 적는다.

장미빛(薔薇-)　장밋빛. ※ [장미삗·장믿삗]으로 소리 나므로 사이시옷을 받쳐 적는다.

장밋과　장미과(薔薇科). ※ 한자어는 두 음절로 된 '곳간(庫間), 셋방(貰房), 숫자(數字), 찻간(車間), 툇간(退間), 횟수(回數)' 외에는 사이시옷을 받치지 않는다.

장볶이(醬-)　볶은고추장.

장본인(張本人)　※ '장본인'은 '어떤 일을 꾀하여 일으킨 바로 그 사람'이란 뜻으로 통상 부정적인 일을 이끈 사람을 나타내는 말이다. '쿠데타를 이끈 장본인'처럼 쓰며 '민주화를 이끈 장본인'처럼 쓰지 않는다. '민주화'처럼 긍정적인 일을 앞장서서 한 사람은 '주역, 주인공'처럼 쓰는 것이 좋다. 중립적인 표현으로는 '당사자'가 있다.

장사　※ '**장사**'는 '물건을 사고팖. 또는 그런 일'을 뜻하며, '**장수**'는 '장사하는 사람'을 뜻한다. ¶시장에서 <u>장사</u>를 한다. / <u>장사</u>꾼. <u>장사</u> 밑천. // 엿<u>장수</u>. / 떡<u>장수</u>.

장사군　장사꾼.

장사날(葬事-)　장삿날. ※ [장산날]로 'ㄴ' 앞에서 'ㄴ' 소리가 덧나므로 사이시옷을 받쳐 적는다.

장사속　장삿속. ※ [장사쏙·장삳쏙]으로 소리 나므로 사이시옷을 받쳐 적는다.

장사아치　장사치.

장사집(葬事-)　장삿집. ※ [장사찝·장삳찝]으로 소리 나므로 사이시옷을 받쳐 적는다.

장삿군　장사꾼.

장수　참조 장사.

장아치　장아찌.

장애(障碍)　※ '**장애**'는 '어떤 사물의 진행을 가로막아 거치적거리게 하거나 충분한 기능을 하지 못하게 함. 또는 그런 일. 신체 기관이 본래의 제 기능을 하지 못하거나 정신 능력에 결함이 있는 상태. 유선 통신이나 무선 통신에서 유효 신호의 전송을 방해하는 잡음이나 혼신 따위의 물리적 현상'을, '**장해**(障害)'는 '하고자 하는 일을 막아서 방해함. 또는 그런 것'을 뜻한다. ¶ 의사소통의 장애. / 신체장애. / 호흡 장애. / 방송 중에 송신 시설의 이상으로 여러 차례 장애가 나타났다. // 그 절벽을 오르는 데 별다른 장해는 없다. / 큰 장해를 받지 않고 목표 지점까지 나아갔다.

장애자(障碍者)　장애인(障碍人).

-장이　※ '**-장이**'는 일부 명사 뒤에서 '그것과 관련된 기술을 가진 사람'의 뜻을 더하는 접미사이며, '**-쟁이**'는 일부 명사 뒤에서 '그것이 나타내는 속성을 많이 가진 사람'의 뜻을 더하는 접미사이다. 장인(匠人)의 뜻이 있으면 '-장이'로, 없으면 '-쟁이'로 쓴다. 예를 들어 '갓장이'는 갓을 만드는 사람을, '갓쟁이'는 갓을 즐겨 쓰는 사람을 뜻한다. ¶ 간판장이. / 땜장이. / 양복장이. / 옹기장이. / 칠장이. // 겁쟁이. / 고집쟁이. / 떼쟁이. / 멋쟁이. / 무식쟁이. / 점쟁이.

장작개피(長斫-)　장작개비.

장전시키다(裝塡-)　장전하다. 사동의 뜻이 없으면 '-시키다'로 쓰지 않는다. 참조 -시키다.

장졸임(醬-)　장조림. 참조 조리다. 졸임.

장진　장전(裝塡). 총포에 화약이나 탄알을 재어 넣음. ※ '塡'은 '메울 전'. ¶ 일발 장전.

장착시키다(裝着-)　장착하다. ※ 사동의 뜻이 없으면 '-시키다'로 쓰지 않는다. 참조 -시키다.

장창　늘.

장해(障害)　참조 장애.

잦　잣.

잦나무　잣나무.

잦느냐　잣으냐. ※ 받침 있는 형용사 어간에 붙는 종결어미는 '-으냐'이다. '-느냐'는 동사의 어간에 붙는다. 다만, '잦다'가 동사로 쓰이면 '잦느냐'로 활용

한다.

잦는가　잦은가.　※ 받침 있는 형용사 어간에 붙는 종결어미는 '-은가'이다. '-는가'는 동사의 어간에 붙는다. 다만, '잦다'가 동사로 쓰이면 '잦는가'로 활용한다.

잦은가락　자진가락.

잦은마치　자진마치. 무엇을 잦게 두드리는 동작.

잦은모리　자진모리.

잦은산타령　자진산타령.

잦은염불(－念佛)　자진염불.

잦은육자배기(－六字－)　자진육자배기.

잦은장단　자진장단.

재간동이　재간둥이.

재더미　잿더미.　※ [재떠미·잰떠미]로 소리 나므로 사이시옷을 받쳐 적는다.

재렴(再鹽)　재염. 거칠게 만든 천일염을 물에 녹여서 다시 곤 소금.

재롱동이　재롱둥이.

재롱장이　재롱쟁이.　참조 －장이.

재롱(을) 피다　재롱(을) 피우다.　참조 피다.

재미거리　재밋거리.　※ [재미꺼

리·재밋꺼리]로 소리 나므로 사이시옷을 받쳐 적는다.

재미 들리다　재미 들이다.　※ '버릇이나 습관이 몸에 배게 하다'의 뜻을 나타내는 말은 '들이다'이다.

재미스런　재미스러운.　참조 －스런.

재발　제발.

재빛　잿빛.　※ [재삗·잳삗]으로 소리 나므로 사이시옷을 받쳐 적는다.

재빨르다　재빠르다.　활용 재빠르고. 재빠르니. 재빠르면. 재빨라. 재빨리.

재사　제사(祭祀).

재삿밥　제삿밥(祭祀－).　참조 제사밥.

재연(再演)　※ '**재연**'은 '연극이나 영화를 다시 상연함. 한 번 하였던 행위나 일을 다시 되풀이함'을 뜻하며, '**재현**(再現)'은 '다시 나타나거나 다시 나타냄'을 뜻한다. ¶연쇄 살인범 강호순이 현장검증에서 태연하게 범행을 재연했다. ∥ 고궁에서 수문장 교대 의식을 재현하자 외국인 관광객들이 신기한 듯 관람하고 있다.

재원(才媛)　※'재주가 뛰어난 젊은 여자'를 뜻하므로 남자나 나이 많은 이를 나타내는 데는 쓸 수 없다. '재주가 뛰어난 젊은 남자'는 '재자(才子)'이며 '재주가 뛰어난 남자'는 '재사(才士)'이다.

재주군　재주꾼.

재주(를) 피다　재주(를) 피우다. 참조 피다.

재치다　젖히다.

재크(jack)　잭. ¶유압잭.

재털이　재떨이.

재현(再現)　참조 재연.

재현시키다(再現−)　재현하다. ※사동의 뜻이 없으면 '−시키다'로 쓰지 않는다. 참조 시키다.

재활용율(再活用率)　재활용률. 참조 −률.

잰내비　잔나비. 원숭이. ※'잔나비'는 일부 속담에 쓰여 '원숭이'를 이르는 말.

잼잼　죔죔. '쥐암쥐암'의 준말.

−쟁이　참조 −장이.

쟘쟘　죔죔. 참조 잼잼.

쟝르(genre)　장르. ※외래어에서 'ㅈ, ㅊ' 다음에는 'ㅑ, ㅕ, ㅛ, ㅠ' 같은 이중 모음을 표기하지 않는다.

저거가　※'저거'는 '저것'을 구어적으로 이르는 말이다. '저거'는 받침 없는 체언이므로 주격 조사 '가'가 붙은 '저거가'가 되어야 하지만 실제로는 이런 형태는 잘 쓰이지 않고 '저것'에 주격 조사 '이'가 붙은 '저것이'에서 줄어든 '저게'가 주로 쓰인다. ¶저게 다 뭐니?

저거번(−去番)　저번(這番).

저거이　저게. 참조 저거가.

저 것　저것. ※한 낱말이므로 붙여 쓴다.

저겨디디다　제겨디디다. 발끝이나 발꿈치만으로 땅을 디디다.

저고리감　저고릿감. ※[저고리깜·저고릳깜]으로 소리 나므로 사이시옷을 받쳐 적는다.

저녁녁　저녁녘.

저녁　저녁.

저 놈　저놈. ※한 낱말이므로 붙여 쓴다.

저 따위　저따위. ※한 낱말이므로 붙여 쓴다.

저때　접때.

저래 뵈도　저래 봬도. 저래 뵈어도. 저래 보여도.

저러하는　저러한. 저런. 저리하는. ※'저러하다'는 '저렇다'의 본말로 형용사이므로 관형형 어미는 '-ㄴ'이 붙는다. '저런'은 '저러한'의 준말. '저렇게 하다'를 뜻하는 동사는 '저리하다'이며 그 활용형은 '저리하는'이다. ¶저러한 상황에서는 어떻게 나올까?∥쟤는 왜 저리하는지 모르겠어요.

저럴려고　저러려고. 참조 -ㄹ려고.

저리다　※'저리다'는 '뼈마디나 몸의 일부가 오래 눌려서 피가 잘 통하지 못하여 감각이 둔하고 아리다, 뼈마디나 몸의 일부가 쑥쑥 쑤시듯이 아프다, 가슴이나 마음 따위가 못 견딜 정도로 아프다'의 뜻을 나타내며, '**절이다**'는 '푸성귀나 생선 따위에 소금기나 식초, 설탕 따위가 배어들게 하다'의 뜻을 나타낸다. ¶다리가 저리고 아파서 제대로 걷지도 못하겠다. / 그 소식을 듣고 가슴이 저려 어찌 할 바를 모르겠다. ∥김장을 담그려고 배추를 절였다.

저린다　저리다. ※형용사이므

로 동사에 붙는 종결어미 '-ㄴ다'를 붙일 수 없다. ¶도둑이 제발 저리다.

저만때　저맘때.

저만침　저만큼. 저만치.

저물으니　저무니. ※어간이 'ㄹ' 받침으로 끝나는 용언의 어간에 붙는 어미는 '-니'이다. '-니'가 붙으면 'ㄹ'이 줄어든다.

저물으면　저물면. ※어간이 'ㄹ' 받침으로 끝나는 용언의 어간에 붙는 연결어미는 '-면'이다.

저물은　저문. ※어간이 'ㄹ' 받침으로 끝나는 용언의 어간에 붙는 어미는 '-ㄴ'이다. '-ㄴ'이 붙으면 'ㄹ'이 줄어든다.

저물음　저묾. ※어간이 'ㄹ' 받침으로 끝나는 용언의 명사형 어미는 '-ㅁ'이다. ¶날이 저묾.

저뭄　저묾. 참조 저물음.

저믄　저문. ※'저물다'의 관형사형. ¶저문 거리에는 네온사인이 하나 둘 밝혀지기 시작했다.

저바리다　저버리다. ¶부모님의 기대를 저버려서는 안 된다.

저 번(這番)　저번. ※한 낱말이므로 붙여 쓴다.

저 분　저분. ※한 낱말이므로 붙

여 쓴다.

저승돈　저승빚.

저으기　적이. ¶그 친구는 내가 나타나자 적이 놀라는 눈치였다.

저윽이　적이. 참조 저으기.

저의　저희. ¶저희가 하겠습니다.

저인망(底引網)　쓰레그물. 바다 밑바닥으로 끌고 다니면서 깊은 바닷속의 물고기를 잡는 그물. ※ '저인망'은 일본어투.

저자거리　저잣거리. ※ [저자꺼리·저잗꺼리]로 소리 나므로 사이시옷을 받쳐 적는다.

저장시키다(貯藏-)　저장하다. ※ 사동의 뜻이 없으면 '-시키다'로 쓰지 않는다. 참조 -시키다.

저장양(貯藏量)　저장량. 참조 량.

저저금　제가끔.

저저끔　제가끔.

저주스런(詛呪-)　저주스러운. 참조 -스런.

저즘께　접때.

저지난　지지난.

저지난달　※ '**저지난달**'은 '이삼 개월 전의 달'을 뜻하며, '**지지난 달**'은 '지난달의 바로 전 달, 전전 달'을 뜻한다.

저지난밤　※ '**저지난밤**'은 '이삼 일 전의 밤. 엊그저께의 밤'을 뜻하며, '**지지난밤**'은 '그저께의 밤' 을 뜻한다.

저지난번(-番)　※ '**저지난번**'은 '지난번보다 조금 더 전'을 뜻하며, '**지지난번**'은 '지난번의 바로 전번'을 뜻한다.

저지난해　※ '**저지난해**'는 '이삼 년 전의 해'를 뜻하며, '**지지난해**'는 '재작년'을 뜻한다.

저질르다　저지르다. 활용 저지르고. 저지르니. 저지르면. 저지르는. 저지르지. 저질러. ¶그 사람이 또 일을 저지르고 말았다. / 그는 일을 저질러 놓을 줄만 알지 뒷감당을 못 한다.

저짝　저쪽.

저 쪽　저쪽. 한 낱말이므로 붙여 쓴다.

저축율(貯蓄率)　저축률. 참조 -률.

저희 나라　우리나라. ※ 국가는 상대방에게 낮출 대상이 아니므로 겸양의 뜻이 있는 '저희'를 쓰지 않는다. 또 한 낱말이므로 붙여 쓴다.

-적(-的)　※ '그 성격을 띠는', '그에 관계된', '그 상태로 된'의

뜻을 나타내는 접미사이다. 영어 '–tic'의 번역어로서 한국, 중국, 일본에서 두루 쓰이나 필요 이상으로 남용된다. 이 '–적'은 고유어 다음에는 붙지 않는다. ¶국민적 관심사→국민(의) 관심사. / 평화적 해결→평화로운 해결. / 개인적인 이야기→개인(의) 이야기. / 필수적인 장비→필수 장비. / 반복적인 훈련→반복 훈련. / 적극적으로→적극. / 일시적으로→일시, 한때. / 과학적으로 설명하다→과학을 바탕으로 설명하다. / 비공식적으로→비공식으로. / 자율적으로→자율로. / 실질적인 성장→실질 성장. / 심리적으로 중요하다→심리상으로, 심리 면에서 중요하다.

적교(弔橋)　조교. 현수교(懸垂橋). ※'弔'는'매달 조'.

적나나하다(赤裸裸−)　적나라하다.

적다　참조 작다.

적당양(適當量)　적당량. 참조 량.

적당이(適當−)　적당히.

적설양(積雪量)　적설량. 참조 량.

적용시키다(適用−)　적용하다. ※사동의 뜻이 없으면 '−시키다'

로 쓰지 않는다. 참조 '−시키다.

적은집　작은집.

적잖히　적잖이.

적재양(積載量)　적재량. 참조 량.

적잖이　적잖이.

적절이(適切−)　적절히.

적중율(的中率)　적중률. 참조 −률.

적지아니　적잖이.

적합치(適合−)　적합지. ※'하다'로 끝나는 용언 가운데 '하' 앞의 음절이 'ㄱ, ㅂ, ㅅ' 받침으로 끝나는 낱말의 준말은 '하'가 아주 줄어든다. 즉, '간단하지'의 준말은 '하'의 'ㅏ'만 줄어들어 '간단치'가 되지만 '적합하지'의 준말은 '하'가 모두 줄어들어 '적합지'가 된다. ¶이 일은 내게 <u>적합지</u> 않다.

전가시키다(轉嫁−)　전가하다. ※ 사동의 뜻이 없으면 '−시키다'로 쓰지 않는다 참조 −시키다. ¶자기의 책임을 남에게 <u>전가하지</u> 마라.

전개시키다(展開−)　전개하다. ※ 사동의 뜻이 없으면 '−시키다'로 쓰지 않는다. 참조 −시키다. ¶적십자사는 연초부터 대대적인 헌혈 캠페인을 <u>전개했</u>

다.

전국민(全國民)　전 국민. ※ '전(全)'
은'모든, 전체'를 뜻하는 관형사
이므로 띄어 쓴다.

전귀(全句)　전구. ※ '句'는 '글귀',
'귀글'을 제외하고는 모두 '구'로
읽는다.

전기다마(電氣球·－だま)　전구.

전기불(電氣－)　전깃불. ※ [전기
뿔·전긴뿔]로 소리 나므로 사이
시옷을 받쳐 적는다.

전기세(電氣稅)　전기요금(電氣料
金). 전기료(電氣料). ※ 전기를
사용하고 그 대가로 내는 돈은
세금이 아니라 요금이다.

전기줄(電氣－)　전깃줄. ※ [전기
쭐·전긴쭐]로 소리 나므로 사이
시옷을 받쳐 적는다.

전 날(前－)　전날. ※ 한 낱말이므
로 붙여 쓴다.

전도률(傳導率)　전도율. 참조 －률.

전두엽(前頭葉)　⇨ 이마엽(－葉,
대한의사협회 권장용어).

전력양(電力量)　전력량. 참조 량.

전렬(戰列)　전열.

전렴(專念)　전념.

전률(戰慄)　전율. 참조 －률.

전립선(前立腺)　⇨ 전립샘(대한

의사협회 권장용어).

전보대(電報－)　전봇대.

전상서(前上書)　전 상서. ※ 한 낱
말이 아니므로 띄어 쓴다. '전'은
'앞'의 높임말이며 '상서'는 '윗사
람에게 올리는 글'을 뜻한다. '○
○ 앞에 올리는 글'이라는 뜻으
로 '○○ 전 상서'처럼 띄어 쓴
다. ¶ 선생님 <u>전 상서</u>.

전선대(電線－)　전봇대.

전세가(傳貰價)　⇨ 전세금(傳貰
金). 전셋돈. ※ '값'을 뜻하는 '가
(價)'는 '물건을 사고팔 때 주고받
는 돈'이므로 부동산 따위를 세
낼 때 '맡기는 돈'은 '가'라고 할
수 없다. 다만, 표준국어대사전
등 일부 국어사전에서는 '전세
가'와 '전셋값'을 인정하고 있다.

전세계(全世界)　전 세계. ※ '전
(全)'은 '모든, 전체'를 뜻하는 관
형사이므로 띄어 쓴다.

전세돈(傳貰－)　전셋돈. ※ [전세
똔·전센똔]으로 소리 나므로 사
이시옷을 받쳐 적는다.

전세집(傳貰－)　전셋집. ※ [전세
찝·전센찝]으로 소리 나므로 사
이시옷을 받쳐 적는다.

전셋값(傳貰－)　⇨ 전세금(傳貰金).

전셋돈. 참조 전세가.

전셋방(傳貰房)　전세방.　※ 한자
　어는 두 음절로 된 '곳간(庫間)',
　'셋방(貰房)', '숫자(數字)', '찻간
　(車間)', '툇간(退間)', '횟수(回數)'
　외에는 사이시옷을 받치지 않는
　다.

전수받다(傳受-)　전수하다.

전수시키다(傳授-)　전수하다. ※
　사동의 뜻이 없으면 '-시키다'
　로 쓰지 않는다.　참조 -시키다.

전승시키다(傳承-)　전승하다. ※
　사동의 뜻이 없으면 '-시키다'
　로 쓰지 않는다.　참조 -시키다.

전연히(全然-)　전연.

전용율(專用率)　전용률.　참조 -률.

전율스런(戰慄-)　전율스러운.
　참조 -스런.

전자렌지(電子 range)　전자레인지.

전장터(戰場-)　전쟁터(戰爭-).
　전장.

전쟁놀음(戰爭-)　전쟁놀이.

전차길(電車-)　전찻길. ※ [전:
　차낄·전: 찬낄]로 소리 나므로
　사이시옷을 받쳐 적는다.

전통 문화(傳統文化)　전통문화. ※
　한 낱말이므로 붙여 쓴다.

전향적(前向的)　긍정적(肯定的).

진취적(進取的). 적극적(積極的).
　미래 지향적(未來指向的). ※'전
　향적'은 일본어투.

전환시키다(轉換-)　전환하다. ※
　사동의 뜻이 없으면 '-시키다'
　로 쓰지 않는다.　참조 -시키다.

절가락　젓가락.

절강성(浙江省)　저장 성. 중국 동
　남부, 동중국해 연안에 있는 성.
　성도는 항저우(杭州).

절구공이　절굿공이. ※ [절구꽁
　이·절굳꽁이]로 소리 나므로 사
　이시옷을 받쳐 적는다.

절굿대　절굿공이.

절귀(絕句)　절구. ¶오언절구. 칠
　언절구. ※ '句'는 '글귀', '귀글'
　을 제외하고는 모두 '구'로 읽는
　다.

절깐　절간. '절'을 속되게 이르는
　말. ¶절간에 가서 참빗 찾기.

절대값(絕對-)　절댓값. ※ [절때
　깝·절땓깝]으로 소리 나므로 사
　이시옷을 받쳐 적는다.

절대양(絕對量)　절대량.　참조 량.

절대절명(絕對絕命)　절체절명(絕
　體絕命). 몸도 목숨도 다 되었다
　는 뜻으로 어찌할 수 없는 궁박
　한 처지를 나타내는 말. ※ '절

대적으로’ 따위의 말에 이끌려 ‘절대절명’으로 써서는 안 된다.

절더러 저더러. ※ ‘더러’는 조사 이므로 체언 뒤에 붙는다. ‘저를’ 의 준말인 ‘절’ 뒤에 붙을 수 없 다. ¶아버지께서 저더러 큰댁 에 다녀오래요.

절둑거리다 절뚝거리다.

절둑절둑 절뚝절뚝.

절딴나다 결딴나다. ¶주식 투 자 한번 잘못하는 바람에 집안 이 결딴났다.

절래절래 절레절레. 잘래잘래.

절룸발이 절름발이.

절름바리 절름발이.

절름뱅이 절름발이.

절리다 결리다.

절사(切捨) 끊어 버림. ※ ‘절사’는 일본어투.

절상(切上) 올림. ※ ‘절상’은 일 본어투.

절실이(切實-) 절실히.

절으니 저니. ※ 어간이 ‘ㄹ’ 받침 으로 끝나는 용언의 어간에 붙 는 어미는 ‘-니’이다. ‘-니’가 붙 으면 ‘ㄹ’이 줄어든다.

절으면 절면. ※ 어간이 ‘ㄹ’ 받침 으로 끝나는 용언의 어간에 붙

는 연결어미는 ‘-면’이다.

절은 전. ※ 어간이 ‘ㄹ’ 받침으로 끝나는 용언의 어간에 붙는 어 미는 ‘-ㄴ’이다. ‘-ㄴ’이 붙으면 ‘ㄹ’이 줄어든다. ¶땀에 전 옷.

절음 젊. ※ 어간이 ‘ㄹ’ 받침으로 끝나는 용언의 명사형 어미는 ‘-ㅁ’이다. ¶옷이 땀에 젊.

절음발이 절름발이.

절이김치 겉절이.

절이다 참조 저리다.

절절이(切切-) 절절히.

절취(切取) 자름. 자르기. ※ ‘절 취’는 일본어투.

절하(切下) 내림. ※ ‘절하’는 일 본어투.

젊은 것 젊은것. ※ 젊은이를 낮 잡아 이를 때는 한 낱말이므로 붙여 쓴다. ¶젊은것이 무슨 죄 가 있다고 저 고생을 하는가.

젊잖다 점잖다. ※ 다만, ‘젊지 않 다’가 줄어들면 ‘젊잖다’가 된 다. ¶그분은 참 점잖다. / 힘내 요, 우리는 아직 젊잖아요.

점바기 점박이. 참조 -박이.

점배기 점박이. 참조 -박이.

점성율(黏性率) 점성률. 참조 -률.

점유률(占有率) 점유율. 참조 -률.

점잔(을) 피다 점잔(을) 피우다.
참조 피다.

점잔하다 점잖다. 활용 점잖고.
점잖은. 점잖으니. 점잖아. 점잖
이. 점잖지.

점잔한 점잖은.

점잖치 점잖지.

점잖히 점잖이.

점장이(占－) 점쟁이. 참조 －장
이.

점잖다 점잖다.

점점히(點點－) 점점이.

접목시키다(椄木－·接木－) 접목
하다. ※ 사동의 뜻이 없으면
'－시키다'로 쓰지 않는다. 참조
－시키다.

접부치기(椄－) 접붙이기.

접속율(接續率) 접속률. 참조 －률.

접수(接受) ※ '접수'는 '신청, 신
고, 돈, 물건 따위를 받음'을 뜻한
다. 즉, '입사 원서를 접수하다'
라고 하면 접수하는 주체는 '회
사'가 되므로 '홍길동 씨가 삼성
그룹에 입사 원서를 접수했다'
처럼 쓸 수 없다. 이때는 '홍길동
씨가 삼성 그룹에 입사 원서를
제출했다'처럼 써야 한다. 또 모
집 공고 등에 '방문 접수'라고 하

는 일이 있는데 공고를 낸 주체
가 특정인이나 특정 지역을 직
접 찾아가서 원서를 받는 것이
아니라면 틀린 표현이다. 지원
자가 회사를 찾아와 내는 행위
는 '방문 제출'이라고 해야 옳다.

접수받다(接受－) 접수하다. 참조
접수.

접수시키다(接受－) 제출하다.
참조 접수.

접어 주다 접어주다. ※ 한 낱말
이므로 붙여 쓴다.

접종시키다(接種－) 접종하다. ※
사동의 뜻이 없으면 '－시키다'
로 쓰지 않는다. 참조 －시키다.

접지르다 접질리다. 활용 접질
리고. 접질리면. 접질리어(접질
려). 접질리니.

접쪽 저쪽.

접합율(接合率) 접합률. 참조 －률.

젓깔 젓갈.

젓내 젖내.

젓무우 깍두기.

정갈스런 정갈스러운. 참조 －스
런.

정갈이 정갈히.

정강다리 정강이.

정갱이[1] 정강이.

정갱이² 전갱이. 어류의 하나.

정겨와(情−) 정겨워. ※ ‘ㅂ불규칙용언’은 ‘곱다’, ‘돕다’를 제외하고는 모두 ‘−워’로 활용한다.

정결이(淨潔−) 정결히.

정구지 부추.

정내미(情−) 정나미.

정능¹(貞陵) 정릉. 서울 성북구에 있는 조선 태조의 계비 신덕왕후의 능. 참조 −능.

정능²(靖陵) 정릉. 서울 강남구 삼성동에 있는 조선 중종의 능. 참조 −능.

정다와(情−) 정다워. ※ ‘ㅂ불규칙용언’은 ‘곱다’, ‘돕다’를 제외하고는 모두 ‘−워’로 활용한다.

정다웁다(情−) 정답다. 활용 정다워. 정다우니. 정답지만.

정다웁지만(情−) 정답지만. 참조 정다웁다.

정당화시키다(正當化−) 정당화하다. ※ 사동의 뜻이 없으면 ‘−시키다’로 쓰지 않는다. 참조 −시키다.

정들으면 정들면. ※ 어간이 ‘ㄹ’ 받침으로 끝나는 용언의 어간에 붙는 연결어미는 ‘−면’이다.

정들은 정든. ※ 어간이 ‘ㄹ’ 받침으로 끝나는 용언의 어간에 붙는 어미는 ‘−ㄴ’이다. ‘−ㄴ’이 붙으면 ‘ㄹ’이 줄어든다.

정들음(情−) 정듦. ※ 어간이 ‘ㄹ’ 받침으로 끝나는 용언의 명사형 어미는 ‘−ㅁ’이다. ¶아이들과 정듦.

정듬(情−) 정듦. 참조 정들음.

정렬 정열(情熱).

정렬적 정열적(情熱的).

정밀이(精密−) 정밀히.

정밤중(正−中) 한밤중.

정보양(情報量) 정보량. 참조 량.

정복판(正−) 한복판.

정상화시키다(正常化−) 정상화하다. ※ 사동의 뜻이 없으면 ‘−시키다’로 쓰지 않는다. 참조 −시키다.

정성것(精誠−) 정성껏. ※ ‘그것이 닿는 데까지’의 뜻을 더하고 부사로 만드는 접사는 ‘−껏’이다.

정성드리다(精誠−) 정성 들이다. ※ 한 낱말이 아니므로 띄어 쓴다.

정성스런(精誠−) 정성스러운. 참조 −스런.

정성어리다(精誠−) 정성 어리다.

※ 한 낱말이 아니므로 띄어 쓴다. ¶정성 어린 선물./어머니의 정성 어린 도시락.

정신대(挺身隊) ※‘정신대’는 강제 노역을 위해 끌려간 피해자를 이르는 말이다. 일제가 성 착취를 목적으로 끌고 간 ‘일본군 위안부 피해자’와 다르다. ‘정신대’와 ‘일본군 위안부’를 구별해 써야 한다. 참조 종군 위안부.

정심때 점심때(點心-).

정안수 정화수(井華水).

정연이(整然-) 정연히.

정율(定率) 정률. 참조 -률.

정이(正-) 정히.

정정당당이(正正堂堂-) 정정당당히.

정종(正宗) 청주(淸酒). ※‘정종’은 일본 술의 한 종류인 ‘마사무네(正宗)’의 한자를 우리 음으로 읽은 것이다. 일본 술 ‘마사무네’를 표현할 때는 ‘정종’이 아니라 ‘마사무네(正宗)’로 쓴다.

정중이(鄭重-) 정중히.

정지 부엌.

정짓간 부엌.

정치난(政治欄) 정치란. 참조 난¹.

정크푸드(junk food) 말터 부실음식(不實飮食). 부실식품(不實食品).

정한수 정화수(井華水).

정화 탱화(幀畫). ¶고려 탱화./후불탱화. ※‘幀’은 ‘그림족자 탱’.

정화시키다(淨化-) 정화하다. ※사동의 뜻이 없으면 ‘-시키다’로 쓰지 않는다. 참조 -시키다.

정확이(正確-) 정확히.

정확치(正確-) 정확지. ※‘하다’로 끝나는 용언 가운데 ‘하’ 앞의 음절이 ‘ㄱ, ㅂ, ㅅ’ 받침으로 끝나는 낱말의 준말은 ‘하’가 아주 줄어든다. 즉, ‘간단하지’의 준말은 ‘하’의 ‘ㅏ’만 줄어들어 ‘간단치’가 되지만 ‘정확하지’의 준말은 ‘하’가 모두 줄어들어 ‘정확지’가 된다. ¶그 시계는 정확지 않다.

젓가락 젓가락.

젓갈 젓갈.

젖겨지다 젖혀지다.

젖멍우리 젖멍울. 젖이 제대로 분비되지 않아 생기는 멍울. ※다만, ‘젖꼭지를 중심으로 하여 젖꽃판 언저리로 넓게 살이 불룩하게 두드러진 부분’은 ‘젖무덤’ 또는 ‘젖몸’이다.

젖몽우리 젖멍울. 참조 젖멍우리.

젖봉오리 젖무덤. 젖몸. 참조 젖멍우리.

젖봉우리 젖무덤. 젖몸. 참조 젖멍우리.

젖이 젖니.

젖치다 젖히다.

젖통이 젖퉁이.

젖히다 ※ '**젖히다**'는 '뒤로 기울게 하다. 안쪽이 겉으로 나오게 하다. 앞말이 뜻하는 행동을 거침없이 해치우다'의 뜻을 나타내며, '**제치다**'는 '거치적거리지 않게 처리하다. 일정한 대상이나 범위에서 빼다. 경쟁 상대보다 우위에 서다. 일을 미루다'의 뜻을 나타낸다. ¶고개를 뒤로 젖히다. / 커튼을 걷어 젖혔다. / 노래를 불러 젖히다. / 술을 마셔 젖히다. // 수비수를 둘이나 제치고 골을 넣었다. / 나를 제쳐 놓고 저희끼리만 놀러 갔다. / 한국 팀이 일본팀을 제치고 결승에 올랐다. / 제 일은 제쳐 놓고 남의 일에 발 벗고 나선다.

제-(第-) ※ 한자어 수사(數詞) 앞에서 그 숫자에 해당하는 차례를 뜻하는 접두사이다. 접두사이므로 뒷말과 항상 붙여 써야 한다. 수사나 숫자 뒤의 명사는 띄어 쓰는 것이 원칙이나 붙여 쓸 수 있다. ¶제일(제1). / 제이(제2). 제51 사단. / 제3 학년.

제각금 제가끔. 제각기.

제 값 제값. ※ 한 낱말이므로 붙여 쓴다.

제·개정 제정·개정. ※ '제정'과 '개정'에 한글로는 '정'이 공통으로 들어 있으나 한자로는 '制定'과 '改正'이 서로 다른 글자이므로 '정'을 생략할 수 없다.

제거시키다(除去-) 제거하다. ※ 사동의 뜻이 없으면 '-시키다'로 쓰지 않는다. 참조 -시키다.

제고시키다(提高-) 제고하다. ※ 사동의 뜻이 없으면 '-시키다'로 쓰지 않는다. 참조 -시키다.

제 구실 제구실. ※ 한 낱말이므로 붙여 쓴다. ¶박지성은 맨체스터유나이티드에서 제구실을 톡톡히 해내는 선수다.

제금(提金) 자바라. 놋쇠로 만든 타악기. 주로 불교 의식에서 쓴다.

제길할 제기랄.

제깐 제깟. 제까짓.

제끼다 젖히다. 제치다. 참조 젖

히다.

제 날짜 제날짜. ※ 한 낱말이므로 붙여 쓴다. ¶<u>제날짜</u>를 넘기지 말고 돌아오너라. / 이번 공사는 무슨 일이 있어도 <u>제날짜</u>에 마쳐야 한다.

제네레다(generator) 제너레이터.

제도화시키다(制度化－) 제도화하다. ※ 사동의 뜻이 없으면 '－시키다'로 쓰지 않는다. 참조 －시키다.

제로베이스(zero base) 말터 백지상태(白紙狀態).

제리(jelly) 젤리.

제방뚝(堤防－) 제방.

제본(製本·せいほん) 책 매기. 제책. ※ '제본'은 일본어투.

제비댕기 제비부리댕기.

제비란(－蘭) 제비난. 참조 난².

제비초리 ※ '제비초리'는 '뾰족이 내민 머리털'이며, '제비추리'는 '소의 안심에 붙은 고기의 한 가지'이다

제비추리 참조 제비초리.

제사날(祭祀－) 제삿날. ※ [제산날]로 'ㄴ' 소리가 덧나므로 사이시옷을 받쳐 적는다.

제사밥(祭祀－) 제삿밥. ※ [제사

빱·제삽빱]으로 소리 나므로 사이시옷을 받쳐 적는다.

제삿상(祭祀床) 제사상. ※ 한자어는 두 음절로 된 '곳간(庫間)', '셋방(貰房)', '숫자(數字)', '찻간(車間)', '툇간(退間),' '횟수(回數)' 외에는 사이시옷을 받치지 않는다.

제수용품(祭需用品) 제수. ※ '제수'가 '제사에 드는 여러 가지 재료'를 뜻하므로 '제수용품'은 겹말이다.

제스쳐(gesture) 제스처. ※ 외래어에서 'ㅈ, ㅊ' 다음에는 이중모음 'ㅑ, ㅕ, ㅛ, ㅠ'를 쓰지 않는다.

제스춰(gesture) 제스처. ※ 영어표기에서 모음 앞의 [tʃ]는 뒤따르는 모음에 따라 '차, 처, 초, 추, 치'로 적는다.

제 아무리 제아무리. ※ 한 낱말이므로 붙여 쓴다. ¶<u>제아무리</u> 난다 긴다 해도 이번엔 어려울 거다.

제외시키다(除外－) 제외하다. ※ 사동의 뜻이 없으면 '－시키다'로 쓰지 않는다. 참조 '－시키다.

제육초(豬肉炒) 저육초. 제육볶음.

제자리넓이뛰기 제자리멀리뛰

기. 참조 넓이뛰기.

제작년 재작년(再昨年).

제적시키다(除籍—) 제적하다. ※ 사동의 뜻이 없으면 '—시키다'로 쓰지 않는다. 참조 —시키다.

제전(祭典) 축전(祝典). 잔치. ※ '제전'은 일본어투. 참조 축제.

제 정신(—精神) 제정신. ※ 한 낱 말이므로 붙여 쓴다.

제제 제재(制裁).

제제금 제가끔.

제조양(製造量) 제조량. 참조 량.

제채기 재채기.

제쳐지다 젖혀지다.

제치다 참조 젖히다.

제키다 젖히다.

젤(gel) 겔.

젯상(祭床) 제상. ※ 한자어는 두 음절로 된 '곳간(庫間)', '셋방(貰房)', '숫자(數字)', '찻간(車間)', '툇간(退間)', '횟수(回數)' 외에는 사이시옷을 받치지 않는다.

져버리다 저버리다. ※ 다만, '지다'에 보조동사 '버리다'가 붙은 형태로는 쓸 수 있으며 이때는 띄어 쓰는 것이 원칙이다. ¶ 그 친구는 우리 모두의 기대를 <u>저버리고</u> 떠났다. // 우리 팀이 또

<u>져 버렸다</u>. 어느새 해가 <u>져 버렸</u>다.

조개가루 조갯가루. ※ [조개까루·조갠까루]로 소리 나므로 사이시옷을 받쳐 적는다.

조개국 조갯국. ※ [조개꾹·조갠꾹]으로 소리 나므로 사이시옷을 받쳐 적는다.

조개볼 보조개. ※ 다만, '도도록하게 생긴 볼'을 뜻하는 말은 '조개볼'이다.

조개비 조가비.

조개살 조갯살. ※ [조개쌀·조갠쌀]로 소리 나므로 사이시옷을 받쳐 적는다.

조갯속 조갯살.

조거가 ※ '조거'는 '조것'을 구어적으로 이르는 말이다. '조거'는 받침 없는 체언이므로 주격 조사 '가'가 붙은 '조거가'가 되어야 하지만 실제로는 이런 형태는 잘 쓰이지 않고 '조것'에 주격 조사 '이'가 붙은 '조것이'에서 줄어든 '조게'가 주로 쓰인다. ¶ <u>조게</u> 제일 좋다.

조거이 조게. 참조 조거가.

조그마치 조그만큼.

조그만치 조그만큼.

조그만하다 조그마하다. 조그맣다. 활용 조그마하고(조그맣고). 조그마하니(조그마니). 조그마하면(조그마면). 조그마해(조그매)

조급스런(躁急－) 조급스러운. 참조 －스런.

조급이(무急－·躁急－) 조급히.

조기국 조깃국. ※ [조기꾹·조긴꾺]으로 소리 나므로 사이시옷을 받쳐 적는다.

조기배 조깃배. ※ [조기빼·조긴빼]로 소리 나므로 사이시옷을 받쳐 적는다.

조기젖 조기젓.

조깐 조금.

조꼬만 조그만. '조그마한'의 준말.

조끼(←jug) 잔. 저그. ※ '조끼'는 일본어투.

조난당하다(遭難當－) 조난하다. ※ '조난'이 '재난을 만남'을 뜻하므로 '조난당하다'는 겹말이다.

조달(調達) 대어 줌. 마련함. ※ '조달'은 일본어투. 대한민국 정부에서 발간한 '행정용어 순화 편람'에서는 '조달'을 순화 대상으로 올려놓고도 정부 조직에는 '조달청'을 두고 있다.

조당죽(－粥) 조당수. 좁쌀을 물에 불린 뒤 갈아서 묽게 쑨 음식.

조대흙 질흙.

조둥아리 조동아리. 주둥아리.

조둥이 조동이. 주둥이.

조로(jorro) 물뿌리개.

조로록 조르륵.

조롱꺼리(嘲弄－) 조롱거리.

조률(調律) 조율. 참조 －률.

조르개 조리개.

조름 졸음.

조리(ぞうり·草履) 말터 가락신.

조리다 ※ '**조리다**'는 '고기나 생선, 채소 따위를 양념하여 바특하게 끓이다'의 뜻을 나타내며, '**졸이다**'는 '찌개, 국, 한약 따위의 물을 증발시켜 분량이 적어지도록 하다. 위협적이거나 압도하는 대상 앞에서 겁을 먹거나 기를 펴지 못하다'의 뜻을 나타낸다. ¶생선을 조리다. / 멸치와 고추를 간장에 조렸다. // 국물이 싱거우니 좀 더 졸여라. / 마음을 졸이며 그 장면을 지켜봤다.

조매조매 조마조마.

조모락거리다 조몰락거리다.

조무라기 조무래기.

조무락거리다 조몰락거리다.

조물락거리다 조몰락거리다.

조선 백자(朝鮮白磁) 조선백자. ※ 한 낱말이므로 붙여 쓴다.

조선족(朝鮮族) 중국 동포(中國同胞). 재중 동포(在中同胞). ※ '조선족'은 중국 내에서 자국의 소수 민족 중 하나로 부를 때의 명칭.

조셉(Joseph) 조지프. ※ 영어권 인명이면 '조지프'로 적는다.

조속이(早速−) 조속히.

조시(調子·ちょうし) 상태.

조신스런(操身−) 조신스러운. 참조 −스런.

조심스런(操心−) 조심스러운. 참조 −스런.

조쌀 좁쌀.

조용이 조용히.

조용하여라 조용히 하여라. ※ '조용하다'는 형용사이므로 명령형 어미 '−여라'를 붙일 수 없다.

조용하자 조용히 하자. ※ '조용하다'는 형용사이므로 동사에 붙어 친구나 아랫사람에게 쓰여 권유나 제안, 요청이나 승낙의 뜻을 나타내는 어미 '−자'를 붙일 수 없다.

조용한 와중에(−渦中−) 조용한 가운데. 참조 와중.

조용합시다 조용히 합시다. ※ '조용하다'는 형용사이므로 동사에 붙어 어떤 행동이나 동작을 제안하거나 요구함을 나타내는 어미 '−읍시다'를 붙일 수 없다.

조우(遭遇) ※ '조우'는 '우연히 서로 만남'을 뜻한다. 미리 만나기로 되어 있으면 '조우'라고 할 수 없다. 이때는 '만나다'라고 하면 된다. ¶어둠 속에서 적과 조우했다. / 두 사람은 조우해 본 적도 없는 사이이다.

조이 좋이. ¶그곳까지 가려면 두 시간은 좋이 걸린다.

조잡스런(粗雜−) 조잡스러운. 참조 −스런.

조정(調整) ※ '조정'은 '어떤 기준이나 실정에 맞게 정돈함'을 뜻하며, '**조종**(操縱)'은 '비행기나 선박, 자동차 따위의 기계를 다루어 부림. 다른 사람을 자기 마음대로 다루어 부림'을 뜻한다. ¶선거구 조정 / 버스 노선의 조정 / 회사의 구조 조정으로 많은 부서가 재편되었다. // 비행기 조종. 원격조종. 배후 조종.

조제사(調劑師) 약사(藥師).

조종(操縱) 참조 조정.

조찰떡 조차떡. 차조의 가루로 만든 떡.

조촐이 조촐히.

조출하다 조촐하다.

조카벌 조카뻘. ※ '그런 관계'의 뜻을 더하는 접미사는 '-뻘'이다. 참조 -벌.

조해(阻害) 저해(沮害). ¶저해 요인.

조화로히(調和-) 조화로이.

족도리 족두리.

족박 쪽박.

족쇠 족쇄(足鎖).

족이(足-) 족히.

족자카르타(Djokjakrta) 욕야카르타(Yogyakarta). 인도네시아 자바 섬에 있는 도시.

족재비 족제비.

족집개 족집게.

족팔리다 쪽팔리다. ※ '쪽'은 '얼굴'을 속되게 이르는 말. ¶쪽 팔려서 나다니지 못하겠다.

존대말(尊待-) 존댓말. ※ [존댄 말로 'ㅁ' 앞에서 'ㄴ' 소리가 덧나므로 사이시옷을 받쳐 적는다.

존망(存亡) ※ '존망'은 '삶과 죽 음'을 뜻하는 말이므로 '존망이 위태롭다', '존망을 위협하다'와 같은 표현은 삶과 죽음이 동시에 위태롭고, 삶과 죽음을 동시에 위협하는 것이 되므로 사리에 맞지 않다. 이때는 생존, 삶과 같은 말로 표현해야 한다. ¶민족의 생존이 위태롭다. / 인류의 생존을 위협하는 핵무기는 폐기되어야 마땅하다. // 국가의 존망이 걸린 중대사.

존망을 위협하다(存亡-威脅-) 생존을 위협하다(生存-威脅-). 참조 존망.

존망이 위태롭다(存亡-危殆-) 생존이 위태롭다(生存-危殆-). 참조 존망.

존폐 여부(存廢與否) 존폐. 존속 여부(存續與否). 폐지 여부(廢止與否). 참조 여부.

졸따구(卒-) 졸때기. 졸개.

졸르다 조르다. 활용 조르고. 조르니. 조르면. 조르는. 조르지. 졸라. ¶아이가 과자를 사 달라고 어머니에게 조르고 있다. / 네가 아무리 졸라도 그 부탁은 들어줄 수 없다.

졸르면 조르면. 참조 졸르다.

졸리우면　졸리면. 참조 졸립다.

졸리운　졸린. 참조 졸립다.

졸리워　졸리어. 졸려. 참조 졸립다.

졸립다　졸리다. 활용 졸리어. 졸려. 졸리고. 졸리면.

졸아 붙다　졸아붙다. ※ 한 낱말이므로 붙여 쓴다.

졸으니　조니. 어간이 'ㄹ' 받침으로 끝나는 용언의 어간에 붙는 어미는 '-니'이다. '-니'가 붙으면 'ㄹ'이 줄어든다.

졸으다　조르다. 〈활용〉 조르고. 조르니. 조르면. 조르지. 졸라.

졸으면　졸면. ※ 어간이 'ㄹ' 받침으로 끝나는 용언의 어간에 붙는 연결어미는 '-면'이다.

졸은　존. ※ 어간이 'ㄹ' 받침으로 끝나는 용언의 어간에 붙는 어미는 '-ㄴ'이다. '-ㄴ'이 붙으면 'ㄹ'이 줄어든다.

졸음　졺. ※ 어간이 'ㄹ' 받침으로 끝나는 용언의 명사형 어미는 '-ㅁ'이다. 다만, 잠이 오는 느낌이나 상태를 나타내는 명사는 '졸음'이다. ¶오늘 수업 시간에 졺. / 졸음이 밀려온다.

졸음끼　졸음기(-氣). ※ 기운, 느낌, 성분의 뜻을 더하는 접미사는 '-기(氣)'이다.

졸읍니다　좁니다. ※ 어간이 'ㄹ' 받침으로 끝나는 용언의 어간에 붙는 어미는 '-ㅂ니다'이다. '-ㅂ니다'가 붙으면 'ㄹ'이 줄어든다.

졸이다　참조 조리다.

졸임　조림. ※ 다만, '졸이다'의 명사형은 '졸임'이다. 참조 조리다. ¶생선조림 / 통조림.

졸찌에　졸지에(猝地-).

좀더　좀 더. ※ 한 낱말이 아니므로 띄어 쓴다. 다만, '좀 더 큰 이 새 집'처럼 단음절로 된 낱말이 연이어 나올 적에는 '좀더 큰 이 새집'같이 붙여 쓸 수 있다.

좀벌레　좀.

좀상스럽다　좀스럽다.

좀스런　좀스러운. 참조 -스런.

좀이 쓸다　좀이 슬다. ※ '쥐나 좀 따위가 옷가지나 종이를 잘게 물어뜯다'를 뜻하는 낱말은 '슬다'이다.

좀체로　좀체. 좀처럼.

좀해선　좀체. 좀처럼.

좁디 좁다　좁디좁다. ※ 한 낱말이므로 붙여 쓴다. 참조 -디.

좁따랗다 좁다랗다.

좁살 좁쌀.

종가집(宗家-) 종갓집. ※ [종가찝·종갇찝]으로 소리 나므로 사이시옷을 받쳐 적는다.

종군 위안부(從軍慰安婦) ※ 위안부 피해자가 일본군을 좇았다[從軍]는 자발성을 내포하는 표현이다. '일본군 위안부, 일본군 위안부 피해자, 일본군 성 노예'로 쓴다. 참조 정신대.

종깃종깃 쫑긋쫑긋.

종묘악(宗廟樂) 종묘제례악(宗廟祭禮樂).

종이장(-張) 종잇장. ※ [종이짱·종읻짱]으로 소리 나므로 사이시옷을 받쳐 적는다.

종이조각 종잇조각. ※ [종이쪼각·종읻쪼객]으로 소리 나므로 사이시옷을 받쳐 적는다.

종잇쪽 종이쪽. ※ 된소리 앞에서는 사이시옷을 받치지 않는다.

종자돈(種子-) 종잣돈. ※ [종자똔·종잗똔]으로 소리 나므로 사이시옷을 받쳐 적는다.

좇다 ※ '좇다'는 '목표, 이상, 행복 따위를 추구하다. 남의 말이나 뜻을 따르다. 규칙이나 관습 따위를 지켜서 그대로 하다. 눈여겨보거나 눈길을 보내다. 생각을 하나하나 더듬어 가다. 남의 이론 따위를 따르다'의 뜻을 나타내며, '쫓다'는 '어떤 대상을 잡거나 만나기 위하여 뒤를 급히 따르다. 어떤 자리에서 떠나도록 몰다. 밀려드는 졸음이나 잡념 따위를 물리치다'의 뜻을 나타낸다. 실제적인 공간의 이동이 없으면 '좇다'를, 공간의 이동이 있으면 '쫓다'를 쓴다. ¶ 명예를 <u>좇는</u> 젊은이 / 부모님의 의견을 <u>좇기로</u> 했다. / 관례를 <u>좇아서</u> 했을 뿐이다. / 달려가는 아이들의 뒷모습을 <u>좇았다</u>. / 그는 걸으면서 마을의 옛 모습을 <u>좇고</u> 있었다. / 그는 스승의 학설을 <u>좇을</u> 뿐이었다. // 한밤 도심에서 <u>쫓고</u> <u>쫓기는</u> 추격전이 벌어졌다. / 황소가 꼬리를 흔들어 파리를 <u>쫓았다</u>. / 허벅지를 꼬집으면서 잠을 <u>쫓았다</u>.

좋느냐 좋으냐. ※ 'ㄹ'을 제외한 받침 있는 형용사의 어간에 붙는 의문형 종결어미는 '-으냐'이다.

좋아 하다 좋아하다. ※ 한 낱말 이므로 붙여 쓴다.

좋읍니다 좋습니다. ※ 어간이 받침으로 끝나는 용언의 종결어 미는 '-습니다'이다.

좋치 좋지.

좋타 좋다.

좋히 좋이. 족히(足-).

좌우켠 좌우편(左右便).

죄값(罪-) 죗값. ※ [죄깝·죈깝] 으로 소리 나므로 사이시옷을 받쳐 적는다.

죄받다(罪-) 벌 받다(罰-). ※ '죄' 는 벌을 받을 만한 행위를 뜻하 는 말이다. ¶죄를 지었으면 벌 을 받아야 마땅하지.

죄송스런(罪悚-) 죄송스러운. 참조 -스런.

죄스런(罪-) 죄스러운. 참조 - 스런.

죄여 죄어. 조이어. 조여. 참조 죄 이다.

죄이다 죄다. '조이다'의 준말. 활용 죄고(조이고). 죄니(조이니). 죄면(조이면). 죄지(조이지) 죄 어(조이어·조여).

죙일 종일(終日).

주격거리다 주억거리다.

주고 받다 주고받다. ※ 한 낱말 이므로 붙여 쓴다.

주관식 문제(主觀式 問題) 참조 객 관식 문제.

주구장창 주야장천(晝夜長川). 참조 주야장창.

주낚 주낙.

주댕이 주둥이.

주뎅이 주둥이.

주루루 주르르.

주루룩 주르륵.

주마관산(走馬觀山) 주마간산(走 馬看山).

주망나니(酒-) 술망나니.

주머니돈 주머닛돈. ※ [주머니 똔·주머닛똔]으로 소리 나므로 사이시옷을 받쳐 적는다.

주먹힘 주먹심. ¶주먹심이든, 입심이든 그 친구를 당할 재간 이 없다.

주무럭거리다 주물럭거리다.

주무럭주무럭 주물럭주물럭.

주문시키다(注文-) 주문하다. ※ 사동의 뜻이 없으면 '-시키다' 로 쓰지 않는다. 참조 -시키다.

주물르다 주무르다. 활용 주무 르고. 주무르니. 주무르면. 주무 른. 주무르지. 주물러. ¶이것저

것 <u>주무르지만</u> 말고 얼른 골라
라. / 어머니의 지친 팔다리를 주
물러 드렸다.

주부(←tube)　튜브. ※ '주부'는
일본어투.

주사바늘(注射-)　주삿바늘. ※
[주ː사빠늘·주ː삳빠늘]로　소
리 나므로 사이시옷을 받쳐 적
는다.

주야장창　주야장천(晝夜長川). 밤
낮으로 쉬지 않고 연달아. ¶공
부는 않고 <u>주야장천</u> 친구들 만
날 궁리만 한다.

주야창창　주야장천(晝夜長川).
[참조] 주야장창.

주어　주워. ※ '줍다'의 활용형은
'주워'이다. 다만, '주다'의 활용
형은 '주어'이다.

주워 섬기다　주워섬기다. ※ 한
낱말이므로 붙여 쓴다.

주워지다　주어지다.

주워진　주어진.

주위 산만　주의 산만(注意 散漫). ¶
<u>주의가 산만</u>하면 학습 효과가
떨어진다.

주유양(注油量)　주유량. [참조] 량.

주은　주운. ※ ㅂ불규칙용언인
'줍다'의 활용형은 '주운'이 된다.

주입시키다(注入-)　주입하다. ※
사동의 뜻이 없으면 '-시키다'
로 쓰지 않는다. [참조] -시키다.

주전불이　주전부리.

주전없다　주제넘다.

주절이주절이　주저리주저리. 주
절주절.

주점부리　주전부리.

주접스런　주접스러운. [참조] -스
런.

주정군(酒酊-)　주정꾼.

주제넓다　주제넘다.

주질러앉다　주저앉다.

주차시키다(駐車-)　주차하다.
※ 사동의 뜻이 없으면 '-시키
다'로 쓰지 않는다. [참조] -시키
다. ¶대로에 <u>주차했다가</u> 과태
료를 물었다.

주착(主着)　주책.

주착망나니(主着-)　주책망나니.

주책맞다　주책없다.

주책이다　주책없다.

주척거리다　주적거리다.

주초(柱礎)　주추. 기둥 밑에 괴는
돌 따위의 물건. / 일의 바탕을 비
유적으로 이르는 말.

주초돌(柱礎-)　주춧돌.

주추돌(柱礎-)　주춧돌. ※ [주추

똘·주춘똘]로 소리 나므로 사이
시옷을 받쳐 적는다.

주코프스키(Zhukovskii)　주콥스키.
¶바실리 안드레예비치 <u>주콥스
키</u>(러시아 시인, 번역가).

주홍 빛(朱紅－)　주홍빛. ※ 한 낱
말이므로 붙여 쓴다.

죽가래　넉가래.

죽거미　꼴뚜기.

죽더기　죽데기. 통나무 표면에서
잘라 낸 널조각.

죽어 나다　죽어나다. ※ 한 낱말
이므로 붙여 쓴다.

죽엄　주검.

죽으라 하고　죽어라 하고. 죽어
라고. '있는 힘을 다해'의 뜻으로
는 '죽어라'를 쓴다. ¶닭서리를
하다 주인에게 들키면 <u>죽어라
하고</u> 도망쳤다.

죽은깨　주근깨.

죽을동 살동　죽을 둥 살 둥.

죽음을 당하다(－當－) ※ '죽음을
당하다'는 자연재해 따위에서처
럼 죽이는 행위를 한 사람이나
동물이 실재하지 않거나 막연할
때 쓰며, '죽임을 당하다'는 죽이
는 행위를 한 사람이나 동물 등
이 실제로 존재할 때 쓴다. ¶세

계 곳곳에서 자연재해로 <u>죽음을
당하는</u> 사람이 해마다 늘고 있
다.∥강도에게 <u>죽임을 당했다</u>.

죽이다　※ '죽이다'는 '시간이나
물건 따위를 허비하다'를 뜻하
며, '죽치다'는 '움직이지 아니하
고 오랫동안 한곳에만 붙박여
있다'를 뜻한다. ¶사람들이 일
은 안 하고 아까운 밥만 <u>죽인다</u>.∕
극장에서 두 시간을 좋이 <u>죽였
다</u>.∥집에만 <u>죽치고</u> 있지 말고
바깥바람 좀 쏘여라.∕범인을 잡
기 위해 그가 잘 가는 극장에서
며칠 동안 <u>죽쳤더니</u> 과연 나타
났다.∕형사들은 용의자가 나타
날 때까지 집 앞에서 <u>죽치고</u> 기
다렸다.

죽임을 당하다　참조 죽음을 당하
다.

죽자사자　죽자 사자. 죽자 살자.
※ 한 낱말이 아니므로 띄어 쓴
다.

죽정이　쭉정이.

죽치다　참조 죽이다.

준렬(峻烈)　준열.

준비를 갖추다(準備－)　준비하다.
※ '준비'가 '미리 마련하여 갖춤'
을 뜻하므로 '준비를 갖추다'는

겹말이다.

준첩　준설(浚渫). '渫'은 '칠 설'.

준치국　준칫국. ※ [준: 치꾹·준 : 친꾹]으로 소리 나므로 사이시 옷을 받쳐 적는다.

줄곳　줄곧.

줄끌기　줄다리기.

줄당기기　줄다리기.

줄리어드(Juilliard)　줄리아드.

줄어들음　줄어듦. ※ 어간이 'ㄹ' 받침으로 끝나는 용언의 명사형 어미는 '−ㅁ'이다.

줄어듬　줄어듦. 참조 줄어들음.

줄으네　주네. ※ 어간이 'ㄹ' 받침 으로 끝나는 용언의 어간에 붙 는 어미는 '−네'이다. '−네'가 붙 으면 'ㄹ'이 줄어든다.

줄으니　주니. ※ 어간이 'ㄹ' 받침 으로 끝나는 용언의 어간에 붙 는 어미는 '−니'이다. '−니'가 붙 으면 'ㄹ'이 줄어든다.

줄으면　줄면. ※ 어간이 'ㄹ' 받침 으로 끝나는 용언의 어간에 붙 는 연결어미는 '−면'이다.

줄은　준. ※ 어간이 'ㄹ' 받침으로 끝나는 용언의 어간에 붙는 어 미는 '−ㄴ'이다. '−ㄴ'이 붙으면 'ㄹ'이 줄어든다.

줄음[1]　줆. ※ 어간이 'ㄹ' 받침으 로 끝나는 용언의 명사형 어미는 '−ㅁ'이다. ¶사업 축소로 예산 이 줆.

줄음[2]　주름. ¶주름치마. 주름 살.

줄음살　주름살.

줄읍니다　줍니다. ※ 어간이 'ㄹ' 받침으로 끝나는 용언의 어간에 붙는 어미는 '−ㅂ니다'이다. '−ㅂ 니다'가 붙으면 'ㄹ'이 줄어든다.

줄잇다　줄(을) 잇다. ※ 한 낱말 이 아니므로 띄어 쓴다. ¶줄 이 은 온정. / 광화문광장이 완공되 자 이곳을 찾는 시민이 줄을 이 었다.

줄장미(−薔薇)　덩굴장미.

줄주리　줄줄이.

줄줄히　줄줄이.

줄창　줄곧.

줄행낭(−行廊)　줄행랑.

줌　줌. ※ 다만, '주다'의 명사형 은 '줌'이다. 참조 줄음.

줌마테이너　말터 재치부인(−夫 人).

줏다　줍다. 활용 줍고. 줍는. 줌 니. 주워. 주우니. 주움.

줏때(主−)　줏대.

줏어 주워. 참조 줏다.

줏어대다 주워대다.

줏어듣다 주워듣다.

줏어섬기다 주워섬기다.

중(中) ※ '여럿의 가운데', '동안', '안이나 속'을 나타내는 의존명사로서 띄어 쓴다. 다만, 한 낱말로 굳어진 말은 붙여 쓴다. ¶유엔 가입 국가 중 20개국 / 근무 중 / 수업 중 / 임신 중 / 수감 중 / 재학 중 / 복무 중 / 회의 중 / 식사 중 // 그중 / 깜깜밤중 / 두밤중 / 만산중 / 만인총중 / 만장중 / 만좌중 / 무망중 / 무심중 / 무아몽중 / 무언중 / 무의식중 / 밤중 / 방중 / 부재중 / 부지불식중 / 부지중 / 삼복중 / 야밤중 / 오밤중 / 은연중 / 장악중 / 총망중 / 한밤중 / 허공중.

중간치기(中間−) 새치기.

중경(重慶) 충칭. 중국 서남부에 있는 중앙 직할시.

중굿거리다 쭝긋거리다.

중낮 대낮.

중동밥 중둥밥. 팥을 달인 물로 지은 밥.

중드리(中−) 중두리. 독보다 조금 작고 배가 부른 오지그릇.

중랑천 중랑천(中浪川). 경기 양주시에서 발원하여 의정부시, 서울 노원 도봉 중랑구 등을 거쳐 한강으로 흘러드는 하천. ※ '浪'은 '물결 랑'.

중매시키다(仲媒−) 중매하다. ※ 사동의 뜻이 없으면 '−시키다'로 쓰지 않는다. 참조 −시키다.

중매인(仲買人) 거간. 거간꾼. ※ '중매인'은 일본어투.

중매장이(仲媒−) 중매쟁이. 참조 −장이.

중몰이 중모리. 판소리 및 산조 장단의 하나.

중신애비(中−) 중신아비.

중신에미(中−) 중신어미.

중이 여기다(重−) 중히 여기다.

중자(中−) 중짜. 중간인 것. 참조 대자, 소자.

중중몰이 중중모리. 판소리 및 산조 장단의 하나.

중추막 중치막. 벼슬하지 못한 선비가 소창옷 위에 덧입는 웃옷.

중툭(中−) 중턱.

중화시키다(中和−) 중화하다. ※ 사동의 뜻이 없으면 '−시키다'로 쓰지 않는다. 참조 −시키다.

쥐고기 쥐치.

쥐똥같다 쥐뿔같다.

쥐락피락 쥐락펴락.

쥐뿔 같다 쥐뿔같다. ※ 한 낱말이므로 붙여 쓴다.

쥐어 뜯다 쥐어뜯다. ※ 한 낱말이므로 붙여 쓴다.

쥐어주다 쥐어 주다. 참조 쥐이다.

쥐어지내다 쥐여지내다. 참조 쥐이다. ¶그 친구는 아내에게 쥐여지내는 신세라네.

쥐이다 '쥐다'의 사동사 또는 피동사. ¶어머니께서 내 손에 여비를 쥐여 주셨다.

쥘선(-扇) 쥘부채.

쥬니어(junior) 주니어. ※ 외래어에서 'ㅈ, ㅊ' 다음에는 'ㅑ, ㅕ, ㅛ, ㅠ' 같은 이중 모음을 표기하지 않는다.

쥬라기(Jura紀) 쥐라기. ※ '쥐라'는 프랑스와 스위스의 국경을 이루는 산맥의 이름이다. 프랑스 어의 [y]는 '위'로 적는다.

쥬서기(juicer機) 주서. ※ 외래어에서 'ㅈ, ㅊ' 다음에는 이중모음 'ㅑ, ㅕ, ㅛ, ㅠ'를 쓰지 않는다. '주서'가 '주스를 만드는 기계'를 뜻하므로 '-기'는 필요 없는 말이다.

쥬스(juice) 주스. ※ 외래어에서 'ㅈ, ㅊ' 다음에는 이중모음 'ㅑ, ㅕ, ㅛ, ㅠ'를 쓰지 않는다.

쥬얼리(jewelry) 주얼리. ※ 외래어에서 'ㅈ, ㅊ' 다음에는 이중모음 'ㅑ, ㅕ, ㅛ, ㅠ'를 쓰지 않는다.

즈려밟다 지르밟다.

즈봉(←jupon) 양복바지. ※ '즈봉'은 일본어투.

즉방 직방(直放). ¶이 약을 먹으면 직방으로 나을 거다.

즉빵 직방(直放). 참조 즉방.

즐거와 즐거워. ※ 'ㅂ 불규칙용언'은 '곱다', '돕다'를 제외하고는 모두 '-워'로 활용한다.

즐거히 즐거이.

즐퍽거리다 질퍽거리다.

즐편하다 질편하다.

증가률(增加率) 증가율. 참조 -률.

증감율(增減率) 증감률. 참조 -률.

증거거리(證據-) 증것거리. ※ [증거꺼리·증걷꺼리]로 소리 나므로 사이시옷을 받쳐 적는다.

증발양(蒸發量) 증발량. 참조 량.

증오스런(憎惡-) 증오스러운. 참조 -스런.

증원시키다(增員-) 증원하다. ※ 사동의 뜻이 없으면 '-시키다'

로 쓰지 않는다. 참조 −시키다.

증진시키다(增進−) 증진하다. ※ 사동의 뜻이 없으면 '−시키다' 로 쓰지 않는다. 참조 −시키다.

증폭시키다(增幅−) 증폭하다. ※ 사동의 뜻이 없으면 '−시키다' 로 쓰지 않는다. 참조 −시키다.

지[1] 제. ¶제가 하겠다고 하고는 딴소리를 한다. / 제 살 궁리는 다 한다.

지[2] ※ '시간의 경과'를 나타내는 '지'는 의존명사이므로 띄어 쓰 고, '막연한 의문'을 나타내는 '− ㄴ지', '−ㄹ지', '−는지', '−은 지', '−을지'는 어미이므로 붙여 쓴다. 참조 −ㄹ 지. ¶고향을 떠 난 지 벌써 3년이 지났다. / 선생 님을 뵌 지도 꽤 오래됐다. // 그 사람은 얼마나 성실한지 모르겠 다. / 고향을 떠날지 말지 고민하 고 있다. / 무엇이 틀렸는지 알아 보자. / 신랑감이 건강은 좋은지 모르겠다. / 어떻게 해야 좋을지 생각 좀 해 봐라.

지개 지게.

지게작대기 지겟작대기. ※ [지 게짝때기·지겐짝때기]로 소리 나므로 사이시옷을 받쳐 적는다.

지게작시미 지겟작대기.

지겟군 지게꾼.

지고이너바이젠(Zigeunerweisen) 치고이너바이젠. 파블로 데 사 라사테가 작곡한 바이올린 독주 곡.

지그시 ※ '지그시'는 '슬며시 힘 을 주는 모양. 조용히 참고 견디 는 모양'을 뜻하며, '**지긋이**'는 '나이가 비교적 많아 듬직한 모 양. 참을성 많아 끈진 모양'을 뜻 한다. ¶눈을 지그시 감고 명상 에 잠겼다. / 지그시 밟다. / 입술 을 지그시 깨물었다. / 아픔을 지 그시 참다. // 그 신사는 나이가 지긋이 들어 보였다. / 지긋이 앉 아 있어라.

지그자그(zigzag) 지그재그.

지극스런(至極−) 지극스러운. 참조 −스런.

지극이(至極−) 지극히.

지금것(只今−) 지금껏. ※ '그것 이 닿는 데까지'의 뜻을 더하고 부 사로 만드는 접사는 '−껏'이다.

지급율(支給率) 지급률. 참조 −률.

지급준비률(支給準備率). 지급준 비율 참조 −률.

지긋이 참조 지그시.

지꺼기　찌꺼기.

지꺼리다　지껄이다.

지꿎다　짓궂다.

지나 다니다　지나다니다. ※ 한 낱말이므로 붙여 쓴다.

지난 날　지난날. ※ 한 낱말이므로 붙여 쓴다.

지난 달　지난달. ※ 한 낱말이므로 붙여 쓴다.

지난 밤　지난밤. ※ 한 낱말이므로 붙여 쓴다.

지난 번(−番)　지난번. ※ 한 낱말이므로 붙여 쓴다.

지난적　지난번.

지난 주(−週)　지난주. ※ 한 낱말이므로 붙여 쓴다.

지난 해　지난해. ※ 한 낱말이므로 붙여 쓴다.

지놈(genom)　게놈. ※ 1920년 독일의 식물학자 빙클러(Winkler)가 처음 사용한 말이므로 독일어 발음을 따라 '게놈'으로 적는다. 일부에서 영어 발음을 따라 '지놈(genome)'으로 적고 있으나 '게놈'으로 적는 것이 옳다. 유전자를 뜻하는 'gen'과 염색체를 뜻하는 'chromosom'의 합성어.

지랭이　지렁이.

지레대　지렛대. ※ [지레때 · 지렌때]로 소리 나므로 사이시옷을 받쳐 적는다.

지려감다　지르감다.

지려밟다　지르밟다.

지례　지레.

지례짐작(−斟酌)　지레짐작.

지로귀(指路鬼)　지노귀. 죽은 사람의 넋을 극락으로 인도하는 굿.

지루박(←jitterbug)　지르박. ※ '지루박'은 일본어투.

지리(←汁 · じる)　맑은탕. 싱건탕.

지리하다(支離−)　지루하다.

지릿대　지렛대.

−지만서도　−지만.

지분(持分)　몫. ※ '지분'은 일본어투.

지붕을 잇다　지붕을 이다. ※ '기와나 볏짚, 이엉 따위로 지붕 위를 덮다'를 뜻하는 말은 '이다'이다.

지새다　※ '**지새다**'는 자동사로서 '달빛이 사라지면서 밤이 새다'의 뜻을 나타내며, '**지새우다**'는 타동사로서 '고스란히 새우다'의 뜻을 나타낸다. 참조 새다. ¶ 그는 밤이 지새도록 술잔만 기

울이고 있었다. // 시험 준비를 하
느라 꼬박 사흘 밤을 <u>지새웠다</u>.

지새우다 참조 지새다.

지성것(至誠-) 지성껏. ※ '그것
이 닿는 데까지'의 뜻을 더하고
부사로 만드는 접사는 '-껏'이
다.

지성스런(至誠-) 지성스러운.
참조 -스런.

지수굿하다 직수굿하다. 저항하
거나 거역하지 않고 하라는 대
로 복종하는 데가 있다. ¶그 젊
은이는 아버지의 말을 <u>직수굿하</u>
<u>게</u> 좇았다.

지시랑물 낙숫물. 참조 낙수물.

지어땡 짓고땡.

지어땡이 짓고땡.

지연시키다(遲延-) 지연하다. ※
사동의 뜻이 없으면 '-시키다'
로 쓰지 않는다. 참조 -시키다.

지오르다노(Giordano) 조르다노.
¶움베르토 <u>조르다노</u>(이탈리아
작곡가).

지옺 지읒. ※ 한글 자모 'ㅈ'의
이름은 '지읒'이다.

지우다 짓다. 활용 짓고. 짓는. 지
어. 지으니. ※ 다만, '없애거나
잊다', '사라지게 하다'의 뜻을 나

타내거나 '지다'의 사동형이면
'지우다'이다. ¶연결 <u>짓다</u>. / 미
소를 <u>지은</u> 얼굴. // 기억을 <u>지우</u>
<u>다</u>. / 화장을 <u>지우다</u>. / 남에게 책
임을 <u>지우지</u> 마라.

지음 즈음.

지웃 지읒. ※ 한글 자모 'ㅈ'의
이름은 '지읒'이다.

지이산(智異山) 지리산.

지적지적 추적추적.

지준률(支準率) 지준율. 참조 -률.

지지난달 참조 저지난달.

지지난밤 참조 저지난밤.

지지난번(-番) 참조 저지난번.

지지난해 참조 저지난해.

지지미[1] 지짐이.

지지미[2](縮み·ちぢみ) 쫄쫄이. 가
스사로 짠 면직물의 하나.

지지콜콜이 시시콜콜히.

지질이 지지리. ¶<u>지지리도</u> 못
난 녀석 / <u>지지리도</u> 재수 없는 날
이다.

지짐개 지짐이. 부침개.

지찔다 짓찔다.

지천구 지청구.

지키미 지킴이. ※ '지키는 사람'
을 뜻할 때는 '지키다'의 명사형
'지킴'에 접사 '-이'를 붙인다.

지탱시키다(支撑-)　지탱하다. ※ 사동의 뜻이 없으면 '-시키다'로 쓰지 않는다. 참조 -시키다.

지터박(jitterbug)　지르박.

지팽이　지팡이.

지푸래기　지푸라기.

지프라기　지푸라기.

지프차(jeep車)　지프.

직빵　직방(直放). 참조 즉방.

직열(職列·直列)　직렬.

직전년도(直前年度)　직전연도. ※ 합성어에서 뒷말의 첫 음절은 두음법칙에 따라 적는다.

직접거리다　집적거리다.

직효(直效)　즉효(卽效).

진검승부(眞劍勝負)　생사 겨루기(生死-). 정면대결(正面對決). ※ '진검승부'는 일본어투.

진구렁창　진구렁.

진구렁텅이　진구렁.

진누깨비　진눈깨비.

진눈개비　진눈깨비.

진도개(珍島-)　진돗개. ※ [진도깨·진돋깨]로 소리 나므로 사이시옷을 받쳐 적는다.

진득이　진드기. ※ 다만, '진득하게'를 뜻하는 부사는 '진득이'이

다.

진득히　진득이. 참조 진득이.

진디기　진드기.

진디물　진딧물. ※ [진딘물]로 'ㅁ' 앞에서 'ㄴ' 소리가 덧나므로 사이시옷을 받쳐 적는다.

진딘물　진딧물.

진력을 다하다(盡力-)　진력하다. 전력을 다하다(全力-). ※ '진력'은 '있는 힘을 다함'을 뜻하므로 '진력을 다하다'는 겹말이다.

진렬(陳列)　진열.

진리값(眞理-)　진릿값. ※ [질리깝·질릳깝]으로 소리 나므로 사이시옷을 받쳐 적는다.

진무르다　짓무르다. 활용 짓무르고. 짓물러. 짓무르니. ¶무릎에 난 상처가 짓물렀다.

진물르다　짓무르다. 참조 진무르다.

진배 없다　진배없다. ※ 한 낱말이므로 붙여 쓴다.

진새벽　어둑새벽.

진수렁　진창.

진심어리다(眞心-)　진심 어리다. ※ 한 낱말이 아니므로 띄어 쓴다. ¶진심 어린 충고.

진앙지(震央地)　진앙. ※ '진앙'

이 '지진의 진원 바로 위에 있는 지점'을 뜻하므로 '진앙지'는 겹말이다.

진양장단　진양조장단. 판소리 및 산조장단의 하나.

진위 여부(眞僞-)　진위. 진실 여부(眞實 與否). 허위 여부(虛僞 與否). 참조 여부.

진이기다　짓이기다. 활용 짓이기고. 짓이겨.

진작시키다(振作-)　진작하다. ※ 사동의 뜻이 없으면 '-시키다'로 쓰지 않는다. 참조 -시키다.

진작에　진작.

진저일(ginger ale)　진저에일.

진전(振顫)　⇨ 떨림(대한의사협회 권장용어).

진절이　진저리. ※ 다만, 속되게 말할 때는 '진절머리'로 적는다. ¶진저리를 치다. // 보수니 진보니 하는 소리만 들어도 진절머리가 난다.

진정코(眞正-)　진정.

진짜백이(眞-)　진짜배기.

진창　※ '진창'은 '땅이 질어서 질퍽질퍽하게 된 곳'을, '진탕'은 '싫증이 날 만큼 아주 많이'를 뜻한다. ¶길이 진창으로 변해 장화 없이는 못 가겠다. // 엊저녁에 술을 진탕 마셨다.

진창만창　진탕만탕.

진탕　참조 진창.

진학율(進學率)　진학률. 참조 -률.

진행시키다(進行-)　진행하다. ※ 사동의 뜻이 없으면 '-시키다'로 쓰지 않는다. 참조 -시키다.

질력나다　진력나다(盡力-).

질력내다　진력내다(盡力-).

질르다　지르다. 활용 지르고. 지르니. 지르면. 지르는. 지르지. 질러. ¶친구가 옆구리를 냅다 지르는 바람에 잠에서 깼다. / 선생님이 고함을 질러 아이들을 불러 모았다.

질머지다　짊어지다.

질으니　지니. ※ 어간이 'ㄹ' 받침으로 끝나는 용언의 어간에 붙는 어미는 '-니'이다. '-니'가 붙으면 'ㄹ'이 줄어든다.

질으면　질면. ※ 어간이 'ㄹ' 받침으로 끝나는 용언의 어간에 붙는 연결어미는 '-면'이다.

질은　진. ※ 어간이 'ㄹ' 받침으로 끝나는 용언의 어간에 붙는 어미는 '-ㄴ'이다. '-ㄴ'이 붙으면 'ㄹ'이 줄어든다.

질음 짊. ※ 어간이 'ㄹ' 받침으로 끝나는 용언의 명사형 어미는 '-ㅁ'이다. ¶비가 와 땅이 <u>짊</u>.

질팡갈팡 갈팡질팡.

짐 짊. ※다만, '지다'의 명사형은 '짐'이다. 참조 질음.

짐나지움(Gymnasium) 김나지움.

짐대 돛대.

짐스런 짐스러운. 참조 -스런.

짐작치(斟酌-) 짐작지. ※ '하다'로 끝나는 용언 가운데 '하' 앞의 음절이 'ㄱ, ㅂ, ㅅ' 받침으로 끝나는 낱말의 준말은 '하'가 아주 줄어든다. 즉, '간단하지'의 준말은 '하'의 'ㅏ'만 줄어들어 '간단치'가 되지만 '짐작하지'의 준말은 '하'가 모두 줄어들어 '짐작지'가 된다. ¶우리가 <u>짐작지</u>도 못한 일이 벌어졌다.

짐작컨대(斟酌-) 짐작건대. 참조 짐작치.

짐작키(斟酌-) 짐작기. 참조 짐작치.

집개 집게.

집귀(集句) 집구. ※ '句'는 '글귀', '귀글'을 제외하고는 모두 '구'로 읽는다.

집단패사 집단폐사(集團斃死).

집시랑물 낙숫물. 참조 낙수물.

집어 넣다 집어넣다. ※ 한 낱말이므로 붙여 쓴다.

집어뜯다 꼬집다.

집어 먹다 집어먹다. ※ 한 낱말이므로 붙여 쓴다.

집웅 지붕.

집자리 집터.

집중시키다(集中-) 집중하다. ※ 사동의 뜻이 없으면 '-시키다'로 쓰지 않는다. 참조 -시키다.

집중율(集中率) 집중률. 참조 -률.

집채 만한 파도(-派濤) 집채만 한 파도. ※ '만'은 보조사이므로 앞말에 붙여 쓴다. 참조 만.³

집치례 집치레.

짓고땡이 짓고땡.

짓꺼리다 지껄이다.

짓껄이다 지껄이다.

짓꽂다 짓궂다.

짓물다 짓무르다. 활용 짓무르고. 짓물러. 짓무르니. 짓무른. ¶무릎에 난 상처가 <u>짓물렀다</u>.

짓물르다 짓무르다. 참조 짓물다.

짓물린 짓무른. 참조 짓물다.

짓물은 짓무른. 참조 짓물다.

짓붉다 짙붉다.

짓적다 짓쩍다. 부끄러워 면목이

없다.

짓푸르다 짙푸르다.

징기스칸(Chingiz Khan) 칭기즈 칸. 몽골 제국의 제1 대 왕. 본명은 테무친.

짖궂다 짓궂다.

짖무르다 짓무르다. 참조 짓물다.

짖밟다 짓밟다.

짖이기다 짓이기다.

짙디 짙다 짙디짙다. ※ 한 낱말이므로 붙여 쓴다. 참조 −디.

짚(jeep) 지프. ※ 외래어 표기에서, 받침에는 'ㄱ, ㄴ, ㄹ, ㅁ, ㅂ, ㅅ, ㅇ'만 쓴다.

짚북더기 짚북데기.

짚새기 짚신.

짚세기 짚신.

짚시(Gipsy) 집시. ※ 외래어 표기에서, 받침에는 'ㄱ, ㄴ, ㄹ, ㅁ, ㅂ, ㅅ, ㅇ'만 쓴다.

짚차(jeep車) 지프. ※외래어 표기에서, 받침에는 'ㄱ, ㄴ, ㄹ, ㅁ, ㅂ, ㅅ, ㅇ'만 쓴다.

짚푸라기 지푸라기.

짜구 나다 자귀 나다. ※ '자귀'는 개나 돼지에게 생기는 병의 하나. 너무 많이 먹어 생기는 병으로, 개나 돼지가 이 병에 걸리면 배가 붓고 발목이 굽으면서 일어서지 못한다. ¶그렇게 먹어 쌓다간 <u>자귀 나기</u> 십상이다.

짜디 짜다 짜디짜다. 한 낱말이므로 붙여 쓴다. 참조 −디.

짜라투스트라(Zarathustra) 자라투스트라. ※ 외래어 표기에서, 일본어·중국어·베트남 어·태국 어의 일부 표기 외에는 된소리를 쓰지 않는다.

짜르(tsar') 차르. 제정 러시아의 황제의 칭호. ※ 외래어 표기에서, 일본어·중국어·베트남 어·태국어의 일부 표기 외에는 된소리를 쓰지 않는다.

짜르다 자르다. / 짧다.

짜부러지다 짜부라지다. ¶멀쩡하던 깡통도 아이들 발길질 몇 번이면 <u>짜부라지기</u> 일쑤다.

짜장면(←炸醬麵) =자장면. ※ 복수표준어.

짜증스런 짜증스러운. 참조 −스런.

짜집기 짜깁기.

짜투리 자투리.

짝 쪽. ¶이쪽. / 저쪽. / 한쪽.

짝궁 짝꿍.

짝다　작다.

짝달막하다　작달막하다.

짝대기　작대기.

짝수날(−數−)　짝숫날.　※ [짝순날]로 ‘ㄴ’ 앞에서 ‘ㄴ’ 소리가 덧나므로 사이시옷을 받쳐 적는다.

짝지우다　짝짓다.　활용 짝짓고. 짝지어. 짝지으니. 짝지으면.

짝지워　짝지어.　참조 짝지우다.

짝짜기　짝짝이.

짝짝꿍　짝짜꿍.

짝째기　짝짝이.

짠 맛　짠맛.　※ 한 낱말이므로 붙여 쓴다.

짠지국　짠짓국.　※ [짠지꾹·짠진꾹]으로 소리 나므로 사이시옷을 받쳐 적는다.

짤다랗다　짤따랗다.

짤리다　잘리다.

짤츠부르크(Salzburg)　잘츠부르크. 오스트리아 중북부의 주.　※ 독일어의 ‘−burg’는 ‘부르크’로 적는다.　🔍 2)

짧다랗다　짤따랗다.

짧막하다　짤막하다.

짬짬히　짬짬이.

짭잘하다　짭짤하다.

짱아찌　장아찌.

짱아치　장아찌.

째각째각　재깍재깍.　‘재까닥재까닥’의 준말.

째다　참조 찡기다.

째즈　재즈(jazz).　🔍 2)

째째하다　쩨쩨하다.

잭나이프(jack knife)　잭나이프.　🔍 2)

쨀끔　짤끔.

쨀끔쨀끔　짤끔짤끔.

쨈(jam)　잼.　🔍 2)

쨋쨋하다　짯짯하다. 성미가 딱딱하고 깔깔하다.

쨍알거리다　짱알거리다.

쨍알쨍알　짱알짱알.

쩐　전.　참조 쩔다.

쩔다　절다.　활용 절고. 절며. 절어. 저니. 전.　¶술에 전 생활에서 벗어나지 못하였으니 간이 성할 리 없다. / 옷이 기름에 절어 반질반질하다.

쩔은　전.　참조 쩔다.

🔍 2) 외래어 표기에서, 일본어·중국어·베트남 어·태국어의 일부 표기 외에는 된소리를 쓰지 않는다.

쪼각　조각.

쪼구리다　쪼그리다.　활용 쪼그려. 쪼그리고. 쪼그리니.

쪼그러들다　쪼그라들다.

쪼그만하다　쪼그마하다. 쪼그많다.　활용 쪼그마하고(쪼그많고). 쪼그마하니(쪼그마니). 쪼그마해(쪼그매).

쪼글아들다　쪼그라들다.

쪼깨　조금.

쪼꼬마하다　쪼그마하다.

쪼꼬만하다　쪼그마하다.

쪼달리다　쪼들리다.

쪼로록　쪼르륵.

쪼로록쪼로록　쪼르륵쪼르륵.

쪼매　조금.

쪼맨하다　조그마하다. 조그많다.

쪼무래기　조무래기.

쪽도리　족두리.

쪽두리　족두리.

쪽바리　쪽발이.

쪽밤　쌍동밤.

쪽제비　족제비.

쪽진 머리　쪽 찐 머리. ※ '머리카락을 뒤통수 아래에 틀어 올리고 비녀를 꽂다'의 뜻을 나타내는 말은 '찌다'이다.

쪽집개　족집게.

쪽집게　족집게.

쫄개　졸개(卒ー).

쫄따구　졸개(卒ー).

쫄병　졸병(卒兵).

쫌보(ー甫)　졸보(拙甫). 재주도 없고 졸망하게 생긴 사람을 낮잡아 이르는 말.

쫒다　참조 좇다.

쫒아 가다　쫓아가다. ※ 한 낱말이므로 붙여 쓴다.

쫒아 내다　쫓아내다. ※ 한 낱말이므로 붙여 쓴다.

쫒아 다니다　쫓아다니다. ※ 한 낱말이므로 붙여 쓴다.

쬐께　쪼끔. 조금.

쬐끄많다　쪼끄많다. '쪼끄마하다'의 준말.　활용 쪼끄많고. 쪼끄많지만. 쪼끄많소. 쪼끄마니. 쪼끄매. 쪼끄만.

쬐끔　쪼끔.

쬐이다　쪼이다. 쬐다.　활용 쪼이고(쬐고). 쪼이어(쪼여·쬐어·쫴). 쪼이면(쬐면).

쭈구리다　쭈그리다.

쭈그라들다　쭈그러들다.

쭈그랑　쭈그렁.

쭈그랑이　쭈그렁이.

쭈글어들다　쭈그러들다.

쭈꾸미　주꾸미.

쭈루룩　쭈르륵.

쭈루룩쭈루룩　쭈르륵쭈르륵.

쭉쟁이　쭉정이.

쭉지　죽지. ¶날갯<u>죽지</u>. / 어깻<u>죽</u><u>지</u>.

쭉지뼈　죽지뼈. 어깨뼈.

쮜리히(Zürich)　취리히. 스위스 북부의 도시. 🔍 2)

–쯤　※ ‘정도’의 뜻을 나타내면 접미사이므로 앞말에 붙여 쓴다. ¶9시쯤. / 내일쯤. / 그쯤. / 얼마쯤. / 중간쯤.

찌게　찌개. ¶김치<u>찌개</u>. / 된장<u>찌</u><u>개</u>. / 두부<u>찌개</u>.

찌글어뜨리다　찌그러뜨리다.

찌글어지다　찌그러지다.

찌꺽지　찌꺼기.

찌끄러기　찌꺼기.

찌끄레기　찌꺼기.

찌들리다　찌들다.

찌들은　찌든. ※ 어간이 ‘ㄹ’ 받침으로 끝나는 용언의 어간에 붙는 어미는 ‘–ㄴ’이다. ‘–ㄴ’이 붙으면 ‘ㄹ’이 줄어든다.

찌들음　찌듦. ※ 어간이 ‘ㄹ’ 받침으로 끝나는 용언의 명사형 어미는 ‘–ㅁ’이다. ¶가난에 <u>찌듦</u>.

찌듬　찌듦. 참조 찌들음.

찌라시(散らし·ちらし)　광고지. 전단. 선전지.

찌렁찌렁　쩌렁쩌렁.

찌르러기　찌르레기.

찌부리다　찌푸리다.

찌뿌드하다　찌뿌드드하다. 찌뿌둥하다. 찌뿌듯하다.

찌뿌득하다　찌뿌드드하다. 찌뿌둥하다. 찌뿌듯하다.

찌뿌등하다　찌뿌드드하다. 찌뿌둥하다. 찌뿌듯하다.

찌뿌리다　찌푸리다.

찌질하다　지질하다.

찌찌(←乳·ちち)　젖.

찌프리다　찌푸리다.

찍접거리다　집적거리다. 찝쩍거리다.

찐덕거리다　찐득거리다.

찐드기　진드기.

찐빠(跛·ちんば)　절름발이. 짝짝이. ※ 제대로 되지 않은 일이나

🔍 2) 외래어 표기에서, 일본어·중국어·베트남 어·태국어의 일부 표기 외에는 된소리를 쓰지 않는다.

사물, 사람을 속되게 표현할 때 쓰기도 하는데 '절름발이'든, '짝짝이'든 장애인을 비하하는 표현이므로 삼가야 한다. 참조 파행.

찐하다 진하다(津－). ※ 다만, '안타깝게 뉘우쳐져 마음이 언짢고 아프다'를 뜻하는 말은 '찐하다'이다.

찔르다 찌르다. 활용 찌르고. 찌르니. 찌르면. 찌르는. 찌르지. 찔러. ¶ 날이 추워지자 모두들 호주머니에 손을 찌르고 걸었다. / 그는 찔러도 피 한 방울 안 나올 사람이다.

찝게 집게.

찝적거리다 집적거리다. 찝쩍거리다.

찝질하다 찝찔하다.

찝차(jeep車) 지프.

찡겨 앉다 끼어 앉다. 참조 찡기다.

찡글이다 찡그리다.

찡기다 ※ '**찡기다**'는 '팽팽하게 켕기지 못하고 구겨서 쭈글쭈글하게 되다. 또는 그렇게 하다'를 뜻하며, '**째다**'는 '옷이나 신 따위가 몸이나 발에 조금 작은 듯하다'를 뜻한다. ¶ 얼굴을 찡기다. // 새로 산 신발이 너무 째서 불편하다.

찢기우는 찢기는. 참조 찢기우다.

찢기우다 찢기다. 활용 찢기고. 찢기는. 찢기니. 찢기어(찢겨). 찢긴.

찢기운 찢긴. 참조 찢기우다.

ㅈ

차가와　차가워. ※ 'ㅂ불규칙용언'은 '곱다', '돕다'를 제외하고는 모두 '-워'로 활용한다. 참조 차가웁다.

차가웁다　차갑다. 활용 차갑고. 차갑지. 차가운. 차가우니. 차가워.

차가웁지　차갑지. 참조 차가웁다.

차간(車間)　찻간. ※ 한자어에는 사이시옷을 받치지 않는 것이 원칙이지만 '곳간(庫間)', '셋방(貰房)', '숫자(數字)', '찻간(車間)', '툇간(退間)', '횟수(回數)'에는 사이시옷을 받쳐 적는다.

차겁다　차갑다. 참조 차가웁다.

차고 앉다　차고앉다. ※ 한 낱말이므로 붙여 쓴다. ¶한 자리 차고앉으려고 여기저기 쑤시고 다닌다.

차근이　차근히.

차길(車-)　찻길. ※ [차낄·찬낄]

로 소리 나므로 사이시옷을 받쳐 적는다.

차단시키다(遮斷-)　차단하다. ※ 사동의 뜻이 없으면 '-시키다'로 쓰지 않는다. 참조 -시키다.

차돌바기　차돌박이. 참조 -박이.

차돌배기　차돌박이. 참조 -박이.

차디 차다　차디차다. ※ 한 낱말이므로 붙여 쓴다. 참조 -디.

차띠기(車-)　차떼기. ¶동네 주민들이 배추를 차떼기로 싸게사 필요한 만큼씩 나눴다.

차림세　차림새.

차물(茶-)　찻물. ※ [찬물]로 'ㅁ' 앞에서 'ㄴ' 소리가 덧나므로 사이시옷을 받쳐 적는다.

차방(茶房)　찻방. ※ [차빵·찬빵]으로 소리 나므로 사이시옷을 받쳐 적는다. '차(茶)'는 한자어이나 고유어처럼 인식되므로 뒷소리가 된소리로 나거나 'ㄴ' 소리가 덧나면 사이시옷을 받쳐 적는다.

차분이 차분히.

차비(差備) 채비. ¶출근 채비. / 겨울 채비.

차삯(車-) 찻삯. ※ [차싹·찻싹]으로 소리 나므로 사이시옷을 받쳐 적는다.

차상(茶床) 찻상. ※ [차쌍·찻쌍]으로 소리 나므로 사이시옷을 받쳐 적는다. 참조 차방.

차수수 찰수수.

차숟가락(茶-) 찻숟가락. ※ [차쑫까락·찻쑫가락]으로 소리 나므로 사이시옷을 받쳐 적는다.

차숟갈(茶-) 찻숟갈. ※ [차쑫깔·찻쑫깔]로 소리 나므로 사이시옷을 받쳐 적는다.

차압(差押) 압류(押留). ※ '차압'은 일본어투.

차이코프스키 차이콥스키(Chaikovskii). ¶표트르 일리치 차이콥스키(러시아 작곡가).

차입(差入) 넣어 줌. 옥바라지. ※ '차입'은 일본어투.

차입쌀 찹쌀.

차잇점(差異點) 차이점. ※ 한자어는 두 음절로 된 '곳간(庫間)', '셋방(貰房)', '숫자(數字)', '찻간(車間)', '툇간(退間)', '횟수(回數)' 외에는 사이시옷을 받치지 않는다.

차잎(茶-) 찻잎. ※ [찬닙]으로 'ㄴ' 소리가 덧나므로 사이시옷을 받쳐 적는다.

차잔(茶盞) 찻잔. ※ [차짠·찬짠]으로 소리 나므로 사이시옷을 받쳐 적는다. 참조 차방.

차장[1](茶欌) 찻장. ※ [차짱·찬짱]으로 소리 나므로 사이시옷을 받쳐 적는다. 참조 차방.

차장[2](車掌) 승무원. ※ '차장'은 일본어투.

차종(茶鍾) 찻종. 차를 따라 마시는 종지. ※ [차쫑·찬쫑]으로 소리 나므로 사이시옷을 받쳐 적는다. 참조 차방.

차주전자(茶酒煎子) 찻주전자. ※ [차쭈전자·찬쭈전자]로 소리 나므로 사이시옷을 받쳐 적는다. 참조 차방.

차집(茶-) 찻집. ※ [차찝·찬찝]으로 소리 나므로 사이시옷을 받쳐 적는다. 참조 차방.

차출(差出) 뽑아냄. ※ '차출'은 일본어투.

착고(着錮) 차꼬. 예전에 죄수를

가두어 둘 때 쓰던 형구(刑具).

착실이(着實-) 착실히.

착찹하다 착잡하다(錯雜-).

찬꺼리(饌-) 찬거리.

찬땀 식은땀.

찬란이(燦爛-) 찬란히.

찬반 여부(贊反 與否) 찬반. 찬성 여부. 반대 여부. 참조 여부.

찬성율(贊成率) 찬성률. 참조 -률.

찬찬이 찬찬히.

찰떡 같다 찰떡같다. ※ '정이나 믿음 따위가 매우 긴밀함'을 뜻할 때는 한 낱말이므로 붙여 쓴다. ¶그 친구들은 <u>찰떡같이</u> 늘 붙어 다닌다. / <u>찰떡같이</u> 쫄깃쫄 깃하구나.

찰라 찰나(刹那). ※ '那'는 '어찌 나'.

찰조 차조.

찰지다 차지다. ¶반죽이 너무 <u>차져서</u> 송편 빚기가 힘들다.

찰편 찰떡.

참가(參加) ※ '**참가**'는 '모임이나 단체 또는 일에 관계하여 들어 감'을, '**참석**(參席)'은 '모임이나 회의 따위의 자리에 참여함'을, '**참여**(參與)'는 '어떤 일에 끼어들 어 관계함'을 뜻한다. ¶전원 <u>참</u>

가. / <u>참가</u>에 의의가 있다. // <u>참석</u> 인원. / 선약이 있어서 그 행사에 는 <u>참석</u>하기 어렵다. // 현실 참 여. / 홍보 부족으로 시민의 <u>참여</u> 가 적었다.

참고 삼다(參考-) 참고삼다. ※ 한 낱말이므로 붙여 쓴다. ¶<u>참 고삼아</u> 말씀드리겠습니다.

참깨박(-粕) 참깻묵.

참다랗다 참따랗다. 딴생각 없이 아주 진실하고 올바르다.

참다랭이 참다랑어(-魚).

참다 못하다 참다못하다. ※ 한 낱말이므로 붙여 쓴다. 활용 참 다못한. 참다못해. ¶<u>참다못한</u> 선생님이 회초리를 들었다. / 조 롱을 <u>참다못해</u> 그만 주먹을 내 지르고 말았다.

참스런 참스러운. 참조 -스런.

참아 차마. ※ 다만, '참다'의 활 용형은 '참아'이다. ¶<u>차마</u> 거절 할 수 없었다. // 화가 나더라도 <u>참아</u> 주세요.

창 챙. ¶모자챙.

창경원(昌慶苑) 창경궁(昌慶宮). ※ 일제 강점기에, 창경궁 안에 동·식물원을 만들면서 불렀던 이름. 창경궁의 격을 낮추기 위한 일제의 책략이었던 것으로 보아 1983년에 동·식물원을 서울대공원으로 옮기고 다시 '창경궁'으로 고쳤다.

창 넘어(窓-) 창 너머. ※ 다만, 창을 넘는 행동을 나타낼 때는 '창 넘어'로 쓸 수 있다. ¶<u>창 너머</u>로 푸른 하늘이 내다보인다.// 지난밤 담 넘어, <u>창 넘어</u> 들어온 녀석이 누구냐?

창능(昌陵) 창릉. 경기 고양시 용두동에 있는 조선 예종과 계비 안순왕후의 능. 참조 -능. 서오능.

창란 창난. ※ 명태의 창자이므로 '알[卵]'과는 관련 없는 말이다.

창란젓 창난젓. 참조 창란.

창폿물(菖蒲-) 창포물.

창피스런(猖披-) 창피스러운. 참조 -스런.

찾아 내다 찾아내다. ※ 한 낱말이므로 붙여 쓴다.

찾아 다니다 찾아다니다. ※ 한 낱말이므로 붙여 쓴다.

찾아댕기다 찾아다니다. 참조 당기다.

찾아 보다 찾아보다. ※ 한 낱말

이므로 붙여 쓴다.

찾아뵈야 찾아뵈어야. 찾아봬야.

-채 -째. ¶그릇째. / 껍질째. / 박스째. / 통째.

채곡채곡 차곡차곡.

채국 챗국. 무, 오이 따위의 채로 끓인 국. ※ [채:꾹·챈:꾹]으로 소리 나므로 사이시옷을 받쳐 적는다.

채굴양(採掘量) 채굴량. 참조 량.

채리다 차리다.

채림새 차림새.

채숭아 채송화.

채신머리 없다 채신머리없다. ※ 한 낱말이므로 붙여 쓴다.

채신 없다 채신없다. ※ 한 낱말이므로 붙여 쓴다.

채양 차양(遮陽). 햇볕을 가리거나 비가 들이치는 것을 막기 위하여 처마 끝에 덧붙이는 좁은 지붕. / 모자 끝에 대서 햇볕을 가리는 부분.

채이다 차이다. 채다. 활용 차이고(채고). 차이면(채면). 차여(채어). ¶걷어 <u>차였다</u>. / 걷어 <u>채었다</u>.

채쭉 채찍.

채취양(採取量) 채취량. 참조 량.

책갈피(冊−) 갈피표. 보람줄. 서표(書標). ※ 다만, ‘책장과 책장 사이’를 뜻하는 말은 ‘책갈피’이다. 표준국어대사전에서는 ‘책갈피’를 ‘갈피표’의 뜻으로 인정하고 있다.

책걸이(冊−) 책거리. 책씻이.

책덮개(冊−) 책가위. 책의 겉장을 종이, 비닐 따위로 덧씌우는 일, 또는 그런 물건.

책바침(冊−) 책받침.

책임양(責任量) 책임량. 참조 량.

챈스(chance) 찬스.

챔버(chamber) 체임버. ¶런던 체임버 오케스트라.

챔피온(champion) 챔피언.

챗바퀴 쳇바퀴. ¶다람쥐 쳇바퀴 돌듯.

챙알거리다 창알거리다.

챙피하다 창피하다.

챠밍(charming) 차밍. ※ 외래어에서 ‘ㅈ, ㅊ’ 다음에는 ‘ㅑ, ㅕ, ㅛ, ㅠ’ 같은 이중 모음을 표기하지 않는다.

챠트(chart) 차트. ※ 외래어에서 ‘ㅈ, ㅊ’ 다음에는 ‘ㅑ, ㅕ, ㅛ, ㅠ’ 같은 이중 모음을 표기하지 않는다.

처가집(妻家−) 처가. 처갓집. ※ [처가찝·처갇찝]으로 소리 나므로 사이시옷을 받쳐 적는다.

처 넣다 처넣다. ※ 한 낱말이므로 붙여 쓴다.

처녀림(處女林) 원시림(原始林). ※ ‘처녀−’는 성차별 요소가 있는 말이다.

처다보다 쳐다보다.

처들다 쳐들다.

처들어가다 쳐들어가다.

처들어오다 쳐들어오다.

처량스런(凄凉−) 처량스러운. 참조 −스런.

처량이(凄凉−) 처량히.

처럼 ※ 조사이므로 항상 앞말에 붙여 쓴다. 조사가 둘 이상 겹쳐도 마찬가지다. ¶집에서처럼.

처부수다 쳐부수다.

처참이(悽惨−) 처참히.

처형시키다(處刑−) 처형하다. ※ 사동의 뜻이 없으면 ‘−시키다’로 쓰지 않는다. 참조 −시키다.

천덕스런(賤−) 천덕스러운. 품격이 낮고 야비한 느낌이 있는. 참조 −스런.

천도제(遷度祭) 천도재(遷度齋).

※ 성대한 불공이나 죽은 이를 천도하는 법회는 '재(齋)'이다.

천릿길(千里-)　천 리 길. ※ 한 낱말이 아니므로 띄어 쓴다.

천만에 말씀(千萬-)　천만의 말씀. ※ 다만, '전혀 그렇지 않다', '전혀 그럴 수 없다'라는 뜻으로 남의 말을 부정하거나 남의 말에 겸양의 뜻을 나타는 감탄사는 '천만에'이다.

천상　천생(天生). 하늘로부터 타고남, 또는 그런 바탕./타고난 것처럼 아주. 이미 정하여진 것처럼 어쩔 수 없이. ¶그 처녀는 천생이 얌전하다. / 천생 여자처럼 생겼다. / 버스가 이미 끊어졌으니 천생 걸어가야 한다.

천석군(千石-)　천석꾼. ※ '어떤 사물이나 특성을 많이 가진 사람'의 뜻을 더하는 접미사는 '-꾼'이다.

천연덕스런(天然-)　천연덕스러운. 참조 -스런.

천연스런(天然-)　천연스러운. 참조 -스런.

천인공로(天人共怒)　천인공노.

천일야화(千一夜話)　＝아라비안나이트. ※ 한자를 '千日夜話'로

쓰지 않도록 주의해야 한다.

천장부지　천정부지(天井不知).

천정(天井)　천장(天障). ※ 다만, '**천정부지**(天井不知)'는 표준어이다.

천진(天津)　텐진. 중국 북부에 있는 중앙 직할시.

천진스런(天眞-)　천진스러운. 참조 -스런.

천평(天平)　천칭(天秤). 저울의 하나.

철닥서니　철딱서니.

철들은　철든. ※ 어간이 'ㄹ' 받침으로 끝나는 용언의 어간에 붙는 어미는 '-ㄴ'이다. '-ㄴ'이 붙으면 'ㄹ'이 줄어든다.

철때기　철따구니.

철뚝길(鐵-)　철둑길.

철색(鐵索)　철삭. 쇠밧줄. ※ '索'은 '동아줄 삭'.

철석 같다(鐵石-)　철석같다. ※ 한 낱말이므로 붙여 쓴다. ¶그 사람 말을 철석같이 믿었다.

철수시키다(撤收-)　철수하다. ※ 사동의 뜻이 없으면 '-시키다'로 쓰지 않는다. 참조 -시키다.

철썩 같다　철석같다(鐵石-). 참조

철석 같다.

철재(鐵材) ※ '**철재**'는 '철로 된 재료'를 뜻하며, '**철제**(鐵製)'는 '쇠로 만듦, 또는 그런 물건'을 뜻한다. ¶철재가 부족하여 공사가 늦어지고 있다. ∥그 집 금고는 철제였다. 철제 의자.

철저이(徹底−) 철저히.

철제(鐵製) 참조 철재.

철죽 철쭉.

철회시키다(撤回−) 철회하다. ※ 사동의 뜻이 없으면 '−시키다'로 쓰지 않는다. 참조 −시키다.

첨가시키다(添加−) 첨가하다. ※ 사동의 뜻이 없으면 '−시키다'로 쓰지 않는다. 참조 −시키다.

첨가양(添加量) 첨가량. 참조 량.

첩첩히(疊疊−) 첩첩이.

첫 가을 첫가을. ※ 한 낱말이므로 붙여 쓴다.

첫 걸음 첫걸음. ※ 한 낱말이므로 붙여 쓴다.

첫 겨울 첫겨울. ※ 한 낱말이므로 붙여 쓴다.

첫 길 첫길. ※ 한 낱말이므로 붙여 쓴다.

첫끝 첫머리.

첫 나들이 첫나들이. ※ 한 낱말이므로 붙여 쓴다.

첫 날 첫날. ※ 한 낱말이므로 붙여 쓴다.

첫날 밤 첫날밤. ※ '신랑 신부가 처음으로 함께 자는 밤'을 뜻하면 한 낱말이므로 붙여 쓴다.

첫 눈 첫눈. ※ 한 낱말이므로 붙여 쓴다.

첫 닭 첫닭. ※ 한 낱말이므로 붙여 쓴다.

첫 대목 첫대목. ※ 한 낱말이므로 붙여 쓴다.

첫 더위 첫더위. ※ 한 낱말이므로 붙여 쓴다.

첫 돌 첫돌. ※ 한 낱말이므로 붙여 쓴다.

첫돐 첫돌.

첫 딱지 첫딱지. ※ 한 낱말이므로 붙여 쓴다.

첫 딸 첫딸. 한 낱말이므로 붙여 쓴다.

첫 마디 첫마디. 한 낱말이므로 붙여 쓴다.

첫 말 첫말. ※ 한 낱말이므로 붙여 쓴다.

첫 맛 첫맛. ※ 한 낱말이므로 붙여 쓴다.

첫 머리 첫머리. ※ 한 낱말이므

로 붙여 쓴다.

첫 물[1] 첫물. ※ 한 낱말이므로 붙여 쓴다. 참조 첫물[2].

첫물[2] 맏물. 과일, 푸성귀, 해산물 따위에서 그해 맨 처음으로 나는 것. ※ 다만, '그해에 처음 난 홍수', '옷을 새로 지어 입고 처음 빨 때까지의 동안'을 뜻할 때는 '첫물'이다.

첫 발 첫발. ※ 한 낱말이므로 붙여 쓴다.

첫 배 첫배. 짐승이 새끼를 낳거나 까는 첫째 번 또는 그 새끼. ※ 한 낱말이므로 붙여 쓴다.

첫 봄 첫봄. ※ 한 낱말이므로 붙여 쓴다.

첫 사랑 첫사랑. ※ 한 낱말이므로 붙여 쓴다.

첫 새벽 첫새벽. ※ 한 낱말이므로 붙여 쓴다.

첫 서리 첫서리. ※ 한 낱말이므로 붙여 쓴다.

첫 선 첫선. ※ 한 낱말이므로 붙여 쓴다.

첫 손 첫손. 여럿 가운데 가장 뛰어난 대상. ※ 한 낱말이므로 붙여 쓴다. ¶첫손을 꼽다.

첫 손가락 첫손가락. 한 낱말이므로 붙여 쓴다.

첫 솜씨 첫솜씨. ※ 한 낱말이므로 붙여 쓴다.

첫 술 첫술. ※ 한 낱말이므로 붙여 쓴다.

첫 아기 첫아기. ※ 한 낱말이므로 붙여 쓴다.

첫 아들 첫아들. ※ 한 낱말이므로 붙여 쓴다.

첫 아이 첫아이. ※ 한 낱말이므로 붙여 쓴다.

첫 얼음 첫얼음. ※ 한 낱말이므로 붙여 쓴다.

첫 여름 첫여름. ※ 한 낱말이므로 붙여 쓴다.

첫 울음 첫울음. ※ 한 낱말이므로 붙여 쓴다.

첫 이레 첫이레. 아이가 태어난 지 이레가 되는 날. ※ 한 낱말이므로 붙여 쓴다.

첫 인사(-人事) 첫인사. ※ 한 낱말이므로 붙여 쓴다.

첫 인사말(-人事-) 첫인사말. ※ 한 낱말이므로 붙여 쓴다.

첫 인상(-印象) 첫인상. ※ 한 낱말이므로 붙여 쓴다.

첫 입 첫입. ※ 한 낱말이므로 붙여 쓴다.

첫 자리　첫자리. ※ 한 낱말이므로 붙여 쓴다.

첫 째　첫째. ※ 한 낱말이므로 붙여 쓴다.

첫째 가다　첫째가다. ※ 한 낱말이므로 붙여 쓴다.

첫 차(−車)　첫차. ※ 한 낱말이므로 붙여 쓴다.

첫 추위　첫추위. ※ 한 낱말이므로 붙여 쓴다.

첫 출발(−出發)　첫출발. ※ 한 낱말이므로 붙여 쓴다.

첫 판　첫판. ※ 한 낱말이므로 붙여 쓴다.

첫 해　첫해. ※ 한 낱말이므로 붙여 쓴다.

청결이(淸潔−)　청결히.

청녹색(靑綠色)　청록색.

청료리(淸料理)　청요리. ※ 접두어처럼 쓰이는 한자 다음의 첫 음절은 두음법칙에 따라 적는다.

청설모(← 靑鼠毛)　청서(靑鼠). 다람쥐의 한 종류. ※ '청설모'는 '청서의 털'로서 붓 따위를 만드는 데 쓰인다. 표준국어대사전에서는 '청설모'를 '청서'의 뜻으로 인정하고 있다. '鼠'는 '쥐 서'.

청솔모　청설모. 참조 청설모.

청승스런　청승스러운. 참조 −스런.

청용(靑龍)　청룡.

청육장　청국장(淸麴醬).

청자 빛(靑磁−)　청잣빛. ※ [청자삗·청잗삗]으로 소리 나므로 사이시옷을 받쳐 적는다.

청직이(廳−)　청지기.

청차좁쌀(淸−)　생동쌀. 차조의 하나인 생동찰의 알맹이.

청컨데(請−)　청컨대. 청하건대.

청파리(靑−)　금파리(金−). 검정파릿과의 곤충.

청해성(靑海省)　칭하이 성. 중국 서부, 티베트 고원 동북쪽에 있는 성. 성도는 시닝(西寧).

체감율(體感率)　체감률. 참조 −률.

체다치즈(Cheddar cheese)　체더치즈. 영국 서머싯 주 체더 마을에서 나는 치즈.

체리 피커(cherry picker)　말터 금융암체족(金融−族). 카드 업계에서 현금 서비스와 신용 구매는 이용하지 않으면서 각종 할인·무료 서비스만 꼬박꼬박 챙겨 가는 사람.

체면 불구(體面不拘)　체면 불고

(體面不顧). 참조 불구.

체바퀴　쳇바퀴. ※ [체빠퀴 · 첻빠퀴]로 소리 나므로 사이시옷을 받쳐 적는다.

체신머리사납다　채신머리사납다.

체신머리없다　채신머리없다.

체신없다　채신없다.

체장　췌장(膵臟). 이자(胰子). ¶췌장암. ※ ‘膵’는 ‘췌장 췌’.

체적(體積)　부피. ※ ‘체적’은 일본 어투.

체제하다　체재하다(滯在−). 객지에 가서 머물러 있다.

체탈도첩　치탈도첩(褫奪度牒). 승려의 신분증명서인 도첩을 빼앗는 일. ※ ‘褫’는 ‘빼앗을 치’.

쳐넣다　처넣다.

쳐다 보다　쳐다보다. ※ 한 낱말이므로 붙여 쓴다. ‘쳐다보다’는 ‘위를 향하여 보다’를 뜻하므로 ‘아래’나 ‘밑’을 뜻하는 낱말과는 어울릴 수 없다. ¶닭 쫓던 개 지붕 쳐다보듯. // 다리 위에서 흐르는 강물을 내려다봤다.

쳐마시다　처마시다. ※ ‘마구’, ‘많이’를 나타내는 접두사는 ‘처−’이다.

쳐먹다　처먹다. ※ ‘마구’, ‘많이’를 나타내는 접두사는 ‘처−’이다.

쳐박다　처박다. ※ ‘마구’, ‘많이’를 나타내는 접두사는 ‘처−’이다.

쳐박히다　처박히다. ※ ‘마구’, ‘많이’를 나타내는 접두사는 ‘처−’이다.

쳐부시다　쳐부수다.

쳐지다　처지다. ※ 다만, ‘치다’의 피동형은 ‘쳐지다’이다. ¶성적이 처질수록 마음을 다잡고 더욱 노력했다. // 떡은 잘 쳐질수록 쫄깃쫄깃해진다.

초가삼칸　초가삼간(草家三間).

초고초장(醋−醬)　초고추장.

초과양　초과량(超過量). 참조 량.

초국(醋−)　촛국. 초를 친 냉국. ※ [초꾹 · 촌꾹]으로 소리 나므로 사이시옷을 받쳐 적는다. ¶오이촛국. / 미역촛국.

초기값(初期−)　초깃값.

초나흘날(初−)　초나흗날.

초내기(初−)　신출내기(新出−).

초댓장(招待狀)　초대장. ※ 한자어는 두 음절로 된 ‘곳간(庫間)’, ‘셋방(貰房)’, ‘숫자(數字)’, ‘찻간(車

間)’, ‘툇간(退間)’, ‘횟수(回數)’ 외에는 사이시옷을 받치지 않는다.

초두부(－豆腐) 순두부.

초록 빛(草綠－) 초록빛. ※ 한 낱말이므로 붙여 쓴다.

초매기(初－) 초막이. 처마 서까래나 부연 끝에 걸치는 평고대.

초사흘날(初－) 초사흗날.

초생달(初生－) 초승달.

초수대엽(初數大葉) 초삭대엽. 국악 남창(男唱) 가곡 곡조의 하나. ※ ‘數’는 ‘자주 삭’.

초싹거리다 촐싹거리다.

초이틀날(初－) 초이튿날.

초조이(焦燥－) 초조히.

초죽음 초주검. 참조 반주검.

초즙(醋汁) 초고추장(醋－醬).

초체하다 초췌하다(憔悴－). ¶집 나간 지 겨우 며칠 만에 초췌한 모습으로 돌아왔다.

초코렛(chocolate) 초콜릿.

초코렐(chocolate) 초콜릿. ※ 외래어 표기에서, 받침에는 ‘ㄱ, ㄴ, ㄹ, ㅁ, ㅂ, ㅅ, ㅇ’만 쓴다.

초콜렛(chocolate) 초콜릿.

초토(焦土) ※ 자연재해를 당하면 흔히 ‘○○지역이 초토화됐다’처럼 표현한다. ‘초(焦)’는 ‘그

을리다’라는 뜻이다. 따라서 홍수나 태풍 등 불과 관련 없는 재해를 당한 곳을 ‘초토화됐다’라는 식으로 표현해서는 안 된다. 화재·전쟁 등 불과 관련된 재해로 잿더미가 된 현상을 나타낼 때, 또는 그런 것에 비유할 수 있는 상황이나 사회현상을 표현할 때 쓴다. 불과 관련 없이 쓰인 ‘초토’는 ‘쑥대밭’, ‘폐허’ 같은 말로 나타낼 수 있다. ¶2005년 산불로 낙산사 일대가 초토화되었다. / 그 부서는 비리에 연루되는 바람에 초토화됐다.

초토화시키다(焦土化－) 초토화하다. ※ 사동의 뜻이 없으면 ‘－시키다’로 쓰지 않는다. 참조 －시키다.

초팔일(初八日) 초파일.

초피가루 조핏가루.

초하루날(初－) 초하룻날. ※ [초하룬날]로 ‘ㄴ’ 앞에서 ‘ㄴ’ 소리가 덧나므로 사이시옷을 받쳐 적는다.

촉진시키다(促進－) 촉진하다. ※ 사동의 뜻이 없으면 ‘－시키다’로 쓰지 않는다. 참조 －시키다.

촉촉히 촉촉이.

촌떼기(村−)　촌뜨기.

촌띠기(村−)　촌뜨기.

촘촘이　촘촘히.

촛대뼈　종아리뼈.

촛물　촛농(−膿).

촛병(醋瓶)　초병. ※ 한자어는 두 음절로 된 '곳간(庫間)', '셋방(貰房)', '숫자(數字)', '찻간(車間)', '툇간(退間)', '횟수(回數)' 외에는 사이시옷을 받치지 않는다.

촛점(焦點)　초점. ※ 한자어는 두 음절로 된 '곳간(庫間)', '셋방(貰房)', '숫자(數字)', '찻간(車間)', '툇간(退間)', '횟수(回數)' 외에는 사이시옷을 받치지 않는다.

총각무우(總角−)　총각무.

총각미역(總角−)　꼭지미역. 한 줌 안에 들어올 만큼을 모아서 잡아맨 미역.

총렬(銃−)　총열.

총류탄(銃榴彈)　총유탄. ※ 접두어처럼 쓰이는 한자 다음의 첫 음절은 두음법칙에 따라 적는다.

총뿌리(銃−)　총부리.

총재비(銃−)　총잡이.

총잽이(銃−)　총잡이.

총총이(叢叢−·悤悤−·蔥蔥−)　총총히.

총총하다　촘촘하다. ※ 다만, '별빛이 또렷또렷한 모양', '발걸음이 재게 바삐 걷는 모양', '몹시 급하고 바쁜 모양'을 뜻하는 말은 '총총하다'이다.

최대값(最大−)　최댓값. ※ [최ː대깝·췌ː댇깝으로 소리 나므로 사이시옷을 받쳐 적는다.

최대양(最大量)　최대량. 참조 량.

최대화시키다(最大化−)　최대화하다. ※ 사동의 뜻이 없으면 '−시키다'로 쓰지 않는다. 참조 −시키다. ¶효과를 <u>최대화하기</u> 위한 방법을 찾아보자.

최류탄　최루탄(催淚彈). ※ '淚'는 '눈물 루'.

최소값(最小−)　최솟값. ※ [최ː소깝·췌ː솓깝으로 소리 나므로 사이시옷을 받쳐 적는다.

최소양　최소량(最少量). 참조 량.

최소화시키다(最少化−·最小化−)　최소화하다. ※ 사동의 뜻이 없으면 '−시키다'로 쓰지 않는다. 참조 −시키다. ¶부작용을 <u>최소화하기</u> 위한 방안을 마련했다. / 기능은 최대화하고 크기는 <u>최소화한</u> 혁신적인 노트북컴퓨터가 나왔다.

최저값(最低－)　최젓값.　※ [최:
저깝·췌: 전깝]으로 소리 나므
로 사이시옷을 받쳐 적는다.

쵸이스(choice)　초이스.　※ 외래
어에서 'ㅈ, ㅊ' 다음에는 'ㅑ, ㅕ,
ㅛ, ㅠ' 같은 이중 모음을 표기하
지 않는다.

쵸코렛(chocolate)　초콜릿.　※ 외
래어에서 'ㅈ, ㅊ' 다음에는 'ㅑ,
ㅕ, ㅛ, ㅠ' 같은 이중 모음을 표기
하지 않는다.

쵸코렐(chocolate)　초콜릿.　참조
쵸코렛.　※ 외래어 표기에서, 받
침에는 'ㄱ, ㄴ, ㄹ, ㅁ, ㅂ, ㅅ, ㅇ'
만 쓴다.

쵸콜렛(chocolate)　초콜릿.　참조
쵸코렛.

쵸크(chalk·choke)　초크.　※ 외래
어에서 'ㅈ, ㅊ' 다음에는 'ㅑ, ㅕ,
ㅛ, ㅠ' 같은 이중 모음을 표기하
지 않는다.

추가시키다(追加－)　추가하다.　※
사동의 뜻이 없으면 '－시키다'
로 쓰지 않는다.　참조 －시키다.

추근거리다　＝치근거리다　※ 복
수표준어.

추돌(追突)　※ '**추돌**'은 '자동차 따

위가 뒤에서 들이받음'을 뜻하
며, '**충돌**(衝突)'은 '서로 맞부딪
거나 맞섬'을 뜻한다. ¶한눈을
팔다 앞차를 추돌했다. // 마주오
던 차가 중앙선을 넘는 바람에
충돌 사고가 났다.

추러블(trouble)　트러블.

추럭(truck)　트럭. 화물자동차.

추레라(trailer)　트레일러.

추리닝(←training)　트레이닝.　※
다만, '운동복'의 뜻으로는 '추리
닝'을 인정한다.　참조 츄리닝.

추석치레(秋夕－)　추석치레.

추스리다　추스르다.　활용 추스르
고. 추스르니. 추스르면. 추스르
는. 추스르지. 추슬러. ¶할아버
지는 며칠째 몸도 못 추스르고
누워만 계신다. / 몸이라도 추슬
러야 할 텐데.

추슬르다　추스르다.　참조 추스리
다.

추슬리다　추스르다.　참조 추스
리다.

추시리다　추스르다.　참조 추스
리다.

추어올리다　※ '**추어올리다**'는
'위로 끌어 올리다', '실제보다 높
여 칭찬하다'의 뜻을 나타내며,

‘**추켜올리다**’는 ‘위로 솟구어 올리다’의 뜻을 나타낸다. ‘**치켜올리다**’는 비표준어이다. ¶바지를 좀 <u>추어올려라</u>. / 그 사람은 <u>추어올려</u> 주면 기고만장한다. // 혜윤이는 연방 치맛자락을 <u>추켜올리며</u> 걸었다.

추억꺼리(追憶-) 추억거리.

추임세 추임새.

추잡스런(醜雜-) 추잡스러운. 참조 -스런.

추접스런(醜-) 추접스러운. 참조 -스런.

추정양(推定量) 추정량. 참조 량.

추측컨대(推測-) 추측건대. 참조 추측케.

추측케(推測-) 추측게. ※ ‘하다’로 끝나는 용언 가운데 ‘하’ 앞의 음절이 ‘ㄱ, ㅂ, ㅅ’ 받침으로 끝나는 낱말의 준말은 ‘하’가 아주 줄어든다. 즉, ‘간단하게’의 준말은 ‘하’의 ‘ㅏ’만 줄어들어 ‘간단케’가 되지만 ‘추측하게’의 준말은 ‘하’가 모두 줄어들어 ‘추측게’가 된다.

추켜세우다 ※‘**추켜세우다**’는 ‘위로 치올려 세우다’를 뜻하며, ‘**치켜세우다**’는 ‘옷깃이나 눈썹 따위를 위쪽으로 올리다’, ‘정도 이상으로 크게 칭찬하다’를 뜻한다. ¶눈썹을 <u>추켜세웠다</u>. / 몸을 <u>추켜세웠다</u>. // 찬바람이 불어 옷깃을 <u>치켜세웠다</u>. / 언제는 영웅으로 <u>치켜세우더니</u> 이젠 몹쓸 인간으로 깎아내린다.

추켜올리다 참조 추어올리다.

추켜주다 추어주다.

축대돌(築臺-) 축댓돌. ※ [축때돌·축땐돌]로 소리 나므로 사이시옷을 받쳐 적는다.

축머리(軸-) 축.

축색돌기(軸索突起) 축삭돌기. 신경돌기 ※ ‘索’은 ‘밧줄 삭’.

축적(蓄積) ※ ‘**축적**’은 ‘쌓아 둠’을 뜻하고, ‘**축척**(縮尺)’은 ‘실제 거리와 지도상의 길이의 비율’을 뜻한다. ¶경험 <u>축적</u>. / 자본 <u>축적</u>. // <u>축척</u> 5만분의 1 지도.

축적양(蓄積量) 축적량. 참조 량.

축전양(蓄電量) 축전량. 참조 량.

축제(祝祭) 축전(祝典). 잔치. ※ ‘제(祭)’는 ‘제사’를 뜻하는 글자이다. ‘축제’는 일본어투.

축척(縮尺) 참조 축적.

축축히 축축이.

축출시키다(逐出-) 축출하다,

※ 사동의 뜻이 없으면 '-시키다'로 쓰지 않는다. 참조 -시키다.

출고양(出庫量) 출고량. 참조 량.

출사표를 던지다(出師表-) 출사표를 올리다. 출사표를 내다. 출사표를 발표하다. 출마를 선언하다. ※ '출사표'는 '전쟁에 출병할 때 그 뜻을 적어서 임금에게 올리던 글'이다. 임금에게 올리는 글을 '던지다'라고 표현하는 것은 이치에 맞지 않다.

출산(出産) 해산(解産). ※ '출산'은 일본어투.

출산률(出産率) 출산율. 참조 -률. 출산율.

출산율(出産率) 출생률(出生率). ※ '출산율'은 일본어투.

출생율(出生率) 출생률. 참조 -률.

출석율(出席率) 출석률. 참조 -률.

출세길(出世-) 출셋길. ※ [출세낄·출셈낄]로 소리 나므로 사이시옷을 받쳐 적는다.

출영 나가다(出迎-) 출영하다. 마중 나가다. ※ '출영'이 '마중 나감'을 뜻하므로 '출영 나가다'는 겹말이다.

출원년도(出願年度) 출원연도. ※ 합성어에서 뒷말의 첫 음절은

두음법칙에 따라 적는다.

출하양(出荷量) 출하량. 참조 량.

출혈양(出血量) 출혈량. 참조 량.

춥느냐 추우냐. ※ 받침 있는 형용사 어간에 붙는 종결어미는 '-으냐'이며, '춥다'는 ㅂ불규칙용언이므로 'ㅂ'이 '우'로 바뀌어 '추우냐'가 된다. '-느냐'는 동사의 어간에 붙는다.

춥어 추워. ※ '춥다'는 'ㅂ불규칙용언'이므로 어미 '-어'가 오면 '추워'가 된다.

충돌(衝突) 참조 추돌.

충분이(充分-) 충분히.

충성스런(忠誠-) 충성스러운. 참조 -스런.

충수염(蟲垂炎) ⇨ 맹장염(盲腸炎, 대한의사협회 권장용어).

충실이(充實-) 충실히.

충열사(忠烈祠) 충렬사.

충열탑(忠烈塔) 충렬탑.

충원시키다(充員-) 충원하다. ※ 사동의 뜻이 없으면 '-시키다'로 쓰지 않는다. 참조 -시키다.

충전시키다(充電-) 충전하다. ※ 사동의 뜻이 없으면 '-시키다'로 쓰지 않는다. 참조 -시키다.

충족율(充足率) 충족률. 참조 -률.

취소시키다(取消-) 취소하다. ※ 사동의 뜻이 없으면 '-시키다'로 쓰지 않는다. 참조 -시키다.

취업율(就業率) 취업률. 참조 -률.

취입(吹込) 녹음(錄音). ※ '취입'은 일본어투.

취장 췌장(膵臟) 이자(胰子). ※ '膵'는 '췌장 췌'.

취조(取調) 문초(問招). ※ '취조'는 일본어투.

취하(取下) 무름. 무르기. 철회(撤回). ※ '취하'는 일본어투.

취학율(就學率) 취학률. 참조 -률.

츄러블(trouble) 트러블.

츄리닝(training) 트레이닝. 추리닝. 운동복. ※ '훈련'을 뜻할 때는 '트레이닝'으로 써야 하지만 '운동복'의 뜻으로는 '추리닝'도 인정한다. 외래어에서 'ㅈ, ㅊ' 다음에는 'ㅑ, ㅕ, ㅛ, ㅠ' 같은 이중 모음을 표기하지 않는다.

츄브(tube) 튜브.

츄잉껌(chewing gum) 추잉검. ※ 외래어에서 'ㅈ, ㅊ' 다음에는 'ㅑ, ㅕ, ㅛ, ㅠ' 같은 이중 모음을 표기하지 않는다. 'gum'은 홀로 쓰이면 '껌'으로 적는다.

측두엽(側頭葉) ⇨ 관자엽(-葉,

대한의사협회 권장용어).

측삭(側索) 측색. ※ '索'은 '찾을 색'.

측은스런(惻隱-) 측은스러운. 참조 -스런.

측은이(惻隱-) 측은히.

층다리(層-) 층층다리(層層-).

층층히(層層-) 층층이.

치고 ※ '그중에서는 예외적'을 뜻하면 보조사이므로 앞말에 붙여 쓴다. ¶여름 날씨<u>치고</u> 선선하다.

치고 박다 치고받다. ¶그 아이들은 만나기만 하면 <u>치고받고</u> 싸운다.

치다 ※ '치다'는 '차나 수레 따위가 사람이나 동물을 강하게 부딪고 지나가다' 따위의 뜻을 나타내고, **'치이다'**는 '치다'의 피동형, 또는 '어떤 힘에 구속을 받거나 방해를 당하다' 따위의 뜻을 나타낸다. ¶택시가 어린아이를 <u>치었다</u>. ∥ 어린아이가 택시에 <u>치였다</u>. ∥ 회사에선 일에 <u>치여</u>, 집에선 아이에게 <u>치여</u> 쉴 틈이 없다.

치닥거리 치다꺼리.

치닥꺼리 치다꺼리.

치닫아 치달아. 참조 치닫다.

치닫다 치닫다. 활용 치달아. 치달으니. 치닫는.

치떠보다 칩떠보다.

치렬(熾烈) 치열.

−치레 −치레. ¶ 겉치레. / 체면치레. / 인사치레. / 병치레. / 손님치레.

치루다 치르다. 활용 치러. 치르니. 치른. 치렀다. ※ 어간의 끝소리가 '一'인 낱말은 어미 '−어(아)'가 붙으면 '一'가 탈락한다.

치룬 치른. 참조 치루다.

치뤄 치러. 참조 치루다.

치뤘다 치렀다. 참조 치루다.

치마감 치맛감. ※ [치마깜·치맏깜]으로 소리 나므로 사이시옷을 받쳐 적는다.

치마고름 치마끈.

치마말기 치맛말기. ※ [치만말기]로 'ㅁ' 앞에서 'ㄴ' 소리가 덧나므로 사이시옷을 받쳐 적는다.

치마바람 치맛바람. ※ [치마빠람·치만빠람]으로 소리 나므로 사이시옷을 받쳐 적는다.

치마자락 치맛자락. ※ [치마짜락·치만짜락]으로 소리 나므로

치마주름 치맛주름. ※ [치마쭈름·치맏쭈름]으로 소리 나므로 사이시옷을 받쳐 적는다.

치맛고름 치마끈.

치맛폭(−幅) 치마폭. ※ 거센소리 앞에서는 사이시옷을 받치지 않는다.

치명율(致命率) 치명률. 참조 −률.

치바(千葉) 지바. 일본 간토(關東) 지방의 현 및 현청 소재지. ※ 일본어의 첫머리는 거센소리나 된소리('ㅆ'은 제외)를 쓰지 않는다.

치사률(致死率) 치사율. 참조 −률.

치사스런(恥事−) 치사스러운. 참조 −스런.

치솓다 치솟다.

치솔(齒−) 칫솔. ※ [치쏠·친쏠]로 소리 나므로 사이시옷을 받쳐 적는다.

치어리더(cheerleader) 말터 흥돋움이.

치옷 치읓. 한글 자모 'ㅊ'의 이름은 '치읓'이다.

치욕스런(恥辱−) 치욕스러운. 참조 −스런.

치켜세우다 참조 추켜세우다.

치켜올리다 추어올리다. 추켜올

리다. 참조 추어올리다.

칙 칡. ¶칡가루. / 칡넝쿨. / 칡덩굴. / 칡즙.

칙릿(chick + literature) 말터 꽃띠 문학(-文學). 젊은 여성을 겨냥한 소설.

친손주(親-) ※ 친손자와 친손녀를 아울러 이를 때 쓴다.

친이(親-) 친히.

친절이(親切-) 친절히.

칠부바지(←七分-·-ぶ-) 칠푼바지. 참조 부.

칠삭동이(七朔-) 칠삭둥이.

칠쟁이(漆-) 칠장이. 참조 -장이.

칠칠맞다 = 칠칠하다. 나무, 풀, 머리털 따위가 잘 자라서 알차고 길다. / 주접이 들지 않고 깨끗하며 단정하다. / 성질이나 일 처리가 반듯하고 야무지다. ※ '아이가 참 칠칠맞다(칠칠하다)'라고 하면 그 아이가 참으로 단정하거나 야무지다는 뜻이다. 반대로 주접이 들거나, 지저분하고 단정치 못함을 표현하려면 '아이가 참 칠칠맞지(칠칠하지·칠칠치) 못하다'처럼 써야 한다.

칠칠하다 참조 칠칠맞다.

칠흙 칠흑(漆黑). ¶칠흑 같은 밤.

칡덩쿨 칡덩굴. 칡넝쿨.

침렵수 침엽수(針葉樹).

침장이(鍼-) 침쟁이. 참조 -장이.

침통스런(沈痛-) 침통스러운. 참조 -스런.

칫과(齒科) 치과. ※ 한자어는 두 음절로 된 '곳간(庫間)', '셋방(貰房)', '숫자(數字)', '찻간(車間)', '툇간(退間)', '횟수(回數)' 외에는 사이시옷을 받치지 않는다.

칫수(-數) 치수. ¶발 치수. / 치수를 알아야 옷을 사 주지.

칭기스칸(Chingiz Khan) 칭기즈칸.

카나다(Canada)　캐나다.

카다로꾸(catalog)　카탈로그. ※ '카다로꾸'는 일본어투.

카라(collar)　칼라. ¶화이트칼라 / 블루칼라.

카라멜(caramel)　캐러멜.

카렌다(calendar)　캘린더. 달력.

카르툼(Khartoum)　하르툼. 수단의 수도.

카바(cover)　커버.

카바이트(carbide)　카바이드. 탄화칼슘.

카부라(鏑·かぶら)　(바지 따위의) 밭접단. 끝 접기.

카뷰레타(carburetor)　카뷰레터.

카셋테이프(cassette tape)　카세트 테이프.

카스테라(castella)　카스텔라.

카시미롱(cashmilon)　캐시밀론. 아크릴 계통의 합성 섬유.

카운셀러(counsellor)　카운슬러.

카운셀링(counselling)　카운슬링.

카운터파트너　카운터파트(counterpart). 상대(相對).

카이젤(Kaiser)　카이저. 독일 황제의 칭호. ¶카이저수염.

카추샤(KATUSA)　카투사. 주한 미군에 배속된 한국 군인.

카키색(khaki色)　※ 카키색은 '어두운 녹갈색'이 아니라 '탁한 황갈색'을 나타내는 말이다.

카텐(curtain)　커튼.

카톨릭(Catholic)　가톨릭. ※ 외래어 표기 원칙에 따르면 '카톨릭'이지만 관용을 인정해 '가톨릭'으로 적는다.

카트(cut)　커트. 컷. ※ 미용을 목적으로 머리를 자르는 일 또는 그런 머리 모양, 야구에서 타자가 공을 비스듬히 쳐서 파울볼을 만드는 것, 탁구나 테니스 등에서 깎아 치는 것 따위는 '**커트**'로, 연극이나 영화의 장면, 인쇄물의 삽화 등은 '**컷**'으로 적는다.

카트릿지(cartridge)　카트리지.

카티지(cottage)　코티지. ¶<u>코티</u><u>지</u>치즈.

카페트(carpet)　카펫.

카프카스(Kavkaz)　캅카스. 러시아, 조지아, 아르메니아, 아제르바이잔 등 여러 나라가 접해 있는 흑해와 카스피 해 사이의 지역.

칵텔(cocktail)　칵테일.

칸쏘네(canzone)　칸초네. ※ 외래어 표기에서, 일본어·중국어·베트남 어·태국어의 일부 표기 외에는 된소리를 쓰지 않는다.

칸추리(country)　컨트리.

칸츄리(country)　컨트리.

칼라(color)　컬러. ※ 다만, 옷깃을 나타내는 'collar'는 '칼라'이다. 참조 카라.

칼라슈니코프(Kalashnikov)　칼라시니코프. ¶미하일 <u>칼라시니코프</u>(AK−47 소총 발명자).

칼럼리스트(columnist)　칼럼니스트.

칼리귤라(Caligula)　칼리굴라. 로마의 황제.

칼빈(carbine)　카빈. ¶<u>카빈</u>총(−銃).

칼스루에(Karlsruhe)　카를스루에.

독일 바덴뷔르템베르크 주의 도시.

칼싹둑이　칼싹두기. 밀가루 반죽 따위를 굵직굵직하고 조각지게 썰어서 끓인 음식.

칼잽이　칼잡이.

칼치　갈치.

캄백(comeback)　컴백.

캄푸라지(camouflage)　카무플라주. 위장. 거짓 꾸밈.

캉가루(kangaroo)　캥거루.

캬부레타(carburetor)　카뷰레터. 기화기(氣化器).

캐나디언(Canadian)　캐나디안. ¶<u>캐나디안</u> 카누.

캐년(canyon)　캐니언. ¶그랜드 <u>캐니언</u>.

캐논　캐넌(canon).

캐로틴(carotene)　카로틴.

캐롤(carol)　캐럴.

캐리어[1](career)　커리어. ※ 다만, 운반체를 나타내는 'carrier'는 '캐리어'임. ¶<u>커리어</u> 우먼.

캐리어[2](carrier)　말터 아이업개. 참조 캐리어(career).

캐리커쳐(caricature)　캐리커처. ※ 외래어에서 'ㅈ, ㅊ' 다음에는 이중모음 'ㅑ, ㅕ, ㅛ, ㅠ'를 쓰지 않는다.

캐릭터(character) 말터 특징물(特徵物).

캐비넷(cabinet) 캐비닛. ¶섀도 캐비닛.

캐비어(caviar) 캐비아.

캐쉬(cash) 캐시. ※ 영어 표기에서 [ʃ]가 어말에 오면 '시'로 적는다.

캐시미론 캐시미어(cashmere).

캐시어(cashier) 캐셔. 계산원. 수납원.

캐쥬얼(casual) 캐주얼. ※ 외래어에서 'ㅈ, ㅊ' 다음에는 'ㅑ, ㅕ, ㅛ, ㅠ' 같은 이중 모음을 표기하지 않는다.

캐찹(ketchup) 케첩. ¶토마토케첩.

캐쳐(catcher) 캐처. ※ 외래어에서 'ㅈ, ㅊ' 다음에는 'ㅑ, ㅕ, ㅛ, ㅠ' 같은 이중 모음을 표기하지 않는다.

캐캐묵다 케케묵다.

캐포츠(caports) 말터 활동복(活動服).

캐피탈(capital) 캐피털.

캔바스(canvas) 캔버스.

캔사스(Kansas) 캔자스. 미국 중부의 주. 주도는 토피카(Topeka).

캔터버리(Canterbury) 캔터베리. 영국 잉글랜드 지방의 도시.

캘빈주의(Calvin主義) 칼뱅주의.

캘커타(Calcutta) 콜카타(Kolkata). 인도 동부의 도시. ※ 2000년 '캘커타'에서 '콜카타'로 이름을 바꿨다.

캠브리지(Cambridge) 케임브리지.

캠프파이어(campfire) 말터 모닥불놀이.

캡쳐(capture) 캡처. 말터 장면갈무리(場面-). ※ 외래어에서 'ㅈ, ㅊ' 다음에는 'ㅑ, ㅕ, ㅛ, ㅠ' 같은 이중 모음을 표기하지 않는다.

캣취(catch) 캐치. ※ 영어 표기에서 [tʃ]가 어말에 오면 '치'로 적는다.

캣츠(Cats) 캐츠. ※ 앤드루 로이드 웨버가 작곡한 뮤지컬.

캥기다 켕기다.

캬바레(cabaret) 카바레.

커녕 조사이므로 앞말과 붙여 쓴다. ¶밥커녕 죽도 못 먹었다. 상커녕 벌을 받았다. 참조 은커녕.

커다랍니다 커다랗습니다. ※ 어간이 받침으로 끝나는 용언의 종결어미는 '-습니다'이다.

커다만 커다란. 참조 커다맣다.

커다맣다 커다랗다. 활용 커다란. 커다랗게. 커다라니. 커다라오. 커다래.

커먼웰스(Commonwealth) 코먼웰스.

커텐(curtain) 커튼.

커트(cut) 참조 카트.

커트오프(cutoff) 컷오프.

커튼콜(curtain call) 말터 부름갈채.

커플룩(couple look) 말터 짝꿍차림.

커플 매니저(couple manager) 말터 새들이.

커피샵(coffee shop) 커피숍.

컨닝(cunning) 커닝.

컨덴서(condenser) 콘덴서.

컨서트(concert) 콘서트.

컨셉(concept) 콘셉트. 개념. 관념.

컨셉트(concept) 콘셉트. 개념. 관념.

컨츄리(country) 컨트리.

컨택트(contact) 콘택트. ¶콘택트렌즈.

컨테스트(contest) 콘테스트.

컨테이너 박스(container box) 컨테이너. ※ '컨테이너'가 '화물 수송에 주로 쓰는, 쇠로 만들어진 큰 상자'이므로 '컨테이너 박

스'는 겹말이다.

컨텐츠(contents) 콘텐츠. 참조 콘텐트.

컨트롤 타워(control tower) 말터 가온머리.

컨티넨탈(continental) 콘티넨털.

컨퍼런스(conference) 콘퍼런스.

컬래 켤레.

컬러링(color ring) 말터 멋울림.

컬럼 칼럼(column).

컬럼니스트(columnist) 칼럼니스트.

컬레 켤레.

컬리지(college) 칼리지.

컬쳐(culture) 컬처. ※ 외래어에서 'ㅈ, ㅊ' 다음에는 'ㅑ, ㅕ, ㅛ, ㅠ' 같은 이중 모음을 표기하지 않는다.

컬트(cult) 말터 소수취향(少數趣向).

컴바인(combine) 콤바인.

컴비네이션(combination) 콤비네이션.

컴팩트(compact) 콤팩트. ¶콤팩트디스크.

컴플렉스(complex) 콤플렉스.

컷(cut) 참조 카트.

케라토사우루스(ceratosaurus) 케라토사우루스. 북아메리카에 살

앗던 쥐라기 후기 육식공룡.

케사르(Caesar) 카이사르.

케이만(Cayman) 케이맨. 쿠바 남쪽의 섬 무리. 영국령.

케이오스(chaos) 카오스.

케이터링(catering) 말터 맞춤밥상(-床).

케익(cake) 케이크.

케인즈(Keynes) 케인스. ¶존 메이너드 케인스(영국의 경제학자).

케잌(cake) 케이크.

케찹(ketchup) 케첩.

켐페인(campaign) 캠페인.

켜속 켯속. ※ [켜쏙·켣쏙]으로 소리 나므로 사이시옷을 받쳐 적는다.

켜켜히 켜켜이.

켠 편. 쪽. ¶오른편. 오른쪽. 한편. 한쪽. 뒤편. 뒤쪽.

켤래 켤레.

계계묵다 케케묵다.

코 곯다 코 골다. 참조 골다.

코곯이 코골이. 참조 골다.

코구멍 콧구멍. ※ [코꾸멍·콛꾸멍]으로 소리 나므로 사이시옷을 받쳐 적는다.

코날 콧날. ※ [콘날]로 'ㄴ' 앞에서 'ㄴ' 소리가 덧나므로 사이시

옷을 받쳐 적는다.

코냑(Cognac) 코냐크. 프랑스 서부의 도시. ※ 다만, 이 지방에서 포도주를 증류하여 정제한 술은 관용을 인정하여 '코냑'으로 적는다.

코노래 콧노래. ※ [콘노래]로 'ㄴ' 앞에서 'ㄴ' 소리가 덧나므로 사이시옷을 받쳐 적는다.

코드(code) 말터 성향(性向).

코드프리(codefree) 말터 빗장풀기.

코등 콧등. ※ [코뜽·콛뜽]으로 소리 나므로 사이시옷을 받쳐 적는다.

코뚜래 코뚜레.

코리언(Korean) 코리안.

코망울 콧방울.

코맨드(command) 커맨드.

코맹녕이 코맹맹이.

코머(comma) 콤마. 반점(半點).

코메디(comedy) 코미디.

코멘 소리 코멘소리. ※ 한 낱말이므로 붙여 쓴다.

코물 콧물. ※ [콘물]로 'ㅁ' 앞에서 'ㄴ' 소리가 덧나므로 사이시옷을 받쳐 적는다.

코뮤니케(communiqué) 코뮈니케.

성명. 성명서. ※ 프랑스 어의 [y]
는 '위'로 적는다.

코뮤니케이션(communication) 커
뮤니케이션.

코뮤니티(community) 커뮤니티.

코뮨(commune) 코뮌. ※ 프랑스
어의 [y]는 '위'로 적는다.

코미디안(comedian) 코미디언.

코미션(commission) 커미션.

코방귀 콧방귀. ※ [코빵귀·콘
빵귀]로 소리 나므로 사이시옷
을 받쳐 적는다.

코방울 콧방울. ※ [코빵울·콘
빵울]로 소리 나므로 사이시옷
을 받쳐 적는다.

코배기 코빼기. 참조 -박이.

코베(神戶) 고베. 일본 효고(兵庫)
현의 현청 소재지. ※ 일본어의
첫머리는 거센소리나 된소리
('ㅆ'은 제외)를 쓰지 않는다.

코병(-病) 콧병. ※ [코뼝·콘뼝]
으로 소리 나므로 사이시옷을
받쳐 적는다.

코사지(corsage) 코르사주.

코소리 콧소리. ※ [코쏘리·콘
쏘리]로 소리 나므로 사이시옷
을 받쳐 적는다.

코 속 콧속. ※ 한 낱말이므로 붙

여 쓰며, [코쏙·콘쏙]으로 소리
나므로 사이시옷을 받쳐 적는다.

코수염(-鬚髯) 콧수염. ※ [코쑤
염·콘쑤염]으로 소리 나므로 사
이시옷을 받쳐 적는다.

코숨 콧숨. ※ [코쑴·콘쑴]으로
소리 나므로 사이시옷을 받쳐
적는다.

코스모폴리탄(cosmopolitan) 코
즈모폴리턴.

코아(core) 코어.

코잔등 콧잔등. ※ [코짠등·콘
짠등]으로 소리 나므로 사이시
옷을 받쳐 적는다.

코잔등이 콧잔등이. ※ [코짠등
이·콘짠등이]로 소리 나므로 사
이시옷을 받쳐 적는다.

코카서스(Caucasus) 캅카스(Kav-
kaz). ※ 외국의 지명은 현지 발
음에 따라 적는다. 참조 카프카
스.

코코낫(coconut) 코코넛.

코피(coffee) 커피.

콘덴사(condenser) 콘덴서.

콘돌(condor) 콘도르.

콘디션(condition) 컨디션.

콘베이아(conveyer) 컨베이어.

콘세트 막사(Quonset 幕舍) 퀀셋

막사.

콘센서스(consensus) 컨센서스.

콘센트 막사(Quonset 幕舍) 퀀셋 막사.

콘소시엄(consortium) 컨소시엄.

콘테이너(container) 컨테이너.

콘텐트(contents) 콘텐츠. 말터 꾸림정보(−情報).

콘트롤(control) 컨트롤.

콜라젠(collagen) 콜라겐.

콜럼비아[1](Colombia) 콜롬비아. 남아메리카에 있는 나라. 수도는 보고타(Bogotá).

콜럼비아[2](Columbia) 컬럼비아. 미국 사우스캐롤라이나 주의 주도.

콜렉션(collection) 컬렉션.

콜로시움(Colosseum) 콜로세움. 원형 경기장.

콜룸부스(Columbus) 콜럼버스. ¶ 크리스토퍼 콜럼버스.

콜셋(corset) 코르셋.

콜크(cork) 코르크.

콜호즈(kolkhoz) 콜호스.

콤파스(compass) 컴퍼스.

콤포넌트(component) 컴포넌트.

콤푸레사(compressor) 컴프레서. 압축기.

콤퓨터(computer) 컴퓨터.

콤프레샤(compressor) 컴프레서.

콧날개 콧방울. 참조 코방울.

콧망울 콧방울. 참조 코방울.

콧밑 코밑.

콧방아 코방아.

콧배기 코빼기. 참조 −박이. ¶ 어디에 처박혀 있는지 코빼기도 보이지 않는다.

콧웃음 코웃음.

콧털 코털. ※ 거센소리 앞에서는 사이시옷을 받치지 않는다.

콩고(Congo) =콩고인민공화국(Congo人民共和國). 약칭은 콩고. 수도는 브라자빌(Brazzaville). ※ 이웃한 콩고민주공화국(옛 자이르·약칭은 콩고민주공)과는 다른 나라이다. 참조 자이르.

콩깍지를 까다 콩꼬투리를 까다. ※ '**깍지**'는 '콩을 털어내고 남은 껍질'을 뜻하며, '**꼬투리**'는 '콩과 식물의 열매를 싸고 있는 껍질'을 뜻하므로 '까고 남은 빈 껍질'을 또 깔 수는 없다.

콩깎지 콩깍지.

콩깨묵 콩깻묵. ※ [콩깬묵]으로 'ㅁ' 앞에서 'ㄴ' 소리가 덧나므로 사이시옷을 받쳐 적는다.

콩닥콩　콩다콩.

콩장아찌　콩장(—醬).

콩칠팔새삼륙　콩팔칠팔. 갈피를 잡을 수 없을 정도로 마구 지껄이는 모양.

콩케팥케　콩계팥계. 사물이 뒤섞여서 뒤죽박죽된 것을 이르는 말.

콩코드 광장(Concorde 廣場)　콩코르드 광장. 프랑스 파리에 있는 광장. ※ 프랑스혁명 때 루이 16세가 처형된 곳.

콩쿨(concours)　콩쿠르.

콩크리트(concrete)　콘크리트.

콴타스 항공(Qantas 航空)　퀀태스 항공. 호주의 항공사.

콸라룸푸르(Kuala Lumpur)　쿠알라룸푸르. 말레이시아의 수도.

쾌이(快—)　쾌히.

쾌지나칭칭　쾌지나 칭칭 나네. 경상도 민요의 하나.

쿠로시오(黑潮·くろーしお)　구로시오. ¶구로시오 해류. ※ 일본어의 첫머리는 거센소리나 된소리('ㅆ'은 제외)를 쓰지 않는다.

쿠사리(腐り·くさり)　면박(面駁). 핀잔.

쿠세(癖·くせ)　버릇. 습관(習慣). 몸

새.

쿠숀(cushion)　쿠션.

쿠테타(coup d'état)　쿠데타.

쿵덕쿵　쿵더쿵.

쿵푸(功夫)　쿵후. ※ 외래어 표기법에 따르면 '쿵푸'이지만 관용을 인정하여 '쿵후'로 적는다.

쿼바디스(Quo Vadis)　쿠오바디스. ※ 라틴어로 '(주여) 어디로 가시나이까?'라는 뜻.

쿼타(quota)　쿼터.

퀄리티 스타트(quality start)　말터 선발쾌투(先發快投).

퀘손시티(Quezon City)　케손시티. 필리핀 마닐라 동북쪽에 있는 도시.

퀘퀘하다　퀴퀴하다.

퀵서비스(quick service)　말터 늘찬 배달(—配達).

퀸슬랜드(Queensland)　퀸즐랜드. 호주 동북부의 주.

큐슈(九州)　규슈. 일본 열도의 가장 남쪽에 있는 섬. ※ 일본어의 첫머리는 거센소리나 된소리('ㅆ'은 제외)를 쓰지 않는다.

큐피트　큐피드(Cupid).

큘로트(culotte)　퀼로트. ※ 프랑스 어의 [y]는 '위'로 적는다.

크나 크다 크나크다. ※ 한 낱말이므로 붙여 쓴다.

크낙하다 크나크다.

크다란 커다란. 참조 커다맣다.

크다랗다 커다랗다. 참조 커다맣다.

크다마하다 커다랗다. 참조 커다맣다.

크다만 커다란. 참조 커다맣다.

크다맣다 커다랗다. 참조 커다맣다.

크디 크다 크디크다. ※ 한 낱말이므로 붙여 쓴다. 참조 −디

크락숀(Klaxon) 클랙슨. 경적.

크래카(cracker) 크래커.

크럽(club) 클럽.

크레딧(credit) 크레디트.

크레솔(cresol) 크레졸.

크레오파트라(Cleopatra) 클레오파트라.

크레이(clay) 클레이. ¶클레이 사격.

크레이들(cradle) 말터 다목적 꽂이(多目的−).

크로나 스웨덴, 아이슬란드의 화폐 단위. ※ 스웨덴은 krona, 아이슬란드는 króna라고 쓴다. '크로네(krone)'는 노르웨이, 덴마크의 화폐 단위이다.

크로네(krone) 참조 크로나.

크로바(clover) 클로버.

크로스백(cross bag) 말터 엇걸이 가방.

크로이츠펠트야코브병(Creutzfeldt−Jakob病) 크로이츠펠트야코프병.

크롸상(croissant) 크루아상. ※ 프랑스 어의 'oi'는 '우아'로 적는다.

크루스(cruise) 크루즈. 순항. ¶ 크루즈 여행. 크루즈 미사일.

크리닉(clinic) 클리닉.

크리닝(cleaning) 클리닝. ¶ 드라이클리닝.

크리스챤(Christian) 크리스천. ※ 외래어에서 'ㅈ, ㅊ' 다음에는 'ㅑ, ㅕ, ㅛ, ㅠ' 같은 이중 모음을 표기하지 않는다.

크리스탈(crystal) 크리스털.

크리에이터(creator) 말터 광고창작자(廣告創作者).

크린(clean) 클린.

크린싱(cleansing) 클렌징.

크메르 루지(Khmer Rouge) 크메르 루주. 캄보디아의 급진적인 좌익(左翼) 무장단체.

큰 기침 큰기침. ※ 한 낱말이므

로 붙여 쓴다.

큰 길 큰길. ※ 한 낱말이므로 붙
여 쓴다.

큰 놈 큰놈. ※ '큰아들'을 속되
게 이를 때는 한 낱말이므로 붙
여 쓴다.

큰 누나 큰누나. ※ 한 낱말이므
로 붙여 쓴다.

큰 누이 큰누이. ※ 한 낱말이므
로 붙여 쓴다.

큰 댁(-宅) 큰댁. ※ 한 낱말이
므로 붙여 쓴다.

큰 독 큰독. ※ 한 낱말이므로 붙
여 쓴다.

큰 돈 큰돈. 액수가 많은 돈.

큰 동서(-同壻) 큰동서. ※ 한 낱
말이므로 붙여 쓴다.

큰 따님 큰따님. ※ 한 낱말이므
로 붙여 쓴다.

큰 따옴표(-標) 큰따옴표. ※ 한
낱말이므로 붙여 쓴다.

큰 딸 큰딸. 한 낱말이므로 붙여
쓴다.

큰 마누라 큰마누라. ※ 한 낱말
이므로 붙여 쓴다.

큰 마음 큰마음. ※ 한 낱말이므
로 붙여 쓴다.

큰 맘 큰맘. ※ 한 낱말이므로 붙

여 쓴다.

큰 매부(-妹夫) 큰매부. ※ 한 낱
말이므로 붙여 쓴다.

큰 며느리 큰며느리. ※ 한 낱말
이므로 붙여 쓴다.

큰 무당 큰무당. ※ 한 낱말이므
로 붙여 쓴다.

큰 문(-門) 큰문. ※ 한 낱말이
므로 붙여 쓴다.

큰 물 큰물. ※ 한 낱말이므로 붙
여 쓴다.

큰 바늘 큰바늘. ※ 한 낱말이므
로 붙여 쓴다.

큰 바람 큰바람. ※ 한 낱말이므
로 붙여 쓴다.

큰 방(-房) 큰방. ※ 한 낱말이
므로 붙여 쓴다.

큰 북 큰북. ※ 한 낱말이므로 붙
여 쓴다.

큰 불 큰불. ※ 한 낱말이므로 붙
여 쓴다.

큰 사람 큰사람. ※ '됨됨이가 뛰
어나고 훌륭한 사람'을 뜻하면
한 낱말이므로 붙여 쓴다. ¶국
민의 존경을 받을 만한 큰사람
이 눈에 띄지 않는다. // 저쪽에
있는 덩치 큰 사람이 누구냐.

큰 사랑(-舍廊) 큰사랑. ※한 낱

말이므로 붙여 쓴다.

큰 사위 큰사위. ※ 한 낱말이므로 붙여 쓴다.

큰 삼촌(−三寸) 큰삼촌. ※ 한 낱말이므로 붙여 쓴다.

큰 상(−床) 큰상. ※ 한 낱말이므로 붙여 쓴다.

큰소리 ※ '큰소리'는 '목청을 돋워 가며 야단치는 일, 장담하거나 과장하여 말하는 일, 당당하게 대하여 하는 말'을 뜻하면 한 낱말이므로 붙여 쓰고, '커다란 소리'를 뜻하면 한 낱말이 아니므로 띄어 쓴다. ¶ 개구쟁이들이라 <u>큰소리</u>가 나야 말을 듣는다. /후배들 앞이라 <u>큰소리</u>는 쳤지만 어찌 해야 할지 난감하다. / 지은 죄가 있는데 그 정도를 가지고 우리에게 <u>큰소리</u>를 칠 수 있겠는가. ∥ 주위가 소란스러우니 좀 더 <u>큰 소리</u>로 말해 봐라.

큰소리 치다 큰소리치다. ※ 한 낱말이므로 붙여 쓴다. 참조 큰소리. ¶ <u>큰소리치는</u> 사람치고 일 제대로 하는 사람을 못 봤다.

큰 손 큰손. ※ 한 낱말이므로 붙여 쓴다.

큰 손녀(−孫女) 큰손녀. ※ 한 낱

말이므로 붙여 쓴다.

큰 손자(−孫子) 큰손자. ※ 한 낱말이므로 붙여 쓴다.

큰 스님 큰스님. ※ 한 낱말이므로 붙여 쓴다.

큰 시누 큰시누. ※ 한 낱말이므로 붙여 쓴다.

큰 아가씨 큰아가씨. ※ 한 낱말이므로 붙여 쓴다.

큰 아기 큰아기. ※ 한 낱말이므로 붙여 쓴다. 참조 큰애기.

큰 아들 큰아들. ※ 한 낱말이므로 붙여 쓴다.

큰 아버지 큰아버지. ※ 한 낱말이므로 붙여 쓴다.

큰 아씨 큰아씨. ※ 한 낱말이므로 붙여 쓴다.

큰 아이 큰아이. ※ 한 낱말이므로 붙여 쓴다.

큰 아저씨 큰아저씨. ※ 한 낱말이므로 붙여 쓴다.

큰 아주머니 큰아주머니. ※ 한 낱말이므로 붙여 쓴다.

큰 애 큰애. ※ 한 낱말이므로 붙여 쓴다.

큰애기 큰아기. 다 자란 계집아이, 또는 다 큰 처녀.

큰 어머니 큰어머니. ※ 한 낱말

이므로 붙여 쓴다.

큰 언니 큰언니. ※ 한 낱말이므로 붙여 쓴다.

큰 오빠 큰오빠. ※ 한 낱말이므로 붙여 쓴다.

큰 올케 큰올케. ※ 한 낱말이므로 붙여 쓴다.

큰일 큰일. ※ 한 낱말이므로 붙여 쓴다.

큰 자식(-子息) 큰자식. ※ 한 낱말이므로 붙여 쓴다.

큰 절 큰절. ※ 한 낱말이므로 붙여 쓴다.

큰 조카 큰조카. ※ 한 낱말이므로 붙여 쓴다.

큰 집 큰집. ※ '큰형이나 그 자손의 집. 또는 본처의 집'을 뜻할 때는 한 낱말이므로 붙여 쓴다. 다만, '규모가 보통의 정도를 넘는 집'을 뜻할 때는 한 낱말이 아니므로 띄어 쓴다. ¶명절만 되면 큰집에는 근방에 사는 일가붙이들이 모여들어 북적거린다. ∥저기에 있는 큰 집이 바로 이장 댁이다.

큰 창자 큰창자. ※ 한 낱말이므로 붙여 쓴다.

큰 처남(-妻男) 큰처남. ※ 한 낱

말이므로 붙여 쓴다.

큰 코 다치다 큰코다치다. ※ 한 낱말이므로 붙여 쓴다.

큰 할머니 큰할머니. ※ 한 낱말이므로 붙여 쓴다.

큰 할아버지 큰할아버지. ※ 한 낱말이므로 붙여 쓴다.

큰 형(-兄) 큰형. ※ 한 낱말이므로 붙여 쓴다.

큰 형수(-兄嫂) 큰형수. ※ 한 낱말이므로 붙여 쓴다.

클라스(class) 클래스.

클라스터(cluster) 클러스터. 참조 클러스터.

클라식(classic) 클래식.

클라이막스(climax) 클라이맥스.

클락션(Klaxon) 클랙슨.

클러스터(cluster) 말터 산학협력지구(産學協力地區).

클렌싱(cleansing) 클렌징. ¶클렌징크림.

클로르필(chlorophyll) 클로로필.

클린 센터(clean center) 말터 청백리마당(淸白吏-).

큼직히 큼직이.

키값 킷값. ※ [키깝·킨깝]으로 소리 나므로 사이시옷을 받쳐 적는다.

키다 켜다. ¶불을 <u>켜다</u> // 짜게 먹었더니 자꾸 물을 켜게 된다.

키덜트(kidult) 말터 어른왕자(王子).

키돋움 발돋움.

키로(kilo) 킬로. ※'킬로'는 소문자 'k'로 나타낸다. ¶<u>킬로미터(km)</u> / <u>킬로그램(kg)</u> / <u>킬로리터(kL)</u>.

키르기즈스탄(Kirgizstan) 키르기스스탄. 중앙아시아에 있는 나라. 수도는 비슈케크(Bishkek).

키맨(key man) 말터 중추인물(中樞人物).

키에르케고르(Kierkegaard) 키르케고르. ¶쇠렌 오뷔에 <u>키르케고르</u>(덴마크의 철학자).

키에프(Kiev) 키예프. 우크라이나의 수도.

키역 키읔. ※ 한글 자모 'ㅋ'의 이름은 '키읔'이다.

키장다리 키다리.

키치(kitsch) 말터 눈길끌기.

키친타올(kitchen towel) 키친타월.

킨사샤(Kinshasa) 킨샤사. 콩고민주공화국의 수도.

킬힐(kill heel) 말터 까치발구두.

킷(kit) 키트.

타게트(target)　타깃.

타겟(target)　타깃.

타고 나다　타고나다. ※ 한 낱말이
　므로 붙여 쓴다. ¶타고난 재능.

타률(他律·打率)　타율. 참조 −률.

타부(taboo)　터부. 금기(禁忌).

타산지석(他山之石)　다른 산의 나
　쁜 돌도 자신의 옥돌을 가는 데
　쓸 수 있다는 뜻으로, 다른 사람
　의 잘못된 언행도 자신을 수양
　하는 데 도움이 될 수 있음을 나
　타내는 말. ※ 다른 사람의 바람
　직하고 좋은 언행으로 자신의
　수양에 도움이 되는 것은 '귀감
　(龜鑑)', '본보기'가 바른 표현이
　된다. ¶공자께서 "三人行에 必
　有我師焉이니　擇其善者而從之요
　其不善者而改之니라"라고 한 것
　은 귀감과 타산지석의 뜻을 아
　울러 말한 것이다.

타성받이(他姓−)　타성바지.

타시켄트(Tashkent)　타슈켄트. 우

즈베키스탄의 수도.

타올(towel)　타월.

타이루(tile)　타일. ※ '타이루'는
　일본어투.

타이야(tire)　타이어. 바퀴. ※ '타
　이야'는 일본어투.

타이타닉(Titanic)　타이태닉. ¶
　타이태닉 호.

타이페이(臺北)　타이베이.　대만
　(타이완)의 수도.

타이포그라피(typography)　타이
　포그래피.

타이프(type)　※ '모양'을　뜻하면
　'**타입**'으로, '타자기'를 뜻하면 '**타
　이프**'로 적는다. ¶그 사람은 성
　실한 타입이다. // 타이프라이터.

타일르다　타이르다. 활용 타이
　르고. 타이르니. 타이르면. 타이
　르는. 타이르지. 타일러. ¶그
　아이는 아무리 타이르고 나무라
　도 소용이 없었다. / 동생을 잘
　타일러서 다시는 똑같은 잘못을

저지르지 않도록 해 보아라.

타임 서비스(time service) 말터 반짝할인(−割引).

타임즈(Times) 타임스. ¶더 타임스. 뉴욕타임스. 로스앤젤레스타임스.

타임캡슐(time capsule) 말터 기억 상자(記憶箱子).

타입(type) 참조 타이프.

타잎(type) 참조 타이프. ※ 외래어 표기에서, 받침에는 'ㄱ, ㄴ, ㄹ, ㅁ, ㅂ, ㅅ, ㅇ'만 쓴다.

타지크스탄(Tadzhikistan) 타지키스탄. 중앙아시아에 있는 나라. 수도는 두샨베(Dushanbe).

타치(touch) 터치.

타케트(target) 타깃.

타켓(target) 타깃.

타피스트리(tapestry) 태피스트리.

탄성율(彈性率) 탄성률. 참조 −률.

탄손누트 공항(Tân Sơn Nhât 空港) 떤선녓 공항. 베트남 호찌민 시의 국제공항.

탄신일(誕辰日) 탄신. ※ '탄신'을 '탄생(誕生)'의 높임말로 오해해서 생긴 말이다. '신(辰)'은 '일(日)'과 같은 뜻의 글자다. 따라서 '탄일(誕日)', '탄생일(誕生日)',

'탄신(誕辰)'이 모두 '임금이나 성인이 태어난 날'을 가리키는 말이다. '생일(生日)'과 '생신(生辰)'이 같은 말인 것과 마찬가지다.

탄약통(彈藥桶) 탄약 상자(彈藥箱子).

탄탄이¹ 탄탄히.

탄탄이(坦坦−)² 탄탄히.

탈 것 탈것. ※ 사람이 타고 다니는 물건을 통틀어 이를 때는 한 낱말이므로 붙여 쓴다.

탈렌트(talent) 탤런트.

탈크(talc) 탤크. 활석(滑石).

탐스러와(貪−) 탐스러워. ※ 'ㅂ 불규칙용언'은 '곱다', '돕다'를 제외하고는 모두 '−워'로 활용한다.

탐스런(貪−) 탐스러운. 참조 '−스런.'

탐욕스러와(貪慾−) 탐욕스러워. ※ 'ㅂ불규칙용언'은 '곱다', '돕다'를 제외하고는 모두 '−워'로 활용한다.

탐욕스런(貪慾−) 탐욕스러운. 참조 '−스런.'

탐익(耽溺) 탐닉.

탐탁이 탐탁히.

탐탁치 탐탁지. ※ '하다'로 끝나는 용언 가운데 '하' 앞의 음절이

‘ㄱ, ㅂ, ㅅ’ 받침으로 끝나는 낱말의 준말은 ‘하’가 아주 줄어든다. 즉, ‘간단하지’의 준말은 ‘하’의 ‘ㅏ’만 줄어들어 ‘간단치’가 되지만 ‘탐탁하지’의 준말은 ‘하’가 모두 줄어들어 ‘탐탁지’가 된다.

탑(top)   톱.   ※ ‘top’은 원칙적으로 ‘톱’으로 적지만 최근 들어 미국식 발음을 좇아 ‘탑’으로 적는 경향이 나타나고 있다. ¶톱 텐. / 탑건.

탑뉴스(top news)   톱뉴스.

탑스타(top star)   톱스타.

탑재양(搭載量)   탑재량.   참조 량.

탑클래스(top class)   톱클래스.

탓   ※ ‘주로 부정적인 현상이 생겨난 까닭이나 원인’을 뜻하는 낱말이다. 참조 덕. ¶안되면 조상 탓이라고 한다.

태고적(太古-)   태곳적.   ※ [태고쩍·태곧쩍]으로 소리 나므로 사이시옷을 받쳐 적는다.

태능(泰陵)   태릉. 서울 노원구 공릉동에 있는 조선 중종의 계비 문정왕후 능. 참조 -능.

태다   태우다.

태어나다   ※ ‘사람이나 동물이 형태를 갖추어 어미의 태(胎)로부터 세상에 나오다’를 뜻한다. ‘태’를 갖춘 ‘포유류’ 이외의 조류, 어류, 파충류 따위의 동물에 대해서는 ‘태어나다’라고 표현할 수 없다. ‘병아리가 태어났다. 물고기가 태어났다. 악어가 태어났다’와 같은 표현은 모두 틀리는 것이다. ¶그는 1959년에 태어났다 / 지리산에서 곰이 태어났다. / 병아리가 부화했다.

태연스런(泰然-)   태연스러운.   참조 -스런.

태연이(泰然-)   태연히.

태우다   참조 싣다.

태줄(胎-)   탯줄.   ※ [태쭐·탣쭐]로 소리 나므로 사이시옷을 받쳐 적는다.

태즈매니아(Tasmania)   태즈메이니아. 호주 동남부의 섬이자 주이며 주도는 호바트(Hobart).

태평스런(太平-)   태평스러운.   참조 -스런.

택견   =태껸.   ※ 복수표준어.

택내(宅內)   댁내.

택도 없다   턱도 없다.   ※ ‘턱없다’에 보조사 ‘도’를 첨가하여 강조한 표현이다. 참조 택없다. ¶그 사람은 턱도 없는 소리를 자주 한다.

택없다 턱없다. 이치에 닿지 않거나 그럴만한 근거가 전혀 없다. 수준이나 분수에 맞지 않다. ¶턱없는 거짓말. / 우승에는 턱없는 실력.

터 놓다 터놓다. ※ 한 낱말이므로 붙여 쓴다.

터 닦이 터 닦기.

터래기 터럭. 털.

터러기 터럭. 털.

터리개 먼지떨이.

터마당 텃마당. ※ [턴마당]으로 'ㅁ' 앞에서 'ㄴ' 소리가 덧나므로 사이시옷을 받쳐 적는다.

터미날(terminal) 터미널.

터밭 텃밭. ※ [터빧·턴빧]으로 소리 나므로 사이시옷을 받쳐 적는다.

터세(－勢) 텃세. ※ [터쎄·턷쎄]로 소리 나므로 사이시옷을 받쳐 적는다.

터우리 터울. 참조 터울.

터울 한 어머니가 먼저 낳은 아이와 그다음에 낳은 아이의 나이 차. ※ 한 어머니의 아이들이 아닌 사람 사이의 나이 차를 나타내는 데 써서는 안 된다. 이복형제자매 사이의 나이 차를 나타낼 때도 쓸 수 없다. ¶우리 형제는 3년 터울이 진다. // 그 사람은 이복동생과 나이 차가 5년이나 난다.

터주대감(－主大監) 터줏대감. ※ [터주때감·터줃때감]으로 소리 나므로 사이시옷을 받쳐 적는다.

터취(touch) 터치. ※ 영어 표기에서 [tʃ]가 어말에 오면 '치'로 적는다.

터치다 터뜨리다.

터키탕(Turkey湯) 증기탕.

터프가이(tough guy) 말터 쾌남아 (快男兒).

턱거리 턱걸이. ※ 다만, '턱 아래에 생기는 종기'를 뜻하는 말은 '턱거리'이다.

턱마루 산등성이.

턱받기 턱받이.

턱시토(tuxedo) 턱시도.

턱주거리 턱주가리.

턴넬(tunnel) 터널.

턴잉(turning) 터닝. ¶터닝숏. 터닝 포인트.

털다 참조 떨다.

털보숭이 털북숭이.

털복숭이 털북숭이.

털석　털썩.

털어놉니다　털어놓습니다. ※ 어간이 받침으로 끝나는 용언의 종결어미는 '-습니다'이다.

털어 놓다　털어놓다. ※ 한 낱말이므로 붙여 쓴다.

털억　터럭.

털으니　터니. ※ 어간이 'ㄹ' 받침으로 끝나는 용언의 어간에 붙는 어미는 '-니'이다. '-니'가 붙으면 'ㄹ'이 줄어든다.

털으면　털면. ※ 어간이 'ㄹ' 받침으로 끝나는 용언의 어간에 붙는 연결어미는 '-면'이다.

털은　턴. ※ 어간이 'ㄹ' 받침으로 끝나는 용언의 어간에 붙는 어미는 '-ㄴ'이다. '-ㄴ'이 붙으면 'ㄹ'이 줄어든다.

털음　턺. ※ 어간이 'ㄹ' 받침으로 끝나는 용언의 명사형 어미는 '-ㅁ'이다. ¶ 옷을 턺.

털읍니다　텁니다. ※ 어간이 'ㄹ' 받침으로 끝나는 용언의 어간에 붙는 어미는 '-ㅂ니다'이다. '-ㅂ니다'가 붙으면 'ㄹ'이 줄어든다.

털읍시다　텁시다. ※ 어간이 'ㄹ' 받침으로 끝나는 동사의 어간에 붙는 어미는 '-ㅂ시다'이다. '-ㅂ시다'가 붙으면 'ㄹ'이 줄어든다.

텀　턺. 참조 털음.

텃구렁이　업구렁이. 집안의 재산을 늘려 주는 구렁이.

테둘이　테두리.

테레비(television)　텔레비전.

테레비젼(television)　텔레비전.

테레비죤(television)　텔레비전.

테블(table)　테이블.

테스트베드(test bed)　말터 가늠터.

테임즈 강(Thames 江)　템스 강. 영국 잉글랜드 남부의 강으로 런던을 가로지른다.

테입(tape)　테이프.

테잎(tape)　테이프.

테크노크랫(technocrat)　테크노크라트.

테크놀러지(technology)　테크놀로지.

테크니칼(technical)　테크니컬.

텍스쳐(texture)　텍스처. ※ 외래어에서 'ㅈ, ㅊ' 다음에는 이중모음 'ㅑ, ㅕ, ㅛ, ㅠ'를 쓰지 않는다.

톈안먼(天安門)　톈안먼. 중국 베이징(北京) 쯔진청(紫禁城)의 정문.

톈진(天津)　톈진. 중국 북부의 중앙 직할시.

텔레비젼(television)　텔레비전. ※

외래어에서 'ㅈ, ㅊ' 다음에는 'ㅑ, ㅕ, ㅛ, ㅠ' 같은 이중 모음을 표기 하지 않는다.

템즈 강(Thames 江)   템스 강.

텡텡   텅텅.

토기쟁이(土器-)   토기장이. 참조 -장이.

토란대(土卵-)   =고운대. ※ 복 수표준어.

토란탕(土卵湯)   토란국.

토론꺼리(討論-)   토론거리.

토바기(土-)   토박이.

토배기(土-)   토박이.

토백이(土-)   토박이.

토사광란   토사곽란(吐瀉癨亂). 위 로는 토하고 아래로는 설사하면 서 배가 질리고 아픈 병.

토속민요(土俗民謠)   향토민요(鄕 土民謠).

토요타(豊田).   도요다. 도요타. ※ 일본의 자동차 회사는 'とよだ'이 므로 '도요타'로 적고, 이 회사의 창업주 및 그 일가의 성은 'とよ だ'이므로 '도요다'로 적는다. 다 만, 도요타의 한국 법인은 '토요 타'로 등록하였다. 일본어의 첫 머리는 거센소리나 된소리('ㅆ' 은 제외)를 쓰지 않는다.

토우(Tow)   토. ¶<u>토</u> 미사일. ※ [ou]는 '오'로 적는다.

토우슈즈(toeshoes)   토슈즈. ※ [ou]는 '오'로 적는다.

토장탕(土醬湯)   된장국.

토쿄(東京)   도쿄. 일본의 수도. ※ 일본어의 첫머리는 거센소리나 된소리('ㅆ'은 제외)를 쓰지 않 는다.

토탈(total)   토털.

토튼햄(Tottenham)   토트넘. 영국 런던의 북부에 있는 지역. ¶<u>토 트넘</u> 홋스퍼.

톡톡이   톡톡히.

톨아지다   토라지다.

톰 소녀의 모험   톰 소여의 모험 (Tom Sawyer-冒險). 미국 작가 마크 트웨인의 소설.

톱건(top gun)   탑건. 참조 탑.

톳날(兎-)   토끼날. 묘일(卯日).

통과률(通過率)   통과율. 참조 -률.

통소(洞簫)   퉁소.

통쟁이(桶-)   통장이. 참조 -장 이.

통졸임(桶-)   통조림. 참조 조리 다. 졸임.

통채   통째. ¶<u>통째</u>로.

통치다   한통치다. 나누지 않고

한곳에 합치다. ¶감자가 잘고 굵음을 따지지 않고 <u>한통쳐서</u> 값을 매겼다.

통털어 통틀어.

통화양(通貨量) 통화량. 참조 량.

퇴간(退間) 툇간. ※ 한자어에는 사이시옷을 받치지 않는 것이 원칙이지만 '곳간(庫間)', '셋방(貰房)', '숫자(數字)', '찻간(車間)', '툇간(退間)', '횟수(回數)'에는 사이시옷을 받쳐 적는다.

퇴마루(退-) 툇마루. ※ [퇸 : 마루·퉨 : 마루]로 'ㅁ' 앞에서 'ㄴ' 소리가 덧나므로 사이시옷을 받쳐 적는다.

퇴맞다(退-) 퇴박맞다. 거절당하거나 물리침을 받다. ¶그는 서얼 출신이라고 <u>퇴박맞으며</u> 살아왔다.

퇴주그릇(退酒-) 퇴줏그릇. ※ [퇴 : 주끄른·퉤 : 준끄른]으로 소리 나므로 사이시옷을 받쳐 적는다.

퇴줏잔(退酒盞) 퇴주잔. ※ 한자어는 두 음절로 된 '곳간(庫間)', '셋방(貰房)', '숫자(數字)', '찻간(車間)', '툇간(退間)', '횟수(回數)' 외에는 사이시옷을 받치지 않는다.

퇴퇴 퉤퉤.

퇴행성 관절염(退行性關節炎) ⇨ 뼈관절염(대한의사협회 권장용어).

툇자(退字) 퇴짜. 참조 툇짜.

툇짜(退-) 퇴짜. ※ 된소리 앞에서는 사이시옷을 받치지 않는다.

투고난(投稿欄) 투고란. 참조 -난¹.

투과률(透過率) 투과율. 참조 -률.

투매(投賣) 막 팔기. ※ '투매'는 일본어투.

투박스런 투박스러운. 참조 -스런.

-투성이 ※ 앞말이 나타내는 사물이 너무 많은 상태, 또는 그런 상태의 사물이나 사람을 뜻하는 접미사이므로 앞말에 붙여 쓴다. ¶땀<u>투성이</u>. / 먼지<u>투성이</u>. / 피<u>투성이</u>. / 흙<u>투성이</u>.

투입시키다(投入-) 투입하다. ※ 사동의 뜻이 없으면 '-시키다'로 쓰지 않는다. 참조 -시키다.

투잡(two job) 말터 겹벌이.

투전군(鬪牋-) 투전꾼.

툭배기 뚝배기.

툭 하면 툭하면. ※ 한 낱말이므로 로 붙여 쓴다.

퉁견 통견(通絹). 비단의 한 종류.

퉁망스럽다 퉁명스럽다.

퉁명스런 퉁명스러운. 참조 −스런.

퉁사발 퉁주발. 질 낮은 놋쇠로 만든 주발.

튀빙엔(Tübingen) 튀빙겐. 독일 바덴뷔르템베르크 주의 도시.

튜니지(Tunisie) 튀니지. 북아프리카 지중해 연안에 있는 나라로 수도는 튀니스(Tunis).

튜울립(tulip) 튤립.

트기 튀기.

트더지다 터지다.

트라블(trouble) 트러블.

트라팔가르(Trafalgar) 트라팔가르 해전으로 유명한 스페인 이베리아 반도 남쪽의 곶. ※ 트라팔가르 해전의 승전을 기념하여 영국 런던에 만든 광장은 '트래펄가'로 적는다.

트래킹(trekking) 트레킹.

트래펄가 참조 트라팔가르.

트랜드(trend) 트렌드.

트랜스 지방(trans 脂肪) 말터 변이지방(變異脂肪).

트랜치코트(trench coat) 트렌치코트.

트랲(trap) 트랩. ※ 외래어 표기에서, 받침에는 'ㄱ, ㄴ, ㄹ, ㅁ, ㅂ, ㅅ, ㅇ'만 쓴다.

트러지다 틀어지다.

트레디션(tradition) 트래디션.

트레블(travel) 트래블.

트레블러(traveller) 트래블러.

트레이드마크(trademark) 말터 으뜸상징(−象徵).

트렉(track) 트랙.

트롯(trot) 트로트.

트름 트림.

−트리다 = −뜨리다. ※ 복수 표준어. ¶깨트리다. 넘어트리다. 떨어트리다. 망가트리다.

트리트먼트(treatment) 말터 머릿결영양제(−營養劑).

특별이(特別−) 특별히.

특징지우다(特徵−) 특징짓다. 활용 특징짓고. 특징짓는. 특징지어. 특징지으니.

튼튼이 튼튼히.

틁어지다 뜯어지다.

틀리다 참조 다르다.

틀림 없다 틀림없다. ※ 한 낱말이므로 붙여 쓴다.

틀으니 트니. ※ 어간이 'ㄹ' 받침으로 끝나는 용언의 어간에 붙

는 어미는 '-니'이다. '-니'가 붙
으면 'ㄹ'이 줄어든다.

틀으면 틀면. ※ 어간이 'ㄹ' 받침
으로 끝나는 용언의 어간에 붙
는 연결어미는 '-면'이다.

틀은 튼. ※ 어간이 'ㄹ' 받침으로
끝나는 용언의 어간에 붙는 어
미는 '-ㄴ'이다. '-ㄴ'이 붙으면
'ㄹ'이 줄어든다.

틀음 틂. ※ 어간이 'ㄹ' 받침으로
끝나는 용언의 명사형 어미는
'-ㅁ'이다. ¶방향을 틂.

틀읍니다 틉니다. ※ 어간이 'ㄹ'
받침으로 끝나는 용언의 어간에
붙는 어미는 '-ㅂ니다'이다. '-ㅂ
니다'가 붙으면 'ㄹ'이 줄어든다.

틀읍시다 틉시다. ※ 어간이 'ㄹ'
받침으로 끝나는 동사의 어간에
붙는 어미는 '-ㅂ시다'이다. '-ㅂ
시다'가 붙으면 'ㄹ'이 줄어든다.

틀이 틀니.

틀지우다 틀(을) 짓다. ※ '만들
다'의 뜻으로는 '짓다'를 쓰며, 한
낱말이 아니므로 띄어 쓴다.
참조 지우다.

틈 틂. 참조 틀음.

틈사리 틈서리. 틈이 난 부분의
가장자리.

틈살 틈. 틈새.

틈실하다 튼실하다.

틈틈히 틈틈이.

틉틉하다 텁텁하다.

틔미하다 투미하다. 어리석고 둔
하다.

티각 튀각.

티각태각 티격태격.

티격거리다 티격태격하다.

티귿 티읕. ※ 한글 자모 'ㅌ'의
이름은 '티읕'이다.

티라노사우르스(tyrannosaurus)
티라노사우루스.

티미하다 투미하다. 어리석고 둔
하다.

티벳(Tibet) 티베트. 중국 서남부
의 자치구.

티샤쓰(T-shirts) 티셔츠.

티이다 트이다. 활용 트여. 트이
니. 트인.

티처보이(teacher boy) 말터 교사
의존학생(教師依存學生).

팀웍(teamwork) 팀워크.

팁(tip) 말터 도움말.

파고다공원(Pagoda公園)　탑골공원. 서울 종로구에 있는 공원. ※ 3·1운동 당시 독립선언서를 낭독한 곳.

파고라(pergola)　퍼걸러. 그늘막. 그늘시렁. 뜰이나 편평한 지붕 위에 나무를 가로와 세로로 얹어 놓고 등나무 따위의 덩굴성 식물을 올리어 만든 서양식 정자.

파골세포(破骨細胞)　⇨ 뼈파괴세포(−破壞細胞, 대한의사협회 권장용어).

파괴시키다(破壞−)　파괴하다. ※ 사동의 뜻이 없으면 '−시키다'로 쓰지 않는다. 참조 −시키다.

파국　팟국. 맑은장국에 파와 콩나물을 넣고 고추장을 풀어 끓인 국. ※ [파꾹·팓꾹]으로 소리 나므로 사이시옷을 받쳐 적는다.

파다닥　파드닥. ¶새들이 파드닥 날아올랐다.

파딱　※ '파딱'은 '작은 새가 가볍고 빠르게 날개를 치는 소리. 또는 그 모양'을 뜻하며, '파뜩'은 '어떤 생각이 갑자기 순간적으로 떠오르는 모양'을 뜻한다. ¶참새가 파딱 날아올랐다. // 아이디어가 파뜩 떠올랐다.

파라독스(paradox)　패러독스. 역설(逆說).

파라파랗다　새파랗다.

파란 빛　파란빛. ※ 한 낱말이므로 붙여 쓴다.

파란 색(−色)　파란색. ※ 한 낱말이므로 붙여 쓴다.

파랍니다　파랗습니다. ※ 어간이 받침으로 끝나는 용언의 종결어미는 '−습니다'이다.

파랑색　파란색. 파랑.

파래국　파랫국. ※ [파래꾹·파랟꾹]으로 소리 나므로 사이시옷을 받쳐 적는다.

파레트(palette)　팔레트.

파르스럼하다　파르스름하다.

파릇히　파릇이.

파릿하다　파리하다.

파묵(Pamuk)　파무크. ¶오르한 파무크(터키의 소설가).

파생율(派生率)　파생률. 참조 −률.

파수군(把守−)　파수꾼.

파염치(破廉恥)　파렴치. ※한자어에서 속음으로 소리 나는 것은 속음으로 적는다.

파이팅(fighting)　말터 아자.

파일럿 프로그램(pilot program)　말터 맛보기프로그램.

파일로트(pilot)　파일럿.

파잠마(pajamas)　파자마.

파켓(pocket)　포켓.

파토　파투(破鬪). ¶화투판이 파투가 나다. / 일이 파투가 나 버렸다.

파트너쉽(partnership)　파트너십. 말터 동반관계(同伴關係). ※영어 표기에서 모음 앞의 ⑴는 뒤따르는 모음에 따라 '샤, 섀, 셔, 셰, 쇼, 슈, 시'로 적는다.

파파라치(paparazzi)　말터 몰래제보꾼(−提報−).

파행(跛行)　절뚝거리며 걸음. ※장애인 비하의 소지가 있는 말이므로 쓰지 않는 것이 바람직하다.

판갈음　판가름.

판네루(← panel)　패널. 널빤지. 판자. ※'판네루'는 일본어투.

판넬(panel)　패널.

판대기(板−)　판때기.

판떼기(板−)　판때기.

판매고(販賣高)　판매액(販賣額). 판매량(販賣量). ※'판매고'는 일본어투. 참조 −고.

판매선(販賣先)　판매처(販賣處). ※'판매선'은 일본어투. 참조 −선.

판매양(販賣量)　판매량. 참조 량.

판무식장이(判無識−)　판무식쟁이. 참조 −장이.

판쓰리　판쓸이.

판이하게 다르다(判異−)　판이하다. 매우 다르다. ※'판이하다'가 '아주 다르다'를 뜻하므로 '판이하게 다르다'는 겹말이다.

판자대기(板子−)　판자때기.

판자집(板子−)　판잣집. ※[판자찝·판잗찝]으로 소리 나므로 사이시옷을 받쳐 적는다.

판타롱(pantalon)　판탈롱.

판토마임(pantomime)　팬터마임.

팔굼치　팔꿈치.

팔굽 팔꿈치.

팔둑 팔뚝.

팔뒤꿈치 팔꿈치.

팔뚝시계(-時計) 손목시계.

팔래스(palace) 팰리스.

팔로우(follow) 폴로. ¶폴로스루(follow through). ※ [ou]는 '오'로 적는다.

팔목시계(-時計) 손목시계.

팔베게 팔베개.

팔부 능선(←八分-·-ぶ-) 팔푼 능선. 참조 부.

팔부 바지(←八分-·-ぶ-) 팔푼 바지. 참조 부.

팔삭동이(八朔童-) 팔삭둥이.

팔아 먹다 팔아먹다. ※ 한 낱말이므로 붙여 쓴다.

팔으네 파네. ※ 어간이 'ㄹ' 받침으로 끝나는 용언의 어간에 붙는 어미는 '-네'이다. '-네'가 붙으면 'ㄹ'이 줄어든다.

팔으니 파니. ※ 어간이 'ㄹ' 받침으로 끝나는 용언의 어간에 붙는 어미는 '-니'이다. '-니'가 붙으면 'ㄹ'이 줄어든다.

팔으면 팔면. ※ 어간이 'ㄹ' 받침으로 끝나는 용언의 어간에 붙는 연결어미는 '-면'이다.

팔은 판. ※ 어간이 'ㄹ' 받침으로 끝나는 용언의 어간에 붙는 어미는 '-ㄴ'이다. '-ㄴ'이 붙으면 'ㄹ'이 줄어든다.

팔음 팖. ※ 어간이 'ㄹ' 받침으로 끝나는 용언의 명사형 어미는 '-ㅁ'이다. ¶물건을 싸게 팖.

팔읍니다 팝니다. ※ 어간이 'ㄹ' 받침으로 끝나는 용언의 어간에 붙는 어미는 '-ㅂ니다'이다. '-ㅂ니다'가 붙으면 'ㄹ'이 줄어든다.

팔읍시다 팝시다. ※ 어간이 'ㄹ' 받침으로 끝나는 동사의 어간에 붙는 어미는 '-ㅂ시다'이다. '-ㅂ시다'가 붙으면 'ㄹ'이 줄어든다.

팔장 팔짱.

팔지 팔찌.

팔짜 팔자(八字). ※ '사주팔자(四柱八字)'에서 유래한 말. ¶팔자가 늘어졌다. / 팔자를 고칠 기회가 왔다. / 팔자에 없는 호강을 한다.

팔짜걸음 팔자걸음(八字-).

팔쭉지 팔죽지.

팔토시 토시.

팔힘 팔심.

팜 팖. ※ 다만, '파다'의 명사형은 '팜'이다. 참조 팔음.

팜므파탈(femme fatale) 팜파탈. 악녀(惡女). 요부(妖婦).

팜플렛(pamphlet) 팸플릿.

팝업창(pop-up窓) 말터 알림창.

팡파레(fanfare) 팡파르.

패감 팻감. ※ [패ː깜·팯ː깜으로 소리 나므로 사이시옷을 받쳐 적는다.

패딩(padding) 말터 누비옷.

패러다이스(paradise) 파라다이스.

패러볼라(parabola) 파라볼라. ¶ 파라볼라 안테나.

패말(牌-) 팻말. ※ [팬말]로 'ㅁ' 앞에서 'ㄴ' 소리가 덧나므로 사이시옷을 받쳐 적는다.

패북(敗北) 패배. ※ '北'는 '달아날 배'.

패셔니스타(fashionista) 말터 맵시꾼.

패스트리(pastry) 페이스트리.

패악스런(悖惡-) 패악스러운. 참조 -스런.

패여 파이어. 파여. 패어. 참조 패이다.

패이다 파이다. 패다. ※ '패다'는 '파이다'의 준말이므로 활용할 때 주의해야 한다. 활용 파이고-패고. 파이니-패니. 파이어(파여)-패어. 파인-팬. ¶ 길이 파여 있으므로 운전에 주의해야 한다. / 길이 패어 있으므로 운전에 주의해야 한다.

패인 파인. 팬. 참조 패이다.

패취(patch) 패치. ※ 영어 표기에서 [tʃ]가 어말에 오면 '치'로 적는다.

패케지(package) 패키지. 묶음. 짐. 포장.

패키지상품(package商品) 말터 꾸러미상품.

패트럴(patrol) 패트롤.

팩(pack) 말터 피부가꿈제(皮膚-劑).

팩션(faction) 말터 각색실화(脚色實話).

팩키지(package) 패키지. 묶음. 짐. 포장.

팩토링(factoring) 팩터링.

팬더곰(panda-) 판다. ※ 모습은 곰과 비슷하지만 곰과의 동물이 아니다.

팬미팅(fan meeting) 말터 다솜모임.

팬터지(fantasy) 판타지.

팻치(patch) 패치.

팽겨치다 팽개치다.

팽창율(膨脹率) 팽창률. 참조 -률.

팽팽이 팽팽히. ¶줄을 <u>팽팽히</u> 당겼다. / 의견이 <u>팽팽히</u> 맞섰다.

퍼대다 퍼더버리다. 팔다리를 아무렇게나 편하게 뻗다. ¶어찌나 힘들던지 대로변에 <u>퍼더버리</u>고 앉아 쉬었다.

퍼더덕 퍼드덕. ¶새가 <u>퍼드덕</u>거리며 날갯짓을 해 댔다.

퍼래지다 퍼레지다.

퍼러죽죽하다 푸르죽죽하다.

퍼러퍼렇다 시퍼렇다.

퍼르스름하다 푸르스름하다.

퍼르죽죽하다 푸르죽죽하다.

퍼릇퍼릇 푸릇푸릇.

퍼머(← permanent) 파마.

퍼붇다 퍼붓다.

퍼 붓다 퍼붓다. ※ 한 낱말이므로 붙여 쓴다.

퍼블리시티권(publicity權) 말터 초상사용권(肖像使用權).

퍼센트(percent) ※ '퍼센트(%)'는 '기존 수량을 기준으로 증가된 수량을 백분율로 표시한 것'이고, '퍼센트 포인트(%p)'는 '기존의 백분율 수치(%)가 얼마나 증가했는지를 표시한 것'이다. ¶올 들어 7월까지 현대차와 기아차를 합해 산출한 미국 시장 점유율은 7.3<u>%</u>로, 지난해 연간 점유율 5.3<u>%</u>보다 2.0<u>%포인트</u> 상승한 것으로 나타났다.

퍼센트 포인트(percent point) 참조 퍼센트.

퍼스나콘(personacon) 말터 개성 표현꼴(個性表現−)

퍼스넬리티(personality) 퍼스낼리티.

퍼질르다 퍼지르다. 활용 퍼지르고. 퍼지르니. 퍼지르면. 퍼지르지. 퍼질러. ¶아무에게라도 욕을 <u>퍼지르고</u> 싶은 심정이다. / 아이들이 길가에 <u>퍼질러</u> 앉아 있었다.

퍽으나 퍽이나.

펀뜩 퍼뜩.

펀뜻 언뜻.

펌킨족(−KIN族) 말터 펌누리꾼.

페가서스(Pegasus) 페가수스.

페난트(pennant) 페넌트.

페날티(penalty) 페널티.

페스티발(festival) 페스티벌.

펜실베니아(Pennsylvania) 펜실베이니아. 미국 동북부의 주(州).

펜터건(Pentagon) 펜타곤. 미국 국방부의 별칭.

펜트하우스(penthouse) 말터 하늘

채.

펠로우(fellow) 펠로. ※ [ou]는 '오'로 적는다.

펠로우쉽(fellowship) 펠로십. ※ 영어 표기에서 모음 앞의 [ʃ]는 뒤따르는 모음에 따라 '샤, 섀, 셔, 셰, 쇼, 슈, 시'로, [ou]는 '오'로 적는다.

펠리칸(pelican) 펠리컨.

펫트병(←PET·polyethylene terephthalate甁) 페트병.

펴 놓다 펴놓다. ※ 한 낱말이므로 붙여 쓴다.

펴뜨리다 퍼뜨리다.

펴락쥐락 쥐락펴락.

편들으니 편드니. ※ 어간이 'ㄹ' 받침으로 끝나는 용언의 어간에 붙는 어미는 '니'이다. '니'가 붙으면 'ㄹ'이 줄어든다.

편들으면 편들면. ※ 어간이 'ㄹ' 받침으로 끝나는 용언의 어간에 붙는 연결어미는 '면'이다.

편들은 편든. ※ 어간이 'ㄹ' 받침으로 끝나는 용언의 어간에 붙는 어미는 'ㄴ'이다. 'ㄴ'이 붙으면 'ㄹ'이 줄어든다.

편들음(便) 편듦. ※ 어간이 'ㄹ' 받침으로 끝나는 용언의 명사형 어미는 'ㅁ'이다. ¶할머니는 늘 막손자만 편듦.

편듦(便) 편듦. 참조 편들음.

편안이(便安) 편안히.

편역들다(便) 역성들다.

편이(便) 편히.

편차값(偏差) 편찻값. ※ [편차깝·편찬깝]으로 소리 나므로 사이시옷을 받쳐 적는다.

편찮다(便) 편찮다.

편편히 편평히(扁平).

폄하(貶下) ※ '폄하'는 '치적이 좋지 못한 수령을 하등으로 끌어내리던 일'을 뜻하며, '폄훼(貶毀)'는 '남을 깎아내려 헐뜯음'을 뜻하는 말이다. 표준국어대사전에서는 '폄하'를 '폄훼'의 뜻으로 인정하고 있다. '깎아내리다'라는 말로도 '폄훼'의 뜻을 충분히 나타낼 수 있다.

폄훼(貶毀) 참조 폄하.

평가하다(評價) ※ '평가하다'는 '……을 ……으로 평가하다', '……을 게(이·히) 평가하다', '……을 고 평가하다', '고 평가하다'의 형식으로 써야 한다. '우리는 이번 남북 합의를 평가한다'처럼 '어떻게'에 해당

하는 부사어 없이 써서는 안 된
다. '평가'의 결과는 좋을 수도,
나쁠 수도 있기 때문이다. ¶우
리는 이번 남북 합의를 긍정적
으로 <u>평가한다</u>. / 우리는 이번 남
북 합의를 높이 <u>평가한다</u>. / 우리
는 이번 남북 합의를 바람직하
다고 <u>평가한다</u>.

평균률(平均率)　평균율. 참조 −률.

평균양(平均量)　평균량. 참조 량.

평발치다　도사리다.

평방(平方)　제곱. ¶<u>제곱</u>센티미
터(cm²). / <u>제곱</u>미터(m²).

평상 시(平常時)　평상시. ※ 한 낱
말이므로 붙여 쓴다.

평안이(平安−)　평안히.

평양감사(平壤監司)　평안감사(平
安監司). ※ '감사'는 조선시대에
각 도를 다스리던 관찰사(觀察
使)의 별칭이다. 관찰사가 직무
를 보던 감영(監營)이 평양에 있
었다고 해서 '평양감사'로 해서
는 안 된다. 평안도 전체를 다스
린 관찰사는 '평안도 관찰사', 다
시 말해 '평안감사'이다.

평퍼지다　펑퍼지다.

평퍼짐하다　펑퍼짐하다.

평평이(平平−)　평평히.

평생도록(平生−)　평생토록.

평화로와(平和−)　평화로워. ※
'ㅂ불규칙용언'은 '곱다', '돕다'를
제외하고는 모두 '−워'로 활용
한다.

평화로히(平和−)　평화로이.

평화스런(平和−)　평화스러운.
참조 −스런.

폐기시키다(廢棄−)　폐기하다. ※
사동의 뜻이 없으면 '−시키다'
로 쓰지 않는다. 참조 −시키다.

폐사률(斃死率)　폐사율. 참조 −률.

폐쇄시키다(閉鎖−)　폐쇄하다. ※
사동의 뜻이 없으면 '−시키다'
로 쓰지 않는다. 참조 −시키다.

폐염(肺炎)　폐렴.

폐지시키다(廢止−)　폐지하다. ※
사동의 뜻이 없으면 '−시키다'
로 쓰지 않는다. 참조 −시키다.

포근이　포근히.

포도덩쿨(葡萄−)　포도덩굴. 포도
넝쿨.

포도빛(葡萄−)　포돗빛. ※ [포도
삗·포돋삗]으로 소리 나므로 사
이시옷을 받쳐 적는다.

포르쉐(Porsche)　포르셰. ※ 영어
표기에서 모음 앞의 ʃ는 뒤따르
는 모음에 따라 '샤, 섀, 셔, 셰,

쇼, 슈, 시'로 적는다.

포르스름하다 파르스름하다.

포르족족하다 파르족족하다.

포르투칼 포르투갈(Portugal).

포릇포릇하다 파릇파릇하다.

포말(formal) 포멀.

포머드(pomade) 포마드.

포뮬라(formula) 포뮬러.

포복졸도 포복절도(抱腹絶倒).

포소리(砲−) 폿소리. ※[포쏘리 · 폰쏘리]로 소리 나므로 사이시옷을 받쳐 적는다.

포스타(poster) 포스터.

포스트잇(Post-it) 말터 붙임쪽지.

포악스런(暴惡−) 포악스러운. 참조 −스런.

포어핸드(forehand) 포핸드.

포이어바하(Feuerbach) 포이어바흐. ¶루트비히 안드레아스 포이어바흐(독일의 철학자).

포장율(鋪裝率) 포장률. 참조 −률.

포즈나니(Poznań) 포즈난. 폴란드 중서부에 있는 도시.

포카(poker) 포커.

포케트(pocket) 포켓.

포크레인(Poclain) 포클레인. 굴착기. 삽차. ※'포클레인'은 상표명이다. 참조 굴삭기.

포타블(portable) 포터블.

포탈(portal) 포털. 관문(關門).

포템킨 포톰킨(Potyomkin). ¶그리고리 알렉산드로비치 포툠킨. / 전함 포툠킨.

포트프린스 포르토프랭스(Port-au-Prince). 아이티의 수도.

포핸드(forehand) 포어핸드. ¶포어핸드 드라이브. / 포어핸드 스매시.

폭기조(曝氣槽) 포기조. ※'曝'는 '쬘 포'.

폭낙(暴落) 폭락.

폭스바겐(Volkswagen) 폴크스바겐. ※다만, 폴크스바겐의 한국 법인은 '폭스바겐'으로 등록하였다.

폭치마 풀치마. 선단이 양쪽으로 있어 둘러 입게 만든 치마. 전통적인 한복 치마이다.

폭파시키다(爆破−) 폭파하다. ※사동의 뜻이 없으면 '−시키다'로 쓰지 않는다. 참조 −시키다.

폭팔 폭발(爆發). ¶화산 폭발.

폴리에스터(polyester) 폴리에스테르.

폴리페서(polifessor) 말터 정치철새교수(政治−教授).

표독스런(慓毒－)　표독스러운. 참조 －스런.

표말(標－)　푯말. ※ [푠말]로 ‘ㅁ’ 앞에서 ‘ㄴ’ 소리가 덧나므로 사이시옷을 받쳐 적는다.

표식(標識)　표지. ※ ‘識’는 ‘알릴 지’.

표식판(標識板)　표지판. 참조 표식.

표정만방지곡(表正萬方之曲)　관악영산회상(管樂靈山會想). 거문고나 가야금을 중심으로 하는 현악 영산회상을 관악기 중심으로 편성한 곡.

표준양(標準量)　표준량. 참조 량.

푸달지다　푸닥지다. (비꼬는 뜻으로) 꽤 많다.

푸대　부대(負袋). 포대(包袋). ¶ 밀가루 부대. / 옥수수 포대.

푸드덕　※ ‘푸드덕’은 ‘큰 새가 힘 있게 날개를 치는 소리 또는 그 모양. 큰 물고기가 힘 있게 꼬리를 치는 소리 또는 그 모양’을 나타내고, ‘**푸드득**’은 ‘든든하고 질기거나 번드러운 물건을 거세게 문지르거나 마주 갈 때 나는 소리. 무른 똥을 힘들여 눌 때 나는 소리’를 나타낸다.

푸렇다　퍼렇다.

푸르덩덩하다　푸르뎅뎅하다.

푸르디 푸르다　푸르디푸르다. ※ 한 낱말이므로 붙여 쓴다. 참조 －디.

푸르딩딩하다　푸르뎅뎅하다.

푸르락붉으락　붉으락푸르락.

푸르르다　푸르다. 활용 푸르니. 푸르러. 푸른. 푸름.

푸르른　푸른. 참조 푸르르다.

푸르름　푸름. 참조 푸르르다.

푸르스럼하다　푸르스름하다.

푸른 색(－色)　푸른색. ※ 한 낱말이므로 붙여 쓴다.

푸른 신록(－新綠)　신록. ※ ‘신록’이 ‘새로 나온 잎의 푸른빛’을 뜻하므로 ‘푸른 신록’은 겹말이다.

푸른콩　청대콩(靑－).

푸름하다　푸르무레하다.

푸릿푸릿　푸릇푸릇.

푸마(puma)　퓨마. 고양잇과의 동물.

푸성가리　푸성귀.

푸쉬(push)　푸시. ※ 영어 표기에서 [ʃ]가 어말에 오면 ‘시’로 적는다.

푸슈킨(Pushkin)　푸시킨. ¶ 알렉산드르 세르게예비치 푸시킨(제정 러시아의 시인·소설가).

푸주간(－間)　푸줏간. ※ [푸주깐

· 푸줃깨으로 소리 나므로 사이
시옷을 받쳐 적는다.

푸줏관 푸줏간(-間). 참조 푸주
간.

푸짐이 푸짐히.

푸케트(Phuket) 푸껫. 태국 남부
의 섬.

푸켓(Phuket) 푸껫. 태국 남부의 섬.

푼전(-錢) 푼돈.

풀거름 풋거름. 생풀 따위로 만
든, 채 썩지 않은 거름.

풀려 나오다 풀려나오다. ※ 한
낱말이므로 붙여 쓴다.

풀 빛 풀빛. ※ 한 낱말이므로 붙
여 쓴다.

풀섶 풀숲.

풀 세트(full set) 말터 다모음.

풀어놉니다 풀어놓습니다. ※
어간이 받침으로 끝나는 용언의
종결어미는 '-습니다'이다.

풀으네 무네. ※ 어간이 'ㄹ' 받침
으로 끝나는 용언의 어간에 붙
는 어미는 '-네'이다. '-네'가 붙
으면 'ㄹ'이 줄어든다.

풀으니 무니. ※ 어간이 'ㄹ' 받침
으로 끝나는 용언의 어간에 붙
는 어미는 '-니'이다. '-니'가 붙
으면 'ㄹ'이 줄어든다

풀으면 풀면. ※ 어간이 'ㄹ' 받침
으로 끝나는 용언의 어간에 붙
는 연결어미는 '-면'이다.

풀은 푼. ※ 어간이 'ㄹ' 받침으로
끝나는 용언의 어간에 붙는 어
미는 '-ㄴ'이다. '-ㄴ'이 붙으면
'ㄹ'이 줄어든다.

풀음 풂. ※ 어간의 끝소리가 'ㄹ'
인 용언의 명사형 어미는 '-ㅁ'
이다. ¶문제를 쉽게 풂.

풀읍니다 풉니다. ※ 어간이 'ㄹ'
받침으로 끝나는 용언의 어간에
붙는 어미는 '-ㅂ니다'이다. '-ㅂ
니다'가 붙으면 'ㄹ'이 줄어든다.

풀읍시다 풉시다. ※ 어간이 'ㄹ'
받침으로 끝나는 동사의 어간에
붙는 어미는 '-ㅂ시다'이다. '-ㅂ
시다'가 붙으면 'ㄹ'이 줄어든다.

풀햄(Fullham) 풀럼. 영국 런던의
서부에 있는 지역.

품 풂. ※ 다만, '푸다'의 명사형
은 '품'이다. 참조 풀음.

품삭 품삯.

품새 =품세. ※ 복수표준어.

품 속 품속. ※ 한 낱말이므로 붙
여 쓴다. ¶엄마 품속의 아기.

품파리 품팔이.

풋나기 풋내기.

풋머슴 선머슴.

풋솜 풀솜.

풋초 풋담배.

풍난(風蘭) 풍란. 참조 난².

풍댕이 풍뎅이.

풍덩이 풍뎅이.

풍물굿(風物－) 풍물놀이.

풍부이(豊富－) 풍부히.

풍성이(豊盛－) 풍성히.

풍수장이(風水－) 풍수쟁이. 참조
－장이.

풍요로와(豊饒－) 풍요로워. ※
‘ㅂ 불규칙용언’은 ‘곱다’, ‘돕다’를
제외하고는 모두 ‘－워’로 활용
한다.

풍장굿 농악.

풍지박산 풍비박산(風飛雹散). ¶
무리한 사업 확장으로 회사가
풍비박산이 났다.

풔 퍼. ※ ‘푸다’의 어간 ‘푸’에 모
음으로 시작하는 어미가 붙으면
‘ㅜ’가 줄어든다. ¶쌀통에서 쌀
을 펐다.

퓨레(purée) 퓌레. 말터 과립즙
(顆粒汁). ※ 프랑스 어의 [y]는
‘위’로 적는다. 참조 퓌레.

프라그 플라크(plaque). 치태(齒苔).

프라브족(PRAV·Proud Realisers of

Added Value族) 말터 알뜰개성
족(－個性族).

프라스(plus) 플러스.

프라스틱(plastic) 플라스틱.

프라자(plaza) 플라자.

프랑소와(François) 프랑수아. ※
프랑스 어의 ‘oi’는 ‘우아’로 적는
다.

프랑카드(placard) 플래카드.

프랑켄시타인(Frankenstein) 프랑
켄슈타인.

프랙탈(fractal) 프랙털.

프랜트(plant) 플랜트.

프러듀서(producer) 프로듀서.

프레젠테이션(presentation) 말터
시청각설명(회)(視聽覺說明會).

프렌차이즈(franchise) 프랜차이
즈.

프로레타리아(proletariat) 프롤
레타리아.

프로슈머(prosumer) 말터 참여형
소비자(參與形消費者).

프로이드(Freud) 프로이트. ¶지
그문트 프로이트(오스트리아의
신경과 의사, 정신분석의 창시
자).

프로코피에프(Prokofiev) 프로코
피예프. ¶세르게이 세르게예

비치 <u>프로코피예프</u>(소련의 작곡가).

프로파겐다(propaganda)　프로파간다.

프로펠라(propeller)　프로펠러.

프로포즈(propose)　프러포즈.

프론트(front)　프런트.

프론티어(frontier)　프런티어.

프리드로(free throw)　프리스로. 자유투.　※ [θ]는 'ㅅ'으로 적는다.

프리렌서(freelancer)　프리랜서.

프리 마돈나(prima donna)　프리마 돈나.

프리 사이즈(free size)　[말터] 열린 치수(−數).

프리젠테이션(presentation)　프레젠테이션.　[말터] 시청각설명회(視聽覺說明會).

프리터족(freeter族)　[말터] 자유벌이족(自由−族).

프린스톤(Princeton)　프린스턴. 미국 뉴저지 주의 도시.

프티 성형(petit 成形)　[말터] 여우비 성형. 주사를 이용하여 짧은 시간에 성형수술과 동일한 효과를 나타내는 시술법.

플라그(plaque)　플라크. 치태(齒苔).

플라모델(plamodel)　[말터] 조립모형(組立模型).

플라밍고　플라멩코(flamenco). 스페인 안달루시아 지역의 민요와 춤.　※ 다만, '미국큰홍학(flamingo)'은 '플라밍고'로 적는다.

플라즈마(plasma)　플라스마.

플랑카드(placard)　플래카드.

플래그십 스토어(flagship store)　[말터] 체험판매장(體驗販賣場).

플래스틱(plastic)　플라스틱.

플래티늄(platinum)　플래티넘.

플랭카드(placard)　플래카드.

플러레(fleuret)　플뢰레.

플렉서블(flexible)　플렉시블.

플로렌스(Florence)　피렌체(Firenze). 이탈리아 토스카나 주의 주도.　※ 외국의 지명은 현지 발음에 따라 적는다. 다만, 미국 사우스캐롤라이나 주의 도시 'Florence'는 '플로렌스'로 적는다.

플로토늄(plutonium)　플루토늄.

플로트(plot)　플롯.

플룻(flute)　플루트.

플류트(flute)　플루트.

플리 바기닝(plea bargaining)　[말터] 자백감형제(도)(自白減刑制度).

피난(避難)　※ '**피난**'은 '재난을 피하여 멀리 옮겨 감'을 뜻하며, '피란(避亂)’은 ‘난리를 피하여 옮겨 감’을 뜻한다. 즉, 지진, 해일, 화재, 홍수 따위의 재난을 피하는 것은 ‘피난’이라고 하며, 전쟁을 피하는 것은 ‘피란’이라고 한다. ¶ 건물에는 <u>피난</u> 시설을 갖춰야 한다. // 전쟁이 발발하자 수많은 양민이 가재도구를 이고 지고 <u>피란</u>길에 올랐다. / 피란 행렬.

피납(被拉)　피랍.

피니쉬(finish)　피니시.　※ 영어 표기에서 [ʃ]가 어말에 오면 ‘시’로 적는다.

피다　🔍 13)

피덩어리　핏덩어리.　※ [피떵어리·핃떵어리]로 소리 나므로 사이시옷을 받쳐 적는다.

피덩이　핏덩이.　※ [피떵이·핃떵이]로 소리 나므로 사이시옷을 받쳐 적는다.

피동피동　피둥피둥.

피둥거리다　핀둥거리다.　¶ 일은 하지 않고 핀둥거리기만 한다.

피등피등　피둥피둥.

피라밋(pyramid)　피라미드.

피란(避亂)　참조 피난.

피래미　피라미.

프러덕션(production)　프로덕션.

피로 회복(疲勞回復)　피로 해소(疲勞解消). 원기 회복(元氣回復).　※ ‘회복’은 원래의 상태를 되찾는다는 뜻이다. 따라서 ‘피로 회복’은 ‘피로를 되찾음’이라는 뜻이 되므로 ‘피로를 없애다’라는 뜻으로 쓰기에는 부적절하다.

피마주　피마자(蓖麻子). 아주까리.

피물　핏물.　※ [핀물]로 ‘ㅁ’ 앞에서 ‘ㄴ’ 소리가 덧나므로 사이시옷을 받쳐 적는다.

피발　핏발.　※ [피빨·핃빨]로 소리 나므로 사이시옷을 받쳐 적는다.

피방울　핏방울.　※ [피빵울·핃빵울]로 소리 나므로 사이시옷을 받쳐 적는다.

피붓병(皮膚病)　피부병.　※ 한자어는 두 음절로 된 ‘곳간(庫間)’, ‘셋방(貰房)’, ‘숫자(數字)’, ‘찻간(車間)’, ‘툇간(退間)’, ‘횟수(回數)’ 외에는 사이시옷을 받치지 않는다.

피빛　핏빛.　※ [피삗·핃삗]으로 소리 나므로 사이시옷을 받쳐 적는다.

피속　핏속.　※ [피쏙·핃쏙]으로 소리 나므로 사이시옷을 받쳐 적는다.

피싱(phishing) 말터 정보도둑(情報-).

피알(PR) 피아르. ※ 영어 알파벳 'R, r'는 '아르'로 읽는다.

피어리어드(period) 피리어드.

피오르드(fjord) 피오르. ¶피오르 해안.

피우다 참조 피다.

피읖 피읖. ※ 한글 자모 'ㅍ'의 이름은 '피읖'이다.

피자국 핏자국. ※ [피짜국·핃짜국]으로 소리 나므로 사이시

🔍 13) **피다 / 피우다** ※ '피다'는 '꽃봉오리 따위가 벌어지다', '연탄이나 숯 따위에 불이 일어나 스스로 타다', '사람이 살이 오르고 혈색이 좋아지다', '구름이나 연기 따위가 커지다', '가정이 수입이 늘어 형편이 나아지다', '냄새나 먼지 따위가 퍼지거나 일어나다', '천에 보풀이 일어나다', '웃음이나 미소 따위가 겉으로 나타나다', '곰팡이, 버짐, 검버섯 따위가 생겨서 나타나다', '액체가 종이나 천에 묻어 퍼지다'의 뜻을 나타내며, **'피우다'**는 '꽃봉오리 따위가 피게 하다', '연탄이나 숯 따위에 불을 붙여 타게 하다', '연기 따위가 생기게 하다', '냄새나 먼지 따위가 퍼지거나 일어나게 하다', '웃음이나 미소 따위가 나타나게 하다', '어떤 물질에 불을 붙여 연기를 빨아들였다가 내보내다', '(일부 명사와 함께 쓰여) 그 명사가 뜻하는 행동이나 태도를 나타내다'의 뜻을 나타낸다. '피우다'를 쓸 곳에 '피다'를 쓰지 않도록 주의해야 한다.
¶꽃이 피었다. / 연탄불이 잘 피지 않는다. / 얼굴이 피고 살이 통통하게 올랐다. / 소나기라도 쏟아지려는지 먹구름이 검게 피었다. / 사업이 잘되어 형편이 피었다. / 비포장도로라 차만 지나가면 먼지가 뿌옇게 피어오른다. / 옷에 보푸라기가 잔뜩 피었다. / 아이들 얼굴에 웃음꽃이 피니 보기 좋다. / 음식에 곰팡이가 피었다. / 한지에 먹이 은은하게 피었다. // 꽃을 피웠다. / 불을 피운다. / 연기를 피우지 마라. / 교실에서 냄새 피우지 말고 휴게실에 가서 먹어라. / 웃음꽃을 피웠다. / 담배를 피우다. / 딴청을 피우다. / 고집을 피우다. / 거드름을 피우다. / 바람을 피우다.

ㅍ

옷을 받쳐 적는다.

피잣집(pizza-)　피자집. ※ 외래어와 우리말의 합성어에는 사이시옷을 받치지 않는다.

피줄　핏줄. ※ [피쭐·핃쭐]로 소리 나므로 사이시옷을 받쳐 적는다.

피처링(featuring)　말터 돋움연주(-演奏).

피쳐[1](pitcher)　피처. ※ 외래어에서 'ㅈ, ㅊ' 다음에는 이중모음 'ㅑ, ㅕ, ㅛ, ㅠ'를 쓰지 않는다.

피쳐[2](feature)　피처. ※ 외래어에서 'ㅈ, ㅊ' 다음에는 이중모음 'ㅑ, ㅕ, ㅛ, ㅠ'를 쓰지 않는다.

피켓팅(picketing)　피케팅.

피킷(picket)　피켓.

피터 대제　표트르 대제(Pyotr 大帝). 제정 러시아의 황제. 표트르 1세.

피 투성이　피투성이. ※ '-투성이'는 접미사이므로 붙여 쓴다. 참조 -투성이.

피해를 입다(被害-)　피해를 보다. 손해를 입다(損害-). 손실을 입다(損失-). 손실을 보다. ※ '피해'가 '손해를 입음'을 뜻하므로 '피해를 입다'는 겹말이다.

픽사리(←下がり·さがり)　말터 헛치기.

픽켓(picket)　피켓.

핀랜드(Finland)　핀란드. 유럽 스칸디나비아 반도에 있는 나라.

핀세트(pincette)　핀셋.

필림(film)　필름.

필요로 하다(必要-)　필요하다. ※ 흔히 'ㅇㅇㅇ가 필요로 하는 것', 'ㅇㅇ을 필요로 하다'처럼 쓰는데 이는 외국어투이므로 'ㅇㅇㅇ에게 필요한 것', 'ㅇㅇ이 필요하다'처럼 써야 우리말답다. ¶우리에게 <u>필요한</u> 것은 자긍심이다. / 돈이 <u>필요하다고</u> 아무 돈이나 끌어다 쓸 수는 없는 법이다.

필요양(必要量)　필요량. 참조 량.

핏끼　핏기(-氣). ※ 기운, 느낌, 성분의 뜻을 더하는 접미사는 '-기(氣)'이다.

핏때　핏대.

핏자욱　핏자국. 참조 피자국.

핑게　핑계.

핑잔　핀잔.

핑큿빛(pink-)　핑크빛. ※ 외래어와 우리말의 합성어에는 사이시옷을 받치지 않는다.

하고 ※ 조사로 쓰이면 앞말과 붙여 쓴다. ¶너하고 나하고 함께 하자. / 배하고 사과하고 감을 가져오너라.

하고 많다 하고많다. ※ 한 낱말이므로 붙여 쓴다. ¶하고많은 날 중에 왜 하필 오늘이라야 하느냐?

하고저 하고자.

하관이 빠르다(下觀-) 하관이 빨다. ※ '끝이 차차 가늘어져 뾰족하다'를 뜻하는 말은 '빨다'이다. '빨다'는 '빨고', '빨아', '빤'처럼 활용한다. ¶하관이 빤 얼굴. 하관이 빨아 갸름한 얼굴.

하교길(下校-) 하굣길. ※ [하: 교낄·하 : 곧낄]로 소리 나므로 사이시옷을 받쳐 적는다.

하구둑(河口-) 하굿둑. ※ [하구뚝·하굳뚝]으로 소리 나므로 사이시옷을 받쳐 적는다.

하구언(河口堰) 하굿둑, ※ '하구

언'은 일본어투.

하기사 하기야.

하길래 하기에. ¶그 사람이 그렇다고 하기에 철석같이 믿었다. 참조 −길래.

하꼬(箱·はこ) 상자. 갑. 곽. 궤짝.

하꼬방(箱房·はこ−) 판잣집.

하남성(河南省) 허난 성. 중국 동부의 성. 성도는 정저우(鄭州).

하늘밥도둑 땅강아지.

하늘 빛 하늘빛. ※ 한 낱말이므로 붙여 쓴다.

하늘타리 하눌타리. 박과의 여러해살이 덩굴풀.

하니문(honeymoon) 허니문.

하니바람 하늬바람.

하다 못해 하다못해. ※ 한 낱말이므로 붙여 쓴다. ¶하다못해 전화라도 해야 할 것 아니냐?

하다싶이 하다시피.

하드보일드(hard-boiled) 말터 냉혹기법(冷酷技法).

하라매　하라며. ‘하라면서’의 준말. ¶언제는 먼저 <u>하라며</u>?

하락세(下落勢)　내림세(−勢). ※ ‘하락세’는 일본어투.

하롱(Ha Long)　할롱. 베트남 꽝닌 성의 성도. ¶<u>할롱</u>베이.

하루강아지　하룻강아지. ※[하루깡아지·하룬깡아지]로 소리 나므로 사이시옷을 받쳐 적는다.

하루 건너　하루건너. ※ 한 낱말 이므로 붙여 쓴다.

하루 걸러　하루걸러. ※ 한 낱말 이므로 붙여 쓴다.

하루길　하룻길. ※[하루낄·하룬낄]로 소리 나므로 사이시옷을 받쳐 적는다.

하루나(はるな)　왜갓.

하루날　하룻날. ※[하룬날]로 ‘ㄴ’ 앞에서 ‘ㄴ’ 소리가 덧나므로 사이시옷을 받쳐 적는다.

하루동안　하루 동안. ※ 한 낱말 이 아니므로 띄어 쓴다.

하루만에　하루 만에. ※ 한 낱말 이 아니므로 띄어 쓴다. 참조 만.

하루 바삐　하루바삐. ※ 한 낱말 이므로 붙여 쓴다.

하루밤　하룻밤. ※[하루빰·하룬빰]으로 소리 나므로 사이시옷

을 받쳐 적는다.

하루 빨리　하루빨리. ※ 한 낱말 이므로 붙여 쓴다.

하루새　하루 새. 하루 사이. ※ 한 낱말이 아니므로 띄어 쓴다.

하루 속히(−速)　하루속히. ※ 한 낱말이므로 붙여 쓴다.

하루 아침　하루아침. ※ 한 낱말 이므로 붙여 쓴다. ¶<u>하루아침</u> 에 유명해졌다 / 로마는 <u>하루아</u> <u>침</u>에 이루어지지 않았다.

하루종일(−終日)　하루 종일. ※ 한 낱말이 아니므로 띄어 쓴다.

하루 하루　하루하루. ※ 한 낱말 이므로 붙여 쓴다.

하룻동안　하루 동안. ※ 한 낱말 이 아니므로 띄어 쓴다.

하룻만에　하루 만에. ※ 한 낱말 이 아니므로 띄어 쓴다. 참조 만.

하룻새　하루 새. 하루 사이. ※ 한 낱말이 아니므로 띄어 쓴다.

하리핀(針ピン·はりpin)　바늘못.

하릴 없다　하릴없다. ※ 한 낱말 이므로 붙여 쓴다. ‘**하릴없다**’는 ‘어떻게 할 도리가 없다. 조금도 틀림이 없다’의 뜻을 나타내고, ‘**할 일 없다**’는 ‘해야 할 일이 없 다’의 뜻을 나타낸다. ¶직장을

잃고 <u>하릴없이</u> 놀고 지낸다. / 그 사람과 한 약속은 <u>하릴없이</u> 지켜야 한다. // 더 <u>할 일 없으면</u> 가서 쉬어라.

하마차(荷馬車) 짐마차.

하마터라면 하마터면.

하마트면 하마터면.

하마평(下馬評) 물망. ※ '하마평'은 일본어투. '하마평에 오르다'는 '물망에 오르다', '하마평이 무성하다'는 '여러 가지 말이 (나오고) 있다'로 쓸 수 있다.

하머니(harmony) 하모니.

하명(下命) 명령(命令). 지시(指示). ※ '하명'은 일본어투.

하바나(Havana) 아바나. 쿠바의 수도.

하바드(Harvard) 하버드.

하바로프스크(Khabarovsk) 하바롭스크. 러시아 시베리아 동부의 도시.

하북성(河北省) 허베이 성. 중국 북부의 성. 성도는 스자좡(石家莊).

하사관(下士官) 부사관(副士官). ※ 2000년 군인사법 개정으로 명칭을 변경. 하사, 중사, 상사, 원사 계급을 통틀어 이르는 말.

하수도물(下水道一) 하수도 물. ※ 한 낱말이 아니므로 띄어 쓴다.

하수돗물(下水道一) 하수도 물. ※ 한 낱말이 아니므로 띄어 쓴다.

하시라(柱·はしら) 기둥.

하얀 색(一色) 하얀색. ※ 한 낱말이므로 붙여 쓴다.

하얍니다 하얗습니다. ※ 어간이 받침으로 끝나는 용언의 종결어미는 '一습니다'이다.

하얏트(Hyatt) 하이엇. ¶존 웨슬리 <u>하이엇</u>. / <u>하이엇</u> 호텔.

하양색(一色) 하얀색. 하양.

하얗네 하야네. 참조 하이얗다.

하얗니 하야니. 참조 하이얗다.

하옇든 하여튼.

하예 하얘.

하옜다 하얬다.

하이델베르그(Heidelberg) 하이델베르크. 독일 바덴뷔르템베르크 주의 도시. ※ 독일어의 '一berg'는 '베르크'로 적는다.

하이브리드(hybrid) 말터 어우름.

하이얀 하얀. 참조 하이얗다.

하이얗다 하얗다. 활용 하얗고. 하얗소. 하얀. 하얘. 하야니. 하야면.

하이잭킹(hijacking) 하이재킹.

하이티(Haïti) 아이티. 카리브 해에 있는 섬나라. 수도는 포르토프랭스(Port-au-Prince).

하일라이트(highlight) 하이라이트.

하자 말자 하자마자. ※ 동작이 잇따라 일어남을 나타내는 연결 어미는 '－자마자'이다.

하잘 것 없다 하잘것없다. ※ 한 낱말이므로 붙여 쓴다.

하종가(下終價) 하한가(下限價).

하지날(夏至－) 하짓날. ※ [하진 낼로 'ㄴ' 앞에서 'ㄴ' 소리가 덧나므로 사이시옷을 받쳐 적는다.

하지 말아 하지 마라. 참조 말다.

하지 말아라 하지 마라. 참조 말다.

하지 말아요 하지 마요. 참조 말다.

하챦다 하찮다.

하처방(下處房) 사첫방(－房).

하청(下請) 아래 도급(－都給). 밑 도급. ※ '하청'은 일본어투.

하코방(箱房·はこ－) 판잣집.

하픔 하품.

하행선(下行線) ※ '하행선'은 '중앙에서 지방으로 내려가는 도로나 선로, 교통편'을 이르는 말이다. 서울과 직접 연결되지 않은 도로에는 상행선·하행선의 개념이 있을 수 없다. 봉건적인 느낌이 다소 있는 말이므로 '부산 방향(방면)'처럼 표현하는 것이 바람직하다. 참조 상행선.

학부형(學父兄) 학부모(學父母). ※ '학부형'은 성차별 요소가 있는 말이다.

학을 띠다(瘧－) 학을 떼다. ※ '괴로운 상황을 벗어나느라 진땀을 빼거나 그것에 거의 질려 버림'을 나타내는 말. '학'은 학질, 즉 말라리아를 뜻한다. ¶난화학이라면 학을 뗀 사람이다. / 남자에게 얼마나 학을 뗐는지 선조차 보지 않으려고 한다.

한가닥 한가락. ※ '훌륭한 솜씨나 재주'를 뜻하면 한 낱말이므로 '**한가락**'으로 붙여 쓰고, '곡조(曲調)'를 뜻하면 한 낱말이 아니므로 '**한 가락**'으로 띄어 쓴다. 다만, 한군데서 갈려 나온 낱낱의 줄을 뜻하는 말은 '**가닥**'이다. ¶그는 증권가에서 한가락 하는 사람으로 통한다. // 노래 한가락 해봐라. // 한 가닥의 희망.

한 가득 한가득. ※ 한 낱말이므로 붙여 쓴다.

한 가락　한가락. 참조 한가닥.

한가로히(閑暇-)　한가로이.

한 가운데　한가운데. ※ '한'이 '정확한'의 뜻을 더하면 접두사이므로 붙여 쓴다.

한가웃날　한가윗날. 참조 한가위날.

한가위날　한가윗날. ※ [한가원날]로 'ㄴ' 앞에서 'ㄴ' 소리가 덧나므로 사이시옷을 받쳐 적는다.

한 가을　한가을. ※ '한'이 '한창'의 뜻을 더하면 접두사이므로 붙여 쓴다.

한가지　※ '형태, 성질, 동작 따위가 서로 같은 것'을 뜻하면 한 낱말이므로 붙여 쓰고, 종류별로 낱낱이 세는 말이면 한 낱말이 아니므로 띄어 쓴다. '한가지' 대신 '두 가지, 세 가지'로 바꿔 쓸 수 있으면 띄어 쓰고 그렇지 않으면 붙여 쓴다. ¶이렇게 하든, 저렇게 하든 결과는 한가지로 나올 게다. ∥반찬이 한 가지밖에 없다.

한갑　환갑(還甲). ¶환갑잔치.

한갓　한갓. ※ '한갓'은 '고작해야 다른 것 없이 겨우'의 뜻을 나타내며, '한낱'은 '기껏해야 대단한 것 없이 다만'의 뜻을 나타낸다. ¶한갓 공상에 지나지 않는 생각. / 한갓 돈만을 위해 사는 삶. ∥부도가 난 어음은 한낱 휴지 조각에 지나지 않았다.

한갓지다　한갓지다.

한 걱정　한걱정. ※ '한'이 '큰'의 뜻을 더하면 접두사이므로 붙여 쓴다.

한 걸음　한걸음. ※ '쉬지 않고 내처 걷는 걸음이나 움직임'을 뜻하면 한 낱말이므로 붙여 쓰고, '한'이 '하나의'를 뜻하면 관형사이므로 띄어 쓴다. ¶한걸음에 달려 왔다.∥한 걸음만 더 내디뎌라.

한것(限-)　한껏. ※ '그것이 닿는 데까지'의 뜻을 더하고 부사로 만드는 접사는 '-껏'이다.

한겨레　한겨레.

한 겨울　한겨울. ※ '한'이 '한창'의 뜻을 더하면 접두사이므로 붙여 쓴다.

한결 같다　한결같다. ※ 한 낱말이므로 붙여 쓴다. ¶그 회사 사람들은 한결같이 열심히 일한다.

한계레　한겨레. 참조 한겨례.

한 고비　한고비. ※ 한 낱말이므

로 붙여 쓴다.

한 곳 ※ '일정한 곳, 같은 곳'을 뜻하면 한 낱말이므로 붙여 쓴다. ¶한곳에 오래 머무르다. / 나는 그 사람과 한곳에서 일한 적이 있다. // 오늘은 한 곳이 아니라 두세 곳에 들러야 한다.

한 구석 한구석. ※ 한 낱말이므로 붙여 쓴다.

한국전쟁(韓國戰爭) 6·25전쟁. ※ '한국전쟁'은 외국인의 관점에서 표현한 것이다. 외국인이 'Korean War'라고 표현했더라도 '6·25전쟁'으로 번역하는 것이 옳다. 다만, 미국 워싱턴의 '한국전참전용사기념비'와 같이 고유 명사의 일부분으로 쓰였을 때는 '한국전쟁'을 쓸 수 있다.

한 군데 ※ '일정한 곳'을 뜻하면 한 낱말이므로 붙여 쓴다.

한 근심 한근심. ※ '한'이 '큰'의 뜻을 더하면 접두사이므로 붙여 쓴다.

한글 ※ '한글'은 세종대왕이 창제한 우리나라 고유의 문자를 일컫는 말이다. 나라말을 뜻하는 '국어'와는 다른 개념이다. 한글을 배운다고 하면 한국 고유의 글자 쓰는 법을 배운다는 뜻이 된다. 영어가 아니라 알파벳을 배운다고 하는 것과 마찬가지다. 또 '단비', '빛나', '새샘' 같은 이름은 '한글 이름'이 아니라 '순 우리말 이름' 또는 '고유어 이름'이라고 하는 것이 옳다.

한 길 한길. ※ '한'이 '큰'의 뜻을 더하면 접두사이므로 붙여 쓴다.

한 꺼번에 한꺼번에. ※ 한 낱말이므로 붙여 쓴다.

한꺾기 한것기. 한개끼. 조수(潮水)의 밀물과 썰물의 차를 헤아릴 때, 음력 닷새와 스무날을 이르는 말.

한나산(漢拏山) 한라산.

한 나절 한나절. ※ 한 낱말이므로 붙여 쓴다. 참조 나절.

한난(寒蘭) 한란. 참조 난².

한 날 한 시(-時) 한날한시. ※ 한 낱말이므로 붙여 쓴다. ¶한날한시에 난 손가락도 짧고 길다.

한 낮 한낮. ※ '한'이 '한창'의 뜻을 더하면 접두사이므로 붙여 쓴다.

한낱 참조 한갓.

한냉(寒冷) 한랭.

한눈 팔다 한눈팔다. ※ 한 낱말이므로 붙여 쓴다.

한 달음 한달음. ※ 한 낱말이므로 붙여 쓴다.

한데솥 한뎃솥. 한뎃부엌에 걸어 놓은 솥. ※ [한데쏟·한뎁쏟]으로 소리 나므로 사이시옷을 받쳐 적는다.

한동네(−洞−) ※ '같은 동네'를 뜻하면 한 낱말이므로 붙여 쓰고, '하나의 동네'를 뜻하면 한 낱말이 아니므로 띄어 쓴다. 참조 한마을.

한 동안 한동안. ※ 한 낱말이므로 붙여 쓴다.

한 때 한때. ※ 한 낱말이므로 붙여 쓴다.

한 뜻 한뜻. ※ '한'이 '같은'의 뜻을 더하면 접두사이므로 붙여 쓴다. ¶한마음 한뜻.

한마디 ※ '짧은 말, 또는 간단한 말'을 뜻하면 한 낱말이므로 붙여 쓰고, '하나의 마디'를 뜻하면 띄어 쓴다. ¶대꾸 한마디 못 했다. // 손가락 한 마디.

한마을 ※ '같은 마을'을 뜻하면 한 낱말이므로 붙여 쓰고, '하나의 마을'을 뜻하면 한 낱말이 아니므로 띄어 쓴다. ¶우리는 한마을에서 자란 죽마고우이다. // 국회의원 총선거 입후보자들이 저마다 한 마을, 한 마을 돌며 유세에 나섰다.

한 마음 한마음. ※ '한'이 '같은'의 뜻을 더하면 접두사이므로 붙여 쓴다. ¶한마음 한뜻.

한목 ※ '한목'은 '한꺼번에 몰아서 함'을 뜻하며, '한몫'은 '한 사람 앞에 돌아가는 분량'을 뜻한다. ¶그 많은 일을 한목에 해치웠다. // 한몫 잡다. / 한몫 끼다. / 한몫 거들다.

한 목소리 한목소리. ※ '한'이 '같은'의 뜻을 더하면 접두사이므로 붙여 쓴다. ¶그들은 한목소리로 노래를 불렀다. / 국민 대부분이 범인을 엄하게 다스리라고 한목소리로 주장했다.

한 목숨 한목숨. ※ 한 낱말이므로 붙여 쓴다. ¶조국을 위해 이 한목숨 바치겠다.

한몫 참조 한목.

한몫잡다 한몫 잡다. ※ 한 낱말이 아니므로 띄어 쓴다. 참조 한목.

한물 가다 한물가다. ※ 한 낱말

이므로 붙여 쓴다. ¶그 선수도 이젠 <u>한물갔다</u>. / <u>한물간</u> 생선.

한 밑천 한밑천. ※ '한'이 '큰'의 뜻을 더하면 접두사이므로 붙여 쓴다. ¶<u>한밑천</u> 잡았다.

한 바탕 한바탕. ※ 한 낱말이므로 붙여 쓴다. ¶<u>한바탕</u> 곡성이 울렸다. / <u>한바탕</u> 웃었다.

한 발 한발. ※ 한 낱말이므로 붙여 쓴다. ¶<u>한발</u> 앞서다. / <u>한발</u> 처지다. / <u>한발</u> 양보하다.

한밤 ※ '한'이 '한창'의 뜻을 더하면 접두사이므로 붙여 쓰고, '하나의'를 뜻하면 관형사이므로 띄어 쓴다. ¶<u>한밤</u>의 깊은 정적. // 이제 <u>한</u> 밤만 더 자면 소풍 간다.

한 밤중(-中) 한밤중. ※ '한'이 '한창'의 뜻을 더하면 접두사이므로 붙여 쓴다. ¶아직 <u>한밤중</u> 인데 잠이 깼다. / 너는 아직 <u>한밤중</u>이구나.

한방(-房·-放) ※ '같은 방, 온 방'을 뜻하면 한 낱말이므로 붙여 쓰고, '한'이 '하나의'를 뜻하면 관형사이므로 띄어 쓴다. ¶두 딸은 <u>한방</u>을 쓴다. / 개구쟁이 가 <u>한방</u> 가득 장난감을 늘어놓았다. // 총을 <u>한</u> 방 쏘았다. / 주먹

<u>한</u> 방에 나가떨어졌다.

한 배 한배. ※ '한'이 '같은'의 뜻을 더하면 접두사이므로 붙여 쓴다. ¶<u>한배</u>에서 난 형제. / <u>한배</u> 강아지.

한번(-番) ※ '어떤 일을 시험 삼아 시도함, 기회 있는 어떤 때'를 뜻하면 한 낱말이므로 붙여 쓰고, '번'이 '차례나 일의 횟수'를 뜻하면 한 낱말이 아니므로 띄어 쓴다. '한번' 대신 '두 번, 세 번'으로 바꿔 쓸 수 있으면 띄어 쓰고 그렇지 않으면 붙여 쓴다. ¶우리 <u>한번</u> 겨뤄 보자. / 언제 식사나 <u>한번</u> 하죠. // <u>한 번</u> 실패했 다고 포기해선 안 된다.

한 복판 한복판. ※ '한'이 '정확한'의 뜻을 더하면 접두사이므로 붙여 쓴다.

한사람 ※ '한'이 '같은'의 뜻을 더하면 접두사이므로 붙여 쓰고, '하나의'를 뜻하면 관형사이므로 띄어 쓴다. ¶그는 내가 어제 우연히 만난 남자와 <u>한사람</u>이었 다. // 아직 <u>한</u> 사람도 오지 않았 다.

한선(汗腺) ⇨ 땀샘(대한의사협회 권장용어).

한 세상(-世上) 한세상. ※ 한 낱말이므로 붙여 쓴다. ¶그 사람은 어렵사리 한세상을 살았다. / 독한 사람일수록 한세상 누리며 살더군.

한 소끔 한소끔. ※ 한 낱말이므로 붙여 쓴다.

한소데(半袖·はんそで) 반소매.

한소큼 한소끔.

한 솥 밥 한솥밥. ※ 한 낱말이므로 붙여 쓴다.

한 순간(-瞬間) 한순간. ※ 한 낱말이므로 붙여 쓴다.

한 술 한술. ※ 한 낱말이므로 붙여 쓴다. ¶한술 밥에 배부르랴.

한 숨 한숨. ※ 한 낱말이므로 붙여 쓴다. ¶잠 한숨 못 잤다. / 이제야 겨우 한숨 돌릴 수 있게 되었다. / 안도의 한숨. / 한숨과 눈물로 살아온 세월.

한스런(恨-) 한스러운. 참조 -스런.

한 시(-時) 한시. ※ 한 낱말이므로 붙여 쓴다. ¶한시라도 빨리 오게. 한시를 참으면 백날이 편하다.

한시 바삐(-時-) 한시바삐. ※ 한 낱말이므로 붙여 쓴다.

한심스런(寒心-) 한심스러운. 참조 -스런.

한 없다(限-) 한없다. ※ 한 낱말이므로 띄어 쓴다. ¶어머니의 한없는 사랑. 눈물을 한없이 흘리더구나.

한 여름 한여름. ※ '한'이 '한창'의 뜻을 더하면 접두사이므로 붙여 쓴다.

한 오백년 한오백년(-五百年). 강원도 민요.

한입 ※ '입에 음식물 따위가 가득 찬 상태, 한번 입을 벌린 상태, 똑같은 말을 하는 여러 사람의 입'을 뜻하면 한 낱말이므로 붙여 쓰고, '한'이 '하나의'를 뜻하면 관형사이므로 띄어 쓴다. ¶사과를 한입 가득 베어 물었다. / 환약 한 줌을 한입에 털어 넣었다. / 구경꾼들이 한입으로 탄성을 질렀다. // 한 입만 먹어 보자.

한 자리 한자리. ※ '같은 자리, 중요한 직위나 어느 한 직위'를 뜻하면 한 낱말이므로 붙여 쓰고 '한'이 '하나의'를 뜻하면 관형사이므로 띄어 쓴다. ¶온 가족이 오랜만에 한자리에 모였다. / 그 사람은 한자리 얻어 보려고 권력자들에게 빌붙어 다녔다. // 극장은 <u>한</u> 자리도 남지 않고 꽉 찼다.

한 잔(-盞) ※‘간단하게 한 차례 마시는 술이나 차 따위’를 뜻하면 한 낱말이므로 붙여 쓰고, ‘한’이 ‘하나의’를 뜻하면 관형사이므로 띄어 쓴다. 참조 한 잔 하다. ¶모처럼 만났는데 <u>한잔</u> 걸치자. // 여기 차 <u>한 잔</u>만 주세요.

한 잔 하다(-盞-) 한잔하다. ※ 한 낱말이므로 붙여 쓴다. ¶맥주 <u>한잔하자</u>.

한 잠 한잠. ※ 한 낱말이므로 붙여 쓴다.

한정양(限定量) 한정량. 참조 량.

한주먹 ※‘한 번 때리는 주먹’을 뜻하면 한 낱말이므로 붙여 쓰고, ‘한’이 ‘하나의’를 뜻하면 관형사이므로 띄어 쓴다. ¶하도 미워서 <u>한주먹</u> 쥐어박고 싶다. // 사탕 <u>한 주먹</u>.

한줄기 ※‘한 번 세게 쏟아지는 빗줄기, 같은 계통’을 뜻하면 한 낱말이므로 붙여 쓰고, ‘한’이 ‘하나의’를 뜻하면 관형사이므로 띄어 쓴다. ¶소나기가 <u>한줄기</u> 퍼부었다. / 퉁구스, 몽골, 터키

어군은 모두 <u>한줄기</u>에서 갈라졌다. // 먹구름 사이로 <u>한 줄기</u> 햇살이 비쳤다.

한 중간(-中間) 한중간. ※‘한’이 ‘정확한’의 뜻을 더하면 접두사이므로 붙여 쓴다. 참조 한 복판.

한집 ※‘같은 집, 같은 집안’을 뜻하면 한 낱말이므로 붙여 쓰고, ‘한’이 ‘하나의’를 뜻하면 관형사이므로 띄어 쓴다. ¶그와 나는 <u>한집</u>에서 하숙했다. / <u>한집</u> 식구. // <u>한 집</u> 건너에 가게가 있다.

한 집안 한집안. ※‘같은 집안’을 뜻하면 한 낱말이므로 붙여 쓴다.

한쪽 ※‘어느 하나의 방향’을 뜻하면 한 낱말이므로 붙여 쓰고, ‘쪽’이 ‘물건의 쪼개진 부분을 세는 단위’를 뜻하면 한 낱말이 아니므로 띄어 쓴다. ‘한쪽’ 대신 ‘두 쪽, 세 쪽’ 따위로 바꿔 쓸 수 있으면 띄어 쓰고, 그렇지 않으면 붙여 쓴다. ¶의자를 <u>한쪽</u>으로 치워라. / <u>한쪽</u> 말만 듣고 판단해선 안 된다. // 콩 <u>한 쪽</u>도 나누어 먹는다.

한 차례(-次例) 한차례. ※‘어떤 일이 한바탕 일어남’을 뜻하면

한 낱말이므로 붙여 쓰고, '한'이 '하나의'를 뜻하면 관형사이므로 띄어 쓴다. ¶폭소가 <u>한차례</u> 터졌다. / 비가 <u>한차례</u> 내리고 나서 날이 훈훈해졌다. // <u>한 차례</u> 해보고 안 되면 <u>한 차례</u> 더 해보자.

한참　※ '**한참**'은 '두 역참 사이의 거리'에서 비롯한 말로, '시간이 상당히 지나는 동안'을 뜻하며, '**한창**'은 '어떤 일이 가장 활기 있고 왕성하게 일어나는 때. 또는 어떤 상태가 가장 무르익은 때'를 뜻하며 부사로도 쓰인다. ¶<u>한참</u> 만에 돌아왔다. / 오솔길을 따라 <u>한참</u>을 걸으니 시내가 나왔다. // 10월의 설악산은 단풍이 <u>한창</u>이다. / 그 젊은이야말로 <u>한창</u> 일할 나이 아닌가.

한참에　한꺼번에.

한창　참조 한참.

한창 때　한창때. ※ 한 낱말이므로 붙여 쓴다.

한천(寒天)　우무. 우뭇가사리. ※ '한천'은 일본어투.

한 철　한철. ※ 한 낱말이므로 붙여 쓴다. ¶메뚜기도 유월이 <u>한철</u>이다. / 패기만만한 젊은 <u>한철</u>.

한 층(－層)　한층. ※ '일정한 정도에서 한 단계 더'의 뜻을 나타내면 한 낱말이므로 붙여 쓰고, '한'이 '하나의'를 뜻하면 관형사이므로 띄어 쓴다. ¶<u>한층</u> 높아진 시민의식. / 시험이 얼마 남지 않았으니 <u>한층</u> 더 열심히 공부해야겠다. // 그 건물 <u>한 층</u>에는 증권회사가 들어 있다.

한켠　한쪽. 한편. 참조 켠.

한탄스런(恨歎－)　한탄스러운. 참조 －스런.

한탕　※ '한바탕'이라는 뜻으로 '한 번의 일거리'를 속되게 이를 때는 한 낱말이므로 붙여 쓰고, '횟수'를 나타내면 띄어 쓴다. ¶일을 크게 <u>한탕</u> 벌이기로 했다. // 아르바이트를 <u>한 탕</u>밖에 뛰지 못했다.

한턱 내다　한턱내다. ※ 한 낱말이므로 붙여 쓴다.

한판　※ '한 번 벌이는 판'을 뜻하면 한 낱말이므로 붙여 쓰고, '횟수'를 나타내면 띄어 쓴다. ¶동네잔치를 <u>한판</u> 벌이기로 했다. // 장기 <u>한 판</u> 두자.

한판씨름　단판씨름.

한패(－牌)　※ '같은 동아리, 같은

패'를 뜻하면 한 낱말이므로 붙여 쓰고, '무리'를 세는 단위일 때는 띄어 쓴다. ¶그 친구들은 다 한패다. // 한 패는 버스로, 한 패는 승용차로 떠났다.

한 평생(-平生) 한평생. ※ 한 낱말이므로 붙여 쓴다.

한 풀 한풀. ※ 한 낱말이므로 붙여 쓴다. ¶더위가 <u>한풀</u> 꺾였다.

한햇동안 한 해 동안. ※ 한 낱말이 아니므로 띄어 쓴다.

할당양(割當量) 할당량. 참조 량.

할려고 하려고. 참조 -ㄹ려고.

할로윈(Halloween) 핼러윈.

할리데이(holiday) 홀리데이.

할말 할 말. ※ 한 낱말이 아니므로 띄어 쓴다. ¶<u>할 말</u>이 없다.

할매 할미.

할아버지벌 할아버지뻘. ※ '그런 관계'의 뜻을 더하는 접미사는 '-뻘'이다. 참조 -뻘.

할애비 할아비.

-할이만큼 -하리만큼. ¶한 걸음도 더 걷지 <u>못하리만큼</u> 지쳤다.

할인률 할인율(割引率). 참조 -률.

할일없다 참조 하릴 없다.

할찌라도 할지라도.

할켜 할퀴어. ※'퀴어'는'켜'로 줄일 수 없다.

할키다 할퀴다.

함께 동행하다(-同行-) 함께 가다. 동행하다. ※ '동행'이 '함께 길을 감'을 뜻하므로 '함께 동행하다'는 겹말이다.

함께하다 참조 같이하다.

함바(←飯場, はんば) 현장식당.

함박스테이크(hamburg steak) 햄버그스테이크.

함부르그(Hamburg) 함부르크. 독일 북부의 주·주도. ※ 독일어의 '-burg'는 '부르크'로 적는다.

함성 소리(喊聲-) 함성. ※ '함성'이 '여럿이 함께 지르는 고함 소리'를 뜻하므로 '함성 소리'는 겹말이다.

함수값(函數-) 함숫값. ※ [함: 수깝·함: 숟깝]으로 소리 나므로 사이시옷을 받쳐 적는다.

함유양(含有量) 함유량. 참조 량.

함진애비(函-) 함진아비.

함초롬이 함초롬히.

합격율(合格率) 합격률. 참조 -률.

합작선(合作先) 합작사(合作社). ※ '합작선'은 일본어투. 참조 -선.

합종연형(合縱連衡) 합종연횡. ※

‘합종설’과 ‘연횡설’을 아울러 이르는 말이다. ‘衡’은 보통 ‘저울대 형’으로 읽지만 ‘가로’를 뜻할 때는 ‘횡’으로 읽는다. ‘合縱連橫’으로도 쓴다.

핫이슈(hot　issue)　말터 주요쟁점(主要爭點).

핫팬츠(hot pants)　말터 한뼘바지.

해걸음　해거름.

해고시키다(解雇－)　해고하다. ※ 사동의 뜻이 없으면 ‘－시키다’로 쓰지 않는다. 참조 －시키다.

해괴망칙　해괴망측(駭怪罔測).

해그름　해거름.

해꼬지(害－)　해코지.

해남성(海南省)　하이난 성. ※ 중국 남부, 남중국해에 있는 성. 성도는 하이커우(海口).

해 내다　해내다. ※ 한 낱말이므로 붙여 쓴다.

해도지　해돋이.

해망적다　해망쩍다. 총명하지 못하고 아둔하다.

해바르다　양지바르다.

해방(解放)　※ ‘해방’은 ‘놓여나다’라는 뜻으로 수동적인 말이다. ‘1945년 8월 15일’과 관련해서는 적극적인 뜻이 있는 ‘광복(光復)’을 쓴다. 이는 ‘해방절’이라 하지 않고 ‘광복절’이라고 하는 것과도 통한다. ‘해방 정국’도 ‘광복 직후 (정치적) 혼란기’로 표현하는 것이 바람직하다.

해방동이(解放－)　해방둥이.

해변가(海邊－)　해변. 바닷가. ※ ‘변’이 ‘가’를 뜻하므로 ‘해변가’는 겹말이다.

해볕　햇볕. ※ [해뼏·핻뼏]으로 소리 나므로 사이시옷을 받쳐 적는다.

해빛　햇빛. ※ [해삗·핻삗]으로 소리 나므로 사이시옷을 받쳐 적는다.

해산시키다(解散－)　해산하다. ※ 사동의 뜻이 없으면 ‘－시키다’로 쓰지 않는다. 참조 －시키다. ¶경찰이 시위대를 <u>해산했다</u>.

해소시키다(解消－)　해소하다. ※ 사동의 뜻이 없으면 ‘－시키다’로 쓰지 않는다. 참조 －시키다. ¶시민들의 문화적 갈증을 <u>해소해</u> 줄 만한 공연장을 새로 건설하기로 했다.

해수(－數)　햇수. ※ [해쑤·핻쑤]로 소리 나므로 사이시옷을 받쳐 적는다.

해 싸다 해 쌓다.

해쌀¹ 햅쌀.

해쌀² 햇살. ※〔해쌀·핻쌀〕로 소리 나므로 사이시옷을 받쳐 적는다.

해악질 행악질(行惡－).

해안가(海岸－) 바닷가. 해안. ※ ‘해안’이 ‘바다와 육지가 맞닿은 부분’을 뜻하므로 ‘해안가’는 겹말이다.

해어지다 ※ ‘해어지다’는 ‘닳아서 떨어지다’의 뜻을 나타내며, ‘헤어지다’는 ‘흩어지다. 이별하다. 살갗이 터져 갈라지다’의 뜻을 나타낸다. ¶신발이 해어지다. / 옷이 너덜너덜 해어졌다. // 모였던 사람들이 뿔뿔이 헤어졌다. / 오랜만에 만난 친구들과 헤어지는 게 못내 아쉬웠다. / 만년에 헤어지는 부부가 늘고 있다. / 추위에 입술이 헤어졌다.

해외교포(海外僑胞) 재외동포(在外同胞).

해우값 해웃값. ※〔해우깝·해웉깝〕으로 소리 나므로 사이시옷을 받쳐 적는다.

해임시키다(解任－) 해임하다.

※ 사동의 뜻이 없으면 ‘－시키다’로 쓰지 않는다. 참조 －시키다. ¶야당은 경찰이 무리하게 공권력을 행사했다며 경찰청장을 해임하라고 요구했다.

해장 ※ ‘전날의 술기운을 품’을 뜻하는 ‘해장’은 ‘해정(解酲)’이 변한 말이다. ‘해장’을 ‘장(腸)을 푼다’는 뜻으로 ‘解腸’으로 써서는 안 된다. ‘酲’은 ‘숙취 정’.

해제끼다 해치우다.

해즐넛(hazelnut) 헤이즐넛. 개암.

해지다 ‘해어지다’의 준말. 참조 해어지다.

해질 머리 해질 녘. ※ 한 낱말이 아니므로 띄어 쓴다.

해체시키다(解體－) 해체하다. ※ 사동의 뜻이 없으면 ‘－시키다’로 쓰지 않는다. 참조 －시키다. ¶자기 뜻대로 안 된다고 모임을 해체해 버렸다.

해캄(海－) 해감. ¶해감이 빠지도록 조개를 소금물에 담가 두었다.

해피 엔딩(happy ending) 말터 행복결말(幸福結末).

해후(邂逅) ※ ‘해후’는 ‘헤어진 지 오래되는 상태에서 뜻밖에 다시

만남'을 뜻한다. 미리 만나기로 되어 있으면 '해후'가 아니다. 이때는 '만나다'만으로 충분하다. 참조 조우. ¶피란길에 헤어진 가족과 극적으로 <u>해후</u>했다.

핸드링(handling)　핸들링.

핸드폰　말터 휴대전화(携帶電話).

핸드프린팅(hand printing)　말터 기념손찍기(記念－).

핸즈프리(handsfree)　말터 맨손통화기(－通話機).

핼쓱하다　핼쑥하다. 해쓱하다.

핼쭉하다　핼쑥하다.

햇갈리다　헷갈리다. 헛갈리다.

햇님　해님. ※ '－님'은 높임의 뜻을 나타내는 접사이므로 사이시옷을 받치지 않는다.

햇딸기　해딸기. 🔎 14)

햇땅콩　해땅콩. 🔎 14)

햇볕　햇볕. 참조 해볕.

햇볕　'**햇볕**'은 '해의 뜨거운 기운'을 뜻하며, '**햇빛**'은 '해의 빛'을 뜻한다. ¶<u>햇볕</u>이 좋아 빨래가 잘 마른다. // 이 집은 <u>햇빛</u>이 잘 든다.

햇빛　참조 햇볕.

햇쌀　햅쌀. ※🔎 14)에 따라서 '해쌀'이 되어야 하지만 '쌀'의 옛말 '뽈'의 'ㅂ'이 '해'와 결합하여 '햅－'이 되었다.

햇쑥　해쑥. 🔎 14)

햇참외　해참외. 🔎 14)

햇콩　해콩. 🔎 14)

햇파　해파. 🔎 14)

햇팥　해팥. 🔎 14)

햇포도(－葡萄)　해포도. 🔎 14)

행가(hanger)　행어.

행가래　헹가래.

행길　한길.

행내기　보통내기.

행렬자(行列字)　항렬자. ※ '行'은 '항렬 항'

행복스런(幸福－)　행복스러운. 참조 －스런.

행복하세요(幸福－)　행복하시기 바랍니다. ※ '행복하다'는 형용사이므로 명령형으로는 쓸 수 없다. ¶여러분도 <u>행복하시기</u> 바랍니다. / 여러분은 행복하세요?

행선지(行先地)　목적지(目的地).

🔎 14) ※ '그해에 난'을 뜻하는 접두사는 뒤 음절이 예사소리면 '햇－'으로, 된소리 또는 거센소리면 '해－'로 적는다.

갈 곳. ※ '행선지'는 일본어투. 참조 −선(先).

행자치마　행주치마.

행주감　행줏감. ※ [행주깜·행줃깜으로 소리 나므로 사이시옷을 받쳐 적는다.

행투　행티. 심술을 부리는 버릇. ¶ 동료라는 사람이 몽니에, 행티까지 부리니 정말 지겹다.

향그럽다　향기롭다(香氣−).

향긋히(香−)　향긋이.

향기로와(香氣−)　향기로워. ※ 'ㅂ불규칙용언'은 '곱다', '돕다'를 제외하고는 모두 '−워'로 활용한다.

향년(享年)　'한평생 살아 누린 나이'로 죽을 때의 나이를 나타내는 말. ※ 살아 있는 사람의 나이를 말할 때 써서는 안 된다. ¶ 김수환 추기경은 향년 87세를 일기로 선종하였다.

향도꾼(香徒−)　상두꾼(喪−).

향상시키다(向上−)　향상하다. ※ 사동의 뜻이 없으면 '−시키다'로 쓰지 않는다. 참조 −시키다.

허겁허겁　허겁지겁.

허구레　허구리. 허리 양쪽의 갈비뼈 아래 잘쏙한 부분.

허구많다　하고많다. ¶ 하고많은 사람 중에 하필이면 내가 그 일을 하게 됐을꼬.

허구장천　영구장천(永久長川). ¶ 돌아오지 않는 아들 때문에 영구장천 애를 끓이며 산다.

허구헌(許久−)　허구한. 기본형은 '허구하다'이다. ¶ 허구한 날 팔자타령만 해서야 되겠는가.

허나　하나. 그러나.

허낙(許諾)　허락.

허더기다　허덕이다.

허드래　허드레.

허드레물　허드렛물. ※ [허드렌물]로 'ㅁ' 앞에서 'ㄴ' 소리가 덧나므로 사이시옷을 받쳐 적는다.

허드레일　허드렛일. ※ [허드렌닐]로 'ㄴ' 소리가 덧나므로 사이시옷을 받쳐 적는다.

허들지다　탐스럽다.

허떠깨비　허깨비.

허락치(許諾−)　허락지. ※ '하다'로 끝나는 용언 가운데 '하' 앞의 음절이 'ㄱ, ㅂ, ㅅ' 받침으로 끝나는 낱말의 준말은 '하'가 아주 줄어든다. 즉, '간단하지'의 준말은 '하'의 'ㅏ'만 줄어들어 '간단치'가 되지만 '허락하지'의 준말은 ‘하’가 모두 줄어들어 ‘허락지’가 된다.

허망스런(虛妄－)　허망스러운. 참조 －스런.

허무러지다　허물어지다.

허물 없다　허물없다. ※ 한 낱말이므로 붙여 쓴다.

허물으니　허무니. ※ 어간이 ‘ㄹ’ 받침으로 끝나는 용언의 어간에 붙는 어미는 ‘－니’이다. ‘－니’가 붙으면 ‘ㄹ’이 줄어든다. 참조 허물다.

허물으면　허물면. ※ 어간이 ‘ㄹ’ 받침으로 끝나는 용언의 어간에 붙는 연결어미는 ‘－면’이다.

허물은　허문. ※ 어간이 ‘ㄹ’ 받침으로 끝나는 용언의 어간에 붙는 어미는 ‘－ㄴ’이다. ‘－ㄴ’이 붙으면 ‘ㄹ’이 줄어든다. ¶창고를 허문 뒤 그 자리에 빌딩을 세울 작정이다.

허물음　허묾. ※ 어간의 끝소리가 ‘ㄹ’인 용언의 명사형 어미는 ‘－ㅁ’이다. ¶집을 허묾.

허뭄　허묾. 참조 허물음.

허발들리다(乞神－)　걸신들리다.

허부적거리다　허우적거리다.

허브족(hub族)　말터 마당발족.

허섭쓰레기　허섭스레기. 허접쓰레기. 좋은 것이 빠지고 난 다음 남은 허름한 물건.

허송세월을 보내다(虛送歲月－)　허송세월하다. 세월을 허송하다. ※ ‘허송’이 ‘세월을 헛되이 보냄’을 뜻하므로 ‘허송세월을 보내다’는 겹말이다.

허수룩하다　헙수룩하다.

허얘지다　허예지다.

허엽스레하다　헙수룩하다.

허용양(許容量)　허용량. 참조 량.

허위대　허우대.

허위적거리다　허우적거리다.

허위적허위적　허우적허우적.

허접스런　허접스러운. 참조 －스런.

허접쓰레기　＝허섭스레기. ※ 복수표준어. 참조 허섭쓰레기.

허접하다　허접스럽다. 허름하고 잡스러운 느낌이 있다.

허지만　하지만. 그러하지만.

허크러지다　헝클어지다.

허투로　허투루.

허튼 소리　허튼소리. ※ 한 낱말이므로 붙여 쓴다.

허풍스런(虛風－)　허풍스러운. 참조 －스런.

허풍장이(虛風-)　허풍쟁이. 참조 -장이.

헌 것　헌것. ※ 한 낱말이므로 붙여 쓴다. ¶헌것을 버리고 새것으로 장만했다.

헌겊　헝겊.

헌능(獻陵)　헌릉. 서울 서초구 내곡동에 있는 조선 태종과 비 원경왕후의 능. 참조 -능.

헌데　한데. 그러한데.

헌출하다　헌칠하다.

헐떠기다　헐떡이다.

헐리우드(Hollywood)　할리우드.

헐리웃(Hollywood)　할리우드.

헐으니　허니. ※ 어간이 'ㄹ' 받침으로 끝나는 용언의 어간에 붙는 어미는 '-니'이다. '-니'가 붙으면 'ㄹ'이 줄어든다.

헐으면　헐면. ※ 어간이 'ㄹ' 받침으로 끝나는 용언의 어간에 붙는 연결어미는 '-면'이다.

헐은　헌. ※ 어간이 'ㄹ' 받침으로 끝나는 용언의 어간에 붙는 어미는 '-ㄴ'이다. '-ㄴ'이 붙으면 'ㄹ'이 줄어든다.

헐음　헒. ※ '헐다'는 어간이 'ㄹ' 받침으로 끝나는 용언이므로 명사형 어미는 '-ㅁ'이다. ¶헌 집을 헒.

험　헒. 참조 헐음.

험상스런(險狀-)　험상스러운. 참조 -스런.

험악스런(險惡-)　험악스러운. 참조 -스런.

험집　흠집(欠-).

헛 것　헛것. ※ 한 낱말이므로 붙여 쓴다. ¶여태까지 한 일이 말짱 헛것이 돼 버렸다. / 기력이 쇠하니 헛것이 다 보인다.

헛개비　허깨비.

헛눈　딴눈.

헛눈팔다　한눈팔다.

헛되히　헛되이.

헛딛다　※ '헛디디다'의 준말인 '헛딛다'에는 모음으로 시작하는 어미가 붙을 수 없으므로 '헛디딘', '헛디디어(헛디뎌)'로 활용한다. 일부 낱말의 준말 형태에서 이런 현상이 나타나는데 그런 예로는 '갖다', '건들다', '딛다', '머물다', '서둘다', '서툴다' 등이 있다.

헛딛어　헛디뎌. 참조 헛딛다.

헛물키다　헛물켜다. 참조 키다.

헛점(虛點)　허점. ※ 한자어는 두 음절로 된 '곳간(庫間)', '셋방(貰

房)’, ‘숫자(數字)’, ‘찻간(車間)’, ‘툇간(退間)’, ‘횟수(回數)’ 외에는 사이시옷을 받치지 않는다.

헛집다 헛짚다.

헛탕 허탕. ※ ‘이유 없는, 보람 없는, 잘못’을 뜻하는 접두사는 예사소리 앞에서는 ‘헛-’을, 된소리 또는 거센소리 앞에서는 ‘허-’를 쓴다.

헛턱대다 허청대다. ¶취객 한 명이 허청대며 언덕길을 오르고 있다.

헛힘 헛심.

헝겁 헝겊.

헝그리 정신(hungry 精神) 말터 맨주먹정신.

헝크러뜨리다 헝클어뜨리다.

헝크러지다 헝클어지다.

헤룽거리다 희룽거리다. 버릇없이 자꾸 까불다.

헤룽헤룽 희룽희룽.

헤르메스(Hermès) 에르메스. 프랑스 회사의 상표. ※ 다만, 그리스 신화에 나오는 신의 이름은 ‘헤르메스’이다.

헤말쑥하다 해말쑥하다.

헤매이고 헤매고. 참조 헤매이다.

헤매이다 헤매다. 활용 헤매어.

헤매니. 헤매고. 헤맴.

헤메다 헤매다. 참조 헤매이다.

헤번덕헤번덕 희번덕희번덕.

헤살군 헤살꾼.

헤비업로더(heavy uploader) 말터 누리물난전꾼(-物亂廛-).

헤어지다 참조 해어지다.

헤염 헤엄.

헤지다 ‘헤어지다’의 준말. 참조 해어지다.

헤푸다 헤프다. 활용 헤프고. 헤프니. 헤퍼. 헤픈.

헤프닝(happening) 해프닝.

헥타(hectare) 헥타르.

헬로우(hello) 헬로. ※ [ou]는 ‘오’로 적는다.

헬리콥터 부모(helicopter父母) 말터 치마폭부모(-幅父母).

헬밋(helmet) 헬멧.

헬쓰(health) 헬스. ※ [θ]는 ‘ㅅ’으로 적는다.

헷지(hedge) 헤지. ¶헤지 펀드.

헹가레 헹가래.

헹그다 헹구다.

혀바늘 혓바늘. ※ [혀빠늘·혇빠늘]로 소리 나므로 사이시옷을 받쳐 적는다.

혀짜른소리 혀짤배기소리. 혀가

짧아 ‘ㄹ’ 받침 소리를 똑똑하게 내지 못하는 말소리.

허짧은소리 혀짤배기소리. 참조 혀짜른소리.

혁띠 혁대(革帶).

현능(顯陵) 현릉. 경기 구리시 인창동에 있는 조선 문종과 비 현덕왕후의 능. 참조 -능. 동구능.

현안 문제(懸案問題) 현안. ※‘현안’이 ‘아직 해결되지 않은 문제나 의안’을 뜻하므로 ‘현안 문제’는 겹말이다.

현저이(顯著-) 현저히.

현해탄(玄海灘) ※ 흔히 대한해협을 ‘현해탄’이라고 부르는데 이는 일본 후쿠오카 주변의 해상 국정(國定)공원인 겐카이나다(玄海灘 또는 玄界灘)를 우리 한자음으로 읽은 것이다. 겐카이나다, 즉 현해탄은 대한해협에 가까이 있기는 하지만 대한해협과는 관련이 없는 해역이다.

현호삭(玄胡索) 현호색. 현호색과의 여러해살이풀. ※‘索’은 ‘찾을 색’.

현혹시키다(眩惑-) 현혹하다. ※ 사동의 뜻이 없으면 ‘-시키다’로 쓰지 않는다. 참조 -시키

다. ¶일부 업체는 과장된 광고로 소비자들을 현혹하곤 한다.

현훈(眩暈) ⇨ 어지러움(대한의사협회 권장용어).

혈당양(血糖量) 혈당량. 참조 량.

혈액양(血液量) 혈액량. 참조 량.

혐오스런(嫌惡-) 혐오스러운. 참조 -스런.

혐위 혐의(嫌疑).

협잡군(挾雜-) 협잡꾼.

형 만한 아우(兄-) 형만 한 아우. 참조 만3.

형무소(刑務所) 교도소(矯導所).

형상화시키다(形象化-) 형상화하다. ※ 사동의 뜻이 없으면 ‘-시키다’로 쓰지 않는다. 참조 -시키다. ¶이별의 슬픔을 시로 형상화하였다.

형형색깔 형형색색(形形色色)

혜능(惠陵) 혜릉. 경기 구리시 인창동에 있는 조선 경종의 비 단의왕후의 능. 참조 -능. 동구능.

호강스런 호강스러운. 참조 -스런.

호걸스런(豪傑-) 호걸스러운. 참조 -스런.

호기스런(豪氣-) 호기스러운. 참조 -스런.

호남성(湖南省)　후난 성. 중국 중부의 둥팅(洞庭) 호 남쪽에 있는 성. 성도는 창사(長沙).

호도(胡桃)　호두. ¶<u>호두</u>까기인형.

호도독　호드득.

호돈(Hawthorn)　호손. ¶너대니얼 <u>호손</u>(미국 소설가). ※ [ㅸ]는 'ㅅ'으로 적는다.

호두기　호드기. 버드나무 가지의 껍질이나 짤막한 밀짚 토막 따위로 만든 피리.

호두깎기 인형(－人形)　호두까기 인형.

호두깎이　호두까기.

호들갑스런　호들갑스러운. 참조 －스런.

호듯하다　가냘프다.

호래비　홀아비.

호로(幌·ほろ)　덮개. 포장.

호로몬　호르몬(hormone).

호로새끼　호래자식(－子息).

호로자식(－子息)　호래자식. 참조 호로새끼.

호루래기　호루라기.

호루루기　호루라기.

호르라기　호루라기.

호리꾼(堀り－·ほり－)　도굴꾼.

호멩이　호미.

호박꼬지　호박고지. 참조 꼬지.

호북성(湖北省)　후베이 성. 중국 중부의 둥팅(洞庭) 호 북쪽에 있는 성. 성도는 우한(武漢).

호사스런(豪奢－)　호사스러운. 참조 －스런.

호수가(湖水－)　호숫가. ※ [호수까·호순깨로 소리 나므로 사이시옷을 받쳐 적는다.

호스테스(hostess)　호스티스.

호스피스(hospice)　말터 임종봉사자(臨終奉仕者).

호야등(← 火屋－·ほや－)　남포등(－燈). 남포.

호열자(虎列刺)　콜레라. 괴질. ※ '호열자'는 일본어투.

호이징아(Huizinga)　하위징아. ※ 네덜란드 어에서 'ui'는 '아위'로 적는다. ¶요한 <u>하위징아</u>(네덜란드의 역사학자).

호일(foil)　포일. ※ 'fi'는 'ㅍ'으로 적는다.

호젓히　호젓이.

호조(好調)　순조(順調). ※ '호조'는 일본어투.

호청　홑청. ¶이불 홑청.

호추(胡－)　후추. 호초(胡椒).

호치민(胡志明) 호찌민. ※ 베트남의 정치가. 도시 이름. ¶<u>호찌민</u> 시의 옛 이름은 사이공(Saigon)이다.

호화스런(豪華－) 호화스러운. 참조 －스런.

호흡양(呼吸量) 호흡량. 참조 량.

혹성(惑星) 행성(行星). ※ '혹성'은 일본어투.

혼구멍나다(魂－) 혼꾸멍나다.

혼돈(混沌) ※ '**혼돈**'은 '마구 뒤섞여 있어 갈피를 잡을 수 없음. 또는 그런 상태. 하늘과 땅이 아직 나누어지기 전의 상태'를 뜻하며, '**혼동**(混同)'은 '구별하지 못하고 뒤섞어서 생각함'을 뜻한다. ¶가치관의 <u>혼돈</u>. / 정치적 <u>혼돈</u>. // 자유와 방종을 <u>혼동</u>해서는 안 된다.

혼동(混同) 참조 혼돈.

혼두라스(Honduras) 온두라스. ¶중앙아메리카 중부에 있는 나라. 수도는 테구시갈파(Tegucigalpa).

혼란스런(混亂－) 혼란스러운. 참조 －스런.

혼사길(婚事－) 혼삿길. ※ [혼사낄·혼산낄]로 소리 나므로 사이시옷을 받쳐 적는다.

혼사날(婚事－) 혼삿날. ※ [혼산날]로 'ㄴ' 앞에서 'ㄴ' 소리가 덧나므로 사이시옷을 받쳐 적는다.

혼사말(婚事－) 혼삿말. ※ [혼산말]로 'ㅁ' 앞에서 'ㄴ' 소리가 덧나므로 사이시옷을 받쳐 적는다.

혼수감(婚需－) 혼숫감. ※ [혼수깜·혼숟깜]으로 소리 나므로 사이시옷을 받쳐 적는다.

혼신을 다하다(渾身－) 혼신의 힘을 다하다. ※ '혼신'은 '온몸'을 뜻하는 말이다.

혼인계(婚姻屆) 혼인신고(婚姻申告).

혼인률(婚姻率) 혼인율. 참조 －률.

혼자말 혼잣말. ※ [혼잔말]로 'ㅁ' 앞에서 'ㄴ' 소리가 덧나므로 사이시옷을 받쳐 적는다.

혼잡스런(混雜－) 혼잡스러운. 참조 －스런.

혼잣몸 홀몸. 참조 홀몸.

혼줄나다(魂－) 혼쭐나다.

혼차 혼자.

혼합시키다(混合－) 혼합하다. ※ 사동의 뜻이 없으면 '－시키다'로 쓰지 않는다. 참조 －시키다. ¶삼원색을 <u>혼합하면</u> 다양한 색상을 만들어 낼 수 있다.

홀과수(-寡守)　홀어미.

홀드(hold)　말터 중간구원(中間救援).

홀로히　홀로이. 홀로.

홀몸　※ '**홑몸**'은 '배우자나 형제가 없는 사람'을 뜻하며, '**홀몸**'은 '딸린 사람이 없는 혼자의 몸. 아이를 배지 아니한 몸'을 뜻한다. ¶교통사고로 아내를 잃고 홀몸이 됐다. / 홀몸도 아닌데 그 힘든 일을 어떻게 하려는가.

홀수날(-數-)　홀숫날. ※ [홀순날]로 'ㄴ' 앞에서 'ㄴ' 소리가 덧나므로 사이시옷을 받쳐 적는다.

홀애비　홀아비.

홀에미　홀어미.

홀연이(忽然-)　홀연히.

홀쪽이　홀쭉이.

홀쪽하다　홀쭉하다.

홀쭈기　홀쭉이.

홀태　벼훑이. 그네. ※ '**벼훑이**'는 나뭇가지 두 개를 집게처럼 만들어 벼의 알을 훑는 농기구이며, '**그네**'는 날이 촘촘한 쇠틀을 빗살처럼 끼워 벼를 훑는 농기구이다.

홀홀단신　혈혈단신(孑孑單身). ※

'孑'은 '외로울 혈'.

홈(ホーム)　폼. 플랫폼(platform). ※ '홈'은 일본어투.

홈대　홈통(-桶).

홈베이킹(home baking)　말터 손수 굽기.

홈빡　함빡.

홈싹　함씬.

홈즈(Holmes)　홈스. ¶셜록 홈스 (영국 소설가 아서 코난 도일이 쓴 탐정소설의 작중인물).

홋가(呼價)　호가. ※ 한자어는 두 음절로 된 '곳간(庫間)', '셋방(貰房)', '숫자(數字)', '찻간(車間)', '툇간(退間)', '횟수(回數)' 외에는 사이시옷을 받치지 않는다.

홋까이도(北海道)　홋카이도. 일본 북쪽의 자치구. 구청 소재지는 삿포로(札幌). ※ 일본어 표기에서 'ㅆ' 외에는 된소리를 쓰지 않는다.

홋수(戶數·號數)　호수. ※ 한자어는 두 음절로 된 '곳간(庫間)', '셋방(貰房)', '숫자(數字)', '찻간(車間)', '툇간(退間)', '횟수(回數)' 외에는 사이시옷을 받치지 않는다.

홋이불　홑이불.

홋치마　홑치마.

홍감 (紅−)　연감(軟−).

홍능[1](弘陵)　홍릉. 경기 고양시 용두동에 있는 조선 영조의 비 정성왕후의 능. 참조 −능. 서오능.

홍능[2](洪陵)　홍릉. 경기 남양주시 금곡동에 있는 조선 고종과 비 명성황후의 능. 참조 −능[2].

홍어국(洪魚−)　홍엇국. ※ [홍어꾹·홍얻꾹]으로 소리 나므로 사이시옷을 받쳐 적는다.

홑것　홑옷.

홑몸　참조 홀몸.

화김(火−)　홧김. ※ [화낌·홛낌]으로 소리 나므로 사이시옷을 받쳐 적는다. ¶홧김에 서방질한다.

화냥끼　화냥기(−氣). ※ 기운, 느낌, 성분의 뜻을 더하는 접미사는 ‘−기(氣)’이다.

화다닥　화닥닥.

화로불(火爐−)　화롯불. ※ [화:로뿔·화:론뿔]로 소리 나므로 사이시옷을 받쳐 적는다.

화룡점청　화룡점정(畫龍點睛). ※ ‘睛’은 ‘눈동자 정’.

화룡정점　화룡점정(畫龍點睛).

화물트럭(貨物truck)　트럭. ※ ‘트럭’이 ‘화물을 운반하는 자동차’의를 뜻하므로 ‘화물트럭’은 겹말이다.

화수분단지　화수분.

화운데이션(foundation)　파운데이션. 🔍 15): 466쪽

화이버(fiber)　파이버. 안전모. 🔍 15): 466쪽

화이팅(fighting)　파이팅. 말터 아자. 🔍 15)

화인(fine)　파인. 🔍 15)

화일(file)　파일. 🔍 15)

화장끼　화장기(化粧氣). ※ 기운, 느낌, 성분의 뜻을 더하는 접미사는 ‘−기(氣)’이다.

화장빨(化粧−)　화장발. ※ 효과의 뜻을 더하는 접미사는 ‘−발’이다.

화젓가락　부젓가락.

화제거리(話題−)　화제. 얘깃거리. ※ ‘화젯거리’도 사전에 표제어로 올라 있으나 ‘화제’가 ‘얘깃거리’와 같은 뜻이므로 ‘화제’에 다시 ‘−거리’를 붙여 쓸 필요가 없다.

🔍 *15) ‘fi’는 ‘피’으로 적는다.

화툿불　화톳불.

확고이(確固-)　확고히.

확대시키다(擴大-)　확대하다. ※ 사동의 뜻이 없으면 '-시키다'로 쓰지 않는다. 참조 -시키다. ¶사진을 확대해 보여 줘라.

확실이(確實-)　확실히.

확연이(確然-)　확연히.

확율(確率)　확률. 참조 -률.

확장시키다(擴張-)　확장하다. ※ 사동의 뜻이 없으면 '-시키다'로 쓰지 않는다. 참조 -시키다. ¶그 회사는 사업을 확장하려고 국외로 진출했다.

확·포장　확장·포장(擴張·鋪裝). 확장과 포장. 확장 및 포장. ※ 도로 따위를 넓히는 '확장'과 시멘트나 아스팔트로 도로를 다져 꾸미는 '포장'을 아울러 표현하기 위하여 흔히 '확·포장'이라고 하는데 이는 잘못이다. '확장'과 '포장'에 '장'이 공통으로 들어가 있지만 한자로는 '擴張'과 '鋪裝'으로 서로 다른 글자이기 때문에 '장'을 생략할 수 없다.

환골탈퇴　환골탈태(換骨奪胎).

환기시키다(換氣-·喚起-)　환기하다. ※ 사동의 뜻이 없으면 '-시키다'로 쓰지 않는다. 참조 -시키다. ¶집안 공기가 탁하니 환기해야겠다 / 정부는 여론을 환기하기 위해 담화문을 발표했다.

환률(換率)　환율. 참조 -률.

환이　환히.

환타지(fantasy)　판타지. 🔍 15)

활개짓　활갯짓. ※ [활개찓·활갣찓]으로 소리 나므로 사이시옷을 받쳐 적는다.

활렵수　활엽수(闊葉樹).

활복　할복(割腹). ※ '割'은 '나눌 할'. ¶할복 자결.

활성화시키다(活性化-)　활성화하다. ※ 사동의 뜻이 없으면 '-시키다'로 쓰지 않는다. 참조 -시키다. ¶기업의 투자를 활성화하기 위해 다양한 세제 지원책이 나왔다.

홧낌(火-)　홧김. 참조 화김.

홧병(火病)　화병. ※ 한자어는 두 음절로 된 '곳간(庫間)', '셋방(貰房)', '숫자(數字)', '찻간(車間)', '툇간(退間)', '횟수(回數)' 외에는 사이시옷을 받치지 않는다.

황공스런(惶恐-)　황공스러운. 참조 -스런.

황금율(黃金律)　황금률. 참조 -률.

황금 빛(黃金-)　황금빛. ※ 한 낱 말이므로 붙여 쓴다.

황망이(慌忙-)　황망히.

황새기젓　황석어젓(黃石魚-). 참조기로 담근 젓갈. ※ '황석어'는 '참조기'의 한자어이다.

황세기젓　황석어젓(黃石魚-). 참조 황새기젓.

황송스런(惶悚-)　황송스러운. 참조 -스런.

황토길(黃土-)　황톳길. ※ [황토낄·황톧낄]로 소리 나므로 사이시옷을 받쳐 적는다.

황톳물(黃土-)　황토물. 흙탕물. ※ '**황토물**'은 황토를 석 자쯤 팠을 때 그 속에 고이는 맑은 물로, 한의학에서 해독제로 쓴다. 지장(地漿), 토장(土漿), 황토수(黃土水)라고도 한다. '흙이 풀려서 몹시 흐려진 물'은 '**흙탕물**'이다.

황혼녁(黃昏-)　황혼녘.

황홀이(恍惚-)　황홀히.

화불　횃불. ※ [화뿔·횐뿔]로 소리 나므로 사이시옷을 받쳐 적는다.

회가루(灰-)　횟가루. ※ [회까루·횐까루]로 소리 나므로 사이시옷을 받쳐 적는다.

회감(膾-)　횟감. ※ [회:깜·횐:깜으로 소리 나므로 사이시옷을 받쳐 적는다.

회계년도(會計年度)　회계연도. ※ 합성어에서 뒷말의 첫 음절은 두음법칙에 따라 적는다.

회녕(會寧)　회령. 함경북도에 있는 군.

회덥밥　회덮밥.

회람(回覽)　돌려 보기. ※ '회람'은 일본어투.

회번덕거리다　희번덕거리다.

회수(回數)　횟수. ※ 한자어에는 사이시옷을 받치지 않는 것이 원칙이지만 '곳간(庫間)', '셋방(貰房)', '숫자(數字)', '찻간(車間)', '툇간(退間)', '횟수(回數)'에는 사이시옷을 받쳐 적는다.

회수률(回收率)　회수율. 참조 -률.

회양나무(-楊-)　회양목(-楊木).

회의를 품다(懷疑-)　회의하다. 의심을 품다. ※ '회의'가 '의심을 품음'을 뜻하므로 '회의를 품다'는 겹말이다.

회자(膾炙)　※ '회(膾)와 구운 고기[炙]'를 나타내는 말로, '칭찬받을 만한 일로 사람들의 입에 자주 오르내림'을 뜻한다. 비난이나 비아냥거리는 대상으로 사람들의 입에 오르내릴 때는 '회자'라고 할 수 없다. 이때는 '입에 오르내리다, 구설에 오르다'라고 표현한다. ¶인구에 <u>회자되는</u> 명시(名詩). / 가수 김장훈의 선행이 인구에 <u>회자되고</u> 있다.

회전률(回轉率) 회전율. 참조 −률.

회집(膾−) 횟집. ※ [회찝·휃찝]으로 소리 나므로 사이시옷을 받쳐 적는다.

횡경막 횡격막(橫膈膜).

횡폭(橫暴) 횡포. ※ '暴'는 '사나울 포'.

횡하다 휑하다.

횡횡하다 횡행하다(橫行−).

효능(孝陵) 효릉. 경기 고양시 원당동에 있는 조선 인종과 비 인성왕후의 능. 참조 −능. 서삼능.

효률(效率) 효율. 참조 −률.

효성스런(孝誠−) 효성스러운. 참조 −스런.

후까시(吹かし·ふかし) 부풀리기. 허세. 부풀이. 부풀머리. 품재기.

후꾸시마(福島) 후쿠시마. 일본 도호쿠(東北) 지방의 현 및 현청 소재지. ※ 일본어 표기에서 'ㅆ' 외에는 된소리를 쓰지 않는다.

후꾸오까(福岡) 후쿠오카. 일본 규슈(九州)의 현 및 현청 소재지. ※ 일본어 표기에서 'ㅆ' 외에는 된소리를 쓰지 않는다.

후꾸이(福井) 후쿠이. 일본 혼슈(本州)의 현 및 현청 소재지. ※ 일본어 표기에서 'ㅆ' 외에는 된소리를 쓰지 않는다.

후덕스런(厚德−) 후덕스러운. 참조 −스런.

후두둑 후드득.

후두둑후두둑 후드득후드득.

후두엽(後頭葉) ⇨ 뒤통수엽(대한의사협회 권장용어).

후뚜루 휘뚜루. 닥치는 대로 대충대충.

후뚜루마뚜루 휘뚜루마뚜루. 이것저것 가리지 않고 닥치는 대로 마구 해치우는 모양.

후라이(fry) 프라이. 튀김. 부침. / 거짓말. 🔍 15)

후라이판(fry pan) 프라이팬. 🔍 15)

후라이팬(fry pan) 프라이팬. 🔍 15)

후래쉬(flash) 플래시. 손전등. ※

🔍 *15) 'f'는 'ㅍ'으로 적는다.

영어 표기에서 [ʃ]가 어말에 오면 '시'로 적는다. 🔍 15)

후런트(front)　프런트. 🔍 15)

후레쉬(fresh)　프레시. ※ 영어 표기에서 [ʃ]가 어말에 오면 '시'로 적는다. 🔍 15)

후레온가스(freon gas)　프레온가스. 🔍 15)

후레임(frame)　프레임. 🔍 15)

후레자식(－子息)　호래자식.

후렌치(French)　프렌치. 🔍 15)

후론트(front)　프런트. 🔍 15)

후롯쿠(← fluke)　말터 어중치기. 엉터리. ※ '후롯쿠'는 일본어투.

후루트(fruit)　프루트. 🔍 15)

후르륵　후루룩.

후리쓸다　휩쓸다.

후리지아(freesia)　프리지어. 🔍 15)

후리치다　후려치다.

후송(後送)　참조 이송.

후앙(← fan)　팬. 환풍기. 송풍기. ※ '후앙'은 일본어투.

후줄그레　후줄근히.

후줄근이　후줄근히.

후즐구레　후줄근히.

후천성면역결핍증　후천면역결핍증. 에이즈(AIDS).

후추가루　후춧가루. ※ [후추까

루·후춘까루]로 소리 나므로 사이시옷을 받쳐 적는다.

후카시(吹かし·ふかし)　부풀이. 부풀머리. 말터 품재기.

후크(hook)　훅.

후크송(hook song)　말터 맴돌이곡.

후회스런(後悔－)　후회스러운. 참조 －스런.

훈련시키다(訓練－)　훈련하다. ※ 사동의 뜻이 없으면 '－시키다'로 쓰지 않는다. 참조 －시키다. ¶젊은이들을 <u>훈련하여</u> 최강의 군인으로 만들었다.

훈련양(訓練量)　훈련량. 참조 량.

훈방시키다(訓放－)　훈방하다. ※ 사동의 뜻이 없으면 '－시키다'로 쓰지 않는다. 참조 －시키다. ¶경찰은 연행한 시위대원들 가운데 단순 가담자는 <u>훈방하였다.</u>

훌륭이　훌륭히.

훌썩　훌쩍.

훌쩌기다　훌쩍이다.

훑다　훑다.

훔쳐잡다　훔켜잡다. 손가락을 구부려 매우 세게 잡다.

훤이　훤히.

훤출하다　훤칠하다.

훨레훨레　너울너울.

훨신　훨씬.

훼리(ferry)　페리. 🔍 15)

훼미리(family)　패밀리. 🔍 15)

훼밀리(family)　패밀리. 🔍 15)

훼방군(毁謗-)　훼방꾼.

훼살　훼사(毁事). 남의 일을 훼방함. ¶남의 일에 <u>훼사</u>를 놓지 마라.

훼손시키다(毁損-)　훼손하다. ※ 사동의 뜻이 없으면 '-시키다'로 쓰지 않는다. 참조 -시키다. ¶문화재를 <u>훼손하면</u> 안 된다.

휀스(fence)　펜스. 🔍 15)

휘겨(figure)　피겨. 🔍 15)

휘날레(finale)　피날레. 🔍 15)

휘능(徽陵)　휘릉. 경기 구리시 인창동에 있는 조선 인조의 계비 장렬왕후의 능. 참조 -릉. 동구릉.

휘니쉬(finish)　피니시. 끝. 마침. ※ 영어 표기에서 ʃ가 어말에 오면 '시'로 적는다. 🔍 15)

휘닉스(phoenix)　피닉스. 불사조. 🔍 15)

휘두드리다　휘두들기다. 마구 휘둘러서 두들기다.

휘둘르다　휘두르다. 활용 휘두르고. 휘두르니. 휘두르면. 휘두르는. 휘두르지. 휘둘러. ¶취객이 아무에게나 주먹을 <u>휘두르고</u> 있었다. / 한 젊은이가 몽둥이를 <u>휘둘러</u> 다른 사람들에게 겁을 주었다.

휘둥그래지다　휘둥그레지다.

휘모리　휘모리장단.

휘몰이장단　휘모리장단.

휘바람　휘파람.

휘발류　휘발유(揮發油).

휘번덕거리다　희번덕거리다.

휘번뜩이다　희번덕이다. ¶그의 증오에 찬 눈이 <u>희번덕였다</u>.

휘뿌리다　훌뿌리다. 눈·비 따위가 마구 내리다.

휘죽휘죽　헤죽헤죽.

휘트니스센타(fitness center)　피트니스센. 🔍 15)

휘핑크림(whiping cream)　말터 거품크림.

휘휘칭칭　휘휘친친. 여러 번 단

🔍 15) 'ʃ'는 'ㅍ'으로 적는다.

단히 감거나 감기는 모양.

휠(feel)　필.　🔍 15)

휠드(field)　필드.　🔍 15)

휠링(feeling)　필링.　🔍 15)

휠바란스(wheel balance)　휠 밸런스.

휠얼라이먼트　휠얼라인먼트 (wheel alignment).

휠타(filter)　필터.　🔍 15)

휩쓸으면　휩쓸면. ※ 어간이 'ㄹ' 받침으로 끝나는 용언의 어간에 붙는 연결어미는 '-면'이다.

휩쓸은　휩쓴. 어간이 'ㄹ' 받침으로 끝나는 용언의 어간에 붙는 어미는 '-ㄴ'이다. '-ㄴ'이 붙으면 'ㄹ'이 줄어든다.

휩쓸음　휩쓺. ※ 어간이 'ㄹ' 받침으로 끝나는 용언의 명사형 어미는 '-ㅁ'이다. ¶바둑계를 휩쓺.

휩씀　휩쓺. 참조 휩쓸음.

휫바람　휘파람.

휫파람　휘파람.

휭하니　휭허케. ¶한눈팔지 말고 휭허케 가거라.

휴계소　휴게소(休憩所). ※ '憩'는

'쉴 게'.

휴매니즘(humanism)　휴머니즘. 인도주의(人道主義). 인본주의(人本主義).

휴스톤(Houston)　휴스턴. 미국 텍사스(Texas) 주의 도시.

휴즈(fuse)　퓨즈.　🔍 15)

휴테크(休tech)　말터 여가활용기술(餘暇活用技術).

흉가집(凶家-)　흉갓집. ※ [흉가찝·흉갇찝]으로 소리 나므로 사이시옷을 받쳐 적는다.

흉금 없다(胸襟-)　흉금을 터놓다. ※ '흉금'은 '앞가슴의 옷깃'이라는 뜻에 '마음속 깊이 품은 생각'이라는 뜻이 더해진 말이다. 따라서 '없다'란 말과는 어울릴 수 없다.

흉물스런(凶物-)　흉물스러운. 참조 -스런.

흉악스런(凶惡-)　흉악한.

흉측스런(凶測-)　흉측스러운. 참조 -스런.

흉칙하다(凶測-·兇測-)　흉측하다.

흉터자국　흉터. ※ '흉터'가 '상

처가 아물고 남은 자국'을 뜻하
므로 '흉터자국'은 겹말이다.

흉폭(凶暴·兇暴) 흉포. ※ '暴'는
'사나울 포'.

흐날리다 흩날리다.

흐늘어지다 휘늘어지다.

흐들어지다 흐드러지다.

흐루시초프(Khrushchyov) 흐루
쇼프. ¶니키타 세르게예비치
흐루쇼프(러시아의 정치가).

흐름량(−量) 흐름양. 참조 량.

흐리멍텅하다 흐리멍덩하다.

흐터지다 흩어지다.

흐트리다 흩뜨리다. 흐트러뜨리
다.

흑룡강(黑龍江) 헤이룽 강.

흑룡강성(黑龍江省) =헤이룽장
성. ※ 중국 지명은 현지음으로
적는 것이 원칙이나 중국 동포
들이 주로 사는 동북3성은 우리
한자음으로 적는 것을 허용한
다.

흔들으니 흔드니. ※ 어간이 'ㄹ'
받침으로 끝나는 용언의 어간에
붙는 어미는 '−니'이다. '−니'가
붙으면 'ㄹ'이 줄어든다.

흔들으면 흔들면. ※ 어간이 'ㄹ'
받침으로 끝나는 용언의 어간에

붙는 연결어미는 '−면'이다.

흔들은 흔든. ※ 어간이 'ㄹ' 받침
으로 끝나는 용언의 어간에 붙
는 어미는 '−ㄴ'이다. '−ㄴ'이 붙
으면 'ㄹ'이 줄어든다.

흔들음 흔듦. ※ 어간이 'ㄹ' 받침
으로 끝나는 용언의 명사형 어
미는 '−ㅁ'이다. ¶손을 흔듦.

흔들읍니다 흔듭니다. ※ 어간
이 'ㄹ' 받침으로 끝나는 용언의
어간에 붙는 어미는 '−ㅂ니다'
이다. '−ㅂ니다'가 붙으면 'ㄹ'이
줄어든다.

흔듬 흔듦. 참조 흔들음.

흔이 흔히.

흔쾌이(欣快−) 흔쾌히.

흘겨 보다 흘겨보다. ※ 한 낱말
이므로 붙여 쓴다.

흘러 나오다 흘러나오다. ※ 한
낱말이므로 붙여 쓴다.

흘러 내리다 흘러내리다. ※ 한
낱말이므로 붙여 쓴다.

흘렁하다 헐렁하다.

흘려 보내다 흘려보내다. ※ 한
낱말이므로 붙여 쓴다.

흘르다 흐르다. 활용 흐르고. 흐
르니. 흐르면. 흐르는. 흐르지.
흘러. ¶흐르는 물은 썩지 않는

다. / 얼굴에 미소가 가득 흘렀
다.

흙구들 흙방(-房).

흙그릇 질그릇.

흙담 =토담(土-). ※ 복수표준
어.

흙받이 흙받기. 이긴 흙이나 시
멘트를 받쳐 드는 연장.

흙 빛 흙빛. ※ 한 낱말이므로 붙
여 쓴다.

흠빡 함빡. 흠뻑.

흠치다 훔치다.

흡수양(吸水量) 흡수량. 참조 량.

흡연률(吸煙率) 흡연율. 참조 -률.

흡연양(吸煙量) 흡연량. 참조 량.

흡입양(吸入量) 흡입량. 참조 량.

흥겨웁다(興-) 흥겹다. 활용 흥
겨운. 흥겨우니. 흥겨워. 흥겹지
만.

흥겨웁지만(興-) 흥겹지만. 참조
흥겨웁다.

흥미거리(興味-) 흥밋거리. ※
[흥미꺼리·흥믿꺼리]로 소리 나
므로 사이시옷을 받쳐 적는다.

흥미로와(興味-) 흥미로워. ※
'ㅂ불규칙용언'은 '곱다', '돕다'를
제외하고는 모두 '-워'로 활용
한다.

흥보가(興甫歌) 흥부가(興夫歌).

흥정군 흥정꾼.

흥청방청 흥청망청.

흩으러지다 흐트러지다.

희금자 검은깨.

희끄스름하다 희읍스름하다.

희노애락(喜怒哀樂) 희로애락.

희능(禧陵) 희릉. 경기 고양시 원
당동에 있는 조선 중종의 계비
장경왕후의 능. 참조 -능. 서삼
능.

희디 희다 희디희다. 한 낱말이
므로 붙여 쓴다. 참조 -디.

희물그레하다 희묽다.

희석율(稀釋律) 희석률. 참조 -률.

희안하다 희한하다(稀罕-).

희유스름하다 희읍스름하다.

희죽희죽 히죽히죽. 헤죽헤죽..

희한스런(稀罕-) 희한스러운.
참조 -스런.

희희낙낙(喜喜樂樂) 희희낙락.

흰 빛 흰빛. ※ 한 낱말이므로 붙
여 쓴다.

흰 색(-色) 흰색. ※ 한 낱말이므
로 붙여 쓴다.

흰자가루 흰잣가루. ※ [흰자까
루·흰잗까루]로 소리 나므로 사
이시옷을 받쳐 적는다. ¶ 달걀

<u>흰잣가루</u>.

히끈 얼른.

히끗히끗 희끗희끗.

히네리(捻り·ひねり) 틀어 치기.

히드로 공항(Heathrow空港) 히스로 공항. 영국 런던의 국제공항. ※ [θ]는 'ㅅ'으로 적는다.

히로(←白·しろ) 흰색. 흰 공 맞기.

히로인(heroine) 헤로인. 여주인공.

히마리(←締·しまり) 맥.

히야까시(冷かし·ひやかし) 희롱.

히야시(冷やし·ひやし) 차게 함.

히응 히읗. ※ 한글 자모 'ㅎ'의 이름은 '히읗'이다.

히죽히 히죽이.

히치코크(Hitchcock) 히치콕. ¶ 앨프리드 <u>히치콕</u>(미국 영화감독).

히키(引き·ひき) 끌어 치기.

히키코모리(引き籠もり) 말터 폐쇄은둔족(閉鎖隱遁族).

히히낙낙 희희낙락(喜喜樂樂).

히히닥거리다 시시닥거리다.

히히덕거리다 시시닥거리다.

힐란 힐난(詰難).

힐튼(Hilton) 힐턴. ¶ 제임스 <u>힐턴</u>. / <u>힐턴</u> 호텔.

힘것 힘껏. ※ '그것이 닿는 데까지'의 뜻을 더하고 부사로 만드는 접사는 '-껏'이다.

힘겨와 힘겨워. ※ 'ㅂ불규칙용언'은 '곱다', '돕다'를 제외하고는 모두 '-워'로 활용한다.

힘겨웁다 힘겹다. 활용 힘겹고. 힘겨우니. 힘겨우면. 힘겨운. 힘겹니(힘겨우니).

힘 들다 힘들다. ※ 한 낱말이므로 붙여 쓴다.

힘들으네 힘드네. ※ 어간이 'ㄹ' 받침으로 끝나는 용언의 어간에 붙는 어미는 '-네'이다. '-네'가 붙으면 'ㄹ'이 줄어든다.

힘들으니 힘드니. ※ 어간이 'ㄹ' 받침으로 끝나는 용언의 어간에 붙는 어미는 '-니'이다. '-니'가 붙으면 'ㄹ'이 줄어든다.

힘들으면 힘들면. ※ 어간이 'ㄹ' 받침으로 끝나는 용언의 어간에 붙는 연결어미는 '-면'이다.

힘들은 힘든. ※ 어간이 'ㄹ' 받침으로 끝나는 용언의 어간에 붙는 어미는 '-ㄴ'이다. '-ㄴ'이 붙으면 'ㄹ'이 줄어든다.

힘들음 힘듦. ※ 어간이 'ㄹ' 받침으로 끝나는 용언의 명사형 어미는 '-ㅁ'이다. ¶삶이 힘듦.

힘들읍니다 힘듭니다. ※ 어간
이 'ㄹ' 받침으로 끝나는 용언의
어간에 붙는 어미는 '-ㅂ니다'
이다. '-ㅂ니다'가 붙으면 'ㄹ'이
줄어든다.

힘 들이다 힘들이다. ※ 한 낱말
이므로 붙여 쓴다.

힘듬 힘듦. 참조 힘들음.

힘량(-量) 힘양. 참조 량.

힘아리(←締·しまり) 맥.

힙(hip) 히프. 엉덩이.

힛까께(引掛け·ひっかけ) 걸어 치
기.

힛타이트(Hittite) 히타이트. 고대
시리아 민족.

힛트(hit) 히트.

참고 자료

국립국어연구원. 『어문 규범 준수 실태 조사(Ⅰ~Ⅲ)』.

_____________. 『표준국어대사전』, 두산동아.

국립국어원. 『외래어표기용례집』.

_________. 『한국 어문 규정집』.

국립국어원·MBC. 2006. 『보도 가치를 높이는 TV 뉴스 문장 쓰기』. 시대의 창.

권오운. 2000. 『알 만한 사람들이 잘못 쓰고 있는 우리말 1234가지』. 문학수첩.

_____. 2002. 『우리말 지르잡기』. 문학수첩.

_____. 2006. 『작가들이 결딴낸 우리말』. 문학수첩.

금성출판사. 『국어대사전』.

_________. 『훈민정음사전』.

김정섭. 2008. 『우리말 바로쓰기 사전』. 지식산업사.

김희진·정희창·박용찬. 2007. 『방송 뉴스의 어휘 선택』. 한국방송기자클럽.

대한민국정부. 1992. 『행정용어순화편람』.

동아일보사. 2004. 『동아일보 스타일북』.

리의도. 1999. 『이야기 한글 맞춤법』. 석필.

_____. 2005. 『올바른 우리말 사용법』. 예담.

박용찬. 2005. 『일본어투 용어 순화 자료집』. 국립국어원.

박유희·이경수·차재은·최경봉 2003. 『쓰면서도 헷갈리는 우리말 오류사전』. 경당.

엄민용. 2008.『건방진 우리말 달인』. 다산초당.

______. 2009.『더 건방진 우리말 달인』. 다산초당.

연세대학교 언어정보개발연구원.『연세한국어사전』. 두산동아.

원영섭. 2002.『틀린 말 바른 말』. 세창출판사.

장소원·김성규·정승철. 2000.『이런 말 실수, 저런 글 실수』. 문화관광부.

장진한. 2001.『이젠 국어사전을 버려라』. 행담.

정희창. 2004.『어휘별 규범 해설』. 국립국어원.

______. 2007.『현대문자생활 백서 우리말 맞춤법 띄어쓰기』. 랜덤하우스.

정희창·이선웅. 2003.『우리말 우리글 묻고 답하기』. 태학사.

중앙일보 어문연구소 우리말 바루기팀(2005).『한국어가 있다(1~3)』. 커뮤
    니케이션북스.

최인호. 2007.『바른 말글 사전』. 한겨레출판.

KBS 아나운서실 한국어연구회. 2003.『바른말 고운말』. 한국방송출판.

※ 이 밖에도 신문, 잡지, 인터넷상의 다양한 글과 방송의 자막이 중요한 참
    고 자료가 되었다. 또 거리의 간판, 광고물도 빼 놓을 수 없는 참고 자료
    이다.

엮은이_ **여 규 병**

국민대 졸

교육신보 기자

일간스포츠 교정부 기자

동아일보 편집국 어문연구팀 기자, 팀장, 선임기자(현)

동아일보 미디어연구소 콘텐츠연구팀장, 부장

정부언론외래어심의공동위원회 위원, 부위원장

국립국어원 표준어사정위원회 위원, 국어문화학교 강사, '새국어생활' 편
   집위원, 말다듬기위원회 위원(현)

동아닷컴 저널로그 '말글 돋보기'(www.journalog.net/3springs)에 우리말 칼
   럼 연재 중

긴가민가할 때 펼쳐 보는 바른 말 사전(개정증보판)

ⓒ 여규병, 2010

엮은이 • 여규병
펴낸이 • 김종수
펴낸곳 • 도서출판 한울
편 집 • 김경아

초판 1쇄 발행 • 2010년 8월 31일
개정증보판 1쇄 발행 • 2012년 9월 15일

주   소 • 413-756 경기도 파주시 파주출판도시 광인사길 153(문발동 507-14)
        한울시소빌딩 3층
전   화 • 031-955-0655
팩   스 • 031-955-0656
홈페이지 • www.hanulbooks.co.kr
등   록 • 제406-2003-000051호

Printed in Korea.
ISBN 978-89-460-4616-0 03710

* 책값은 겉표지에 표시되어 있습니다.

※ 이 책은 관훈클럽신영연구기금의 도움을 받아 저술·출판되었습니다.

※ 이 책의 인세 중 일부는 난치·희귀 질환을 앓는 이들을 위하여 쓰입니다.